经国之本

中国共产党对国家制度和法律制度的百年探索

沈春耀　许安标／主　编
臧铁伟　刘运龙／副主编

法律出版社
LAW PRESS·CHINA

图书在版编目(CIP)数据

经国之本：中国共产党对国家制度和法律制度的百年探索 / 沈春耀，许安标主编. -- 北京：法律出版社，2021

ISBN 978-7-5197-5662-8

Ⅰ. ①经… Ⅱ. ①沈… ②许… Ⅲ. ①中国共产党－党的领导－研究 Ⅳ. ①D25

中国版本图书馆 CIP 数据核字(2021)第 101488 号

经国之本:中国共产党对国家制度和法律制度的百年探索

JINGGUOZHIBEN:ZHONGGUO GONGCHANDANG DUI GUOJIA ZHIDU HE FALÜ ZHIDU DE BAI NIAN TANSUO

沈春耀 许安标 主编

策划编辑 张发靖

责任编辑 李 群 李争春 董 昱

装帧设计 汪奇峰

出版发行 法律出版社

编辑统筹 法规出版分社

责任校对 王 丰 李景美

责任印制 张建伟

经　　销 新华书店

开本 787 毫米×960 毫米 1/16

印张 51 **字数** 700 千

版本 2021 年 6 月第 1 版

印次 2021 年 6 月第 1 次印刷

印刷 中煤(北京)印务有限公司

地址:北京市丰台区莲花池西里 7 号(100073)

网址:www. lawpress. com. cn

投稿邮箱:info@ lawpress. com. cn

举报盗版邮箱:jbwq@ lawpress. com. cn

销售电话:010-83938349

客服电话:010-83938350

咨询电话:010-63939796

书号:ISBN 978-7-5197-5662-8

定价:168.00 元

凡购买本社图书,如有印装错误,我社负责退换。电话:010-83938349

本 书 编 委 会

主　编

沈春耀（全国人大常委会法制工作委员会主任）

许安标（全国人大常委会法制工作委员会副主任）

副主编

臧铁伟（全国人大常委会法制工作委员会研究室主任）

刘运龙（全国人大常委会法制工作委员会研究室副主任）

撰稿人（以姓氏笔画为序）

王　宏　王　颖　王洪宇　王博文　王媛媛　毛　雨

达　吉　任才峰　刘汉思　刘运龙　李　莉　罗小曼

罗焕星　赵　敏　赵振宏　胡　健　侯晓光　夏继红

谢丽佳

出版说明

2021年是中国共产党成立100周年。在庆祝党百年华诞的重大时刻，以习近平同志为核心的党中央立足历史新起点，统筹中华民族伟大复兴战略全局和世界百年未有之大变局，作出在全党开展党史学习教育的决定，对于动员全党全国满怀信心投身全面建设社会主义现代化国家具有重大意义。

习近平总书记指出，“我们党的一百年，是矢志践行初心使命的一百年，是筚路蓝缕奠基立业的一百年，是创造辉煌开辟未来的一百年。回望过往的奋斗路，眺望前方的奋进路，必须把党的历史学习好、总结好，把党的成功经验传承好、发扬好”。党的历史和成功经验需要学习总结、传承发扬，其中很重要的一个方面就是我们党为实现人民当家作主而矢志不渝创建新型国家制度的奋斗史。建立什么样的国家制度，是近代以来中国人民面临的一个历史性课题，也是我们党必须回答的历史性问题。实践证明，建党100年的奋斗历史，对此交出了圆满的答卷。

党的十九届四中全会作出《中共中央关于坚持和完善中国特色社会主义制度、推进国家治理体系和治理能力现代化若干重大问题的决定》，系统总结了中国共产党成立以来在领导国家制度和法律制度建设方面的经验，阐明了中国国家制度和治理体系十三个方面的优势，提出了坚持和完善中国特色社会主义制度、推进国家治理体系和治理能力现代化的总体目标，并从应当坚持和完善的十三个方面制度体系作出战略部署，筑牢了中国国家制度建设的“四梁八柱”，反映了我们党对制度建设的认识越来越深入，凸显了我们党对依法治国理政的“制度自觉”和“制度自信”。实践充分证明，中国特色社会主义国家制度和治理体系是以马克思主义为指导、植根中国大地、具有深厚中华文化根基、深得人民拥护的国家制度和治理体系；是党领导人民历经革命、建设和改革，真正把党的领导、人民当家作主、依法治国有机统一起来，具有强大生命力和巨大优越性的国家制度和治理体系；是能够持续推动拥有 14 亿多人口大国进步发展、走向繁荣，确保拥有 5000 多年文明史的中华民族实现“两个一百年”奋斗目标的国家制度和治理体系。我们党要更好领导人民进行伟大斗争、建设伟大工程、推进伟大事业、实现伟大梦想，必须坚定不移坚持和完善中国特色社会主义制度，加快推进国家治理体系和治理能力现代化，使各方面的制度更加成熟更加定型。为此，结合党史学习教育，加强对中国特色社会主义国家制度和法律制度的研究，总结建党 100 年特别是新中国成立 70 多年来我国制度建设的成功经验，构筑起中国制度建设理论的学术体系、理论体系、话语体系，对于我们进一步增强“四个意识”、坚定“四个自信”、做到“两个维护”，继续沿着党领导人民开辟的正确道路前进，不断推进国家治理体系和治理能力现代化，具有重大现实意义；对于我们讲好中国制度故事，扩大中国制度的影响力和感召力，增进国际社会对我国制度的认识和认同，增强我国在国际治理体系构建中的制度话语权，促进人类命运共同体建设，具有重大国际意义。

全国人大是最高国家权力机关，是贯彻落实党中央重大决策部署的政治机关和工作机关，在党领导构建中国特色社会主义国家制度和法律制度进程中处于重要地位。全国人大常委会法工委作为参谋助手，为全国人大及其常委会行使国家立法权、构建国家制度和法律制度提供服务保障，发挥着参谋助手的重要作用。一代代立法工作者，以对党、对人民、对国家、对历史高度负责的精神，胸怀中华民族伟大复兴的中国梦，为中国特色社会主义国家制度和法律制度建设，勠力同心、团结奋斗，奉献了青春、作出了贡献、见证了历史。为了更好用党的奋斗历程和伟大成就鼓舞斗志、明确方向，用党的光荣传统和作风坚定信念、凝聚力量，用党的实践创造和历史经验启迪智慧、砥砺品格，做到学史明理、学史增信、学史崇德、学史力行，学党史、悟思想、办实事、开新局，以昂扬姿态奋力开启全面建设社会主义现代化国家新征程，以优异成绩迎接建党100周年，全国人大常委会法工委研究室组织力量，对中国共产党领导国家制度与法律制度建设百年历史探索的历程、成就和经验进行了梳理研究，以期揭示中国发展奇迹背后的“制度逻辑”，宣示“中国之治”的制度“密码”，为人类社会发展提供中国智慧、中国方案。

本书由全国人大常委会法工委主任沈春耀同志、副主任许安标同志担任主编，全国人大常委会法工委研究室主任臧铁伟同志、副主任刘运龙同志担任副主编。参加本书编写工作的同志及分工包括：刘运龙同志负责前言、结语并对全书进行统稿；侯晓光同志牵头组织李莉、赵振宏、赵敏负责第一编“局部执政”；胡健同志牵头组织谢丽佳、罗小曼、任才峰负责第二编“奠基发展”；罗焕星同志牵头组织夏继红、达吉、刘汉思、王媛媛、王博文负责第三编“改革创新”；王洪宇同志牵头组织王宏、王颖、毛雨负责第四编“进入新时代”。

由于作者水平有限，书中难免存在不准确或不全面之处，恳请读者批评指正。

目　录

前　言

千秋伟业

——中国共产党对国家制度和法律制度的百年探索概述

2021年是中国共产党百年华诞。我们党立志于中华民族千秋伟业，百年恰是风华正茂！

无论我们走得多远，都不能忘记来时的路。在庆祝我们党百年华诞的重大时刻，在“两个一百年”奋斗目标历史交汇的关键时间节点，在党的百年历史新起点，统筹中华民族伟大复兴战略全局和世界百年未有之大变局，加强党史学习，有利于从党走过的风云激荡的历史中、从党开创和不断推进的伟大事业中、从党全心全意为人民服务的根本宗旨和长期实践中，深化对党的认识和信赖，坚定对党的领导的信念。

当今世界正在经历百年未有之大变局，国与国的竞争日趋激烈。这种竞争归根结底将是国家制度的竞争。我们党成立以来，围绕寻求建立“为中国人民谋幸福，为中华民族谋复兴”的国家制度不懈奋斗。新中国成立后，经过艰辛探索，逐步建立起了符合国情实际的国家制度和法律制度治理体系。70多年来，我们党领导人民创造了世所罕见的经济快速发展、社会长期稳定的奇迹，久经磨难的中华民族迎来了从站起来、富起来到强起来的伟大飞跃，与当今世界一些国家动荡不安的乱局相比，我国发展呈现出“风景这边独好”的局面，其中一个很重要的原因就是我国国家制度和法律制度显现出的巨大优越性和强大生命力。

习近平总书记指出：中国特色社会主义国家制度和法律制度是在长期实践探索中形成的，是人类制度文明史上的伟大创造。它植根于中华民族

5000 多年文明史所积淀的深厚历史文化传统，吸收借鉴了人类制度文明有益成果，经过长期实践检验，是被实践证明了的科学制度体系，具有显著优势。中国特色社会主义进入新时代，我们要对党和国家事业的未来充满坚定信心，努力完成中华民族伟大复兴的奋斗目标，不断开创中国之治新境界，就必须了解党和国家的过去，就必须加强对党史、新中国史、改革开放史、社会主义发展史的学习，必须加强对中国特色社会主义国家制度和法律制度的理论研究，总结我国制度建设的成功实践，从中汲取历史经验，正确认识党情、国情、世情，充分认识我们已经走出的中国特色社会主义制度的成功之路，坚定沿着这条道路继续前进。

古往今来，“凡将立国，制度不可不察也，治法不可不慎也”。国家制度和法律制度是人类社会走向文明的重要标志。任何国家的制度构建，都离不开这个国家的历史传承和文化土壤。中国是世界上历史最悠久的国家之一。绵延 5000 多年可考的文明历史画卷，展现出独有的文明与国家制度体系。公元前 1000 多年形成的周礼、周制，“经国家、定社稷、序民人、利后嗣”，有效保证了周朝 800 年的“国祚绵长”；从春秋战国到秦朝统一，历经几百年建立起相对完善的封建制度，形成了“海内为郡县、法令由一统”的制度体系，以后无论王朝如何更替，国家治理的基本框架得以延续，成为一种“超稳定结构”，影响了中国 2000 多年的历史进程，正如毛泽东同志所说，“百代都行秦政法”。〔1〕在农业文明主导人类社会文明的历史长河中，中国的国家制度和法律制度建设长期走在世界前列，包括逐步形成的独具特色、影响至深的中华法系，为人类社会文明发展进步作出了卓越贡献。

16 世纪以来，伴随着工业文明在西方的兴起和发展进步，资产阶级统治确立了。“资产阶级在它不到一百年的阶级统治中所创造的生产力，比

〔1〕参见中共中央宣传部理论局编：《中国制度面对面》，学习出版社、人民出版社 2020 年版，第 9-10 页。

过去一切世代创造的全部生产力还要多，还要大。”[1] 这时，中国还处在基于农业文明建立起来的国家制度和法律制度中，已经不能适应近代工业文明进步的脚步，开始逐渐落后。从 1840 年鸦片战争开始，由于西方列强的入侵，由于封建统治的腐败，中国逐步成为半殖民地半封建社会。为挽救民族危亡、实现民族振兴，中国人民和无数仁人志士孜孜不倦寻找着适合国情的新型国家政治制度模式。太平天国运动、洋务运动、戊戌变法、义和团运动、清末新政等都未能取得成功。1911 年辛亥革命之后，中国尝试过君主立宪制、议会制、总统制等各种形式，各种政治势力及其代表人物纷纷登场，都没能找到正确的道路。中国依然是山河破碎、积贫积弱，列强依然在中国横行霸道、攫取利益，中国人民依然生活在苦难和屈辱之中。

1921 年，中国共产党诞生了。浙江嘉兴南湖的红船上，中国共产党的一大会议通过了第一个纲领和第一个决议，旗帜鲜明地把实现社会主义、共产主义作为自己的奋斗目标，致力于建设人民当家作主的新社会，提出了关于未来国家制度的主张，并带领人民为之奋斗，义无反顾肩负起实现中华民族伟大复兴的历史使命。这是中华民族发展史上开天辟地的大事变，给灾难深重的中国人民带来了光明和希望，深刻改变了近代以后中华民族发展的方向和进程，深刻改变了中国人民和中华民族的前途和命运，深刻改变了世界发展的趋势和格局。

日转星移，初心如磐。回望我们党的百年历史，就是一部践行党的初心使命的历史，就是一部党与人民心连心、同呼吸、共命运的历史。

1921 年以来党的百年风云激荡史，是我们党不忘初心、牢记使命，领导中国人民谋求国家独立、民族解放和民主自由，不断从革命、建设、改革的胜利走向胜利，造就史无前例、彪炳史册的中国特色社会主义辉煌事业的大历史；是我们党不忘初心、牢记使命，领导中国人民洗雪近代屈

---

〔1〕［德］马克思、［德］恩格斯：《共产党宣言》，中共中央马克思恩格斯列宁斯大林著作编译局译，人民出版社 2018 年版，第 32 页。

辱、以崭新面貌屹立于世界东方，重新走向世界舞台中心、引领当今世界格局“东升西降”发展潮流的大历史；是我们党不忘初心、牢记使命，领导中国人民适应现代文明发展要求，对先进国家制度和法律制度进行不懈探索，寻找并建立起符合国情实际的中国国家制度的大历史。建立什么样的国家制度，是近代以来中国人民面临的一个历史性课题，也是我们党自成立之日起必须回答的历史性课题。社会主义制度是我们党领导革命、建设、改革百年来始终不渝高举的旗帜，中国特色社会主义制度是百年来我们党历经艰难、流血牺牲取得、巩固和发展的最大制度成果。这个制度具有与时俱进的科学理论指导，具有坚如磐石的理想信仰支撑，具有客观求实的伟大实践沃土，具有众志成城的全民奋斗基础，具有千年传承的优秀文化传统，历经各种重大风险、惊涛骇浪的考验，更加显现出无与伦比的强大政治优势和显著优越性，是对近代以来我国面临历史性课题的最好回答。百年制度建设发展史凝聚着几代中国共产党人和中国人民筚路蓝缕、以启山林的心血探索，寄托着无数为之奋斗牺牲的人民英雄的理想信念，走出了一条马克思主义基本原理与中国具体实际相结合、广泛吸纳古今中外制度文明的康庄大道，成为中华制度文明弥足珍贵、创新发展、走向新的千年辉煌的时代强音。

100年来，我们党坚持“不忘初心、牢记使命”，历尽千辛万苦、千难万险，矢志不渝，不懈奋斗，始终坚持人民利益高于一切，团结带领中国人民付出巨大牺牲，历经艰苦磨难，建立社会主义新中国，确立新型国家制度，实现人民当家作主，推进全面依法治国，创造人民美好生活，中国特色社会主义进入新时代，我国发展迈入新的历史方位。新时代改革开放具有许多新的内涵和特点，其中很重要的一点就是制度建设分量更重。党的十九届四中全会通过《中共中央关于坚持和完善中国特色社会主义制度、推进国家治理体系和治理能力现代化若干重大问题的决定》，系统总结了党领导国家制度和法律制度建设百年探索的成果，彰显了中国制度十三个方面的显著优势，提出了新时代推进国家制度和治理体系建设应当坚持和完善的十三项制度，擘画了中国之治的宏伟蓝图，反映了党对国家制度建设认识的不断深化，凸显了党对依法治国理政的“制度自觉”和“制度自信”，体现了以习近平同志为核心的党中央高瞻远瞩的战略眼光和强烈的历史担当，迎来了实现中华民族伟大复兴中国梦的光明前景。

100年来，我们党坚持“不忘初心、牢记使命”，一以贯之坚持党的民主集中制和集中统一领导，在领导革命、建设和改革的历史进程中，与时俱进，不断探索，形成并不断完善党的领导制度体系。从党的一大提出实现社会主义和共产主义的革命纲领，党领导工人运动、农民运动开始，历经土地革命、全民族抗战、解放战争、建立新中国、改革开放、中国特色社会主义进入新时代，党和国家事业发生历史性变革，取得历史性成就，我们党始终坚定坚持党的领导不动摇。从党的四大提出党对民主革命的领导权，到党的五大强调苏维埃必须坚决拥护“共产党的领导”；从党的七大确立毛泽东思想在全党的指导地位，明确党内政治生活的“四个服从”原则，到1949年《中国人民政治协商会议共同纲领》（以下简称《共同纲领》）确立中国共产党的领导，确立新中国的国体和政体，确立新中国前进的社会主义道路方向，建立新中国；从1954年宪法明确坚持党的领导、坚持社会主义和人民民主原则，1956年顺利完成社会主义改造，社会主义制度基本建立，到党领导对社会主义道路的艰辛探索，1975年宪法、1978年宪法明确规定“中国共产党是全中国人民的领导核心”；从改革开放开始旗帜鲜明强调坚持四项基本原则，通过《关于党内政治生活的若干准则》《关于建国以来党的若干历史问题的决议》，实现党的指导思想拨乱反正，到党的十四届四中全会作出《关于加强党的建设几个重大问题的决定》、党的十六届四中全会作出《关于加强党的执政能力建设的决定》、党的十七届四中全会作出《关于加强和改进新形势下党的建设若干重大问题的决定》；从党的十八大以来全面加强党的建设，提出全面从严治党，到2018年宪法修正案增写“中国共产党领导是中国特色社会主义最本质的特征”，我们党始终坚决同一切影响党的先进性、弱化党的纯洁性、反对党的领导的行为作斗争，党的领导制度体系不断健全完善，确保了中国革命、建设和改革战胜各种困难，取得伟大成就。经过100年血与火的淬炼，中国共产党对党的初心使命更加坚定，对共产党执政规律认识更加深刻，治国理政能力水平日趋驾轻就熟，对党在坚持和完善中国特色社会主义制度、推进国家治理体系和治理能力现代化中如何发挥应有作用的目标任务更加明确，就是要坚持和完善党的领导制度体系，提高党科学执政、民主执政、依法执政的能力和水平，把党的领导落实到国家治理各领域各方面各环节，确保党始终成为中国特色社会主义事业的坚强领导核心。

100年来，我们党坚持"不忘初心、牢记使命"，一以贯之坚持为中国人民谋幸福，坚持全心全意为人民服务的根本宗旨，带领全国人民经过28年浴血奋战，建立起人民当家作主的制度体系。从党的一大否决采取国会制进行革命、宣布把建立苏维埃制度作为自己的政治纲领开始，党始终坚持把建立人民当家作主的"劳农政权"、满足人民群众对幸福生活的追求当作自己的奋斗目标。从此，历经工农兵代表会议、"三三制"参议会、人民代表会议，建立起最广泛的人民民主统一战线，党在革命的各个历史时期对不同形式的民主政治进行了有益探索实践。从延安"窑洞对"找到跳出"人亡政息"周期率的民主途径，新民主主义革命取得全国性胜利，召开中国人民政治协商会议，到《共同纲领》确立新中国的国体和政体，中央人民政府颁布《中华人民共和国民族区域自治实施纲要》《中华人民共和国全国人民代表大会和地方各级人民代表大会选举法》，1954年一届全国人大一次会议通过《中华人民共和国宪法》，全国政协二届一次会议通过《中国人民政治协商会议章程》（以下简称《政协章程》），党领导革命探索建立形成的人民代表大会制度根本政治制度、党领导的多党合作和政治协商制度、民族区域自治制度等民主政治制度在中国落地生根，发展壮大，奠定建立人民当家作主制度体系基础。改革开放以后，社会主义法制不断健全，社会主义民主政治不断推进，以村（居）民委员会组织法为规范的基层群众自治制度全面建立并发挥作用。从1982年宪法到2010年形成中国特色社会主义法律体系，再到2018年第五个宪法修正案，不论改革如何深化，我国的社会主义性质没有变，国体和政体没有变，各项国家制度和法律制度不断完善、日趋完备。经过100年我们党在局部执政和全国执政对国家制度和法律制度的艰辛探索实践，以人民代表大会制度为根本政治制度的社会主义民主政治制度不断发展完善，国家治理体系和治理能力现代化总体目标正在实现，各方面制度更加成熟、更加定型，已然取得明显成效。

100年来，我们党坚持“不忘初心、牢记使命”，一以贯之重视法律制度建设，从革命战争年代到建设社会主义、实行改革开放，到中国特色社会主义进入新时代，党不断深化认识法治在治国理政中的作用，逐步提出法治是治国理政的基本方式，全面推进依法治国，建设社会主义法治体系，建设社会主义法治国家。党在探索国家制度和治理体系的建设实践中，形成完备的党的领导制度体系的同时，对建立新型人民政权的国家制度和法律制度进行了积极探索，从土地革命时期提出要靠苏维埃政府自己来定出真正保护工农的法律政治、打倒豪绅地主资本家势力的法律政治，到党的六大制定《苏维埃政权的组织问题决议案》，对苏维埃政权建设作出规定，开启我们党依靠法律制度进行政权建设的实践。1931年，第一次全国苏维埃代表大会制定《中华苏维埃共和国宪法大纲》（以下简称《宪法大纲》）、《中华苏维埃共和国劳动法》、《中华苏维埃共和国土地法令》等，使苏维埃国家政权得到法律保障。抗日战争时期党领导建立陕甘宁边区政权，先后制定《陕甘宁边区抗战时期施政纲领》及边区政府组织条例、选举条例、各级参议会组织条例等，使抗日根据地的法制建设初具规模。1949年党宣布废除国民党的六法全书，组织召开中国人民政治协商会议，制定《共同纲领》，开始新中国的国家制度和法律制度建设。从1956年党的八大提出“有法可依、有法必依”，到改革开放前，政协会议、全国人大及其常委会、中央人民政府委员会等共制定宪法、婚姻法、工会法、各种组织法等法律法令和决定 135 件，较快建立起国家制度和治理体系相关的法律制度。改革开放以后，我国国家制度和法律制度建设步伐明显加快，党根据不同历史时期的工作重点，先后提出加强社会主义法制、依法治国目标，并如期形成中国特色社会主义法律体系，中国特色社会主义制度更加完善。党的十八大以来，党中央高度重视全面依法治国，将其纳入“四个全面”战略布局加以推进，党的十八届三中全会提出全面深化改革的总目标是完善和发展中国特色社会主义制度，推进国家治理体系和治理能力现代化；党的十八届四中全会作出关于全面推进依法治国若干重大问题的决定；党的十九届四中全会作出关于坚持和完善中国特色社会主义制度、推进国家治理体系和治理能力现代化若干重大问题的决定。这个时期，我们坚持在法治下推进改革，在改革中完善法治，通过现行宪法第五个修正案，编纂民法典，加强落实宪法相关制度、国家安全、生态环保、社会民生等领域立法，国家制度和法律制度现代化建设取得新的重大进展，以宪法为核心的中国特色社会主义法律体系更加完备。经过 100 年对法治建设的曲折探索，党明确提出全面依法治国的总目标是建设中国特色社会主义法治体系，建设社会主义法治国家，并将之与党的执政能力紧密结合，纳入国家制度和治理体系现代化建设，旗帜鲜明提出必须坚定不移走中国特色社会主义法治道路，坚持和完善中国特色社会主义法治体系，提高党依法治国、依法执政能力。

100 年来，我们党坚持“不忘初心、牢记使命”，一以贯之立足为人民服务的根本宗旨，努力建立起与旧中国性质根本不同的新型人民政府，坚持为人民服务、对人民负责、受人民监督，加强人民政府建设，创新行政方式，提高行政效能，建立起让人民满意的服务型政府治理体系。为人民谋幸福的初心使命，让党从成立时就十分注意建立人民性质的政权，提出建立“劳农专政政治”的目标。党的六大明确提出党在夺取政权后应吸收劳动群众参加国家机关——中国工农兵代表会议（苏维埃）政府，参加“管理政事的事业”。《宪法大纲》进一步明确了苏维埃国家政权和政府的人民性。经过土地革命战争的苏维埃政府、抗日战争时期陕甘宁边区政府“精兵简政”的锤炼，到新中国建立起在全国执掌政权的人民政府，我们党积累了进行行政管理的有益经验。新中国建立起了人民代表大会制度，成立各级人民代表大会和各级人民政府，真正实现由人民当家作主，由人民依法通过各种途径和形式，管理国家事务，管理经济和文化事业，管理社会事务。国家通过宪法和一系列法律制度保证人民政府为人民的本质属性，克服了资产阶级政府“表面上是替国民服务，实际上却是对国民进行统治和掠夺”[1]的虚伪本质，有效防止人民政府走向官僚阶层，脱离人民群众，背离为人民服务宗旨。这一时期，围绕着党和国家事业的主要任务、围绕经济社会发展和提高人民生活水平，我国各级人民政府成为适应计划经济需要的大包大揽的全职政府。改革开放以后，为适应我国经济逐步转向社会主义市场经济的发展要求，提高行政效率，国家先后8次进行政府机构改革，不断缩减政府规模，行政体制改革的步伐与党和国家事业的发展同频共振，政府的职责使命实现由“全能型政府”逐渐向“服务型政府”转变，行政职能不断优化、逐步规范，实现了政府职能体系的重大转变。党的十八大以来，为适应推进国家治理体系和治理能力现代化的需要，行政体制改革向纵深发展。“放管服”改革在神州大地广泛深刻展开、大刀阔斧推进，大幅削减行政审批事项，彻底终结非行政许可审批，以服务人民、服务市场、服务社会为目标，正确处理政府与市场的关系，更好发挥政府的作用，建设具有我国特色的服务型政府，行政法律法规制度体系不断健全，实现了政府职能由管理型向服务型转变。经过100年对人民政府行政管理体制的实践探索，我们党对完善国家行政体制、优化政府职责体系、优化政府组织结构、健全发挥中央和地方两个积极性体制机制有了更加深刻的把握，行政体制改革效能不断显现，一个职责明确、依法行政的政府治理体系正在形成，中国特色社会主义行政体制更加完善，显示出更加优越的制度优势，更好体现了人民政府为人民的本质特征。

---

[1]《马克思恩格斯选集》(第3卷)，人民出版社1995年版，第12页。

100 年来，我们党坚持“不忘初心、牢记使命”，一以贯之立足于建立民主平等公平的社会主义社会，把消灭人剥削人的旧社会、消灭资本家私有制、建立社会主义公有制作为奋斗目标，经过曲折探索与不懈努力，建立起同我国生产力发展水平相适应的社会主义基本经济制度。党成立初期，在寻求民族解放、国家独立的同时，把经济与政治紧密相连，明确经济的发展必须建立在政治的独立基础之上。在革命初期即提出反对苛税，创立农民借贷银行，将官地颁给农民，保护农民利益的问题。土地革命时期，提出“苏维埃区域的经济政策，应当在容许自由贸易的原则之下，实行抑制剥削分子的方针”。强调要从金融、税收等方面，“采取一切有利于工农群众并为工农群众了解的走向社会主义的经济政策”[1]。抗日战争时期，领导开展大生产运动，提出“发展经济，保障供给”，走生产自救的道路，最终实现“自己动手”“丰衣足食”，积累起一些经济建设的经验。新中国成立后，按照《共同纲领》和宪法的规定，党团结带领人民创造性完成社会主义改造，建立起社会主义公有制的基本经济制度，采取计划经济，实行按劳分配，大规模开展社会主义经济建设，在短时间内取得显著成效。改革开放以后，适应社会主义初级阶段的发展国情和实际，通过不断修改完善宪法和经济法律制度，对经济发展体制机制的实践探索成果及时予以制度化规范化，建立起符合国情实际的社会主义基本经济制度法律规范体系，使我国的经济体制从纯而又纯的公有经济到允许个体私营经济并存发展，从计划经济到“计划经济为主、市场调节为辅”，到实行社会主义市场经济，实现社会主义制度优势和市场经济活力的有机结合，更好发挥政府和市场的作用，实现国民经济快速发展，国家经济实力不断增强，使我国由近代以来积贫积弱、连火柴都无法制造的落后的农业国家成长为唯一拥有联合国产业分类所列全部工业门类的世界第二大经济体，消除 14 亿人口的绝对贫困，全面建成小康社会，进入全面开启建设社会主

〔1〕 全国人大图书馆编：《中华苏维埃代表大会重要文献选编》，中国民主法制出版社 2019 年版，第 185、616 页。

义现代化国家的新的伟大时代。经过100年对社会主义公有制经济体制机制的探索，我们党对计划和市场有了更加清醒成熟的认识，通过建立和完善社会主义市场经济体制，坚持“两个毫不动摇”，对公有制经济和非公有制经济实行同等保护，丰富了社会主义基本经济制度的内涵，丰富了中国特色社会主义市场经济的伟大实践，丰富了马克思主义政治经济学的宝库，为丰富发展社会主义经济制度提供了更多选择。

100年来，我们党坚持“不忘初心、牢记使命”，一以贯之坚持马克思主义在意识形态领域指导地位的根本制度，将其与中华优秀传统文化相结合，推动民族的科学的大众的新文化建设，推动建立繁荣发展的社会主义先进文化制度，坚定文化自信，巩固了全体人民团结奋斗的思想基础。党成立后，坚持以马克思主义为指导，提出一系列纲领主张，宣传动员革命群众。在整个革命时期，党通过领导主办马列学院、艺术学校、自然科学研究院等各种学校、党报党刊、广播电台等，加强宣传革命文化，大力发展科学文化教育事业。通过《宪法大纲》等法律制度，保证工农劳苦大众享有受教育的权利；通过召开延安文艺座谈会，解决文艺为什么人的问题，为取得新民主主义革命胜利提供强大精神力量。新中国成立后，进一步实现文化教育法律化制度化，《共同纲领》确立“中华人民共和国的文化教育为新民主主义的，即民族的、科学的、大众的文化教育”；1954年宪法规定，国家保证公民享有受教育的权利，保障公民进行科学研究、文学艺术创作和其他文化活动自由。党的八大确认“百花齐放、百家争鸣”方针，提出要“努力创造社会主义的民族的新文化”。改革开放以后，党的十二大以来党的历次代表大会或者中央全会，都反复强调要加强和改进思想政治工作，加强社会主义精神文明建设，大力发展社会主义文化，坚持社会主义先进文化前进方向，兴起社会主义文化建设新高潮，提高国家文化软实力，扎实推进社会主义文化强国建设，走中国特色社会主义文化发展道路，加强社会主义核心价值体系建设，坚定文化自信，推动社会主义文化繁荣兴盛，推进马克思主义中国化时代化大众化。2018年宪法修正案将“国家倡导社会主义核心价值观”写入宪法，党提出社会主义核心价值观入法入规指导意见，使社会主义先进文化成为人民对美好生活向往的重要精神内涵。经过100年对社会主义文化建设的不懈推进，历经革命、建设和改革，我们党始终坚持以马克思主义作为文化建设的指导思想不动摇，坚持和完善繁荣发展社会主义先进文化的制度，把发展社会主义先进文化、广泛凝聚人民精神力量，作为国家治理体系和治理能力现代化的重要支撑，坚持以社会主义核心价值观引领文化制度建设，把社会效益放在首位，推动社会效益和经济效益相统一，激发全民族文化创造活力，更好构筑中国精神、中国价值、中国力量。

100年来，我们党坚持“不忘初心、牢记使命”，一以贯之将为人民谋幸福放在首位，建立并不断健全完善增进人民福祉、促进人的全面发展的制度保障体系，努力满足人民在不同历史时期对美好生活的新期待。党成立时就以解救人民脱离受压迫受剥削之苦海为己任，明确自己“是为无产阶级群众奋斗的政党”，革命是为着人民的现实利益和根本利益的，而不是脱离群众利益的纯粹政党夺权的争斗。从党领导工人罢工提出保障工人权利、增加工资、改善待遇等要求，到《宪法大纲》规定制定劳动法、颁布土地法，保障工农享有劳动保护权、土地使用权、受教育权、婚姻自由等权利；从1934年毛泽东同志提出要“关心群众生活”，“解决群众的生产和生活问题，盐的问题，米的问题，房子的问题，衣的问题，生小孩子的问题，解决群众的一切问题”[1]，到《陕甘宁边区宪法原则》规定要改善工作生活与提高劳动效率，救济灾荒，扶养老弱贫困，免费办教育等，再到抗日根据地改善公共卫生，预防疾病流行，制定社会保险政策，开展社会教育工作等，努力探索社会建设之路，都使党的奋斗目标与人民群众的现实生活紧密相连。新中国成立后，无论是《共同纲领》、1954年宪法，还是1975年宪法、1978年宪法，都强调要加快建设社会主义经济，使生产力不断提高，以改进人民的物质生活和文化生活，保障公民享有劳

〔1〕 中共中央党校教务部编：《毛泽东著作选编》，中共中央党校出版社2002年版，第38-39页。

动休息权及受教育权、在年老生病或丧失劳动能力的时候获得物质帮助的权利。改革开放以后，1982 年宪法进一步丰富了保障公民权利的制度，国家相应制定大量社会保障类的法律，保障人民享有安全舒适的生活。党的十八大以来，顺应人民对美好生活的新向往，党中央不断加强民生保障工作，采取各种有效措施，建立惠及全体人民的社会保障制度，社会保障法律制度不断健全，建成包括养老、医疗、教育、住房等在内的世界最大的社会保障网，创造了世界社会保障发展史上的罕见奇迹，人民生活实现从贫穷到温饱再到全面小康的历史性跨越。经过 100 年为实现人民对美好生活的向往而努力奋斗，我们更深刻认识了“全心全意为人民服务”的立党宗旨，明确了党坚持不懈奋斗的目标和努力前进的方向，提出要不断健全国家基本公共服务制度体系，建立健全和完善有利于更充分更高质量就业的促进机制、服务全民终身学习的教育体系、覆盖全民的社会保障体系，强化提高人民健康水平的制度保障，全面落实好立党为公、执政为民的本质要求，不断增进人民福祉，满足人民日益增长的美好生活需要，促进人的全面发展。

100 年来，我们党坚持“不忘初心、牢记使命”，一以贯之重视发挥人民群众的自主革命和创新精神，领导实现人民当家作主，让人民参与国家管理和社会治理，努力构建起符合中国国情、符合人民意愿、符合客观规律的共建共治共享的社会治理制度，推进平安中国建设。党成立初始，就把发动群众、依靠群众开展革命斗争作为重要策略，把自己扎根在人民群众之中，通过组织工会、农民协会，领导群众为获得解放而斗争。《宪法大纲》明确规定，在苏维埃政权下，所有工人、农民、红军及一切劳苦民众都有权选派代表掌握政权的管理。抗战期间，党领导开展敌后游击战，创建抗日民主政权，对实现人民群众自我解放、自我管理、自我教育进行了有益尝试，探索了有益经验。新中国成立后，我们党领导建立人民当家作主的民主政治，不断完善人民参与国家社会治理的体制机制和法律制度，在各个行业充分发挥人民依法管理国家和社会事务、管理经济和文化事业的积极性主动性，广大人民群众以高度负责的主人翁精神献身国家建设事业，创造了以“枫桥经验”为典型代表的许多社会治理经验，并在实践中不断得到发展完善。改革开放以后，经济社会发生深刻变革，带来利益格局的深刻调整，人民内部矛盾呈现出高发性、多样性、扩张性的新特点。党适应新时代发展要求，准确把握人民更好期待，积极寻找释放人民主动解决矛盾问题的能量的新方法新途径，加强相关法律制度建设，依法建立起强大的由人民广泛参与的社会治理新网络，形成社会治理新格局。党的十八大以来，我国立法及时跟进社会需求，国家安全法律制度体系不断健全，公共安全卫生领域立法不断完善，民法典及时对社区在突发公共卫生事件中的作用给予规范，地方立法与国家立法衔接配套，及时完善群众参与基层社会治理制度，健全社会管理和服务机制，推行网络化管理和服务，有效激发了人民群众参与社会治理的内生动力。2020 年全球大流行至今的新冠肺炎疫情，证明人民群众的积极参与和社区的主动作为是社会治理的有效方式，充分彰显了我国国家制度和社会治理的巨大政治优势。经过 100 年党与人民共同团结奋斗，人民群众作为党和国家建设事业发展的主人翁意识不断增强，通过各种合法渠道表达利益诉求的意愿更加强烈，党委领导、政府负责、民主协商、社会协同、公众参与、法治保障、科技支撑的社会治理体系日渐形成，党组织领导的自治、法治、德治相结合的城乡基层治理体系逐步健全，共建共享的社会治理制度和基层社会治理新格局加快建立，为保持社会稳定、维护国家安全提供了坚实的法律制度保障。

100 年来，中国共产党坚持“不忘初心、牢记使命”，一以贯之坚持尊重自然规律，重视保护环境，加强环境保护法律制度建设，不断建立和完善生态文明制度体系，坚持走生产发展、生活富裕、生态良好的文明发展道路，建设美丽中国。党成立后在领导革命战争中，不忘领导军民积极进行经济建设，开垦荒地、兴修水利。在抗日根据地，大力开展大生产运动，改善生产生活环境，将昔日荒凉的南泥湾变成“陕北的好江南”。新中国成立后，坚持长期不懈地大规模兴修水利，发展农田灌溉，大力开展植树造林、控制水土流失、建立气象预报等工作，客观上起到了保护生态环境的作用。1972 年，我国积极参加世界上第一次保护环境的国际会议，开展新中国历史上第一项治污工程。1973 年首次召开全国环境保护会议，制定新中国第一部有关环境保护的综合性文件。1978 年修改宪法，确定环境保护的宪法地位，成为国家的一项基本国策。改革开放以后，我国加强社会主义法制建设，制定的第一部法律是 1979 年由全国人大常委会通过的《中华人民共和国森林法（试行）》，加强生态保护。1982 年修改宪法，再次就国家保护和改善生活环境和生态环境、防治污染和其他公害、组织和鼓励植树造林等问题作出规定，使生态环境保护的内涵更加完整和丰富。之后，国家不断加强环境保护立法，制定环境保护法等十多部生态环境保护领域的法律，基本健全了生态文明法律制度体系。随着我们党对加强生态环境保护认识的不断提高，党中央、国务院也相继出台一系列相关文件，从党的十五大到党的十七大，不断深化生态环保要求，相继提出要“美化生活环境，提高生活质量”，“促进人与自然的和谐，推动整个社会走上生产发展、生活富裕、生态良好的文明发展道路”，完善有利于节约能源和保护生态环境的法律政策，加快形成可持续发展的体制机制，加强能源资源节约和生态环境保护。党的十八大以来，全党树立“绿水青山就是金山银山”的绿色文明发展理念，把生态文明建设纳入“五位一体”总体布局，提到前所未有的高度，强调要牢固树立社会主义生态文明观，加快生态文明体制改革。2018 年又将推动生态文明与其他文明协调发展写入宪法修正案，生态环境保护领域立法得到不断加强，生态文明法律制度日臻完善。经过 100 年生产发展的实践探索，我们走出了一条不同于西方环境保护“先污染、后治理”的生态文明发展道路，坚持发展与保护相结合，建立最严格的生态环境保护制度、资源高效利用制度、生态保护和修复制度、严明生态保护责任制度，不断健全和完善促进人与自然和谐共生的生态文明制度体系。

100年来，我们党坚持“不忘初心、牢记使命”，一以贯之重视坚持党对军队的绝对领导制度建设，坚持人民军队的性质、宗旨和本色，经过血与火、生与死的斗争考验，熔铸了建军之本，磨砺了强军之魂，使中国人民解放军成为政治过硬、法纪严明、忠诚信仰、作风优良、战无不胜的英勇的人民军队。党成立后，革命斗争的腥风血雨使党认识到“政权是由枪杆子中取得的”。党自领导八一南昌起义、秋收起义开始，领导武装革命，创建人民军队，经过“三湾改编”、古田会议等，最终确立了党对人民军队的绝对领导权，使之成为我们党建军治军的一条铁律。新中国成立后，党十分重视国防建设和军队建设，不断完善相关军事法律制度。1954年宪法对国家武装力量的属性和领导作出规定，第一届全国人大及其常委会制定《中华人民共和国兵役法》《中国人民解放军军官服役条例》，开展依法治军。改革开放以后，党对军队领导制度进一步实现法制化规范化，军队法制建设不断加强。1982年宪法设专节对“中央军事委员会”作出规定，明确中央军事委员会领导全国武装力量，中央军事委员会实行主席负责制，党章也作出类似规定。同时，大量的军事法律不断出台，基本形成比较完备的军事法律制度体系，强化了政治建军的制度基础，党对军队工作的领导不断加强。党的十八大以来，以习近平强军思想为指导，坚决抵制所谓“军队非政治化”和“军队国家化”等企图动摇党对军队领导的错误论调，全面深化国防和军队改革，坚持依法治军、从严治军，实现人民军队整体性革命性重塑，出台《中国共产党军队党的建设条例》等党内法规，压实党委主体责任，确保党对军队的绝对领导。经过长期的实践探索，我们党领导形成了包括军委主席负责制，党委制、政治委员制、政治机关制，党委统一的集体领导下的首长分工负责制，支部建在连上等在内的一整套制度体系，从而保证人民军队在任何情况下都坚决听从党的指挥，在各个时期都坚决执行党的政治任务，为革命浴血奋战、为建设和改革保驾护航，成为党和国家事业不断向前的坚强柱石。[1] 经过100年的战火淬炼、风浪考验，我们形成和坚持了党对人民军队的绝对领导制度，无论时代如何发展、形势如何变化，都能确保人民军队始终以党的旗帜为旗帜、以党的方向为方向、以党的意志为意志，始终保持最坚定的政治本色、最明亮的鲜红底色，坚决听从党的指挥，永远跟党走，确保实现党在新时代的强军目标，忠实履行新时代使命任务。

100年来，我们党坚持“不忘初心、牢记使命”，一以贯之团结带领人民为国家独立进行了艰苦卓绝的奋斗，经过28年浴血奋战，建立了中华人民共和国；新中国成立后，为实现港澳台回归祖国、实现国家的完全统一，进行了不懈努力和探索，提出“一国两制”的伟大构想，形成并不断完善“一国两制”制度体系，积极推动实践，取得重大成果，成为中国特色社会主义国家制度和国家治理体系的显著优势。在革命战争年代，党领导革命根据地实施了与国民党统治区完全不同的社会制度。新中国成立后，我们党根据西藏的特殊情况，通过谈判实现西藏和平解放，并实行灵活政策，保持西藏原有的政治社会制度不变，可以说是解放初期我党领导实现国家统一、进行社会制度改革最早的生动实践和探索。朝鲜战争结束后，台湾统一问题提上党的议事日程，以毛泽东同志为代表的共产党人，根据国际国内形势发展变化，从民族大义和实际出发，提出和平解决台湾问题的“一纲四目”原则，以推动大陆与台湾和平统一。1979年全国人大常委会发表《告台湾同胞书》，郑重宣示了争取和平统一的大政方针。1981年国庆前全国人大常委会委员长叶剑英发表谈话，阐述了台湾回归祖国、实现和平统一的九条方针，明确指出“国家实现统一后，台湾可作为特别行政区，享有高度自治权”，“台湾现行社会、经济制度不变，生活方式不变”等。1982年年初邓小平同志指出，九条方针“实际上就是一个国家两种制度”，首次提出“一个国家，两种制度”的概念。1982年宪法

[1] 参见中共中央宣传部理论局编：《中国制度面对面》，学习出版社、人民出版社2020年版，第188、192页。

第三十一条规定："国家在必要时得设立特别行政区。在特别行政区内实行的制度按照具体情况由全国人民代表大会以法律规定。"以国家根本大法对"一国两制"构思作出规定，也为国家在香港、澳门设立特别行政区提供了直接的宪法依据。[1] 20世纪90年代，全国人大及其常委会分别制定了香港、澳门两个特别行政区基本法和两个特别行政区驻军法等法律制度，完善了"一国两制"制度体系。1997年7月1日、1999年12月20日，饱经沧桑的香港、澳门先后回到祖国怀抱，洗雪了中华民族的百年耻辱，开启了历史新纪元。港澳回归20多年来取得举世公认的发展成就，以无可辩驳的事实证明"一国两制"伟大构想的科学性、可行性和实践性。其间，针对香港社会有些人对"一国两制"方针政策和基本法存在模糊认识和片面理解，从1999年开始，全国人大常委会共5次进行释法，对一些重要问题起到了正本清源的作用。[2] 针对2019年香港一些反对派和激进分子的激进暴力犯罪、严重践踏法治权威、严重破坏香港繁荣稳定、严重挑战"一国两制"原则底线的行为，党的十九届四中全会明确提出"建立健全特别行政区维护国家安全的法律制度和执行机制，支持特别行政区强化执法力量"。2020年5月以来，全国人大及其常委会先后就香港特别行政区维护国家安全及完善香港特别行政区选举制度等作出决定、制定法律、修订香港特别行政区基本法附件一和附件二，有效维护宪法和香港特别行政区基本法确定的香港特别行政区宪制秩序，确保香港长治久安和长期繁荣稳定。经过100年对国家独立统一的不懈奋斗，不管世界风云如何变幻，我们坚决维护国家主权、安全、发展利益的坚定意志没有变，坚定维护"一国两制"制度体系的能力和策略更加显示出政治智慧和现实威力。面向未来，我们还将努力推动两岸就和平发展达成制度性安排，解决台湾问题，实现祖国完全统一。

---

〔1〕 参见中共中央党史研究室：《中国共产党的九十年》（改革开放和社会主义现代化建设新时期），中共党史出版社、党建读物出版社2016年版，第761页。

〔2〕 参见中共中央宣传部理论局编：《中国制度面对面》，学习出版社、人民出版社2020年版，第200、210页。

100年来，我们党坚持“不忘初心、牢记使命”，一以贯之胸怀国际共产主义革命理想，践行为人类进步事业而奋斗的目标，把中国革命、建设和改革融入世界发展大局，坚持和完善独立自主的和平外交政策，尊重各国主权独立与文化传统，秉持“天下大同”“和合相睦”的传统中国文化理念，推动构建人类命运共同体，力求对人类发展进步有更大贡献。党成立初始，就把“为中国人民谋幸福、为中华民族谋复兴”的初心使命与世界无产阶级革命紧密联系在一起，在党的一大上就提出了联合第三国际的主张。抗战时期，提出党的外交政策是在国际统一战线的思想指导下，以共同抗日和争取民主、扩大党的影响为中心内容。新中国成立时，《共同纲领》规定了国家的外交原则，是“保障本国独立、自由和领土主权的完整，拥护国际的持久和平和各国人民间的友好合作，反对帝国主义的侵略政策和战争政策”。1953年我国政府在同印度就两国间存在的问题谈判时首次提出和平共处五项原则，1954年又与印度和缅甸一致同意以和平共处五项原则作为指导相互关系的基本原则，并倡议将其作为处理国际关系的准则，并在1954年宪法中体现了这一原则的主要精神。这期间，我们党坚定坚持独立自主的和平外交政策，在美苏两个超级大国主导的世界冷战格局中，根据和平共处、睦邻友好的原则，积极发展同亚非拉国家的关系，同时在国际形势新的格局初露端倪时，推动中美关系、中日关系改善，提出三个世界划分理论，恢复我国在联合国常任理事国的合法席位，推动我国外交工作取得突破性大发展，极大地改善了我国的安全环境，为改革开放和更加积极地参与国际事务奠定了基础。改革开放以后，提出“和平和发展是当代世界的两大问题”的判断；1982年宪法确立坚持独立自主的对外政策，坚持和平共处五项原则，发展同各国的外交关系和经济、文化的交流；提出与发展中国家的经济合作四项原则，开展了形式多样的经济合作。进入新世纪，顺应世界求和平、谋发展、促合作的时代潮流，始终不渝走和平发展道路，积极推动建设和谐世界。党的十八大以来，习近平总书记站在全人类的高度，提出推动构建人类命运共同体的重大倡议，不断完善我国外交布局，维护国家利益和人民利益，搭建“一带一路”公共产品平台，推动各国共建共享，织就一根美美与共的友谊纽带，推动人类共同利益的实现。2018 年宪法修正案，写入“坚持和平发展道路，坚持互利共赢开放战略”，“推动构建人类命运共同体”，使之成为我国外交工作的宪法制度遵循。我们党坚持统筹国内国际两个大局，克服肆虐全球的新冠肺炎疫情影响，积极参与全球治理体系改革和建设，彰显了我国负责任的大国形象。经过 100 年对建设人类美好社会的不懈追求，我们不断完善外交布局，坚定不移维护世界和平，推进合作共赢的开放体系建设，高举人类命运共同体旗帜，秉持共商共建共享的全球治理观，推动构建更加公正合理的国际治理体系，携手建设更加美好的世界。

100 年来，我们党坚持“不忘初心、牢记使命”，一以贯之注重党纪党风建设，坚持把纪律挺在前面，及时清除党内的腐败肌体，不断健全完善党和国家监督制度，强化对权力运行的制约和监督，确保党和人民赋予的权力始终用来为人民谋幸福。党成立时对自己的党员就有严明的纪律要求，党的二大通过的党章，专门设置“纪律”一章；党的三大制定《中国共产党中央执行委员会组织法》，开始通过党内法规约束最高领导人权力的探索〔1〕。1927 年 4 月党的五大正式提出党内实行民主集中制的组织原则，并选举产生党的历史上第一个中央纪律检查监督机构——中共中央监察委员会，受党的五大委托，同年 6 月中央政治局修改党章，增设“监察委员会”一章，规定在党的全国代表大会及省代表大会选举中央和省监察委员会。党的六大修改党章，反对党内存在的极端民主主义，强调“党员对党内某个问题，只有在相当机关对此问题的决议未通过以前可以举行争论”。党的七大修改党章，设专章规定“党的监察机关”。新中国成立后，党继续加强作风建设，于 1949 年建立中央纪律检查委员会；1951 年开展“三反”斗争，判处曾经于革命有功的贪污腐败分子刘青山、张子善死刑；

〔1〕参见张士义、王祖强、沈传宝主编：《从一大到十九大　中国共产党全国代表大会史 1921—1927》，东方出版社 2018 年版，第 53 页。

1952年公布实施《中华人民共和国惩治贪污条例》，使有关工作进入法律程序；1954年，党的七届四中全会通过《关于增强党的团结的决议》，明确反对把自己领导的地区和部门当作独立王国，反对把个人放在组织之上，反对不适当地过分地强调个人的作用，反对骄傲情绪和个人崇拜，严格了党内报告制度；1955年，党的全国代表会议决定成立中央和地方各级党的监察委员会，负责检查和处理党员违反党的章程、党的纪律、共产主义道德和国家法律法令的案件等，原有的中央及地方各级党的纪律检查委员会撤销。改革开放以后，党把从严管党治党摆在重要位置，恢复成立中央纪律检查委员会，认真查处一批腐败案件，及时清除党内的腐败肌体。党的十八大以来，以习近平同志为核心的党中央从“四个全面”战略高度推进全面从严治党，加强党内法规制度建设，推进国家机构改革，推进依规治党和依法治国有机统一，把党内法规纳入中国特色社会主义法治体系，与时俱进制定修订党章、新形势下党内政治生活若干准则、廉洁自律准则、党内监督条例、党纪处分条例等，修改宪法，制定监察法，修改刑法、刑事诉讼法等国家法律，成立各级监察委员会，加快建立完善反腐制度机制，堵塞制度漏洞，明晰权力边界，严格职责权限，坚持党纪严于国法，把公权力关进制度的笼子里，强化权力制约监督，持续反腐不放松，先后查处了周永康、薄熙来、徐才厚、令计划、孙政才等重特大腐败案件和大批违法违纪党员干部，推进反腐败斗争取得压倒性胜利，有力保持了党的纯洁性和先进性。经过100年党对自我监督制度的不断探索和完善，党和国家监督制度不断健全，党统一领导、全面覆盖、权威高效的监督制度体系日趋完备，推进不敢腐、不能腐、不想腐的综合效应正在充分显现，决策科学、执行坚决、监督有力的权力运行机制正在形成，并将转化为强大的治理效能，实现社会河清海晏。

100年来，我们党领导中国人民，经过艰苦卓绝努力、英勇不屈斗争，使积弱积贫、灾难深重的半殖民地半封建的旧中国获得解放独立，建立了社会主义新中国。中国共产党以科学社会主义理论为指导，以中华传统文明为底蕴，以中华民族共同体意识为支撑，适应社会主义革命、建设和改革开放的实践要求，建立并不断完善中国特色社会主义国家制度和法律制度，使中国特色社会主义不断走向新生和繁荣，创造了世所罕见的人间奇迹，使5000多年的中华制度文明在经历建立、发展、繁荣、衰落后实现凤凰涅槃，转型重生，焕发出新的生机和活力，显现出中国特色社会主义制度融通古今的强大历史伟力、实践伟力、理论伟力。

“自信人生二百年，会当水击三千里。”实践充分证明，中国特色社会主义国家制度和法律制度不是从天上掉下来的，不是谁拍脑袋臆想出来的，而是中国共产党带领中国人民经过从理论到实践的反复探索、历经艰苦磨难形成的，是从中华民族悠久历史中传承下来的，是从近代以来中国人民的深重苦难中求索出来的，是我们党在百年接续奋斗中创造出来的，具有深厚的历史渊源、丰富的实践内涵、科学的理论根据和广泛的现实基础。

“推翻历史三千载，自铸雄奇瑰丽词。”100年历尽艰辛矢志不移，100年革故鼎新改天换地，100年奋发图强百炼成钢。回望过往的奋斗路，眺望前方的奋进路，中国共产党领导国家制度和法律制度建设100年，不忘初心、牢记使命，艰苦奋斗、奠基立业，立足本国、放眼世界，上下求索、吹沙见金，海纳百川、兼收并蓄，固本培元、与时俱进，中国制度已成参天大树，根深枝茂，日趋成熟定型，书写了自古迄今人类制度文明史上最为雄奇瑰丽的新华章。这种保证亿万人民当家作主的新型国家制度，实现了党的领导、人民当家作主、依法治国有机统一，使中国特色社会主义制度成为具有显著优越性和强大生命力的制度，为实现中华民族伟大复兴提供了最好制度保障，为发展中国家走向现代化提供了全新选择，为人类更好探索建设社会主义制度贡献了中国智慧、中国方案。站在历史和未来的交汇点上，我们对中国制度的来之不易感慨万千，对中国制度的人民底色由衷赞叹，对中国制度的辉煌成就骄傲自豪，对中国制度的锦绣前程充满自信。

“装点此关山，今朝更好看。”《中共中央关于坚持和完善中国特色社会主义制度、推进国家治理体系和治理能力现代化若干重大问题的决定》筑牢、巩固了中国特色社会主义制度大厦的“四梁八柱”，开启了新时代制度建设精雕细琢发展完善的新工程。新中国成立之初，毛泽东同志就满怀信心地说：“一切事实都证明：我们的人民民主专政的制度，较之资本主义国家的政治制度具有极大的优越性。”改革开放初期，邓小平同志也自信满怀地说：“我们的党和人民浴血奋斗多年，建立了社会主义制度。尽管这个制度还不完善，又遭受了破坏，但是无论如何，社会主义制度总比弱肉强食、损人利己的资本主义制度好得多。我们的制度将一天天完善起来，它将吸收我们可以从世界各国吸收的进步因素，成为世界上最好的制度。”习近平总书记指出：“我们已经走出了建设中国特色社会主义制度的成功之路，只要我们沿着这条道路继续前进，就一定能够实现国家治理体系和治理能力现代化。”我们相信，按照党的十九大和十九届四中全会擘画的宏伟蓝图，再经过30年的不懈奋斗，到中华人民共和国成立100年时，中国特色社会主义制度大厦必将日臻完善，熠熠生辉，成为中华民族伟大复兴胜利飘扬的旗帜，成为中国之治开启新的文明社会千秋伟业的制度依托，成为人类制度文明宝库的璀璨明珠，为人类的文明进步作出更大更卓越的贡献。

第一编　局部执政

20世纪20年代初，中国共产党的诞生不是偶然的。在半殖民地半封建的中国社会现实条件下，资产阶级革命并没有完成反帝反封建的民主革命任务。战乱频仍，民生凋敝，丧权辱国，成了旧中国长期无法消除的病痨。这种状况迫切需要坚强有力的政治领导力量担负起中华民族复兴的重任。以马克思主义理论为指导的中国共产党应运而生，高举社会主义和共产主义的旗帜，并担负起领导新民主主义革命的重任。这个时期，党的主要任务是领导人民群众进行武装革命斗争，夺取全国政权。我们党领导人民打土豪、分田地，进行土地革命战争，建立了红色革命政权——苏维埃共和国；领导人民开展抗日战争，建立抗日民主革命政权；在解放区领导人民建立人民代表会议制度，唤醒人民自觉投身解放战争，推翻蒋家王朝，建立新中国。其间，我们党先是实现在局部地区执政，对国家制度和法律制度建设进行了理论创新和实践探索，进而为在全国取得政权，实现全面执政条件下领导国家制度和法律制度建设，进行社会主义革命和建设，积累了有益经验。

第一章

1921 年中国共产党成立至土地革命时期
在局部地区执政开展制度建设探索

中华文明是人类历史上唯一一个绵延 5000 多年至今未曾中断的灿烂文明。在漫长的历史长河里，中华民族用智慧和勤劳创造了举世瞩目的物质文明、精神文明和制度文明，在人类文明史上产生过一个又一个高峰。以中华礼法为基础、以中华法系为主干、承载广大人民日用而不觉之价值观念的制度文明，是中华文明中具有深远传承性、鲜明辨识度、强大生命力的重要部分，在人类制度文明发展史上占有重要席位，长久处于世界领先地位。

但是，到 19 世纪初期西方国家相继完成工业革命后，资本主义在世界范围内取得优势，不断加强对外殖民扩张。处于封建社会末期的中国失去了制度的比较优势，政治、经济、军事、社会等全面溃退。1840 年鸦片战争爆发，成为旧中国进入半殖民地半封建社会的开端。随着封建社会的没落和清王朝国力衰落，西方列强利用坚船利炮武力侵略胁迫，通过一纸纸不平等条约强行让中国割地赔款，把种种屈辱强加给中国人民，中华制度文明传统的巨大影响式微，从农耕时代发轫的整套封建制度体系，不再适应当时中国经济社会发展和迫切实现近代工业化的需要，也不能适应广大人民群众的生存、安全等现实期盼，更无法为应对凶险复杂的国际形势、维护国家主权利益提供制度保障。中华民族陷入了日益深重的政治危机和民族危机。

一、中国共产党成立及对未来社会制度的主张

面对严重的民族危机和深刻的社会危机，建立什么样的国家制度，成为近代以来中国人民面临的一个历史性课题。鸦片战争以后，无数仁人志士为寻求改变中华民族前途命运的道路进行了不懈努力，历经了从技术层面、社会革命层面、实业层面到制度层面、文化层面的反复探索，尝试了君主立宪制、议会制、多党制、总统制等各种制度模式，但都以失败而告终。

十月革命一声炮响，给中国送来了马克思列宁主义，给苦苦探寻救亡图存出路的中国人民指明了前进方向、提供了道路选择。1921 年中国共产党应运而生，中国革命的面貌焕然一新，中国人民从精神上由被动转为主动。〔1〕 中国共产党一成立，就明确提出了自己的革命纲领，提出了对未来社会的主张，就是要建立社会主义和共产主义社会，为中国人民谋幸福、为中华民族谋复兴、为世界人民谋大同，并开始为之抛头颅、洒热血，进行了艰苦卓绝的英勇奋斗。

（一）国际国内背景和革命形势

“自从一八四〇年鸦片战争失败那时起，先进的中国人，经过千辛万苦，向西方国家寻找真理。”〔2〕 以林则徐、魏源为代表的晚清时期地主阶级开明派是最早提出模仿西法、向西方学习的有识之士。魏源在《海国图志》序文中开宗明义：“是书何以作？曰：为以夷攻夷而作；为以夷款夷

〔1〕 参见习近平：《决胜全面建成小康社会　夺取新时代中国特色社会主义伟大胜利——在中国共产党第十九次全国代表大会上的报告》（2017 年 10 月 18 日）。

〔2〕 毛泽东：《论人民民主专政》，载《毛泽东选集》（第 4 卷），人民出版社 1991 年版，第 1469 页。

而作；为师夷之长技以制夷而作。”其后地主阶级中的洋务派把向西方学习的主张付诸实践，提出“自强”“求富”的口号，主张“中学为体，西学为用”，试图在不触动封建地主阶级统治制度的前提下，从器物和技术层面学习西方军事和生产等方面近代化的经验和长处，达到实现抵御外侮、镇压内乱、维护封建体制和根基的目的。1894—1895 年中日甲午战争清政府的惨败，宣告了立足封建主义、只学技术不改制度的洋务运动完全破产。

中国农民是封建社会中的受剥削、受压迫阶级，在旧中国逐渐陷入半殖民地半封建社会过程中所承受的苦难尤其深重。延续传统农民起义路径，1851 年洪秀全等发动太平天国农民起义，反抗封建地主阶级统治，持续十余年，给予本国封建统治阶级和西方侵略势力以有力打击，展现了中国农民不屈的抗争精神。但这只是中国没有先进阶级领导的单纯旧式农民战争的高峰，最终包括义和团等在内的农民阶级发动的反抗运动都归于失败。事实证明，作为小生产者的农民不是世界近代化过程中新生产力和生产关系的代表，不是引领时代发展的先进阶级，难以承担引领中国实现民族独立和国家富强的历史重任。太平天国颁布了中国农民运动史上第一个完整的土地纲领——《天朝田亩制度》，虽然带有很大空想色彩，但表达出农民阶级要求制度变革、获得土地的强烈愿望，对其后革命的土地政策产生了积极影响。

旧中国封建社会内部的统治阶级（地主阶级）和被统治阶级（农民阶级）都无力改变中国逐步陷入半殖民地半封建社会的现状，但是顽强不屈的中华民族始终在积蓄酝酿在危机中育新机、在变局中开新局的伟大力量。新的社会力量的产生和成长，是伴随着中国近代社会结构和民众心理的嬗变而来的。其中最值得注意的：一个是民族工商业的兴起，民族资产阶级和工人阶级队伍迅速扩大；一个是近代知识分子的形成。由此，新的政治观念和意识形态相应地产生出来。[1] 新阶级力量、新政治观念、新

〔1〕 参见金冲及：《二十世纪中国史纲》（第 1 卷），社会科学文献出版社 2009 年版，第 48 页。

意识形态，必然要求对国家制度和社会制度进行革新。1898 年（农历戊戌年），以康有为、梁启超、谭嗣同、严复等人为主要代表的资产阶级维新派，掀起了史称“戊戌变法”的维新运动。维新派主张仿效英国、日本等资本主义国家模式，在中国建立君主立宪的政治体制，实施自上而下的政治改革，让资产阶级参与政权，实施资产阶级性质的改良，以推动中国资本主义经济、文化的发展。最终，光绪帝被囚禁、戊戌六君子被杀害、103 天的新政被终止。戊戌维新运动的失败表明，在半殖民地半封建的中国，依靠封建统治者自上而下地进行带有资产阶级性质的改良，是根本不可能成功的。[1]

处于内外交困之中的清王朝统治者逐渐意识到空前严峻的统治危机和不利形势，内部一些王公大臣、封疆大吏纷纷上书请求立宪，变革政治体制的呼声日渐高涨。迫于压力，光绪三十一年（1905 年）六月，清廷派遣五大臣分赴日、英、法、比、美、德、俄、意、奥等国考察政治，回国后提出立宪救国的建议，拟定了晚清预备立宪的基本原则、框架、实施步骤和期限。立宪派还推动官制改革和筹办地方自治，对封建政治制度产生巨大冲击。清政府颁布了第一个宪法性文件——《钦定宪法大纲》，推行君主立宪，但这个文件距离君主立宪政体的实行还有非常遥远的路程。尽管如此，清政府对行宪既无诚意，也不积极，“皇族内阁”的出现彻底暴露了这一政治骗局。[2] 其后，清政府迫于革命形势巨大压力抛出的《重大信条十九条》，已无法取信于民，随着腐朽的清政府被资产阶级革命运动所推翻，也成为一堆故纸。

资产阶级改良派的鲜血和清政府立宪骗局的破产，让资产阶级革命派清醒认识到改良的道路是走不通的，只有通过民族民主革命彻底推翻清政

---

〔1〕 参见中共中央党史研究室：《中国共产党的九十年》（新民主主义革命时期），中共党史出版社、党建读物出版社 2016 年版，第 6 页；中共中央党史研究室：《中国共产党历史》（第 1 卷）（1921—1949）（上册），中共党史出版社 2011 年版，第 12-13 页。

〔2〕 参见许崇德：《中华人民共和国宪法史》，福建人民出版社 2005 年版，第 6 页；张晋藩：《中国宪法史》，中国法制出版社 2016 年版，第 82-106、125-148 页。

府封建统治，建立新型政体的国家，才能真正改变近代中国被动挨打的局面和人民群众的悲惨境地。1905 年，中国民主革命伟大先行者孙中山先生发起成立中国同盟会，比较完整地提出了以建立一个资产阶级共和国为目标的政治纲领，并且努力用革命的手段来实现这个纲领，即“驱除鞑虏，恢复中华，创立民国，平均地权”。不久，孙中山又把它概括为“三大主义”，即民族主义、民权主义、民生主义，后被称为“三民主义”。这场革命的直接任务是推翻清朝政府，结束君主专制制度的统治。由于清朝政府已经是帝国主义列强用来统治中国的工具，因此这场革命实际上也具有了反对帝国主义的性质。在孙中山领导和影响下，1911 年 10 月爆发了辛亥革命，各省纷纷响应，革命风暴席卷全国，推翻了清王朝，建立了中华民国，孙中山就任中国民国第一任临时大总统，制定了具有资产阶级共和国宪法性质的《中华民国临时约法》。辛亥革命是一次比较完全意义上的反帝反封建的民族民主革命，不仅推翻了帝国主义的代理人——清王朝的统治，给予外国侵略者和中国封建势力以沉重的打击，而且结束了在中国延续了 2000 多年的君主专制制度，建立了共和政体，推动了中国民族资本主义经济的发展，推动了中国的社会变革，促进了中国近代教育事业、新闻出版事业、医疗卫生事业的进步和发展。共和国的观念因此深入人心。但由于资产阶级的局限性所致，辛亥革命也有明显的局限：没有提出一个明确而完整的反对帝国主义侵略和反对封建社会制度的纲领；没有比较广泛地发动并依靠占中国人口最大多数的农民和其他下层劳动群众；没有形成一个能够胜利地领导这场革命进行到底的坚强有力的革命政党。[1] 因此，辛亥革命的果实很快就被北洋军阀首领袁世凯所窃取，南京临时政府被北洋军阀政府所取代。辛亥革命既未能铲除帝国主义和封建势力在中国统治的根基，也没有改变中国深层的社会结构，更没有改变中国的半殖民

〔1〕 参见中共中央党史研究室：《中国共产党的九十年》（新民主主义革命时期），中共党史出版社、党建读物出版社 2016 年版，第 8-9 页。

地半封建社会性质，最终归于失败。[1]

辛亥革命仅仅赶跑了一个皇帝，没能摧毁封建主义和军阀官僚政治统治的基础，无法完成反帝反封建的革命任务。辛亥革命之后，中国尝试过君主立宪制、议会制、总统制等各种制度形式，各种政治势力及其代表人物纷纷登场，都没能找到正确答案。中国人学西方的迷梦，不仅没有给中国带来梦想中救国救民的崭新的国家制度、社会制度，反而在帝国主义的大肆侵略下，在官僚资本主义肆意掠夺下，在半殖民地半封建制度泥淖中越陷越深。这种半殖民地半封建性质的国家制度和民事刑事等法律制度，非但不是促进中国资本主义发展的制度动力，反而与封建因素、官僚资本结合成为镇压人民和民主主义革命、维护“三座大山”统治地位的制度桎梏，成为中国完成近代化、实现国家富强和民族独立的绊脚石，成为新民主主义革命的主要矛头所向。北洋军阀政府一直到南京国民党政府的制度失败，不仅是治理体系和治理能力的失败，更根本的是国家制度和法律制度的失败。国家制度和法律制度为了谁的利益、代表谁的利益，这是构建制度体系的基础问题、核心问题。代表大地主大资产阶级利益、把大地主大资产阶级利益法制化的制度体系，是得不到最广大人民群众拥护的，是违反近代以来民主共和历史潮流的，是无法为实现中华民族复兴、改变近代以来受剥削的国际地位提供法治支撑和动力的，最终只能被历史和人民所抛弃。

事实证明，不触动旧的社会根基的自强运动，各种名目的改良主义，旧式农民战争，资产阶级革命派领导的民主主义革命，照搬西方政治制度模式的各种方案，都不能完成中华民族救亡图存和反帝反封建的历史任务，都不能让中国的政局和社会稳定下来，也都谈不上为中国实现国家富强、人民幸福提供制度保障。

中国人民探索救国图存道路的脚步并没有停止，旧民主主义革命走到

---

〔1〕 参见中共中央党史研究室：《中国共产党历史》（第1卷）（1921—1949）（上册），中共党史出版社2011年版，第17页。

了尽头，新民主主义革命的大潮即将到来，给中国人民思想上观念上带来新的洗礼，正如毛泽东同志所指出："一切别的东西都试过了，都失败了。曾经留恋过别的东西的人们，有些人倒下去了，有些人觉悟过来了，有些人正在换脑筋。"[1] 林伯渠同志正是亲身经历了这样的思想历程，他说："辛亥革命前觉得只要把帝制推翻可以天下太平，革命以后经过多少挫折，自己所追求的民主还是那样的遥远，于是慢慢的从痛苦经验中，发现了此路不通，终于走上了共产主义的道路。这不仅是一个人的经验，在革命队伍里是不缺少这样的人的。"[2] 辛亥革命失败后，北洋军阀开始了黑暗的专制统治，皇帝换成了总统，设立了国会内阁，新的一套西方资产阶级国家机构模式取代了封建皇朝，但是中国人民还是没有改变被压迫被奴役的地位，迫切需要一场彻底的反帝反封建的新式革命。五四运动这场爱国群众运动，这场新的革命风暴就是具有划时代意义的革命事件，标志着中国新民主主义革命的伟大开端。五四运动改变了以往只有觉悟的革命者而缺少觉醒的人民大众的斗争状况，实现了中国人民和中华民族自鸦片战争以来第一次全面觉醒。通过五四群众运动，中国思想界经历了一次巨大的激荡。坚持资产阶级个人主义观点的人们在运动的高潮中渐渐地退出了斗争，在斗争中最坚决的、能够起领导作用的是开始接受了马克思主义的人们。[3] 习近平总书记指出："五四运动，以彻底反帝反封建的革命性、追求救国强国真理的进步性、各族各界群众积极参与的广泛性，推动了中国社会进步，促进了马克思主义在中国的传播，促进了马克思主义同中国工人运动的结合，为中国共产党成立做了思想上干部上的准备，为新的革命力量、革命文化、革命斗争登上历史舞台创造了条件，是中国旧民主主义革命走向新民主主义革命的转折点，在近代以来中华民族追求民族独立和

[1] 毛泽东：《论人民民主专政》，载《毛泽东选集》（第4卷），人民出版社1991年版，第1471-1472页。
[2] 《林伯渠文集》，华艺出版社1996年版，第238页。
[3] 胡绳：《从鸦片战争到五四运动》（下），人民出版社2010年版，第853页。

发展进步的历史进程中具有里程碑意义。”[1]

（二）中国共产党的理论准备与早期组织活动

在北洋军阀专制统治下，一些先进的中国知识分子总结辛亥革命失败的经验教训，发动了一场新的启蒙运动，以求改造中国的国民性，使人们从封建思想的束缚中解放出来，求得思想的解放，这就是新文化运动。新文化运动初期具有很大局限性，只是为了给中国发展资本主义扫清思想障碍，但1914年至1918年的第一次世界大战进一步暴露了资本主义制度固有的不可克服的矛盾，中国人学习西方的努力屡遭失败的事实，也使先进分子们对资产阶级共和国方案在中国的可行性产生了极大疑问。1917年，俄国爆发了人类历史上具有划时代意义的伟大事件——十月社会主义革命，建立了苏维埃政权，给正在黑暗中苦苦摸索的中国先进分子展示了一条新的出路。一批先进知识分子开始号召“以俄为师”，转向向俄国学习经验，赞成十月社会主义革命，接受并传播共产主义思想。李大钊是在中国大地上举起十月社会主义革命旗帜的第一人，先后发表了《法俄革命之比较观》《庶民的胜利》《布尔什维主义的胜利》等文章，主张中国应当走十月革命的道路。[2] 五四运动后，研究和宣传社会主义逐渐成为进步思想界的主流，这是五四运动以后新文化运动的突出特点。1919年，李大钊发表《我的马克思主义观》，对马克思主义作了比较全面、系统的介绍。一些留学国外的先进青年接触过马克思主义学说，回国后通过撰写文章、翻译书籍等推动了马克思主义在中国的早期传播。在李大钊等人的影响下和当时形势的推动下，一批爱国的进步青年走上了马克思主义的道路。在早期马克思主义者队伍中，李大钊、陈独秀属于先驱者和擎旗人，毛泽

[1] 习近平：《在纪念五四运动100周年大会上的讲话》（2019年4月30日）。

[2] 参见中共中央党史研究室：《中国共产党历史》（第1卷）（1921—1949）（上册），中共党史出版社2011年版，第12-16页。

东、蔡和森、邓中夏、瞿秋白、周恩来等五四运动中比较年轻的左翼骨干则是其主体部分。随着马克思主义在中国的传播和一批确立了马克思主义信仰的先进分子的出现，在中国成立共产党组织的思想和干部条件就具备了。[1] 马克思主义者们选择了科学社会主义，选择了向苏俄学习，必然选择社会主义制度作为拯救国家和民族的制度良方，选择通过革命手段达到反帝反封建的目标，建立新中国。

中国共产党的最早组织是在中国工人阶级最密集的中心城市上海首先建立的。1920 年 5 月，陈独秀发起组织马克思主义研究会；10 月，李大钊等在北京成立共产党早期组织，当时称“共产党小组”，同年年底决定成立共产党北京支部，李大钊为书记。在上海及北京党组织的联络和推动下，1920 年秋至 1921 年春，董必武、陈潭秋、包惠僧等在武汉，毛泽东、何叔衡等在长沙，王尽美、邓恩铭等在济南，谭平山、谭植棠等在广州，也成立了党的早期组织。在日本、法国也有由留学生和华侨中先进分子组成的共产党早期组织。共产党早期组织拟定了《中国共产党宣言》，指出“共产主义者的目的是要按照共产主义者的理想，创造一个新的社会”。为此，要通过革命的阶级斗争，推翻资产阶级政权，建立无产阶级专政。各地共产党早期组织成立以后，有计划、有组织地进行了一些活动：《新青年》成为上海共产党组织的机关刊物，公开宣传马克思主义；创办半公开的《共产党》月刊，介绍共产党的基本知识以及共产国际和各国共产党的状况等；积极进行《共产党宣言》《科学的社会主义》等马克思主义著作的译介工作，出版了《马克思资本论入门》《唯物史观解说》等若干种介绍马克思主义的著作。为了扩大马克思主义的思想阵地，共产党早期组织的成员同反马克思主义的思想流派进行了斗争；创办了《劳动界》《劳动音》等一批通俗的专门供工人阅读的刊物，在工人中进行宣传和组织工作，创办了各种形式的工人学校。1920 年 11 月，共产党领导的第一个工

[1] 参见中共中央党史研究室：《中国共产党历史》（第 1 卷）（1921—1949）（上册），中共党史出版社 2011 年版，第 20-26 页。

会——上海机器工会宣告成立，接着又成立了上海印刷工会。武汉、长沙、广州、济南的部分产业工人和手工业工人也相继成立工会。工会还开始发动工人举行罢工。这样，在中国建立全国统一的共产党的条件就具备了，真正迈出从建党到建立新中国的步伐，使科学社会主义的制度在中国大地上落地生根。

（三）中国共产党成立并提出对未来社会制度的主张

1921年7月，中国共产党第一次全国代表大会召开，大会确定党的名称为“中国共产党”。会议讨论并通过《中国共产党第一个纲领》，确定了党的名称、奋斗目标、基本政策，提出了发展党员、建立地方和中央机构等组织制度，兼有党纲和党章的内容，是党的第一个正式文献，还通过了第一个决议。这个纲领对未来国家制度作出设计：第一，在政治制度上，推翻资产阶级政权，建立无产阶级专政。具体来说就是建立苏维埃政权。“革命军队必须与无产阶级一起推翻资本家阶级的政权，必须援助工人阶级，直到社会阶级区分消除的时候”，“直至阶级斗争结束为止，即直到社会的阶级区分消灭为止，承认无产阶级专政”，“我们党承认苏维埃管理制度，要把工人、农民和士兵组织起来，并以社会革命为自己政策的主要目的”。第二，在经济制度上，消灭资本家私有制，没收机器、土地、厂房和半成品等生产资料。第三，规定了党的建设制度，包括党员、接收新党员的程序以及地方委员会等组织。第四，建立工会制度，组织成立产业工会，指导工人运动和做好宣传工作。第五，与第三国际的联系制度。〔1〕党的一大通过的纲领，表明中国共产党从建党开始就旗帜鲜明地把实现社会主义、共产主义作为自己的奋斗目标，这是对中国革命问题认

---

〔1〕参见中央档案馆编：《中共中央文件选集》（第1册）（1921—1925），中共中央党校出版社1989年版，第3-9页。

识的一次具有划时代意义的飞跃。[1] 从国家制度顶层设计来看，这也是具有划时代意义的制度抉择，把实行社会主义、共产主义制度作为未来国家制度设想的基石，建立无产阶级专政的社会主义、共产主义国家，为中国革命设定了目标、确定了航向。1921 年 8 月成立的中国劳动组合书记部领导开展工人运动，发表了《中国劳动组合书记部宣言》，旨在建立起中国的工会制度、成立工会组织。

1922 年 6 月 15 日，中共中央发表《中国共产党对于时局的主张》，首次公开表明政治态度，提出以民主政治取代军阀政治的鲜明主张："民主政治当然由民主派掌握政权，但所谓民主派掌握政权，决不是在封建的军阀势力之下选一个民主派人物做总统或是选几个民主派的人物组织内阁的意思，乃是由一个能建设新的政治组织应付世界的新环境之民主党或宗旨相近的数个党派之联合，用革命的手段完全打倒非民主的反动派官僚军阀，来掌握政权的意思。"同时，还提出改正协定关税制、采取无限制的普通选举制等十一项奋斗目标。[2] 接受了列宁关于民族和殖民地问题的革命理论和共产国际革命纲领的指导，《中国共产党对于时局的主张》提出"共同建立一个民主主义的联合战线"，进行"联合战争"，这是我们党统一战线的最初阐述。这一文件为党的二大召开做了思想和理论上的准备。1922 年 7 月，中国共产党第二次全国代表大会在上海召开，主要讨论国内外形势、建立联合战线、加入共产国际、工会运动等重大问题，制定了《中国共产党章程》，通过《中国共产党第二次全国代表大会宣言》《关于"民主的联合战线"的议决案》等文件。《中国共产党第二次全国代表大会宣言》提出了中国革命分"两步走"战略方针，提出了党的最高纲领和最低纲领。党的最高纲领表述为："中国共产党是中国无产阶级政党。他的目的是要组织无产阶级，用阶级斗争的手段，建立劳农专政的政

[1] 参见张士义、王祖强、沈传宝主编：《从一大到十九大：中国共产党全国代表大会史》（1921—2017），东方出版社 2018 年版，第 15-16 页。

[2] 参见中央档案馆编：《中共中央文件选集》（第 1 册）（1921—1925），中共中央党校出版社 1989 年版，第 35-46 页。

治，铲除私有财产制度，渐次达到一个共产主义的社会。”党的最低纲领表述为：“中国共产党为工人和贫农的目前利益计，引导工人们帮助民主主义的革命运动，使工人和贫农与小资产阶级建立民主主义的联合战线。”〔1〕《关于“民主的联合战线”的议决案》提出了建立“民主的联合战线”的策略，改变了党的一大文件中关于“不同其他党派建立任何联系”的规定，是中国共产党最早提出的关于统一战线的思想和主张。〔2〕党的二大通过了《中国共产党章程》，是我们党第一个正式的党章，对党员条件、党的各级组织和党的纪律作了具体规定，明确体现了民主集中制原则，为完善和发展党的领导制度奠定了党内根本法基础。

恩格斯曾指出：“一个新的纲领毕竟总是一面公开树立起来的旗帜，而外界就根据它来判断这个党。”〔3〕经过两次全国代表大会，我们党确立正式名称，通过正式的党章，制定了革命纲领，提出了社会主义、共产主义的制度主张，为中国革命指明了方向，为国家前途勾画了新的制度蓝图，在中国的历史舞台上第一次展现出无产阶级政党的风采和力量，开启了新民主主义革命时期领导国家制度和法律制度探索、胜利走向经由新民主主义逐步建立社会主义制度的崭新篇章。

---

〔1〕最低纲领中列举了具体的奋斗目标，大多数是制度设计：“中国共产党为工人和贫农的利益在这个联合战线里奋斗的目标是：（一）消除内乱，打倒军阀，建设国内和平；（二）推翻国际帝国主义的压迫，达到中华民族完全独立；（三）统一中国本部（东三省在内）为真正民主共和国；（四）蒙古、西藏、回疆三部实行自治，成为民主自治邦；（五）用自由联邦制，统一中国本部、蒙古、西藏、回疆，建立中华联邦共和国；（六）工人和农民，无论男女，在各级议会市议会有无限制的选举权，言论、出版、集会、结社、罢工绝对自由；（七）制定关于工人和农人以及妇女的法律：1. 改良工人待遇：（甲）废除包工制；（乙）八小时工作制；（丙）工厂设立工人医院及其他卫生设备；（丁）工厂保险；（戊）保护女工和童工；（己）保护失业工人等；2. 废除丁漕等重税，规定全国—城市及乡村—土地税则；3. 废除厘金及一切额外税则，规定累进率所得税；4. 规定限制田租率的法律；5. 废除一切束缚女子的法律，女子在政治上、经济上、社会上、教育上、一律享受平等权利；6. 改良教育制度，实行教育普及。”参见中央档案馆编：《中共中央文件选集》（第1册）（1921—1925），中共中央党校出版社1989年版，第115-116页。

〔2〕参见张士义、王祖强、沈传宝主编：《从一大到十九大：中国共产党全国代表大会史》（1921—2017），东方出版社2018年版，第33页。

〔3〕恩格斯：《给奥·倍倍尔的信》，载《马克思恩格斯文集》（第3卷）（1864—1883年），中共中央马克思恩格斯列宁斯大林著作编译局编译，人民出版社2009年版，第415页。

实现未来制度蓝图，必须认清国情，从实际出发。20世纪20年代初，中国仍处于军阀割据、四分五裂的状态。军阀连年混战，军费激增，进而盘剥百姓，大肆搜刮民财，生灵涂炭，民不聊生。中国共产党领导的罢工运动先后遭到封建军阀的无情镇压。面对这样的革命形势，中国共产党人意识到，要推翻帝国主义和封建军阀的统治，仅仅依靠工人阶级的力量是不够的，党应该采取积极的步骤去联合国民党，建立工人阶级和民主力量的联合战线。与此同时，共产国际执行委员会也作出有关决议，认为中国共产党在民主革命中同国民党合作是必要的，这对国共第一次合作起到重要促进作用。[1] 1923年6月，中国共产党第三次全国代表大会在广州召开，大会主要议题是讨论共产党员加入国民党问题。经过激烈讨论，大会接受共产国际关于同国民党合作的指示，通过《关于国民运动及国民党问题的议决案》《中国共产党第三次全国大会宣言》等文件。这些文件指出：党在现阶段“应该以国民革命运动为中心工作”，采取党内合作方式同国民党建立联合战线，“共产党员应加入国民党”，“努力扩大国民党的组织于全中国，使全中国革命分子集中于国民党”。文件还规定了保持党在政治上的独立性的一些原则。在作出实行国共合作决策的同时，党对于工人阶级争取对民主革命的领导权问题没有给予高度重视。党的三大在加强党的自身建设方面作出重要规定，主要体现在：第一次修改党章，通过了《中国共产党第一次修正章程》，制定了《中国共产党中央执行委员会组织法》。《中国共产党第一次修正章程》对二大党章进行了修改，特别是严格了入党手续、规定了党的各级组织建制、调整党的各级党组织会议召开制度，进一步完善了党的各项制度。《中国共产党中央执行委员会组织法》，在党的历史上第一次用法规条文的形式明确规定了党中央组织结构和工作制度，集中体现了党的民主集中制原则。[2] 党的三大确定以国民革命为

---

〔1〕参见中共中央党史研究室：《中国共产党历史》（第1卷）（1921—1949）（上册），中共党史出版社2011年版，第107-108页。

〔2〕参见张士义、王祖强、沈传宝主编：《从一大到十九大：中国共产党全国代表大会史》（1921—2017），东方出版社2018年版，第53页。

党的中心工作，揭开了国共合作的序幕。1924 年 1 月，国民党第一次全国代表大会召开，通过了《中国国民党第一次全国代表大会宣言》，确立了联俄、联共、扶助农工三大革命政策，第一次国共合作正式开始，革命统一战线正式建立。我们党领导人民革命从党的创建时期，进入大革命时期，推动北伐战争胜利进军，工农运动猛烈高涨，开启了追求建设未来社会制度和新中国的革命实践探索历程。

二、革命时期在局部地区执政开展制度建设探索

新民主主义革命时期，我们党立足中国革命的发展需要和具体实际，充分发挥在若干区域局部执政的条件，把马克思主义关于国家学说的科学理论运用于指导中国革命实践，“团结带领人民在根据地创建人民政权，探索建立新民主主义经济、政治、文化制度，为新中国建立人民当家作主的新型国家制度积累了宝贵经验”[1]，为我们今天开辟出一条中华制度文明振兴之路积累了有益经验。我们党领导人民开展国家制度和法律制度建设的探索，贯穿于整个新民主主义革命的全过程，贯穿于我们党在局部地区和局部范围掌握政权、施行政纲的全过程，是党领导人民推翻“三座大山”、缔造新中国革命的重要探索过程，是马克思主义国家学说与中国革命实际具体结合的实践历程，是中华文明优秀传统传承延续与无产阶级革命运动革故鼎新调整适应的历史进程。大革命与土地革命时期，是我们党领导工农群众对国家制度和法律制度进行早期探索的重要历史时期，党以自身区别于其他类型政党的最坚决、最彻底的革命态度和革命精神，领导工农大众开启了反抗剥削和压迫、争取独立和解放的伟大征程，并在革命战争环境下对建立什么样的民主政权、如何建构民主政权进行了理论思考和实践探索，在党领导国家制度和法律制度建设史上写下了重要篇章。

---

〔1〕 习近平：《坚持和完善中国特色社会主义制度、推进国家治理体系和治理能力现代化》，载《习近平谈治国理政》（第 3 卷），外文出版社 2020 年版，第 121 页。

（一）国际国内背景

大革命时期（1924年至1927年），是中国人民在中国共产党和中国国民党合作领导下进行反对帝国主义、北洋军阀的战争时期，又被称为第一次国内革命战争时期或者国民革命时期。在这一时期，年幼的中国共产党为完成反对帝国主义、封建主义的历史使命，[1] 积极促成第一次国共合作，组织工农运动，[2] 领导成立了农民代表大会，建立农民协会、工会，为北伐战争胜利前进奠定了广泛的群众基础，[3] 也在党员队伍不断壮大进程中持续加强党的自身建设。[4] 虽然此时的中国共产党还没有能够独立地运用马克思列宁主义妥善解决中国革命的一系列理论问题和实践问题，但对于革命的无产阶级领导权等基本问题初步提出了正确的思想，为领导土地革命时期的政权建立及其制度建设奠定了思想基础。

北伐战争胜利后，国民党政府表面上实现了对全国的统一。但以蒋介石为代表的国民党右派开始背叛革命，坚持实行一党专政的独裁统治，残酷镇压共产党人和革命群众，[5] 各地工会和农民协会被查禁，多地农民武装起义以失败告终，反革命势力大大超过共产党领导的有组织的革命力量，革命形势转入低潮，大革命遭到失败。面对这种情形，中国共产党人以南昌起义的实际行动，打响了武装反抗国民党反革命统治的第一枪，宣

---

〔1〕参见瞿秋白：《"五卅"后反帝国主义联合战线的前途》，载中共中央文献研究室、中央档案馆编：《建党以来重要文献选编》（第2册），中央文献出版社2011年版，第425页。

〔2〕参见刘少奇：《"二七"失败后的安源工会》，载中共中央文献研究室、中央档案馆编：《建党以来重要文献选编》（第2册），中央文献出版社2011年版，第319页。

〔3〕参见中国共产党第四次全国代表大会制定的《对于农民运动之议决案》，载中共中央文献研究室、中央档案馆编：《建党以来重要文献选编》（第2册），中央文献出版社2011年版，第239页。

〔4〕参见中共中央执行委员会扩大会议于1924年5月制定的《党内组织及宣传教育问题议决案》，载中央档案馆编：《中共中央文件选集》（第1册）（1921—1925），中共中央党校出版社1989年版，第243-245页。

〔5〕参见瞿秋白：《革命的国民政府之危机》，载中共中央文献研究室、中央档案馆编：《建党以来重要文献选编》（第3册），中央文献出版社2011年版，第309页。

告了我们党不畏强暴、坚持革命的坚强决心。1927 年 8 月 7 日，党中央的紧急会议反对了政治上的右倾机会主义，使党大进了一步，[1] 并确立了实行土地革命和武装起义的方针，明确提出“中国革命进到一个新阶段——土地革命的阶段”[2]，极大鼓舞了同国民党反动派斗争的勇气，实现了由大革命失败到土地革命战争兴起的历史性转变。八七会议后，各地武装起义相继展开。毛泽东同志率领秋收起义部队创建井冈山革命根据地，提出“工农武装割据”思想，找到了一条推动中国革命走向胜利的正确道路，也为其他根据地的政权制度建设提供了借鉴。

在中共中央的领导下，中国革命开启了土地革命的崭新时期（1927 年至 1937 年）。各地党组织发动游击战争，开辟农村革命根据地，实行土地革命，建立革命政权，红军不断壮大，革命根据地不断巩固和扩大。1931 年，建立了以赣南闽西根据地为依托的中华苏维埃共和国，颁布了《宪法大纲》，开启了中国共产党领导下的无产阶级执政预演的新阶段。在党的领导下，新型人民政权对党的领导制度、人民当家作主制度、人民司法制度、基本经济制度、先进文化制度、婚姻家庭制度、廉政监督制度等，都进行了有益探索，这既是党在早期革命战争中对国家制度和法律制度建设的伟大尝试，也是党在制度建设方面实现马克思主义中国化的最初实践。

（二）党的理论创新成果

在大革命和土地革命时期，国内国际环境风云变幻、革命战争形势纷繁复杂，而此时的党还处于幼年时期，自身各方面条件还不足以掌控对革命的绝对领导权。但是，作为一支纯粹的、无产阶级的、具有坚定马克思主义信仰的革命队伍，党从革命早期开始就已经对革命的领导权进行了思

---

〔1〕 参见毛泽东：《战争和战略问题》（1938 年 11 月 6 日），载《毛泽东选集》（第 2 卷），人民出版社 1991 年版，第 547-549 页。

〔2〕 中共中央党史研究室：《中国共产党历史》（第 1 卷）（1921—1949）（上册），中共党史出版社 2011 年版，第 238 页。

考，特别是以毛泽东同志为代表的中国共产党人，将马克思主义基本原理同中国革命战争实际紧密结合，不断提出符合中国革命实际的思想理论，不断纠正党内错误认识和错误导向，逐步形成了对党掌握革命领导权的正确认识，一步一步探索出一条党领导革命的新路子。

1. 革命早期的中国共产党人对革命领导权的认识逐步深化

党对革命领导权的注意始于党的三大以后。在党的三大结束近一个月之后，《共产国际执行委员会给中国共产党第三次代表大会的指示》强调："领导权应当归于工人阶级的政党。"〔1〕为此，党的四大第一次明确提出无产阶级在民主革命中的领导权问题，提出民主革命"必须最革命的无产阶级有力的参加，并且取得领导的地位，才能够得到胜利"〔2〕，但对如何实现无产阶级领导权，特别是如何正确处理同资产阶级争夺领导权过程中遇到的复杂问题，并没有作出明确、具体的回答。五卅运动前后，党的领导人及时总结革命实践经验，对争取无产阶级领导权、武装斗争等问题进行了多方面的思考和探索。〔3〕比如，毛泽东同志在《中国社会各阶级的分析》中明确指出，"工业无产阶级人数虽不多，却是中国新的生产力的代表者，是近代中国最进步的阶级，做了革命运动的领导力量"；刘少奇同志指出，"工人阶级在国民革命运动中之领导地位，是确凿不移的"〔4〕；瞿秋白同志认为，资产阶级的妥协性和小资产阶级的犹豫畏怯足以"证明

〔1〕中共中央党史研究室：《中国共产党历史》（第1卷）（1921—1949）（上册），中共党史出版社2011年版，第110页。

〔2〕中共中央党史研究室：《中国共产党历史》（第1卷）（1921—1949）（上册），中共党史出版社2011年版，第126页。

〔3〕参见任弼时：《上海五卅惨杀及中国青年的责任》（1925年6月），载中共中央文献研究室、中央档案馆编：《建党以来重要文献选编》（第2册），中央文献出版社2011年版，第395页；瞿秋白：《五卅运动中之国民革命与阶级斗争》，载中共中央文献研究室、中央档案馆编：《建党以来重要文献选编》（第2册），中央文献出版社2011年版，第483页。

〔4〕刘少奇：《工人阶级在革命中的地位与职工运动方针》（1926年5月5日），载中共中央文献研究室、中央档案馆编：《建党以来重要文献选编》（第3册），中央文献出版社2011年版，第222页。

无产阶级在国民革命中取得指导权之必要"[1]；邓中夏同志指出，"我们对于国民革命，即为了取得政权而参加的"[2]；周恩来同志指出，"工人是国民革命的领袖"[3]。

在大革命生死存亡的紧急关头，党的五大并没有充分认识到组织和发展党直接领导的革命军队的紧迫性和重要性，反而认为只要依靠以唐生智等武装力量为支柱的武汉国民政府和冯玉祥的国民军就能够实现民主革命任务；[4] 纵然瞿秋白同志在大会前写成并向代表们分发了《中国革命中之争论问题》，着重论述了无产阶级同资产阶级争夺领导权问题，但这并没能引起全党同志的重视；[5] 党的五大最后虽然提出了争取无产阶级对革命的领导权、建立革命民主政权和实行土地革命等正确原则，[6] 但对无产阶级如何争取革命领导权等问题都没有提出有效的具体措施，这样自然难以承担起挽救革命的任务。

大革命失败后，中国革命开始进入共产党独立领导的新时期。但此时，党内对革命的性质、对象、动力、前途等关系革命成败的重大问题仍

---

[1] 瞿秋白：《国民会议与五卅运动——中国革命史上的1925年》，载《新青年》1926年月刊第3号。转引自中共中央党史研究室著：《中国共产党历史》（第1卷）（1921—1949）（上册），中共党史出版社2011年版，第158页。

[2] 邓中夏：《劳动运动复兴期中的几个重要问题》，载中共中央文献研究室、中央档案馆编：《建党以来重要文献选编》（第2册），中央文献出版社2011年版，第332页。

[3] 周恩来：《政治报告——在省港罢工工人代表第六次大会》（1925年7月31日），载《工人之路》特号第37期。转引自中共中央党史研究室著：《中国共产党历史》（第1卷）（1921—1949）（上册），中共党史出版社2011年版，第158页。

[4] 参见《中国共产党第五次全国代表大会宣言》，载中央档案馆编：《中共中央文件选集》（第3册）（1927），中共中央党校出版社1989年版，第94-102页。

[5] 参见中共中央党史研究室：《中国共产党历史》（第1卷）（1921—1949）（上册），中共党史出版社2011年版，第210-211页。

[6] 参见中国共产党第五次全国代表大会制定的《土地问题议决案》，载中央档案馆编：《中共中央文件选集》（第3册）（1927），中共中央党校出版社1989年版，第60-71页。

然存在认识上的分歧和争论,[1] “左”、右两种错误倾向不断扰乱着党对革命的正确领导。面对严峻的革命形势，党的六大于 1928 年 6 月 18 日至 7 月 11 日在莫斯科召开。大会总结过去革命斗争的经验教训，提出反对“左”、右两种错误倾向，批评了党的领导机关的右倾机会主义错误，认为这种错误是造成大革命失败的主要原因，其要害是放弃革命领导权。[2] 经过此番拨乱反正，党对革命的领导权问题基本实现了思想统一，为党的各级组织在全国各地领导革命和武装斗争摆正了思想理念的“定盘星”，极大地鼓舞了共产党人拿起武器干革命的士气和勇气，也为后期我们党领导红色军队和局部政权建设奠定了坚实的思想基础。[3]

2. 吸取大革命失败教训，提出“枪杆子里面出政权”，形成工农武装割据思想

毛泽东同志是党内最早提出进行武装革命斗争的领导人之一。1927 年 3 月，他在《湖南农民运动考察报告》中提出推翻地主武装，建立农民武装，推翻封建统治的主张。当蒋介石、汪精卫集团相继叛变革命后，在国民党血腥屠杀的白色恐怖中，我们党对于武装斗争的重要性有了异乎寻常的警悟。[4] 1927 年 8 月，毛泽东同志作为中共临时中央政治局候补委员

---

〔1〕 参见董必武：《我们目前的两个大斗争》，载中共中央文献研究室、中央档案馆编：《建党以来重要文献选编》（第 4 册），中央文献出版社 2011 年版，第 155 页；瞿秋白：《中国革命是什么样的革命?》，载《布尔塞维克》1927 年第 1 卷第 5 期。转引自中央档案馆编：《中共中央文件选集》（第 3 册）（1927），中共中央党校出版社 1989 年版，第 635 页；陈独秀：《蒋介石反动与中国革命》，载中共中央文献研究室、中央档案馆编：《建党以来重要文献选编》（第 4 册），中央文献出版社 2011 年版，第 302 页；李立三：《李立三给中共中央的报告》，载中共中央文献研究室、中央档案馆编：《建党以来重要文献选编》（第 4 册），中央文献出版社 2011 年版，第 820 页。

〔2〕 参见中共中央党史研究室：《中国共产党历史》（第 1 卷）（1921—1949）（上册），中共党史出版社 2011 年版，第 260-263 页。

〔3〕 参见瞿秋白的《革命形势和目前的任务》，这是瞿秋白在中国共产党第六次全国代表大会上作的《政治报告讨论后之结论》第四个问题的一部分，收录于《党的文献》1988 年第 1 期；中国共产党第六次全国代表大会制定的《农民运动决议案》《苏维埃政权的组织问题决议案》《土地问题议决案》，均载中央档案馆编：《中共中央文件选集》（第 4 册）（1928），中共中央党校出版社 1989 年版，第 329-390 页。

〔4〕 参见金春明、许全兴、陈登才、郭德宏主编：《毛泽东思想基本问题》，中共中央党校出版社 2001 年版，第 41-42 页。

参加了八七会议，并在会上作了《在中央紧急会议上的发言》，首次提出了“枪杆子里面出政权”的重要论断，他说：“从前我们骂中山专做军事运动，我们则恰恰相反，不做军事运动专做民众运动。蒋唐都是拿枪杆子起的，我们独不管……湖南这次失败，可说完全由于书生主观的错误，以后要非常注意军事。须知政权是由枪杆子中取得的。”[1] 这个时期，他还起草了《湘南运动大纲》，提出“组织一政府模样的革命指挥机关，实行土地革命，与长沙之唐政府对抗”；[2] 1927年8月9日，他在中共临时中央政治局第一次会议上讨论湖南问题时发言，提出“不应只看到一个广东，湖南也是很重要的。湖南民众组织比广东还要广大，所缺的是武装，现已适值暴动时期，更需要武装”；[3] 1927年8月18日，他在改组后的中共湖南省委第一次会议上讨论湖南暴动问题时发表意见，提出“现在应以百分之六十的精力注意军事运动。实行在枪杆上夺取政权，建设政权”。[4]

但是，我们党对于怎样开展武装斗争并没有经验。自马克思主义诞生以来，欧洲各国的无产阶级运动都把工作重心放在城市，组织工会、发起罢工，直至发动城市武装起义。在中国，20世纪早期的革命斗争也是以城市为中心开展的，比如辛亥革命在武汉爆发并取得成功，北伐战争以攻打大城市为重点长驱直入。1927年大革命失败后，面对国民党在大城市建立的反革命政权及其强大的武装力量，敌我力量悬殊的现实情况使我们党实际上无法继续走以城市为中心的革命道路，必须寻找一条新的革命道路。各地武装起义的领导人在起义失败后都作了有益的探索，其中贡献最大的

[1] 毛泽东：《在中央紧急会议上的发言》（1927年8月7日），载《毛泽东文集》（第1卷），人民出版社1993年版，第2页。

[2] 毛泽东：《湘南运动大纲》（1927年8月），载《毛泽东军事文集》（第1卷），军事科学出版社、中央文献出版社1993年版，第4页。

[3] 毛泽东：《湖南民众组织更需要武装》（1927年8月9日），载《毛泽东军事文集》（第1卷），军事科学出版社、中央文献出版社1993年版，第6页。

[4] 参见彭公达：《关于湖南秋收暴动经过的报告》，载中共中央文献研究室、中央档案馆编：《建党以来重要文献选编》（第4册），中央文献出版社2011年版，第538页。

是毛泽东同志。

早在大革命后期，毛泽东同志就多次提出革命失败后“上山”的思想，即如果在城市里站不住，就到农村去，山区的人上山，滨湖的人上船，拿起枪杆子，造成军事的割据。秋收起义失利后，他率先提出向农村进军，把队伍带上了井冈山，开始了创建革命根据地的斗争。在井冈山斗争期间，他把革命斗争的实践经验总结上升为理论，系统阐述了工农武装割据思想。

1928 年 10 月 5 日，中共湘赣边界第二次代表大会通过毛泽东同志起草的《中国共产党湘赣边界第二次代表大会决议案》（第一部分《政治问题和边界党的任务》即《中国的红色政权为什么能够存在?》），指明了中国革命的性质、任务以及中国革命政权的实质，总结了井冈山革命根据地及其他地区建立小块红色政权的经验和教训，首次提出“工农武装割据”的重要思想；1928 年 11 月 14 日、15 日，中共红四军党的第六次代表大会在宁冈新城召开，毛泽东同志起草的《政治问题决议案》再次提出苏维埃存在的四个条件，并指出：“怎样建立布尔什维克的党，领导群众扩大民权革命运动，深入红军所到区域的土地革命，向四周发展以促统治阶级的分崩离析，这是党在红四军中的任务。”[1] 1928 年 11 月 25 日，毛泽东同志代表中共红四军前委给中央写报告（即《井冈山的斗争》），全面总结了井冈山工农武装割据的经验。[2]

工农武装割据思想的提出，初步解决了在政治经济发展不平衡的农业大国且在敌强我弱的形势下，共产党怎样坚持革命、怎样发展壮大革命力量这一根本性问题，从而为我们党正确领导革命从胜利走向胜利奠定了理论基础。

---

〔1〕参见熊铁欣、郭鹏：《井冈山斗争时期毛泽东军事思想的形成与发展》，载《中国井冈山干部学院学报》2020 年第 1 期；井冈山革命根据地党史资料征集编研协作小组、井冈山革命博物馆：《井冈山革命根据地》（上），中共党史资料出版社 1987 年版，第 201 页。

〔2〕参见毛泽东：《井冈山的斗争》（1928 年 11 月 25 日），载《毛泽东选集》（第 1 卷），人民出版社 1991 年版，第 57-84 页。

（三）中国共产党领导对国家制度和法律制度的探索实践

在领导革命运动和武装斗争中，我们党勇立潮头、艰辛探索了党对革命和政权的领导制度，矢志不渝、勇敢探索了工农兵苏维埃代表大会制度，坚定不移维护马克思主义在意识形态领域的指导地位，为新民主主义革命后期乃至新中国成立后建立健全党的领导制度、人民当家作主制度体系、社会主义法治体系、社会主义先进文化制度、党对军队的绝对领导制度等奠定了坚实的思想基础、理论基础和实践基础。

1. 党的领导制度的早期探索

（1）持之以恒探索党的建设制度。

在中国，要取得民族独立和人民解放，实现国家繁荣富强和人民共同富裕，必须有坚强的马克思主义政党的领导。[1] 高度重视与持续加强党的自身建设，是党在革命中的重要工作内容，是保证党中央集中统一领导、全党同志行动一致的重要着力点，是党建军治军以及开始在局部地区领导政权建设的重要内在保障。在极端严峻的革命形势下，我们党清醒地认识到建立并加强党的建设制度对于保证党对革命的引领力、组织力和号召力的极端重要性。可以说，党的建设制度探索是党的领导制度体系探索的实践先导，是支撑我们党逐步掌握对革命运动和局部政权的领导权的重要制度基石。

在党的建设进程中，我们党以党章为立党之本，以重大会议决议推动党的建设制度不断完善，在纷繁复杂的革命战争形势下逐步构建起党中央集中统一领导的制度雏形。

党章是我们党立党、管党、治党的总章程，是集中全党智慧，汇聚全党力量，凝聚全党共识的根本政治纲领和行动指南，是实现党的领导的根

---

〔1〕 参见金春明、许全兴、陈登才、郭德宏主编：《毛泽东思想基本问题》，中共中央党校出版社2001年版，第167页。

本制度载体。从党成立初期到土地革命时期，党中央根据国内革命形势的变化和国际共产主义运动发展的经验，从制定党的第一个纲领和第一部党章，到逐步修改完善党的组织机构、组织纪律和组织原则，集中反映了我们党通过不断加强党的组织建设夯实党的建设基础、完善党的领导制度、提升党的领导能力的早期奋斗历程。

党的二大制定第一部党章后，从党的三大到党的六大，都对党章作了修改，既有对我们党自身建设经验的总结，也充分吸收了第三国际各国政党的党建经验，既有力推动了党的组织建设更加适应党领导革命的实践需要，又以不断完善的党的组织制度有力保障了党领导革命的凝聚力和战斗力。比如：党的三大严格了入党手续，调整了党的各级组织的成立条件；党的四大第一次设“总书记”，首次规定支部成立条件及其成员产生办法，下放党员管理权限；〔1〕党的五大后，中央政治局受党中央委托，根据党的五大《组织问题议决案》提出的原则和具体要求，对党章作了全面修改，专列了“党的建设”一章，首次规定了民主集中制并将其作为“党部的指导原则”，首次将党的组织系统划分为五级并规定了中央政治局和中央委员会的设置和组成，还分别专章规定了党的监督机关“监察委员会”和“纪律”，首次较为详尽地规定了党与青年团的关系；党的六大第一次明确规定党的组织原则为民主集中制并详细规定了民主集中制的三项根本原则，〔2〕并在党员管理制度、党的组织机构方面作出新的调整和规定。〔3〕从根本上说，党章内容与体例的丰富和发展，是党在加强自身建设过程中不断加强党的领导制度建设的实践过程，是党在制度探索过程中

〔1〕参见中国共产党第四次全国代表大会制定的《中国共产党第二次修正章程》，最早收录于1925 年 2 月印发的《中国共产党第四次大会议决案及宣言》，载中央档案馆编：《中共中央文件选集》（第 1 册）（1921—1925），中共中央党校出版社 1989 年版，第 383-389 页。

〔2〕参见中国共产党第六次全国代表大会制定的《中国共产党党章》，最早收录于《中国共产党第六次全国大会议决案》，载中央档案馆编：《中共中央文件选集》（第 4 册）（1928），中共中央党校出版社 1989 年版，第 468-482 页。

〔3〕参见中共中央党校党章研究课题组编著：《中国共产党章程编介》（从一大到十八大），党建读物出版社 2019 年版，第 10-52 页。

不断加强集中统一领导的过程，是党的领导制度化探索的伟大开端。

在党章的指引下，党中央通过重大会议决议着力加强党的组织建设和思想建设，推动党章在实践中不断完善，不断开创党的建设制度化的新局面。

党的四大和党的六大突出强调党的建设的重要性。党的四大通过了《对于组织问题之议决案》，明确规定"实行民主的集权主义"，"有三人以上即可组织支部"，将党的工作重点由帮助国民党发展组织转向加强自身的组织建设，将党的组织建设重点从执行委员会和地方委员会转移到党的支部建设上来。[1] 在1925年10月召开的第四届中央执行委员会第一次扩大会议上，又通过了《组织问题议决案》，进一步健全了党的各级指导机关组织制度，密切了各级党组织联系，强调对党员的教育和训练的重要性，作出开办党校的决定。[2] 党的六大明确提出党的总路线是争取群众，党的中心工作不是千方百计组织暴动而是做艰苦的群众工作，决定对各地党组织进行改组、重建，会议基本上统一了全党思想，实现了工作转变，加强了党的组织建设，对中国革命复兴发挥了积极作用。[3] 随后召开的党的六届二中全会再次通过《组织问题决议案》，为党进一步加强组织制度建设提供了基本依据。[4]

同时，党在革命关键时期的重要会议也推动党的建设实现革命性重塑和历史性发展。在八七会议上，我们党总结经验教训，突出加强党的组织

---

[1] 参见中国共产党第四次全国代表大会制定的《对于组织问题之议决案》，最早收录于1925年2月印发的《中国共产党第四次大会议决案及宣言》。转引自《中共中央文件选集》（第1册）（1921—1925），中共中央党校出版社1989年版，第379-382页。

[2] 参见中共中央执行委员会扩大会议制定的《组织问题议决案》，最早收录于1925年10月印发的《中国共产党扩大执行委员会决议案》。转引自《中共中央文件选集》（第1册）（1921—1925），中共中央党校出版社1989年版，第472-476页。

[3] 参见胡绳主编：《中国共产党的七十年》，中共党史出版社1991年版，第87页。

[4] 参见《组织问题决议案》，载中央档案馆编：《中共中央文件选集》（第5册）（1929），中共中央党校出版社1989年版，第213-246页。

建设，通过了《中国共产党中央执行委员会告全体党员书》[1] 及《党的组织问题议决案》[2] 等文件，总结了大革命失败教训，讨论了党的工作任务，确立了实行土地革命和武装起义的方针，为挽救党和革命作出了巨大贡献。[3] 此后，中共中央开始恢复和重建各地党组织，建立中央派出机关，同时为做好国民党统治区的地下工作，印发了《中央通告第四十七号——关于在白色恐怖下党组织的整顿、发展和秘密工作》，建立起一套党中央领导下的秘密工作制度。

我们党格外重视党的思想建设。古田会议的中心思想是用无产阶级思想进行军队和党的建设。一方面，会议强调加强党的思想建设的重要性，从红四军党组织实际出发，全面指出党内各种非无产阶级思想的表现、来源及纠正方法；另一方面，为了加强党的思想建设，会议强调要注重调查研究，坚决反对各种形式的主观主义，提出“教育党员用马克思列宁主义的方法去作政治形势的分析和阶级势力的估量，以代替主观主义的分析和估量”。[4] 会议还强调要加强党的组织建设，主要有以下三点：一是必须坚持民主集中制，反对极端民主化、非组织化等错误倾向；二是建立党的各级领导机构，健全基层党组织，重视发展党员工作；三是编印《新党员训练大纲》。[5] 可以说，这次会议探索出一条思想建党的光辉道路。此

---

〔1〕 参见中共中央紧急会议（八七会议）通过的《中国共产党中央执行委员会告全党党员书》，载《中央通讯》1927 年第 1 期，后收录于《中共中央文件选集》（第 3 册）（1927），中共中央党校出版社 1989 年版，第 249-290 页。

〔2〕 参见中共中央紧急会议（八七会议）通过的《党的组织问题议决案》，载《中央通信》1927 年第 2 期，后收录于《中共中央文件选集》（第 3 册）（1927），中共中央党校出版社 1989 年版，第 302-305 页。

〔3〕 参见中共中央党史资料征集委员会、中央档案馆编：《八七会议》，中共党史资料出版社 1986 年版，第 5-37 页。

〔4〕 参见《中国共产党红军第四军第九次代表大会决议案》，这是毛泽东同志为中国共产党红军第四军第九次代表大会写的决议。这次代表大会是 1929 年 12 月在福建省上杭县古田村召开的，所以这个决议又称“古田会议决议”。决议共分八个部分。第一部分经毛泽东同志校阅，题为《关于纠正党内的错误思想》，载《毛泽东选集》（第 1 卷），人民出版社 1991 年版，第 85-96 页。

〔5〕 参见中共中央党史研究室：《中国共产党历史》（第 1 卷）（1921—1949）（上册），中共党史出版社 2011 年版，第 292-294 页。

后，毛泽东同志关于党的建设的思想在总结中国革命经验的基础上不断丰富和发展，形成了具有鲜明个性的党建理论。

在遵义会议上，我们党改组了中央领导机构，为后期党的组织建设和思想建设提供了正确前提和坚实基础。在极端紧张的战争形势下，遵义会议没有对党的工作中所有重大问题的是非展开讨论，而是果断明确地取消了长征前成立的“三人团”（博古、李德、周恩来），选举毛泽东同志为中央政治局常委，按照毛泽东同志的意见改组中央并在不久后确立了新的“三人团”（毛泽东、周恩来、王稼祥）；[1] 同时，决定加强党的思想理论建设，提高干部的马克思列宁主义水平。[2] 这次会议挽救了党和中国革命，真正确立了毛泽东同志在中共中央和红军的领导地位，深刻改变了党中央的领导特别是军事领导，解决了党内所面临的最迫切的组织问题和军事问题，结束了“左”倾教条主义错误在中央的统治，是以毛泽东同志为代表的马克思主义正确路线领导中国革命从胜利走向新的胜利的伟大开端。

（2）积极探索对红色政权的领导制度。

马克思和恩格斯在《共产党宣言》中明确指出：“共产党人的最近目的是和其他一切无产阶级政党的最近目的一样的：使无产阶级形成为阶级，推翻资产阶级的统治，由无产阶级夺取政权。”[3] 在城市暴动屡遭挫折并为寻找革命新道路而进行的艰苦斗争中，以毛泽东同志为主要代表的一批共产党人，创建、发展红军和农村革命根据地，逐步找到一条推动中

---

〔1〕 参见《遵义政治局扩大会议传达提纲》，这是陈云同志为传达遵义会议精神而写的提纲。提纲形成于遵义会议后从云南省威信县到贵州省仁怀县鸭溪镇的行军途中，时间在1935年2月中旬至3月上旬。

〔2〕 参见中共中央党校党史教研室编：《中国共产党史稿》（第2分册），人民出版社1983年版，第168–171页。

〔3〕 马克思、恩格斯：《共产党宣言》，人民出版社2018年版，第41页。

国革命走向复兴和胜利的道路。[1] 秋收起义后，毛泽东同志率领部队创建了以宁冈为中心的井冈山农村革命根据地，领导井冈山军民打倒土豪劣绅、发动游击战争，建立县、区、乡各级工农兵政权，逐步开创并巩固了工农武装割据的局面。[2]

在党领导根据地红色政权建设中，毛泽东同志提出的关于工农武装割据、建立工农民主政权的思想，为坚持和加强党对政权的领导奠定了理论基础，提供了思想指导。一是在工农武装割据思想方面。毛泽东同志在为湘赣边界党的第二次代表大会起草的《政治问题和边界党的任务》的决议以及代表红四军前委于1928年11月25日写给中共中央的报告[3]中，根据中国社会和中国革命的特点，论证了红色政权能够长期存在并发展的主客观条件，提出了工农武装割据的思想，与党内存在的右倾悲观思想和"左"倾盲动错误划清了界限，为加强党对武装斗争、土地革命和革命政权的领导奠定了思想基础。二是在工农民主政权思想方面。为了加强党对井冈山斗争和红色政权建设的领导，以毛泽东同志为书记的前委先后派出党员干部，恢复、整顿和发展各县的党组织。1928年1月，在他的指导下制定的《遂川工农兵政府临时政纲》，为其他根据地贯彻党对政权的领导树立了样板，统一构成了党领导下的农村区域性苏维埃政权。但是由于缺乏政权建设经验，政权构成自然排斥了民族资产阶级。毛泽东同志很快认识到这一问题，在1928年11月召开的红四军党的第六次代表大会上提出

---

〔1〕参见毛泽东：《给湖南江西省委转中央的信》（1928年6月16日），载《毛泽东军事文集》（第1卷），军事科学出版社、中央文献出版社1993年版，第8-10页。这是毛泽东同志在红军第四军反对国民党军连续"进剿"期间，写给中共湖南省委和江西省委转中央的信的一部分。

〔2〕1927年11月，工农革命军攻占茶陵县县城，成立湘赣边界第一个红色政权——茶陵县工农兵政府，谭震林任主席。1928年1月，工农革命军攻占遂川县县城；2月上旬，打破江西国民党军队的第一次"进剿"，至此奠定了井冈山根据地的基础。

〔3〕即《井冈山的斗争》一文，载《毛泽东选集》（第1卷），人民出版社1991年版，第57-84页。

了“保护中小商人利益”的提案。[1] 与此同时，他还注意到根据地政权建设中存在的问题，提出要重视工农兵代表大会、更好发挥政府作用等解决措施。这些制度探索都为以后党领导根据地的政治、经济建设提供了借鉴、积累了经验。

1931 年 11 月，中华苏维埃共和国第一次全国代表大会选举产生了同国民党政权性质根本不同的工农民主专政的新型政权——中华苏维埃共和国临时中央政府，[2] 这是党领导建立的第一个具有国家形态雏形的红色中央政权，也是党第一次成为局部地区的执政党。在领导政权建设过程中，党通过制定《宪法大纲》及其他法律文件，[3] 探索政权法律制度建设。[4] 同时，为了适应革命战争发展需要，建立全军和各根据地领导机关，加强红军党组织建设和后勤建设，加强地方武装建设，创办各类红军学校并加强军政训练，进一步增强了党对政权和红军的统一领导和指挥，[5] 为战胜敌人提供了思想政治保证和组织制度基础。

2. 人民当家作主制度的早期探索

列宁在 1917 年发表的《论两个政权》中指出：“一切革命的根本问题是国家政权问题。”革命者只有掌握了政权，才能开始实现自己的政治主张。1921 年 7 月，中国共产党刚一成立，就制定了“推翻资产阶级，由劳

---

〔1〕 参见中共中央党史研究室：《中国共产党历史》（第 1 卷）（1921—1949）（上册），中共党史出版社 2011 年版，第 258 页。

〔2〕 参见《中华苏维埃第一次全国代表大会告全中国工人与劳动民众》（1931 年 11 月 9 日），载中央档案馆编：《中共中央文件选集》（第 7 册）（1931），中共中央党校出版社 1991 年版，第 804-807 页。

〔3〕 如《宪法大纲》《中华苏维埃共和国土地法令》《中华苏维埃共和国劳动法》《中华苏维埃共和国关于经济政策的决定》等，载中央档案馆编：《中共中央文件选集》（第 7 册）（1931），中共中央党校出版社 1991 年版，第 772-795 页。

〔4〕 参见《中央给苏区中央局第七号电——关于宪法原则要点》（1931 年 11 月 5 日），载中央档案馆编：《中共中央文件选集》（第 7 册）（1931），中共中央党校出版社 1991 年版，第 492-493 页。

〔5〕 参见 1931 年 11 月中华工农兵苏维埃第一次全国代表大会通过的《红军问题决议案》，载中央档案馆编：《中共中央文件选集》（第 7 册）（1931），中共中央党校出版社 1991 年版，第 798-801 页。

动阶级重建国家"[1] 的革命纲领，尝试把马克思列宁主义国家学说应用于中国，建立人民政权，并为之进行了不懈的探索。历史和实践一再表明，中国共产党诞生以来的初心和使命就是为中国人民谋幸福、为中华民族谋复兴，中国共产党人矢志不渝、前仆后继领导人民革命的目的就是实现人民当家作主，建立一个民主、自由的新社会，最终实现"每个人的自由发展是一切人的自由发展的条件"的共产主义。可以说，人民当家作主是我们党领导革命、建立政权、发展各项事业的使命任务，是从党领导资产阶级民主革命、新民主主义革命到社会主义革命、建设和改革一以贯之、恒久传承的精神内核。

实现人民当家作主，关键是找到蕴含着人民民主元素的制度基石，搭建起保障人民参与国家建设与管理的"四梁八柱"。在大革命和土地革命时期，党在领导工人运动、农民运动，创建根据地，开展武装斗争和土地革命的过程中，逐步建立完善了一系列组织机构和活动章程，实际上正是对实现人民当家作主的民主制度形式的积极探索，是党领导下的民主政治的制度化进程，其中意义最为重大、影响最为深远的就是党对根本政治制度——工农兵苏维埃代表大会制度的实践探索，是今天人民代表大会制度的萌芽和雏形。

（1）人民代表大会制度的萌芽。

中国共产党成立后，集中力量组织和领导了各地工人运动。1925年6月，中国共产党领导香港、广州两地工人举行了震惊中外的省港工人大罢工。在为时一年零四个月的罢工斗争中，建立了一套完整的组织体系，制定了《省港罢工工人代表大会组织法》《省港罢工工人代表大会会议规则》《省港罢工委员会组织法》等。根据法律规定，"省港罢工工人代表大会为省港罢工工人最高议事机关"[2]，即最高决策机关，依法享有最高

[1] 《中国共产党第一个纲领》，载中央档案馆编：《中共中央文件选编》（第1册）（1921—1925），中共中央党校出版社1989年版，第5页。

[2] 张希坡：《人民代表大会制度创建史》，中共党史出版社2009年版，第17页。

立法权、财政决策权、各机关主要职员的选任权及惩罚权、死刑复核权等最高权力；依法设立的省港罢工委员会是最高执行机关，由委员会的执行委员在每次代表大会开会时向大会报告工作；省港罢工委员会下设工人纠察队等机构，纠察队委员会依据《纠察队委员会组织法》，须每一星期向省港罢工工人代表大会报告一次工作，绝对服从省港罢工工人代表大会或者省港罢工委员会的决议及命令。

省港工人大罢工的斗争实践，被广泛认为是“工人阶级掌握政权的学习”，是“以为将来自己阶级掌握政权的预备”，是“将来中国政府的先声”。[1] 省港罢工工人代表大会的建设成就和经验表明，这已经不是单纯地为增资减时、改良待遇进行的经济斗争，也不是普通的反帝爱国群众运动，而是在中国革命早期由党领导的无产阶级掌握政权、创建新型政权制度的民主革命运动，为后来我国人民代表大会制度的形成奠定了实践基础，因而它在事实上成为我国人民代表大会制度最早的一颗萌芽。

在组织发动工人运动的同时，我们党积极组织领导农民运动。从 1925 年开始，毛泽东同志以主要精力领导农民运动，并注重研究中国农民问题。继《中国社会各阶级的分析》[2] 之后，发表了《中国农民中各阶级的分析及其对于革命的态度》《国民革命与农民运动》[3]，写成了《湖南农民运动考察报告》，指出农民问题是国民革命的中心问题，强调把农民组织起来，建立农民协会和农民武装，由农民协会掌握农村一切权力，提出“打倒土豪劣绅，一切权力归农会”的战斗口号，为创建农村革命政权指明了正确方向。

随着北伐战争的胜利推进，在打倒地主政权的地方，农民协会成为乡村唯一的权力机关，这是党在革命早期实现人民当家作主的一个伟大创

---

〔1〕 张希坡：《人民代表大会制度创建史》，中共党史出版社 2009 年版，第 13 页。

〔2〕 毛泽东：《中国社会各阶级的分析》，载《革命》1925 年第 4 期。转引自《毛泽东选集》（第 1 卷），人民出版社 1991 年版，第 3-11 页。

〔3〕 毛泽东：《国民革命与农民运动——〈农民问题丛刊〉序》，载《农民运动》1926 年第 8 期。转引自中共中央文献研究室、中央档案馆编：《建党以来重要文献选编》（第 3 册），中央文献出版社 2011 年版，第 384-388 页。

造。此时的农民协会，完全不同于旧式的民间秘密团体，更不同于地主阶级操纵的旧“农会”，它既是农民的群众组织，又是当时的基层革命政权。正如 1927 年 6 月 6 日《中央通告农字第七号——纠正农民无组织行动》所指出的，农民协会“实际上是农民政权之雏形”。[1] 中国共产党领导建立的最早的农民协会，是 1921 年 9 月在浙江省萧山县成立的衙前农民协会，同年 9 月 27 日由全村农民大会通过的《衙前农民协会章程》宣布“本会与田主地主立于对抗地位”。第一次国共合作实现后，孙中山根据扶助农工政策的精神，于 1924 年 6 月 24 日批准公布了国民党中央农民部制定的《农民协会章程》,[2] 分别就农民协会的组织手续、会员条件和权利义务等作了系统规定，使得各级农民协会在国民政府管辖地区取得了合法地位，推动了农民运动的发展。1925 年 10 月 10 日，中国共产党中央委员会扩大会议通过的《告农民书》规定，“农会会员以年满十六岁之佃农雇农自耕农及农村中手工业者体力劳动者为限”。[3] 依据上述原则，各省制定了农民协会章程，如《广东省农民协会修正章程》《湖南农民协会暂行总章》。[4]

从当时的农村政权建设实际情况看，省县农民协会的代表参加了省县政府的创建工作，乡和区的农民协会成为实际上的基层地方政权机关。从农村中基层政权的阶级性质考察，它是无产阶级领导的、以贫雇农为骨干、联合中农以及农村各革命阶层，向地主豪绅以及其他反革命分子实现专政的人民民主政权。在各级农民协会中，最高决策机构为农民代表大会，负责决定农民协会和政权建设中的一切重大问题；农民协会的常设机构为农民代表大会产生的执行委员会，执行委员会下设多个机构，分别行

[1] 参见《中央通告农字第七号——纠正农民无组织行动》(1927 年 6 月 6 日)，载中央档案馆编:《中共中央文件选集》(第 3 册)(1927)，中共中央党校出版社 1989 年版，第 175 页。
[2] 参见中共中央党史研究室:《中国共产党历史》(第 1 卷)(1921—1949)(上册)，中共党史出版社 2011 年版，第 120 页。
[3] 参见《中共中央扩大执行委员会告农民书》，载中央档案馆编:《中共中央文件选集》(第 1 册)(1921—1925)，中共中央党校出版社 1989 年版，第 509-517 页。
[4] 参见张希坡:《人民代表大会制度创建史》，中共党史出版社 2009 年版，第 56-57 页。

使农村行政、审判等职权。实际上，农民代表大会在农村政权中发挥了权力机关的作用，其建设成就及议事经验对我国人民代表大会制度的建立具有重要的借鉴意义，[1] 可以说是人民代表大会制度的第二颗萌芽。

北伐战争后期，上海工人阶级为了配合北伐战争，在中国共产党的领导下于1926年10月23日、1927年2月19日和3月21日，连续发动了3次武装起义。第三次武装起义在周恩来、罗亦农、赵世炎等同志的领导下，吸取了前两次失败的教训，组织了拥有5000人的工人武装纠察队，打败了统治上海的反动军队，解放了上海市，建立起史无前例的工人阶级领导的上海市民代表政府，创建的上海市民代表会议，是我国人民代表大会制度在大城市的最初尝试。

根据《上海市民代表会议组织法》和《上海特别市市民代表会议政府组织条例草案》等法律条令的规定，上海特别市市民代表会议为全市最高权力机关，定名为“市民代表会议政府”。[2] 市民代表会议分为：市代表会议和区代表会议。市代表会议的主要职权包括：选举市执行委员，议决全市一切应兴应革事件，议决市立法、工资、粮食、房租、失业救济、教育、市政工程等事件，议决市捐税、市公债及市预算决算，议决各代表提议其所代表之团体群众对于市政之意见等。同时规定，由市代表会议选出执行委员50人，组织市执行委员会（即市政府委员会），并下设财政、公安、教育、建设、卫生、土地、司法、劳动八局；由市民代表会议选出监察委员7人，监察市内贪官污吏，搜集证据，控告于市代表会议。从上海市民代表会议的运行机制看，代表会议是最高权力机关，执行委员会必须坚决执行它的决议。这与资产阶级“三权分立”的代议制不同，政府无权解散代表会议，而在执行委员会内部，采取集体领导原则而不是行政长官负责制。这是在充分发扬民主的基础上，实行集中统一的领导，属于对民主集中制的勇敢探索，是人民代表大会制度在我国革命早期的第三颗

[1] 参见张希坡：《人民代表大会制度创建史》，中共党史出版社2009年版，第65页。
[2] 参见张希坡：《人民代表大会制度创建史》，中共党史出版社2009年版，第104页。

萌芽。

总之，这些制度探索和实践已经彰显出人民代表大会制度的一些特征，是人民代表大会制度在我国的最早萌芽，为我们党领导政权制度建设积累了宝贵经验。

（2）人民代表大会制度的雏形。

大革命失败后，我们党独立担负起领导中国革命的重任，并将党的工作重点由城市转入农村，进行土地革命，开展武装斗争，建立农村根据地。在借鉴巴黎公社和俄国苏维埃政权建设经验的基础上，开始在中国大地上探索建立自己的苏维埃政权。〔1〕

我们党在成立之初制定的第一个纲领明确提出“本党承认苏维埃管理制度”。1927 年 9 月，中央临时政治局会议通过的《关于“左派国民党”及苏维埃口号问题决议案》〔2〕指出：“现在的任务不仅宣传苏维埃的思想，并且在革命斗争新的高潮中应成立苏维埃。”两个月后，中央临时政治局扩大会议通过的《中国现状与党的任务决议案》第九节“苏维埃的口号与工农政纲”进一步提出，“现时革命阶段之中，党的主要口号就是苏维埃——无产阶级领导之下的工农民权独裁制性质的政权，只能在苏维埃制度的形式里建立起来”，“一切政权归工农兵士贫民代表会议，是武装暴动的总口号”。〔3〕在这一口号的指导下，各地组织了一系列武装起义，革命根据地的政权组织形式开始由农民协会、革命委员会向工农兵代表会议转变，井冈山、鄂豫皖等革命根据地相继建立了工农兵代表会议，一切政

---

〔1〕“苏维埃”是俄文 COBET 的音译，即代表会议，是革命导师列宁领导的俄国布尔什维克党在 1905 年革命时期创造的新型政权形式。中国最早成立的苏维埃政府，是彭湃等领导海陆丰农民起义后成立的海丰县苏维埃政府、陆丰县苏维埃政府和张太雷、叶剑英等领导广州起义后成立的广州苏维埃政府。参见中共瑞金市委党史工作办公室编：《人民代表大会制度从这里走来》，中共党史出版社 2019 年版，第 10 页。

〔2〕参见《关于“左派国民党”及苏维埃口号问题决议案》，载《中央通讯》1927 年第 6 期。转引自中央档案馆编：《中共中央文件选集》（第 3 册）（1927），中共中央党校出版社 1989 年版，第 369-371 页。

〔3〕参见《中国现状与党的任务决议案》，载《中央通讯》1927 年第 13 期。转引自中央档案馆编：《中共中央文件选集》（第 3 册）（1927），中共中央党校出版社 1989 年版，第 460 页。

权归工农兵代表会议，逐步建立起无产阶级领导的工人、农民和小资产阶级的工农民主政权。

在这一过程中，毛泽东同志领导开辟了第一个农村革命根据地，并把马克思列宁主义国家学说和中国革命的具体实际相结合，在深入调查研究中国社会政治、经济、文化条件与特点并正确分析中国革命形势的基础上，提出“工农武装割据”思想和红色政权理论，建立各级工农兵政府，为全国各地武装起义、工农民主政权建设特别是工农兵苏维埃代表大会制度的探索提供了实践经验和理论指导。

一是，提出建立苏维埃政权并阐明其基本条件。毛泽东同志在1927年3月写的《湖南农民运动考察报告》中提出“一切权力归农会”的斗争目标；在领导秋收起义的准备工作时提出，应当扩大宣传苏维埃政权，在暴动力量发展最大的地方建立苏维埃，把一切权力归工农兵代表会议；在《中国的红色政权为什么能够存在?》中，概括了红色政权建设的“五大要素”：要有共产党的正确领导，要有革命武装力量作支柱，要有广泛的革命群众基础，要有全国革命形势的继续向前发展，要有相对稳定的红色区域作依托。

二是，明确了红色政权的阶级结构、组织形式和活动原则。毛泽东同志在《中国社会各阶级的分析》中，对于红色政权的领导力量和阶级基础等根本问题作了深刻回答；在《井冈山的斗争》中，指出工农兵代表会议才是真正的权力机关，提出红色政权要实行“民主集中主义的制度”，要“制订详细的各级代表会组织法”。[1]

在这些理论的指导下，工农兵代表会议相继在各根据地建立，为全国工农兵代表大会的召开打下了组织基础、实践基础，积累了制度探索的宝贵经验。1931年11月7日，经过异常艰苦的筹备工作，中华工农兵苏维埃第一次全国代表大会在江西瑞金召开，会议通过了《宪法大纲》以及临时中央政府提供大会讨论的《中华苏维埃共和国土地法》《中华苏维埃共

---

〔1〕 参见毛泽东：《井冈山的斗争》，载《毛泽东选集》（第1卷），人民出版社1991年版，第72页。

和国劳动法》和有关红军问题、经济问题、工农检察问题、少数民族问题以及救济困难群众问题、为死难烈士立纪念碑问题等决议案；选举产生了全国工农兵代表大会中央执行委员会作为全国代表大会闭会后的最高权力机关，在中央执行委员会之下组织中央人民委员会作为最高行政机关。这次会议，标志着党领导的革命政权建设已发展为国家形态，使国内“两个政权并存”的局面进入一个新的发展阶段，也初步勾勒出一个无产阶级政党领导的以工农联盟为基础的国家蓝图，初步确立起实现人民当家作主的政权基础和制度基础。

我们党领导制定的《宪法大纲》是中国历史上第一部真正属于劳动人民的宪法性文件，是党在执政预演中建立具有鲜明人民性、阶级性和时代性法律制度的基石，集中反映了中国劳苦大众反帝反封建反官僚资本主义的革命意志和争取民主自由的强烈愿望。《宪法大纲》第二条规定，“中国苏维埃政权所建设的，是工人和农民的民主专政的国家。苏维埃全部政权是属于工人，农民，红军及一切劳苦民众的”。第三条规定，“中华苏维埃共和国之最高政权为全国工农兵会议（苏维埃）的大会，在大会闭会的期间，全国苏维埃临时中央执行委员会为最高政权机关，中央执行委员会下组织人民委员会处理日常政务，发布一切法令和决议案”。第四条规定，“苏维埃共和国公民，有权直接派代表参加各级工农兵苏维埃的大会，讨论和决定一切国家的地方的政治任务”。〔1〕这些规定，确立了中华苏维埃共和国的政体，即民主集中制的、议行合一的工农兵苏维埃代表大会制度。〔2〕这一适合中国国情的根本政治制度，是毛泽东同志对无产阶级领导的国家政权组织形式的杰出创造，成功解决了半殖民地半封建国家的人民政权如何实现人民当家作主的实践问题，能够保证广大工农兵等人民群众在艰难紧张的战争环境中参加新民主主义国家的管理，在政治、经济、

〔1〕参见全国人大图书馆编：《中华苏维埃代表大会重要文献选编》，中国民主法制出版社2019年版，第324页。
〔2〕参见张希坡：《人民代表大会制度创建史》，中共党史出版社2009年版，第165页。

文化、社会生活中行使自己的民主权利。

工农兵苏维埃代表大会制度，是我国历史上第一次真正由劳动人民当家作主的政权组织形式，是人民代表大会制度雏形时期的第一种形态。[1] 党的六大肯定了工农兵苏维埃代表大会制度是“引进广大的劳动群众参加管理国事的最好的方式，也就是实行工农民权独裁制的最好的方式”，[2] 并对各根据地政权的机构设置等作了统一规定，使工农兵苏维埃代表大会制度更加完整和具体化。[3] 党的六大之后，各根据地纷纷召开工农兵苏维埃代表大会，成立工农兵政府，普遍建立起工农兵苏维埃代表大会制度。但同时需要清醒地看到，工农兵苏维埃代表大会制度在当时的中国人民的政治生活中是一件新鲜事，如何正确地掌握运作并不断发挥其应有的作用，是一个需要逐步总结经验、扩大实施效果的过程，对于各级干部和人民群众来说也是一个不断提高认识、转变思想习惯、改进工作方法的过程。[4] 毛泽东同志在《井冈山的斗争》中就有针对性地提出两个重要问题：一是如何建立起真正的名副其实的工农兵苏维埃代表大会制度，二是在政权系统中如何正确实现共产党的领导权问题。[5] 他深刻分析了工农兵苏维埃代表大会制度在运行中存在的问题，“就是因为缺乏对于代表会这个新的政治制度的宣传和教育”。[6] 为此，他特别强调：“民主集中主义的制度，一定要在革命斗争中显出了它的效力，使群众了解它是最能发动群众力量和最利于斗争的，方能普遍地真实地应用于群众组织。”[7] 而

---

〔1〕 参见曾慧：《人民代表大会制度是党领导人民长期探索的历史选择》，载《社会主义研究》2001年第5期；俞燕玲：《工农兵代表大会制度的历史审视》，载《党史研究与教学》2013年第5期。

〔2〕 参见中国共产党第六次全国代表大会制定的《政治议决案》（1928年7月9日），载中央档案馆编：《中共中央文件选集》（第4册）（1928），中共中央党校出版社1989年版，第299页。

〔3〕 参见中国共产党第六次全国代表大会制定的《苏维埃政权的组织问题决议案》（1928年7月10日），载中央档案馆编：《中共中央文件选集》（第4册）（1928），中共中央党校出版社1989年版，第390-412页。

〔4〕 参见张希坡：《人民代表大会制度创建史》，中共党史出版社2009年版，第165页。

〔5〕 参见张希坡：《人民代表大会制度创建史》，中共党史出版社2009年版，第165页。

〔6〕 参见毛泽东：《井冈山的斗争》，载《毛泽东选集》（第1卷），人民出版社1991年版，第72页。

〔7〕 毛泽东：《井冈山的斗争》，载《毛泽东选集》（第1卷），人民出版社1991年版，第72页。

如何在工农兵苏维埃代表大会制度中贯彻好民主集中制原则，既是发展和完善这个根本政治制度的重要问题，也是至今仍然值得我们继续探讨的重要课题。

3. 新型法治制度的探索

党在领导革命中，为保证革命任务完成，从各方面加强制度建设予以保障，特别是在局部执掌革命政权后，制定了《宪法大纲》和一系列法律法令，对建立新型的法治制度进行了积极探索。

（1）婚姻家庭制度的早期探索。

家庭是社会稳定的细胞。婚姻家庭立法是我们党最早探索建立的重要法律制度领域之一。在变革婚姻家庭制度的过程中，毛泽东同志关于婚姻必须以爱情为基础的思想认识以及对封建宗法思想和制度的批判，为新的婚姻家庭制度的建立指明了方向和目标，是新民主主义婚姻制度和法律制度得以建立完善的理论基础和基本依据。

一是，倡导男女平等、婚姻自由原则，反对一切封建的包办、强迫与买卖婚姻制度，反对封建家长制度。在五四运动时期，毛泽东同志在《民众的大联合》（二）中，对旧中国男女不平等、婚姻不自由的现象进行了深刻揭露和辛辣讽刺。其中写道“我们是女子，我们更沉沦在苦海！我们都是人，为甚么不许我们参政？我们都是人，为甚么不许我们交际？”〔1〕此后，他发表《婚姻问题敬告男女青年》《恋爱问题——少年人与老年人》等文章，这表明毛泽东同志已经形成婚姻必须以爱情为基础的思想认识。在大革命时期，他明确提出以婚姻自由作为婚姻立法的基本原则。1931 年 11 月，毛泽东同志在以中央执行委员会主席名义发布的关于暂行婚姻条例的决议中提出：“应确定婚姻以自由为原则，而废除一切封建的包办、强迫与买卖婚姻制度。”〔2〕 1934 年 1 月 23 日，毛泽东同志在第二

〔1〕 毛泽东：《民众的大联合》（二）（1919 年 7 月 28 日），载中共中央文献研究室、中共湖南省委《毛泽东早期文稿》编辑组编：《毛泽东早期文稿》（1912. 6—1920. 11），湖南出版社 1990 年版，第 375 页。

〔2〕 逄先知主编：《毛泽东年谱》（1893—1949）（上卷），中央文献出版社 2005 年版，第 359 页。

次全国苏维埃代表大会上重申了“苏维埃的婚姻法令着重于保护女子”[1]的指导思想。

二是，指出妇女受压迫歧视的根源在于旧的经济剥削制度和政治专制制度，妇女问题的彻底解决必须依赖于社会问题的根本解决。毛泽东同志在《湖南农民运动考察报告》中，把夫权、族权作为代表全部封建宗法思想和制度、束缚中国人民特别是农民的四大绳索之一看待，指出在政权、族权、神权、夫权的权力体系中，地主政权“是一切权力的基干”，只要打倒地主政权，“族权、神权、夫权便一概跟着动摇起来”，妇女才能得到真正解放，废除旧的封建主义的婚姻家庭制度，实行新的自由平等的婚姻家庭制度，才能成为可能。[2]

三是，指出婚姻家庭制度的变革运动是工农民主革命的重要组成部分，妇女要解放，必须与社会其他方面联合奋斗。早在1919年，毛泽东同志在《民众的大联合》（三）中提出“思想的解放、政治的解放、经济的解放、男女的解放、教育的解放”五个方面的任务[3]，其中将“男女的解放”放在了重要位置。

在根据地创立之初，红军的布告和工农民主政权的命令中大都有取缔娼妓、解放奴婢、严禁贩卖人口等内容，这是以法律手段破除旧的婚姻家庭关系的最初形式。随后，各根据地政权制定了许多关于妇女解放和建立新的婚姻家庭制度的法规。1930年闽西第一次工农兵代表大会通过的保护妇女青年条例和婚姻法，1931年7月鄂豫皖边区第二次苏维埃代表大会通过的《婚姻问题决议案》等[4]，都是开展婚姻家庭立法的最初实践。1931年12月1日，毛泽东同志以中央执行委员会主席名义发布了《中华

[1] 毛泽东：《在第二次全国苏维埃代表大会上的报告》，载中共中央文献研究室、中央档案馆编：《建党以来重要文献选编》（第11册），中央文献出版社2011年版，第128页。

[2] 参见李仲达：《毛泽东法律思想和实践》，陕西人民教育出版社1989年版，第166页。

[3] 参见毛泽东：《民众的大联合》（三），中共中央文献研究室、中共湖南省委《毛泽东早期文稿》编辑组编：《毛泽东早期文稿》（1912.6—1920.11），湖南出版社1990年版，第393页。

[4] 参见李仲达：《毛泽东法律思想和实践》，陕西人民教育出版社1989年版，第168页。

苏维埃共和国婚姻条例》，该条例对处理婚姻家庭关系的原则、结婚、离婚及离婚后孩子的抚养等问题都作了专门的规定。

1934 年 4 月，毛泽东同志领导制定的《中华苏维埃共和国婚姻法》，是大革命时期工农民主政权关于婚姻家庭问题最重要且比较完善的法律，也是适用于全国革命根据地的法律，为建立完善新型婚姻制度提供了法律支撑。这部婚姻法的主要特点包括：①确立了婚姻自由原则，废除了一切包办、强迫和买卖婚姻制度。如：禁止童养媳，实行一夫一妻制，对旧的封建婚姻制度作了彻底的否定。②规定了结婚的条件和程序。其中规定了结婚的年龄条件是男年满 20 岁、女年满 18 岁，要求男女结婚须双方同意，禁止危险性传染病患者结婚等。③规定了离婚的条件和程序。规定“确定离婚自由，男女一方坚决要求离婚的，即可离婚”。同时对红军战士的婚姻予以特别保护，规定“红军战士之妻要求离婚，须得其夫同意。但在通信便利的地方，经过两年其夫无信回家者，其妻可向当地政府请求登记离婚，在通信困难的地方，经过四年其夫无信回家者，其妻可向当地政府请求登记离婚”。④规定了离婚后财产处理及子女抚养等问题的基本原则。如：男女双方婚前的土地、财产和债务自行处理，结婚后共同经营的财产由男女双方平分，若有小孩，则按人口平分；“所有归女子抚养的小孩，由男子担负小孩必需的生活费的三分之二，直至十六岁为止”。[1]

（2）人民司法制度的早期探索。

在党领导人民建立革命组织特别是创建革命根据地的基础上，为了保证宪法、法律法规以及特殊时期党中央的重大决议得到有效贯彻实施，党在大革命特别是土地革命时期领导人民开启了推翻旧法制、创立新法制的探索历程，为新中国人民司法制度的确立积累了经验。大革命时期，在工农运动的领导机关中，曾设置过法制局、纠察队、会审处、特别法庭等司法机构，并在摧毁旧司法机构和制度的局部地区短暂地行使过司法权。[2]

---

〔1〕 参见李仲达：《毛泽东法律思想和实践》，陕西人民教育出版社 1989 年版，第 169-171 页。
〔2〕 参见李仲达：《毛泽东法律思想和实践》，陕西人民教育出版社 1989 年版，第 177 页。

在毛泽东同志领导的湖南农民运动中，农民废除了旧都区的司法权，建立了由自己控制的仲裁部（或者公断处）与特别法庭，创造了“公审”的审判方式，召开群众大会，公审罪大恶极的土豪劣绅和反革命分子。农民代表大会通过的决议案和乡村的“农会诸禁”（禁牌、赌、鸦片以及一些封建陋习等），在一些地方已经做到“令行禁止”。上述做法[1]实际上都是创建人民革命法制取代反动旧法制的勇敢尝试，是人民司法制度的萌芽。

土地革命时期，党中央总结摧毁旧法制、实行革命法制的经验，借鉴苏联人民司法制度的经验，积极领导开展了人民司法制度建设，逐步建立一整套司法机关的组织体系、组织制度和活动制度，创造了闪耀着马克思主义理论光辉、具有中国特色的司法工作方式和方法。在这一过程中，毛泽东同志作出了重要贡献。大革命后期，他撰写的《湖南农民运动考察报告》，对封建地主统治下的“县官老爷衙门”及其旧司法制度进行深刻揭露和批判，指出了无产阶级领导工农群众建设新法制的性质和方向。在创建革命根据地后，他对人民司法机关的性质和任务作了全面研究。他在《在第二次全国苏维埃代表大会上的报告》中指出，苏维埃法庭是“镇压反革命的重要的武器”。[2] 毛泽东同志根据当时的政治、经济、文化条件和军事斗争形势所作的研究和思考，因时因地制宜，为确立人民司法机关的组织形式和组织体系提供了理论基础。

在毛泽东同志的指导下，以中华苏维埃共和国为代表的红色政权初步建立起人民司法机关的组织机构和体系，如设立司法行政机关——司法人民委员部、审判机关——临时最高法院、检察机关——县级以上审判机关内配置行使检察权的专门人员、侦查保卫机关——国家政治保卫局。同时，为了保证司法机关正确行使职权、保护人民的正当权益，他还领导制

[1] 参见谌宗仁：《第一次国内革命战争时期鄂东南地区的农民运动》，载《武汉师范学院学报（哲学社会科学版）》1982年第4期。

[2] 参见毛泽东：《在第二次全国苏维埃代表大会上的报告》，载中共中央文献研究室、中央档案馆编：《建党以来重要文献选编》（第11册），中央文献出版社2011年版，第108页。

定了一系列有关人民司法制度建设的法规。如1932年1月27日制定的《中华苏维埃共和国国家政治保卫局组织纲要》，1932年2月1日公布的《中华苏维埃共和国军事裁判所暂行组织条例》，1932年6月9日公布的《裁判部暂行组织及裁判条例》，1934年4月8日公布的《中华苏维埃共和国司法程序》等。这些法规都是以毛泽东同志为代表的共产党人，将马克思列宁主义基本原理与中国革命斗争实际相结合而制定的，为早期的人民司法工作提供了最基本的准则，有效确立和维护了人民司法工作秩序，为后来的司法制度建设奠定了初步基础。[1]

土地革命时期的司法制度探索，主要有以下特点：[2]

一是，建立了新型审判制度。主要由以下具体制度构成：①实行四级两审终审制度。根据案件的重要性和影响大小，分别确定区、县、省、中央各级审判机关的管辖权，如不服从下一级一审裁判，则可向上一级裁判部上诉，第二审判决或最高审判机关的判决即为终审判决。②实行合议制和独任制相结合。复杂的案件，实行合议制，由3人组成合议庭审理；简单的案件，由裁判员独任审判。③实行陪审制度。由职工会、雇农工会或者其他群众团体选出的陪审员作为合议庭组成人员参加审理活动。④实行公开审判制度。除了涉及机密的案件以外，一般案件实行公开审判制度，允许群众旁听。⑤实行回避制度。与当事人有亲属关系或私人关系的人，不得担任主审或者陪审。⑥实行辩护制度。被告人可以委托代表出庭辩护（须经法庭许可）。⑦实行死刑复核制度。被判处死刑的案件，虽然被告人不上诉，审理该案的裁判部也须将判决书及案卷送交上级裁判机关核准，复核批准后才能执行。[3]

二是，彻底废除了肉刑和刑讯逼供方法。早在1929年12月，毛泽东同志起草的《中国共产党红军第四军第九次代表大会决议案》中，就对

---

〔1〕参见李仲达：《毛泽东法律思想和实践》，陕西人民教育出版社1989年版，第184页。
〔2〕参见李仲达：《毛泽东法律思想和实践》，陕西人民教育出版社1989年版，第177-188页。
〔3〕参见姜翰：《民意与司法：苏维埃时期的刑事审判（1931—1934）》，载《苏区研究》2019年第4期。

“废止肉刑”问题作了专门论述，分析了肉刑的来源、废止的理由、纠正的方法和废止肉刑的法律程序。[1] 这是毛泽东同志首次从党的指导思想、政策和组织纪律上，为废除肉刑所做的努力。[2] 在中华苏维埃共和国成立之后，党内决议案精神很快转化成了国家立法，如《处理反革命案件和建立司法机关的暂行程序》规定坚决废除肉刑。[3] 从此，各根据地明令禁止了肉刑（如执行死刑只准用枪决），并禁止刑讯逼供和专凭口供定案。这一制度性改革举措不仅体现了废除肉刑的人道主义精神，而且蕴含着现代刑事诉讼重证据、重调查研究，不轻信口供的司法原则，是以毛泽东同志为代表的共产党人，在司法工作中坚持实事求是的辩证唯物主义认识路线和运用调查研究科学方法的具体体现。

三是，建立了新型监狱制度。毛泽东同志曾提出，苏维埃看守所和监狱的职责任务是以改造罪犯为目的，以实行劳动改造、思想教育和禁止非人道待遇为指导方针。在这一方针的指导下，全国政权和各根据地政权都设立看守所，省裁判部设立劳动感化院，县裁判部在必要时也可以设立劳动感化院。1932 年 8 月 10 日，中央政府公布了《中华苏维埃共和国劳动感化院暂行章程》，具体规定了对犯罪人实行政治思想教育和劳动改造、实行 8 小时劳动制、开展必要文娱活动等内容。这种新型监狱制度，彻底革除了旧有司法制度下以迫害劳动人民为目的的做法，体现了我们党在革命政权建设早期的人道主义精神和先进的执法理念。[4]

此外，人民调解制度在这一时期开始萌芽。1931 年 11 月，中华苏维埃共和国中央执行委员会第一次全体会议通过了《苏维埃地方政府的暂行

[1] 参见《中国共产党红军第四军第九次代表大会决议案》，载中央档案馆编：《中共中央文件选集》（第 5 册）（1929），中共中央党校出版社 1989 年版，第 828-830 页。
[2] 参见李仲达：《毛泽东法律思想和实践》，陕西人民教育出版社 1989 年版，第 185-186 页。
[3] 参见李仲达：《毛泽东法律思想和实践》，陕西人民教育出版社 1989 年版，第 186 页。
[4] 参见魏春明、柯华：《中华苏维埃共和国的诉讼制度及其评析》，载《中国井冈山干部学院学报》2010 年第 6 期。

组织条例》，规定“乡苏维埃有权解决未涉及犯法行为的各种争执问题”。[1] 各根据地政权以这一规定为蓝本作了细化规定，除了政府进行行政调解外，如农会等群众团体也有调解民间纠纷的职责。由于当时各根据地处于初创时期，调解工作以基层政府调解为主，还没有形成完整的调解原则和制度，但却为我国人民调解制度的建立和发展奠定了早期实践基础。

4. 基本经济制度的早期探索

我国社会基本经济制度是党在领导革命、建设、改革的长期实践中形成的。作为信仰马克思主义的政党，我们党自成立以来就深刻认识到生产资料私有制和生产资料公有制之间的根本区别，并将消灭私有制和实现生产资料的社会占有作为构建公正的经济制度的价值目标。在土地革命时期，我们党领导制定了带有鲜明公有制特色的土地政策，发展国营经济和合作社经济，并根据土地革命的具体情况以及新民主主义革命的阶段性特征，不断调整经济政策，杜绝没收一切土地，鼓励私营经济，初步探索形成了以公有制为主体、鼓励多种经济共同发展的经济发展思路。这可以说是我国以公有制为主体、多种所有制共同发展基本经济制度要素的早期实践。

(1) 党领导对土地制度的探索。

在中国革命的进程中，土地制度的变革和土地问题的解决，始终是一项艰巨而又复杂的基本任务。

我们党自1921年成立以来，逐步认识到农民问题的重要性，意识到农民问题的核心是土地问题，并就此提出了具有土地改革性质的政策主张。1922年6月15日，中共中央执行委员会发表《中国共产党对于时局的主张》，提出肃清军阀，没收军阀和官僚的财产，将他们的田地分给贫

[1] 参见全国人大图书馆编：《中华苏维埃代表大会重要文献选编》，中国民主法制出版社2019年版，第638页。

苦农民。[1] 这是中共中央在正式文件中首次提出给贫苦农民分地的问题。[2] 1925 年 10 月 10 日，中共中央执行委员会扩大会议发表《告农民书》，该文件指出："解除农民的困苦，根本是要实行'耕地农有'的办法，就是谁耕种的田地归谁自己所有，不向地东缴纳租课。"[3] 这标志着党的"耕地农有"土地政策目标得以正式确立。在大革命时期，由于客观条件的限制，党的这些政策主张没有形成更为具体的土地制度，也没有对消灭土地私有制提出更为明确彻底的举措，但为此后党领导土地革命、建立土地法制指明了基本方向，提供了基本思路。

八七会议揭开了土地革命的序幕。1927 年，我们党在汉口召开八七会议，揭开了中国共产党领导的土地革命的序幕，标志着中国革命开始走出大革命失败的阴霾，步入了党独立领导中国革命的"土地革命时期"。土地革命的基本内容是："发动广大农民群众推翻半殖民地半封建社会的土地制度，实现'耕者有其田'的新的土地制度。"[4] 会议通过的《最近农民斗争的议决案》规定，没收一切大地主土地，而不没收小地主土地。[5] 然而，在当时的情况下，只没收大地主的土地不能满足广大农民的愿望。1928 年 3 月 10 日，《中央通告第三十七号——关于没收土地和建立苏维埃》提出，"没收一切地主祠庙等土地，一切土地归苏维埃公有"。[6] 这

---

〔1〕 参见《中国共产党对于时局的主张》，载中央档案馆编：《中共中央文件选集》（第 1 册）（1921-1925），中共中央党校出版社 1989 年版，第 45 页。

〔2〕 参见洪文杰：《党的"耕者有其田"土地制度的历史考察》，载《兰台世界》2011 年第 11 期。转引自中国社会科学院经济研究所中国现代经济史组编：《第一、二次国内革命战争时期土地斗争史料选编》，人民出版社 1981 年版，第 84-194 页。

〔3〕 参见《告农民书》，载中央档案馆编：《中共中央文件选集》（第 1 册）（1921-1925），中共中央党校出版社 1989 年版，第 512 页。

〔4〕 蔡峰：《党在土地革命战争时期土地政策形成的特点》，载《西安教育学院学报》2004 年第 4 期。

〔5〕 参见《最近农民斗争的议决案》，载《中央通信》1927 年第 2 期。转引自中央档案馆编：《中共中央文件选集》（第 3 册）（1927），中共中央党校出版社 1989 年版，第 295 页。

〔6〕 参见《中央通告第三十七号——关于没收土地和建立苏维埃》（1928 年 3 月 10 日），载中央档案馆编：《中共中央文件选集》（第 4 册）（1928），中共中央党校出版社 1989 年版，第 152 页。

将此前只没收大地主的土地变成没收一切土地，体现出我们党在土地制度变革初期以实现土地公有制为目的的指导方针，也从根本上体现了党变革土地制度的决心。

各革命根据地积极探索土地法制实践。不断开辟并巩固农村革命根据地，是党领导土地革命、创建新型土地制度的物质基础和实践前提。从毛泽东同志领导秋收起义部队开辟井冈山革命根据地开始，党领导的农村革命根据地不断建立、巩固和发展。在党的政策指引下，各根据地纷纷建立苏维埃政权，开展土地革命，革新土地制度。

1927 年 11 月，彭湃同志领导的海陆丰根据地建立起苏维埃政权，在陆丰召开的工农兵代表大会通过了《没收土地案》，采取没收一切土地，统一分配的办法，实现“耕者有其田”。在毛泽东同志领导的井冈山根据地，1928 年春开始在小范围内进行土地制度试点，6 月以后全面展开。[1]起初采取土地全部没收、彻底分配的办法，以乡为单位，男女老幼一律平分，后又按照中央的指示，以劳动力为标准，能劳动的比不能劳动的多分一倍。这种以劳动力为标准的办法体现了反封建的彻底性，但存在侵犯中农利益，使中间阶级受到打击的问题，结果导致中间阶级反水，根据地经济萧条。毛泽东同志很快发现问题，改变“左”的政策，逐步纠正实际工作中存在的错误。同年 12 月，毛泽东同志总结土地革命经验，主持制定《井冈山土地法》，创立了以乡为单位、以人口为标准分配给农民个别耕种的土改原则，并为新民主主义时期后来制定的土地法规所承袭；它虽没有直接规定没收地主土地，但没收一切土地的本意和出发点是消灭地主土地所有制，而且实际上没收和分掉的还是地主的土地。然而，《井冈山土地法》毕竟是一定时空条件下的产物，不可避免地有其历史的局限性。正如毛泽东同志所指出的，没收一切土地、土地国有和禁止土地买卖都是原则错误。但这部在根据地确立起新型土地制度的法律，是革命根据地第一次

〔1〕参见中共中央党史研究室：《中国共产党历史》（第 1 卷）（1921—1949）（上册），中共党史出版社 2011 年版，第 281 页。

以法律的形式肯定农民分得土地的神圣权利，否定了封建土地所有制，在我党历史上首开新民主主义土地法制之先河，为党领导的土地革命路线和新民主主义土地法制的形成作出了开创性的贡献。[1]

随着土地革命的深入开展，为更好地调动广大农民参加革命的积极性，各根据地根据党的六大的指示精神及土地革命的斗争经验，对土地政策进行了调整。党的六大纠正了1927年11月中央临时政治局扩大会议关于在土地革命中没收一切土地的错误主张，指出：应无代价地立即没收豪绅地主阶级的土地财产，没收的土地归农民代表大会（苏维埃）处理，分配给无地及少地的农民使用；对于富农，则要根据其对革命的不同态度予以区别对待；党在该阶段的任务，是使这种富农中立，以减少敌人的力量。[2] 由于交通困难，党的六大的会议精神直到1929年1月才传达到井冈山根据地。1929年4月，毛泽东同志根据党的六大精神，在总结赣南土地革命经验的基础上，主持制定《兴国土地法》，将《井冈山土地法》中规定"没收一切土地"调整为"没收一切公共土地及地主阶级的土地"，这是一个原则性的改正，纠正了在没收地主阶级土地的同时打击中间阶层、对于自耕农的土地不加区别地一概没收的错误，明确了土地革命所打击的主要对象是地主阶级。这是我们党领导农民开展土地斗争思想认识上的一次飞跃，满足了当时农民对土地的渴望，为新民主主义土地法制根本原则的确立奠定了较好基础。

1929年7月，在毛泽东同志指导下，闽西党的第一次代表大会通过《土地问题决议案》，这是对《兴国土地法》的丰富和发展。其他各根据地纷纷建立苏维埃政权，通过有关土地问题决议案或者土地政纲实施细则，积极开展土地革命。毛泽东同志在领导土地革命过程中，总结吸取正反两方面经验，从1930年5月写了《反对本本主义》，至1933年11月共

---

〔1〕 参见李仲达：《毛泽东法律思想和实践》，陕西人民教育出版社1989年版，第105-110页。

〔2〕 参见《中央通告第二号——第六次全国代表大会的总结与精神》（1928年9月17日），载中央档案馆编：《中共中央文件选集》（第4册）（1928），中共中央党校出版社1989年版，第584页。

完成农村调查报告 10 多篇，都涉及农村土地分配和使用问题，逐步形成一条完整的土地制度改革总路线，即依靠贫雇农，团结中农，限制富农，保护中小工商业者，有步骤有分别地消灭地主阶级，同时给地主以生活出路，给富农以经济出路。为了使土地制度改革总路线的基本精神更加具体化明确化，毛泽东同志又提出土地制度改革的基本原则：一是必须满足贫农和雇农的要求，这是土地改革的最基本的任务；二是必须坚决地团结中农，不要损害中农的利益。

1930 年 5 月，全国苏维埃区域代表大会制定了《土地暂行法》。该暂行法规定，“凡属地主的土地一律无偿没收”，富农“出租部分的土地一律没收”，凡属于祠堂、庙宇、教会、官产等的土地“一律无偿没收”，“积极参加反革命活动者的土地一律没收”，“没收的土地一律归苏维埃政府分配给少地无地的农民使用”。[1] 至此，无论是 1928 年《井冈山土地法》、1929 年《兴国土地法》，还是 1930 年《土地暂行法》，都规定被没收的土地归苏维埃政府公有，农民只有使用权，而没有所有权。

中国农民千百年来的小生产习惯和土地私有观念是根深蒂固的，农民渴望“耕者有其田”。“土地国有”并不符合当时党领导人民革命的主要目的和主要任务，也不符合我国当时小农经济的基本国情，极大地影响了农民的生产积极性。这种现象引起了党中央的注意。1930 年 9 月，周恩来同志在党的六届三中全会上传达共产国际关于土地问题的指示精神时指出：“土地国有问题，现在是要宣传，但不是现在已经就能实行土地国有。”[2] 后来，全国苏维埃代表大会中央准备委员会会议修订了全国苏维埃区域代表大会通过的《土地暂行法》，将其中“组织集体农场”和“禁止一切土地的买卖、租佃、典押”等有关条文删去，标志着土地所有制由

〔1〕参见全国人大图书馆编：《中华苏维埃代表大会重要文献选编》，中国民主法制出版社 2019 年版，第 155 页。

〔2〕参见中共中央党史研究室：《中国共产党历史》（第 1 卷）（1921—1949）（上册），中共党史出版社 2011 年版，第 285 页。

国有转变为农民私有。[1] 土地所有权问题的解决，是党对根据地土地斗争经验的总结，是马克思列宁主义和中国革命具体实际相结合的结果，反映了土地革命必须从实际出发的客观规律。

在3年多的土地革命实践中，基本形成了一套比较切实可行的土地革命路线、政策和方法，如依靠贫农，联合中农，限制富农，消灭地主阶级，变封建的土地所有制为农民的土地所有制；以乡为单位，按人口平均分配土地，在原耕地基础上，抽多补少，抽肥补瘦等。这些土地制度改革的好思路好方法，成为各革命根据地开展土地制度革新的重要内容，为党在局部地区执政并领导建立统一的土地制度奠定了良好的实践基础和制度基础，也为后期我们党审时度势地看待土地所有制问题、有针对性地完善土地制度积累了宝贵经验。

1931年12月1日，中华工农兵苏维埃第一次全国代表大会通过的《中华苏维埃共和国土地法》，尽管也存在“左”的错误，如“地主不分田”“富农分坏田”等“左”的规定，但它在总结以往土地立法经验教训的基础上，完整全面提出了反对封建土地所有制和满足农民土地要求的主张，是当时条件下比较成熟完善的一部土地法。第一，彻底废除封建半封建性的土地所有制。该法规定，所有封建地主、豪绅、军阀、官僚以及其他大私有主的土地，无论自营或出租，一概无任何代价实行没收；被没收土地以前的所有者，没有分配任何土地的权利；富农的土地也在没收之列，但是可以分得“较坏的劳动份地”；对于一切反革命组织和白军武装的组织者和参加者的土地，必须没收；一切祠堂、庙宇及其他封建半封建性的公共土地，也必须无条件地交给农民。[2] 第二，废除一切反映封建半封建的土地和财产所有权的各种形式的契约与口头承诺，铲除所有利用土地、财产所有权盘剥农民的根源。该法规定，要没收一切封建主、军

〔1〕 参见陈文桂：《土地革命战争时期党的地权政策的演变》，载《历史研究》1982年第4期。

〔2〕 参见全国人大图书馆编：《中华苏维埃代表大会重要文献选编》，中国民主法制出版社2019年版，第333页。

阀、豪绅、地主的动产与不动产，包括房屋、仓库、牲畜、农具等；富农在没收土地后，多余的房屋、农具、牲畜等，亦需没收；必须消灭地主与农民间口头的及书面的一切佃租契约，取消农民对这些财产与土地的义务和债务，一切高利贷债务无效；所有地主与农民的约定自愿偿还的企图，应以革命的法律加以严禁。[1] 第三，在农民自愿的基础上，平均分配一切土地。该法规定，平均分配一切土地，是消灭土地上一切奴役的封建关系及脱离地主私有权的最彻底的办法，对于没收来的土地，贫农、中农、雇农、劳动贫民、红军战士不分男女，都有分配土地的权利。[2] 第四，保障农民对土地的所有权，严禁恢复封建土地所有制。该法认为，应从实际出发，在该革命阶段，仍不禁止土地的出租与土地的买卖，但苏维埃政府应严禁富农投机与地主买回原有土地。这既切合当时实际，又满足了农民对土地的要求，也防止了封建半封建土地所有制的复活。[3]

（2）党领导对经济制度的探索。

从创建革命根据地特别是建立中华苏维埃共和国开始，以毛泽东同志为代表的中国共产党人就高度重视根据地经济建设，先后制定一系列体现发展公有制经济、鼓励和保护私营经济发展的方针政策，并在极其困难的战争条件下，逐步将一些成熟的方针政策制度化、法律化，卓有成效地开展了局部政权下的经济制度探索，提高了根据地生产力水平，保障了红军苏维埃政权的物质供给，支援了革命战争，改善了人民生活。

1933 年 8 月，毛泽东同志在《必须注意经济工作》中提出，“现在我们的一切工作，都应当为着革命战争的胜利……为着这一切，就需要进行

---

〔1〕 参见全国人大图书馆编：《中华苏维埃代表大会重要文献选编》，中国民主法制出版社 2019 年版，第 334 页。

〔2〕 参见全国人大图书馆编：《中华苏维埃代表大会重要文献选编》，中国民主法制出版社 2019 年版，第 333 页。

〔3〕 参见全国人大图书馆编：《中华苏维埃代表大会重要文献选编》，中国民主法制出版社 2019 年版，第 334 页。

经济方面的建设工作”,[1] 指出革命战争与经济建设相辅相成，经济建设为革命战争提供物质保障，革命战争的最终目标是给经济建设提供更好的环境。1934 年 1 月，针对当时国民党对根据地实行经济封锁的紧急状况，毛泽东同志在第二次全国苏维埃代表大会上提出，“我们的经济政策的原则，是进行一切可能的和必须的经济方面的建设”，“我们的经济建设的中心是发展农业生产，发展工业生产，发展对外贸易和发展合作社”，“从发展国民经济来增加我们财政的收入，是我们财政政策的基本方针”；提出：“现在我们的国民经济，是由国营事业、合作社事业和私人事业这三方面组成的。国家经营的经济事业，在目前，只限于可能的和必要的一部分。国营的工业或商业，都已经开始发展，它们的前途是不可限量的。”[2] 毛泽东同志在这次大会上阐述的经济建设方针、政策原则，对新民主主义经济思想若干原则作了论述，是对新民主主义经济建设指导理论的一次全面概括，为后来发展公有制经济和私营经济事业提供了理论支撑，为红色政权经济立法指明了目标方向，提出了任务要求。

1931 年，中华工农兵苏维埃第一次全国代表大会通过了《中华苏维埃共和国劳动法》《关于经济政策的决定》等法律文件，在中央、省、县三级设立国民经济部，在中央苏区、湘鄂西苏区和其他苏区都建立兵工厂、子弹厂、炸弹厂、被服厂、纺织厂、炼铁厂，开启了局部执政背景下的经济建设。受当时革命战争条件的极大限制，党在领导国营经济的同时，更加注重鼓励、保护和发展私营经济，具体的制度建设主要集中在财税制度、金融制度、工商业管理制度这三个方面。[3]

一是，建立财税制度。在革命斗争中，粮食和资金是两个最主要的经济问题。为了解决这两个经济问题，毛泽东同志领导制定了大量经济法规。如：1932 年 6 月 23 日，发布了《发行革命战争短期公债条例》；1932

---

〔1〕 毛泽东：《必须注意经济工作》，载《毛泽东选集》（第 1 卷），人民出版社 1991 年版，第 119 页。

〔2〕《毛泽东选集》（第 1 卷），人民出版社 1991 年版，第 130-135 页。

〔3〕 参见李仲达：《毛泽东法律思想和实践》，陕西人民教育出版社 1989 年版，第 134-149 页。

年8月21日，发布了《发展粮食合作社运动问题》的训令。这些法规的实行，对于募集资金、保障红军供给，都起了重要作用。

在税收工作方面，中央苏区建立了全新的税收制度与机构，保证红色政权的财政收入。1931年11月，颁布的《中华苏维埃共和国暂行税则》规定了统一的累进税，废除了国民党军阀政府的一切税种，将税种分为商业税、工业税和农业税三种，确定以200元为商业税的起征点；后来，根据法律实施情况，于1933年7月对上述税法作了修改和补充，比如，将商业税的起征点调整到100元。

二是，建立金融制度。从创建革命根据地开始，我们党在摧毁旧的金融机构，废除高利贷剥削的同时，着手建立为工农谋利益的新型金融制度。从各根据地看，1927年冬在闽西上杭县蛟洋区成立了蛟洋区农民银行，1929年8月在江西中央革命根据地成立了东固平民银行，1930年赣西南政府把平民银行扩充为赣西南政府银行等。

中华苏维埃共和国成立后，局部统一的金融制度建设步入了快车道。1931年11月，第一次全国代表大会通过了《关于经济政策的决定》，规定“为着实现统一货币制度并帮助全体劳苦群众，苏维埃应开办工农银行，并在各苏维埃区域内设立分行，这个银行有发行货币之特权”,[1]初步确定了苏维埃政府的金融机构及其服务宗旨。据此，1932年3月，在中央苏区成立了中华苏维埃共和国国家银行，先后制定了《中华苏维埃共和国国家银行暂行章程》《国家银行往来存款暂行规则》《国家银行定期存款暂行规则》[2]《国家银行往来透支暂行规则》《国库暂行条例》《借贷暂行条例》等法规。这些金融管理法规的颁布实施，使苏维埃国家的金融管理活动有了一套统一的法律制度，有力保证了苏维埃政府围绕革命战争组织经济生产，为党全面执政后领导金融事业平稳发展积累了经验。

---

〔1〕参见全国人大图书馆编：《中华苏维埃代表大会重要文献选编》，中国民主法制出版社2019年版，第343页。

〔2〕参见张希坡：《人民代表大会制度创建史》，中共党史出版社2009年版，第217页。

三是，建立保护和发展工商业的制度。1932年年初，临时中央政府发布了《关于工商业投资暂行条例》，规定无论是国家的企业、矿山、森林，还是私人的产业，都允许私人资本在中华苏维埃共和国境内自由投资经营工商业，但须由双方协商，订立租赁合同，向当地苏维埃政府登记。〔1〕目的是保护和鼓励私人在根据地投资经营工商业，建立和完善根据地工商业管理制度。

在鼓励发展私人工商业的同时，1932年4月，中央政府发布了《合作社暂行组织条例》，目的是通过建立合作社这种生产自救性组织来抵制资本家的剥削，保障工农劳动群众的利益；在总结合作社发展经验的基础上，中央人民委员会及有关各部制定了各种合作社的具体规章，为生产合作社的组织发展提供了基本的法律依据和保护手段。〔2〕1934年4月，中央人民委员会颁布《苏维埃国有工厂管理条例》，确认了厂长负责制，确立了工厂的民主管理制度、部门领导管理责任制度和经济核算制度，有效提高了工厂领导制度的科学性，调动了工人的工作积极性。

5. 先进文化制度的早期探索

马克思主义以科学的世界观和方法论揭示了人类社会发展规律，是我们立党立国的根本指导思想。〔3〕以制度形态确立马克思主义在意识形态领域的指导地位，是我们党不断开创马克思主义中国化新境界，形成、发展和完善中国特色社会主义制度的重要内容，是中国共产党人宣传先进思想、引领先进文化建设的根本制度要求。在大革命与土地革命时期，刚成立不久的中国共产党以马克思主义为指导，对广大工人阶级开展马克思主义理论教育，鼓舞革命斗志，并在领导武装斗争和局部政权建设中不断巩固马克思主义在意识形态领域的指导地位，在中国初步实现了马克思主义从宣传教育到制度建设的转化。

---

〔1〕参见李仲达：《毛泽东法律思想和实践》，陕西人民教育出版社1989年版，第149页。

〔2〕参见张希坡：《人民代表大会制度创建史》，中共党史出版社2009年版，第234页。

〔3〕参见何毅亭：《论中国特色社会主义制度》，人民出版社2020年版，第61页。

一是，开展马克思主义宣传教育。我们党对工人阶级的思想政治教育，是用马克思主义理论教育引导广大工人群众认识自己的阶级地位和历史使命。主要通过翻译宣传《资本论》《共产党宣言》等马克思主义经典著作，使工人阶级意识到自己被资本家无情剥削的残酷事实，领悟自己要做资本主义掘墓人的阶级使命，明确为争取自身权益而斗争的目标。同时，从1925年起，毛泽东同志开始注重以马克思主义为指导研究中国农民问题。继《中国社会各阶级的分析》之后，他于1926年1月在《中国农民》第1期上发表《中国农民中各阶级的分析及其对于革命的态度》一文,[1] 初步运用马克思主义的阶级分析法，将农村居民分为大地主、小地主、自耕农、半自耕农、半益农、贫农、雇农及乡村手工业者、游民八个阶级，并就各个阶级的革命态度进行了比较深入的分析，初步形成关于农村阶级分析的理论，加强对农民的马克思主义宣传，提高农民的阶级觉悟。

为了进一步增强革命群众的马克思主义理论武装，党中央以多样化途径开展马克思主义理论宣传教育。党的四大要求中央编译委员会集中力量办好《向导》、《新青年》、《中国工人》、《党报》（秘密党刊），以加强对全党的马克思列宁主义和政策策略的宣传教育。[2] 此外，规模较大的地方刊物有《政治生活》（北京）、《人民周刊》（广东）、《武汉评论》（湖北）、《战士》（湖南），以及《工人之路》（全国总工会）、《工人小报》（天津总工会）等。党还通过在上海的印刷所和书店，出版《中国革命问题论文集》等一批宣传马克思主义和论述中国革命问题的书籍。[3]

二是，以马克思主义为指导进行党的思想建设和局部政权文化建设。大革命失败后，国民党政府统治下的白色恐怖席卷全国，工商业发展再度

---

[1] 参见中共中央党史研究室：《中国共产党历史》（第1卷）（1921—1949）（上册），中共党史出版社2011年版，第157页。

[2] 参见中共中央党史研究室：《中国共产党历史》（第1卷）（1921—1949）（上册），中共党史出版社2011年版，第186页。

[3] 参见中共中央党史研究室：《中国共产党历史》（第1卷）（1921—1949）（上册），中共党史出版社2011年版，第189页。

陷入低迷，社会半殖民地半封建化程度不断加深，党内外、各阶级都面临自身意识的混乱与指导思想的选择。我们党在险象环生的革命斗争中，坚持马克思主义理论指导地位，结合中国特殊国情与革命特点，创造性地推动马克思主义意识形态中国化。

马克思在《德意志意识形态》中提出："不是意识决定生活，而是生活决定意识。"[1] 但同时，马克思也充分肯定了思想意识对物质生活的巨大反作用，他认为精神的力量能够在每一段历史的更迭中发挥先导作用，激励先进的阶级推翻落后的阶级，实现自我的觉醒和解放。我们党从成立之日起就高度重视党内外的思想建设，坚持开展马克思列宁主义和党的思想路线教育，以无产阶级思想改造和克服各种非无产阶级思想。毛泽东同志充分认识到思想教育对于革命斗争的重要影响，多次提出革命要解决思想问题，斗争要明确理论指导。他在第二次全国苏维埃代表大会上提出，苏维埃文化教育的总方针"在于以共产主义的精神来教育广大的劳苦民众，在于使文化教育为革命战争与阶级斗争服务，在于使教育与劳动联系起来"[2]。

古田会议强调了在党内进行思想建设的重要性。在特殊的时代背景下，党内指导思想的混乱与阶级成分的复杂致使许多不正确的思想一度泛滥，"党的领导机关对于这些不正确的思想缺乏一致的坚决的斗争，缺乏对党员做正确路线的教育，也是使这些不正确思想存在和发展的重要原因"。[3] 古田会议决议提出，"红军党内最迫切的问题，要算是教育的问题"，[4] 并对教育的内容和目的作出说明，强调各级党员必须优化自身工

---

[1] 中共中央党校教务部编：《马列著作选编》，中共中央党校出版社 2002 年版，第 11 页。

[2] 毛泽东：《在第二次全国苏维埃代表大会上的报告》，载中共中央文献研究室、中央档案馆编：《建党以来重要文献选编》（第 11 册），中央文献出版社 2011 年版，第 127 页。

[3] 参见《中国共产党红军第四军第九次代表大会决议案》，又称《古田会议决议》。该决议案由毛泽东同志起草，共分 8 个部分，第一部分经毛泽东同志校阅，题为《关于纠正党内的错误思想》，载《毛泽东选集》（第 1 卷），人民出版社 1991 年版，第 85-96 页。

[4] 参见《中国共产党红军第四军第九次代表大会决议案》，载中央档案馆编：《中共中央文件选集》（第 5 册）（1929），中共中央党校出版社 1989 年版，第 816 页。

作方法，重视运用科学的方法在党内开展马克思列宁主义和党的正确路线的教育。同时，我们党非常强调群众的意识形态工作，在中央苏区创办各类革命报纸杂志，开办各类学校，广泛宣传马克思列宁主义，为马克思主义意识形态在文化建设领域的实践发展积累了宝贵经验。

三是，党领导左翼文化运动。大革命失败后，一批党的和党所影响的文化工作者陆续聚集到上海，在新开辟的革命的思想文化阵地上同国民党反动统治展开了英勇战斗。1929 年下半年，中共中央宣传部成立中央文化工作委员会，由潘汉年负责，统一领导这方面工作。1930 年 3 月 2 日，经过党的建议和筹划，由党内外作家参加的中国左翼作家联盟在上海正式成立。随后，中国社会科学家、戏剧家、美术家、教育家联盟等左翼文化团体也相继成立。同年 10 月，各左翼文化团体又共同组成中国左翼文化总同盟。在党的领导下，这支左翼文化新军积极从事马克思主义宣传和革命文艺创作等活动，兴起了一场党领导下的左翼文化运动。〔1〕

国民党当局对左翼文化运动进行了残酷的迫害和镇压。从 1929 年起，国民党政府相继颁布《出版法》《宣传品审查条例》等法律、条例，对书籍刊物的编辑、出版和发行施加种种限制，直至严加查禁；指派流氓特务狂暴袭击文化团体和编辑、出版等机构，拘捕并秘密杀害革命作家和文化人士；培植一批御用文人竭力宣扬封建文化和法西斯文化，诋毁马克思主义和进步的思想文化。但是，左翼文化运动不但没有在“围剿”中被消灭，反而迎着迫害的狂风恶浪，在马克思主义真理光芒的照耀下，在无产阶级革命文学的旗帜下，顽强地发展起来。左翼文化团体人数不断增加，活动区域不断扩大，先后创办《萌芽月刊》《拓荒者》《文化月报》《北斗》《文学》等几十种刊物，创作和发表了大量为群众所欢迎的作品。这些作品反映了新军阀统治的祸害、帝国主义侵略的罪恶、城乡经济的衰败，以及劳动人民和小资产阶级的痛苦与要求，在题材与表现形式的多样

---

〔1〕参见中共中央党史研究室：《中国共产党历史》（第 1 卷）（1921—1949）（上册），中共党史出版社 2011 年版，第 368-370 页。

性、反映生活的广度和深度等方面，都达到了新的水平。

左翼社会科学工作者翻译出版了大量马克思主义著作。据不完全统计，从1927年8月至1937年6月，翻译出版的马克思、恩格斯、列宁等人的著作达113种之多。《资本论》（第1卷）、《反杜林论》、《政治经济学批判》、《唯物主义与经验批判主义》等著作的第一个中文全译本，都是在20世纪30年代前期问世的。在传播马克思主义的过程中，工作者们特别注意宣传介绍辩证唯物论，有些著作能够对马克思主义的基本原理作出准确的阐释，对人们正确理解马克思主义并用来总结中国革命的经验提供了有益帮助；有些著作注意将马克思主义通俗化，让更多的人了解这些真理，启迪了许多青年学生，促使他们的世界观转向辩证唯物主义和历史唯物主义，积极地投身革命运动。[1]

6. 党对军队的绝对领导制度的探索

毛泽东同志等老一辈无产阶级革命家，在领导井冈山革命斗争的过程中，认真总结了大革命失败后党领导革命遇到的一系列困难和问题，逐步建立并不断加强了党对军队的领导，形成了毛泽东军事思想，丰富和发展了马克思列宁主义军事理论。

在毛泽东军事思想初步形成之前，党的其他早期领导人已经对领导武装斗争有了较为清晰的认识。例如，1925年6月，周恩来同志在东征回师途中讲演时指出，军队是工具，“压迫者拿这工具去压迫人”，被压迫阶级“也可利用这工具去反抗他们的压迫者，推翻压迫者的势力”，“这军队便是实现我们理论的先锋！”[2] 在省港大罢工后的1925年10月，中共中央执委会扩大会议讨论了武装工人阶级的问题，提出要“有组织的去预备武装工人阶级中最勇敢忠实的分子”。[3] 又如，瞿秋白同志在《中国革命中

[1] 参见中共中央党史研究室：《中国共产党历史》（第1卷）（1921—1949）（上册），中共党史出版社2011年版，第371页。

[2] 周恩来：《军队的性质和组织》（1925年6月2日），载中共中央文献研究室、中央档案馆编：《建党以来重要文献选编》（第2册），中央文献出版社2011年版，第372页。

[3] 参见中共中央党史研究室：《中国共产党历史》（第1卷）（1921—1949）（上册），中共党史出版社2011年版，第159页。

之武装斗争问题》中对武装斗争和革命军队在国民革命时期的重要性作了比较系统的阐述,〔1〕是党内早期专门论述武装斗争问题的重要文章。这些党的早期领导人对武装斗争的认识和主张，在一定程度上为党领导武装斗争、建立对军队的领导制度作了理论启蒙。

毛泽东同志高度重视武装斗争和人民军队建设。他曾深刻指出，“没有一个人民的军队，便没有人民的一切”〔2〕，“我们的原则是党指挥枪，而决不允许枪指挥党”〔3〕。在革命早期，他提出的一系列论断、思想和理论汇聚成毛泽东军事思想的早期形态，在我们党正确领导军队、指挥战争中发挥着无可替代的作用。比如，提出“枪杆子里面出政权”的重要论断，秋收起义后率先开辟农村革命根据地，为武装革命找到了战略据点和正确道路；在《中国革命战争的战略问题》中对如何研究战争、把握战争规律，中国革命战争的特点及其战略战术作了详细论述，提出了开展运动战、速决站、歼灭战等一系列战争指导原则，总结提炼了游击战争的“十六字诀”——敌进我退、敌驻我扰、敌疲我打、敌退我追。这些思想和理论在形势紧张的革命战争环境中，为我们党领导军队战胜敌人发挥了重要的指导作用。

需要强调的是，党对军队的领导不仅源自党缔造人民军队的客观事实，而且贯穿党领导军队发展壮大、领导建立完善军事制度、领导武装斗争夺取和巩固国家政权的整个实践过程之中。

南昌起义打响了党领导人民武装反抗国民党反动统治的第一枪，成立了领导起义的中心——以周恩来为书记的党的前敌委员会，在军、师级单位建立党委，在团建立党支部，在军、师、团级单位设立党代表。这是我们党开始独立领导军队开展武装斗争的标志。

---

〔1〕参见中共中央党史研究室：《中国共产党历史》（第 1 卷）（1921—1949）（上册），中共党史出版社 2011 年版，第 159-160 页。

〔2〕毛泽东：《论联合政府》，载《毛泽东选集》（第 3 卷），人民出版社 1991 年版，第 1074 页。

〔3〕毛泽东：《战争和战略问题》，载《毛泽东选集》（第 2 卷），人民出版社 1991 年版，第 547 页。

根据八七会议决议，1927 年 9 月，毛泽东同志组织领导了湘赣边界秋收起义，在攻打长沙失利后率领起义部队转向反动统治比较薄弱的井冈山。9 月 29 日，起义部队到达江西省永新县三湾村，毛泽东同志于当晚主持召开了前敌委员会扩大会议，认真总结了秋收起义失败的经验教训，分析了部队的思想政治状况，对部队进行了改编，史称“三湾改编”。“三湾改编”的基本内容：第一，通过组织整顿，将一个师级单位改编为一个团级单位；第二，在部队建立系统的党组织，包括班排设立党小组，连级单位设立党支部，营、团级以上单位设立党委，连级以上单位设立党代表，由党的前敌委员会统一领导部队；第三，建立士兵委员会制度，让士兵参加部队的民主管理，在部队中建立新型的官兵关系。“三湾改编”确立了“支部建在连上”的政治优势，确立了党在红军中的领导地位，初步建立起党对军队的领导制度，改变了红军政治思想工作的薄弱状况，从组织上思想上奠定了党领导新型人民军队的基础。

如果说“三湾改编”奠定了党领导军队的基础，那么古田会议则确立了党领导军队的一系列基本原则和具体制度。1929 年 12 月 28 日，红四军党的第九次代表大会在福建省上杭县古田村召开，大会通过的《古田会议决议》主要内容包括：第一，指出红军是一支执行革命政治任务的武装集团，要保证红军的无产阶级性质，必须建立健全党的各级组织，通过开展政治工作，从思想上、政治上、组织上保证党对军队的领导；第二，针对红军中存在的轻视政治工作、把政治机关隶属于军事机关的错误做法，明确规定政治机关的地位和职权，强调政治机关和军事机关在党的领导下，平行地开展工作；第三，涉及全军意义的事项，由军事机关和政治机关联合发布，在尚未建立革命政权的地方，由部队政治机关代行地方政权机关职能。由此，古田会议确立了人民军队的建军原则，确立了红军政治工作在军队中的平等领导地位，使红四军得以消除一切旧军队的影响而成为一支具有严明政治纪律和组织纪律的新型人民军队。

经过“三湾改编”和古田会议，我们党在毛泽东军事思想的正确指导下，加强了军队思想建设、政治建设和组织建设，使党对军队的思想领导、政治领导和组织领导逐步系统和深化，初步形成了党领导人民军队的政治制度和组织制度，确立了党对军队的领导地位。

7. 廉政监督制度的早期探索

土地革命期间，我们党结合革命时代特点，立足具体实际，初步构建了廉政监督制度。

（1）制定和颁布有关法律法规。

1931年中华苏维埃共和国成立后，我们党领导制定了一系列廉政法规，如《工农检察部的组织条例》《工农检察部控告局的组织纲要》等，[1] 赋予工农检察部及其下属职能部门同贪腐、行贿、浪费等行为作斗争的权力，即一旦发现上述违法违规行为，工农检察部有权及时向法院报告并对这类行为进行纠正和制裁。[2] 1933年12月，毛泽东同志代表中央执行委员会签发《关于惩治贪污浪费行为》的训令，这是中国共产党在革命早期的重要反腐败法令，[3] 其对贪污罪的量刑作出明确规定，内容简单且具有操作性：凡贪污公款500元以上者处死刑；贪污公款100元至500元者处1年至5年监禁；贪污公款100元以下者处以强迫劳动。与此同时，中央工农检察部发布了《怎样检举贪污浪费》的指示，提出要始终保持对腐败的警觉性、发动群众反腐败、反腐败要以机关为重点等有价值的建议。

（2）探索建立党内监督和行政监督制度。

一是，初步构建了党员入党的审核检查制度。以毛泽东同志为代表的共产党人提出了"思想建党"，摒弃了"左"倾错误的"唯成分论"，即以出身的先进性作为吸收党员的主要标准。[4] 要求对所准备吸纳的党员

---

〔1〕参见全国人大图书馆编：《中华苏维埃代表大会重要文献选编》，中国民主法制出版社2019年版，第339页。

〔2〕参见陈志杰：《土地革命时期苏区的廉政制度建设》，载《贵州社会科学》2010年第11期。

〔3〕参见黄禹康：《中共历史上第一部反腐法令的诞生和实施》，载《人民法院报》2019年6月28日，第7版。

〔4〕参见朱庆跃：《土地革命期间正确思想指导下党的反腐工作的理论发展与实践创新》，载《实事求是》2014年第5期。

进行严格的审查，既要有组织的审查也要有实践的考察。“每个候补者，事先经过特别审查的委员会或者直接由党部委员会审查”，“在新党员未批准为正式党员时，各相当党部得委任该新党员以某种工作，借以考察其程度及其对于党之了解”。[1] 而在吸纳党员的规模方式上，反对入党“运动式”和“群体化”，要求务必“个体化”。如 1930 年《中国共产党的最近组织任务》要求中央苏区各党部在吸纳新党员时必须遵循“只是个人的吸收”；1937 年中央苏区党代表会议组织问题报告中再次强调在发展党员的工作上，应严守“个别吸收”的原则，反对“运动式突击”。[2] 另外，还建立了介绍人的责任连带制，如 1928 年党的六大通过的《中国共产党党章》强调“介绍人应对被介绍者负责，如遇有介绍书不确实时，则应受党纪之制裁，以至于开除党籍”。

二是，初步构建了党员干部的选拔任用制度。一方面，要求各党组织大胆选拔和培养新干部，由过去“面向上级”转变为“面向下层”。如 1928 年中央通告第七号，要求地方党部“必须努力在下层组织中先选择积极的分子到地方党部，并且必须坚决的到下面去找，不可天天向上级党部要求派人”；[3] 1931 年，中央苏区第一次党代表大会通过的《党的建设问题决议案》指出，“提拔干部是目前党的一个重要任务，必须坚决从下层提拔在各种斗争中表现积极坚决执行正确路线的工农分子参加党的领导工作”。[4] 另一方面，确立了正确的干部选拔任用标准。如 1929 年党的六届二中全会通过的《组织问题决议案》，强调选拔和吸收同志到指导机关工作的标准，不仅仅要看所选拔同志的出身，更重要的在于考察其政治立

[1] 参见中国共产党第六次代表大会制定的《中国共产党党章》，载中央档案馆编：《中共中央文件选集》（第 4 册）（1928），中共中央党校出版社 1989 年版，第 468 页。

[2] 参见杨青：《土地革命战争时期革命根据地党的基层组织建设及其历史启示》，载《上海党史与党建》2007 年第 7 期。

[3] 参见中央档案馆编：《中共中央文件选集》（第 4 册）（1928），中共中央党校出版社 1989 年版，第 650-651 页。

[4] 参见中央档案馆编：《中共中央文件选集》（第 7 册）（1931），中共中央党校出版社 1991 年版，第 475 页。

场、思想觉悟及其组织纪律性等。

三是，初步构建了党内民主生活会制度。首先，强调党内民主生活会的重要性。1928 年《组织问题的决议案提纲》指出，“没有支部生活便没有党内生活的基础，也就没有无产阶级党的基础”；[1] 同年下发的中央通告第七号再次强调“支部是党的政治达到群众的枢纽，支部生活是无产阶级党的基础”；[2] 党的六大下发的《中国共产党中央委员会告全体同志书》指出，“所谓支部生活，并不是仅仅开会，听政治报告，纳党费就算完事，最要紧的是讨论当地的政治问题，工作问题”。[3] 其次，强调民主生活会的主要形式是讨论和批评，必须坚持正确的政治立场和原则。如 1928 年《中央通告第三十二号——关于组织工作》、1929 年《宣传工作决议案》，要求政治讨论和批评必须坚持无产阶级的立场和观点；1929 年《组织问题决议案》，明确要求政治讨论和批评必须坚持民主集中制原则，强调它与民主集中制本身也不是对立的，民主集中制是“党内生活在集中指导下的民主化”。[4]

四是，正式构建和运行了党的巡视制度。1928 年 10 月，为保障全党贯彻执行党的六大决议，中央制定了党的历史上第一部《巡视条例》，[5] 指出巡视是“为使上级党部之一切策略、工作计划和指导能正确的被下级党部直至支部接受和执行；为直接帮助下级党部确定正确的政治、组织、工作的路线和一切工作的方法；为彻底的改造党的组织”。1929 年，党的六届二中全会通过的《组织问题决议案》，要求中心县委和特委、省委乃

〔1〕 参见中央档案馆编：《中共中央文件选集》（第 4 册）（1928），中共中央党校出版社 1989 年版，第 453 页。
〔2〕 参见中央档案馆编：《中共中央文件选集》（第 4 册）（1928），中共中央党校出版社 1989 年版，第 647 页。
〔3〕 参见中央档案馆编：《中共中央文件选集》（第 4 册）（1928），中共中央党校出版社 1989 年版，第 709 页。
〔4〕 参见中央档案馆编：《中共中央文件选集》（第 5 册）（1929），中共中央党校出版社 1990 年版，第 227-228 页。
〔5〕 参见《中央通告第五号——巡视条例》，载中共中央文献研究室、中央档案馆编：《建党以来重要文献选编》（第 5 册），中央文献出版社 2011 年版，第 652 页。

至中央应经常派人巡视下级组织工作；1931 年 5 月 1 日，中央颁布了《中央巡视条例》，对巡视员的条件、巡视员的基本任务、巡视员的工作方法和巡视员的职权等作了系统而具体的规定，这是根据革命工作需要和党的发展情况对 1928 年《巡视条例》的修改和完善，是中国共产党早期巡视监督制度走向成熟的重要标志。[1] 实践中，党中央及时对一些党组织不开展巡视工作给予了批评，督促尽快建立巡视制度、开展巡视工作。如 1929 年，中央要求鄂西特委必须“建立巡视工作，有计划的指导政权及红军的工作”；[2] 1932 年《中央给湘鄂西党中央分局和省委的信》指出，“巡视制度从中央分局到区委应该普遍的建立起来”是当时湘鄂西党组织的重要任务。[3]

五是，初步构建了统一的财会审计制度。为了加强对苏维埃财经工作的监督，防范和遏制腐败现象和行为，中央财政人民委员部于 1932 年发布了训令第十二号——《统一会计制度》，初步建立了统一的会计制度；1934 年 2 月，中央政府颁布了党的第一个全国性的审计法规——《中华苏维埃共和国中央政府执行委员会审计条例》，初步构建起统一的审计制度。

六是，初步构建了选举报告制度。党的六大通过的《苏维埃政权的组织问题决议案》强调，“苏维埃应在劳动群众直接选举的基础上组织起来”；[4] 1930 年，全国组织会议通过的《目前政治形势与党的组织任务》指出，“苏维埃是工农阶级自己的政权组织，是按照生产关系（如工厂、作坊、农村等等）有一定的比例，直接由群众选举”。[5] 另外，还实行报告和撤回制度，即被选举人或机构应定期向选举人作有关工作情况的报

〔1〕 参见杨云成：《土地革命时期的党内巡视》，载《学习时报》2020 年 11 月 27 日，第 6 版。
〔2〕 参见中央档案馆编：《中共中央文件选集》（第 5 册）（1929），中共中央党校出版社 1990 年版，第 431 页。
〔3〕 参见中央档案馆编：《中共中央文件选集》（第 8 册）（1932），中共中央党校出版社 1991 年版，第 81 页。
〔4〕 参见中央档案馆编：《中共中央文件选集》（第 4 册）（1928），中共中央党校出版社 1989 年版，第 403 页。
〔5〕 参见中央档案馆编：《中共中央文件选集》（第 6 册）（1930），中共中央党校出版社 1989 年版，第 217 页。

告，选举人如不满意，有权撤回所选举代表。

（3）初步建立党统一领导下的国家监察制度。

我们党在革命时期就高度重视监察制度建设。在土地革命时期特别是建立中华苏维埃共和国之后，党在红色政权下开启了权力监督、廉洁政府建设的实践探索。

一是，坚持党对监察工作的统一领导。列宁曾提出："要有多种多样的自下而上的监督形式和方法，以便消除苏维埃政权的一切可能发生的弊病，反复地不倦地铲除官僚主义的莠草。"〔1〕他的上述思想深刻影响了中华苏维埃共和国监察制度的基本形态。《中华苏维埃共和国地方苏维埃暂行组织法（草案）》明确规定，各级工农检察委员会应与党内地方各级监察委员会"在一个机关内办公"。〔2〕张闻天进一步指出，党的监察委员会与苏维埃工农检查的关系是"打成一片"，两个机构之间的人员应当互相任职，其工作办事处"应该完全在一起"，要安排"最好的干部"到检察机关工作。〔3〕这一制度设计奠定了我们党领导监察工作、党的纪律检查机关与国家监察机关合署办公的历史基础。

二是，建立党内和行政监察机构。在党内监督方面，1928 年年底，党中央成立了中央审查委员会，具体负责对党内财务和机关工作的监督，中央以下各级党部具体负责纪律检查工作。1933 年，《中共中央关于成立中央党务委员会及中央苏区省县监察委员会的决议》将纪律检查工作予以具体化，包括检查党的纪律的执行情况、监督党章和党的决议的实行、检查违反党的总路线的各种不正确的倾向（如官僚主义及腐化现象等）。〔4〕1934 年，党的六届五中全会后，改选了中央党务委员会，设立了中央苏区各省、县委监察委员会，将各级党部的纪律检查职责转移给了中央党务委

---

〔1〕中央档案馆编：《列宁全集》（第 34 卷），人民出版社 2017 年版，第 186 页。

〔2〕参见全国人大图书馆编：《中华苏维埃代表大会重要文献选编》，中国民主法制出版社 2019 年版，第 667 页。

〔3〕参见周磊：《监察制度的红色基因：中国共产党早期的监察实践》，载《学习时报》2020 年 7 月 8 日，第 2 版。

〔4〕参见陈自才、陈惠：《党的纪检监察体制演变的历史回顾》，载《中州学刊》2014 年第 4 期。

员会和各省、县委监察委员会。在行政监察方面，1931 年，苏维埃临时中央政府设立中央工农检察人民委员部（1934 年改为中央工农检察委员会）。随后在中华苏维埃共和国范围内建立了省、县、市、区、乡五级监察体系，下设控告局、突击队等检察工作机构。这些以工农检察人民委员部为主体的诸多检察机构和苏区省、县委所成立的党的监察委员会，构建了一个对苏维埃各级政权及其公职人员进行检查、监督的网络体系。[1]

三是，开展监察立法。在中华苏维埃共和国时期，形成了以《宪法大纲》为基础，涵盖政府组织法，单行监察法规，中央临时政府及工农检察委员会作出的决议、命令、指示等的监察法律规范体系。比如，单行监察法规包括《工农检察部的组织条例》《工农检察部控告局的组织纲要》《突击队的工作纲要》《工农通讯员的任务》等，有效规范了工农检察机关的组织、权限、工作流程等，推动了党领导的监察制度不断完善。

从大革命时期开始，到抗日战争爆发，我们党在领导革命中，对建立健全各种制度进行了探索实践，特别是在局部执掌革命政权的条件下，对国家制度和法律制度建设进行了积极探索，为党领导全国人民不断推进思想建党、政治建军、民主建政积累了有益经验。正如习近平总书记在纪念中央革命根据地创建暨中华苏维埃共和国成立 80 周年座谈会上指出，“中华苏维埃共和国是中国历史上第一个全国性的工农民主政权，是我们党在局部地区执政的重要尝试。它的建立，进一步加强了根据地建设，扩大了党和红色政权的影响，开创了土地革命斗争新局面，也为我们党在抗日战争和解放战争时期的根据地建设以及新中国的政权建设，提供了宝贵的历史经验”。[2]

---

〔1〕 参见庞振宇：《中华苏维埃共和国国家监察制度的政治功能与时代意蕴》，载《江西社会科学》2020 年第 7 期。

〔2〕 参见中共瑞金市委党史工作办公室编：《人民代表大会制度从这里走来》，中共党史出版社 2019 年版，第 63 页。

第二章

全民族抗日战争时期

抗日民主政权对新民主主义制度的探索实践

抗日战争时期是我们党领导新民主主义革命的重要历史阶段。在此期间，我们党与国民党形成第二次合作，建立了抗日民族统一战线。在这一条件下，党制定和实施了全面抗战路线和持久战的战略方针，领导人民军队深入敌后发动群众，开展抗日游击战争，建立和发展抗日民主根据地，建立抗日民主政权，大力推进党的建设，在实际局部执政过程中，对新民主主义制度建设进行了探索实践，为新民主主义革命胜利后领导建立人民民主政权的国家制度和法律制度探明了前进道路，积累了宝贵经验，锻炼了干部队伍，增长了政治智慧，巩固了执政基础。

一、国际国内形势

20 世纪 30 年代，第一次世界大战后走上法西斯主义道路的德、意、日等国快速发展起来，企图重新瓜分世界，先后结成反共同盟。他们奉行法西斯主义和疯狂的扩军备战政策，企图通过战争改变世界格局，建立由他们主宰的世界新秩序，成为欧洲和亚洲的战争策源地。与此同时，日本对英、美采取软硬兼施的策略，企图排斥英、美在中国的势力，扩大其在东南亚的势力范围。经过长期的准备，日本帝国主义于 1937 年 7 月 7 日制造“七七事变”（又称卢沟桥事变），公然发动大规模的全面侵华战争，中华民族全面抗战由此开始。从这时候开始，中国人民在中国共产党坚强领导下，经过8年艰苦卓绝的斗争，在世界反法西斯战争不断取得胜利的国际形势下，终于迎来最终胜利。1945年8月15日，日本天皇宣布无条件投降；同年9月2日，日本代表在向同盟国的投降书上签字，日本军队128万人向中国投降。至此，中国抗日战争胜利结束，世界反法西斯战争胜利结束。整个抗日战争期间，在敌后的艰苦条件下，党广泛发动、组织和武装以农民为主力的各阶层群众，开展游击战，使日本侵略者陷入人民战争的汪洋大海之中。党领导的人民抗日力量对敌作战12.5万次，消灭日、伪军171.4万人。党在抗战中发展为有120多万名党员的大党，人民军队发展到120余万人，民兵260多万人，抗日民主根据地面积达到近100万平方公里，人口近1亿。正如刘少奇同志所指出，“这里是新中国的模型，是全国人民争取革命胜利的保障”〔1〕。

1937年至1945年是以国共两党第二次合作为基础的全民族抗日战争时期。全民族抗日战争是近百年来中国人民反抗外敌入侵第一次取得全面胜利的民族解放战争，是中国共产党领导的新民主主义革命历程中的一个重要阶段。中国共产党以独立的姿态登上历史舞台，坚持全面抗战路线，提出持久战的战略总方针和正确的统一战线的策略、政策，开辟敌后战场，开展抗日游击战，建立和发展抗日根据地，建立抗日民主政权，探索建立新型国家制度，在全民族抗战中发挥了中流砥柱的作用。以毛泽东同志为代表的中国共产党人把马克思列宁主义基本原理与中国革命具体实际相结合，创立和发展了毛泽东思想的科学理论，对抗日战争的胜利发挥了重要的思想和战略指导作用。全民族抗日战争的实践表明，中国共产党是领导中国人民争取民族独立和人民解放的坚强核心。在这个时期，我们党

〔1〕刘少奇：《论党》（1945年5月14日），载中共中央文献研究室、中央档案馆编：《建党以来重要文献选编》（第22册），中央文献出版社2011年版，第377页。这是刘少奇同志在中国共产党第七次全国代表大会上作的关于修改党章的报告。

克服了“左”、右倾错误，并进一步发展壮大，成为全国范围的广大群众性的马克思主义政党。特别是经过延安整风运动和党的七大，在全党确立了毛泽东思想的指导地位，形成了以毛泽东同志为核心的中央领导集体，形成了正确的马克思主义的思想路线、政治路线和组织路线，实现了全党在思想上、政治上、组织上的空前团结和统一。

二、党的理论创新——毛泽东思想的形成

为了驳斥国民党顽固派的反共宣传，向全党和全国人民阐明共产党对于中国革命及其前途的全部见解，回答“中国向何处去”这个关系重大的问题，更好地指导抗战和中国革命，毛泽东同志进行了大量的理论研究工作，系统总结中国革命的独创性经验，于1939年年底至1940年年初先后发表《〈共产党人〉发刊词》《中国革命和中国共产党》《新民主主义论》等著作，完整地阐述了新民主主义理论。以毛泽东为主要代表的中国共产党人创立的新民主主义理论，是马克思列宁主义同中国革命实际相结合的产物，是中国革命特别是建党以来历史经验的全面总结，是毛泽东思想在抗战时期最重大的理论成果。它的提出，使全党和全国人民对中国新民主主义革命的性质、内容、领导权和发展前途等有了明确而完整的认识，对中国革命的胜利发展具有重大的指导作用。

这一时期我们党最大的理论成就就是形成了毛泽东思想，实现了马克思列宁主义同中国实际相结合的第一次历史性飞跃。毛泽东思想正式成为党的指导思想并写入党章，是1945年党的七大的历史性贡献。这是总结建党24年经验作出的历史性决策。[1] 七大党章规定：“中国共产党，以马克思列宁主义的理论与中国革命的实践之统一的思想——毛泽东思想，作为自己一切工作的指针，反对任何教条主义的或经验主义的偏向。”刘少奇同志在《关

〔1〕 参见江泽民同志在中国共产党第十五次全国代表大会上所作的《高举邓小平理论伟大旗帜，把建设有中国特色社会主义事业全面推向二十一世纪》报告。

于修改党章的报告》中系统阐述、科学概括了马克思主义中国化第一次历史性飞跃的理论成果——毛泽东思想的丰富内涵、本质特征及其对中国革命的重要意义，使全党对毛泽东思想有了比较完整的认识和更加深刻的理解。

关于毛泽东思想的丰富内涵，可概括为九个方面，主要包括：关于现代世界情况及中国国情的分析、关于新民主主义的理论与政策、关于解放农民的理论与政策、关于革命统一战线的理论与政策、关于革命战争的理论与政策、关于革命根据地的理论与政策、关于建设新民主主义共和国的理论与政策、关于建设党的理论与政策、关于文化的理论与政策。具体而言，主要包括以下内容：毛泽东同志正确分析了世界革命形势，指出当时中国社会的性质是半殖民地半封建社会，这是中国革命所面临的基本国情，由此出发，进一步分析了中国社会的主要矛盾，明确了中国革命的根本任务。提出通过新民主主义革命走向社会主义的“两步走”战略，制定了新民主主义革命总路线，阐释了新民主主义的政治、经济和文化纲领。高度重视农民在中国革命中的作用，强调农民问题是中国革命的基本问题，农民是中国革命的主力军，而农民的根本问题是土地问题，并分析了不同阶层在中国革命中的地位和作用。指出统一战线是无产阶级政党策略的重要内容，要战胜强大的反革命势力，必须建立最广泛的统一战线，把农民、城市小资产阶级以及其他中间阶级都团结在自己的周围，并明确了统一战线中的各项原则。正确分析了新民主主义革命的性质，论述了新民主主义革命的动力问题、领导力量、指导思想、革命前途等基本问题，特别强调武装斗争在中国革命中具有重要地位。指出由于中国的特殊国情，革命根据地是中国共产党领导人民开展革命战争的重要据点，必须加强根据地政治、经济、文化各方面建设，从而以农村包围城市最后夺取城市。指出中国新民主主义革命的前途就是“建立一个无产阶级领导的、以工农联盟为基础的、各革命阶级联合专政的新民主主义的共和国”，明确了新民主主义共和国的国家性质，提出了政治、经济等方面所应采取的具体政策。强调党的建设是一项“伟大的工程”，必须把思想建设始终放在党的建设的首位，紧密联系党的政治路线，同时高度重视党的组织建设和作风建设。阐述了新民主主义文化是“无产阶级领导的人民大众的反帝反封建的文化”，提出了对待外来文化和优秀传统文化的基本原则和要求。

全民族抗日战争时期，是革命根据地新民主主义制度的夯基垒石、突破发展阶段，是新民主主义制度取得巨大理论成果、实践成果和制度成果的重要阶段。为了加强抗日根据地建设，在毛泽东同志关于新民主主义革命理论的指导下，党中央根据时局和形势的发展变化，不断提出一系列纲领和政策，发出一系列指示，制定了一些法规法令和规范性文件，对抗日根据地政权制度建设起到了基础性作用。可以说，这一时期党领导对各方面制度的设计和建设多是以具体的纲领政策来确定和实现的，在实践较为成熟的领域才制定法规法令和规范性文件，这样既有利于增强制度有效适应全民族抗战时期极为复杂的斗争形势，也有利于发挥制度的引领、规范和保障作用，体现出我们党政策的制度优越性。对此，毛泽东同志曾作过阐述：政策有各方面的政策，纲领有一般的纲领、具体的纲领。我们各个时期都有具体的政策，比如抗战初期的十大纲领，抗战中期各方面的具体政策，在陕甘宁边区有二十一条施政纲领，其他敌后各抗日根据地也都有大同小异的纲领，性质相同，条文小异。[1] 正是在这一时期，我们党逐渐认识到制度建设的重要性，开始注重把政策纲领通过制度加以规范化。1941 年，彭真同志向中共中央政治局和毛泽东报告“晋察冀边区的政权建设和党的建设”时，建议要建立、坚持和不断地改进各种制度。他阐述了制度建设的重要性、必要性、怎么样建立制度以及制度执行等问题：今天根据地的党是一个握有政权、军队的，工作范围很大的党。如果党政军民各方面和上下级间不建立一套完整的制度，依靠制度进行日常工作，则很难保证贯彻党的政策和完成工作任务。以支部和党委来说，只要按期开会

〔1〕 参见毛泽东：《在中国共产党第七次全国代表大会上的口头政治报告》（1945 年 4 月 24 日），载中共中央文献研究室、中央档案馆编：《建党以来重要文献选编》（第 22 册），中央文献出版社 2011 年版，第 214 页。

讨论计划、分配工作，按时检查工作，建立起分工和报告制度，许多工作就能按部就班地进行。对于各项日常工作，在制度未建立时，党委要费很大力气去进行组织，等到制度建立后，干部、党员、群众都很熟悉了，上级只要注意解决新问题就够了。建立制度要先把白区党和苏区党已有的优良制度运用起来，不完全适用的则修改订正。已建立的制度仍要不断靠丰富的实际经验去改订补充。制度对于随便惯了的人，是一种很大的不便。但是人人随便，就无所谓制度。因此，制度必须严格执行，对不遵守制度的行为要进行不可少的批评和斗争。但当斗争及工作经验证明某些制度已不适用，或不完全适用时，应该断然进行修改或抛弃。对于农民同志，建立制度难，修改时更难，应进行耐心的教育。[1]

抗日民主政权在继承苏区经验的基础上，贯彻新民主主义理论路线方针，以中国共产党《抗日救国十大纲领》等革命纲领政策为制度创设依据，创造性地发展完善了新民主主义制度和法制体系，颁布了《陕甘宁边区施政纲领》《陕甘宁边区宪法原则》等宪法性文件，制定实施了有关参议会和政府组织、人权财产权保障、土地、劳动、婚姻等各方面的一系列法规，在党的领导和经济、政治、文化、社会、军事等诸多方面，积极探索新民主主义制度建设，迈出坚实步伐，为建立新中国积累了有益的建政经验。

三、党领导对国家制度和法律制度的探索实践

（一）坚持党对革命的领导权，建立健全党的领导制度体系

1. 增强党对掌握革命领导权的理论自信

以往的革命经验使我们党深刻认识到，革命领导权问题是关乎党的事

〔1〕参见彭真：《晋察冀边区的政权建设和党的建设》，载中共中央文献研究室、中央档案馆编：《建党以来重要文献选编》（第18册），中央文献出版社2011年版，第377页。

业成败的根本问题。在全民族抗战时期，对于革命领导权问题，我们党的中央领导层有着清醒而充分的认识。1937 年 5 月，毛泽东同志在《中国共产党在抗日时期的任务》中，深入阐述了“无产阶级怎样经过它的政党实现对于全国各革命阶级的政治领导”问题。[1] 张闻天指出，取得共产党在民族革命运动中的领导权，是目前一切工作的中心。[2] 周恩来同志指出，领导权的问题，是统一战线中最集中的一个问题。无产阶级比别的阶级先进，是应当领导别的阶级的，这就是毛泽东同志说的“司令官”。[3] 党的七大修改后的党章首先明确了党的性质和历史使命：“中国共产党，是中国工人阶级的先进的有组织的部队，是它的阶级组织的最高形式。中国共产党代表中国民族与中国人民的利益。它在现阶段为实现中国的新民主主义制度而奋斗。”七大党章总结历史经验教训，科学分析了当时中国所处的历史定位、革命形势、革命性质，明确了革命任务，把党领导新民主主义革命的历史使命写入党章。七大党章指出：“由于中国现时的社会，除了新民主主义的解放区外，还是一个半殖民地、半封建性质的社会，由于现时中国革命的动力是工人阶级、农民阶级、小资产阶级及其他民主分子，由于中国共产党的强大存在，并由于现时的国际条件，便规定了中国革命在目前阶段是新式资产阶级民主主义性质的革命，即无产阶级领导的

---

〔1〕 毛泽东同志从四个方面进行阐述：第一，是根据历史发展行程提出基本的政治口号和为了实现这种口号而提出关于每一发展阶段和每一重大事变中的动员口号。第二，是按照这种具体目标在全国行动起来时，无产阶级，特别是它的先锋队——共产党，应该提起自己的无限的积极性和忠诚，成为实现这些具体目标的模范。第三，在不失掉确定的政治目标的原则上，建立与同盟者的适当的关系，发展和巩固这个同盟。第四，是根据共产党队伍的发展，思想的统一性，纪律的严格性。参见毛泽东的《中国共产党在抗日时期的任务》，这是毛泽东于 1937 年 5 月 2 日至 14 日在延安召开的中国共产党全国代表会议（即苏区党代表会议）上所作的报告，载中共中央文献研究室、中央档案馆编：《建党以来重要文献选编》（第 14 册），中央文献出版社 2011 年版，第 187-189 页。

〔2〕 参见张闻天的《中国共产党苏区代表会议的任务》（1937 年 5 月 2 日），这是张闻天于 1937 年 5 月 2 日至 14 日在延安召开的中国共产党全国代表会议（即苏区党代表会议）上所致开幕词的提纲。

〔3〕 参见周恩来的《论统一战线》（1945 年 4 月 30 日），这是周恩来在中国共产党第七次全国代表大会上的发言，载中共中央文献研究室、中央档案馆编：《建党以来重要文献选编》（第 22 册），中央文献出版社 2011 年版，第 315 页。

人民大众的反帝反封建的新民主主义的革命。”七大党章在总结中国革命前20多年经验教训的基础上，继承发展了历次党的代表大会宣言的纲领和主张，重申党对人民群众革命运动的领导权的重要性，把党领导新民主主义革命的历史责任和实现新民主主义制度的历史使命写入党的总章程，明确要求党在革命斗争中，必须努力使自己成为一切革命的群众组织及革命的国家组织之中坚。因为我们党从它产生时起，就有明确的阶级自觉，就以无产阶级的立场去领导中国的资产阶级民主革命，就将马克思列宁主义的普遍真理与中国工人运动和中国革命的具体实践相结合，就具有无产阶级先进政党的各种优良作风，因而就使中国革命的面目为之一新。中国人民只有在我们党的坚强而正确的领导之下，只有依照我们党所指出的政治方向奋斗，才能获得自己的彻底解放。[1]

2. 坚持和巩固党对抗日民主政权的领导权

在考虑参加“全民的抗日民族统一战线的政府”“直接公开担负政府的行政责任，并在其中起积极作用”之初，中共中央就旗帜鲜明地提出“在原有红军中苏区中及一切游击区中，共产党绝对独立领导之保持，是完全必要的，共产党员不许可在这个问题上发生任何原则上的动摇”。[2]无论是建设边区还是拓展新的抗日根据地，我们党高度重视抗日民主政权的建立。在陕甘宁边区、晋察冀等根据地，建立“三三制”为基础的抗日民主政权，实现几个革命阶级的联合专政，必须坚持党的领导权，这是“三三制”的核心要义。毛泽东同志指出：“所谓领导权，不是要一天到晚当作口号去高喊，也不是盛气凌人地要人家服从我们，而是以党的正确政策和自己的模范工作，说服和教育党外人士，使他们愿意接受我们的建

---

〔1〕 参见刘少奇：《论党》（1945年5月14日），载中共中央文献研究室、中央档案馆编：《建党以来重要文献选编》（第22册），中央文献出版社2011年版，第399页。

〔2〕《中共中央书记处关于共产党参加政府问题的决定草案》（1937年9月25日），载中共中央文献研究室、中央档案馆编：《建党以来重要文献选编》（第14册），中央文献出版社2011年版，第529页。

议。”[1] 邓小平同志曾提出，我党必须要掌握联合专政政权中的优势，所以产生了我党对政权的领导问题。他深刻论述了这种优势从何而得：“一方面从组织成分上去取得，这在三三制原则本身是包含着的；但更基本的是从民主政治斗争中去取得，即是说，主要从依靠于我党主张的正确，能为广大群众所接受、所拥护、所信赖的政治声望中去取得。确切地说，党的优势不仅在于政权中的适当数量，主要在于群众的拥护。”[2] 在南方各游击区域提出“争取地方政权实行普选的民主制度”，要求采取国民党现有的政权组织形式，用普选的方法选举保甲长、分区长，保障政权实际上仍在党的领导之下。[3] 在拓展山东及苏鲁战区等抗日根据地时，党中央指示要求“在政权方面应当用一切努力争取政权”，“除自上而下的争取政权外，还应自下而上争取政权，决不应该放松争取县区乡政权的一切机会”，并指出“这是山东与苏鲁斗争胜利或失败的关键”。[4] 我们党牢牢掌握对各根据地抗日民主政权的领导权，保障根据地人民的人权财权等基本权利，放手发动群众反抗日本侵略者，与国民党顽固派开展斗争，为党领导建立全国性政权奠定了坚实基础。

3. 坚持和发展民主集中制

民主集中制是共产党特有的政治优势、组织优势、制度优势、工作优势。我们党从建立之初即坚持民主集中制的组织原则和制度。党的二大、三大、四大党章都体现了这一原则精神，直到党的五大第一次正式使用这一概念，五大党章明确规定：“党部的指导原则为民主集中制”。六大党章

---

〔1〕 毛泽东：《抗日根据地的政权问题》（1940 年 3 月 6 日），载中共中央文献研究室、中央档案馆编：《建党以来重要文献选编》（第 17 册），中央文献出版社 2011 年版，第 170 页。

〔2〕 邓小平：《党与抗日民主政权》（1941 年 4 月 15 日），载《邓小平文选》（第 1 卷），人民出版社 1994 年版，第 9 页。

〔3〕 参见《中共中央关于南方各游击区域工作的指示》（1937 年 8 月 1 日），载中共中央文献研究室、中央档案馆编：《建党以来重要文献选编》（第 14 册），中央文献出版社 2011 年版，第 415 页。

〔4〕《中共中央书记处关于山东及苏鲁战区工作方针的指示》（1939 年 12 月 6 日），载中共中央文献研究室、中央档案馆编：《建党以来重要文献选编》（第 16 册），中央文献出版社 2011 年版，第 772 页。

将民主集中制规定为组织原则，并对其内涵作了三项原则阐述。[1] 抗日战争时期，以毛泽东同志为核心的中国共产党人将马克思列宁主义的民主集中制思想与中国革命具体实际相结合，不断丰富和发展民主集中制理论，探索出符合中国共产党实际、适应中国革命需要的制度化成果。毛泽东同志多次对民主集中制作出阐释，如对于民主和集中的关系，指出“要党有力量，依靠实行党的民主集中制去发动全党的积极性。在反动和内战时期，集中制表现得多一些。在新时期，集中制应该密切联系于民主制。用民主制的实行，发挥全党的积极性”[2]，“民主要有很高程度的民主，集中也要很高程度的集中，这两个东西有没有矛盾呢？有矛盾的，但是可以统一的，民主集中制就是这两个带着矛盾性的东西的统一”[3]。1938 年 10 月，他在党的扩大的六届六中全会上的报告中指出，个人服从组织、少数服从多数、下级服从上级、全党服从中央等几个基本原则是党的民主集中制的具体实施，是不容忽视的，“谁破坏了它们，谁就破坏了党的民主集中制，谁就给了党的统一团结与党的革命斗争以极大损害”[4]。同年 11 月召开的中共扩大的六届六中全会作出政治决议，要求认真实行党的民主集中制——个人服从组织，少数服从多数，下级服从上级，中央是全党最高的领导，用以严格党的纪律，使党及其各级领导机关达到在政治上和组

---

〔1〕 六大党章规定，民主集中制的根本原则如下：“（甲）下级党部与高级党部由党员大会代表会议及全国大会选举之。（乙）各级党部对选举自己的党员，应作定期的报告。（丙）下级党部一定要承认上级党部的决议，严守党纪，迅速且恰当的执行共产国际执行委员会，和党的指导机关之决议。管辖某一区域的组织，对该区域各部分的组织为上级机关。党员对党内某一个问题，只有在相当机关对此问题的决议未通过以前可以举行争论。共产国际代表大会或本党代表大会，或党内指导机关所提出的某种决议，应无条件的执行，即或某一部分的党员或几个地方组织不同意于该项决议时，亦应无条件的执行。但是民主集中制原则在执行中出现了不同的偏差和各种错误倾向，进而对党的全局事业产生不利影响。”

〔2〕 毛泽东：《为争取千百万群众进入抗日民族统一战线而斗争》（1937 年 5 月 8 日），载《毛泽东选集》（第 1 卷），人民出版社 1991 年版，第 278 页。

〔3〕 毛泽东：《在中国共产党第七次全国代表大会上的结论》（1945 年 5 月 31 日），载《毛泽东文集》（第 3 卷），人民出版社 1996 年版，第 399 页。

〔4〕 毛泽东：《论新阶段——抗日民族战争与抗日民族统一战线发展的新阶段》（1938 年 10 月 12—14 日），载中共中央文献研究室、中央档案馆编：《建党以来重要文献选编》（第 15 册），中央文献出版社 2011 年版，第 645-646 页。

织上团结得如像一个人一样的程度。[1] 通过一系列反对错误倾向的斗争及其理论总结，党逐步认识了在中国条件下贯彻民主集中制的特殊重要性和困难，也积累了自己的独特经验，这些认识和经验都在党的七大通过的党章和修改党章报告中得到充分反映。[2] 七大党章在“总纲”中规定，中国共产党是按民主的集中制组织起来的，是以自觉要履行的纪律联结起来的统一的战斗组织；第二章“党的组织机构”中专门规定，“党的组织机构是按照民主的集中制建设起来的。民主的集中制，即是在民主基础上的集中和在集中领导下的民主”，并作了进一步阐释：“（一）党的各级领导机关由选举制产生。（二）党的各级领导机关向选举自己的党的组织作定期的工作报告。（三）党员个人服从所属党的组织，少数服从多数，下级组织服从上级组织，部分组织统一服从中央。（四）严格地遵守党纪和无条件地执行决议。”[3] 党章的这些规定使民主集中制从原则走向制度，

---

〔1〕 参见《中共扩大的六届六中全会政治决议案》（1938年11月6日），载中共中央文献研究室、中央档案馆编：《建党以来重要文献选编》（第15册），中央文献出版社2011年版，第764页。

〔2〕 参见黄黎：《党章的历程》，人民出版社2013年版，第125页。

〔3〕 刘少奇同志在中共七大上所作的《关于修改党章的报告》中对民主集中制的制度原理和运作机理进行了充分说明和阐释：党内民主的集中制，照党章规定，即在民主基础上的集中和在集中指导下的民主。它是民主的，又是集中的。它反映党的领导者与被领导者的关系，反映党的上级组织与下级组织的关系，反映党员个人与党的整体的关系，反映党的中央、党的各级组织与党员群众的关系。为什么说党的集中制是在民主基础上的集中呢？这就是说，党的领导机关是在民主基础上由党员群众所选举出来并给予信任的，党的指导方针与决议，是在民主基础上由群众中集中起来的，并且是由党员群众或者党员的代表们所决定，然后又由领导机关协同党员群众坚持下去与执行的。党的领导机关的权力，是由党员群众所授予的，因此，它能代表党员群众行使它的集中领导的权力，处理党的一切事务，并为党的下级组织和党员群众所服从。党内的秩序，是根据个人服从组织，少数服从多数，下级服从上级，全党各个部分组织统一服从中央的原则建立的。这就是说，党的集中制是建立在民主基础上的，不是离开民主的，不是个人专制主义。为什么说，党的民主制是在集中指导下的民主呢？这就是说，党的一切会议是由领导机关召集的，一切会议的进行是有领导的，一切决议和法规的制定，是经过充分准备和仔细考虑的，一切选举是有审慎考虑过的候选名单的，全党是有一切党员都要履行的统一的党章和统一的纪律的，并有一切党员都要服从的统一的领导机关的。这就是说，党内民主制，不是没有领导的民主，不是极端民主化，不是党内的无政府状态。党内民主的集中制，即党的领导骨干与广大党员群众相结合的制度，即从党员群众中集中起来又到党员群众中坚持下去的制度，即反映党内的群众路线。

从理念落到实践，真正成为可操作的规范规则。这是以毛泽东同志为核心的中国共产党人对马克思列宁主义中民主集中制思想的成功运用和创新发展，在党的组织建设、思想建设和制度建设史上都具有重要意义。

4. 加强党的建设“伟大工程”

全面抗战爆发时，我党的力量比较微弱，党的组织主要集中在红军和陕甘宁边区及其他一些小块根据地。在国民党统治区大多数党组织被破坏。为了适应急剧变化的形势和抗日斗争的需要，我党结合当地实际情况，积极改变领导方式和工作方法，发展党的组织。1938 年 3 月 15 日，中共中央发出《关于大量发展党员的决议》，要求各地党组织把发展党的注意力集中在吸收抗战中新的积极分子与扩大党的无产阶级基础之上，特别注意在战区、前线大量吸收新党员，建立强大的党组织，在无党组织的后方地区，有计划、迅速地重建与发展党的组织。决议下达后，各地党组织把发展党员作为一项重要工作，使各级党组织和党员队伍获得了前所未有的大发展。到 1938 年年底，共产党员人数已从全国抗战开始的 4 万多发展到 50 余万，党的组织已从狭小的圈子走了出来，成为具有广泛群众基础的大党。

为了加强对党员特别是新党员的政治思想教育，毛泽东同志等中央领导人发表了一系列有关党的建设的论著。1939 年 10 月，毛泽东同志在《〈共产党人〉发刊词》中，系统总结了中国共产党 18 年的发展经验，强调党的建设是一项“伟大工程”，提出“建立一个全国范围的、广大群众性的、思想上政治上组织上完全巩固的布尔什维克化的中国共产党”的总目标、总任务。同年 7 月，刘少奇同志在《论共产党员的修养》中阐述了共产党员进行革命锻炼和加强党性修养的重要性，要求党员必须牢固地树立共产主义世界观，认真学习马克思列宁主义，努力参加革命实践，研究社会发展规律，遵循共产主义道德规范。[1] 这些论著阐发的思想观点丰

---

〔1〕参见刘少奇：《论共产党员的修养》，载中共中央文献研究室、中央档案馆编：《建党以来重要文献选编》（第 16 册），中央文献出版社 2011 年版，第 481-500 页。

富和发展了马列主义党的学说及毛泽东建党的思想，对加强党的建设具有重要而深远的指导意义。

抗战以来，党及其领导的武装力量不断发展壮大，抗日民族统一战线也取得丰硕的成果，与此同时党内长期存在的主观主义、宗派主义和党八股等问题也比较突出。在20世纪40年代前期，我们党以延安为中心，运用理论联系实际、批评和自我批评的方法在各根据地开展“反对主观主义以整顿学风，反对宗派主义以整顿党风，反对党八股以整顿文风”的整风运动。毛泽东同志先后作了《改造我们的学习》、《整顿党的作风》和《反对党八股》报告。整风运动自1941年5月开始，一直延续到1945年4月，经历了中央领导层整风学习、全党普遍整风和总结提高三个主要阶段，取得了积极成效。通过整顿“三风”，全党确立了一条实事求是的辩证唯物主义的思想路线。在整风中，党的高级干部和领导通过讨论党的历史，总结党的历史经验，对许多重大历史问题取得了更深刻的认识。整风运动的结果，实现了在以毛泽东为核心的中共中央领导下全党的新的团结和统一，为抗日战争的胜利和新民主主义革命在全国的胜利，奠定了重要的思想政治基础。整风运动对于加强无产阶级政党的建设，增强党的战斗力，是一次成功的实践，是一个伟大的创举。

5. 加强党内法规制度建设

这一时期，我们党高度重视加强党内制度建设，重视发挥党章党规的重要作用，以巩固整风运动所取得的“在思想上、政治上、组织上空前团结和统一”的积极成效。现在通用的“党内法规”概念就是毛泽东同志在1938年党的六届六中全会上首次提出的。他说：“为使党内关系走上正轨，除了上述四项最重要的纪律外，还须制定一种较详细的党内法规，以统一各级领导机关的行动。”[1] 刘少奇同志也多次论及党内法规。他在党的六届六中全会上作了专门的《党规党法的报告》，这是我们党的领导人第一次使用“党规党法”的名称；在党的七大上所作的《关于修改党章的报

〔1〕 毛泽东在《中国共产党在民族战争中的地位》中讲到党的纪律时所提出。

告》中使用了“党的法规”的提法：“党章，党的法规，不仅是要规定党的基本原则，而且要根据这些原则规定党的组织之实际行动的方法，规定党的组织形式与党的内部生活的规则。”〔1〕1938 年 9 月 26 日中共中央政治局举行会议，决定成立中央规则起草委员会，由刘少奇同志等负责起草关于中央委员会工作规则与纪律、各级党部工作规则与纪律、各级党委暂行组织机构等 3 个决定。对于补充完善党章、制定党规党法的必要性、重要性，他作出这样的阐释〔2〕：一是，革命形势和我们党的力量发生了重大变化。“(党章) 过去是根据城市组织的，对乡村组织则估计少，现在则大部在乡村中。那时党无有军队，无有政府，现在党有了军队及政府，此又是大不同。那时党是秘密的，现在党是公开的和半公开的，有群众领袖。那时党是小的，现则为大党。”二是，发挥党规党法的团结教育作用。“党是执行民族统一战线的党。要保证党的团结与统一，除政治上思想上之统一外，条文上亦应规定法律上非团结不可，以避免个别人破坏党的团结与统一。并以此党规与党法去教育同志。”三是，以制度加强党的组织建设，“保证按民主集中制来建设我们的党”。要制定的几件党规党法主要是规范设置党的组织机构，关于中央委员会的工作规则与纪律，各地党委的工作规则与纪律。首先，总结经验、与时俱进修改党章，不断巩固党执政的政治基础。七大党章规定了中国革命的性质、任务、特点、最终目标，以及党的性质、群众路线、民主集中制、党员的权利义务等。确立毛泽东思想为党的指导思想，是七大党章最重要的历史功绩和最根本特点。其次，制定一系列党规党法，逐步推进党内政治生活的制度化规范化程序化。1938 年 11 月 6 日，中共扩大的六届六中全会通过《关于中央委员会工作规则与纪律的决定》《关于各级党委暂行组织机构的决定》《关于各

〔1〕 刘少奇：《论党》(1945 年 5 月 14 日)，载中共中央文献研究室、中央档案馆编：《建党以来重要文献选编》(第 22 册)，中央文献出版社 2011 年版，第 375 页。

〔2〕 参见刘少奇：《党规党法的报告》(1938 年 11 月 6 日)，载中共中央文献研究室、中央档案馆编：《建党以来重要文献选编》(第 15 册)，中央文献出版社 2011 年版，第 749-753 页。这是刘少奇同志在中共扩大的六届六中全会上所作的关于党规党法报告的要点。

级党部工作规则与纪律的决定》，作为“较详细的党内法规”分别规定了从中央到地方各级党部工作的任务、职责范围和纪律，对于促进党的团结统一发挥了重要作用。此外，还颁布八路军、新四军《军政委员会条例》，以在游击战争的环境与部队的分散行动中实现一定限度的集体领导与一定限度的集中指挥[1]；颁布《保守党内秘密条例》，对列举的十三项行为作出禁止性规定，并规定了罚则[2]；等等。

(二) 以人民代表会议制度为基础，构建人民当家作主的民主政治制度体系

在抗日战争时期，我们党充分利用在根据地执掌局部政权的有利条件，践行初心使命，领导人民进行民主政权建设的实践探索，加强各方面的制度建设，保障人民当家作主。

1. 组建“三三制”政权形式的抗日民主政权，开始对人民代表大会制度进行初步探索

“三三制”形式的抗日民主政权，是一种全新的民主政治形式，较苏维埃时期的工农兵代表大会具有更大的包容性。对此，我们党从理论到实践进行了深入探索。

一是，进行充分的理论准备。从土地革命战争转向全民族抗战，革命任务和形势的变化，使我们党对党的政策策略和政权制度设计都进行了很大调整。由此，抗日民主政权的组织形式，开始由苏维埃代表大会制度向新的制度转变，即转向人民代表会议制度。人民代表会议最早产生于陕甘宁边区和晋绥边区，是工人阶级领导的地方政权组织形式。人民代表会议制度萌发于毛泽东同志关于人民代表大会制度的设想。1940 年，毛泽东同

[1] 《军政委员会条例》(1941 年 2 月 7 日)，载中共中央文献研究室、中央档案馆编:《建党以来重要文献选编》(第 18 册)，中央文献出版社 2011 年版，第 99-100 页。
[2] 《保守党内秘密条例》(1937 年 5 月 20 日)，载中共中央文献研究室、中央档案馆编:《建党以来重要文献选编》(第 14 册)，中央文献出版社 2011 年版，第 260-261 页。

志在《新民主主义论》中对中国未来的政权组织形式提出了设想，他认为："中国现在可以采取全国人民代表大会、省人民代表大会、县人民代表大会、区人民代表大会直到乡人民代表大会的系统，并由各级大会选举政府。"各级人民代表大会的代表都必须经过真正的民主选举而产生，"必须实行无男女、信仰、财产、教育等差别的真正普遍平等的选举制，才能适合于各革命阶级在国家中的地位，适合于表现民意和指挥革命斗争，适合于新民主主义的精神。"这是第一次正式提出中国未来的政权组织形式是人民代表大会制度，但由于在当时战争环境下无法在全国范围内实现普选，人民代表大会制度也就暂时无法实现，一种适应战争状态的"人民代表大会"制度被提出来，这就是作为"人民代表大会"雏形与前身的人民代表会议制度。〔1〕周恩来同志曾指出了中华苏维埃共和国的苏维埃代表大会制度与抗日战争时期的人民代表会议制度之间的联系。他说，"苏维埃是工农代表会议，它与资产阶级的议会制度是有原则区别的。列宁说苏维埃政权不仅可以用于资本主义国家，而且可以用于殖民地国家。毛泽东同志发展了这种思想，把它发展成为中国的代表会议制。这种政权是一元化的，不是两权并立的。我们现在实行的'三三制'就是各级代表会议制，是真正的民主制度。"〔2〕可见，以"三三制"为主要形式的各级人民代表会议制度（各根据地采取的是参议会），是以毛泽东同志为代表的中国共产党人把马克思列宁主义关于人民主权原理和无产阶级建政原则与中国革命具体实际相结合的理论创新、实践创新和制度创新，是毛泽东思想关于新民主主义理论的核心内容和重要制度设想，具有赢得根据地和解放区广大人民群众拥护、对国民党"伪国民代表大会"予以致命打击的强大制度优越性和实践伟力，为新政治协商会议的召开、真正实现中国人民当家作主开启了民主新篇章。

---

〔1〕参见中国延安精神研究会编、肖周录主编：《中共中央在延安十三年史（5）：政治建设史》，中共党史出版社2017年版，第224页。

〔2〕周恩来：《关于党的"六大"的研究》（1944年3月3日、4日），载中共中央文献研究室、中央档案馆编：《建党以来重要文献选编》（第21册），中央文献出版社2011年版，第62页。

二是，广泛建立以“三三制”为组织原则的参议会实践。政权是一切革命的根本问题，民主政权建设是抗日根据地建设首要的和根本的任务。广泛建立的以“三三制”为组织原则的参议会，是我们党领导各根据地制定的一系列宪法性文件确定的政权组织形式，是形成统一战线性质的抗日民主政权的核心。1939 年 1 月 17 日至 2 月 4 日，陕甘宁边区第一届参议会在延安召开，毛泽东同志作了热情洋溢的祝词。边区参议会是由边区人民直接选举产生的，是具有人民代表大会性质的权力机关。这次会议通过了《陕甘宁边区抗战时期施政纲领》和《陕甘宁边区政府组织条例》、《陕甘宁边区选举条例》、《陕甘宁边区各级参议会组织条例》等一系列宪法性文件。1941 年《陕甘宁边区施政纲领》规定，本党愿与各党各派及一切群众团体进行选举联盟，并在候选名单中确定共产党员只占三分之一，以便各党各派及无党无派人士均能参加边区民意机关之活动与边区行政之管理。在共产党员被选为某一行政机关之主管人员时，应保证该机关之职员有三分之二为党外人士充任，共产党员应与这些党外人士实行民主合作，不得一意孤行、把持包办。[1] 1946 年 4 月，陕甘宁边区第三届参议会第一次大会通过的《陕甘宁边区宪法原则》更是关于这一根本政治制度的集大成者，开篇对政权组织作了专章规定：边区、县、乡人民代表会议（参议会）为人民管理政权机关；人民普遍直接平等无记名选举各级代表，各级代表会选举政府人员；各级政府对各级代表会负责，各级代表对选举人负责；乡代表会即直接执行政务机关；等等。

1940 年《中共晋察冀边委目前施政纲领》规定，彻底完成民主政治，建立健全各级民意机关及政府机构，在民意机关和政府人员中，争取并保证共产党员占三分之一，其他抗日党派及无党无派人士占三分之二，边区一切人民只要不投降、不反共，均可参加政府工作。[2] 晋察冀边区的政

---

〔1〕 参见《陕甘宁边区施政纲领》（1941 年 5 月 1 日），载中共中央文献研究室、中央档案馆编：《建党以来重要文献选编》（第 18 册），中央文献出版社 2011 年版，第 242 页。

〔2〕 参见《中共晋察冀边委目前施政纲领》（1940 年 8 月 30 日），载中共中央文献研究室、中央档案馆编：《建党以来重要文献选编》（第 17 册），中央文献出版社 2011 年版，第 500 页。

权建设也具有典型意义。抗日战争以来，晋察冀边区政权改革经历过四个阶段：第一阶段是两重政权并存阶段（1938 年边区政府成立以前）；第二阶段是区、乡政权统一和民选村长阶段（从边区政府成立到 1939 年 2 月）；第三阶段是开始改革政权组织机构阶段；第四阶段是进一步改革政权组织机构阶段（从 1940 年秋季开始）。经过政权建设，晋察冀边区各级政权的组织机构逐步建立起来。边区一级的组织机构：边区政权的最高权力机关是边区参议会，由普选产生。在参议会休会期间，设有驻会常务议员，处理日常事务，实际是参议会的主席团。边区行政委员会（即边区政府）是边区的最高行政机关，由边区参议会选举及罢免，对边区参议会一切决议有服从的义务。县级政权：县级设县议会，和县长的关系相当于边区参议会与边区行政委员会的关系。县长由县议会选举及罢免。村政权是政权的基础组织。村设村代表会，代表由各公民小组在村民大会上选举产生。村级设村长、副村长，由村代表会主席、副主席兼任。另有民政、财政、教育、生产、调解 5 个委员会，后又新增治安委员会。各委员会主任由代表互选，委员则不限于代表，可以大量吸收村中各阶层的积极分子参加（包括地主士绅）。村长、副村长、各委员会主任、自卫队队长、秘书等组成的村公所，实际是村行政委员会，是民主集中制的组织。[1]

毛泽东等党中央领导人都对“三三制”抗日统一战线政权组织和建设作出过重要论述，为这一政策策略和宪法性文件的出台提供了有力指导和依据。毛泽东同志指出，在抗日战争时期，我们所建立的政权的性质，是民族统一战线的。这种政权，是一切赞成抗日又赞成民主的人们的政权，是几个革命阶级联合起来对于汉奸和反动派的民主专政。它和地主资产阶级的反革命专政是有区别的，也和土地革命时期的工农民主专政有区别。毛泽东同志指明其重大战略意义：“我们和反共顽固派为政权问题在华北、

---

〔1〕 参见彭真：《晋察冀边区的政权建设和党的建设》，载中共中央文献研究室、中央档案馆编：《建党以来重要文献选编》（第 18 册），中央文献出版社 2011 年版，第 366 页。

华中和西北的斗争，带着推动全国建立统一战线政权的性质。”[1] 陕甘宁边区政府主席林伯渠、秘书长李维汉和邓小平同志等都作出过重要论述。[2] 李维汉同志还专门下乡蹲点34天，参加试点工作。

按照我们党的政策策略和宪制规定，抗日民主政权的组织体制，即民意机关，在形式上采取了参议会制度。从1941年到1943年，各边区和根据地都制定了各级参议会组织条例，并通过民主选举建立了各级参议会。到1944年12月，华北有晋绥区、晋察冀区、晋冀豫区、冀鲁豫区等六大块解放区、一万万人口，在抗日民主政府统治的人口即有五千五百几十万，建立了四百三十八个抗日民主的县政府，建立了六十五个专署。[3] 可见，以“三三制”为组织原则的参议会和统一战线性质的抗日民主政权具有强大生命力。陕甘宁边区是抗日民主政权建设的实验区，对敌后根据地的政权建设起到了示范和推动作用。在中国共产党建立抗日民族统一战线政策的正确指导下，以陕甘宁边区为代表的各个根据地的党政军民都积极行动起来，纷纷选举和召开参议会或者临时参议会。

“三三制”原则是陕甘宁边区与根据地政权建设的一个伟大创造，是中国共产党统一战线理论和策略的卓越实践，也是中国共产党与民主人士合作共事的成功范例。新的政权组织形式巩固了抗日根据地各阶级的团结，提高了抗日根据地人民的参政议政意识，促进了全国抗日民主运动的发展，孕育了有中国特色的多党合作和政治协商制度，对抗日战争时期各

---

[1] 毛泽东：《抗日根据地的政权问题》（1940年3月6日），载中共中央文献研究室、中央档案馆编：《建党以来重要文献选编》（第17册），中央文献出版社2011年版，第169页。

[2] 如林伯渠：《陕甘宁边区三三制的政体》（1944年3月25日），载中共中央文献研究室、中央档案馆编：《建党以来重要文献选编》（第21册），中央文献出版社2011年版，第123-131页；李维汉：《关于政权的三三制》（1940年9月26日），载中共中央文献研究室、中央档案馆编：《建党以来重要文献选编》（第17册），中央文献出版社2011年版，第553-561页；邓小平：《党与抗日民主政权》（1941年4月15日），载中共中央文献研究室、中央档案馆编：《建党以来重要文献选编》（第18册），中央文献出版社2011年版，第204-216页。

[3] 参见彭德怀：《在陕甘宁边区参议会二届二次会议的讲话》（1944年12月12日），载中共中央文献研究室、中央档案馆编：《建党以来重要文献选编》（第21册），中央文献出版社2011年版，第650页。

项建设事业发展作出了巨大历史贡献。

三是，历史上第一次实行真正民主的选举制度，以人民当家作主原则夯实和巩固政权基础。实行真正的民主选举是体现人民当家作主、建立人民政权的前提条件。在我们党领导下的抗日根据地实行人民代表会议的民主选举，是中国劳动人民几千年来第一次真正享有并行使当家作主的政治权利，第一次真正成为人民政权的主人。毛泽东同志强调，“民主政治选举第一”，“民主的第一着，就是由老百姓来选择代表他们出来议事管事的人”。[1] 民主选举制度和人民的选举权利是由《陕甘宁边区宪法原则》《陕甘宁边区施政纲领》等宪法性文件和《陕甘宁边区选举条例》等法规规定的。按照选举条例规定，实行普遍、直接、平等、无记名投票等基本原则，这是“最公平最进步的选举办法”。它有以下特点：（1）普遍。指选举人的资格没有任何限制。普遍享有选举权和被选举权。凡居住在边区境内的人民，年满 18 岁，不分阶级、党派、职业、男女、宗教、民族、财产和文化程度的差别，都有选举权和被选举权。有三种例外情况不得参加选举与被选举：有卖国行为经政府缉办有案的，经法院判决剥夺公权尚未恢复的，有神经病的。（2）直接。指选民直接选出被选人，边区、县、乡三级参议会的参议院都是直接选举产生，不经过中间层层选举的转弯过程。（3）平等。指任何选民投的票，都是一人一票选举权，其效力都一样；在选举的人数比例上，一律平等，没有任何差别。（4）无记名亦称“秘密”。指选民在票上只写被选出的人的姓名，不写自己的姓名。

由于当时抗日根据地人民群众文化水平普遍不高，社会上出现一些认为“老百姓没有知识，不能实行民主政治”“不能实行选举制度”的论调。边区为了使选民真正能够按照自己的意愿选举参议员，不仅规定了无记名投票的原则，而且创造出与边区文化程度和习惯相适应的一系列秘密

[1] 毛泽东：《陕甘宁边区政府为改选及选举各级参议会的指示信》（1941 年 1 月 30 日），载韩延龙、常兆儒编：《中国新民主主义革命时期根据地法制文献选编》（第 1 卷），中国社会科学出版社 1981 年版，第 213 页。

投票方式，真正实现了民主选举。投票根据选民不同文化程度采取了选票、画圈、画杠、画点、投豆等多种方式。[1] 陕甘宁边区记载了当时的一些选举方式：根据去年经验，投票法有三种：(1)“背箱子”——各级选举委员会于选举前，推定若干司票员（要忠诚可靠，免得发生舞弊情事)，把选票事先照名册散给各选民（边区选要把候选人名字印在票上；县选和乡市选用白票就可以，只在票头上盖章记，以别真伪)，选举委员会准备若干箱子，再把箱子上锁，贴封帖，交司票员分途收票。待票集完，定日召集居民大会（边区选不可能召开全县居民大会，就召集附近居民即可）开票。(2)“投豆子”——选民大会未召开前，选举委员会查本选举单位有几个候选人，有几个就准备几个碗。在每个碗上贴一个候选人的名字，待选民大会召开时，各候选人的票碗摆在桌上，监票员监场，司票员照名册顺序边叫每个选民到票桌前，边按应投几票即交给选民几粒豆子（如居民小组只选一参议员，每选民就只有一票)，并同时教给他某碗是某候选人的，愿选某人，投豆到某人碗。豆投完，宣布开票，哪人豆多，哪人当选。(3)“乍胳膊”——唱一个候选人乍一次胳膊，每选民有几票便乍几次，最后哪人票多，哪人当选。总之，这三种方法都可取，应按各地不同情况采用。[2] 1946 年，安东省副主席刘澜波在回答记者“人民文化水平比较低下，进行选举有什么困难”的提问时说：“困难是有的，但不是不可以克服的。在选举方式上就得照顾人民的文化水准问题，我们选举采用了三个方式：举手，投票，投豆。”“识字有识字的办法，不识字有不识字的办法。正所谓金豆豆，银豆豆，豆豆不能随便投。选好人，办好事，投在好人碗里头。”[3]

---

[1] 参见徐振光：《中国共产党人大制度理论发展史稿》，东方出版中心 2011 年版，第 60-61 页；中国延安精神研究会编、肖周录主编：《中共中央在延安十三年史（5）：政治建设史》，中共党史出版社 2017 年版，第 273 页。

[2] 参见《陕甘宁边区各级参议会选举条例》，载中共中央文献研究室、中央档案馆编：《建党以来重要文献选编》（第 19 册），中央文献出版社 2011 年版，第 212-213 页。

[3] 杨振武：《不忘初心、牢记使命　更好通过人民代表大会制度保证和发展人民当家作主——“不忘初心、牢记使命”主题教育党课报告》，载《中国人大》2019 年第 16 期。

关于陕甘宁边区民主制度在中国的意义与作用，1938年毛泽东曾指出：把抗日战争与民主制度结合起来，都能收得很大的效果。全国也应采取这个制度，应把抗日战争与民主制度结合起来，以民主制度的普遍实行去争取抗日战争的胜利。如果全国人民都有言论、出版、集会、结社的充分自由，全国军队中官兵打成一片，军民又打成一片，全国教育也以民主精神实行之，全国经济建设发动了人民的力量并与改良人民生活相联结，全国各级政府都实行选举制度，并有各级人民的代议机关，而一切都是为了争取抗战的胜利，那战胜日本就指日可期了。[1]

2. 推动形成“三三制”政权为主要载体的抗日统一战线，为多党合作和政治协商制度发出先声

1935年8月1日，根据华北事变以来的民族危机加深的形势和共产国际七大的精神，中共驻共产国际代表团草拟了《中国苏维埃政府、中国共产党中央为抗日救国告全体同胞书》（即《八一宣言》），同年10月1日正式以中华苏维埃共和国中央政府和中国共产党中央委员会的名义在法国巴黎出版的《救国报》上发表。[2]《八一宣言》提出“抗日救国十大纲领”，提出联合一切抗战力量，建立统一的国防政府和抗日联军，这是我们党确立抗日统一战线策略路线的开端。同年12月，中共中央召开瓦窑堡会议，确立了建立抗日民族统一战线的新策略。其后，我们党适应抗日局势变化，主动调整政策策略，开展上下结合的统一战线实践，并和平解决西安事变，为国共两党重新合作、共同抗日创造了前提，为抗日民族统一战线的实现奠定了基础。1937年9月22日，国民党中央通讯社发表了《中国共产党为公布国共合作宣言》，次日蒋介石发表谈话，公开承认要停止内战，指出团结御侮的必要，事实上承认了中国共产党在全国的合法地

〔1〕参见毛泽东：《毛泽东同世界学联代表团的谈话》（1938年7月2日），载中共中央文献研究室、中央档案馆编：《建党以来重要文献选编》（第15册），中央文献出版社2011年版，第478-479页。

〔2〕参见中共中央党史研究室：《中国共产党历史》（第1卷）（1921—1949）（上册），中共党史出版社2011年版，第411页。

位。国共合作宣言和蒋介石谈话的发表，标志着国共两党第二次合作的正式开始。国共合作初期，中共中央多次提出，国共合作应当有固定的组织形式，国共两党应当协商，正式公布共同纲领，并提出加强合作的具体建议。但国民党统治集团不愿意放弃一党专政，中共中央的建议长期被搁置。在全国抗日高潮的影响和我们党的推动下，在全国人民及民主党派和民主人士的呼吁下，国民党不得不在一定程度上采取一些改革措施。1938年，国民政府决定改组军事委员会，设立政治部。为了巩固国共两党在军事上以及政治上的联合，推动国民党军队的改造，并便于对国民党的各个派系开展统一战线工作，中共中央同意周恩来出任国民政府军事委员会政治部副部长。同年4月1日，第三厅正式组建成立，在周恩来、郭沫若的领导下，第三厅团聚了一大批致力于抗日民主运动的进步文化工作者，成为我们党在国民党统治区开展抗日统一战线的一个重要阵地。1938年3月底到4月初，国民党召开临时全国代表大会，决定设立国民参政会。国民参政会有各党派的成员参加，国民党占大多数。这既不是各党派统一战线的组织形式，也不是真正的民意机关，而是一个建议、咨询性质的机构。毛泽东、陈绍禹等受邀为国民参政会参政员。

真正的抗日统一战线政权是在我们党领导下的抗日根据地建立起来的。我们党在总结抗战以来根据地政权建设经验的基础上，为了更好地贯彻执行抗日民族统一战线的战略和策略，争取和团结各界人士共同抗战，提出了“三三制”政权建设思想。1940年7月，毛泽东同志在为纪念抗战所发表的《团结到底》一文中指出：“在政权问题上，我们主张统一战线政权，既不赞成别的党派的一党专政，也不主张共产党的一党专政，而主张各党、各派、各界、各军的联合专政，这即是统一战线政权。共产党员在敌人后方消灭敌伪政权建立抗日政权之时，应该采取我党中央所决定的‘三三制’，不论政府人员中或民意机关中，共产党员只占三分之一，而使其他主张抗日民主的党派和无党派人士占三分之二。无论何人，只要不投降不反共，均可参加政府工作。任何党派，只要是不投降不反共的，应使其在抗日政权下面有存在和活动之权。”[1] 到1940年年初，中共领导的各抗日根据地已普遍建立了包括各抗日阶级、阶层、党派和团体在内的抗日民主政权。在这些政权中，尽管中共以外的其他党派、团体和工农以外的其他阶级、阶层人士数量还比较少，但其已基本改变了此前的苏维埃政权模式，与国民党的做法相比真正具有抗日民族统一战线的政权性质。“三三制”政权作为一种统一战线性质的抗日民主政权，从制度上为党外人士进入政权并占有一定比例提供了保障。这对进一步巩固和扩大抗日民族统一战线，争取和团结各阶级、阶层、党派和团体参与抗战，最终夺取抗日战争的彻底胜利，无疑具有重要的历史意义。对此，彭真同志指出，“三三制”政权能“使地主资产阶级容易脱离日寇的反动宣传和顽固分子挑拨离间的影响，比较安心地与我们合作抗战，支持根据地的建设事业。因为‘三三制’这种政权规定是用简单的数字表现出来的，所以异常明确，容易使党员及各界人士了解和执行，并以之与国民党的一党专政来对照比较，权衡其利弊是非”。正是通过这种鲜明对比，使“三三制”在党外人士中引起强烈反响，激发了其抗战热情。“三三制”政权蕴含着共产党领导多党派合作、共产党执政多党派参政的基本特征，而且确立了多党合作制度参政议政民主协商、民主监督的基本功能，以及民主集中制的组织形式。因此，它孕育了有中国特色的多党合作和政治协商制度，是多党合作制度的雏形。[2] “三三制”政权的成功实践，不仅保证了抗日战争的胜利，还为我们党领导的多党合作和政治协商制度的形成积累了丰富经验、发出了先声。

在我们党的政治构想中，最理想的统一战线形式是“建立联合政府”。为动员全国人民团结抗战，早日建立独立、自由、民主、统一与富强的新中国，1944年我们党提出建立“联合政府”的伟大构想，这不仅是基于

[1] 毛泽东：《团结到底》（1940年7月5日），载中共中央文献研究室、中央档案馆编：《建党以来重要文献选编》（第17册），中央文献出版社2011年版，第379页。

[2] 参见陈文胜：《试析“三三制”政权在统战工作方面的历史功绩及启示》，载《广西社会主义学院学报》2009年第4期。

当时客观形势的需要，也是我们党统一战线思想和政权建设理论发展的必然结果。毛泽东同志在党的七大上作的《论联合政府》的政治报告，全面论述了建立“联合政府”的政治主张，指出：在抗日战争日趋严峻的情况下，中国内部却存在着不团结，存在着严重的危机，中国急需把各党各派和无党无派的代表人物团结在一起，成立民主的联合政府，以便实行民主的改革，克服目前的危机，动员和统一全国的抗日力量，有力地和同盟国配合作战，打败日本侵略者，使中国人民从日本侵略者的手中解放出来。成立联合政府的主要目的是彻底消灭日本侵略者，废除国民党一党专政。民主联合政府成立以后，其主要任务就是在争取民族独立、人民民主的基础上，建设大规模的工业，实现国家的独立、自由、民主、统一和富强。周恩来同志在党的七大上作了《论统一战线》的报告，鲜明提出，“联合政府就是抗日民族统一战线在政权上的最高形式”，并指出，中国共产党提出成立民主的联合政府，而国民党要继续一党专制的政府，这既是国共谈判的中心，又是两条路线的斗争。〔1〕

我们党在总结政权建设历史经验的基础上提出建立民主联合政府，是一项重大的政治战略，是新民主主义的长远奋斗目标与抗战胜利后民主建国的短期目标的有机结合。联合政府政治主张的提出不仅符合国际国内局势，适应抗战后期国内外政治形势的发展和全国人民追求民主、和平的愿望，同时联合政府作为党的统一战线具体的组织形式，为未来民主政府的构建奠定了理论基础。民主联合政府的提出体现了我们党善于把革命领导权的原则性与统一战线策略的灵活性相结合的优良传统。抗日战争时期，中国社会各阶层力量均有所发展，作为代表的各种政治力量分化组合加剧，各类政党和社会团体纷纷涌现，在中国政治舞台上发挥出各自的作用。我们党提出的建立联合政府的主张，充分体现了我们党一直秉持的求同存异的原则和方针，即存不同阶级、不同政党和不同集团利益之“异”，

〔1〕参见周恩来：《论统一战线》（1945年4月30日），载中共中央文献研究室、中央档案馆编：《建党以来重要文献选编》（第22册），中央文献出版社2011年版，第304页。

求和平、民主、统一之“同”。[1] 党的七大所提出的建立民主联合政府的主张，虽然因为国民党蒋介石的独裁内战政策未能实现，但它开启了新中国和平民主建设发展的思考和探索，为新中国国家政权建设做了理论准备，具有重要的历史意义。

3. 提出民族自治的制度构想，正确处理民族关系

抗日战争是中国各族人民团结起来共同反对日本侵略的全民族的解放战争。《八一宣言》中“抗日救国十大纲领”提出，动员蒙古族、回族及一切少数民族共同抗日的方针。1938 年 9 月，党的六届六中全会进一步讨论了少数民族工作。全会通过的政治决议案提出，团结中华各民族为统一的力量，共同抗日图存。毛泽东同志指出：“允许蒙、回、藏、苗、瑶、夷、番各民族与汉族有平等权利，在共同对日原则之下，有自己管理自己事务之权，同时与汉族联合建立统一的国家。”[2] 中共中央还从国情出发，提出在祖国统一的大家庭中，在少数民族聚居地区，实行民族自治政策。1938 年 11 月，中共中央成立西北工作委员会，主持除陕甘宁边区以外的西北地区地下党的工作。1940 年 4 月和 7 月，中共中央先后原则上批准西北工作委员会起草的《关于回回民族问题的提纲》和《关于抗战中蒙古民族问题提纲》。这两份文件分析回族和蒙古族的特点和现状，强调少数民族的命运同整个中华民族的命运息息相关，只有从彻底抗日的斗争中，才能争取一切其他方面的解放。文件规定了实行民族平等，尊重民族文化、风俗习惯和宗教信仰，帮助改善与提高各少数民族人民生活，改善民族关系等具体政策。这是党在抗战期间开展民族工作的重要指导性文件。《陕甘宁边区施政纲领》提出“依据民族平等原则，实行蒙、回民族与汉族在政治经济文化上的平等权利，建立蒙、回民族的自治区，尊重蒙、回民族的宗教信仰与风俗习惯”。《陕甘宁边区宪法原则》规定，边区

---

〔1〕 参见中国延安精神研究会编、谭仁杰主编：《中共中央在延安十三年史（9）：统战工作史》，中共党史出版社 2019 年版，第 386 页。

〔2〕 中共中央统战部编：《民族问题文献汇编》，中共中央党校出版社 1991 年版，第 595 页。

各少数民族，在居住集中地区，得划成民族区，组织民族自治政权，在不与省宪抵触原则下，得订立自治法规。这一规定发展了《陕甘宁边区施政纲领》关于民族自治的内容，为日后建立第一个民族自治区提供了直接的理论准备和法律基础。[1]

（三）开展新民主主义法制实践，提高党依法执政能力

1. 以抗日民主政权宪法性文件为核心构建保障人权的法规制度体系

抗战时期，为了适应革命形势的变化，团结边区内各社会阶级、各抗日党派，巩固抗日联合战线政权，发展抗日的新民主主义的政治经济文化建设，在党的抗日民族统一战线方针和抗日救国十大纲领的指导下，各抗日民主政府陆续制定和实施了各自的施政纲领。在这特定历史时期，党的纲领、路线、方针和政策直接发挥法律规范的作用。

一是，注重顶层设计，制定具有统领作用的宪法性文件。陕甘宁边区政府和其他新开辟的抗日根据地民主政府，从1939年到1944年，普遍开展了民主选举，建立健全各级参议会的活动，先后制定《陕甘宁边区抗战时期施政纲领》《陕甘宁边区施政纲领》《中共晋察冀边委目前施政纲领》《晋冀鲁豫边区政府施政纲领》《对于巩固与建设晋西北的施政纲领》《山东省战时施政纲领》等施政纲领，作为抗日根据地的根本大法。这些施政纲领贯彻了中国共产党关于抗日民族统一战线的总方针，规定了抗日民主政权的民主政治制度，坚持保障人权的法治原则。在这些施政纲领中最有代表性的《陕甘宁边区施政纲领》是由党的陕甘宁边区委员会提出来的，成为各个抗日根据地制定本地施政纲领的参照模本。抗日民主政权的施政纲领，是在党的新民主主义共和国理论和抗日民族统一战线方针指导下制定的，是人民民主政权比较成熟的宪法性法律文献。政治上实行抗日民族

[1] 参见中国延安精神研究会编、肖周录主编：《中共中央在延安十三年史（5）：政治建设史》，中共党史出版社2017年版，第264页。

统一战线原则，经济上实行调节各阶级利益和各种经济成分发展的原则。在民主与法制建设上作出了更系统更成熟的规定，把党的抗日民族统一战线的总方针和《抗日救国十大纲领》具体化、法律化，使之成为团结、抗战、救国的纲领。它是指导边区政治经济文化以及军事建设事业的总政策，是制定抗日民主政权各种法规的根据，是具有纲领性和根本法性质的文件。它的制定和实施，对于团结边区各阶级、各民族人民进行抗日斗争，支援全国抗战，巩固抗日民主根据地，建设新民主主义社会，发展人民民主政治和法制建设，产生了深远影响。在此基础上，1946 年制定的《陕甘宁边区宪法原则》是宪法性文件集大成者，它以马克思主义最新中国化成果——毛泽东思想为科学理论指导，以各抗日根据地丰富建设实践和人民群众的实际需要为现实基础，为后来的制宪实践发挥了重要的探索作用。

二是，坚持人民至上的立法原则，加强保障人权财权立法。在抗战时期，我们党坚持人民至上的原则，各根据地加紧制定了一系列法规法令，以保护人民群众权利权益。毛泽东同志指出，关于人民权利，应规定一切不反对抗日的地主资本家和工人农民有同等的人权、财权、选举权和言论、集会、结社、思想、信仰的自由权，政府仅仅干涉在我根据地内组织破坏和举行暴动的分子，其他则一律加以保护，不加干涉。〔1〕《陕甘宁边区施政纲领》规定，保证一切抗日人民（地主、资本家、农民、工人等）的人权、政权、财权及言论、出版、集会、结社、信仰、居住、迁徙之自由权。除司法系统及公安机关依法执行其职务外，任何机关、部队、团体不得对任何人加以逮捕、审问或处罚，而人民则有用无论何种方式控告任何公务人员非法行为之权利。〔2〕《中共晋察冀边委目前施政纲领》对人民群众权利的保障规定更为广泛：（1）关于一切抗日人民的政治经济权利。

〔1〕 参见毛泽东：《论政策》（1940 年 12 月 25 日），载中共中央文献研究室、中央档案馆编：《建党以来重要文献选编》（第 17 册），中央文献出版社 2011 年版，第 704 页。

〔2〕 参见《陕甘宁边区施政纲领》，载中共中央文献研究室、中央档案馆编：《建党以来重要文献选编》（第 18 册），中央文献出版社 2011 年版，第 242 页。

规定：一切抗日人民，有言论、集会、结社、出版、信仰及居住自由，非依政府法令及法定手续，任何机关团体或个人均不得给人以逮捕、禁闭、游街及任何侮辱人格、名誉之行为，以保障人权；保障一切抗日人民的财产所有权，人民除每年缴纳一次统一累进税及对外贸易时之出入口税外，任何机关团体不得另以任何名目勒索或罚款；在减租减息后，佃户须依约纳租；债户须依约偿付租息，一切契约之缔结，均须双方自愿，契约期满，任何一方均有依法解约之权。（2）关于妇女平等地位和权利。保障妇女在社会上、政治上、经济上及家庭地位之平等，妇女依法有财产继承权，男女婚姻自主，反对买卖婚姻与一夫多妻制，反对蓄童养媳、溺婴儿、危害青年发育的早婚恶习，严防沦陷区敌伪淫乱恶风侵入边区，树立优良的家庭教育，养成儿童的优良的生活习惯，实行孕妇、儿童保健。（3）对沦陷区人民的权利保护。减轻敌寇蹂躏区域同胞之负担，力求保护其生命财产及政治权利，反对敌寇绑架、奸淫、勒索、强抽壮丁与奴化教育，抚恤被敌寇惨杀同胞的家属，凡因被迫一时错误触犯汉奸治罪条例之分子，准其自新，对死心塌地的汉奸严予惩办。[1] 这些宪法性文件对人权保护作了原则性规定，确立了法律保护人权的框架体系。1942 年 1 月，陕甘宁边区颁布《陕甘宁边区政府保障人权财权条例》，成为保护人民人权财权的专门法律。第一，明确了“保障边区人民之人权财权，不受非法之侵害”的立法目的。第二，规定人民的政治民主权利：边区一切抗日人民不分民族、阶级、党派、性别、职业与宗教，都有言论、出版、集会、结社、居住、迁徙及思想信仰之自由，并享有平等之民主权利。第三，规定了人民的财产权利，包括私有财产权及依法之使用及收益自由权（包括土地、房屋、债权及一切资财），农民之私有土地权，土地未经分配之区域中地主的土地所有权及债主的债权，人民之财产、住宅等。第四，规定

〔1〕 参见《中共晋察冀边委目前施政纲领》，载中共中央文献研究室、中央档案馆编：《建党以来重要文献选编》（第 17 册），中央文献出版社 2011 年版，第 502 页。

了人民的人身权利和在司法程序中的权利保障。[1]

三是，重视建立健全刑事法律制度，惩治犯罪、保障人权。党和边区政府十分重视健全刑事法律制度的建设。在马列主义毛泽东思想指导下，认真总结革命根据地刑事政策的经验，确立了镇压与宽大相结合，惩办与教育相结合的刑法原则，实行了一条极有成效的锄奸斗争及与各种刑事犯罪作斗争的工作路线，这就是在党委领导下，专门机关和广大群众相结合的路线，从而形成了人民民主政权与犯罪作斗争的综合治理的优良传统。[2] 党和边区政府根据阶级斗争形势的变化，从保卫抗日民主事业和抗日人民利益的紧迫需要出发，逐步创制一系列惩治各种刑事犯罪的法规，基本做到有法可依。抗日解放区的刑事立法形式，基本是以各种单行条例出现。它把犯罪分为重大刑事犯罪（亦称特种刑事犯罪，包括五大罪：汉奸罪、盗匪罪、破坏坚壁清野罪、烟毒罪、贪污罪）和一般刑事犯罪两大类，而把重大刑事犯罪作为打击重点。各个边区政府大都颁布有惩罚这几种重大刑事犯罪的单行条例：惩治汉奸条例、惩治盗匪条例、惩治破坏坚壁财物条例、禁烟禁毒条例、惩治贪污条例等。这些立法坚持把惩办与教育相结合，运用法律手段惩治与改造犯罪者，以维护社会秩序和人民的生命财产安全。对于普通刑事类犯罪，党和抗日民主政府首先着眼于社会性的综合治理，把边区社会的政治经济改造看作是消灭犯罪的根本，注重依靠各种社会组织和人民群众的力量预防犯罪，教育改造罪犯。针对危害民主主义社会秩序的犯罪，制定了关于惩治妨害金融贸易管理的法规，妨害婚姻家庭治罪办法，盗窃、杀人、伤害等犯罪的单行法规。

2. 坚持男女平等原则，建立并不断完善新型婚姻家庭制度

抗日民主政府的婚姻法，继承了土地革命时期工农民主政府婚姻法确立的婚姻自由和一夫一妻制的基本原则，并根据新的形势及多年的实践经

---

〔1〕 参见《陕甘宁边区政府保障人权财权条例》，载中共中央文献研究室、中央档案馆编：《建党以来重要文献选编》（第19册），中央文献出版社2011年版，第5-7页。

〔2〕 参见范明辛、雷晟生编著：《中国近代法制史》，陕西人民出版社1988年版，第404页。

验，适应抗日战争、抗日民族统一战线和广大农村的实际，作了更具体的规定，使它更趋完善。同时，它还把“男女平等”原则明文列入婚姻条例的总则之中，并在婚姻家庭关系有关男女双方各种权利义务的规定中加以贯彻，形成婚姻家庭法的自由、平等、一夫一妻制等基本原则。

各抗日根据地都先后颁布了婚姻条例以及保护军婚与关于继承的法规。专门制定了婚姻条例以及保护军婚的法规：1939 年《陕甘宁边区婚姻条例》、1941 年《晋察冀边区婚姻条例》、1942 年《晋冀鲁豫边区婚姻暂行条例》、1943 年《晋察冀边区婚姻条例》、1943 年《陕甘宁边区抗属离婚处理办法》、1943 年《山东省保护抗日军人婚姻暂行条例》。专门制定了保护女子继承权的法规：1943 年《晋察冀边区行政委员会关于女子财产继承执行问题的决定》、1945 年《山东省女子继承暂行条例》、1945 年《冀鲁豫行署关于女子继承等问题的决定》。主要内容包括：

一是，关于婚姻自由。各边区的婚姻条例，都在总则中作出相关规定，“婚姻以基于男女当事人之自由意志为原则”，“男女婚姻，须双方自由、自立、自愿，第三者不得干涉”，并在订婚、结婚、离婚等章中规定了这一条件。它们普遍规定，废除一切强迫、包办、买卖等婚姻恶习，禁止童养媳、早婚及奶婚等。有些边区的婚姻法，还规定了对违反这一原则的惩罚措施。[1]

二是，关于一夫一妻制。各边区婚姻条例普遍在总则中明文规定了这一条，严格禁止重婚、纳妾、租妻等一夫多妻或一妻多夫制的封建婚姻制度，公开否定了国民党政府法院认可纳妾、“外室”等不属重婚的法律解释。[2]

三是，把男女平等作为婚姻家庭法的原则。强调男女在社会政治、经济、文化方面的权利平等，在婚姻关系、家庭地位上的权利平等。比如，夫妻双方在对各自持有财产和双方共有财产的管理与处分权，对子女教

〔1〕 参见范明辛、雷晟生编著：《中国近代法制史》，陕西人民出版社 1988 年版，第 389 页。
〔2〕 参见范明辛、雷晟生编著：《中国近代法制史》，陕西人民出版社 1988 年版，第 390 页。

养，离婚后财产分割、子女抚养的权利义务方面，以及男女在财产继承方面，都具有平等的权利义务，并考虑各人的实际需要与可能，作了灵活处置的规定。[1]

四是，确立保护军婚的重要原则。各边区所有婚姻条例中都有专门保护军婚的条文规定。制定关于保护军婚的专门条例，既保护抗日军人已成立的婚姻关系不因一般原因而被解除，也保护军人家庭关系不被第三者破坏，而且像保护正式婚姻关系一样地保护抗日军人的婚约。

五是，制定专门的继承法规和保障妇女继承权的法规。这是抗日民主政府在根据地历史上的首创。如1942年《陕甘宁边区继承条例》、1943年《晋察冀边区行政委员会关于女子财产继承执行问题的决定》、1945年《山东省女子继承暂行条例》、1945年《冀鲁豫行署关于女子继承等问题的决定》等。抗日民主政府法律采取法定继承和遗嘱继承两种继承方式，实行男女平等的继承法原则，并保证对老人和子女的养护。这是抗日民主政府继承法的鲜明特色，也是根据地历史上的首创，极大程度上解放了妇女，调动和发挥了妇女在革命中的重要作用。

3. 初步建立抗日民主政权人民司法制度

在国共第二次合作框架下，抗日民主政权的司法机构被纳入国民政府三级三审的司法体制中。各抗日民主政权以国民政府最高法院作为形式上的最高审判机关，同时在根据地内自行设立两级司法机构：边区设高等法院及其分庭，各县设司法处（科）。边区高等法院负责各边区内部的司法审判和司法行政事务，受边区参议会的监督，下设民事审判庭和刑事审判庭，其审理的案件即为终审裁判。高等法院分庭属于高等法院的派出机构，设于各分区专员公署所在地，负责审理不服各分区地方法院或司法处判决的上诉案件。分庭的庭长由各分区专员兼任。县司法处负责县一级司法行政和审判事务，受理第一审的刑事民事案件。抗日根据地实行审检合一制，检察机关负责案件的侦查、起诉和监督判决的执行。

---

〔1〕 参见范明辛、雷晟生编著：《中国近代法制史》，陕西人民出版社1988年版，第390页。

一是，建立陕甘宁边区司法机关。在我们党的领导下，陕甘宁边区“抗日民主政权继承和发扬了第二次国内革命战争时期工农民主政权司法工作的优良传统，在极其艰苦的战争环境中进行了系统的司法建设，逐步建立了与一切剥削阶级司法制度根本不同的新民主主义的司法制度”。[1]陕甘宁边区司法机关的建立，是以边区参议会通过一系列法律来规范的。《陕甘宁边区高等法院组织条例》对陕甘宁边区高等法院的组织构成、法庭设立、书记室职权、看守所职能、总务科职能、“条例”的创制权和修改权作了明确的规定。《陕甘宁边区政府审判委员会组织条例》是成立边区政府审判委员会的法律依据。边区政府审判委员会由边区政府主席、副主席和另外3名委员组成，是陕甘宁边区高等法院的上诉审机构，这样也为边区审判制度形成三级三审的局面提供了机构保障。边区审判委员会拥有广泛的职权，主要受理不服高等法院第一审和第二审判决的刑事上诉案件和不服高等法院第二审判决的民事上诉案件；还受理行政诉讼案件、婚姻案件、死刑复核案件，并在一定程度上享有解释法令之权。

二是，建立健全陕甘宁边区司法制度。在党中央司法政策指引下，为保证陕甘宁边区人民的合法权利，陕甘宁边区参议会和边区政府制定了大量的诉讼法律法规，在总结革命根据地司法经验的基础上，确立了党在延安时期的司法原则和司法制度，即新民主主义的司法原则和司法制度。诉讼制度的主要司法原则：（1）简化诉讼程序，方便群众。口头起诉和书面起诉具有相同的效力。（2）侦查、逮捕、审判权由公安机关和司法机关统一依法行使。其他机关及部队和团体等不准对任何人进行逮捕、审问、处罚，且公安、司法机关逮捕人犯必须要求证据充分，并依法定程序进行。（3）坚持实事求是、调查研究。既反对封建的形式证据主义和单凭口供定案，也反对资产阶级的“自由心证”原则。（4）坚持法律面前人人平等。一切抗日人民在适用法律上一律平等，不因阶级成分和阶级出身的不同而区别对待。一切公务人员，无论职位高低、功劳大小，与普通人在法律面

[1] 蒲坚、赵昆坡：《中国法制史简明教程》，北京大学出版社1987年版，第500页。

前一律平等。(5) 严禁刑讯逼供、重证据不轻信口供。强调禁止肉刑，反对刑讯逼供的原则。对于违法乱纪、侵犯人权、侮辱人格、虐待人犯和刑讯逼供者，给予必要的纪律处分，情节恶劣造成严重后果者，予以法律制裁。主要司法制度：(1) 人民陪审制度。主要有两种方式：一种是由司法审判机关就具体案件临时邀请人民群众的代表参加陪审，或由有关机关、部队、团体临时选派代表参加陪审。另一种是由各人民团体选举陪审员若干人组成陪审组，出席陪审活动。陪审员在审理案件时和审判员享有相同的权力。(2) 公开审判制度。除法律另有规定外，一律实行公开审判，允许群众旁听和发表意见。重大案件，张贴布告，印发基层，广为宣传。(3) 辩护制度。诉讼当事人的亲属或有法律知识的人可以充当其辩护人或代理人，各人民团体对其所辖成员的诉讼，也可以派代表出庭辩护或代为诉讼。(4) 就地审判制度。司法机关派出人员到现场、当事人所在地及其附近进行审判。就地审判的案件从调查到审判，都有群众参加，审判不拘泥于形式。审判人员在审判中把案件材料交由群众讨论，达成多数人一致的意见，再行判决。(5) 巡回审判制度。这一制度是在党中央司法政策指引下，边区司法工作民主化和群众化的重要表现。其组织形式有两种：一种是由各级司法机关指派审判人员，定期深入基层，巡回审判各自辖区内的刑事、民事案件，没有固定的巡回法庭组织；另一种是由政府或法院设立专门巡回法庭或流动法庭，代表该级政府或法院外出巡回审判。巡回审判制度既体现了党的群众路线，又适应了战争环境和边区农村司法工作的实际情况，是党中央领导下陕甘宁边区司法制度建设所取得的代表性成果。(6) 群众公审制度。这种方式一般适用于重大的反革命案件和重大的刑事案件。由主审人员和群众代表组成公审法庭，召开群众大会，听取群众对案件的揭发、控诉和陈述后再进行宣判。(7) 复核制度。复核制度包括有期徒刑复核和死刑复核两种。它是新民主主义革命时期根据地人民政权创建的颇具特色的诉讼制度。早在土地革命时期，在党的领导下，根据地就确立了死刑复核制度。抗日战争时期，复核制度有了进一步的发展，

“不仅死刑判决要报送复核，下级司法机关对于判处一定刑期以上的案件，除法律另有规定的外，在宣判以前也必须呈送上级复核”[1]。陕甘宁边区根据《陕甘宁边区高等法院对各县司法工作的指示》，明确要求“各县判处死刑的犯人，在平时必须先呈请高等法院，得到高等法院的批准，始准宣判执行”。凡拟判处死刑的案件，应将判决书卷宗呈送高等法院复核，核准后始得宣判。宣判后，不论被告是否上诉，必须再呈边区政府复核，经边区政府主席批准后方可执行。

三是，初步探索出人民司法制度的宝贵经验。在总结土地革命时期司法经验的基础上，抗日民主政权在司法活动中创造出了马锡五审判方式、人民调解制度和监狱工作的“党鸿奎经验”等体现人民司法进步性质的典型经验。（1）马锡五审判方式是党的群众路线在司法审判工作中的运用，集中体现延安时期司法制度的特征。其主要特点：第一，深入实际，调查研究，实事求是地弄清和处理案件，并在全面弄清案情的基础上，把法律原则和实际情况相结合，反对片面性。第二，依靠群众，正确判案。马锡五同志在司法工作中切实贯彻密切联系群众、走群众路线的作风，首先依靠群众查清事实真相，然后把政策与案情交给群众，听取群众意见，形成合理合法的处理意见。第三，实行“简政便民”的诉讼程序。马锡五同志在审判工作中，不为陈规陋习束缚，不被形式纠缠，坚持方便群众的原则，到所属地区巡回审判，随时随地接受群众的申诉，不拘形式地调查了解，既节省了民力、财力，又取得了群众的信任。马锡五审判方式在各抗日根据地得到广泛推广，进一步推动了人民司法的民主化，成为司法工作的一面旗帜。（2）发挥人民调解制度的重要作用。抗日民主政权司法工作的一个重要特点是以人民调解制度作为司法审判工作的重要补充，规定了民间调解、群众团体调解、政府调解和司法机关调解等多种调解形式。调解的范围限于民事纠纷和轻微刑事案件。调解遵循的基本原则：第一，双方当事人自愿原则。即不得强迫，一方不同意，调解不能成立。第二，依

[1] 张希坡、韩延龙主编：《中国革命法制史》，中国社会科学出版社 2007 年版，第 432 页。

照法律和政策并照顾当地民间习惯。第三，调解并非诉讼必经程序，当事人可以不经调解直接向司法机关起诉，司法机关也不得以该案未经调解而拒绝受理。人民调解制度注重排解当事人内在纠纷，而不是在形式上解决问题。其程序简便，化解了矛盾，消除了讼累，增强了人民的法制观念，有利于司法机关集中精力处理重大刑事案件和复杂的民事案件。该制度促进了人民司法公正与效率的结合，对新民主主义司法制度的发展产生了重大影响。(3) 监狱工作的“党鸿奎经验”是陕甘宁边区树立的一个监狱工作的典型。延安监狱典狱长党鸿奎同志创造性地贯彻了感化教育与劳动改造的方针，在改造犯人的工作中，创造了丰富的经验。第一，严禁打骂犯人和侮辱犯人的人格，强调以说服教育的方法和组织犯人进行集体自我教育的方法对犯人进行思想改造，表扬鼓励犯人的进步表现，激发他们的改恶从善的上进心，对于顽固坚持错误者，则组织犯人进行批评、批判，以至大会斗争。释放犯人时，开会检讨评定，鼓励其回家后做个爱国守法自食其力的新人，并且召开欢送会，号召其他犯人努力改造，争取早日释放。第二，生产上实行奖金分红制，调动犯人的生产积极性，使犯人积累一些资金，帮助其释放后建立家务，购买生产工具。第三，关心犯人生活，并在其释放时妥善安置，组织好犯人的生活管理，尽可能地适当改善生活，反对苛待犯人。犯人生病，及时医疗，并给予适当的照顾和关怀。在延安附近建立了犯人新村，安置生活无着的犯人家属和释放后无家可归者，组织他们从事生产劳动，对释放回家的犯人，释放时帮助他们订立生产计划。抗日解放区对罪犯实行教育改造的政策，取得了极大的成功。绝大部分犯人经过监狱改造后走上各种工作岗位，一改过去恶习，努力生产和工作，支援前线。实行感化教育取得的巨大成绩还赢得了中外人士的称赞。[1]

---

〔1〕 参见范明辛、雷晟生编著：《中国近代法制史》，陕西人民出版社 1988 年版，第 436 页。

（四）实行“精兵简政”，改革行政体制以提高治理效率

“精兵简政”是抗日战争时期我们党为克服抗日根据地的物质困难，采取的精简机关、充实基层的一项重要政策，是著名的“十大政策”之一。1941 年 11 月 7 日，中共中央革命军事委员会在《关于抗日根据地军事建设的指示》中提出实行精兵主义。随后，党外人士李鼎铭等 11 人在陕甘宁边区二届一次参议会上提出“精兵简政”的提案，要求政府应彻底计划经济，实行“精兵简政”主义，避免入不敷出、经济紊乱之现象。提案指出，军事政治之建立，必须以经济力量为基础，在今日人民困苦，资源薄弱之状况下，欲求不因经济枯竭而限制军政发展，亦不因军政发展而伤害经济命脉，唯有政府彻底计划经济，实行“精兵简政”主义，量入为出，制定预算，以求得相依相助、平衡发展之效果。[1] 具体方面，在财政经济力量范围内和不妨碍抗战力量的条件下，对军事实行精兵主义，加强战斗力，以兵皆能战、战必能胜的原则，避免老弱残疾滥竽充数等现象。对于政府机构则实行简政主义，充实政府机构，以人少事精、胜任职责为原则，避免机关庞大，冗员充塞，浪费人力、物力的现象。应该制定干部供给条例，避免不必要的供给和消耗。在政府工作中，应该提倡节约，树立廉洁作风，避免不应有的浪费现象。[2] 同年 12 月，中共中央发出指示，提出“精兵简政，节省民力，是目前迫切的首要任务”；要求整顿党、政、军各级组织，精简机关，充实连队，加强基层，提高效能，节省人力、物力和财力。[3]

---

〔1〕参见李鼎铭研究专业委员会编，李晓剑、王天丹主编：《李鼎铭研究文集》，陕西人民出版社 2012 年版，第 407 页。

〔2〕参见中国延安精神研究会编、肖周录主编：《中共中央在延安十三年史（5）：政治建设史》，中共党史出版社 2017 年版，第 172 页。

〔3〕参见《中共中央关于太平洋战争爆发后敌后抗日根据地工作的指示》（1941 年 12 月 17 日），载中共中央文献研究室、中央档案馆编：《建党以来重要文献选编》（第 18 册），中央文献出版社 2011 年版，第 756 页。

在中共中央领导下，陕甘宁边区首先实行精兵简政，并先后进行三次精简，取得显著成效。1941 年 12 月 4 日，陕甘宁边区政府为实行“精兵简政”给各县发布了指示信，郑重强调要进行“精兵简政”。1942 年 9 月 1 日边区政务会议通过了《陕甘宁边区精兵简政纲领草案》；1942 年 12 月边区政府第三次会议通过了《陕甘宁边区简政实施纲要》，提出：“精兵简政政策在政权工作方面的贯彻，是为要使政权工作达到精简、统一、效能、节约与反官僚主义的目的。”随后，各根据地普遍实行了精兵简政，对于减少部队机关开支和边区财政支出、发展生产、减轻人民负担、克服物质困难、提高人员素质和工作效率，起了积极作用，解决了机构庞大和受到战争破坏的社会经济缺乏足够承受力之间的矛盾。以习仲勋同志领导的关中分区为例，首先从部队和分区机关入手，精简机构人员。“专署与保安科等机关合署办公”，从分委、县委到区委，严格执行西北局编制规定，对县乡两级行政机关和工作人员也进行了整编和调整；将中共陕西省委与中共关中分委合并为中共关中地委。通过组织动员，结合整风，精简大量非战斗人员和非生产人员，对编余人员做了合理的分流，在边区政治、军事、经济建设中取得了很大的成效，受到中共中央和边区党政表扬，其事迹和经验被《解放日报》多次宣传和推广。〔1〕军队的精兵简政工作从 1941 年 12 月陆续开始，至 1943 年年底基本结束。部队数量虽然有所减少，但战斗力有所提高，并使主力军、地方军和民兵自卫队三结合的武装力量体制得到加强，从而更加适合敌后游击战争的环境。对此，毛泽东同志肯定地指出：“‘精兵简政’这一条意见，就是党外人士李鼎铭先生提出来的；他提得好，对人民有好处，我们就采用了。”〔2〕延安时期的“精兵简政”是我们党领导的一次深刻的政治体制改革、行政管理体制改革，是一次使上层建筑适应经济基础需要的治理体系调整的尝试，

〔1〕参见王天丹、王丹誉、李广栋：《党的利益在第一位——习仲勋与全面抗战时期关中分区的精兵简政》，载《中国党政干部论坛》2017 年第 5 期。

〔2〕毛泽东：《为人民服务》（1944 年 9 月 8 日），载《毛泽东选集》（第 3 卷），人民出版社 1991 年版，第 1004 页。

在一切政权机关中树立为人民服务、对人民负责、受人民监督的理念，不断提高行政效能和工作效率，为其后历次行政体制改革积累了经验。

（五）坚持和发展新民主主义经济政策，推动建立以公有制为主的新民主主义经济制度

1. 提出新民主主义经济理论

抗日战争时期，毛泽东同志系统总结了我们党领导经济建设的经验，提出新民主主义经济理论，为我们党领导发展经济搞建设、推动建立新型经济制度提供了指导思想和理论依据。毛泽东同志在《中国革命和中国共产党》《新民主主义论》《论联合政府》等著作中系统全面地阐述了新民主主义经济的纲领、政策和制度构想，主要观点包括：一是在现阶段（抗日战争阶段），中国经济必须是由国家经营、私人经营和合作社经营三者组成。二是建立国营经济。“大银行、大工业、大商业，归这个共和国的国家所有。”“在无产阶级领导下的新民主主义共和国的国营经济是社会主义的性质，是整个国民经济的领导力量。”三是对私人资本主义的发展采取宽容和鼓励态度。“这个共和国并不没收其他资本主义的私有财产，并不禁止‘不能操纵国民生计’的资本主义生产的发展。”“我们主张的新民主主义制度的任务，则正是解除这些束缚和停止这种破坏，保障广大人民能够自由发展其在共同生活中的个性，能够自由发展那些不是‘操纵国民生计’而是有益于国民生计的私人资本主义经济，保障一切正当的私有财产。”四是实行“耕者有其田”的制度。“这个共和国将采取某种必要的方法，没收地主的土地，分配给无地和少地的农民，实行中山先生‘耕者有其田’的口号，扫除农村中的封建关系，把土地变为农民的私产。”当然土地政策考虑到抗日战争的需要和抗日统一战线的形成，作出了调整，实行“减租减息”的政策。[1] 毛泽东同志还提出了以经济建设为中

〔1〕 参见《毛泽东选集》（第2卷），人民出版社1991年版，第678-679页；《毛泽东选集》（第3卷），人民出版社1991年版，第1057-1058页。

心的思想和发展经济的一系列方针、办法。特别是他在 1942 年 12 月所作的《经济问题与财政问题》报告，对边区经济工作的经验作了总结，对解放区和新民主主义时期的经济建设发挥了重要的指导作用。贺龙同志在传达报告时评价："这是马列主义经济学在边区的具体运用，是活的马列主义经济学。"[1] 这篇报告同毛泽东同志后来起草的《开展根据地的减租、生产和拥政爱民运动》《组织起来》等文章是中共中央领导陕甘宁边区和各抗日根据地的经济工作的基本纲领。[2] 我们党通过政策和制度把这一内涵丰富的经济思想贯彻落实在实践中，规定在法律制度中，具体在《陕甘宁边区施政纲领》《陕甘宁边区宪法原则》等宪法性文件和《陕甘宁边区政府保障人权财权条例》等法规以及一系列指示、训令等政策文件中都有体现，使之形成制度性成果。

2. 实施公私兼顾政策，推动发展经济

抗日战争时期，为解决军队方面经费不足问题，我们党以新民主主义经济理论为指导，采取措施推动发展经济。

一是，实施"大生产运动"的经济政策，逐步壮大公营经济。我们党高度注意公营经济建设事业。从 1938 年开始，令一部分部队试进行种菜、养猪、打柴、做鞋等生产，其目的只是借以改良战士们的生活。但在抗日战争相持阶段，由于日军作战逐步转向敌后战场和国民党实行消极抗日积极反共的政策，陕甘宁边区和敌后各抗日根据地在财政经济上日益困难，为了支援抗日战争、改善人民生活和巩固抗日民主政权，1939 年 2 月 2 日，中共中央在延安召开大生产动员大会，毛泽东在会上发出"自己动手"的号召。1940 年 2 月，中共中央军委向全军发出《关于开展生产运动的指示》，华北、华中各抗日根据地相继掀起大规模的生产运动。大生产运动的总方针是"发展经济，保障供给"。为了保证财政经济工作总方针

〔1〕 中共中央文献研究室编：《毛泽东传》（二），中央文献出版社 2016 年版，第 631 页。

〔2〕 参见中共中央文献研究室编、金冲及主编：《毛泽东传》（1893—1949），中央文献出版社 1996 年版，第 602-623 页。

的实现，中共中央和毛泽东从抗日根据地所处的具体环境出发，制定了经济建设的具体方针。主要有：第一，在各项生产事业中，实行以农业为主的农业、畜牧业、工业、手工业、运输业和商业全面发展的方针。第二，在公私关系和军民关系上，实行“公私兼顾”和“军民兼顾”的方针。第三，在上下关系上，实行统一领导、分散经营的方针。第四，在生产和消费的关系上，实行努力生产、厉行节约的方针。第五，在组织经济中，实行合作互助、开展生产竞赛、奖励劳动英雄的方针。1941 年，为克服经济上的严重困难，中共中央再次强调走生产自救的道路。军队、政府机关和学校发展自给经济，是抗日根据地大生产运动中的一个创造。中共中央在陕甘宁边区带头积极推行的“南泥湾政策”，是由八路军第三五九旅发扬自力更生、奋发图强的精神，开垦南泥湾所形成的。1942 年 12 月 12 日，《解放日报》发表社论，介绍了“南泥湾政策”的执行情况和收到的良好效果。社论指出：朱德总司令从前方回延后，竭力提倡边区军队进行工业、农业、运输各方面的生产工作，以丰富的劳动力，投入有用的活动，以减轻人民负担，改善部队生活，密切军民关系，帮助边区建设。经过披荆斩棘，耕耘种植，今天的南泥湾，已成了“陕北江南”。于是“南泥湾政策”成了屯田政策的嘉名。[1] 抗日根据地的大生产运动贯彻了中共中央制定的财政经济工作总方针和各项具体政策，农业生产和工商业都得到迅速发展，公营经济、合作经济逐步壮大，成为经济建设、发展生产的主要力量，为以后发展公有制经济提供了宝贵经验。大生产运动和根据地经济建设，为改善人民生活、渡过严重困难，巩固根据地抗日民主政权，支持军队一线斗争，争取抗日战争的胜利，提供了物质保障，奠定了经济基础。毛泽东同志在《经济问题与财政问题》对公营经济的类型和重要性作了总结阐述：“全部公营经济事业包括下列三部分：（一）政府经营的盐业、工业及商业；（二）军队经营的农、工、商业；（三）党政机关

〔1〕 参见《积极推行“南泥湾政策”!》，载中共中央文献研究室、中央档案馆编：《建党以来重要文献选编》（第 19 册），中央文献出版社 2011 年版，第 578 页。

经营的农、工、商业。这些就都是直接保障党、政、军人员的生活资料及其事业经费的供给的。故公营经济事业成为我们保障财政供给两大来源的一个主要基础，它的重要性是不言而喻的。”[1] 1945年，他要求陕甘宁边区在两年内做到花、纱、布、铁、纸及其他很多用品的完全自给，“所有这些，由公营、私营和合作社经营三方面完成任务。”[2] 任弼时同志1944年总结1943年陕甘宁边区财政经济工作时，把经济合作化作为一个特点，指出：“边区的国民经济在私有制基础之上，逐渐由分散的个体经济组织起来，走上合作化的道路，成为一种比较有计划有组织的经济。边区虽然是一个分散的个体农业经济社会，由于党的领导和组织，现在已经走上在私有基础上的合作化的道路。”[3] 在农业方面，通过在全边区内发动劳动互助运动，解决了新民主主义下农村经济如何建设的一个原则问题——合作化的问题，农村劳动合作化将使边区农业（包括副业）、手工业等获得充分发展的条件。而农村经济以外的部队、学校、机关和政府举办的公营企业（农工商业），原是建筑在集体劳动所得完全归公（为该集体的全体人员所享受）的基础之上，现在也充实以公私合作、公私两利的新因素，个人能够分得一部分生产成果，而各人所得多少又是按其出力多少为比例，并要求各人都要有适合于公私利益的个人生产计划，这就能够刺激和巩固部队、政府、学校、机关的公营经济更加合理地向前发展。[4]

二是，在不操纵国民生计条件下鼓励发展资本主义。在公私关系上，

---

[1] 毛泽东：《经济问题与财政问题》，载中共中央文献研究室、中央档案馆编：《建党以来重要文献选编》（第19册），中央文献出版社2011年版，第622页。

[2] 毛泽东：《必须学会做经济工作》（1945年1月10日），载中共中央文献研究室、中央档案馆编：《建党以来重要文献选编》（第22册），中央文献出版社2011年版，第12页。

[3] 任弼时：《陕甘宁边区财政经济工作的基本方针》（1944年4月7日、8日），载中共中央文献研究室、中央档案馆编：《建党以来重要文献选编》（第21册），中央文献出版社2011年版，第153页。

[4] 参见任弼时：《陕甘宁边区财政经济工作的基本方针》（1944年4月7日、8日），载中共中央文献研究室、中央档案馆编：《建党以来重要文献选编》（第21册），中央文献出版社2011年版，第160-180页。这是任弼时同志在陕甘宁边区高级干部会议上的演讲，原题为《去年边区财经工作的估计与今年边区金融贸易财政政策的基本方针》。

我们党提出“公私兼顾”，或称“军民兼顾”，实事求是地发展公营和民营的经济。1939年毛泽东同志提出，为了达到自给自足的目的，应该吸引愿来的外地资本家到我抗日根据地开办实业，应该奖励民营企业，而把政府经营的国营企业只当作整个企业的一部分。[1] 1942年又提出：对人民的农业、畜牧业、手工业、盐业和商业，采取帮助其发展的适当步骤和办法，使人民有所失同时又有所得，并且使所得大于所失，才能支持长期的抗日战争。[2] 1945年6月21日《解放日报》发表《关于发展私人资本主义》社论。对毛泽东同志在《论联合政府》中提出的发展私人资本主义的问题作了立场阐述，指出：这一点是党的七大“极重要的成就之一”。中国共产党人对于发展私人资本主义的主张，综合起来就是：我们是主张发展私人资本主义的，这种发展，应在“不操纵国民生计”的条件之下，并且在发展私人资本主义的同时，也要发展国营经济和合作社经济。要走上这条道路，必须有一个民主的联合政府，还必须解决农民土地问题，实行“耕者有其田”。[3] 这就向全国人民清晰地表达了我们党对于私人资本主义、民族资产阶级的政治立场，有利于团结一切可以团结的力量共同反抗帝国主义、封建势力和官僚资本。以这一经济思想为指导，《陕甘宁边区施政纲领》规定，发展工业生产与商业流通，奖励私人企业，保护私有财产，欢迎外地投资，实行自由贸易，反对垄断统制，同时发展人民的合作事业，扶助手工业的发展；[4]《陕甘宁边区宪法原则》规定，用公营、合作、私营三种方式组织所有的人力资力为促进繁荣消灭贫穷而斗争；欢迎外来投资，保障其合理利润等。

---

〔1〕参见毛泽东：《论政策》（1940年12月25日），载中共中央文献研究室、中央档案馆编：《建党以来重要文献选编》（第17册），中央文献出版社2011年版，第704–705页。

〔2〕参见毛泽东：《抗日时期的经济问题和财政问题》，载中共中央文献研究室、中央档案馆编：《建党以来重要文献选编》（第19册），中央文献出版社2011年版，第618页。

〔3〕参见《关于发展私人资本主义》，载中共中央文献研究室、中央档案馆编：《建党以来重要文献选编》（第22册），中央文献出版社2011年版，第576页。

〔4〕参见《陕甘宁边区施政纲领》，载中共中央文献研究室、中央档案馆编：《建党以来重要文献选编》（第18册），中央文献出版社2011年版，第243页。

三是，实行新民主主义的财政经济政策。马克思列宁主义认为，经济是社会结构的基础。无论在抗日战争中或任何革命过程中，财政经济始终是一个重大的问题。在发展公营经济、合作经济和私人资本主义经济，加强根据地经济建设的同时，我们党提出坚决反对大资产阶级的财政经济政策，借以团结各抗日阶级、巩固抗日统一战线。1941 年林伯渠在《解放》上撰文，对“抗战中两条经济路线”作了阐释，指出我们党领导的抗日根据地实行的新民主主义财政经济政策与国民党实行的大资产阶级、官僚资本主义的财政经济政策的根本区别：我们与大资产阶级的财政经济政策的不同，首先表现在我们主张自力更生，大资产阶级却依靠美英的外援；又表现在我们积极发展生产，大资产阶级却投机垄断囤积居奇；又表现在我们实行自由贸易，大资产阶级却加紧经济统制；又表现在我们要改善人民生活，大资产阶级却加紧压榨人民；又表现在我们要照顾全面，大资产阶级却只知自私自利；又表现在我们依靠民众来发展经济，大资产阶级却与民争利，垄断一切；最后更表现在我们廉洁奉公，大资产阶级却把贪污舞弊发展到最高点。林伯渠总结二者出发点的根本区别是：我们共产党和国民党顽固派在财政经济问题上的出发点是不同的，我们是为支持长期抗战并照顾各抗日阶层人民利益，而不是只利于大资产阶级，我们是新民主主义的财政经济政策，而不是半殖民地半封建的财政经济政策。[1] 依靠新民主主义经济理论的科学指导，我们党领导人民群众在财政经济领域既打赢了对日本侵略者的战争，也打赢了对国民党官僚资本主义的战争，为新中国的成立奠定了经济基础。

3. 因时制宜，实施“减租减息”的土地政策

为团结一切可以团结的力量，发展壮大抗日民族统一战线，我们党适应新形势的发展变化，采取了减租减息的土地政策。减租减息是我们党在

---

〔1〕 参见林伯渠：《抗战中两条经济路线的斗争》（1941 年 5 月 30 日），载中共中央文献研究室、中央档案馆编：《建党以来重要文献选编》（第 18 册），中央文献出版社 2011 年版，第 322 页。

抗日战争期间解决农民土地问题的基本政策。其基本内容是在抗日根据地内停止实行土地革命时期的没收地主土地的政策，普遍实行地主减租减息、农民交租交息的政策。一方面，减轻了农民所受的封建剥削，解决农民的民生问题，体现了人民政权的根本属性；另一方面，保障了地主的地权和财权，在一定程度上照顾了地主的经济利益，有利于推动地主阶级一起参加统一战线联合抗日。这是在民族战争的条件下兼顾农民和地主两方面利益，把坚持统一战线和解决农民问题恰当地结合起来的政策。[1] 从1939年冬起，各根据地相继开始实行减租减息政策。1942年1月，中共中央发布《中共中央关于抗日根据地土地政策的决定》，同时发布了《关于地租和佃权问题》《关于债务问题》《关于若干特殊土地的处理问题》三个附件，提出三条基本原则作为我党抗日民族统一战线及其土地政策的出发点：承认农民（雇农包括在内）是抗日与生产的基本力量；承认地主的大多数是有抗日要求的，一部分开明绅士是赞成民主改革的；承认资本主义生产方式是中国现时比较进步的生产方式，而资产阶级、特别是小资产阶级与民族资产阶级是中国现时比较进步的社会成分与政治力量，富农的生产方式是带有资本主义性质的，富农是农村中的资产阶级，是抗日与生产的一个不可缺少的力量。在这三项基本原则基础上，要求“政府法令应有两方面的规定，不应畸轻畸重”。具体是：一方面，要规定地主应该普遍地减租减息，不得抗不实行；另一方面，又要规定农民有交租交息的义务，不得抗不缴纳。一方面，要规定地主的土地所有权与财产所有权仍属于地主，地主依法有对自己土地出卖、出典、抵押及作其他处置之权；另一方面，又要规定当地主作这些处置之时，必须顾及农民的生活。一切有关土地及债务的契约的缔结，须依双方自愿，契约期满，任何一方有解约之自由。[2]

---

〔1〕参见中共中央党史研究室：《中国共产党的九十年》（新民主主义革命时期），中共党史出版社、党建读物出版社2016年版，第232页。

〔2〕参见《中共中央关于抗日根据地土地政策的决定》，载中共中央文献研究室、中央档案馆编：《建党以来重要文献选编》（第19册），中央文献出版社2011年版，第20-21页。

按照党中央的三项基本原则和指示要求，各解放区的施政纲领都把减租减息作为抗日政府的基本政策确定下来，通过宪法性文件和法规等形成抗日战争时期的土地制度。如《陕甘宁边区施政纲领》规定，在土地已经分配区域，保证一切取得土地的农民之私有土地制。在土地未经分配区域（例如绥德、富县、庆阳），保证地主的土地所有权及债主的债权，唯须减低佃农租额及债务利息，佃农则向地主缴纳一定的租额，债务人须向债主缴纳一定的利息，政府对东佃关系与债务关系加以合理的调整。同时，各抗日根据地民主政权还相继制定了适合本地区的若干单行条例，主要有陕甘宁边区的《陕甘宁边区土地条例》（1939 年）、《陕甘宁边区土地租佃条例》（1941 年）和《陕甘宁边区地权条例》（1944 年），晋冀鲁豫边区的《减租减息单行条例》（1940 年）、《晋冀鲁豫边区土地使用暂行条例》（1941 年），山东根据地的《山东省减租减息暂行条例》（1940 年）、《山东省土地租佃条例》（1945 年），晋察冀边区的《晋察冀边区租佃债息条例》（1943 年），晋西北的《晋西北减租减息暂行条例》（1941 年）、《晋西北减租交租条例》（1942 年）等。这些条例根据本地区的实际情况和斗争需要，主要集中在规定土地所有权制度、租佃制度和减租减息、交租交息等三个重要方面，把党的土地政策进一步具体化、法律化。

减租减息的土地政策制度的贯彻执行，适当地调节了根据地内的生产关系和阶级关系，既调动了农民参加抗日斗争和生产运动的积极性，又照顾了地主、富农的利益，团结了各个阶级、阶层；促使农村土地所有制关系发生重大变化，土地所有权由集中走向分散，中农经济在壮大，农村中出现了中农化趋势；削弱了封建剥削制度，为土地制度的改革准备了条件。这一土地政策制度进而对政治发展、战争时局具有重要的推动和影响作用，使解放区的地主阶级、富农阶层减少了对于我们党发动农民抗日的阻力，巩固了抗日民族统一战线的政治基础，促进了抗日民主根据地的建设发展，为争取民族革命战争的彻底胜利创造了条件。

在实行减租减息政策的同时，我们党还尝试组织农民建立合作组织，大力发展农业生产，不断提高劳动生产率，以保障口粮自给自足。毛泽东同志指出，为了提高农民的生产兴趣和农业劳动的生产率，我们就采取减租减息和组织劳动互助这样两个方针。减租减息提高了农民的生产兴趣，劳动互助提高了农业劳动的生产率。他还以华北华中各地的报告材料举例：减租之后，农民生产兴趣大增，愿意组织如同我们这里的变工队一样的互助团体，三个人的劳动效率抵过四个人。[1] 这也为以后农业的社会主义改造、走合作道路探索了经验。

（六）坚持马克思主义在意识形态领域指导地位的根本制度，宣传推进新民主主义文化制度建设

我们党是马克思主义理论武装锤炼出来的政党，从诞生的第一天起就把马克思主义郑重地写在自己的旗帜上。在新民主主义革命的长期斗争中，我们党始终坚持以马克思主义为指导思想，始终坚持把马克思主义基本原理同中国具体实际相结合，真正找到了正确的新民主主义革命道路。

1. 确定毛泽东思想在意识形态领域的指导地位

1945 年 4 月 20 日，党的六届七中全会通过了《关于若干历史问题的决议》。该决议对大革命失败后党内重大历史问题做出系统总结，高度评价了毛泽东同志运用马克思列宁主义基本原理解决中国革命问题的杰出贡献，肯定了毛泽东同志在全党的领导地位的重大意义。全会提出：全党今后的任务，就是“在马克思列宁主义思想一致的基础上，团结全党同志如同一个和睦的家庭一样，如同一块坚固的钢铁一样，为着获得抗日战争的彻底胜利和中国人民的完全解放而奋斗”。1945 年党的七大将毛泽东思想确立为党的指导思想并写入党章，明确规定：“中国共产党，以马克思列宁主义的理论与中国革命的实践统一的思想——毛泽东思想，作为自己一

〔1〕 参见毛泽东：《必须学会做经济工作》（1945 年 1 月 10 日），载中共中央文献研究室、中央档案馆编：《建党以来重要文献选编》（第 22 册），中央文献出版社 2011 年版，第 9 页。

切工作的指针，反对任何教条主义的或经验主义的偏向。”这就从党内根本法的高度确立了毛泽东思想与马克思列宁主义同等的指导思想地位，明确了毛泽东思想“就是中国的共产主义，中国的马克思主义”，向全党全军全国人民宣示“在中国共产党产生以来，产生了、发展了我们这个民族的特出的、完整的关于中国人民革命建国的正确理论”，实现了党的指导思想的与时俱进、创新发展。正如刘少奇同志指出，“党章的总纲上确定以毛泽东思想作为我党一切工作的指针，在党章的条文上又规定：努力地领会马克思列宁主义、毛泽东思想的基础，是每一个共产党员的义务。这是我们这次修改的党章一个最大的历史特点”。[1] 确立毛泽东思想为党的指导思想这一重大成就成为新民主主义文化制度建立和发展的基石。

2. 形成系统完整的新民主主义文化理论体系

习近平总书记指出，文化自信是更基础、更广泛、更深厚的自信，是一个国家、一个民族发展中更基本、更深沉、更持久的力量。弘扬中华优秀传统文化、革命文化、社会主义先进文化，是坚持文化自信的关键和基础。革命文化是我们党在领导人民群众的革命实践中发展形成的。新民主主义文化是其中重要组成部分。在抗日战争时期，我们党已经清醒认识到文化对于政治经济社会的重要作用，认识到建立新民主主义对于凝聚人心、巩固政权、壮大抗日统一战线的重要意义。1940 年 1 月，张闻天同志在《抗战以来中华民族的新文化运动与今后任务》的报告中提出“中华民族的新文化必须是为抗战建国服务的新文化”，首次提出了新文化的性质是“民族的”“民主的”“科学的”“大众的”。[2] 同月，毛泽东同志在关

〔1〕 刘少奇：《论党》（1945 年 5 月 14 日），载中共中央文献研究室、中央档案馆编：《建党以来重要文献选编》（第 22 册），中央文献出版社 2011 年版，第 389 页。

〔2〕 参见张闻天：《中华民族新文化的内容与性质》（1940 年 1 月 5 日），载中共中央文献研究室、中央档案馆编：《建党以来重要文献选编》（第 17 册），中央文献出版社 2011 年版，第 3-4 页。

于《新民主主义的政治与新民主主义的文化》[1] 的报告中明确指出，五四运动以后的新文化是新民主主义性质的文化，属于世界无产阶级的社会主义的文化革命的一部分；新民主主义的文化，就是无产阶级领导的人民大众的反帝反封建的文化；新民主主义的文化是民族的科学的大众的文化。1945 年，毛泽东同志在《论联合政府》中继续重申新民主主义的文化是“民族的、科学的、大众的文化”，将其作为我们党的基本纲领的重要组成部分，还在具体纲领中提出了一系列新民主主义文化教育的方针举措。[2] 新民主主义文化纲领跃然纸上，这表明新民主主义文化理论体系正式形成，[3] 为建立新民主主义文化制度提供了纲领指导。

3. 推动宣传新民主主义革命文化

抗日战争时期，我们党把发展抗日的革命文化运动提上重要议事日程，在抗日根据地积极进行干部培养和开展文化教育建设。党领导先后创办中国人民抗日军事政治大学、陕北公学、青年干部培训班、鲁迅艺术学院、马列学院、中共中央党校、职工学校、中国女子大学、民族学院、卫生学校等一批干部学校和专门学校，同时加强党报党刊、新华社、新华广播电台等舆论阵地建设，大力发展文学创作和戏剧演出，创办延安自然科学院、陕甘宁边区自然科学研究会，因陋就简地创办中、小学校，[4] 大力发展文化教育事业。1942 年 5 月，中共中央召开延安文艺座谈会，毛泽东同志在会上发表讲话，全面总结五四运动以来中国革命文艺运动的历史经验，深刻阐明和发展了马克思主义的文艺理论，为中国革命文艺发展指明了正确方向。他提出文艺为什么人的问题，明确指出“为什么人的问题，是一个根本的问题，原则的问题”，“我们的文学艺术都是为人民大众的，

---

〔1〕 这是毛泽东同志 1940 年 1 月 9 日在陕甘宁边区文化协会第一次代表大会上的演讲，后题目改为《新民主主义论》，参见《毛泽东选集》（第 2 卷），人民出版社 1991 年版，第 662-711 页。

〔2〕 参见《毛泽东选集》（第 3 卷），人民出版社 1991 年版，第 1058、1083 页。

〔3〕 参见王有红：《延安时期中国共产党文化理论创新研究》，人民出版社 2020 年版，第 113 页。

〔4〕 参见中共中央党史研究室：《中国共产党的九十年》（新民主主义革命时期），中共党史出版社、党建读物出版社 2016 年版，第 233-234 页。

首先是为工农兵的”。[1] 延安文艺座谈会后，广大文艺工作者纷纷奔向抗战前线，深入农村、部队、工厂，接触群众，体验生活，形成解放区新文艺运动，创作了《白毛女》《兄妹开荒》《逼上梁山》《王贵与李香香》等一大批反映现实生活、为人民群众喜闻乐见的优秀文艺作品。其中《白毛女》是由延安鲁迅艺术学院的艺术家们集体创作的中国第一部新歌剧，通过真实而富有传奇色彩的故事，提示了“旧社会把人逼成‘鬼’，新社会把‘鬼’变成人”这一鲜明的时代主题。[2] 在国统区设立文化工作委员会，领导开展大后方的进步文化工作，文艺界提出“抗战、团结、民主”为文艺创作的三大目标。抗战文化在斗争中得到新的发展。共产党的《新华日报》《群众》周刊在国民党公开发行，积极宣传党的主张，鼓舞和激励群众的抗战热情。南方局十分重视团结文化界人士开展文艺活动，[3] 为取得新民主主义革命胜利提供了强大精神力量，正是“纤笔一枝谁与似？三千毛瑟精兵”。

（七）建立新型劳动制度，保障劳动者合法权益

1. 提出与时局相适应的新型劳动政策

劳工保护是我们党高度关心的革命议题之一。但在不同的革命时期，我们党提出的劳动保护政策不同。在全民族抗战的形势下，毛泽东同志坚持实事求是的马克思主义原理，对新民主主义制度下的劳动政策进行了一系列阐述，为建立与新民主主义经济相适应、与抗日战争需要相适应的新型劳动制度提供了遵循和依据。1940 年在《论政策》中指出，必须改良工人的生活，才能发动工人的抗日积极性。但是切忌过左，加薪减时，均

---

〔1〕 参见《毛泽东选集》（第 3 卷），人民出版社 1991 年版，第 847-879 页。

〔2〕 参见中共中央党史研究室：《中国共产党的九十年》（新民主主义革命时期），中共党史出版社、党建读物出版社 2016 年版，第 251-252 页。

〔3〕 参见中共中央党史研究室：《中国共产党的九十年》（新民主主义革命时期），中共党史出版社、党建读物出版社 2016 年版，第 237 页。

不应过多。在中国目前的情况下，8小时工作制还难于普遍推行，在某些生产部门内还须允许实行10小时工作制。其他生产部门，则应随情形规定时间。劳资间在订立契约后，工人必须遵守劳动纪律，必须使资本家有利可图。否则，工厂关门，对于抗日不利，也害了工人自己。至于乡村工人的生活和待遇的改良，更不应提得过高，否则就会引起农民的反对、工人的失业和生产的缩小。[1] 1942年在《经济问题与财政问题》中指出，实行10小时工作制及计件累进工资制，借以提高劳动热忱，增加生产。8小时工作制，是将来大工业发展时应该实行的，目前则应一律实行10小时工作制，应使职工们了解这是抗战的需要。平均主义的薪给制抹杀熟练劳动与非熟练劳动之间的差别，也抹杀了勤惰之间的差别，因而降低劳动积极性，必须代以计件累进工资制，方能鼓励劳动积极性，增加生产的数量与质量。[2] 1945年在《论联合政府》中指出："在新民主主义的国家制度下，将采取调节劳资间利害关系的政策。一方面，保护工人利益，根据情况的不同，实行八小时到十小时的工作制以及适当的失业救济和社会保险，保障工会的权利；另一方面，保证国家企业、私人企业和合作社企业在合理经营下的正当的赢利；使公私、劳资双方共同为发展工业生产而努力。"

2. 实现新型劳动保护制度法律化

根据我们党的劳动保护政策，各根据地加强立法，保护劳工者的合法权益。《陕甘宁边区施政纲领》规定，调节劳资关系，实行10小时工作制，增强劳动生产率，提高劳动纪律，适当地改善工人生活。[3]《陕甘宁边区劳动保护条例（草案）》《晋察冀边区劳动条例（草案）》《晋冀鲁豫边区劳工保护暂行条例》等许多单行条例，都对劳动政策作出了具体规

〔1〕参见毛泽东：《论政策》（1940年12月25日），载中共中央文献研究室、中央档案馆编：《建党以来重要文献选编》（第17册），中央文献出版社2011年版，第703页。

〔2〕参见毛泽东：《经济问题与财政问题》（1942年12月），载中共中央文献研究室、中央档案馆编：《建党以来重要文献选编》（第19册），中央文献出版社2011年版，第626页。

〔3〕参见《陕甘宁边区施政纲领》（1941年5月1日），载中共中央文献研究室、中央档案馆编：《建党以来重要文献选编》（第18册），中央文献出版社2011年版，第243页。

定。主要内容有：一是保护工人有言论、出版、结社、参政以及参加其他抗日活动的自由权利。二是关于工作时间，一般实行8小时到10小时的工作制。在劳动繁重有害工人健康的地方，可以适当缩短。雇主要求工人额外增加工时时，须先经工会同意，并应发给额外工资。农村雇工、牧畜工人及家庭雇工的工作时间，一般可以从习惯，也可酌情适当缩短。工人的假日，除政府规定者外，一般节日休假，也从当地习惯。三是关于工资问题。根据战争环境和当地生产及生活状况，由工会、雇主、工人共同协议制定适合当地生活水平的最低工资标准。四是保护女工、青工的特殊利益。凡工作条件有害于身体健康或工作特别繁重者，禁止使用女工、青工。女工在生育期间，给以两个月的产假，工资照发。允许哺乳女工在工作中有一定哺乳时间。禁止虐待学徒。女工、青工与男工同工同酬。五是在劳动保护方面规定了必须注意工人的安全，企业、作坊必须有必要的卫生防护设备，政府主管部门要经常进行检查。工人因公病伤，雇主应担负其医疗费。因公残废或死亡，雇主应酌情给以津贴费和抚恤费。六是在处理劳资纠纷方面规定了雇主与工人得依据政府劳动法令，在自愿基础上订立集体合同和劳动合同。如劳资间发生纠纷，可由工会或农会会同双方代表进行调解，或由政府进行仲裁。凡违反劳动保护条例及集体合同的行为，均归司法机关审理。[1]

（八）坚持党对人民军队的绝对领导制度

坚持党对人民军队的绝对领导制度，建设一支听党指挥、忠于人民、英勇善战的人民军队，是我们党领导革命制胜的法宝，也是实践经验的总结。始终坚持党对人民军队的绝对领导，是我党我军的优良传统。党中央强调坚持党对革命军队的绝对领导，就是要坚决反对张国焘“争个人的兵权”、轻视党的组织和制度的军阀主义行为。中共中央对张国焘的错误行

---

〔1〕 参见范明辛、雷晟生编著：《中国近代法制史》，陕西人民出版社1988年版，第385页。

为进行了批判，指出“（张国焘）对于中国共产党在领导中国革命胜利中的决定的作用，是忽视的。因此他在他的工作过程中轻视党，忽视地方党的组织的创造，在红军中不注意政治委员制度、政治工作与党的工作的建立，相反地，他用全力在红军中创造个人的系统。他把军权看做高于党权。他的军队，是中央所不能调动的。他甚至走到以军队来威逼中央，依靠军队的力量，要求改组中央。在军队中公开进行反中央的斗争。”〔1〕“我们的原则是党指挥枪，而决不容许枪指挥党。”毛泽东同志对这一革命重大问题态度是一以贯之的，指出：“共产党员不争个人的兵权（决不能争，再也不要学张国焘），但要争党的兵权，要争人民的兵权。现在是民族抗战，还要争民族的兵权。在兵权问题上患幼稚病，必定得不到一点东西。”〔2〕朱德总司令强调：“党是军队的绝对领导者，是革命战斗任务完成的保证者。”〔3〕张闻天指出，红军必须成为模范的抗日军，成为抗日战争的领导的核心，这需要加强与保障共产党的绝对领导。〔4〕1937年8月，红军主力改编为国民革命军第八路军，中央革命军事委员会主席毛泽东和副主席朱德、周恩来下达《中央革命军事委员会命令》，在宣布改编的同时，明确要求“各师改编为国民革命军后，必须加强党的领导，保持和发挥十年斗争的光荣传统，坚决执行党中央与军委会的命令，保证红军在改编后成为共产党的党军，为党的路线及政策而斗争，完成中国革命之伟大

〔1〕《中共中央政治局关于张国焘同志错误的决议》（1937年3月31日），载中共中央文献研究室、中央档案馆编：《建党以来重要文献选编》（第14册），中央文献出版社2011年版，第122页。

〔2〕毛泽东：《战争和战略问题》（1938年11月6日），载中共中央文献研究室、中央档案馆编：《建党以来重要文献选编》（第15册），中央文献出版社2011年版，第742页。

〔3〕朱德：《党是军队的绝对领导者》（1940年8月20日），载中共中央文献研究室、中央档案馆编：《建党以来重要文献选编》（第17册），中央文献出版社2011年版，第484页。

〔4〕参见张闻天：《中国共产党苏区代表会议的任务》（1937年5月2日），载中共中央文献研究室、中央档案馆编：《建党以来重要文献选编》（第14册），中央文献出版社2011年版，第175页。这是张闻天1937年5月2日至14日在延安召开的中国共产党全国代表会议（即苏区党代表会议）上所致开幕词的提纲。

使命”[1]。

我们党高度重视通过制度建设正确处理部队中党组织与行政系统的关系，实现党的绝对领导权。主要有：（1）建立政治委员制度。[2]“行政系统对党组织的关系，应当是：必须经过政治委员制度来领导，党经过政治机关来进行党的工作；行政系统必须遵守与执行党的路线，服从党的决议，完成党所给它的任务，使党健全起来，使党起核心作用。反之，党组织对行政的关系，应当是：党的路线，党的决议，必须经过行政系统来执行，来体现；党组织必须尊重行政系统，使它健全起来，使它有很高的威信。”（2）建立完善军队中的党支部。“支部是党的基础，是群众的核心，一切党的工作，在部队中都要经过支部才能具体实现。”（3）对于党的民主集中制和民主运用的伸缩性应有正确的解释，防止极端民主化的发生，防止把党内的民主用到军事上去，以致影响指挥员的威信。（4）在各级领导机关中必须确立严密的分工与个人负责制，建立系统的检查和报告制度。必须纠正包办与代替下级的工作方式，大度发扬下级和支部的自动性与创造性。[3] 在党的坚强领导下，人民军队不断发展壮大。据有关史料记载，1935 年 10 月，中央红军到达陕北时不足 8000 人，连同红二四方面军、陕北红军等不足 10 万人；1948 年 3 月，毛泽东离开陕北时，人民解

---

〔1〕《中央革命军事委员会命令》（1937 年 8 月 25 日），载《毛泽东军事文集》（第 2 卷），军事科学出版社、中央文献出版社 1993 年版，第 35 页。

〔2〕1937 年红军主力部队改编为国民革命军，“政治工作人员的公开地位降低职权，因而影响到政治工作人员积极性降低，政治工作已开始受到若干损失。而在各级指挥方面，仍有个别同志因改单一领导不大接受他人意见，多数单一首长感自己能力不够，致使军队建设上也受到某些损失”。为此，党中央作出关于恢复政治委员及政治机关原有制度的指示要求，各部队迅速执行。参见《张闻天、毛泽东关于恢复军队中政治委员及政治机关制度给朱德等的复电》（1937 年 10 月 22 日），载中共中央文献研究室、中央档案馆编：《建党以来重要文献选编》（第 14 册），中央文献出版社 2011 年版，第 614 页。

〔3〕参见朱德：《党是军队的绝对领导者》（1940 年 8 月 20 日），载中共中央文献研究室、中央档案馆编：《建党以来重要文献选编》（第 17 册），中央文献出版社 2011 年版，第 483-487 页；《总政治部关于新阶段的部队政治工作的决定》（1937 年 8 月 1 日），载中共中央文献研究室、中央档案馆编：《建党以来重要文献选编》（第 14 册），中央文献出版社 2011 年版，第 424-426 页。

放军已经发展到280万人。其间，红军改编为八路军、新四军，解放战争时期改称人民解放军。不管形势任务和军队的名称如何改变，党对军队绝对领导的根本原则，全心全意为人民服务的建军宗旨，打仗、做群众工作、生产的三大任务，始终没有变，坚持政治工作是我军一切工作生命线的重要思想始终没有变。〔1〕

（九）其他重大制度发展建设

1. 初步开展对外工作

抗战时期，我们党还积极推进对外工作，以保证我们党领导抗战有良好的国际环境和道义支持。一是，为坚持抗战和宣传民主联合政府等主张，我们党成立了以朱德为主任的海外工作委员会，积极开展对外工作，扩大党的对外影响。1944年7月、8月，在延安接待了中缅印战区美军司令部两批观察组成员，毛泽东、周恩来、朱德等同观察组成员多次谈话，并安排他们到晋绥、晋察冀等抗日根据地进行实地考察。同年6月，还接待一批外国记者访问延安，中共中央领导人也多次与他们进行会谈，对外宣传我们党的革命主张。二是，中共中央于1944年8月，发出《关于外交工作指示》，指出党的外交政策是在国际统一战线的思想指导下，以共同抗日和争取民主、扩大党的影响为中心内容；同时必须站稳民族立场，反对百年来在民族问题上存在的排外和惧外媚外的错误观念。〔2〕三是，积极参与对外事务。1945年4月至6月，解放区派遣董必武同志为代表加入中国代表团，参加了在美国旧金山召开的有50个国家代表参加的联合国成立大会。我们党坚持独立自主的方针，逐步学会了运用马克思主义的立场观点方法认识和处理对外关系和对外工作问题，初步积累了对外工作

〔1〕参见中国延安精神研究会编、肖周录主编：《中共中央在延安十三年史（5）政治建设史》，中共党史出版社2017年版，“总序”第4页。

〔2〕参见中共中央党史研究室：《中国共产党的九十年》（新民主主义革命时期），中共党史出版社、党建读物出版社2016年版，第243页。

经验。1945年，毛泽东同志在《论联合政府》中专门就外交问题作了阐述，表明了我们党对重大外交事务的基本立场，提出了中国共产党外交政策的基本原则，即“在彻底打倒日本侵略者，保持世界和平，相互尊重国家的独立和平等地位，相互增进国家和人民的利益及友谊这些基础之上，同各国建立并巩固邦交，解决一切相互关系问题，例如配合作战、和平会议、通商、投资等等”；并提出对废除不平等条约、订立平等新约的倡议。〔1〕

2. 加强廉政法制建设，打造廉洁政府

建立高效、廉洁的政府，既是我们党为人民服务根本宗旨所决定的，也是抗日根据地人民政权的性质决定的，作为重要原则被写入根据地的宪法性文件中。《陕甘宁边区施政纲领》规定：“厉行廉洁政治，严惩公务人员之贪污行为，禁止任何公务人员假公济私之行为，共产党员有犯法者从重治罪。同时实行俸以养廉原则，保障一切公务人员及其家属必需的物质生活及充分的文化娱乐生活。”〔2〕各抗日根据地相继制定一系列法规，确保廉洁政治的实现。一是，完善干部任用制度。这一时期的干部任用制度，比工农民主政权时期各级行政机关的领导人员由同级权力机关选举产生、一般行政工作人员由行政领导根据需要任命又有了进一步的发展。有的根据地还制定了专门的法规，将行政干部的管理纳入了法制化的轨道，对干部的任免标准、权限和方式都作了严格的规定。廉洁、守法、爱民是当时各边区任用干部的基本标准。各根据地民主政权大都制定有干部考核、奖惩方面的法规，如陕甘宁边区《干部奖惩暂行条例》《晋察冀边区行政干部任免考核奖惩暂行办法》等。一些根据地还制定了有关经济、税务、粮政和仓库人员的奖惩规则，提出了若干不同于一般行政干部的要求，如《陕甘宁边区税务人员奖惩规则》《淮海区粮政工作人员奖惩办

〔1〕 参见《毛泽东选集》（第3卷），人民出版社1991年版，第1084-1086页。

〔2〕《陕甘宁边区施政纲领》（1941年5月1日），载中共中央文献研究室、中央档案馆编：《建党以来重要文献选编》（第18册），中央文献出版社2011年版，第242页。

法》等，通过立法对行政干部的考核办法、标准和奖惩方式作了明确规定。同时，大力推行精减原则，通过精兵简政，精简机构，确立明确的分工负责制度，明确各级各部门的职责权限，并做到人尽其才、各得其所，达到提高办事效率，节约人力、物力，促廉洁之风的目的。[1] 二是，建立完善反腐败制度。边区政府制定了《陕甘宁边区惩治贪污暂行条例》等惩治腐败的法规，以刑事法律的威慑力来维护政府廉洁性。该条例规定，边区所属之行政机关、武装部队及公营企业之人员犯该条例之罪者，依该条例处断。凡群众组织及社会公益事务团体之人员犯该条例之罪，经所属团体控告者，亦依该条例处理。[2]

抗日战争期间，我们党领导中国人民把马克思主义国家政权理论与抗日民主政权建设相结合，在抗日根据地对国家政权建设进行了全面实践与探索，创造了许多新的经验，为新民主主义革命胜利后，进行国家制度建设积累了宝贵经验。

---

〔1〕 参见张晋藩主编：《中国法制史》，中国政法大学出版社2002年版，第397页。

〔2〕 参见《陕甘宁边区惩治贪污暂行条例》，载中共中央文献研究室、中央档案馆编：《建党以来重要文献选编》（第15册），中央文献出版社2011年版，第538页。

第三章

解放战争时期

擘画新中国国家制度蓝图

解放战争时期，是中国共产党领导中国人民夺取新民主主义革命胜利、创建新中国的重要时期。在这一时期，中国共产党坚持以马克思列宁主义科学理论指导中国革命实践，巩固和扩大人民民主统一战线，加强党和军队的建设，彻底推翻了国民党的反动统治，取得了新民主主义革命的全国性胜利。在革命的伟大进程中，积极探索人民民主政权组织形式和人民民主法制，为创建新中国的国体、政体和法制建设奠定了基础。

一、国际国内形势

1945年8月15日，日本宣布投降，中国人民14年的抗日战争取得了最终胜利，宣告了世界反法西斯战争的完全胜利。德意日法西斯被打败，英法等老牌资本主义国家实力受到削弱，旧的殖民体系顺势瓦解；美国作为唯一一个本土没有遭到破坏的国家，经济和军事实力迅速壮大，成为世界头号经济和军事强国。社会主义国家苏联国力日益强大，国际地位大大提高，成为战后唯一可以在军事上同美国抗衡的国家。第二次世界大战后的国际政治和经济格局发生深刻调整，美国和苏联的对华政策成为影响中国发展的重要因素。[1] 美国奉行“扶蒋反共”政策，企图把中国变成美国的附庸，以达到控制亚洲的目的。苏联将维护远东和平与苏联东部安全作为对华政策的出发点，虽然对我们党及其领导的民主革命给予支持，但外交上只承认国民党政府。

在国内，中华民族同帝国主义之间的矛盾已经转化为以蒋介石统治集团为代表的大地主大资产阶级与我们党领导的无产阶级和广大人民群众之间的矛盾，和平建国、休养生息成为中国最广大人民的共同期盼。但是，国民党蒋介石妄图独吞胜利果实，消灭共产党。鉴于当时国际国内呼吁和平的舆论压力，蒋介石为了争取部署内战的时间、制造和平假象，向延安连发三封电报，邀请毛泽东同志到重庆共商“国际国内各种重要问题”。我们党顺应人民要求和平民主、反对内战独裁的愿望，提出和平、民主、团结的三大政治口号，毛泽东同志接受邀请赴重庆谈判。1945 年 8 月至 10 月，历经 43 天的谈判，国共双方于 10 月 10 日正式签署会谈纪要，即“双十协定”。“双十协定”刚刚签订，蒋介石就调集重兵进攻华北解放区，广大军民在我们党的领导下坚决反击，广大人民特别是爱国民主人士发起爱国民主运动，抗议国民党的内战政策，蒋介石不得不同意我们党提出的建议，签订停战协定，召开政治协商会议。然而，国民党蒋介石为实现独裁图谋，倚仗美帝国主义支持，悍然撕毁停战协定和政协协议，内战全面爆发，中国革命进入解放战争时期。

解放战争时期是中国新民主主义革命走向全国性胜利的伟大转折时期，是我们党领导的新民主主义力量逐步发展壮大并取得压倒性胜利的关键历史阶段。经过大革命、土地革命、抗日战争直到解放战争的长期斗争洗礼，我们党掌握了把马克思主义基本原理与中国实际相结合的科学方法，成长为一个在思想上、政治上、组织上高度成熟的马克思主义政党，成为团结广大人民、领导革命胜利的坚强核心，赢得了广大人民群众和包括民主党派在内的各个政治力量的拥护支持。从 1946 年 6 月开始的自卫战

---

〔1〕 参见吴汉全：《中国现代政治史》，人民出版社 2015 年版，第 1000 页。

争算起，我们党领导中国人民仅用3年多时间，就以雷霆万钧、摧枯拉朽之势，推翻了以国民党蒋介石为代表的帝国主义、封建主义和官僚资本主义的反动统治，实现了党的七大提出的“解放全国人民，建立一个新民主主义的中国”的奋斗目标，为新中国的建立奠定了坚实的政治、经济和制度基础。

二、党的理论创新

在解放战争初期，我们党审时度势，提出新民主主义革命的基本政治纲领、总路线和总政策，明确了新民主主义革命的三大经济纲领；在解放战争后期，党中央明确提出由农业国变为工业国、由新民主主义社会转变为社会主义社会的发展方向，探索人民代表大会制度，建立多党合作和政治协商制度以及民族区域自治制度，成立中央人民政府。为了阐明即将成立的中华人民共和国的根本性质和问题，1949年6月30日，毛泽东同志发表《论人民民主专政》一文，总结了中国近百年革命的历史经验，阐明了西方资产阶级文明、资产阶级的民主主义和资产阶级共和国的方案在中国半殖民地半封建社会条件下失败的历史必然性，提出了人民民主专政这一科学概念，阐述了人民民主专政的共和国国家性质、阶级基础、领导力量、主要任务。他指出，人民民主专政的基础是工人阶级、农民阶级、城市小资产阶级和民族资产阶级的联盟，而工人阶级是领导力量。人民民主专政的本质特征是对人民内部实行民主和对反动派实行专政相结合。我们的国家性质是工人阶级（经过共产党）领导的，以工农联盟为基础的人民民主专政的国家。并提出人民建立自己的国家后，有步骤地解决国家工业化的问题，目标是实现社会主义社会和共产主义社会，消灭阶级和实现大同。[1] 这部理论著作创造性地发展了马克思主义关于无产阶级专政的国家学说，在理论上为新中国国家制度和法律制度的建立完善指明了方向道路，提供了根本遵循。马克思列宁主义与中国实际相结合的毛泽东思想在

---

〔1〕 参见《毛泽东选集》（第4卷），人民出版社1991年版，第1468-1482页。

多方面得到丰富发展，进一步巩固了党的理论基础、思想基础，保证了以毛泽东同志为核心的中央领导集体思想一致、行动一致，领导坚强有力，为我们党在全国范围内执政做好充分准备。

三、党领导的国家制度和法律制度建设方向更加明确、道路更加清晰，为建立新民主主义的新中国做好了制度准备

（一）建立更完备、更高效的党的集中统一领导和全面领导制度

坚持党的集中统一领导和全面领导是我国国家制度和国家治理体系的显著优势，这既是对历史经验的深刻总结，也是长期发展实践反复证明的科学结论。我们党是用革命理想和铁的纪律组织起来的马克思主义政党，组织严密、纪律严明是我们党的优良传统，是我们党的力量所在，是密切党同人民群众联系的重要条件，也是我们党区别于其他政党的显著标志。抗日战争胜利后，全国解放区扩大至 19 个，许多解放区已经连成一片，阵地战逐步取代游击战成为主要战争形式。革命形势的战略变化以及夺取全国性胜利的目标，对党中央加强集中统一领导和全面领导提出了更高的要求。确保全党意志统一、行动一致，是在半殖民地半封建社会条件下，党领导人民取得革命胜利的必然要求。

1. 进一步整顿党的作风，加强党的建设

在半殖民地半封建社会的中国，工人阶级人数很少，农民和其他小资产阶级占人口大多数，建设一个工人阶级先锋队的党，是极其艰巨的任务。在党的建设的长期实践中，我们党从中国的国情出发，把马克思列宁主义建党学说和中国革命实践相结合，形成了完整的具有中国特色的党的建设理论，丰富和发展了马克思列宁主义的党的建设学说，形成了毛泽东建党学说。在解放战争时期，为保证党的任务完成，开展了一次公开的整党运动，加强党的制度建设。主要是围绕党的政治路线，着重从思想上建

党，提出党员不但要在组织上入党，而且要在思想上入党，经常注意以无产阶级思想改造和克服各种非无产阶级思想。

一是，开门整党，加强基层党组织建设。抗战胜利以来，党的组织得到了很大发展，到1947年党员已发展到270万名。党员规模的壮大对党组织的纯洁性、先进性和革命性带来了新的挑战。自1946年5月4日《关于土地问题的指示》发布以来，各解放区在开展土地制度改革过程中发现，一些地方党组织特别是农村基层党组织存在思想不纯、作风不纯和成分不纯的问题，“许多坏分子混入了党和政府的组织内，许多人发展了官僚主义的作风，仗势欺人，用强迫命令的方法去完成工作任务，或者犯了贪污罪，或者侵占了群众的利益”〔1〕，引起群众不满，导致土改不彻底。刘少奇同志曾严肃指出：“党内不纯的情况不改变，即使政策彻底也不行，不只是不能完成土地改革任务，也不能进行战争，还会使党走向灭亡。”〔2〕为解决党内不纯的问题，整顿党的队伍，使党能够和广大的劳动群众完全站在一起，解决土地问题，支援长期战争，中共中央在1947年7月17日召开全国土地会议，决定结合土改进行整党。这次整党的重点是农村基层党组织，在“三查”（查阶级、查思想、查作风）的基础上，准确了解基层党组织的情况，达到“三整”（整顿组织、整顿思想、整顿作风）的目的。通过公开党的支部、开展批评与自我批评的方式，吸收非党群众参加党的支部大会，接受群众监督。这次整党以说服教育为主，对那些错误严重、屡教不改的党员辅之以组织纪律处分，对极少数混进党内的地主、富农和流氓分子坚决清除出党。在整党过程中，采取的方法是：“对犯错误的同志一方面要严格，不放任，不搞自由主义；另一方面对愿意改正错误、愿意学习的同志要热情帮助，要给他们以工作和学习的机会，还要照顾他们的生活。”〔3〕这种说服教育方式不仅能够“惩前毖后、治病救人”，

〔1〕《毛泽东选集》（第4卷），人民出版社1991年版，第1306页。
〔2〕《刘少奇选集》（上卷），人民出版社1981年版，第386页。
〔3〕《刘少奇选集》（上卷），人民出版社1981年版，第391页。

还极大地促进了党内及党与群众的团结。这次从 1947 年 7 月开始到 1949 年 4 月结束的解放区整党运动，加强了农村基层党组织建设，克服了党内非无产阶级思想和官僚主义作风，教育广大党员牢固树立全心全意为人民服务的思想，为争取土改和战争的胜利提供了重要保证。

二是，提出“两个务必”重要思想，加强党的作风建设。党的作风即党风建设，是党的自身建设的永恒主题，关乎党在人民群众中的形象，关系人心向背，关系党的事业成败。在解放战争即将取得全国性胜利的关键时刻，面临组建新中国的任务，中共中央召开了七届二中全会。毛泽东同志在会上指出，我们很快就要在全国胜利了。夺取这个胜利，已经是不要很久的时间和不要花费很大的气力了，但巩固这个胜利，则是需要很久的时间和要花费很大的气力的事情。因为胜利，党内的骄傲情绪，以功臣自居的情绪，停顿起来不求进步的情绪，贪图享乐不愿再过艰苦生活的情绪，可能生长。同时也要防止资产阶级思想侵蚀党的队伍。全会提醒全党要警惕骄傲自满，以功臣自居的情绪的滋长，警惕资产阶级用糖衣裹着的炮弹的攻击，夺取全国胜利，只是万里长征走完了第一步，以后的路程更长、工作更伟大、更艰苦。强调全党同志务必继续地保持谦虚、谨慎、不骄、不躁的作风，务必继续地保持艰苦奋斗的作风。“两个务必”重要思想的提出，包含着对我国几千年历史治乱规律的深刻借鉴，对如何跳出历史周期率的深刻思考，也包含着对我们党艰苦卓绝奋斗历程经验和教训的深刻总结，对执政党永葆先进性和纯洁性以及即将诞生的人民政权实现长治久安的深刻忧思，是党的建设的重要理论成果，是中国革命和建设从胜利走向胜利的重要保证。全会根据毛泽东同志的提议，作出不做寿、不送礼、少敬酒、少拍掌、不以人名作地名、不要把中国同志同马恩列斯平列等六项规定。这几条规定尽管没有写进会议决议，但已经成为党的作风建设的重要规矩，成为我们党不断健全党的建设制度的重要内容。

2. 进一步完善请示报告制度

1948 年 1 月 7 日，毛泽东同志起草了《关于建立报告制度》的指示，指出党的第七次全国代表大会以后，一些中央局和分局的同志，没有认识到事先和事后向中央作报告并请求指示的必要性和重要性，产生了一些不可挽回的损失，要求“各中央局和分局[1]，由书记负责（自己动手，不要秘书代劳），每两个月，向中央和中央主席作一次综合报告。报告内容包括该区军事、政治、土地改革、整党、经济、宣传和文化等各项活动的动态，活动中发生的问题和倾向，对于这些问题和倾向的解决方法”[2]。自此以后，中共中央连续发出指示，要求在全党各级组织中建立请示报告制度。比如，1948 年 3 月 25 日，中共中央发出补充指示，要求严格遵守已规定的报告制度，另建立三项制度：（1）各中央局、分局、前委对于下级发出的一切有关政策及策略性质的指示及答复，不论是属于何项问题（军事、土改、财政、经济、整党、政权、外交、工青妇运、宣传、组织、文教、城工、肃反、打人杀人及对待中间人士等），不论是用电报发出的或用书面发出的，均须同时发给中央一份。（2）下级向各中央局、分局、前委所作政策及策略性的报告，其内容重要者，亦须同时告知中央，文长者摘要电告或函告。（3）每一个中央委员、中央候补委员均有单独向中央或中央主席随时反映情况及陈述意见的义务及权利。各中央委员、中央候补委员给中央或中央主席的电报，各中央局、分局、前委的电台必须照发。[3] 6 月 5 日，提出在宣传工作中实行请示报告制度，要求凡带有全国性或全党性问题的言论，如各项政策口号，对敌军敌占区人民的传单布告等，凡内容不同于中央现行政策指示者均应事前向中央请示；[4] 8 月 14 日，中共中央、军委发出《中共中央、军委关于严格遵守请示报告制度的

[1] 解放战争进入战略决战，随着局势的发展变化，中共中央在各地设置中央局或分局，各中央局或分局“是受中央委任、代表重要执行其所委托的任务的机关”。

[2] 《毛泽东选集》（第 4 卷），人民出版社 1991 年版，第 1264 页。

[3] 参见《中共中央关于建立报告制度的补充指示》（1948 年 3 月 25 日），载中共中央文献研究室、中央档案馆编：《建党以来重要文献选编》（第 25 册），中央文献出版社 2011 年版，第 240 页。

[4] 参见《中共中央关于宣传工作中请示与报告制度的规定》（1948 年 6 月 5 日），载中共中央文献研究室、中央档案馆编：《建党以来重要文献选编》（第 25 册），中央文献出版社 2011 年版，第 332-333 页。

指示》，指出，“在军队中对于重要的训练计划和作战计划，训练经过和作战经过，政策教育和执行政策经过等重大事项，事前既不请示，事后又不报告，仍然将自己所指挥的野战兵团或军区机关部队看成好像一个独立国，对于中央发动党内反对这种无纪律状态的危险倾向，仍然没有认真的检讨和反省这样一种现象是还没有完全消灭的”，“向一切兵团及军区的负责同志们提出警告”，要求在战争第三年内严格执行及时的和完备的报告制度。[1] 9月8日至13日，在河北省平山县西柏坡村召开了中共中央政治局扩大会议（又称“九月会议”），讨论通过《中共中央关于各中央局、分局、军区、军委分会及前委会向中央请示报告制度的决议》，对“各项工作中何者决定权属于中央，何者必须事前请示中央，并得到中央批准后才能付诸实行，何者必须事后报告中央备审”等作出规定，其目的就是“适应目前革命形势发展的需要，保证全党全军所执行的各种政策的完全统一、及军事计划的完满实施，克服目前党内军内存在着的某些严重的无纪律状态或无政府状态起见”[2]。请示报告制度的建立，对于加强党的集中统一领导、进一步加强党员干部的纪律性、保证党的路线、方针、政策正确贯彻执行，起到了重大作用。

3. 进一步完善党的代表大会制度和党委制，健全民主集中制

民主集中制是党的根本组织制度，是党内政治生活正常开展的重要制度保障。七大党章规定，党的各级领导机关，必须遵照党内民主的原则进行工作；各级党的领导机关和负责人，应该定期地向选举自己的党员和下级组织报告自己的工作。但在实际运作中，还是存在以集体领导的外表掩盖个人包办和个人专断的实质的现象，使党的组织及政府机关产生了某些严重的脱离人民群众的官僚主义现象。在“九月会议”上，中共中央再次

[1] 参见《中共中央、军委关于严格执行向中央作请示报告制度的指示》（1948年8月14日），载中共中央文献研究室、中央档案馆编：《建党以来重要文献选编》（第25册），中央文献出版社2011年版，第422-423页。

[2] 参见《中共中央关于各中央局、分局、军区、军委分会及前委会向中央请示报告制度的决议》，载中共中央文献研究室、中央档案馆编：《建党以来重要文献选编》（第25册），中央文献出版社2011年版，第520-529页。

强调从乡村走向城市，更须加强统一和纪律，毛泽东同志提出："实现党内民主的办法，是实行代表大会及代表会议的制度。我们党内是有民主的，但是还不足或者缺乏，现在要增加。办法是用代表大会、代表会议代替干部会议。"为扩大党内民主生活，1948 年 9 月中共中央政治局会议通过了《中共中央关于召开党的各级代表大会和代表会议的决议》，要求在一切巩固的解放区，党的各级委员会必须遵照党章的规定，从现在起定期召开党的各级代表大会及代表会议，讨论中央的指示和各种工作，并选举和补选党的各级委员会。同时该决议还对民主集中制在党委会中的实施作了相应规定：在集中方面，党内有不同意见的争论要及时、真实地向上级报告，必须严格实行少数服从多数，下级服从上级的规定，党内民主在集中领导下进行等；在民主方面，各级党委实行重要问题经党委集体讨论和作出决定的制度，不应由个人决定，必须保证一切代表在会议上有完全的发言权和表决权，不准对上报不同意见的同志进行攻击报复，纠正极端民主和无组织、无纪律、无秩序的现象等。[1]

1947 年 9 月，毛泽东同志专门起草了《关于健全党委制》，指出"党委制是保证集体领导、防止个人包办的党的重要制度"，要求"从中央局至地委，从前委至旅委以及军区（军分会或领导小组）、政府党组、民众团体党组、通讯社和报社党组，都必须建立健全的党委会议制度，一切重要问题（当然不是无关重要的小问题或者已经会议讨论解决只待执行的问题）均须交委员会讨论，由到会委员充分发表意见，做出明确决定，然后分别执行。地委、旅委以下的党委亦应如此"[2]。这一决定，对于后来党内实现"集体领导"的重要意义，"在于它总结了党内认真实行集体领导的成功的经验，促使那些把集体领导变为有名无实的组织纠正自己的错

---

〔1〕 参见《中共中央关于召开党的各级代表大会和代表会议的决议》，载中共中央文献研究室、中央档案馆编：《建党以来重要文献选编》（第 25 册），中央文献出版社 2011 年版，第 515–519 页。

〔2〕《毛泽东选集》（第 4 卷），人民出版社 1991 年版，第 1340 页。

误，并且扩大了实行集体领导的范围”[1]。但同时强调，集体领导和个人负责两者不可偏废。凡属于个人分工负责范围内的事情，除极其重大问题需提请党委集体讨论外，对于具体问题个人应积极大胆地负责处理，才能使集体做出的决议有效地得到贯彻落实，最终保证党委制的真正落实。中共中央《关于健全党委制》的决定和实践，有力地发展和扩大了党内正常的民主生活，有利于集中全党的智慧，克服长期游击战争所形成的地方主义、分散主义，成为我党不断取得胜利的重要组织保障。

党委会是党的组织领导核心，也是我们党发展壮大的关键机构，更是实施民主集中制的组织载体；为了进一步发挥党委会作用，毛泽东同志在1949年3月党的七届二中全会上正式提出了《党委会的工作方法》，对领导方法和工作方法作了进一步具体化和系统化的论述，强调：“领导工作不仅要决定方针政策，还要制定正确的工作方法，有了正确的方针政策，如果在工作方法上疏忽了，还是要发生问题。”[2]党委会的工作方法实际上就是党委制具体工作机制，要求将党委制具体化为可操作的工作方法，使党委制成为我们党进行科学决策、民主决策的重要制度和途径，成为各级党委开好党委会、提高议事决策水平的重要法宝。

（二）建立最广泛的人民民主政治制度，促进实现人民当家作主

1. 在解放区推广实施人民代表会议制度，保障人民当家作主

我们党从成立之日起就肩负实现人民当家作主的历史重任，并在革命战争实践中不断探索和完善保证人民当家作主的政治制度。早在1940年1月，毛泽东同志在《新民主主义论》中就提出实现人民当家作主的政权组织形式，“中国现在可以采取全国人民代表大会、省人民代表大会、县人民代表大会、区人民代表大会直到乡人民代表大会的系统，并由各级代表

[1] 邓小平同志在中国共产党第八次全国代表大会上所作的《关于修改党的章程的报告》。
[2] 《毛泽东选集》（第4卷），人民出版社1991年版，第1440页。

大会选举政府”。1945 年 4 月，毛泽东同志在《论联合政府》中进一步指出：“新民主主义的政权组织，应该采取民主集中制，由各级人民代表大会决定大政方针，选举政府”，“只有这个制度，才既能表现广泛的民主，使各级人民代表大会有高度的权力；又能集中处理国事，使各级政府能集中地处理被各级人民代表大会所委托的一切事务，并保障人民的一切必要的民主活动”。因此，通过普选实行人民代表大会制度，并通过代表大会选出政府领导人，制定各项施政条例，就成为我们党领导全国人民实现人民当家作主的根本政治制度，而解放战争时期的人民代表会议制度正是新中国成立后建立人民代表大会制度的前奏。

一是，确立人民代表会议的政权组织形式。解放战争前期，根据政治协商会议（旧政协）通过的《关于宪草问题的协议》，中央和地方分权，实行省自治，各省可以制定省宪。据此，各解放区先后修订了抗战时期的施政纲领。1946 年 4 月 23 日，陕甘宁边区第三届第一次参议会通过《陕甘宁边区宪法原则》，明确规定采取人民代表会议制的政权组织形式，各级权力机关由参议会过渡为人民代表会议制度；边区、县、乡人民代表会议为人民管理政权机关，“人民普遍直接平等无记名选举各级代表、各级代表会选举政府人员”，“人民对各级政权有检查、告发及随时建议之权”，“各级政府人员，违反人民的决议或忽于职务者，应受到代表会议的斥责或罢免，乡村则由人民直接罢免之”；[1] 同年 10 月，晋察冀边区作出《关于召开察哈尔、热河省人民代表会议及其成立察哈尔、热河省政府的决定》。1947 年 11 月，中央批转刘少奇主持的中央工委关于政权形式问题给冀东区党委的指示，指出目前解放区各级政权形式，应采取从下至上的代表会议制度，其名称或称农民代表会，或称人民代表会议。之后，人民代表会议制度在农村、城市逐渐建立起来。

二是，在土地改革中建立农村基层民主政权。在农村土地改革运动中，中共中央非常重视基层民主政权的建设，并要求将基层民主政权的建

---

[1] 张晋藩：《中国宪法史》（修订本），中国法制出版社 2016 年版，第 496-497 页。

设与土地改革工作紧密结合起来，以充分发动群众。1947 年 9 月 13 日，党的全国土地会议通过《中国土地法大纲》，规定乡村农民大会及其选出的委员会，乡村无地少地的农民所组织的贫农团大会及其选出的委员会，区、县、省等级农民代表大会及其选出的委员会为改革土地制度的合法执行机关，这些代表大会及其委员会除接收、分配、调整土地财产外，还有批评、弹劾和撤换、选举政府及农民团体的一切干部及选举人民法庭的组成人员的权力。由此可见，土地改革中的农民代表大会及其委员会不仅是土地改革的具体执行机关，而且已经成为地方政权的权力机关。1948 年 1 月 23 日，在《刘少奇关于土改整党和建设乡政权问题给薄一波等的电报》中指出，老解放区"仅在土地问题上常不能组织广大群众队伍及发动热烈的群众运动，而必须使土改与整党及建立从乡到县的人民代表大会的民主运动相结合，才能发动和组织广大群众运动"[1]。在土地改革中，广大农民群众在党的领导下，在贫农团和农会的基础上，建立起了区、村人民代表会议，并选出政府委员会。对此，毛泽东同志在晋绥干部会议上的讲话中给予了充分肯定，他指出，"只有基于真正广大群众的意志建立起来的人民代表会议，才是真正的人民代表会议。这样的人民代表会议一经建立，就应当成为当地的人民的权力机关"，"在区村两级人民代表会议普遍地建立起来的时候，就可以建立县一级的人民代表会议。有了县和县以下的各级人民代表会议，县以上的各级人民代表会议就容易建立起来了"。[2] 此后，党中央印发了《关于县、区、村人民代表会议的指示》，1948 年 9 月到 1949 年 3 月在老解放区和半老区普遍建立起区村（乡）两级人民代表会议，许多地方还开始筹建县和省的各界人民代表会议。

三是，召开各界人民代表会议。在解放战争后期，人民解放军开始转入战略进攻，西北、东北、华东解放区迅速扩大，许多解放区已连成一

[1] 中央档案馆编：《中共中央文件选集》（第 17 册）（1948），中共中央党校出版社 1992 年版，第 16 页。

[2] 《毛泽东选集》（第 4 卷），人民出版社 1991 年版，第 1308-1309 页。

片，许多城市也回到了人民的手中。中共中央要求解放区要大力加强各级政权的建设，为建立新中国的中央政权做准备。关于政权组织形式，毛泽东同志指出，“在中国采取民主集中制是很合适的”，“我们采取民主集中制，而不采用资产阶级议会制。议会制，袁世凯、曹锟都搞过，已经臭了”，“我们可以这样决定，不必搞资产阶级的议会制和三权鼎立等”。〔1〕在党中央和毛泽东同志的指导下，我国的根本政治制度选择方向逐步清晰而明确，那就是既不能照搬苏联的苏维埃政权形式，也不能照搬西方国家的议会制形式，而是实行民主集中制的各级人民代表会议制度。1948 年 8 月，晋察冀与晋冀鲁豫两边区政府合并，成立华北人民政府，召开华北临时人民代表大会。董必武同志曾指出：“它（华北临时人民代表大会）是一个临时性的，也是华北一个地区的，但是，它将成为全国人民代表大会的雏形。”〔2〕会议通过了《华北人民政府施政方针》《华北人民政府组织大纲》《华北区村县人民代表会议代表选举条例》。其中，《华北人民政府施政方针》是解放战争后期人民民主政权具有宪法性质的施政纲领的典型代表，它规定了华北人民政府的基本任务和有关各项政策，提出要健全全国人民代表大会制度；华北人民代表大会形成的人民代表的界别比例选举制、召开预备会和选举主席团制度、代表资格审查制度、政府与军事工作报告、各项法律条例草案的说明制度等一系列新型政治制度，为新中国人民代表大会各项具体制度的建立奠定了基础。〔3〕

1948 年 11 月 16 日，周恩来同志在为中央起草的给中原局的电报中指出，我们在军管初期，因群众尚未发动，群众工作尚无基础，不能召开真正名副其实的人民代表会议，只能召开协议性质的、主要对群众起联系作用的各界代表会。关于各界代表会议的组织形式及性质，周恩来同志指

---

〔1〕《在中共中央政治局会议上的报告和结论》，载《毛泽东文集》（第 5 卷），人民出版社 1996 年版，第 136 页。

〔2〕《董必武选集》，人民出版社 1985 年版，第 199 页。

〔3〕参见王智主编：《华北人民政府全景实录》，中共党史出版社、河北教育出版社 2016 年版，第 73 页。

出，我们在这些城市工作中的中心弱点是与广大人民群众联系不够，应以各界代表会为党和政权机关联系群众的最好组织形式，党领导的人民代表会议是我们的组织武器，党的一切决议和主张，均可经过他们的协助，取得广大人民的拥护。

1949 年 7 月至 9 月，中央连续发出《关于迅速召开各界代表会议和人民代表会议给各中央局、分局的指示》《关于三万人口以上城市均须召开各界代表会议的指示》《关于各县均应开县各界代表会议的指示》《关于三万以上人口的城市及各县一律召开各界人民代表会议的指示》等，指出各界代表会议是党和政府密切联系人民群众的重要方法，批评了党的领导机关中许多人只相信少数人的党内干部会议不相信人民代表会议的官僚主义作风，要求三万人以上的城市至少每月召开一次各界人民代表会议，讨论恢复和发展生产、文化教育等大政方针。中央在《关于人民代表大会同各界人民代表会议的区别问题给东北局的指示》中指出："各界人民代表会议与人民代表会议之间，也不应再行划分什么区别。但人民代表会议与人民代表大会之间，在职权上及代表选举方法上则应有区别，人民代表大会是全权的，其代表主要应由人民直接选举或由下级人民代表大会间接选举，而不是由各人民团体选举。因在东北还没有经验，目前还不宜普遍召开全权的人民代表大会，还是暂时召开几次人民代表会议，逐渐扩大代表会议的权力，待有了经验之后，再召开普选的全权的人民代表大会。"〔1〕因此，各界人民代表会议是人民管理政权的初级形式，是新中国成立后人民代表大会制度的实践前奏。

2. 初创并不断发展中国共产党领导的多党合作制度和政治协商制度

中国共产党领导的多党合作和政治协商制度作为我国一项基本政治制度，是中国共产党、中国人民和各民主党派、无党派人士的伟大政治创

〔1〕 中央档案馆编：《中共中央文件选集》（第 18 册）（1949），中共中央党校出版社 1992 年版，第 458-459 页。

造，是从中国土壤中生长出来的新型政党制度，[1] 是中国人民在要求和平民主、反对内战独裁伟大斗争中形成的伟大成果。毛泽东同志在新政治协商会议筹备会上的讲话中指出，打倒帝国主义、封建主义、官僚资本主义和国民党反动派的统治，召开政治协商会议，选举民主联合政府，宣告中华人民共和国成立，才能使我们的伟大的祖国脱离半殖民地和半封建的命运，走上独立、自由、和平、统一和强盛的道路，这是中国共产党、各民主党派、各人民团体、各界民主人士、国内少数民族和海外华侨团结奋斗的共同的政治基础。[2]

一是，党领导的多党合作制度和政治协商制度的建立具有深厚的历史意义、坚实的民意基础和充分的历史条件。多党合作具有共同的政治基础。抗日战争胜利后，新政党纷纷成立，中国政坛的民主进步力量大为增强，呈现出党派团体大发展的政治局面。各民主党派坚决反对蒋介石的内战独裁政策，支持中国共产党的和平民主方针，通过爱国民主运动敦促蒋介石召开政治协商会议（旧政协）。在会议进行期间，中共代表经常同民盟代表和无党派民主人士在会下进行磋商，携手合作，相互支持。我们党代表团在会议上提出了《和平建国纲领草案》，主张国内各民主党派应长期合作，各党派、无党派民主分子应广泛参加政府的一切部门，政府委员名额的一半由国民党以外的人士充任，以约束国民党的权力。政协会议历时 22 天，通过了政府组织案、国民大会案、和平建国纲领、军事问题案、宪法草案案等五项协议，这是中国共产党同各民主党派、民主人士亲密合作，共同努力的结果。虽然国民党最终撕毁政协协议，悍然发动内战，但我们党同各民主党派通过政治协商会议增进了彼此了解，达成了民主建国共识，揭露了国民党统治集团假和平的真面目，使我们党赢得了民心，取得了我们党领导人民民主统一战线政策的胜利。

---

[1] 习近平总书记在看望参加全国政协十三届一次会议的民盟、致公党、无党派人士、侨联界委员时发表的重要讲话。

[2] 参见《毛泽东选集》（第 4 卷），人民出版社 1991 年版，第 1463-1464 页。

我们党领导开展多党合作和政治协商具有深厚思想和实践基础。(1) 毛泽东同志关于统一战线的思想。统一战线概念最早是由恩格斯提出的，列宁发展了这一概念。在中国，统一战线、武装斗争、党的建设，是中国共产党在中国革命中战胜敌人的三大法宝。毛泽东同志指出，中国新民主主义的革命要胜利，没有一个包括全民族绝大多数人口的最广泛的统一战线，是不可能的。不但如此，这个统一战线还必须是在中国共产党的坚强的领导之下。没有中国共产党的坚强的领导，任何革命的统一战线也是不能胜利的。[1] 在新民主主义时期，我们党的统一战线理论和实践，经历了“民主联合战线”、“抗日民族统一战线”和“人民民主统一战线”几个主要阶段。[2] 在解放战争时期，为了彻底打倒蒋介石独裁政府，1947 年 10 月，人民解放军发表宣言，要联合工农兵学商各被压迫阶级、各人民团体、各民主党派、各少数民族、各地华侨及其他爱国分子，组成民主统一战线。毛泽东同志明确指出，“中国的革命是全民族人民大众的革命，除了帝国主义者、封建主义者、官僚资产阶级分子、国民党反动派及其帮凶们而外，其余的一切人都是我们的朋友，我们有一个广大的和巩固的革命统一战线。这个统一战线是如此广大，它包含了工人阶级、农民阶级、城市小资产阶级和民族资产阶级。这个统一战线是如此巩固，它具备了战胜任何敌人和克服任何困难的坚强的意志和源源不竭的能力”。[3] 在积极争取民族资产阶级的问题上，毛泽东同志又深刻指出，中国民族资产阶级还有在一定时期和一定程度上的革命性，无产阶级不应忽视民族资产阶级的这种革命性，而和他们建立反帝国主义和反官僚军阀政府的统一战线。(2) 统一战线的革命实践。为建立起最广泛的人民民主统一战线，我们党制定和实施了关于农村工作、城市工作、在国民党统治区和国民党军队中的工作等一系列正确的方针、政策，广泛地动员和组织了人民群众

---

〔1〕 参见《毛泽东选集》(第 4 卷)，人民出版社 1991 年版，第 1257 页。
〔2〕 参见孙占元主编：《中国共产党理论创新史》，山东人民出版社 2012 年版，第 93 页。
〔3〕《毛泽东选集》(第 4 卷)，人民出版社 1991 年版，第 1465-1466 页。

及各革命阶级、阶层的力量。在农村，党领导农民进行土地改革，团结占90%以上的贫农、中农和手工业者，剥夺少数的富农和地主的土地和财产，但给他们留出必要的生活所需，团结一切可以团结的力量；在国民党统治区，党领导了反内战、反饥饿、反迫害的工人、学生运动，从1945年的“一二·一反内战独裁运动”到1947年的“五二〇运动”，形成了反对蒋介石独裁统治的第二条战线，得到社会各界的广泛支持，巩固和扩大了革命联盟，有力配合了人民解放战争，在提高国统区民众政治觉悟方面发挥了很大的作用；在争取中间阶层支持方面，党中央认为解放战争时期民族资产阶级的中间派在国共两党之间采取犹豫和观望的态度，我们有必要和可能争取其大多数，孤立其少数。[1] 通过一系列灵活的政策和耐心细致的工作，在政治上提出组成民主统一战线，打倒蒋介石独裁政府，成立民主联合政府的基本政治纲领，在经济上保护民族工商业，对他们在政治上的动摇性和对于革命的不彻底性进行批评、教育和必要的斗争，使民族资产阶级人士对中国共产党由恐惧、怀疑转为相信并逐步向党靠拢，并成为民主统一战线的重要组成部分。1948年秋至1949年上半年，在中国共产党的领导下，各人民团体纷纷建立和扩大。1948年8月，全国第六次劳动大会在哈尔滨举行，决定恢复中国工人阶级的统一组织——中华全国总工会；1949年7月至8月，中华全国总工会在北平召开全国工会工作会议；1949年3月至5月，中华全国学生联合会、中华全国民主妇女联合会、中华全国民主青年联合总会、中华全国文学艺术界联合会也相继成立。这些全国性群众团体的成立和全国会议的召开，成为人民民主统一战线巩固和扩大的重要标志。

多党合作、政治协商是我国历史发展和革命实践的必然选择。抗战胜利之初，各民主党派曾一度对国民党政府寄予厚望，他们主张和平民主，力图在共产党和国民党之外寻找一条代表民族资产阶级的路线。但是，国民党一方面大力发展官僚资本，压制民族资本，以蒋宋孔陈四大家族为首

[1] 参见《毛泽东选集》（第4卷），人民出版社1991年版，第1289页。

的官僚资本在抗战胜利后以“接收”为名大发国难财，致使物价飞涨，民族工商业经营困难甚至倾家荡产；另一方面对各民主党派和民主人士充满敌意，不断地对民主人士进行残酷迫害。1947 年 10 月 27 日，国民党政府宣布民盟为“非法团体”，其他党派也不能公开活动，民盟被迫解散，这充分表明在现行体制下通过“合法”途径推进政治民主化这样的“第三条道路”在中国行不通。我们党在团结争取民主党派和民主人士的同时，对他们走中间路线的这一错误倾向进行了批评。1948 年 1 月，中共中央发出《关于对中间派和中产阶级右翼分子政策的指示》，指出“对一切可以争取的中间派，不管他们言论行动中包含多少动摇性及错误成份，我们应采积极争取与合作态度，对他们的错误缺点，采取口头的善意的批评态度”[1]，使这些民主党派逐渐认识到“独立的中间路线不符合中国的现实环境，是行不通的”，表示要坚持同共产党合作，赞同我们党成立联合政府的主张。1948 年 4 月 30 日，中共中央发出纪念五一劳动节口号，“向全国人民、各民主党派提议召开新政治协商会议，磋商国是，并决定如何召开全国人民代表大会，成立民主联合政府”[2]。从 5 月 5 日起，中国国民党革命委员会、中国民主同盟、中国民主促进会、中国致公党、中国农工民主党、中国人民救国会、中国国民党民主促进会、三民主义同志联合会、九三学社、台湾民主自治同盟等相继发表声明宣言和通电，热烈响应中国共产党的“五一号召”，表示愿意在中国共产党领导下，为建立新中国而奋斗。

二是，在中国共产党领导下建立多党合作和政治协商制度。随着解放战争向纵深发展和解放区域日益扩大，各民主党派开始在解放区活动。1949 年 2 月，中共中央发布指示要求，“对于一九四八年五月一日以前，

[1] 中央档案馆编：《中共中央文件选集》（第 17 册）（1948），中共中央党校出版社 1992 年版，第 12 页。

[2] 周恩来：《关于人民政协的几个问题》（1949 年 9 月 7 日），载中共中央文献研究室、中央档案馆编：《建党以来重要文献选编》（第 26 册），中央文献出版社 2011 年版，第 694 页。这是周恩来在中国人民政治协商会议第一届全体会议召开前向政协代表作的报告。

即我党中央发出‘五一’口号以前即已成立，并在反对帝国主义、封建主义、官僚资本主义和国民党反动统治的共同斗争上多少尽了点力的民主党派，亦即国民党革命委员会、民主同盟、中国民主促进会、人民救国会、农工民主党、三民主义同志联合会、国民党民主促进会，民主建国会、致公党等，在被我人民解放军解放了的地方并经过各该党派总部的证明，应一律承认他们的合法地位，加以保护”；并提出，各民主党派经过上述手续取得正式合法地位之后，即可以党派名义进行活动，并发展党员或会员。[1] 1949 年 9 月 21 日至 30 日，中国人民政治协商会议（新政协）第一届全体会议在北平召开，标志着中国人民政治协商会议作为爱国统一战线组织和多党合作与政治协商的重要机构得以正式建立，为新中国成立后中国共产党领导的多党合作和政治协商制度的发展完善奠定了坚实基础。这一基本政治制度不同于西方资本主义国家的多党制或两党制，它是马克思列宁主义同中国革命与建设相结合的一个创造，是符合我国国情并有利于我国民主政治进步的社会主义政党制度。

在新政协筹备过程中，中共中央代表同民主党派人士和无党派民主人士进行了充分协商，对新政协的性质任务等问题达成了共识。会议选出毛泽东、朱德、李济深等 21 人组成筹备会常务委员会，在常委会领导下设立 6 个小组，分别完成拟定中华人民民主共和国政府方案，国旗、国歌及国徽方案，起草新政协的组织条例、共同纲领、宣言等。1949 年 9 月 17 日，新政协筹备会召开第二次全体会议，一致通过将新政治协商会议改称为中国人民政治协商会议。会议讨论通过了《共同纲领》《中国人民政治协商会议组织法》《中华人民共和国中央人民政府组织法》，选举产生了中央人民政府委员会，同时还选出以毛泽东为主席、由 180 人组成的中国人民政治协商会议第一届全国委员会。10 月 1 日，新中国诞生，中华人民共

〔1〕 参见《中共中央关于对待各民主党派的指示》（1949 年 2 月 19 日），载中共中央文献研究室、中央档案馆编：《建党以来重要文献选编》（第 26 册），中央文献出版社 2011 年版，第 148 页。

和国中央人民政府成立，将《共同纲领》作为中央人民政府的施政方针，在建国初期发挥着临时宪法的作用。

3. 迈出民族区域自治制度实践探索的第一步

民族一律平等是马克思列宁主义解决民族问题的根本原则之一。民族无论大小，都有各自的特点、特长和悠久的历史，都对人类文化宝库作出了贡献。因此，任何一个民族都应在世界民族之林中享有平等的地位。无产阶级既反对人对人的压迫和剥削，也反对民族对民族的压迫和剥削。我们党在对待民族的问题上，把马列主义的普遍原理与中国的实际相结合，提出了民族区域自治政策。1946 年《陕甘宁边区宪法原则》规定，“边区人民不分民族一律平等”，“边区各少数民族，在居住集中地区，得划成民族区域，组织民族自治政权，在不与省宪抵触原则下，得订立自治法规”。《陕甘宁边区宪法原则》发展了边区施政纲领中关于民族自治的内容，为后来内蒙古自治政府的成立，提供了直接的理论准备和法律基础。

全国进入解放战争后，中共中央明确提出了民族区域自治政策，而国民党企图恢复内蒙古地区的封建贵族统治。一些官僚和王公贵族力图搞所谓“内蒙古独立”，并在东蒙的苏尼特右旗成立“内蒙古共和国临时政府”。针对这些反动状况，1945 年 10 月 23 日，中共中央指示晋察冀中央局和晋绥分局：“内蒙在战略上具有极重要的地位。适当的解决内蒙民族问题，不仅关系内蒙民族本身的解放，而且能够建立我党我军巩固的后方及和苏、蒙军取得直接连系的有利地位”，“对内蒙的基本方针，在目前是实行区域自治”，决定加强对内蒙古自治运动的领导。[1] 贯彻落实这一基本方针，同年 11 月 26 日，绥蒙省政府在张家口成立内蒙古自治运动联合会，一致同意自治运动联合会为统一领导机构。为解决东蒙、西蒙统一问

〔1〕 参见《中共中央关于内蒙古工作方针给晋察冀中央局和晋绥分局的指示》（1945 年 10 月 23 日），载中共中央文献研究室、中央档案馆编：《建党以来重要文献选编》（第 22 册），中央文献出版社 2011 年版，第 760-761 页。

题，内蒙古自治运动联合会于1946年4月3日召开由内蒙古自治运动联合会代表和东蒙自治政府代表参加的内蒙古自治运动统一会议。会议通过决议，明确内蒙古在中国共产党领导下实现统一的民族自治方针，并指出自治运动是平等自治，不是“独立自治”。这次会议关于内蒙古自治运动方针的确立和贯彻，结束了内蒙古地区长期分裂的局面。

为适应革命形势发展，1947年3月23日，中共中央发出《关于内蒙古自治问题的指示》，对内蒙古成立统一的民族自治政府问题、自治政府纲领问题、内蒙古自治区与各解放区关系问题、内蒙古共产党及内蒙古分局问题、内蒙古民族自治政府与中国的关系问题等作出指示。该指示指出，内蒙古人民中进步分子应多多吸收加入中共，并给以党的教育，内蒙古党的领导机关受东北局或西满分局领导（由东北局决定）；内蒙古人民代表大会宣言中应确定内蒙古自治政府非独立政府，并承认内蒙古民族自治区仍属中国版图，并愿为中国真正民主联合政府之一部分，它所反对的为蒋介石国民党独裁政府及其所制定的取消民族自治权利的伪宪与其卖国内战反动的政策。[1] 同年4月，中共中央决定：内蒙古地区的工作改归中共东北中央局领导，内蒙古自卫军归东北民主联军建制。随着民族自治运动不断发展，为了解决东蒙、西蒙统一问题，1947年4月23日至5月3日，内蒙古人民代表会议召开，通过了《内蒙古自治政府施政纲领》《内蒙古自治政府暂行组织大纲》等宪法性法规，规定了内蒙古自治政府的性质及其自治区域，自治区域内蒙、汉、回等各民族一律平等及人民的各项自由民主权利，还规定了经济、教育、文化、卫生、宗教等各项政策，明确提出保障妇女权益等。会议选出临时参议会，并经参议会选出内蒙古自治政府。5月1日，内蒙古自治政府正式宣告成立，乌兰夫同志任主席；5月26日，中共中央东北局决定成立中共内蒙古工作委员会，乌兰夫同志任书记，中共中央批准了这一决定。内蒙古自治政府是中国共产党领导的

---

〔1〕参见《关于内蒙古自治问题的指示》，载中共中央文献研究室、中央档案馆编：《建党以来重要文献选编》（第24册），中央文献出版社2011年版，第119-121页。

第一个少数民族自治政府，《内蒙古自治政府施政纲领》的制定和实施，为新中国成立后实行民族平等政策和实行民族区域自治开创了先例，提供了宝贵经验。

中国是一个统一的多民族国家，在历史发展进程中，汉族和少数民族之间以及各少数民族之间往往互相杂居或交错聚居，形成多元一体的民族格局。在革命战争时期，我国各族人民在党的统一领导下，为实现民族独立、人民解放和国家富强团结一致，不懈奋斗。1949 年 6 月，新政协筹备会召开期间，党中央和毛泽东同志就即将成立的新国家的民族制度是否应与苏联相一致的问题征求一些同志的意见。李维汉同志经过调查研究，向党中央和毛泽东同志提出，应实行民族区域自治制度。理由是：第一，我国的民族关系与苏联情况不同。十月革命后苏联少数民族约占全国总人口的 47%，与俄罗斯民族相差不远。而我国少数民族只占全国总人口的 6%，并呈现出“大分散、小聚居”的状态，汉族与少数民族之间往往相互杂居或交错聚居。第二，我国的革命发展情况与苏联不同。列宁、斯大林原来都主张在统一的单一制的国家内实行地方自治和民族区域自治。但从二月革命到十月革命，许多非俄罗斯民族已经分离成不同国家。布尔什维克不得不采取联邦制把各个已经分离的苏维埃模式的国家联合起来，作为走向完全统一的过渡形式。而我国则是各民族在共产党领导下平等联合进行革命，到平等联合建立统一的人民共和国，没有经过民族分离。基于此，李维汉同志建议实行民族区域自治。中共中央和毛泽东同志完全同意李维汉同志的建议，在充分论证的基础上，在对共同纲领草案的修改中，相应增加了“民族政策”一章的内容，筹备会常委会同时决定向参加政协会议的代表进行解释。[1] 按照这一指导思想，《共同纲领》第六章专章规定“民族政策”，第五十一条明确规定了民族区域自治制度：“各少数民族聚居的地区，应实行民族的区域自治，按照民族聚居的人口多少和区域大小，分别建立各种民族自治机关。凡各民族杂居的地方及民族自治区内，各民族

〔1〕 参见黄铸：《民族区域自治制度的由来》，载《人民政协报》2019 年 4 月 25 日。

在当地政权机关中均应有相当名额的代表。”

（三）废除国民党伪法统，建立人民民主法制，为从新民主主义法制向社会主义法治道路过渡做好衔接

经过土地革命、抗日战争，直到解放战争，我们党领导苏区、根据地革命以及各解放区政权建设，实行革命法制，为革命政权由地方区域法治建设实践逐步向全国范围推开积累了有益经验。1949 年 1 月 14 日，毛泽东同志在《关于时局的声明》中提出了“废除伪宪法”“废除伪法统”的号召。在解放战争即将取得全国胜利的背景下，为了彻底废除国民党政权赖以存在的伪法统，澄清革命队伍中存在的对旧法律的模糊认识，为建立和发展新中国的法律制度指明方向，同年 2 月，中共中央发布《关于废除国民党的六法全书与确立解放区的司法原则的指示》。该指示的主要内容包括：一是揭露和批判国民党六法全书的反动本质，宣布予以废除；二是确定解放区司法工作必须以人民政府的新法律为依据，在新的法律未系统颁布前，应该以共产党的政策和人民政府的法令为依据；三是明确要以马列主义毛泽东思想的国家观、法律观教育和改造司法干部，组织他们学习马列主义、毛泽东思想，学习党和政府的新民主主义政策及纲领、法令、条例、决议，提高司法干部的理论水平、政策法律水平及工作能力，清除旧法思想的恶劣影响。

1949 年 9 月，《共同纲领》从法律层面宣布：“废除国民党反动政府一切压迫人民的法律、法令和司法制度，制定保护人民的法律、法令，建立人民司法制度。”这就为彻底推翻反动政权提供了法律依据，为新中国国家政权和宪制秩序的建立提供了法制保障，为新中国法治建设指明了方向。董必武同志曾指出，“在革命胜利以后，我们的人民民主专政的政权废除了旧的法律，这当然是很好的，旧的法律一定要彻底废除，彻底粉碎，不能让它留下任何痕迹。所谓彻底粉碎，是粉碎它的法律系统，因为

旧的法律是代表反动统治者的意志的”。新民主主义法制从区域经验向全国实践铺开，取代原有国民党政权的治理体系，建立人民当家作主的治理体系，这是马克思主义关于无产阶级建政原则、法律观的重大实践，是法治建设史上具有里程碑意义的重大事件，标志着新旧两个时代交替的完成，从根本上改变人们的国家观念、法律观念，为逐步向社会主义法治道路迈进创造了有利条件。事实证明，革命法制对于维护革命秩序、巩固人民民主专政、保护人民的民主权利和合法利益、保障国家经济建设是有决定意义的。[1] 习近平总书记高度评价新民主主义革命的法制建设经验，指出：“新中国成立初期，我们党在废除旧法统的同时，积极运用新民主主义革命时期根据地法制建设的成功经验，抓紧建设社会主义法治，初步奠定了社会主义法治的基础。”[2]

在废除伪法统的同时，我们党着力领导建立人民民主法制。一方面，着手制定人民政权的法律、法令、规章、制度。正如董必武同志所指出的，“我们把旧的打碎了，一定要建立新的。否则就是无政府主义。如果没有法律、法令、规章、制度，那新的秩序怎样维持呢？因此新的建立后，就要求按照新的法律规章制度办事。这样新的法令、规章、制度，就要大家根据无产阶级和广大劳动人民的意志和利益来拟定”。[3] 另一方面，着力领导建立人民司法制度。解放战争前期，除东北解放区外，其他解放区司法机关仍基本沿袭抗日时期的体制和名称。但随着战争形势的发展，到新中国成立前后，大解放区人民政府成立后，相应地建立了大解放区的司法机关，司法审判和司法行政系统逐步分离。比如，1948 年 8 月 16 日，华北临时人民代表大会通过了《华北人民政府组织大纲》，在华北人民政府下设华北人民法院，在华北人民政府主席的领导下行使审判职权，

---

〔1〕 参见董必武：《五年来政治法律工作中的几个问题和加强守法教育问题》，载《董必武政治法律文集》，法律出版社 1986 年版，第 370 页。

〔2〕《习近平总书记系列重要讲话读本》，学习出版社、人民出版社 2016 年版，第 86 页。

〔3〕 参见董必武：《论新民主主义政权问题》（1948 年 10 月 16 日），载中共中央文献研究室、中央档案馆编：《建党以来重要文献选编》（第 25 册），中央文献出版社 2011 年版，第 577-578 页。

并在大区、行署、县三级行政区划设置了人民法院。同时，设置司法部作为华北人民政府的司法行政机关，依据1948年10月制定的《华北人民政府各部门组织规程》，司法部的司法行政管理职能包括以下几项：一是法院监所的设置与变更；二是关于各级司法人员的铨叙[1]教育事项；三是关于民事行政的管理；四是对刑事行政的管理；五是对监所犯人的教育和管理；六是对华北人民法院判决的重大案件进行复核；七是对司法法规的研究和编写。司法与行政的分立是人民司法制度发展的重大进步，为建立新中国的人民司法机关和司法体制的完善积累了宝贵经验。

（四）在新解放城市实施军事管制的特殊行政管理制度

1948年，解放战争进入战略决战后，全国大中城市陆续解放，我们党的工作重心由乡村转向城市。如何接收并管理好这些城市，如何顺利实现这一战略转变是摆在我们党面前的一个亟待解决的重大历史任务。1948年2月，中共中央发出《关于注意总结城市工作经验的指示》，要求：城市工作经验必须引起全党注意。1948年6月10日，中共中央东北局针对在过去收复的城市中曾发生违反党的政策和工商业政策的现象，为把城市接管好，印发了《关于保护新收复城市的指示》，决定："第一，在新占领城市实行短期的军事管理制度。在占领城市初期，必须由攻城部队直接最高指挥机关担任该城的军事管理，所有入城工作的地方党政机关及工作人员，一律听其指挥。""第二，新收复城市初期的军事管理机关及以后的市政府和市委，有全权处理一切违反城市政策和法纪的事件和人犯，但他们必须与上级领导机关及东北行政委员会和东北局有密切联系；一切重大事件，必须事先向上级请示，事后作报告。"第三，攻城及入城部队必须爱护城市，保护工商业并遵守进城纪律。中共中央高度重视这一经验，当即向各中央局、分局批转了这一文件，要求各地党的机关根据中共东北局的

[1] "铨叙"是指按照资历或者成绩，核定官职的授予或升迁。

指示，“照此颁发同样的文件，并切实遵行”。从此，在各新解放的城市，开始实行军事管制制度。[1]

1948年11月15日，中共中央专门发出《关于军事管制问题的指示》，规定了在城市实施军事管制的主要任务。1948年11月30日，中共中央又发出《关于新解放城市中组织各界代表会的指示》，确定以各界代表会为军管初期党和人民政府联系群众的最好组织形式，并规定了代表产生的方式、代表会的职权等具体事宜。随后，人民解放军总部相继颁布《关于新解放区军事管制条例》和《关于新解放城市军事管制时期的各项政策》等，对军管的性质、任务、方式、期限等作了更加明确的规定和要求，从而使军事管制制度不断完善。

1949年9月29日，中国人民政治协商会议第一次全体会议通过的《共同纲领》第十四条规定：“凡人民解放军初解放的地方，应一律实施军事管制，取消国民党反动政权机关，由中央人民政府或前线军政机关委任人员组织军事管制委员会和地方人民政府，领导人民建立革命秩序，镇压反革命活动，并在条件许可时召集各界人民代表会议。”从此，军事管制制度被具有临时宪法性质的《共同纲领》以根本法形式正式确定下来。

（五）实施新民主主义的“三大经济纲领”，为建立新中国奠定坚实的经济基础

从1947年的“十二月会议”[2]、1948年的“九月会议”到1949年的七届二中全会，我们党逐步完整、系统地提出和阐述了新民主主义的“三

[1] 《中央批转东北局关于保护新收复城市的指示》，载《中共中央文件选集》（第17册），中共中央党校出版社1992年版，第209-215页。

[2] 1947年12月25日至28日，中共中央在陕北米脂县杨家沟村举行会议，即“十二月会议”，主要讨论和通过了毛泽东同志所作的《目前形势和我们的任务》报告，其中明确宣布新民主主义革命的三大经济纲领。

大经济纲领”[1]、新民主主义经济建设的指导方针、对私人资本主义经济既保护又限制的思想和政策，为解放战争时期开展土地制度改革、发展民族工商业指明了前进方向。

1. 开展彻底的土地制度改革，真正实现农民“耕者有其田”的千年梦想

改革土地制度、废除封建剥削制度是中国新民主主义革命的主要内容。1946年4月、5月，爆发全面内战的形势日益严峻，为了充分发动农民群众，激发他们发展生产和支援革命战争的热情，中共中央于1946年5月4日发出《关于土地问题的指示》（“五四指示”），决定把抗日战争以来的土地政策由“减租减息”向“耕者有其田”转变，坚决支持和引导广大农民群众进行反奸、清算、减租、减息、退租、退息等斗争，从地主手中获得土地。农村中贫农、雇农占中国农村人口的70%，中农及手工工人占20%以上，地主、富农约占8%，但为了团结和争取一切可以团结和争取的人，建立反封建的广泛统一战线，对各阶级、不同阶层采取了不同政策。即不侵犯中农的土地，对待富农应该着重减租，一般情况下不改变富农对原有土地的收益；对地主中的中小地主，政府应该给予必要的照顾，对开明绅士与大地主豪绅恶霸实行区别对待，对汉奸、豪绅、恶霸要作坚决的斗争，但应给他们留下维持生活所必需的土地，给他们生活的出路。“五四指示”的发出，标志着解放区在土地问题上，开始由抗日战争时期的削弱封建剥削，向变革封建土地关系、废除封建剥削制度过渡。

全面内战爆发后，各解放区党政组织根据“五四指示”精神，结合本地区的实际情况，没收、清算、征购地主土地给农民，还通过献田献地的方式解决农民土地问题。从全面内战爆发到1947年2月，各解放区约有三分之二的地区解决了土地问题，实现了“耕者有其田”。为了总结土地改革经验，推动解放区土地改革运动的进一步发展，经中共中央批准，中共

[1] “三大经济纲领”即没收官僚资本、实行土地制度改革、保护民族工商业。

中央工委于1947年7月至9月在河北省平山县西柏坡村召开了全国土地会议，详细研究了中国土地制度的情况，交流了各解放区实行土地改革的经验，提出了以后进行土地改革的意见，制定并通过《中国土地法大纲》，决定采取彻底平分土地的方针，彻底消灭封建及半封建的土地制度。

《中国土地法大纲》是抗日战争胜利后，中国共产党公开颁布的第一个关于土地制度改革的纲领性文件，为在全国消灭封建剥削的土地制度提供了法律依据。《中国土地法大纲》共16条，其基本内容有：一是废除封建性及半封建性的土地制度，实行耕者有其田的制度；二是规定没收征收土地财产的对象和范围，废除一切地主的土地所有权，被没收、征收的土地财产的范围，除了土地，还有牲畜、农具、房屋、粮食及其他财产；三是规定彻底平分土地的原则和方法，如按乡村全部人口，不分男女老幼，统一分配；四是规定了土地制度改革的执行机关和保证土地改革的措施。据统计，到1949年上半年，在拥有2.7亿人口、面积约230万平方公里的解放区，已全部完成了土地改革，消灭了我国几千年来的封建土地剥削制度，摧毁了旧制度的统治基础，使约1亿农民分得了土地，成为土地的主人。

2. 没收官僚资本，保护民族工商业发展

没收官僚资本、保护民族工商业是新民主主义革命“三大经济纲领”的组成部分。毛泽东同志在1947年的“十二月会议”上，深刻分析了民族资产阶级和官僚资产阶级在半殖民地半封建的中国的地位和它们在性质上的区别，指出“蒋宋孔陈”四大家族垄断了全国的经济命脉，是蒋介石反动政权的经济基础。他同时强调，民族资产阶级和帝国主义没有联系或联系较少，是可以参加新民主主义革命或保持中立，对民族资产阶级及其经营的工商业，必须坚决地毫不犹豫地给予保护，一切于国民经济不是有害而是有益的城乡资本主义成分，还必须允许它们存在和发展。[1] 根据这一指导原则，我们党在解放区制定的法规、发布的布告和宣言中都以法律或条令等形式对保护民族工商业加以确认。1946年4月，中共中央制定

〔1〕 参见《毛泽东选集》（第4卷），人民出版社1991年版，第1254页。

《关于工业政策的决定（草案）》，详细阐述了我们党保护民族工商业、提倡发展私人资本主义的政策。1947年10月10日公布的《中国土地法大纲》第十二条规定“保护工商业者的财产及其合法的营业，不受侵犯”，《中国人民解放军宣言》中明确提出“没收蒋介石、宋子文、孔祥熙、陈立夫兄弟等四大家族和其他首要战犯的财产，没收官僚资本，发展民族工商业，改善职工生活，救济灾民贫民”。针对在实践中出现的侵犯和破坏私营工商业的问题，如土改中没收、分配或破坏地主、富农经营的工商业，将一部分民族资本当作官僚资本没收等，党中央提出了“发展生产、繁荣经济、公私兼顾、劳资两利”的指导方针。1948年2月，中共中央发布《关于工商业政策》，开始从各方面纠正经济工作中出现的“左”的错误。同年3月，《陕甘宁边区政府关于保护工商业的布告》规定：“工商业者的财产及其合法的经营，得受边区法律的保障。如被侵犯，工商业主可依法向政府司法机关提出控告。”同年8月，《华北人民政府施政方针》强调“对于一切遵守人民解放军和人民政府法令的人民和团体，不论其为劳动者、资本家或地主，一律予以保护。保护一切私人财产和工商业”[1]。1949年1月，中共中央发出《关于接收官僚资本企业的指示》，提出“派人去接收官僚资本企业，必须严格地注意到不要打乱企业组织的原来的机构”，要求“对于旧的统治阶级所组织的企业机构，生产机构，在打倒旧的主人换成新的主人之后，则不应加以破坏，而应加以保持，然后依照革命阶级科学准备的水准逐渐地加以改良即可”[2]。

随着解放战争的胜利推进和建设新中国任务的日益临近，在肯定私人资本主义经济重要地位和作用的同时，我们党明确提出了对民族工商业“利用、限制”的政策。1948年10月，毛泽东同志在给刘少奇同志的信中指出：“就我们的整个经济政策说来，是限制私人资本的，只是有益于国

〔1〕张晋藩主编：《中国法制史》（第2版），中国政法大学出版社2014年版，第317页。

〔2〕《关于接收官僚资本企业的指示》，载中共中央文献研究室、中央档案馆编：《建党以来重要文献选编》（第26册），中央文献出版社2011年版，第44-46页。

计民生的私人资本，才不在限制之列。而有益于‘国计民生’，这就是一条极大的限制，即引导私人资本纳入‘国计民生’的轨道之上。”[1] 同时，他又指出：“决不可以过早地采取限制现时还有益于国计民生的私人资本主义经济的办法。”1949 年 3 月，党的七届二中全会提出：“在革命胜利以后一个相当长的时期内，还需要尽可能地利用城乡私人资本主义的积极性，以利于国民经济的向前发展。在这个时期内，一切不是于国民经济有害而是于国民经济有利的城乡资本主义成分，都应当容许其存在和发展。这不但是不可避免的，而且是经济上必要的。”同时指出：“中国资本主义的存在和发展，不是如同资本主义国家那样不受限制任其泛滥的。它将从几个方面被限制——在活动范围方面，在税收政策方面，在市场价格方面，在劳动条件方面。我们要从各方面，按照各地、各业和各个时期的具体情况，对于资本主义采取恰如其分的有伸缩性的限制政策。”“但是为了整个国民经济的利益，为了工人阶级和劳动人民现在和将来的利益，决不可以对私人资本主义经济限制得太大太死，必须容许它们在人民共和国的经济政策和经济计划的轨道内有存在和发展的余地。”[2]

3. 探索建立中央银行制度，加强对经济金融的调控

中央银行是一国金融体系的核心，是制定和执行国家货币金融政策，进行金融调控和监管的最重要的金融机构，国家中央银行制度的确立和执行往往可以决定一国的金融体制和金融发展。新中国的中央银行是中国人民银行，是在革命根据地银行基础上发展起来的。

1947 年春，解放战争进入战略反攻阶段，华北、西北、华东解放区逐步扩大，各解放区之间的贸易往来越来越密切。但货币不统一，不利于物资流通，影响解放区大兵团流动作战。为了发展生产，支援全国的解放战争，中共中央决定召开华北财经会议，并成立华北财经办事处，由董必武

[1] 《毛泽东文集》（第 5 卷），人民出版社 1996 年版，第 177 页。
[2] 《在中国共产党中央委员会第二次全体会议上的报告》，载《毛泽东选集》（第 4 卷），人民出版社 1991 年版，第 1431-1432 页。

同志任主任，统一制定华北地区的财经政策，指导各解放区的财政经济工作。为保障长期战争的军需供给，会议决定各解放区的货币贸易关系应当进行适当调整，实现便利兑换，互相支持。同年 8 月，董必武同志提出筹建中央财政及中央银行，解决各地货币不统一问题。同年 10 月，他专门致电中共中央，建议组建中央银行、发行统一货币、中央银行定名为“中国人民银行”，得到了中央批准。中央同时指出，在当时马上建立全国统一的银行还为时尚早，应该先进行筹备工作。根据中央批示，董必武同志在 1948 年 4 月召开的华北金融贸易会议上提出，由华北解放区的晋察冀边区银行和冀南银行联合掌握货币的比价，7 月又将两家银行合并为华北银行，为中国人民银行的成立做了机构上的准备。

随着解放战争的顺利进行，成立统一银行的时机已经成熟。1948 年 9 月，华北人民政府成立。根据中央的指示，董必武同志于 11 月 22 日签发了《为成立中国人民银行发行统一货币的训令》，决定将原来各根据地分别建立的华北银行、北海银行、西北农民银行合并为“中国人民银行”，以原华北银行为总行，并于 12 月 1 日起，由中国人民银行统一发行人民币，作为当时华北人民政府领导下的解放区的本位货币，统一流通。自此，中国人民银行正式建立，并作为我国的中央银行一直持续经营到现在。

根据华北人民政府法令的规定，中国人民银行是人民政府领导下的中央银行，根据人民政府的授权行使全面的金融管理权。董必武同志领导制定了我国中央银行法律制度，其基本原则主要有两个方面：第一，稳定货币。华北人民政府赋予中国人民银行统一行使货币发行权，规定中国人民银行发行的人民币是唯一的本位货币；同时，赋予中国人民银行收存私营银行的存款准备金，核准外汇汇率及存贷款利率的货币管理权限，从而保证了中国人民银行可以全面制定和执行人民政府的货币政策，确保国家本位货币币值的稳定。第二，独立自主。《华北人民政府各部门组织规程》规定，作为中国人民银行前身之一的华北银行是独立于财政部等其他政府部门的国家机关，独立主管金融行政，代理金库，掌理总会计、生产贷款，负责外汇管理及本币印制发行等事宜。中国人民银行成立之后，其主要职责为发行货币，对私营银行进行监管，制定金银及外汇管理及兑汇制度并负责实施，初步确立了其独立自主的原则。[1]

（六）以人民调解为主体制度开展社会治理新探索

在我国，人民调解制度不仅仅是解决纠纷的一种方式，也是社会治理的重要途径，是在长期革命战争中，随着革命政权的建立而产生的。解放战争时期，随着大城市的相继解放，人民调解制度在总结抗日战争时期调解制度经验的基础上，开始由农村向大城市发展。为了进一步发挥人民调解制度的作用，避免人民因讼争而伤财费时，把更多的力量投入生产和支援前线，1949 年 2 月，华北人民政府依据《华北人民政府施政方针》，制定和颁布了《关于民间纠纷调解的决定》，强调了调解的重要作用，具体规定了调解的组织、调解的范围以及调解工作必须遵守的原则，并明确原则同样适用于城市。该决定要求包括城市在内的“各级政府研究执行，总结经验，创造新的方法”。同年 3 月，天津市人民政府出台了《关于调解程序的暂行规程》，规定调解组织由政府设定，为三级结构，分别设于市政府、区政府、街政府，并规定了调解工作的程序。这推动了城市人民调解工作的开展。

解放战争时期的人民调解制度是以马克思主义为指导，在中国乡土社会传统纠纷调解的背景下，在不断总结根据地建设经验的基础上形成的。人民调解是人民司法的重要补充，华北人民政府在《关于民间纠纷调解的决定》中规定，“凡民事案件，均得进行调解。但不得违反法律上之强制规定”，“凡刑事案件除损害国家社会公共治安及损害个人权益较重者不得

〔1〕参见赵晓耕、曲词：《董必武与华北人民政府的金融立法研究》，载《董必武法学思想研究文集》（第 8 辑），人民法院出版社 2009 年版，第 420-421 页。

进行调解外，其余一般轻微刑事案件，亦得进行调解”。[1] 同时，人民调解制度也是人民民主政权本质的反映，是“人民民主生活之一部”，是由人民政府组织领导、人民选出的代表或人民群众直接参与的人民调解，是一种人民自己管理自己、自己教育自己的组织形式，对于化解民间纠纷、促进人民团结、维护社会秩序、支持人民解放战争夺取全国胜利起到了重要作用。

（七）适应新的军事战略转变，坚持和完善党对军队的绝对领导制度

抗战胜利前夕，中共中央依据当时国际国内形势，在不放弃争取和平民主的同时，着眼应对国民党发动大规模内战的危险，作出了加速实行军事战略转变的决策。为加强新形势下党对军事斗争的领导，1945 年 8 月 23 日，中共中央召开政治局扩大会议，组成了新的中央军委，确定凡属战略方针、政策及建军、作战的一切重大问题均由其决策。在中央军委之下，设总参谋部、总政治部、总后勤部 3 个办事机关，统管全军的军事、政治及后勤工作。

全面内战爆发后，中国革命从自卫战争进入解放战争新阶段。这时，国际形势发生了重要变化，美英等国与苏联之间开始“冷战”，苏联对中国革命持消极态度。敢不敢以革命战争反对反革命战争，能不能打败国民党反动派，便成了我们党必须回答和解决的两个根本性问题。为了进一步加强党对军队的领导，提高军队指战员的政治积极性和自觉性，增强战斗力和纪律性，1947 年 2 月，中共中央发布《关于在军队中组织党委会的指示》，恢复军队中各级党委制，指出，“应根据古田会议决议的原则，组织

[1] 春杨：《完善人民调解　化解社会矛盾——从华北人民政府〈关于民间纠纷调解的决定〉谈起》，载《董必武法学思想研究文集》（第 10 辑）。转引自中国法学会董必武法学思想研究会编：《华北人民政府法令选编》，2007 年版，第 192 页。

军队中各级党委会”，“加强党对军队的领导作用”。[1] 同年 7 月，解放军总政治部颁布《中国人民解放军党委会条例（初稿）》，明确提出党对军队绝对领导的原则，并规定“其组织形式即在军队中设置各级党委员会，而以党委会作为军队之一切领导与团结的核心”[2]。

1947 年 10 月 10 日，毛泽东同志在《中国人民解放军宣言》中发出号召，“我全军将士必须时刻牢记，我们是伟大的人民解放军，是伟大的中国共产党领导的队伍，只要我们时刻遵守党的指示，我们就一定胜利”[3]。该宣言第一次提出了“中国人民解放军”这一全称，明确表明党领导下的革命军队的性质是人民的军队，一再强调这支革命队伍必须坚持党的领导，必须遵守党的指示、执行党的命令。该宣言同时强调了军队的纪律建设问题，指出：“必须提高纪律性，坚决执行命令，执行政策，执行三大纪律八项注意，军民一致，军政一致，官兵一致，全军一致，不允许任何破坏纪律的现象存在。”[4] 同日，中国人民解放军总部颁发《关于重行颁布三大纪律八项注意的训令》，指出“本军三大纪律八项注意，实行多年，其内容各地各军略有出入。现在统一规定，重行颁布。望即以此为准，深入教育，严格执行”。

1947 年 2 月，中央决定成立人民解放军总部，中央军委和人民解放军总部是一个机构两个牌子。人民解放军总部是对外名义，在战争期间实际使用次数不多，主要是以总部名义发布战绩公告以及颁布《解放军口号》和重新颁布《三大纪律八项注意》等。战略决战开始后，1948 年 11 月 21 日，中共中央决定中央军委在对外公开发布命令时，使用“中国人民革命军事委员会”的名称。在整个解放战争时期，中央军委既是人民军队的最高领导机构，也是最高指挥机构。在中央军委之下，设立了战略区和野战

[1] 中央档案馆编：《中共中央文件选集》（第 16 册）（1946—1947），中共中央党校出版社 1991 年版，第 411 页。
[2] 张占斌等：《制度制胜》，中共中央党校出版社 2020 年版，第 189 页。
[3] 《中国人民解放军宣言》，载《毛泽东选集》（第 4 卷），人民出版社 1991 年版，第 1239 页。
[4] 《中国人民解放军宣言》，载《毛泽东选集》（第 4 卷），人民出版社 1991 年版，第 1239 页。

军两套并行的指挥机构。解放战争时期的战略区领导和指挥机构的设置，总体上延续抗日战争时期根据地建设的经验和做法，由中共中央派出中央局，代表党中央对解放区实行党政军一元化领导，战略区最高军事领导和指挥机关为一级军区（也称大军区），与中央局同级并受其领导，下辖一定数量的战斗部队和二级、三级军区。随着战争形势的发展，毛泽东同志提出人民解放军应有计划地走向正规化，1948 年 11 月 1 日，中央军委作出《关于统一全军组织及部队番号的规定》，决定各野战军所属纵队均改为军，军以上设兵团。全军分为四个野战军，并将各野战军番号统一改为按序数排列。

（八）建立完善行政监察制度，强化对权力运行的制约和监督

随着革命形势的发展，国民党占领区和城市相继解放，建立起各级人民政权。为了巩固新生的革命政权，中共中央决定设立监察机构，加强对行政机关及行政事务的监督。1948 年 8 月 16 日，华北临时人民代表大会通过的《华北人民政府组织大纲》第七条和第九条规定，华北人民政府下设的华北人民监察院为行政监察机关，内设人民监察委员会，由院长及华北人民政府委员会任命人民监察委员 5 人至 9 人组成；同时规定，华北人民监察院的任务是检查、检举并决议处分各级行政人员、司法人员、公营企业人员之违法失职、贪污浪费及其他违反政策、损害人民利益之行为，并接受人民对上述人员之控诉。人民监察院的建立，揭开了解放区人民监察制度建设的新篇章。1949 年 4 月 9 日，陕甘宁边区参议会常驻议员会、陕甘宁边区政府委员会联席会议通过《陕甘宁边区政府暂行组织规程》，决定设立人民监察委员会，设主任一人、副主任一人，下设正副秘书长若干人，正副主任由边区政府提交陕甘宁区政府委员会任命，其性质、任务、职权和活动原则与华北人民监察院基本相同。这一监察机构的设立，为建国后人民监察机关的建设提供了有益经验。

监察机关采取了一些具体监察措施，例如：建立每年旧历正月初旬村政大检查制度，奖励模范，批评、处罚失职贪污及其他不法分子。[1] 实行通讯检查员制度，聘请通讯检查员，负责监督检举行政、司法、企业、财经各部门各级公务人员的违法失职、贪污浪费、违反政策、侵害群众利益的行为，促进各工作部门及时纠正错误，发扬优点，改进工作。[2]

[1] 参见赵庆燕：《解放战争时期中共行政监察制度回溯与现实思考》，载《山东省农业管理干部学院学报》2007年第5期。

[2] 参见周磊：《新民主主义革命时期行政监察法制的探索与实践》，载《国家行政学院学报》2016年第5期。

第四章

新民主主义革命时期
国家制度和法律制度建设的经验启示

“凡将立国，制度不可不察也。”整个新民主主义革命时期，我们党从最初建立根据地、开展局部执政时就充分认识到国家制度和法律制度的基础性作用，把制定宪法法律、通过制度实施治理、以革命的制度对付反革命的制度作为重要的建政原则，披荆斩棘、艰苦探索，在半殖民地半封建的农村开创性地建立起红色政权，高高举起新民主主义制度的旗帜，取得了一系列制度建设成果。

一、党高举马克思列宁主义伟大旗帜，第一次在中国大地上开始了不同于以往的人民民主制度的探索实践，开辟出马克思主义国家学说发展的东方道路、新的制度前景

毛泽东同志在总结中国革命和建设的经验时，曾精辟地指出：“领导我们事业的核心力量是中国共产党。指导我们思想的理论基础是马克思列宁主义。”〔1〕我们党之不同于近代史上其他各党各派，就是要以马克思列宁主义为指导，在中国建立社会主义国家，真正实现人民当家作主，真正

〔1〕毛泽东：《为建设一个伟大的社会主义国家而奋斗》（1954 年 9 月 15 日），载《毛泽东文集》（第 6 卷），人民出版社 1999 年版，第 350 页。

建立“代替那存在着阶级和阶级对立的资产阶级旧社会的”，“在那里，每个人的自由发展是一切人的自由发展的条件”的联合体。这个社会革命的政治理想和纲领超越旧中国一切政党派别的主张，是中国人民谋求民族独立、人民解放和国家富强、人民幸福的唯一正确道路。土地革命时期，我们党领导工农群众建立若干个革命根据地，成立全国性苏维埃政权，局部区域实行人民当家作主。抗日战争时期，党根据新形势变化和革命策略的调整，在抗日根据地广泛发动人民群众实行“普遍的彻底的”民主选举，把抗日民主政权牢牢建立在最大民心民意基础上，通过制度建设发展推进了民主、启发教育了人民，为夺取全国政权、建立新民主主义制度进行了民主试验。解放战争时期，党把人民民主的制度设计逐步推广到新解放区，以联合政府的建国构想引导组织各阶级各政党各团体各民族坚决反对国民党一党训政的独裁体制，第一次使中国人民看到了获得真正解放、迎接真正民主的制度曙光，成功开辟出从新民主主义向社会主义过渡的中国道路。

二、坚持守正创新、与时俱进，以毛泽东同志为主要代表的中国共产党人开启了马克思主义中国化的伟大征程，提出并逐步建立了一整套符合中国具体实际的民主政治制度模式

在一个半封建半殖民地的东方大国，要实现社会主义，是5000年来中国人民第一次遇到的重大课题，是马克思主义经典作家著述中没有直接答案的重大课题，是一个从几十个人发展起来的崭新革命政党承担历史使命所遇到的重大课题。中国优秀传统文明在西学思潮冲击下衰落，甚至被全盘否定、几近于抛进故纸堆，留在人民头脑中的只是被封建势力、军阀等所刻意固化的保守意识。旧民主主义革命的失败，使中国革命仿佛走入历史的“死胡同”。十月革命一声炮响，给我们送来了马列主义。我们党以马列主义为指导，彻底改变了中国革命的局面。正如毛泽东同志所指出

的："马克思列宁主义的普遍真理一经和中国革命的具体实践相结合，就使中国革命的面目为之一新。"[1] 新民主主义革命时期的斗争过程和制度实践充分证明，只有把马克思列宁主义的基本原理同中国革命的具体实践正确地结合起来，不断推进马克思主义中国化进程，才能团结带领中国人民改变近代落后挨打的历史，取得对内外敌人的胜利，建立一个无产阶级领导的全新政权。逐步发展完善的新民主主义制度体系根植于中国人民生产生活之中，反映出各族人民对新社会制度的向往和需求，具有很强的历史传承性和文化贯通性，表现出强大的生命力和适配性，得到人民群众的拥护支持，成为支撑今天中国特色社会主义制度百年传承发展的历史逻辑、实践逻辑。例如：人民当家作主制度，无论是苏维埃代表大会、边区参议会还是人民代表会议，都深得人心、深入人心，是千百年来中国人民"民本""民主"思想最彻底、最唯物的表达形式，唤起了工农群众主体意识的觉醒；党的土地制度彻底摧毁了几千年的封建剥削土地所有制，实现了太平天国农民运动到孙中山先生"民生主义"所倡导的"耕者有其田"，解放了生产力，激发了广大农民群众的革命热情，从根子上为解决中国革命首要问题提供了条件；实行民族区域自治制度既符合几千年来我国大一统的制度传统，又符合我国民族状况和实际，既坚持了民族平等，实现从民族压迫时代向民族平等时代的剧变，又促进了民族进步、增进了民族团结，一直延续发展至今。

三、坚持实践是检验真理的唯一标准，推动党对未来制度的设计从纲领走向实际、从书面走入实践，经过实践反复检验将制度建设的执政预演推向全国直至取得全面胜利

毛泽东同志指出："真理只有一个，而究竟谁发现了真理，不依靠主观的夸张，而依靠客观的实践。只有千百万人民的革命实践，才是检验真

[1] 毛泽东：《改造我们的学习》，载《毛泽东选集》（第3卷），人民出版社1991年版，第796页。

理的尺度。”[1] 国家制度和法律制度不仅仅是绘在纸上的蓝图，更是具有实践性的执行方案。以毛泽东同志为代表的共产党人坚持将红色政权牢固掌握在人民手中，将党的意志和人民意愿统一于人民代表机关转化为国家制度和法律制度，将党的方针和政策通过政权机关付诸实施执行，将党的纲领和主张转化为人民群众当家作主的热情和真实行动。这是我们党将他人他党看似虚无缥缈的幻想变为现实的过程，是我们党矢志不渝将党的纲领所描绘的蓝图转化为领导政权制度建设的探索过程，是我们党励精图治在实践中检验制度、完善制度最终建立新中国国家制度的奋斗过程。28 年国家制度和法律制度的建设史、探索史、奋斗史，最后归结为新中国的国体这一制度基石。艰难困苦，玉汝于成。萌芽于江西瑞金幅员较小区域的红色政权及国家制度和法律制度，在党坚持和发展马克思列宁主义的过程中，在中国革命斗争的波澜壮阔的历程中，逐步发展完善，成长为一整套可安定辽阔疆域、适应亿万人民、支撑新中国屹立于世界东方的制度体系，成功实现了从新民主主义制度到社会主义制度的过渡，并为中国社会主义建设、改革提供了政治和制度基础。

“我们不但善于破坏一个旧世界，我们还将善于建设一个新世界。”[2] 建立一个真正属于人民的新世界，建立一个保证人民当家作主的人民民主专政国家，制度是基石，法律是骨干。新民主主义革命时期，军事斗争艰苦卓绝，制度建设历尽艰难，成果来之不易，经验无比宝贵。我们党正是通过加强制度建设、发挥制度优势，调动最广大人民群众的革命热情，团结一切可以团结的力量，不断巩固前线斗争的胜利成果，为一线斗争提供坚实的支撑，赢得了先进政权对反动制度的全面胜利、人民民主对独裁专制的全面胜利，为社会主义制度发展史提供了中国智慧和中国样本。

习近平总书记强调，要深刻认识红色政权来之不易，新中国来之不

---

〔1〕毛泽东：《新民主主义论》，载《毛泽东选集》（第 2 卷），人民出版社 1991 年版，第 663 页。
〔2〕毛泽东：《在中国共产党第七届中央委员会第二次全体会议上的报告》，载《毛泽东选集》（第 4 卷），人民出版社 1991 年版，第 1439 页。

易，中国特色社会主义来之不易。我们党领导新民主主义制度建设的成果及其探索过程，是马克思列宁主义国家学说与中国革命实际相结合的生动实践，是我们党立足中国大地、传承中华制度文明、立志缔造新世界的丰硕成果，是无数革命先烈前仆后继、孜孜以求用鲜血和生命铸就的制度丰碑，充分展现出以毛泽东同志为代表的老一辈无产阶级革命家的雄才伟略、远见卓识，充分展现出中国人民期盼在中国共产党正确领导下独立自主走出一条自己的道路、在东方大国建成社会主义的坚强意志和革命热忱。基于对新民主主义国家制度和法律制度的探索和实践，我们党找到了建立新中国进而向社会主义发展的中国道路，全力构建出人民民主专政国家的崭新图景，成为建立完善、巩固发展社会主义制度的先声，并孕育出许多贯穿中国革命、建设和改革行之有效的国家制度和法律制度，开启了坚持党的领导、人民当家作主和依法治国有机统一的现实路径，对于坚定中国特色社会主义道路自信、理论自信、制度自信和文化自信具有深远的历史意义。

第二编　奠基发展

习近平总书记指出："我们党领导人民进行社会主义建设，有改革开放前和改革开放后两个历史时期，这是两个相互联系又有重大区别的时期，但本质上都是我们党领导人民进行社会主义建设的实践探索。""两者决不是彼此割裂的，更不是根本对立的。"〔1〕新中国成立至改革开放前的30年，是百年建党史、70多年建国史中十分重要、具有承上启下意义的历史阶段，既有辉煌成就，也有曲折徘徊。这30年，中国共产党团结带领人民制定《共同纲领》、1954年宪法，确定了国体、政体、国家结构形式，建立了国家政权组织体系；完成土地制度改革，进行社会主义改造，确立社会主义制度，成功实现了中国历史上最深刻最伟大的社会变革。1956年至1978年，党团结带领人民不断探索适合国情的发展道路和国家制度，在探索中前进、在曲折中发展，积累了正反两方面经验。

〔1〕习近平：《关于坚持和发展中国特色社会主义的几个问题》，载《求是》2019年第7期。

第一章

1949 年新中国成立和社会主义制度的建立时期

国家制度和法律制度的全面创建

1949 年我国实现了民族独立，建立了人民当家作主的新中国，1956 年基本完成社会主义改造，实现了新民主主义向社会主义的历史性转变，为当代中国一切发展进步奠定了根本政治前提和制度基础。在这段历史时期，我们党领导中国人民，基本完成对生产资料私有制的社会主义改造，初步建立起社会主义基本制度，实现中国历史上最深刻的社会变革。与此同时，党领导人民进行了艰辛的实践探索，逐步形成党的领导和经济、政治、文化、社会、生态文明、军事、外事等一系列支撑社会主义制度的根本制度、基本制度、重要制度，为加强和完善国家治理奠定了坚实基础。

一、国内国际背景

1949 年 9 月，中国人民政治协商会议第一届全体会议在北平（今北京）中南海怀仁堂举行。会议集中全国各族人民的意志，宣告中华人民共和国成立，通过了具有临时宪法性质的《共同纲领》，组织起中国人民自己的中央政府。1949 年 10 月 1 日，毛泽东主席在开国大典上庄严宣告："中华人民共和国中央人民政府今天成立了。"中华人民共和国的成立，开启了中华民族伟大复兴的历史新纪元，从根本上结束了 100 多年来中华民族遭受帝国主义侵略压迫的历史，改变了中国社会半殖民地半封建的性质，使中国成为真正具有独立主权的国家；从根本上改变了旧中国军阀混战、战乱频仍的历史，形成了国家基本统一，国内各民族、各阶层人民空前团结的社会政治局面，使中华民族呈现出美好光明的前景；冲破了帝国主义的东方战线，极大地改变了世界的政治格局，壮大了世界和平民主和社会主义力量，对世界历史进程产生了深远积极的影响。[1]

新中国成立之初，新生人民政权面临着错综复杂的国内形势和国际环境。[2] 首先，国内面临许多突出问题和困难。军事上，人民解放战争虽已取得基本胜利，但还没有完全结束。国民党还有上百万军队在西南、华南和沿海岛屿负隅顽抗，大批残余力量勾结恶霸土匪势力在新解放区同人民政权对抗，严重危及社会政治新秩序的建立和稳定。经济上，新中国继承的是一个十分落后的千疮百孔的烂摊子，生产萎缩，交通梗阻，民生困苦，失业者众多，给国民经济的恢复带来极大困难。其次，从国际环境看，以美国为首的帝国主义国家，对新中国采取不承认和敌视的态度，进行封锁打压和威胁。有些周边新兴民族独立国家对新中国还不了解，存有各种疑虑。总之，新中国在国内形势和国际环境方面都面临严峻考验。

新中国成立的头 3 年，党领导全国各族人民进行土地改革，促进经济生产发展，国内形势显著好转，国际形势争取到主动。从政治上看，肃清国民党在大陆的残余力量，剿匪反霸，镇压反革命，召开地方各级人民代表会议，建立各级人民政权，健全人民民主专政的国家制度。从经济上看，接收帝国主义在华资产，没收官僚资本企业归国有，完成新解放区土地制度改革，发展新民主主义经济，胜利完成繁重的社会改革任务。从国际环境看，美国派兵发动对朝鲜全面战争，同时派遣第七舰队入侵台湾海峡，严重威胁新中国国家安全。党中央作出“抗美援朝，保家卫国”的决

---

〔1〕 参见中共中央党史研究室：《中国共产党历史》（第 2 卷）（1949—1978）（上册），中共党史出版社 2011 年版，第 16-17 页。

〔2〕 参见中共中央党史研究室：《中国共产党历史》（第 2 卷）（1949—1978）（上册），中共党史出版社 2011 年版，第 3、20-21 页。

策，毅然派遣中国人民志愿军赴朝作战。历经两年九个月的军事、政治较量，中国人民取得了抗美援朝的伟大胜利。一方面，顶住了美国侵略扩张的势力，维护了亚洲和世界的和平，使新中国的国际威望空前提高。另一方面，巩固了我国东北边疆，为国家的经济建设和社会改革争取到了一个相对稳定的和平环境。

1952年我国面临的形势是，土地改革在全国范围内基本完成，恢复国民经济的任务顺利实现，抗美援朝取得伟大胜利。形势的发展表明，国家具备了开展大规模经济建设的条件。[1] 在取得巨大成绩的同时，我国社会生活中也出现和积累了一些新的矛盾。在农村，主要是土改以后农民分散落后的个体经济难以满足城市和工业发展对粮食和农产品原料不断增长的需要，而土改后农村中出现某种程度的贫富差距又引起党对两极分化的关注。在城市，工人阶级同资产阶级之间限制和反限制的斗争，给经济生活带来很大影响。国家开始有计划的经济建设，需要把有限的资源、资金和技术力量集中使用到重点建设上来，而私人资本主义经济则要求扩大自由生产和自由贸易来发展自己，这就不可避免地引起矛盾和冲突。现实的发展，需要党采取新的方针来解决社会经济中的矛盾问题。[2] 1953年，我们党根据国内经济、政治条件及国际形势的变化，正式提出党在过渡时期的总路线，采取社会主义工业化和社会主义改造同时并举的方针，动员全党全国人民为实现总路线规定的任务而奋斗。以过渡时期总路线为指针，我国开始实行有计划的经济建设和对生产资料私有制的社会主义改造，同时加强民主与法制建设，制定和实施《中华人民共和国宪法》，确立根本政治制度、基本政治制度，推进教育科学文化建设和国防现代化建设。在此期间，新中国坚持独立自主原则，奉行和平外交方针，初步争取到一个有利于国家建设的国际和平环境。到1956年，我国执行第一个五

---

〔1〕 参见中共中央党史研究室：《中国共产党历史》（第2卷）（1949—1978）（上册），中共党史出版社2011年版，第184页。

〔2〕 参见中共中央党史研究室：《中国共产党的九十年》（社会主义革命和建设时期），中共党史出版社、党建读物出版社2016年版，第416-417页。

年计划的工业建设进展顺利，对农业、手工业和资本主义工商业的社会主义改造基本完成，社会主义基本制度在我国建立起来。

二、党的理论指导

从1949年10月新中国成立到1956年基本完成社会主义改造、建立社会主义制度，党和国家始终坚持以毛泽东思想为指导思想，同时也在实践中丰富和发展毛泽东思想。在长期的革命斗争中，以毛泽东同志为主要代表的中国共产党人深刻分析中国基本国情，确定党领导人民实现社会主义必须分“两步走”，即新民主主义革命和社会主义革命。

第一步，先实现反帝反封建的新民主主义革命纲领：“建立工人阶级（经过共产党）领导的以工农联盟为基础的人民民主专政的国家政权；实行多种经济成分在社会主义性质的国营经济领导下分工合作、各得其所的经济制度；提倡发展新民主主义的即民族的科学的大众的文化。”[1] 1949年9月，“中国人民政治协商会议一致同意以新民主主义即人民民主主义为中华人民共和国建国的政治基础”[2]。正如毛泽东同志所指出的，这是中国革命在一定的历史时期中所采取的“过渡的国家形式”[3]。根据上述新民主主义的革命纲领，从1949年10月新中国成立到1953年提出过渡时期总路线，我们党领导全国各族人民在实现民族独立和人民解放的基础上，对近代中国留下的政治遗产、经济遗产和文化遗产进行了既慎重又比较彻底的清理和改造，取得了祛除腐败政治、改组国民经济、安定社会秩序、形成全民族共识、增强社会凝聚力、保卫国家安全、树立崭新国家形

---

〔1〕 中共中央党史研究室：《中国共产党历史》（第2卷）（1949—1978）（上册），中共党史出版社2011年版，第5页。

〔2〕《中国人民政治协商会议共同纲领》，载中共中央文献研究室编：《建国以来重要文献选编》（第1册），中央文献出版社1992年版，第1-2页。

〔3〕 毛泽东：《新民主主义论》（1940年1月），载《毛泽东选集》（第2卷），人民出版社1991年版，第676页。

象的巨大成功。[1] 政治上，建立了以工人阶级（通过中国共产党）领导的、以工农联盟为基础的人民民主专政的国家政权。经济上，没收官僚资本企业，基本完成土地改革，从根本上扫除了长期束缚生产力发展的严重障碍，使社会生产力获得前所未有的大解放。社会上，旧中国极不合理的社会结构得到彻底改变，过去占人口极少数的地主阶级和官僚资产阶级所垄断的社会政治权力及其拥有的巨大社会财富，转移到了占人口绝大多数的普通工农大众和各阶层人民的手中，开辟了人民翻身解放、当家作主的新时代。文化上，党领导人民努力消除封建的买办的思想影响以及帝国主义文化侵略的恶果，有步骤地改革文化教育事业，树立起马克思列宁主义、毛泽东思想占主导地位的文化意识形态。[2]

第二步，从新民主主义革命转入社会主义革命，全面实现社会主义改造，正式建立社会主义制度。“关于完成新民主主义到社会主义的过渡的准备”，毛泽东同志在全国解放前夕就提出：“我国在经济上实现民族独立，还要一二十年时间。我们要努力发展经济，由发展新民主主义过渡到社会主义。”[3] 当时设想，先经过10年到15年的新民主主义经济建设，工业发展了，国营经济壮大了，再实行工业国有化和农业集体化。正如1950年6月毛泽东同志所说：“我们的国家就是这样地稳步前进，经过战争，经过新民主主义的改革，而在将来，在国家经济事业和文化事业大为兴盛了以后，在各种条件具备了以后，在全国人民考虑成熟并在大家同意了以后，就可以从容地和妥善地走进社会主义的新时期。”[4] 但是到了1952年，我国社会中的社会主义因素不断增长，不仅在政治上而且在经济

[1] 参见中共中央党史研究室：《中国共产党历史》（第2卷）（1949—1978）（上册），中共党史出版社2011年版，第179页。

[2] 参见中共中央党史研究室：《中国共产党历史》（第2卷）（1949—1978）（上册），中共党史出版社2011年版，第147页。

[3] 毛泽东：《在中共中央政治局会议上的报告和结论》（1948年9月），载中共中央文献研究室编：《毛泽东文集》（第5卷），人民出版社1996年版，第146页。

[4] 毛泽东：《在全国政协一届二次会议上的讲话》（1950年6月），载中共中央文献研究室编：《毛泽东文集》（第6卷），人民出版社1999年版，第80页。

上已居于领导地位，非社会主义因素不断受到限制、改造。党的认识也随着实践的发展而逐渐深化。1952 年 9 月，毛泽东同志提出“中国怎样从现在逐步过渡到社会主义去”的指导方针和大致设想。〔1〕 1953 年 6 月，毛泽东同志代表党中央在中央政治局扩大会议上首次提出了党在过渡时期总路线的基本内容，即“逐步实现国家的社会主义工业化，逐步实现国家对农业、手工业和资本主义工商业的社会主义改造”〔2〕，并对从新民主主义过渡到社会主义的方法、途径和步骤等进行了广泛动员和周密部署。党的七届四中全会通过决议，正式批准这条总路线。1954 年 9 月，过渡时期总路线的内容载入宪法。这是党依据新中国成立后的经济、政治条件的新变化作出的重大决策，是党的总路线、总任务及发展战略的重大转变，在中华人民共和国历史发展上具有转折性的意义。按照党中央的决策部署，农业合作化加快完成、农村集体所有制正式建立，手工业合作化基本完成，资本主义工商业实行全行业公私合营。到 1956 年年底，我国基本上完成了对生产资料私有制的社会主义改造，标志着党领导人民实现了从新民主主义到社会主义的历史转变。

三、制度构建和实践探索

（一）建立健全党的领导制度，确保中国共产党成功执政并长期执政

新中国的成立，标志着我们党的地位发生了根本性的变化，开始从领导人民为夺取全国政权而奋斗的党，变为领导人民掌握全国政权、进行社会主义革命和建设，并长期执政的党。为了切实担负起领导全国各族人民

〔1〕 参见中共中央党史研究室：《中国共产党历史》（第 2 卷）（1949—1978）（上册），中共党史出版社 2011 年版，第 185 页。

〔2〕 中共中央党史研究室：《中国共产党的九十年》（社会主义革命和建设时期），中共党史出版社 2016 年版，第 418 页。

建设新生活的重任，我们党适应建国初期复杂的国际国内环境，深入总结建党以来的经验教训，加强和改善党的领导，形成并健全党领导国家工作的制度，不断提高党科学执政、民主执政、依法执政水平，行之有效地领导和管理纷繁复杂的国家事务和社会生活。这是事关中国共产党生死存亡的大事，关系到党能否在新中国成立后成功执政并长期执政，关系到新生的人民政权能否巩固，关系到社会主义制度能否在中国顺利建立起来。

一是，继续坚持和巩固党的领导。建国之初，各级政权机构尚处于初创阶段，而党的领导机关和各级组织则比较严密、健全，对党政军民各项工作的具体领导有着丰富的经验。同时，肃清残余敌人、镇压反革命和抗美援朝的政治和军事斗争，需要一个权力集中的指挥中心；经济恢复和民主改革的繁重任务，也需要强有力的组织领导。因此，党在抗日战争时期形成的领导方式继续延续下来，其基本内涵包括：党的中央局及地方党委为各该地区的最高领导机关，统一各地方党政军民工作的领导；中央局及各级党委的决定、指示，同级政府的党团（后为党组）、军队的军政委员会以及群众团体的党团及党员，均须无条件执行。这对于统一指挥、集中力量、协调一致地完成经济恢复和民主改革任务，起到重要作用。

二是，适时调整党的领导方式。随着各级人民政权的建立，党从过去战争环境下在局部地区直接行使行政职能，转变为和平环境下在全国范围内执掌国家政权，这就要求在加强党的领导的同时，注意领导方式调整和转变，防止出现党政不分、以党代政问题。1949 年 10 月，根据党中央要求，中共中央宣传部和新华总社就宣传工作中应注意事项发出指示：“在中央人民政府成立后，凡属政府职权范围者应由中央人民政府讨论决定，由政府明令颁布实施。其属于全国范围者应由中央政府颁布，其属于地方范围者由地方政府颁布，不要再如过去那样有时以中国共产党名义向人民发布行政性质的决定、决议或通知。"[1] 1950 年 4 月，周恩来同志在全国统战工作会议上说明：我们已经在全国范围内建立了国家政权，而我们党在政权中又居于领导地位，所以一切号令应该经政权机构发出。这点中央已经注意到，各级也应该注意。他还强调："党政有联系也有区别。党的方针、政策要组织实施，必须通过政府，党组织保证贯彻。"[2]

三是，建立党组制度和请示报告制度。为了在中央人民政府成立后保证党对政府工作的领导，1949 年 11 月，中共中央作出《关于在中央人民政府内组织中国共产党党委会的决定》和《关于在中央人民政府内建立中国共产党党组的决定》。根据上述决定，党中央成立中央政治局和书记处领导的财经小组、政法小组、科学小组、文教小组、外事小组，全面领导各项工作。各级政府党委的职能主要是依据中央人民政府的政策决议，保证政府部门各项行政任务的完成。同时，为了在工作中贯彻党的政治路线及各项政策，在中央人民政府所属各委、部、会、院、署、行，由负责该工作的共产党员组成党组，党中央一切有关政府工作的决定、指示，党组必须保证执行，不得违反。1953 年 3 月，中共中央作出《关于加强中央人民政府系统各部门向中央请示报告制度及加强中央对于政府工作领导的决定》。在新中国成立初期，各国家机关的领导人员中包括许多非党民主人士，按照党组系统向党中央请示报告工作，有利于通过党组在政府部门执行党的政策和决定，有利于加强党员干部和非党干部的团结。党组制度和请示报告制度由中央国家机关推及地方各级政府部门，包括各级政协组织、人民团体等，一直坚持下来，对于正确处理党政关系，加强党的全面领导发挥了重要作用。

四是，加强党的团结制度。1954 年 2 月，党的七届四中全会通过《关

---

〔1〕中共中央党史研究室：《中国共产党历史》（第 2 卷）（1949—1978）（上册），中共党史出版社 2011 年版，第 173 页。

〔2〕周恩来：《发挥人民民主统一战线积极作用的几个问题》（1950 年 4 月 13 日），载中共中央统一战线工作部、中共中央文献研究室编：《周恩来统一战线文选》，人民出版社 1984 年版，第 174、175 页。

于增强党的团结的决议》，强调党的团结是党的生命，要求全党尤其是党的高级干部提高维护党的团结的自觉性，同一切破坏党的团结、损害中央威信、妨碍中央统一领导的言论和行动作坚决斗争；党的团结的唯一中心是党中央，必须把任何地区、任何部门的党的组织及其工作看作是在中央统一领导下的整个党及其工作的不可分割的一部分。该决议告诫全党：党的团结的重要保证之一是严格遵守民主集中制和集体领导的原则，必须反对把自己领导的地区和部门当作独立王国，反对把个人放在组织之上，反对不适当地过分地强调个人的作用，反对骄傲情绪和个人崇拜；全党高级干部的重要政治活动和政治意见应该向所属的党组织报告和反映，其关系特别重大者，应直接向党中央政治局、书记处或中央主席报告和反映；如果避开党组织和党中央，进行和散布个人或小集团的政治活动和政治意见，这在党内就是一种非法活动，就是违反党的纪律、破坏党的团结的活动，必须加以反对和禁止。[1]

五是，坚持党管干部原则。建国初期，国家处于千疮百孔、百废待兴的极端困难状态，迫切需要一大批信仰坚定、德才兼备的干部，投身新中国各条战线、各个行业的建设与发展。适应新形势，党中央在干部人事制度方面，坚持实行党管干部的原则，即国家的一切干部都要按照党的有关方针政策和原则实行统一的管理。除军队干部实行单独管理外，其余所有干部都统一由中央和各级党委的组织部门管理。政府和有关组织的人事部门是党管理干部的一种组织形式，受同级党委组织部的指导。大规模经济建设开始后，国家工作的分工日益细密，各部门的组织机构日益增多，干部队伍迅速扩大，且大多数干部需要在专业工作中相对稳定下来，不再像过去那样频繁地调动。在新的情况下，单靠党的组织部门来管理包括党政军民学、工交商贸农等门类复杂、为数众多的干部，已经不能完全适应形势发展的需要。为此，中共中央于1953年11月发出《关于加强干部管理

〔1〕 参见中共中央党史研究室：《中国共产党历史》（第2卷）（1949—1978）（上册），中共党史出版社2011年版，第293页。

工作的决定》，提出改变现行干部管理办法，逐步建立在中央及各级党委统一领导下，在中央及各级党委的组织部统一管理下的分部分级管理干部的制度。[1] 这是我们党根据大规模经济建设开始后新的形势变化，对革命战争时期沿袭下来的干部管理办法的一次重要改革，但这并没有改变党管干部原则。

六是，探索国营企业党的领导制度。新中国成立后，党对此作过许多探索。先是在工作基础、干部条件较好的东北地区实行厂长负责制（即苏联通行的“一厂制”）。1953 年开始大规模经济建设后，中共中央要求在国营企业中“建立和健全各种责任制度，特别是厂长负责制和生产调度的责任制”[2]。1954 年各地区陆续实行厂长负责制，但在实践中遇到两方面的问题。其一，许多企业的党组织不善于把政治工作同经济工作很好地结合起来，往往包办替代行政工作，使厂长处于有职无权的地位。其二，对厂长与党委的职权范围缺乏明晰的规定，某些企业的行政负责人有忽视党和群众监督的倾向，一些重大问题不经管理委员会讨论即由个人决定。针对这些问题，中央书记处第三（工业）办公室于 1955 年集中进行了几个月的调查研究，在行政领导与党委职权的划分及两者的关系方面进行了讨论。1956 年 2 月，有关改进国营企业领导制度的问题提交中央政治局研究，经反复研究，党中央认为还是要在党委领导下实行分工负责。同年 9 月，党的八大正式确定国营企业实行党委领导下的厂长负责制。[3]

总体来看，建国初期，建立和完善党的领导制度，加强了执政党对政府工作、中央对地方工作的集中统一领导，对实现党和国家在过渡时期的总路线，顺利完成第一个五年计划，起到了极为关键的作用。

---

〔1〕 参见中共中央党史研究室：《中国共产党历史》（第 2 卷）（1949—1978）（上册），中共党史出版社 2011 年版，第 259 页。

〔2〕 中共中央党史研究室：《中国共产党历史》（第 2 卷）（1949—1978）（上册），中共党史出版社 2011 年版，第 260 页。

〔3〕 参见中共中央党史研究室：《中国共产党历史》（第 2 卷）（1949—1978）（上册），中共党史出版社 2011 年版，第 260 页。

（二）建立健全人民当家作主制度体系，确保国家权力牢牢掌握在人民手中

政治制度是一个国家最重要的制度，反映社会制度的阶级本质，体现国家的道路选择。根据《共同纲领》和1954年宪法，中华人民共和国的国体是工人阶级领导的、以工农联盟为基础的人民民主专政；政体是实行民主集中制的人民代表大会制度；政党制度是中国共产党领导的多党合作和政治协商制度；国家结构形式是统一的多民族国家和在单一制国家中的民族区域自治制度。这些制度初步形成了人民当家作主制度体系。

1. 确定中华人民共和国的国体和政体

政治制度的核心是国体、政体问题。国体讲的是国家的性质，也就是由谁掌握国家权力；政体讲的是国家政权组织形式，也就是占统治地位的阶级怎样掌握国家权力。党深刻总结中国近代政治发展历程和建立新型人民民主政权的实践，得出一个重要结论：新民主主义革命胜利后建立的政权，只能是工人阶级领导的、以工农联盟为基础的人民民主专政；同这一国体相适应的政权组织形式，只能是民主集中制的人民代表大会制度。

随着解放战争的节节胜利，建立全国统一的人民民主政权，摆上了我们党的议事日程。《共同纲领》规定："中华人民共和国为新民主主义即人民民主主义国家，实行工人阶级领导的、以工农联盟为基础的、团结各民主阶级和国内各民族的人民民主专政，反对帝国主义、封建主义和官僚资本主义，为中国的独立、民主、和平、统一和富强而奋斗。""中华人民共和国的国家政权属于人民，人民行使国家政权的机关为各级人民代表大会和各级人民政府。各级人民代表大会由人民用普选方法产生之，各级人民代表大会选举各级人民政府。"这标志着人民民主专政的国体和人民代表大会制度的政体被正式确立下来。但是，由于当时一些地方的军事行动还未结束，在全国范围内组织普选的条件还不具备，《共同纲领》又规定，

“在普选的全国人民代表大会召开以前，由中国人民政治协商会议的全体会议执行全国人民代表大会的职权”，“在普选的地方人民代表大会召开以前，由地方各界人民代表会议逐步地代行人民代表大会的职权”。

建国初期，党中央在恢复经济生产、开展社会主义建设、推进国家统一的同时，高度重视政权建设，积极探索和实践人民代表大会制度。毛泽东同志对开好各级各界人民代表会议十分重视，指出：如果全国一千几百个县都能开起全县各界人民代表会议，并能开得好，“那就会对于我党联系数万万人民的工作，对于使党内外广大干部获得教育，都是极重要的”。[1] 1951年4月，政务院发出《关于人民民主政权建设工作的指示》，要求各级政府必须按期召开人民代表会议；各级人民政府的一切重大工作，应向同级人民代表会议提出报告，并在代表会议上进行讨论与审查；一切重大问题应经人民代表会议讨论决定。到1952年年底，人民代表会议形成一项经常的制度，在全国普遍实行。通过这一组织形式，各级人民政府也在民主建政实践中提高了行政效率和组织管理能力。

经过三年多的努力，国家各项工作走上新的轨道，人民的组织程度、觉悟水平有了很大提高，召开普选的人民代表大会条件已经成熟。1953年2月，中央人民政府委员会审议通过选举法。3月，中央选举委员会发出了《关于基层选举工作的指示》。从1953年下半年开始，在全国范围内进行了我国历史上第一次规模空前的普选工作。[2] 这次普选，极大地激发了广大人民群众翻身解放、当家作主的热情，增进了人民的民主意识，把中国的民主生活向前推进了一大步。

1954年6月至7月，全国各县、区级全部召开了人民代表大会。7月底至8月中旬，各省、自治区、直辖市先后召开了人民代表大会会议。经

---

〔1〕 参见毛泽东：《开好县的各界人民代表会议是一件大事》（1949年10月13日），载《毛泽东选集》（第6卷），人民出版社1999年版，第4页。

〔2〕 据1953年6月30日进行的普查，全国人口总数近6.02亿，其中登记选民为3.23亿人，占选举地区18周岁以上人口总数的97.18%。普选中，参加投票的选民达2.78亿人，占登记选民总数的86%。到1954年8月，各地共选出地方人大代表566万余名。

由各省、自治区、直辖市和较大的市人民代表大会以及中国人民解放军、华侨等方面选举，产生了第一届全国人民代表大会的代表1226名。1954年9月，一届全国人大一次会议在北京隆重举行，标志着人民代表大会制度正式建立。

1954年宪法继承了《共同纲领》对国体和政体的规定，同时又作了发展：中华人民共和国是工人阶级领导的、以工农联盟为基础的人民民主国家；国家的一切权力属于人民。人民行使权力的机关是全国人民代表大会和地方各级人民代表大会；全国人民代表大会是最高国家权力机关；全国人民代表大会设立常务委员会，作为它的常设机关，在全国人大闭会期间，由常务委员会依照宪法的规定行使最高国家权力机关的部分职能。

正是由于毛泽东同志等老一辈无产阶级革命家的深思熟虑和长远谋划，正是由于全国各族人民对人民当家作主的热切期盼和积极参与，正是由于《共同纲领》和1954年宪法奠定的坚实宪制基础，人民民主专政的国体和人民代表大会制度的政体建立后，焕发出勃勃生机。到1957年年底，一届全国人大及其常委会先后召开4次全国人民代表大会会议、89次常委会会议，通过80多件法律法令及有关法律问题的决定，审查批准和决定了“一五”计划、年度经济计划和财政预算、综合治理黄河方案等一批重大问题，有力地促进了“三大改造”和“一五”计划的提前完成。地方各级人大也围绕党和国家的中心任务，积极开展工作，推动了社会主义事业健康发展。

2. 确立中国共产党领导的多党合作和政治协商制度

建立符合中国特点的政党制度，是新中国民主政治建设的重要方面。在革命中，各民主党派、无党派民主人士积极响应我们党的政策主张，共同为中国革命作出了贡献。经过革命中的相互合作、反复比较，他们积极响应我们党建议召开新政治协商会议、成立民主联合政府的号召，郑重选择并公开声明愿在中国共产党领导下，反对国民党专制独裁统治，共同为建立新中国而奋斗。1949年9月，中国人民政治协商会议第一届全体会议召开，标志着我们党领导的多党合作和政治协商制度正式确立起来。中国人民政治协商会议组织法明确规定：中国人民政治协商会议为全中国人民民主统一战线的组织，在普选的全国人民代表大会召开以前，中国人民政治协商会议全体会议执行全国人民代表大会的职权；在全国人民代表大会召开以后，就有关国家建设事业的根本大计或重要措施，向全国人民代表大会或中央人民政府委员会提出建议案。

新中国成立后，这一制度得到了很好实施。比如，中央人民政府的组成，既坚持了党的领导，体现工人阶级领导国家政权的根本属性；又坚持人民民主原则，各民主党派参加政府，加强团结合作、政治协商，形成统一战线政权。政府领导成员的遴选，均由我们党同各民主党派反复协商后提名。中央人民政府委员会6位副主席中，共产党员3人，民主党派和无党派民主人士3人；中央人民政府委员会56名委员中，共产党员29人，民主党派和无党派民主人士27人。政务院4位副总理中，共产党员2人，民主党派和无党派民主人士2人；15位政务委员中，共产党员6人，民主党派和无党派民主人士9人。政务院所辖4个委员会和30个部、会、院、署、行等机构中，担任正职的共产党员20人，民主党派和无党派民主人士14人〔1〕。中央人民政府的组成，充分反映了我们党团结各民主党派、无党派民主人士一道反对帝国主义及国民党反动独裁统治，共同创建新中国的历史进程，更是贯彻落实党领导的多党合作和政治协商制度的生动实践。建国初期，正是通过这个制度的建立和实施，有效弥补了党的工作重心由农村转入城市、在许多方面管理经验不足的问题，有效团结和带动了各方面力量为建设新中国而共同奋斗。

1954年宪法在序言中对过渡时期统一战线的重要性和政治基础作了明

〔1〕 他们是：文化教育委员会主任兼中国科学院院长郭沫若、人民监察委员会主任谭平山、轻工业部部长黄炎培（兼）、邮电部部长朱学范、交通部部长章伯钧、农业部部长李书城、林垦部部长梁希、水利部部长傅作义、文化部部长沈雁冰、教育部部长马叙伦、卫生部部长李德全、司法部部长史良、华侨事务委员会主任何香凝、出版总署署长胡愈之。上述民主人士中，后来个别同志恢复了共产党党籍，有少数同志加入了共产党。

确阐述，为党领导的多党合作和政治协商制度夯实了宪法基础：“我国人民在建立中华人民共和国的伟大斗争中已经结成以中国共产党为领导的各民主阶级、各民主党派、各人民团体的广泛的人民民主统一战线。今后在动员和团结全国人民完成国家过渡时期总任务和反对内外敌人的斗争中，我国的人民民主统一战线将继续发挥它的作用。”根据党的政策和宪法原则，在全面开展社会主义改造的情况下，工人阶级在工农联盟的基础上，仍需保持同民族资产阶级在经济上、政治上的联盟关系；在工人阶级领导的国家政权中，仍需吸收一定数量的民主人士参加对国家事务的管理。这在一届全国人大一次会议通过的国家机构的组成中得到充分体现。在 13 位全国人大常委会副委员长中，有共产党员 5 人，党外人士 8 人；在新组建的国务院 35 个部、委的部长、主任中，有共产党员 22 人，党外人士 13 人。[1] 实行的人民代表大会制度的国家政权，仍是人民民主专政的政权，既充分体现工人阶级的政治领导，又充分反映人民民主统一战线的广泛性。党领导的多党合作和政治协商制度在社会主义过渡时期的初期得到高度重视和有效实施，推动了特定历史条件下的社会主义工业化建设和社会主义改造。

全国人民代表大会召开后，中国人民政治协商会议不再代行全国人民代表大会的职能。这时，针对人民政协的性质、地位和作用问题产生了不同意见，毛泽东、周恩来等党中央领导同志进行了认真研究，坚持要继续发挥人民政协的作用，并多次召开座谈会，打消各方面疑虑，促进统一思想认识。经过充分筹备，1954 年 12 月 21 日至 25 日，全国政协二届一次会议在北京举行。会议明确人民政协今后的任务和奋斗目标是“在中国共产党的领导下，继续通过各民主党派、各人民团体的团结，更广泛地团结全国各族人民，共同努力，克服困难，为建设一个伟大的社会主义国家而奋斗”；人民政协的性质是“团结全国各民族、各民主阶级、各民主党派、

---

〔1〕 参见中共中央党史研究室：《中国共产党历史》（第 2 卷）（1949—1978）（上册），中共党史出版社 2011 年版，第 263 页。

各人民团体、国外华侨和其他爱国民主人士的人民民主统一战线的组织”。[1] 此外，还明确了参加政协的各单位和个人必须遵守的七项准则和人民政协今后的五大任务。这次会议在人民政协史上有着特殊意义，解决了全国人民代表大会召开后人民政协的性质、地位、作用和任务的问题，解决了政协与人大、政府之间相互配合的关系问题，解决了加强统一战线和人民政协工作的必要性和重要性的问题，为在中国长期坚持共产党领导的多党合作和政治协商制度奠定了思想基础、政治基础和组织基础。

建国初期的历史充分证明，这种从中国革命历史发展中产生出来的、适合于中国民主政治发展需要的新型政党制度，在动员凝聚各方力量，推动新中国事业发展和社会进步方面发挥了极其重要的作用。

3. 确立民族区域自治制度

新中国的成立，标志着民族压迫制度的结束和民族平等新时代的开始。《共同纲领》以法律的形式确认了党的民族政策，在“总纲”中宣布：“中华人民共和国境内各民族，均有平等的权利和义务。”在第六章“民族政策”中进一步宣示：“中华人民共和国境内各民族一律平等，实行团结互助……”正如周恩来同志在说明中指出的：新民主主义民族政策的“基本精神是使中华人民共和国成为各民族友爱合作的大家庭，必须反对各民族的内部的公敌和外部的帝国主义。而在各民族的大家庭中，又必须经常反对大民族主义和狭隘民族主义的倾向”。《共同纲领》第五十一条明确规定：“各少数民族聚居的地区，应实行民族的区域自治，按照民族聚居的人口多少和区域大小，分别建立各种民族自治机关。凡各民族杂居的地方及民族自治区内，各民族在当地政权机关中均应有相当名额的代表。”这标志着民族区域自治制度从此在全国范围内确立起来。《共同纲领》还规定各少数民族有组织地方人民公安部队的权利，有发展其语言文字、保持或改革其风俗习惯及宗教信仰的自由；人民政府应帮助各少数民族的人

〔1〕 参见中共中央党史研究室：《中国共产党历史》（第2卷）（1949—1978）（上册），中共党史出版社2011年版，第266页。

民大众发展其政治、经济、文化、教育的建设事业。

建国初期，我国还陆续颁布了一些保障杂散居少数民族平等权利的规定。比如，1952 年 2 月政务院发布两个规定。一是《关于地方民族民主联合政府实施办法的决定》，规定在民族杂居地区，即汉族人口占多数，少数民族人口占境内总人口 10% 以上的省（行署）、市、专区、县、区和乡（村），或少数民族人口虽未达到境内总人口的 10%，但民族关系显著，对行政发生多方面的影响者，都可建立民族民主联合政府。二是《关于保障一切散居的少数民族成分享有民族平等权利的决定》，规定："一切散居的少数民族成分的人民，均与当地汉族人民同样享有思想、言论出版、集会、结社、通讯、人身、居住、宗教信仰、游行示威的自由权，任何人不得加以歧视。"

1952 年 2 月 22 日政务院第一百二十五次政务会议通过、1952 年 8 月 8 日中央人民政府委员会第十八次会议批准的《民族区域自治实施纲要》，以《共同纲领》确立的原则为依据，就民族区域自治问题作了详细规定。该实施纲要共 7 章 40 条，包括："总则""自治区""自治机关""自治权利""自治区内的民族关系""上级人民政府的领导原则""附则"。其中，第二条规定："各民族自治区统为中华人民共和国领土的不可分离的一部分。各民族自治区的自治机关统为中央人民政府统一领导下的一级地方政权，并受上级人民政府的领导。"第四条规定，各少数民族聚居的地区，依据当地民族关系，经济发展条件，并参酌历史情况，得分别建立下列各种自治区：（1）以一个少数民族聚居区为基础而建立的自治区。（2）以一个大的少数民族聚居区为基础，并包括个别人口很少的其他少数民族聚居区所建立的自治区。包括在此种自治区内的各个人口很少的其他少数民族聚居区，均应实行区域自治。（3）以两个或多个少数民族聚居区为基础联合建立的自治区。此种自治区内各少数民族聚居区是否需要单独建立民族自治区，应视具体情况及有关民族的志愿而决定。此外，还在"自治权利"一章中，详细规定了自治区的自治权利，涉及政治、经济、文化和生活各方面，具体包括民族语言文字的使用，民族干部的培养，本自治区财政的管理，本自治区的地方经济事业的自由发展，各民族的文化、教育、艺术和卫生事业的发展，公安部队和民兵的组织，本自治区单行法规的制定等。《民族区域自治实施纲要》对民族区域自治制度的进一步确立和全面推行，发挥了积极作用。

中央人民政府根据《共同纲领》和《民族区域自治实施纲要》的规定，在全国范围内积极推行民族区域自治，陆续建立一批自治州、自治县（旗）以及民族乡（镇），形成三级地方自治的体系。

1954 年宪法以国家根本大法的形式确认了民族区域自治制度。宪法第三条第四款规定："各少数民族聚居的地方实行区域自治。各民族自治地方都是中华人民共和国不可分离的部分。"在第二章第五节，一方面，对民族自治地方的自治机关作了较为详尽的规定，把自治机关确定为自治区、自治州和自治县三级，这与《民族区域自治实施纲要》笼统规定"自治区"相比较，更为科学合理。另一方面，重申了《民族区域自治实施纲要》所规定的"自治权"，使其具有了宪法地位，具有更高的法律效力。

20 世纪五六十年代，我国开始在少数民族聚居的地方全面推行民族区域自治。1955 年 10 月，新疆维吾尔自治区成立。建国初期，党和国家除了制定大量的法律、政策和措施以外，还在促进民族平等和民族团结方面做了大量工作。主要有：一是开展批判大汉族主义、进行民族团结的教育。1953 年 3 月，毛泽东同志在起草的《中共中央关于批判大汉族主义思想的指示》中提出："必须深刻批评我们党内在很多党员和干部中存在着的严重的大汉族主义思想。"据此，在党内和人民中进行了马克思主义关于民族问题的教育。二是引导进行社会改革。三是帮助少数民族地区发展经济和文化。四是大力培养少数民族干部。五是开展民族政策执行情况的大检查。这些工作有力推动党和国家民族政策的贯彻实施，坚持和巩固了民族区域自治制度，极大促进了民族团结。

4. 探索基层群众自治制度

基层群众自治是人民当家作主最有效、最广泛的途径。建国之初，我国在工矿企业开展民主改革，在城市建立居民自治制度，在农村探索村民自治制度，不仅从基层有力巩固了新生政权，动员了广大城乡人民群众参与维护社会秩序、参加社会主义改造，而且为建立健全基层群众自治制度进行了重要探索。

一是，开展工矿企业的民主改革。解放后，不少工矿企业仍存在由封建把头把持生产和管理的腐朽制度，压制工人的政治热情和生产积极性，使工人当家作主的地位得不到体现。1951 年 11 月，中共中央发出《关于清理厂矿、交通等企业中的反革命分子和在这些企业中开展民主改革的指示》，首先对国营工矿交通等企业的残余反革命势力进行系统清理，并对国营企业内所遗留的旧制度，进行必要民主改革。经过民主改革，废除了工人群众深恶痛绝的封建把头制、侮辱工人的搜身制等，[1] 在工矿企业中逐步建立起民主团结协作的新型关系。在此基础上，各国营厂矿着手建立新的劳动制度和劳动组织，普遍建立起厂长领导下的工厂管理委员会，并通过工会委员会、职工代表会议联系、发动和组织职工参加企业管理，逐步建立适合生产需要的民主管理制度。这是劳动群众自我管理、自我服务、自我教育、自我监督的一次重要实践，彻底铲除了企业中残余的反动势力，废除了旧的官僚管理机构和各种压迫工人的制度，并与生产改革相结合，初步建立民主管理制度，调动广大工人群众当家作主、搞好生产的积极性，有力促进了工业生产和交通运输事业的恢复发展。

二是，建立城市居民自治制度。我国的基层群众自治组织首先发源于城市，不是偶然的，而是有其深刻的历史背景和社会根源。建国之初，新生人民民主专政政权面临十分艰巨的任务。一方面，要肃清一切敌视人民民主专政政权的反动势力的破坏活动；另一方面，要充分调动人民群众参

---

〔1〕 参见中共中央党史研究室：《中国共产党历史》（第 2 卷）（1949—1978）（上册），中共党史出版社 2011 年版，第 102 页。

政议政的积极性。实现上述目标，建立有效的基层政权组织形式极其重要。当时，全国各地城市的军管会和人民政府向基层派出工作组，组织居民开展各项民主改革活动，协助人民政府进行治安管理、开展爱国卫生和生产服务等日常街道工作。从1949年年底开始，一些城市中出现了由群众自己组织起来的防护队、防盗队和居民组等名称不一的群众性自治组织。1950年3月，天津市根据居民居住状况建立了居民委员会，湖北省武汉市的部分街道也建立了居民代表委员会和居民小组。1951年4月，上海市人民政府召开街道居民代表会议，将2000多个具有自治性质的联防服务队改为居民委员会，明确居民委员会是群众自治性组织，并按自然弄分批进行民主选举。至1952年11月，全市建立了3391个居委会。基于这些实践探索，1953年6月8日，中共北京市委书记彭真同志给毛泽东等中央领导同志专门写了一个报告，即《关于城市街道办事处、居民委员会组织和经费问题的报告》[1]。报告建议建立“城市街道居民委员会”这一组织，并指出其性质是“群众自治组织不是政权组织”，“在组织上并不是基层政权的‘腿’，不应交付很多事情给它办”；其职能是“把工厂、商店、机关、学校以外的街道居民组织起来，在居民自愿原则下，办理有关居民的共同福利事项，宣传政府的政策法令，发动居民响应政府的号召和向基层政权反映居民意见等”。[2] 上述建议为党中央所采纳，并贯穿在随后几十年的居民自治实践中。同年12月，政务院要求各地建立居委会，已经建立的要加以整顿。在彭真等中央领导同志的推动下，1954年12月，一届全国人大常委会第四次会议根据1954年宪法精神，审议通过了《城市居民委员会组织条例》，第一次以法律形式规定居民委员会是“群众自治性的居民组织”，明确其任务是：办理有关居民的公共福利事项，向当地人民委员会或它的派出机关反映居民的意见和要求，动员居民响应政府号

〔1〕 参见民政部基层政权和社区建设司编著：《中国社区建设年鉴·2003》，中国社会出版社2004年版，第12页。

〔2〕 参见民政部基层政权和社区建设司编著：《中国社区建设年鉴·2003》，中国社会出版社2004年版，第12页。

召并遵守法律，领导群众性的治安保卫工作，调解居民间的纠纷。这为居委会建设，进而为居民自治的发展奠定了法律基础。到 1956 年年底，统一规范的居委会在全国建立起来，并在组织和动员居民群众响应政府号召、巩固新生政权、维护社会稳定等方面发挥了重要作用。

三是，探索农村村民自治制度。村民自治是广大农民直接行使民主权利，依法办理自己的事情，实行自我管理、自我教育、自我服务的一项基本制度。这项制度虽然真正起始于 20 世纪 80 年代初期，但早在建国之初，就已出现了农村村民自治制度的雏形。比如，在土地改革运动中，注重发挥农民协会的积极作用。《中华人民共和国土地改革法》（1950 年 6 月 28 日）和《农民协会组织通则》（1950 年 7 月 14 日）都明确农民协会是农村中改革土地制度的合法执行机关，是农民自愿结合的基层乡村农民群众组织，其主要任务是保护农民利益，改善农民生活，保障农民政治权利，提高农民政治和文化水平，参加人民民主政权的建设工作。又如，《治安保卫委员会暂行组织条例》（1952 年 6 月 27 日）对基层乡村群众性的治安保卫组织的建立、职责及其工作关系作了系统规定，明确农村以行政村为单位建立治安保卫委员会，受村政府、村公安员领导。此外，1954 年年初，内务部发布《关于健全乡政权组织的指示》，明确提出乡以下应根据不同情况划分工作单位：一般可以自然村或选区为工作单位，必要时在自然村或选区下亦可划定若干居民组；人口居住集中的乡，乡人民政府可直接领导居民组进行工作；地区辽阔、居住分散的乡，乡以下可由若干自然村分别组成行政村，行政村下按自然村划定居民组进行工作。再如，在农业合作化运动中，1953 年 12 月，中共中央通过的《关于发展农业生产合作社的决议》强调，农业生产合作社的管理工作，应该根据自身发展的实际情况，逐步改进；不论采取何种劳动组织形式，都必须经过社员充分的民主讨论，而后作出计划；与此同时，必须加强农业生产合作社财务工作的民主管理与民主监督，凡社内一切财务开支和对于农业贷款的运用，必须经过民主讨论决定；其批准权限应按开支数目的大小，分别由社员大会或理事会讨论决定；各种账目必须适当地分类清楚，并要定期公布，以便受到社员的经常监督。1955 年 11 月，一届全国人大常委会第二十四次会议通过的《农业生产合作社示范章程》把民主管理作为合作社的总则，把反对强迫命令和官僚主义作为合作社政治工作的一项重要内容，并且在组织方面作了相应规定。1956 年 6 月，一届全国人大三次会议通过的《高级农业生产合作社示范章程》强调发挥社员大会的作用，加大社员大会的权力，许多重大问题还要由出席社员三分之二的多数才能通过；如果限于客观的实际困难，不能召开社员大会，可以由社员代表大会代行社员大会职权，但必须全面征求大家意见并及时传达社员代表大会决议。这些基层乡村社会民主治理的探索实践及其制度建构，为 20 世纪 80 年代农村村民自治制度的建立提供了有益经验。

（三）建立健全社会主义法制，为国家各项事业发展提供法制保障

新中国的法制大厦，是从废除国民党旧法统和六法全书、制定《共同纲领》开始构建的。1949 年 2 月，中共中央发布《关于废除国民党六法全书与确立解放区司法原则的指示》，宣布："在无产阶级领导的工农联盟为主体的人民民主专政的政权下，国民党的《六法全书》应该废除，人民的司法工作不能再以国民党的《六法全书》为依据，而应该以人民的新的法律为依据。"这个指示划清了新旧法律的界限，阐明了新中国法制建设的理论基础和政治取向。《共同纲领》明确指出，"废除国民党反动政府一切压迫人民的法律、法令和司法制度，制定保护人民的法律、法令，建立人民司法制度"，为彻底推翻反动政权、加强新中国政权建设提供了法律依据。新中国成立后，党提出了不仅依靠政策办事，而且要建立健全法制、依法办事的方针，从立法、执法、司法等多个方面推进全国范围的法制建设，开启了新中国法制建设新纪元。

一是，建立健全立法制度，不断加强立法工作。根据《共同纲领》，

国家立法权由中国人民政治协商会议全体会议和中央人民政府委员会行使，在1954年一届全国人大会议召开前，先后制定了中央人民政府组织法、省市县各级人民代表会议组织通则、人民法院暂行组织条例、最高人民检察署暂行组织条例、各级地方人民检察署组织通则、民族区域自治实施纲要、选举法、婚姻法、土地改革法、工会法、惩治反革命条例、惩治贪污条例和其他许多法律法令。

作为最高行政机关的政务院并没有法定立法权，但是制定了300多件具有法律性质的规范性文件，确立了许多重要方面的制度。[1] 比如，全国税政实施要则、私营企业暂行条例、国家建设征用土地办法、人民调解委员会暂行组织通则等。各大行政区军政委员会（后改为行政委员会）根据政务院制定的大行政区人民政府委员会组织通则，贯彻落实《共同纲领》和国家的法律法令，以及中央人民政府规定的施政方针和政务院颁布的决议、命令，制定了许多与地方政务有关的暂行法令、条例。这些暂行法令、条例虽然参差不齐，但对当时当地各项工作的开展发挥了积极作用。1953年，我国开始国民经济第一个五年计划建设，撤销了各大行政区的建制，法制建设更加集中统一。县级以上的地方各级人民政府根据1950年1月中央人民政府政务院公布的《省、市、县人民政府组织通则》的规定，制定了大量与本区域政务有关的暂行法令、条例或单行法规。虽然这一时期地方制定暂行法令、条例或者单行法规的活动，还不能称为现在所说的地方立法，但具有地方立法的萌芽性质。[2] 这些法律法规，对维护革命秩序、巩固人民民主专政、保障社会改革和经济建设工作起了重要作用。

根据1954年宪法，全国人大有权修改宪法和制定法律，全国人大常

〔1〕参见中央人民政府法制委员会编：《中央人民政府法令汇编》（1949—1954），载韩威：《1949—1956：中国法制建设的回顾与反思》，中共中央党校2000年硕士学位论文。

〔2〕参见全国人大常委会法制工作委员会国家法室编著：《中华人民共和国立法法释义》，法律出版社2015年版，第222页。另据统计，从1949年9月至1954年8月，新中国法律法令和带有法律性质的规范性文件总计500多件。参见蓝全普编：《三十年来我国法规沿革概况》，群众出版社1980年版，第10页。

委会有权解释法律、制定法令。此后，根据实践需要，全国人大授权常委会制定单行法规和修改法律。至1956年年底，全国人大及其常委会制定了全国人民代表大会组织法、国务院组织法、地方各级人民代表大会和地方各级人民委员会组织法、人民法院组织法、人民检察院组织法、逮捕拘留条例、中国人民解放军军官服役条例、兵役法、农业生产合作社示范章程、高级农业生产合作社示范章程等一批法律法令。此外，还批准了一批民族自治地方制定的自治条例和单行条例，颁布了一批法律性文件。同时，全国人大常委会办公厅还着手起草刑法、民法、刑事诉讼法、民事诉讼法等法律。国务院也制定了一批经济与行政管理的法规。这些法律法规有效保证了社会主义改造的有序进行和社会主义建设事业的顺利发展。在这个时期，党和政府对法制建设十分重视，初步积累了一些立法经验，初步构建了法律体系轮廓。

二是，建立健全执法制度，依法管理国家事务。制定《共同纲领》和中央人民政府组织法、政务院及其所属各机关组织通则、大行政区人民政府委员会组织通则、省人民政府组织通则、市人民政府组织通则、县人民政府组织通则、乡（行政村）人民政府组织通则等，明确各级行政机关的产生方式、组织机构和权限，包含了依法行政的广泛内容。制定1954年宪法和国务院组织法、地方各级人民代表大会和地方各级人民委员会组织法等，规定各级国家行政机关基本的组织活动原则。据统计，新中国成立后至1956年年底，共颁布行政管理的规范性文件829件。其中，有关机构、人事编制等方面的52件，比如《关于各省人民委员会设置工作部门和办公机构的决定》《中央人民政府任免国家机关工作人员暂行条例》《县级以上人民委员会任免国家机关工作人员条例》《国家机关工作人员退休处理暂行办法》等；有关财政、金融、税收管理的98件，比如《预算决算暂行条例》《货币管理实施办法》《中央金库条例》《全国税政实施要则》以及各种具体税收条例；有关公安、民政、司法行政管理的97件，比如《治安保卫委员会暂行组织条例》《保守国家机密暂行条例》《革命残废军人优抚暂行条例》《社会团体登记暂行办法》等；有关经济建设管理的 261 件，比如《公私合营工业企业暂行条例》《对外贸易管理暂行条例》《商标注册暂行条例》《输出输入商品检验暂行条例》等；有关教育、科学、文化、卫生管理的 149 件，比如《高等学校暂行规程》《保障发明权与专利权暂行条例》《管理书刊出版业印刷业发行业暂行条例》《电影新片颁发上演执照暂行办法》《医院诊所管理暂行条例》《传染病管理办法》等。[1] 这些制度建设为行政机关工作运行的规范化和制度化提供了法律依据，确保新生的人民政权依法管理国家各项事务。

三是，建立健全司法制度，注重发挥司法职能。从新中国成立到 1956 年，是审判制度、检察制度的创建和初步发展时期。新中国成立后，根据中央人民政府组织法，在中央设立了最高人民法院、最高人民检察署、公安部和司法部，并建立了地方各级人民法院、地方各级人民检察署、地方各级公安机关和各大行政区司法行政机关，分别行使审判、检察、公安和司法行政的职权。中央人民政府委员会 1951 年 9 月颁布人民法院暂行组织条例、中央人民政府最高人民检察署暂行组织条例和各级地方人民检察署组织通则，对审判和检察机关的性质、任务、组织体系、组织活动原则以及工作制度等作了系统规定。在组织制度上，人民法院是人民政府的组成部分，受双重领导，人民检察署也实行双重领导。这些规定，在当时对于建立和健全司法机构，加强司法工作，确立司法程序，巩固革命胜利成果，保证国民经济恢复时期党的任务的完成，起到了重要作用。针对建国初期司法机关存在的组织和制度不统一及司法人员中存在的错误认识，1951 年至 1953 年，召开两届全国司法工作会议，进行了以清除旧法观念为基本内容的司法改革。经过这次改革，树立了马克思主义法律观，使司法制度的建设在马克思主义法律观的指导下进行；彻底揭露和批判了国民党政府制定的法律的本质，批判了旧法观念，提高了司法干部的理论水平和思想认识，纯洁了司法队伍；确立了人民法院在处理刑事和民事案件方

---

[1] 参见赵震江主编：《中国法制四十年（1949—1989）》，北京大学出版社 1990 年版，第 200-201 页。

面应遵循的审判原则和审判工作制度，为健全人民司法制度奠定了基础。1954 年宪法进一步对国家司法机构体系作了比较系统完整的规定：最高人民法院、地方各级人民法院和专门人民法院行使审判权，强调“人民法院独立进行审判，只服从法律”，并且规定了陪审制度、辩护制度、审级监督制度和报告工作制度；规定最高人民检察院对于国务院所属各部门、地方各级国家机关、国家机关工作人员和公民是否遵守法律，行使检察权，地方各级人民检察院和专门人民检察院依照法律规定的范围行使检察权，强调地方各级人民检察院独立行使职权，不受地方国家机关的干涉，建立了国家检察机关的垂直领导体制和报告工作制度。根据 1954 年宪法原则和精神，还制定了人民法院组织法、人民检察院组织法，人民代表大会下的“一府两院”的国家体制从此形成，司法制度的基本框架也构建起来，我国司法制度进入新的发展时期。

四是，建立健全人民调解制度、律师制度、公证制度等，保证法律有效实施。（1）人民调解制度。在总结新民主主义革命时期人民调解制度经验的基础上，1954 年 2 月通过了人民调解委员会暂行组织通则。人民调解组织的性质是群众性的调解组织，是实现社会主义民主的一个重要环节；人民调解是在人民调解员的主持下，双方当事人自愿协商，达成协议，解决纠纷的一种非诉讼活动。人民调解制度是经过革命根据地实践探索的、具有中国特色的人民司法制度，对于有效化解纠纷，维护社会主义稳定发挥了不可替代的重要作用。（2）律师制度。新中国的律师制度是在废除旧中国律师制度以后，在继承新民主主义革命时期各根据地辩护制度的基础上，建立起来的崭新的人民司法制度。1954 年 7 月，中央人民政府司法部发布《关于试验法院组织制度中的几个问题的通知》，指定北京、上海、天津、重庆、武汉、沈阳等大城市试办律师顾问处，开展律师业务，并逐渐向全国推行，建立律师制度。1954 年宪法和人民法院组织法规定“被告人有权获得辩护”，为律师出庭参加诉讼，维护当事人的合法权益，提供了法律保障。（3）公证制度。1951 年北京市人民法院公证暂行办法及中南区公证试行办法等公布实施，主要对不同种类的经济合同进行公证，以保证合同的切实履行。1956 年司法部正式颁布《关于公证业务范围问题的通知》，将遗嘱、继承、收养子女、房屋买卖、房屋租赁、亲属关系、失踪、死亡等方面的证明事项列入公证业务范围。同年 7 月，国务院在批复司法部《关于开展公证工作的请示报告》中，明确规定公证的性质、公证机关的设立和建制，使公证制度建设进一步规范化和法律化。这些制度的建立健全，对于保证建国初期法律的有效实施，逐步推进依法办事、培养法治意识意义重大。

（四）初步形成政府组织体系，推动新中国的革命和建设事业发展

建国初期，新中国面临组建和巩固新生政权、恢复和发展国民经济、实现和保障人民当家作主的艰巨任务。科学合理的组织及结构是政府履行职责的重要保障，是国家治理的重要依托。在党中央的高度重视和坚强领导下，我国逐步建立起与社会主义制度相适应的政府组织机构和职能体系，为党领导人民治国理政、推进社会主义现代化建设发挥了重要作用。

1. 中央层面

根据《共同纲领》和中央人民政府组织法的规定，中央人民政府委员会行使国家权力，“对外代表中华人民共和国，对内领导国家政权”，具体职权包括：制定并解释国家的法律，颁布法令，并监督其执行，规定国家的施政方针，废除或修改中华人民共和国与外国订立的条约和协定，处理战争及和平问题，批准或修改国家的预算和决算，颁布国家的大赦令和特赦令，任免有关政府人员等。中央人民政府委员会下辖政务院、人民革命军事委员会、最高人民法院和最高人民检察署。政务院是国家政务最高执行机关，对中央人民政府委员会负责并报告工作（在中央人民政府委员会休会期间，对中央人民政府主席负责并报告工作）。政务院下设政治法律、财政经济、文化教育和人民监察 4 个委员会，共设有内务、外交、财政、

金融、贸易、公安、重工业、轻工业、交通、农业、科学、文化、教育、民族、侨务等工作部门。[1] 除外交部、华侨事务委员会和情报总署直属于政务院，其他部门受双重领导：一方面受政务院领导，另一方面又受其所隶属的指导委员会的领导。此外，按照民主集中制要求，各下级人民政府均由上级人民政府委任并服从上级人民政府，全国各地方人民政府均服从中央人民政府。

1954 年宪法正式确立了国家政权机构和政治生活基本原则，总结新中国成立以来民主政治建设的实践经验特别是国家政权机关工作的经验，对政权制度作了更加详尽完备的规定。宪法明确全国人大是最高国家权力机关，是行使国家立法权的唯一机关；对全国人大的组成、任期、会议举行、职权范围、专门机构以及全国人大常委会的组成与职权等作了具体系统的规定；规定了地方各级人大的性质、组成、任期和职权，但没有规定地方各级人大的常设机关。对国家行政机关的组织系统也作了详尽规定，明确了国务院的性质、地位和职权范围，确立了地方各级人民委员会（即地方各级政府）的法律地位、人员组成、管理权限，建立了自上而下的统一的国家行政机关的运作体制，强调全国各级政府都是国家统一领导下的国家行政机关，都服从国务院。

2. 地方层面

随着人民解放军的胜利进军，在各新解放地区，先是成立军事管制委员会，镇压反革命破坏活动，维护社会秩序，接管国民党和旧政府的一切公共机关，组织恢复生产。经过过渡，各地陆续召集各界人民代表会议，选举产生了地方人民政府。

为保证中央政令的统一和有力贯彻执行，当时在国家行政层次上实行了大行政区制度，即在中央与省之间设立东北、华东、中南、西南、西北 5 个大行政区。1949 年 12 月，中央人民政府委员会第四次会议任命负责人

---

〔1〕 参见中共中央党史研究室：《中国共产党历史》（第 2 卷）（1949—1978）（上册），中共党史出版社 2011 年版，第 18 页。

员组成大区行政机构，即东北人民政府委员会，华东、中南、西南、西北 4 个军政委员会。毛泽东同志对此作了说明：“中国是一个大国，必须设立这样一级的有力量的地方机构，才能把事情办好。应该统一的，必须统一，决不许可各自为政；但是统一和因地制宜必须互相结合。在人民的政权下，产生像过去那样的封建割据的历史条件已经消灭了，中央和地方的适当的分工将有利而无害。”[1] 中央人民政府成立后，原华北人民政府结束工作，所辖的五省二市（河北、山西、察哈尔、绥远、平原省，北京、天津市）归中央直属，另在政务院下设中央人民政府华北事务部。根据政务院通过的《大行政区人民政府委员会组织通则》，大行政区人民代表大会正式选举产生的人民政府委员会是所辖省（市）高一级的地方政权机关，同时又是中央人民政府政务院领导地方政府工作的代表机关。凡属其主管范围内的重要工作，可自行处理后再报告政务院；凡有全国性影响的工作，应事先向政务院请示，事后报告。1950 年 1 月，政务院发布省、市、县人民政府组织通则，对各级地方政权的隶属关系、组成、职权、机构等作了明确规定，为地方各级政权的建立提供了法律依据。

在建立必要的社会秩序后，各地开始对城乡基层政权进行系统改造，彻底废除国民党对人民实行的严格控制和保甲制度。这是铲除国民党反动统治根基的一项重要工作。在城市，普遍建立市辖区和不设区的市下的街道办事处，逐步建立健全居民自治组织（后统称居民委员会），负责传达政府的方针、政策和法规，开展与居民日常生活密切相关的各项活动。这对于有效实现基层政权的更迭，恢复工商业和正常的社会秩序，协助政府做好城市的管理和建设工作起了重要作用。[2] 在新解放区农村，结合清匪反霸、减租减息斗争，普遍建立有广大农民群众参加的、带有半政权性质的农民协会组织，同时建立民兵、自卫队组织，协助政府进行防匪、防

---

〔1〕 毛泽东：《在中央人民政府委员会第四次会议上的讲话》，载《人民日报》1949 年 12 月 4 日，第 1 版。

〔2〕 参见中共中央党史研究室：《中国共产党历史》（第 2 卷）（1949—1978）（上册），中共党史出版社 2011 年版，第 39-40 页。

特等治安工作。在此基础上废除保甲制度，进行划乡和建立农村基层政权工作。各地召开乡农民协会会员大会或农民代表会议，民主选举乡政府委员会，成立乡人民政府。1950 年 12 月，政务院颁布《乡（行政村）人民政府组织通则》，确定乡为我国最基层政权。农村基层政权的组织形式和工作制度趋于规范。

经过对全国城乡旧的基层政权彻底改造，人民政府的组织系统从中央、大行政区、省、地（市）、县、区一直延伸到最基层，初步形成上下贯通、集中高效、具有高度组织动员能力的国家行政体系。这是中国社会政治结构的一次重大变革，形成从中央到地方政令统一畅通的各级政权机构，使纷繁复杂的政府工作迅速打开局面，为党在全国执政奠定了坚实组织基础。人民民主政权成为中国历史上不曾有过的、真正得到人民拥护的、在全国范围内有效行使权力的政权。

随着社会主义工业化建设的到来，新中国成立前 3 年地方分权较多的情况，已不再适合新的形势和任务。党中央认为，必须加强中央的统一和集中领导。1952 年 11 月 15 日，中央人民政府委员会第十九次会议决定：一是减少行政层次，取消大区一级的政府职能，将大行政区人民政府（军政委员会）一律改为行政委员会，作为代表中央人民政府在各该地区进行领导与监督地方政府的机关。二是调整省区建制，加强省、市级人民政府的组织，加重省、市级领导的责任。三是加强中央人民政府机构，增设国家计划委员会、体育运动委员会、高等教育部、扫除文盲工作委员会 4 个部门。[1] 此外，从 1952 年下半年起，中共中央决定将东北、华北、华东、中南、西北、西南各中央局的领导人抽调回中央工作，加强中央的领导，同时加强中央现有各部、委、办的组织及其工作。

---

〔1〕参见中共中央党史研究室：《中国共产党历史》（第 2 卷）（1949—1978）（上册），中共党史出版社 2011 年版，第 207 页。

（五）建立社会主义基本经济制度，不断解放和发展生产力

《共同纲领》第四章“经济政策”对新民主主义经济制度作了系统全面的规定，强调我国的所有制结构是国营经济、合作社经济、农民和手工业者的个体经济、私人资本主义经济和国家资本主义经济五种经济成分并存。这为新中国成立后不断发展壮大社会主义性质的国营经济，充分利用资本主义工业的生产力，逐步扩大现代工业在整个国民经济中的比重，实现向社会主义的转变奠定了制度基础。经过新中国成立头3年的制度变革、经济改组和社会改造，1952年党提出了过渡时期的总路线和总任务，即要在一个相当长的历史时期内，基本实现国家工业化和对农业、手工业、资本主义工商业的社会主义改造。其实质就是要实现对生产资料私有制的社会主义改造，使社会主义经济成分占统治地位，在全国范围内建立起社会主义经济制度。1954年宪法根据我国在过渡时期多种经济成分并存的客观现实，确认我国生产资料的所有制包括：国家所有制，即全民所有制；合作社所有制，即劳动群众集体所有制；个体劳动者所有制；资本家所有制。从1949年到1956年，根据党的政策和宪法法律，我国初步建立了以社会主义全民所有制和集体所有制为基础的社会主义基本经济制度。

一是，彻底废除封建土地制度。封建土地制度是造成农民贫穷和农业生产落后的总根源。把封建剥削的土地所有制改变为农民的土地所有制，是我国新民主主义革命的历史任务和基本纲领之一。《共同纲领》明确规定：“凡已实行土地改革的地区，必须保护农民已得土地的所有权。凡尚未实现土地改革的地区，必须发动农民群众，建立农民团体，经过清除土匪恶霸、减租减息和分配土地等项步骤，实现耕者有其田。”1950年6月，全国政协一届二次会议审议土地改革法草案并作了若干修改和补充。6月28日，中央人民政府委员会第八次会议通过土地改革法草案；6月30日，

毛泽东同志签署命令，正式颁布土地改革法，作为全国新解放区实行土地改革的法律依据。同老解放区的土地改革相比，土地改革法在若干政策上作了新调整，包括：由征收富农多余的土地和财产，改变为保存富农经济；由没收地主在农村中的一切财产，改变为只没收其土地、牲畜、农具、多余的粮食及其在农村中多余的房屋；对革命军人、烈士家属、工人、职员、自由职业者、小贩以及因从事其他职业或因缺乏劳动力而出租小量土地者，不以地主论；保护包括富裕中农在内的中农的土地及其他财产不受侵犯。土地改革法颁布后，政务院相继制定和实施配套的法规政策，包括《农民协会组织通则》、《人民法庭组织通则》以及《关于划分农村阶级成分的决定》等，为土地改革提供法制保障。为保证土地改革法有效实施，党和人民政府抽调大批干部组织土改工作队，采取各种形式广泛宣传土地改革的合理性和必要性，解释土改法令和方针政策。到 1952 年年底，土地改革基本完成，占农村人口 92.1%的贫农、中农占有全部耕地的 91.4%，原来占农村人口 7.9%的地主富农只占有全部耕地的 8.6%，在中国延续两千多年的封建土地所有制被彻底废除，“耕者有其田”的理想在共产党的领导下变成了现实，长期被束缚的农村生产力获得了历史性的大解放，极大激发了中国亿万农民的生产积极性。[1]

二是，全面实行对生产资料私有制的社会主义改造。在过渡时期，我们党创造性地开辟了一条适合中国特点的社会主义改造道路。1954 年宪法明确规定：国家依照法律保护农民的土地所有权和其他生产资料所有权；国家依照法律保护手工业者和其他非农业的个体劳动者的生产资料所有权；国家依照法律保护资本家的生产资料所有权和其他资本所有权。全国人大常委会制定农业生产合作社示范章程、高级农业生产合作社示范章程等法律法令，国务院制定《关于目前私营工商业和手工业的社会主义改造中若干事项的决定》《关于在公私合营企业中推行定息办法的规定》等法

[1] 参见中共中央党史研究室：《中国共产党历史》（第 2 卷）（1949—1978）（上册），中共党史出版社 2011 年版，第 100 页。

规，有效保证社会主义改造顺利进行。按照宪法和法律法规的规定，为解决社会主义所有制同非社会主义所有制矛盾的方针和政策，国家一方面允许资本家所有制存在，另一方面限制资本主义工商业不利于国计民生的作用，采用过渡办法，逐步以全民所有制代替资本家所有制；同时，鼓励个体劳动者根据自愿原则组织生产合作、供销合作和信用合作，以劳动群众集体所有制代替个体劳动者所有制。党在领导社会主义改造的制度设计和实践探索中，创造了一系列适合中国特点的由初级到高级过渡的形式，使个体农民、手工业者和私营工商业者能够循序渐进地改变旧有的生产方式。对资本主义工商业，创造了不由国家付出大批赎金，而是在相当长一段时期让资本家继续从企业分得一部分红利和股息的办法，不仅有利于资本家接受改造，而且能继续发挥私营工商业在扩大生产、搞活流通、维持就业、增加税收等方面的积极作用。党争取到大多数民族资本家对社会主义改造的积极配合，成功实现了马克思、列宁曾经设想的对资产积极和平赎买，以新的实践丰富了科学社会主义理论。

1956 年，经过生产资料私有制的社会主义改造，农业、手工业个体所有制基本上转变成为劳动群众集体所有的公有制。资本主义私有制基本上转变成为国家所有即全民所有的公有制。全行业公私合营后，资本家不再是原来企业的所有者，而是按照他们的能力被接受为企业的职员，国家对公私合营企业按照社会主义的原则进行管理。原来私人企业的工人摆脱雇佣劳动者的地位，成为企业的主人。社会主义性质的国营经济、合作社经济和基本上属于社会主义性质的公私合营经济合计达到 92. 9%，占到国民收入绝大多数。在我国农村，基本实现土地公有，全国一亿一千万农户的 96. 3%加入农业生产合作社，建立起社会主义集体经济。我国绝大多数手工业者也加入手工业集体经济。这标志着我国生产资料私有制的社会主义改造基本完成，社会主义经济制度在我国建立起来。

三是，初步建立财政管理制度。《共同纲领》在“经济政策”一章中对财政体制作了规定：“划分中央和地方的财政范围，厉行精简节约，逐步平衡财政收支，积累国家生产资金。”政务院1950年3月颁布《关于统一国家财政经济工作的决定》《关于统一管理1950年度财政收支的决定》，核心内容就是把财政收支权集中于中央。根据该体制，公粮（农业税）、关税、盐税、货物税、工商业税、国营企业收入、公债收入等，均属中央收入，一律解交中央金库。地方财政收入与支出之间没有关联，其财政支出由中央统一审核，逐级拨付。财政管理权限也集中于中央，所有的财政收支科目、收支程序和开支标准，均由中央统一制定。该制度的实施，在很短时间内取得明显成效，正如毛泽东同志指出的：“最近几个月内实现了全国范围的财政经济工作的统一管理和统一领导，争取了财政的收支平衡，制止了通货膨胀，稳定了物价。”[1] 随着整个经济形势好转，逐步实行了“划分收支、分级管理体制”。1951年3月政务院颁布《关于1951年度财政收支系统划分的决定》，把国家财政分为中央、大行政区和省（市）三级，大行政区以下财政为地方财政，省（市）财政还包括专署及县财政。1953年，根据经济发展新形势，我国对“划分收支、分级管理体制”进行微调，把财政分为中央、省（市）和县（市）三级管理，大行政区支出列入中央预算。1954年撤销大行政区的建制，同时对财政体制进行改革，扩大地方财权，划分各级财政收支范围，实行收支挂钩。具体情况是：财政收入实行分类分成，即财政收入分为中央与地方固定收入、中央与地方固定比例分成收入以及中央地方调剂收入，支出划分与收支安排基本不变。建国初期初步建立起来的“统收统支”的财政管理体制，对于恢复国民经济，推动社会主义改造发挥了重要作用。

四是，初步建立预算决算制度。毛泽东同志十分重视预算工作，强调指出：“国家的预算是一个重大的问题，里面反映着整个国家的政策，因为它规定政府活动的范围和方向。”[2]《共同纲领》规定：“建立国家预算

---

〔1〕 毛泽东：《为争取国家财政经济状况的基本好转而奋斗》（1950年6月6日），载《毛泽东文集》（第6卷），人民出版社1999年版，第69页。

〔2〕 毛泽东：《有困难，有办法，有希望》（1949年12月2日），载中共中央文献研究室编：《毛泽东文集》（第6卷），人民出版社1999年版，第24页。

决算制度。”1949 年 12 月，有关方面编制了新中国第一个中央预算——1950 年全国财政收支概算草案，提请中央人民政府委员会第四次会议审查批准；政务院发出《关于 1949 年财政决算及 1950 年财政预算编制的批示》，明确我国预算实行历年制。1951 年 8 月，政务院公布的《预算决算暂行条例》，对概算、预算、决算的定义，预算决算分类及组成体系，预算编制、核定、执行，决算编制和审定等都作了具体规定。1954 年宪法第二十七条规定全国人大有权审查和批准国家的预算和决算，第五十八条规定地方各级人大有权审查和批准地方的预算和决算，明确了预算和决算体制。这就初步建立起新中国的预算决算制度。

五是，初步建立税收制度。《共同纲领》规定：“国家的税收政策，应以保障革命战争的供给、照顾生产的恢复和发展及国家建设的需要为原则，简化税制，实行合理负担。”据此，中央人民政府、政务院（国务院）及有关部委加强税收立法工作，陆续制定或批准了一批有关财税的规定，初步建立起新中国的税收制度。主要包括以下几个方面：第一，初步统一税制。面对建国初期税制很不统一、十分繁乱的现状，我国对税制进行了改革和调整，在全国初步统一税制。1950 年 1 月，政务院通过《全国税政实施要则》，发布《关于统一全国税政的决定》，明确以《全国税政实施要则》作为整理与统一全国财政税务的具体方案，建立各级人民政府财政税务机关并立即执行。第二，统一开征 14 种工商税。《全国税政实施要则》明确规定了 14 种工商税。之后，财政部陆续公布关于印花税、利息所得税、特种消费行为税、使用牌照税、房产税、地产税等税种的条例草案。而对交易税，各地暂用原办法；薪给报酬所得税、遗产税均缓期开征；盐税由盐务机关主管。[1] 1953 年，为解决国营经济与私营经济、工业与商业之间税负不平衡等问题，我国对工商税制进行改革，主要是：开征商品流通税，修订货物税和营业税，取消特种消费行为税，取消或停征除牲畜交易税以外的其他交易税。第三，调整农业税。1950 年 5 月 30 日，

〔1〕 参见谢旭人主编：《中国财政 60 年》（上卷），经济科学出版社 2009 年版，第 60 页。

政务院公布《关于1950年新解放区夏征公粮的决定》，对尚未进行土地改革的新解放区的夏季公粮征收政策作出具体规定，税率由17%降为13%，缩小征税范围，且只对夏收正产部分计征。1950年9月5日，中央人民政府委员会批准《新解放区农业税暂行条例》，对农业收入和农业人口的计算，税率和计征办法，调查、征收和减免，奖惩等作出规定。该条例是根据《共同纲领》和新解放区的实际情况制定的，为1958年全国人大常委会制定《中华人民共和国农业税条例》奠定了基础。第四，建立关税制度。1951年5月16日，政务院公布《中华人民共和国海关进出口税则》和《中华人民共和国海关进出口税则暂行实施条例》，废止以前所实行的海关进出口税则及有关税则实施的法令章则。《中华人民共和国海关进出口税则》是我国近代以来第一部真正独立自主制定的海关税则，是海关制度重大改革，是税制税法的革命性转变。[1]

（六）确立马克思主义在国家政治生活和意识形态领域中的指导地位

中国革命的胜利，是马克思主义在中国的胜利，是马克思主义基本原理同中国具体实际相结合的毛泽东思想的胜利。新中国成立后，必须加强党对宣传思想工作的领导，用马克思主义、毛泽东思想来武装全党、教育人民，确立马克思主义在国家政治生活和意识形态领域中的指导地位。

一是，掌握舆论工具。在接管城市中，凡属国民党党政军系统创办或直接控制的报纸、刊物、电台、通讯社，一律没收其全部财产归国家所有；私人举办的报刊、广播，经申请登记核准后可继续营业；凡外国人在中国办的报纸、通讯社等，明令分步骤停刊或取消。同时，党中央决定将华北局机关报《人民日报》正式改版为党中央机关报，并在全国公开发行；始建于延安的北京新华广播台正式定名为中央人民广播电台；党在延安时期创办的新华通讯社成为国家通讯社，实行由新华社统一发布重要新

[1] 参见谢旭人主编：《中国财政60年》（上卷），经济科学出版社2009年版，第69页。

闻的制度。这些重要举措，建立起传播革命思想和民族的科学的大众的新文化的舆论宣传阵地，有利于确立马克思主义在全国的指导思想地位。

二是，加强党对宣传思想工作的统一领导。在执政条件下，党中央要求迅速健全各级党的宣传机构，通过报纸、出版、广播、电影、学校及其他各种文化教育工具，经常地向各界人民宣传马克思列宁主义、毛泽东思想和党的各项主张，并规定了党的宣传部门在新闻出版、广播、文化艺术以及群众宣传、理论教育、学校教育等方面的领导职责。

三是，系统地传播马克思列宁主义同中国革命具体实际相结合的思想——毛泽东思想。1950年5月，党中央决定成立中共中央毛泽东选集出版委员会，以中央名义编辑具有权威性的《毛泽东选集》，在全国出版发行，很快掀起了学习毛泽东著作的热潮。随着1952年4月、1953年4月《毛泽东选集》第二、三卷的出版，毛泽东思想作为中国革命和建设的指导思想在全国得到广泛传播，对中国人民的思想变化和国家各项事业的发展产生深远影响，也更加牢固树立了马克思主义在意识形态领域的指导地位。[1]

（七）建立健全民生保障制度，维护广大人民群众的合法权益

带领人民创造美好生活，是我们党始终不渝的奋斗目标。增进人民福祉、促进人的全面发展是我们党立党为公、执政为民的本质要求。新中国成立后，我们党坚持把人民利益摆在至高无上的地位，建立健全民主保障制度，顺应人民群众对美好生活的向往和期待，着力促进社会公平正义。

一是，建立维护劳动者合法权益的制度。新中国成立后，工人阶级成为国家领导阶级，其政治、社会地位和合法权益需要制度来保障。《共同纲领》对工时、工资、劳动保险、安全生产等作了规定。1950年工会法明

〔1〕参见中共中央党史研究室：《中国共产党历史》（第2卷）（1949—1978）（上册），中共党史出版社2011年版，第147页。

确规定了工会组织在新民主主义国家政权中的法律地位与职责。1954 年宪法对扩大就业、劳动条件、工资待遇、休息权、社会保险等作了规定。根据宪法、法律确立的原则和精神，国家颁布系列法规、政策性文件，涵盖用工关系、工资福利待遇、劳动安全保护、劳动就业、失业救济、劳动时间和休假、企业民主管理、劳动保险、劳动争议解决等多个领域。这个历史阶段的劳动立法比较丰富充实，涉及劳动者权益保护的诸多方面，从根本上废除了一切不合理压迫工人的制度，保障了工人劳动权利，充分调动广大工人的劳动热情，体现了我国社会主义制度的优越性。同时，这些制度与社会主义改造进程相适应，兼顾劳资两利政策，构建和谐劳动关系，达到发展生产、繁荣经济的目的。

社会保障制度对于维护劳动者合法权益、解除劳动者后顾之忧具有重要意义。《共同纲领》明确规定在企业中逐步实行社会保险制度。政务院授权劳动部和中华全国总工会拟定《中华人民共和国劳动保险条例（草案）》，并于 1951 年 2 月 26 日颁布实施，同年 3 月 24 日颁布实施细则。这是新中国第一部全国统一的社会保险法规，标志着我国社会保障制度正式建立。因财力有限，该条例制定之初覆盖范围仅是职工 10 人以上的国营、公私合营、私营及合作社经营的工厂、矿场及其附属单位，铁路、航运、邮电行业的各企业单位与附属单位。该条例此后经过修订，分别增加了工、矿、交通事业的基本建设单位和国营建筑公司，商业、外贸、粮食、供销合作社、金融、民航、石油、地质、水产、国有农牧场、造林等 13 个产业和部门。此外，明确社会保险工作的领导和监督机制，规定了劳动保险资金的来源和使用。该条例的颁布和实施，减轻或解除了职工因生、老、病、死、伤、残等造成的特殊困难，保障了职工基本生活，促进了社会稳定和经济发展。1954 年宪法规定，劳动者在年老、疾病或者丧失劳动能力的时候，有获得物质帮助的权利，国家举办社会保险、社会救济和群众卫生事业，为健全社会保障制度提供了宪法保障。

二是，建立维护妇女合法权益的制度。婚姻法是新中国成立后制定的

第一部基本法律，彻底摧毁了在中国延续几千年的包办强迫、男尊女卑的封建婚姻制度，确立了婚姻自由、一夫一妻、男女平等的新民主主义婚姻制度，使广大群众尤其是妇女，从保守落后的旧婚姻制度中解放出来，建立起互敬互爱、相互扶助、团结和睦的新型婚姻关系和家庭关系。这是我们党推进民主改革和社会改造的重要方面，促进了社会风气很大改变，也促进了新中国各项建设事业的发展。此外，国务院（政务院）制定《中华人民共和国劳动保险条例》《关于女工作人员生产假期的通知》等，有关部门颁布《工厂女工保护暂行条例》《关于进一步改善女职工工作条件和加强女职工保护工作的联合指示》等，不断完善维护妇女权益的各项制度。

三是，建立发展文化教育事业的制度。新中国成立前，广大工农群众及其子女几乎没有受教育的权利，学龄儿童入学率只有 20%，全国人口 80%以上是文盲和半文盲。《共同纲领》对“文化教育政策”作了专门规定，明确规定政府要有计划有步骤地实行普及教育，加强中等教育和高等教育，注重技术教育，加强劳动者的业余教育和在职干部教育，给青年知识分子和旧知识分子以革命的政治教育，以适应革命工作和国家建设工作的广泛需要。新中国成立不久召开的第一次全国教育工作会议，明确教育必须为国家建设服务、学校必须向工农开门的总方针。人民政府要求中小学广泛招收工农子女，开设工农速成中学、工农干部补习班和技术培训班，同时开展扫盲运动。1951 年开始对学制进行改革，工人、农民的干部学校和各种训练班、补习学校取得应有地位；小学实行 5 年修业一贯制，有利于劳动人民子女受到完全的初等教育；各种为培养国家建设人才所急需的技术学校被列入正规的学校教育系统之内，并建立必要制度；各种学校教育在整个教育系统中都能够互相衔接。扫盲运动也在 1956 年掀起高潮，到 1957 年上半年已有 2200 万人脱盲，并有 160 万人达到高小和初中毕业文化程度。

四是，建立发展医疗卫生事业的制度。新中国成立前，城乡居民普遍缺医少药、疫病流行，加上长期战乱、社会局势动荡不安，人口预期寿命只有 35 岁，严重影响经济建设和社会发展。新中国成立后，党和国家把公众的医疗卫生工作放在重要位置，迅速改变了这种状况。《共同纲领》规定，推广卫生医药事业，并注意保护母亲、婴儿和儿童的健康。毛泽东同志指出："必须把卫生、防疫和一般医疗工作看作一项重大的政治任务，极力发展这项工作。"[1] 1950 年 8 月，第一届全国卫生会议确定实施"面向工农兵，预防为主，团结中西医，卫生工作与群众运动相结合"的卫生工作方针。据此，各级卫生部门开始在广大农村、城市街区和工矿企业建立起基层卫生组织。全国还建立了各种专业防疫机构和防疫队伍，并加强医学教育，培养医药卫生人员。着手改变解放前中医受歧视的情况，消除中西医之间的隔阂，使中西医药卫生人员团结起来，共同为人民服务。针对抗美援朝期间美国对我国施行的细菌战，根据毛泽东同志的号召，全国还大规模开展了爱国卫生运动。1952 年 7 月，《人民日报》发表《进一步开展爱国卫生运动》的社论；1952 年 12 月，中央正式提出开展"爱国卫生运动"，并成立相应机构；1953 年 12 月 31 日，政务院作出继续开展爱国卫生运动的指示。1954 年宪法规定，国家举办群众卫生事业，并且逐步扩大这些设施，保证劳动者享受这种权利。由此，爱国卫生运动转变为一项富有中国特色、中国智慧的经常性卫生工作，不仅推动了卫生事业的发展，而且起到了移风易俗的社会功效，人民群众形成讲卫生的新风尚。

（八）建立健全社会治理制度，为新中国的革命和建设事业创造安定社会环境

科学完备、系统高效的社会治理制度对于保持社会稳定、维护国家安全至关重要。建国初期，社会治安秩序比较混乱，各种危害新生人民政权的犯罪活动十分猖獗。为适应过渡时期的需要，推进社会主义改造和建

[1] 中共中央文献研究室编：《毛泽东文集》（第 6 卷），人民出版社 1999 年版，第 176 页。

设，党领导人民建立各项制度，加强社会管理、化解社会矛盾、维护社会秩序、巩固新生政权，为恢复和发展生产事业提供了安定的社会环境。

一是，建立恢复和保障社会秩序的制度。巩固人民政权最紧迫的任务，就是坚决镇压一切反革命活动，严厉制裁一切危害人民的反革命分子，实现社会秩序根本好转。为此，1950年10月10日，中共中央发出《关于镇压反革命活动的指示》，要求各级党委政府必须按照《共同纲领》的规定，对一切反革命活动采取严厉及时的镇压，但必须全面执行“镇压与宽大相结合”的政策，即首恶者必办，胁从者不问，立功者受奖的政策，不可偏废。1951年，中央人民政府颁布惩治反革命条例，为镇反斗争提供了强有力的法律武器和统一的量刑标准。围绕实施惩治反革命条例，有关方面制定、发布和执行《中南区反动党、团、特务分子及其他反革命分子登记条例》《管制反革命分子暂行办法》《华东军区惩治土匪暂行条例》《取缔反动会道门办法》《关于没收反革命罪犯财产的规定》等一系列政策法规。这些制度对于依法惩治土匪、特务、恶霸、反动党团骨干分子等十一种需要重点打击的反革命分子，彻底打垮反动势力的猖狂进攻，全面清除新生人民政权的各种安全隐患，实现社会安定，保障土地改革、抗美援朝和各项事业的顺利进行，发挥了重要作用。

二是，建立社会治安管理方面的制度。在城市解放初期，遗留了大量旧社会痼疾，特别是卖淫嫖娼、贩毒吸毒、设庄赌博等，不仅严重毒化社会环境和人民身心，也给社会治安管理带来严重隐患。新中国成立后，党和政府重拳出击迅速开展扫除这些社会弊病的斗争，同时在实践中积累经验、建立制度。[1] 第一，明令废除娼妓制度。1949年11月，首都北京率先采取行动，北京市第二届各界人民代表会议通过决议：根据全市人民的意志，决定立即封闭一切妓院，没收妓院财产，集中所有妓院老板、领家、鸨儿等加以审讯和处理，并把妓女集中起来，改造其思想，医治其性

〔1〕 参见中共中央党史研究室：《中国共产党历史》（第2卷）（1949—1978）（上册），中共党史出版社2011年版，第108-111页。

病，有家者送其回家，有结婚对象者助其结婚，无家可归、无偶可配者组织学艺，从事生产。随后，上海、天津、武汉、南京等大中城市陆续通过决议，取缔卖淫嫖娼，全国共查封妓院 8400 多家，惩治一批作恶多端的妓院老板，一大批被迫为娼的妇女脱离苦海，旧中国长期以来严重摧残妇女的社会丑恶现象在解放后短短几年内基本消灭。第二，明令打击贩毒吸毒。建国之初，历史遗留的鸦片烟毒等社会祸患仍然严重，严重危害社会稳定。1950 年 2 月，政务院发布严禁鸦片烟毒的通令，明确对制毒贩毒的惩治方针，区分不同情形对私存、种植烟土毒品等提出处置措施，同时建立戒毒制度，从根本上铲除毒患。在通令指导下，全国禁毒运动逐步展开，取得重要进展。1952 年年初，各地在“三反”“五反”运动中破获一批与走私贩毒相关的大案要案，暴露出铁路、航运、邮政、公安、司法、税务等部门中有不少内部人员勾结奸商、毒贩贩运毒品，给国家和人民造成极大损失。4 月 15 日，中共中央发出《关于肃清毒品流行的指示》，要求“在全国范围内有重点地大张旗鼓地发动一次群众性的运动，来一次集中的彻底的扫除”，集中解决制毒贩毒问题。根据中央指示，各地经过充分准备、周密计划，给猖獗的制毒贩毒活动以摧毁性打击。在基本断绝毒品来源的条件下，国家颁布有关法令和文件，全力开展戒毒工作。到 1952 年年底，在旧中国肆虐的种植、制造、贩卖、吸食烟毒活动基本禁绝。第三，明令严禁赌博活动。在中央政府有关部门的指导下，各地在城乡发出通告，明令禁止赌博，坚决取缔各种赌博场所，封闭赌场，没收赌资、赌具，严惩聚赌牟利的赌头、窝主及屡教不改的赌徒。对一般参与赌博的人施行教育和劝导，帮助他们自觉戒赌。经过社会动员和各界群众的积极配合，在旧社会十分盛行的赌博陋习基本被扫除。总之，党领导人民有效建立起社会治安管理制度，曾在旧中国屡禁不绝、被视为不治之症的娼毒赌等社会痼疾基本被禁绝，明显改善了社会风气，净化了社会环境，巩固了人民政权，振奋了民族精神。

三是，探索动员人民群众参与社会治理的制度。党领导人民在对城乡基层政权进行系统改造的过程中，注重发挥人民群众在社会治理中的重要作用，鼓励建立各类居民组织协助政府做好城市的管理与建设工作，维护正常的社会秩序。比如，在城市，天津建立居民小组，上海建立冬防队，武汉建立治安保卫委员会等，将居民有效组织动员起来，传达政府方针、政策和法规，开展与居民日常生活密切相关的各项活动，如防空、防特、防火、防盗，并兼办诸如改造游民、娼妓、贫民救济、卫生防疫、清查户口等大量社会管理工作。在农村，普遍建立有广大农民群众参加的、带有半政权性质的农民协会组织，同时建立民兵、自卫队组织，协助人民政府进行防土匪、防特务的治安工作等，有力巩固了乡村人民政权。在镇压反革命斗争中，中央确定的工作路线包括：党委领导，全党动员，群众动员，吸收各民主党派及各界人士参加；要把公安、司法等专门机关的工作和广大人民群众的积极性密切结合起来。惩治反革命条例等法律法规也将群众参与作为重要工作方式。广大人民群众纷纷行动起来，检举揭发和协助政府追捕反革命分子，全国城乡遍布天罗地网，使反革命分子无处藏身并受到应有的法律制裁。这些重要实践，是群众参与社会治理制度的初步探索，取得了良好效果，积累了重要经验。

（九）开展生态环保实践，初步探索生态文明制度体系

经济发展和生态文明同步发展是人民幸福的重要保障。我们党始终重视经济发展与生态环境保护。建国初期，山河破碎、经济凋敝，百废待兴。以毛泽东同志为核心的党的第一代中央领导集体，在大力恢复和发展经济的同时，也拉开了气壮山河的大规模生态治理和环境保护的序幕，为后来探索形成生态文明制度体系打下实践基础。

一是，开展水利建设。水利建设是恢复和发展国民经济的重要工作，也是生态环保事业的重要组成部分。《共同纲领》明确规定“应注意兴修水利，防洪防旱”，“疏浚河流、推广水运”。国家投入大量人力物力财力，

在治河治海等方面取得重大突破，成效十分显著，积累了丰富的生态环保实践经验。第一，治理淮河。1950 年夏，淮河流域发生特大洪涝灾害，导致河南、安徽 1300 多万人受灾，数千万亩土地被淹，人民群众生命财产遭受巨大损失。毛泽东同志即批示："除目前防救外，须考虑根治办法，现在开始准备，秋起即组织大规模导淮工程，期以一年完成导淮，免去明年水患。"〔1〕1950 年 10 月 14 日，政务院发布《关于治理淮河的决定》，拉开新中国第一个大型水利工程建设序幕。11 月 15 日，《人民日报》发表《为根治淮河而斗争》社论，指出淮河水灾是一个历史性的灾害，要为完成伟大的治淮任务而斗争。1951 年 5 月，毛泽东同志题词，"一定要把淮河修好"〔2〕。第二，抵御长江特大洪水。1950 年 10 月，周恩来同志主持召开政务院会议研究荆江防洪工程。此后，在毛泽东同志和周恩来同志的持续推动下，1952 年 4 月，荆江分洪工程全面开工，仅 75 天完工。1954 年 7 月至 8 月，长江出现了有水文记录以来历史最大洪水，荆江防洪工事有效抵御住了这场特大洪水，经受住了考验。毛泽东同志题词："庆祝武汉人民战胜了一九五四年的洪水，还要准备战胜今后可能发生的同样严重的洪水。"〔3〕第三，治理黄河。1952 年 10 月，毛泽东同志考察黄河时发出了广为流传、动员和激励数代人治理黄河的伟大号召，"要把黄河的事情办好"〔4〕。1954 年 10 月，黄河规划委员会完成《黄河综合利用规划技术经济报告》。1955 年 7 月，一届全国人大二次会议正式通过《关于根治黄河水害和开发黄河水利的综合规划的报告》。1956 年 1 月，毛泽东同志在审阅《1956 年至 1967 年全国农业发展纲要（修正草案）》稿时，特地

〔1〕中共中央文献研究室编：《毛泽东年谱（1949—1976）》（第 1 卷），中央文献出版社 2013 年版，第 165 页。

〔2〕中共中央文献研究室编：《毛泽东年谱（1949—1976）》（第 1 卷），中央文献出版社 2013 年版，第 333 页。

〔3〕中共中央文献研究室编：《毛泽东年谱（1949—1976）》（第 1 卷），中央文献出版社 2013 年版，第 361 页。

〔4〕中共中央文献研究室编：《毛泽东年谱（1949—1976）》（第 1 卷），中央文献出版社 2013 年版，第 621 页。

加入了水利建设的相关内容，要求“兴修水利，保持水土”，国家负责“兴修大型水利工程”，农业生产合作社负责“兴修小型水利工程”。水利建设的巨大成就，有力遏制了几千年来的洪水泛滥，变水害为水利，为农业增产增收和人民生活水平的提高奠定了良好基础，同时也为建立健全生态保护制度进行了重要探索、积累了重要经验。

二是，推动绿化祖国。1951 年 9 月 7 日，周恩来同志在政务院第一百零一次政务会议上强调了植树造林的重要性，并说“靠山吃山，靠水吃水”这两句话要写得适当才行，不然一旦“靠山吃山”把树木砍光了，灾害就降临了。[1] 1952 年 12 月，政务院发布的《关于发动群众继续开展防旱、抗旱运动并大力推行水土保持工作的指示》指出：“水土保持工作是一种长期的改造自然的工作。”“水土保持是群众性、长期性和综合性的工作，必须结合生产的实际需要，发动群众组织起来长期进行，才能收到预期的功效。”1956 年 1 月，中共中央提出的《1956 年至 1967 年全国农业发展纲要（修正草案）》指出：“从 1956 年起，在 12 年内，在自然条件许可和人力可能经营的范围内，绿化荒地荒山。在一切宅旁、村旁、路旁、水旁，只要是可能的，都要有计划地种起树来。”当年 3 月，毛泽东同志发出了“绿化祖国”的伟大号召，开启了新中国成立以来持续不懈的绿化祖国征程。

新中国成立后治理江河、绿化祖国、保护环境的生态理念和实践，反映出中国共产党人朴素的绿色情怀，也为初步探索生态文明制度体系积累了经验、夯实了基础。

（十）建立健全军事制度，推进国防现代化建设

人民军队是社会主义的坚强柱石。新中国成立后，人民军队坚决听党

---

〔1〕参见中共中央文献研究室编：《周恩来年谱（1949—1976）》（上卷），中央文献出版社 1997 年版，第 179 页。

指挥，追歼残敌、进军边疆、剿灭匪特，胜利进行抗美援朝战争和多次边境自卫反击战，打出了国威军威，捍卫了祖国的万里边疆和辽阔海空。按照毛泽东同志提出的建设一支强大的现代化、正规化革命军队的基本目标，国防和军队制度建设贯彻毛泽东思想，得到长足发展，夯实了党对人民军队的绝对领导制度。

一是，夯实党对人民军队绝对领导制度。新中国成立后，党对人民军队的绝对领导进一步夯实了制度基础。《共同纲领》规定，中华人民共和国建立统一的军队，即人民解放军和人民公安部队，受中央人民政府人民革命军事委员会统率，实行统一的指挥，统一的制度，统一的编制，统一的纪律。《共同纲领》虽然没有明文规定党对军队绝对领导的原则，但这已成为全国各族人民普遍的共识和共同的愿望。1954 年 4 月，中共中央、中央人民政府人民革命军事委员会批准颁布《中国人民解放军政治工作条例总则（草案）》。这是我军政治工作的纲领性文件，提出政治工作必须遵循的原则，强调党对军队的绝对领导及党在中国人民解放军中的政治工作是我军的生命线，明确将党对军队的绝对领导原则用制度形式固定下来。1954 年 9 月，一届全国人大一次会议新组建的中央国家机构不再设立中央人民政府人民革命军事委员会，决定设立国防委员会和国防部，毛泽东同志任国防委员会主席，彭德怀同志为国防部部长。9 月 28 日，中央政治局决定在中央政治局和书记处下成立中央军事委员会，担负整个军事工作的领导。“这项设制，体现了自中国人民解放军建军以来中国共产党对人民军队实行绝对领导的原则。”[1]

二是，确立新中国的军事制度框架。《共同纲领》专章对军事制度作了规定，包括：明确武装力量的组成及其任务；明确中央人民政府的责任；明确人民军队正规化、革命化、现代化建设；明确实行民兵制度和义务兵役制度；明确军队在和平时期参加国家建设；明确对军烈属和残疾、

---

〔1〕 中共中央党史研究室：《中国共产党历史》（第 2 卷）（1949—1978）（上册），中共党史出版社 2011 年版，第 258 页。

退伍军人的抚恤优抚政策。1954年宪法在《共同纲领》基础上，对军事制度作了进一步发展完善：规定武装力量属于人民，任务是保卫人民革命和国家建设的成果，保卫国家的主权、领土完整和安全；明确国防和武装力量的领导体制；明确战争状态、全国总动员和局部动员的决定权和发布权；规定保卫祖国是每一位公民的神圣职责，依法服兵役是公民的光荣义务。

三是，建立健全国防和军队重要制度。1954年12月，中央军委召开扩大会议，就全国实行义务兵役制、军队实行军衔制、军官实行薪金制进行讨论。[1] 会议认为：将原有的志愿兵役制改变为义务兵役制，可以为国家训练强大的预备兵员，以适应现代化建军和作战的需要；可以缩减常备军，节省人力物力加强国家的经济建设；可以为军队实行统一的编制和正规的制度打下基础，克服在和平时期志愿兵役制带来的不合理性和种种困难；可以使全国的适龄公民根据宪法规定，公平合理地承担为国家服兵役的义务。会议还认为：实行薪金制、军衔制度和对有功人员颁发勋章奖章制度，将有利于确定军官在军队中的地位和社会上的荣誉，解决军官的家庭及个人生活问题，克服长期供给制弊端；对于全体军人，更能够激励上进、激发荣誉感和责任感，增强纪律性，提高工作效率，推进正规化现代化建设。根据1954年11月9日国防部颁布的《中国人民解放军薪金、津贴暂行办法》，自1955年1月起全军干部由供给制改为薪金制。根据1955年1月23日中央军委发布的《关于评定军衔工作的指示》，军队首次授衔，正式实行军衔制度。1955年2月，全国人大常委会通过《中国人民解放军军官服役条例》，规定自1956年开始，中国人民解放军由志愿兵役制改为义务兵役制。1955年7月，一届全国人大二次会议审议通过兵役法，规定在全国实行义务兵役制度。此外，全国人大常委会通过多个决定决议，为人民解放军实行功勋荣誉奖励制度提供法律依据。人民解放军实

[1] 参见中共中央党史研究室：《中国共产党历史》（第2卷）（1949—1978）（上册），中共党史出版社2011年版，第305页。

行薪金制、军衔制、义务兵役制等重要制度，有力推进了国防和军队正规化、现代化建设。

（十一）积极探索以和平方式实现祖国完全统一的制度模式

党中央在领导解放全国、实现统一的历史进程中，针对西藏、台湾和香港、澳门的不同情况，采取不同政策，努力通过和平谈判、允许特殊地方实行不同制度等方式，将国家统一的成本和代价降到最低。这不仅为实现祖国完全统一创造了有利条件，也为“一国两制”的理论构想和制度实践作了有益探索。

一是，争取西藏的和平解放。为粉碎帝国主义制造“西藏独立”的阴谋，完成对全国大陆的解放，1950 年 1 月初，中共中央作出进军西藏的决策。与此同时，为更有利于民族团结，党中央根据西藏的历史和现实情况，并分析国内外形势，确定了争取和平解放西藏的方针。在爱国力量的推动下，1951 年 4 月 29 日，以李维汉同志为首席代表的中央人民政府代表团同西藏地方政府代表团开始举行会谈。经过反复谈判和协商，于 5 月 23 日在北京正式签署《中央人民政府和西藏地方政府关于和平解放西藏办法的协议》。该协议共 17 条，主要内容是：驱逐帝国主义侵略势力出西藏，西藏人民回到中华人民共和国祖国大家庭中来；西藏地方政府积极协助人民解放军进入西藏，巩固国防；在中央人民政府统一领导之下，西藏人民有实行民族区域自治的权利；对于西藏的现行政治制度，中央不予变更；班禅额尔德尼的固有地位及职权，应予维持；实行《共同纲领》规定的宗教信仰自由政策，尊重西藏人民的宗教信仰和风俗习惯，保护喇嘛寺庙；西藏军队逐步改编为人民解放军，成为中华人民共和国国防武装的一部分；依据西藏的实际情况，逐步发展西藏民族的语言、文字、学校教育，逐步发展西藏的农牧工商业，改善人民生活；有关西藏的各项改革事宜，中央不加强迫；西藏地方政府应自动进行改革，人民提出改革要求时，得采取与西藏领导人员协商的方法解决之；中央人民政府统一处理西藏地区的一切涉外事宜；中央人民政府在西藏设立军政委员会和军区司令部等。该协议在坚持祖国统一的前提下，尊重西藏现行制度，允许西藏实行不同于其他地方的制度，促进了各民族的团结和西藏的内部团结，符合包括西藏人民在内的全国人民的利益和愿望，不仅实现了西藏的和平解放，捍卫了国家的主权和领土完整，也是在不同制度条件下对和平解决祖国统一问题的重要实践探索。

二是，提出和平解放台湾主张。1949年3月15日，新华社发表题为《中国人民一定要解放台湾》的评论，首次发出“解放台湾”的号召。12月31日，中共中央发表《告前线将士和全国同胞书》，提出“解放台湾、海南岛和西藏”，“完成统一中国的事业”。1950年5月，解放军解放海南岛，并加紧进行解放台湾的准备。6月25日，朝鲜战争爆发，解放台湾的计划被迫推迟。1953年7月，朝鲜停战，但美国继续阻挠中国人民解放台湾，与国民党当局秘密签订“军事协调谅解协定”“共同防御条约”。1954年12月8日，周恩来同志代表中国政府发表声明，指出所谓“共同防御条约”根本是非法的、无效的，中国人民一定要解放台湾，完成祖国完全统一。1955年，国际形势趋于缓和，党中央开始考虑用和平方式解放台湾。7月30日，在中美大使级会谈前夕，周恩来同志在一届全国人大二次会议上阐述了中国政府的对台政策：“中国人民解放台湾有两种可能的方式，即战争的方式和和平的方式，中国人民原意在可能的条件下，争取用和平的方式解放台湾。”“只要美国不干涉中国的内政，和平解放台湾的可能性将会继续增长。如果可能的话，中国政府愿意同台湾地方的负责当局协商和平解放台湾的具体步骤。应该说明，这是中央政府同地方当局之间的协商，所谓‘两个中国’的任何想法和做法，都是中国人民坚决反对的。”〔1〕 1956年，中共中央进一步提出国共两党进行第三次合作、通

〔1〕 周恩来：《目前国际形势和我国外交政策——一九五五年七月三十日在第一届全国人民代表大会第二次会议上的发言》，载《人民日报》1955年7月31日，第1版。

过谈判和平解放台湾的倡议，提出“国共合作，爱国一家，国共两党进行第三次合作”，“台湾只要同美国断绝关系归还祖国，只要政权统一，其他一切都好办，都可以坐下来共同商量安排”，“台湾一切可照旧，可以实行三民主义，可以同大陆通商，可以派代表参加人民代表大会和政协全国委员会”[1] 等政策主张，向台湾国民党当局发出了和平谈判的明确信号，初步形成了和平解放台湾问题的主张。这是我们党从实际出发，最早提出以实行不同社会制度实现国家统一的思想主张。

三是，采取积极稳妥的港澳政策。1949 年 2 月，毛泽东同志同米高扬会谈，在谈完“打扫干净屋子再请客”的外交方针之后，第一次提出了“暂时不动”港澳的方针：“目前，还有一半的领土尚未解放。大陆上的事情比较好办，把军队开去就行了。海岛上的事情就比较复杂，须要采取另一种较灵活的方式去解决，或者采用和平过渡的方式，这就要花较多的时间了。在这种情况下，急于解决香港、澳门的问题，也就没有多大意义了。相反，恐怕利用这两地的原来地位，特别是香港，对我们发展海外关系、进出口贸易更为有利些。总之，要看形势的发展再作最后决定。”[2] 同年 6 月，毛泽东同志在给斯大林的电报中说：“有关香港和九龙的问题，我们暂时不打算提出还归中国的要求。”[3] 这是我党领导人较早表述港澳政策。1951 年春，周恩来同志对新华社香港分社社长黄作梅说，“香港对我们大有好处、大有用处”，“可以支持我们的反美斗争，支持我们的国内建设”，[4] 并要求他们做好这方面的工作。1956 年 5 月 28 日，毛泽东同志在听取中共广东省委关于港澳问题的汇报时，再次指出：“香港暂时还

---

[1] 《坚持“一国两制”推进祖国统一》，人民出版社、党建读物出版社 2019 年版，第 18-19 页。

[2] 中共中央文献研究室编：《毛泽东年谱》（1949—1976）（第 2 卷），中央文献出版社 2013 年版，第 581 页。

[3] 中共中央文献研究室编：《建国以来重要文献选编》（第 10 册），中央文献出版社 1994 年版，第 243 页。

[4] 齐鹏飞：《新中国成立后中共“暂时不动香港”战略出台始末》，载《党史博览》2007 年第 7 期。

是不收回来好，我们不急，目前对我们还有好处，现在拿过来不见得有利。”〔1〕实践证明，新中国成立后中央政府对港澳实行的“暂不收回、维持现状”“长期打算，充分利用”的方针，蕴含着我们党创造性地用和平方式解决争端的思想，不仅成功打破了国际反华势力的封锁和包围，而且为以和平方式最终实现国家统一积累了宝贵经验。

（十二）确立独立自主的和平外交政策，争取对我国有利的国际环境

新中国成立前夕，毛泽东同志强调：“中国必须独立，中国必须解放，中国的事情必须由中国人民自己作主张，自己来处理，不容许任何帝国主义国家再有一丝一毫的干涉。”〔2〕1949 年《共同纲领》规定：“中华人民共和国外交政策的原则，为保障本国独立、自由和领土主权的完整，拥护国际的持久和平和各国人民间的友好合作，反对帝国主义的侵略政策和战争政策。”这一规定确立了新中国外交政策“独立自主”和“维护和平”的主基调。

新中国冲破帝国主义的东方战线，以独立自主的崭新面貌屹立于世界，这为结束百余年来旧中国的屈辱外交，在平等、互利、互相尊重主权和领土完整的基础上同各国建立新型外交关系创造了前提。建国初期，面对错综复杂的国际形势和周边环境，制定和实施正确的外交方针，对巩固新生的人民政权至关重要。我国外交坚持“另起炉灶”“打扫干净屋子再请客”，废除了帝国主义在中国的一切特权和强加在中国人民头上的不平等条约。所谓“另起炉灶”，是指不承认国民党政府同各国建立的旧的外交关系，对于新中国成立前驻在中国的各国使节，只当作普通侨民对待，

〔1〕中共中央文献研究室编：《毛泽东年谱》（1949—1976）（第 2 卷），中央文献出版社 2013 年版，第 581 页。

〔2〕1949 年 6 月 15 日毛泽东同志在北平召开的新政治协商会议开幕典礼上的讲话，载中共中央文献研究室、中央档案馆编：《建党以来重要文献选编（1921—1949）》（第 26 册），中央文献出版社 2011 年版，第 465 页。

而不当作外交代表对待，以便新中国同各国另行建立新的外交关系。所谓“打扫干净屋子再请客”，就是不急于得到帝国主义国家对新中国的承认，而是要先把帝国主义在我国的残余势力清除干净，彻底取消帝国主义在华特权，然后再考虑建交问题。采取“另起炉灶”和“打扫干净屋子再请客”这两条方针，使新中国在外交上掌握了战略主动权，不受过去屈辱外交的束缚，肃清了帝国主义在中国的势力和影响，在政治上建立起独立自主的外交关系。中国共产党为新中国制定的与外国建交的原则，后来由《共同纲领》从法律上作了规定，即对于国民党政府与外国政府订立的各项条约和协定，中华人民共和国中央人民政府应加以审查，按其内容，分别予以承认，或废除，或修改，或重订。凡与国民党反动派断绝关系，并对中华人民共和国采取友好态度的外国政府，中华人民共和国中央人民政府可在平等、互利及互相尊重领土主权的基础上与之谈判，建立外交关系。

改善和发展同新兴民族独立国家，特别是邻近的民族独立国家的关系，是外交工作的重要方面。为了消除这些国家对新中国的误解，促进它们同新中国发展外交关系，需要制定适合同这一类国家交往的新方针。1953年12月，周恩来同志在会见印度代表团时第一次提出和平共处五项原则。1955年万隆会议后，最终确定。其内容是：互相尊重主权和领土完整、互不侵犯、互不干涉内政、平等互利、和平共处。[1] 这五项原则是一个有机整体，精炼地概括了新型国家关系的总体特征，得到印度、缅甸政府的响应和共同倡导。和平共处五项原则虽然是为处理与亚洲民族独立国家的关系而提出的，但我国很快将其作为处理一般国际关系的准则，体现在1954年宪法中。和平共处五项原则的提出具有重大战略意义，特别是在社会主义与资本主义两大阵营截然对立的时代，和平共处五项原则超越意识形态和社会制度，主张世界各国在相处中互相监督，实行对等的约束和自我约束，具有极强的法律性和道义性。从那时起，经过半个多世纪

[1] 和平共处五项原则自1953年年底提出后，文字几经斟酌，直至1955年万隆会议才最后确定。

的实践检验，和平共处五项原则不仅成为我国对外政策的基石，也成为国际社会公认的规范国际关系的重要原则。这一历史时期我国外交领域的探索和实践，为形成我国独立自主的和平外交政策奠定了坚实基础。

（十三）初步建立权力监督机制和反腐败法律制度，保证党和国家长治久安

我们党掌握全国政权后面临的重大考验之一，便是警惕和防止资产阶级的腐蚀，保持干部队伍的清正廉洁，确保党和国家长治久安。早在 1949 年 3 月召开的中共七届二中全会上，毛泽东同志就清醒地作了分析："因为胜利，党内的骄傲情绪，以功臣自居的情绪，停顿起来不求进步的情绪，贪图享乐不愿再过艰苦生活的情绪，可能生长。"[1] 为此，建国初期，就开始初步建立权力监督机制和反腐败法律制度。

1. 初步建立权力监督机制

新中国成立后，党和国家在继承发展马克思主义监督理论的基础上，结合国家治理面临的新问题新情况新矛盾，开始建立适合中国国情的权力监督机制，逐渐形成了"四位一体"的监督格局。建国之初短短几年，党和国家就构建起一个相对成熟、各不同要素密切配合的权力监督体系，是很不容易的，充分体现了对腐败风险的高度警惕和对监督工作的高度重视。

第一，党内监督体系。1949 年 11 月，即新中国成立仅一个月后，中共中央作出了《关于成立中央及各级党的纪律检查委员会的决定》，要求从中央到地方建立各级纪律检查机关以加强党内监督。各级纪律检查机关的职责是：检查各级党组织和党员违反纪律的行为，受理、审查和决定对党组织和党员的纪律处分，或取消这些处分；在党内加强纪律教育，使全

[1] 中共中央党史研究室：《中国共产党历史》（第 1 卷）（1921—1949）（下册），中共党史出版社 2011 年版，第 810 页。

体党员增强纪律意识等。1950 年，中央政治局批准了《中央纪律检查委员会工作细则》，对中央纪律检查委员会的组成机构、办案程序、会议制度、报告制度、工作制度等进行了详尽规定。从领导体制上看，这一时期的纪律检查机关是同级党委的工作部门，在同级党委领导下开展工作，是各级党委执行纪律的“助手”。到 1951 年 4 月，除个别地区外，县级以上党委均成立了纪律检查委员会，还设立办事机构，配备专门干部。1955 年 3 月召开的党的全国代表会议通过《关于成立党的中央和地方监察委员会的决议》，决定成立党的中央和地方监察委员会，查处各种违法乱纪、贪污腐化现象；明确中央监察委员会由党的代表会议选举产生，地方各级监察委员会由地方党的代表会议选举产生，监察委员会在同级党委指导下开展工作，下级监委受上级监委的领导。原有的中央及地方各级党的纪律检查委员会撤销。

第二，行政监察体系。《共同纲领》规定，在县市以上各级政府中设立人民监察机关，强化对国家机关和公务人员履行职责的监督，并“纠举其中之违法失职的机关和人员”。1949 年 10 月 21 日，中央人民政府政务院人民监察委员会召开第一次会议，并宣布成立，内部设立办公厅、第一厅（负责财政、银行、海关等）、第二厅（负责工业、铁道、邮电、交通等）、第三厅（负责内务、公安、司法、法制等）。从地位上看，人民监察委员会是政务院下属四个委员会之一，地位高于各部、署等。政务院 1950 年 10 月批准的《人民监察委员会试行组织条例》对政务院人民监察委员会的设立、领导体制、职权作了具体规定。中央人民监察委员会成立后，地方各级行政监察机关也纷纷建立。从职责定位看，人民监察委员会的主要任务是监察国家机关及公务人员有无违反国家政策和法律状况以及是否存在危害国家利益的行为，颁布决议和命令，审查决议和命令的执行情况，接受人民群众对政府机关公务人员的控告。根据 1954 年宪法和国务院组织法，设立监察部。1954 年 11 月，国务院发出《关于设立、调整中央和地方国家行政机关及其有关事项的通知》，宣布将原人民监察委员会工作移交监察部。这一时期监察机关虽然是行政机关的组成部分，但监察对象不仅覆盖行政机关，还涵盖司法机关等其他国家机关。

第三，司法监督体系。1949 年中央人民政府组织法明确规定，最高人民检察署是最高检察机关，其职能是检察政府机关、公务人员和全体国民遵守法律状况。根据相关规定，最高人民检察署设立三个处，其中第二处的主要职能是负责刑事案件侦查、检举以及公诉等事项，包括对公职人员滥用权力犯罪案件的侦查事项。为进一步规范检察机关的监督职能，1951 年最高人民检察署暂行组织条例规定，检察署隶属于人民政府，地方各级检察机关为同级人民政府组成部分，受上级人民检察署和同级人民政府委员会双重领导。1954 年宪法和人民检察院组织法规定，最高人民检察院对于国务院所属各部门、地方各级国家机关、国家机关工作人员和公民是否遵守法律，行使检察权；地方各级人民检察院和专门人民检察院依照法律规定的范围行使检察权，强调地方各级人民检察院独立行使职权，不受地方国家机关的干涉。实践证明，建国初期检察机关在惩治职务犯罪方面扮演着重要角色。

第四，社会监督体系。注重引入社会力量参与监督，是中国共产党的优良传统，这一时期社会监督的主要形式是舆论监督、群众监督和民主党派监督。1950 年 4 月 19 日，中共中央作出《关于在报纸刊物上展开批评和自我批评的决定》，号召广大人民群众通过报纸和公开出版物揭露党内存在的官僚主义、不正之风，并要求被批评者回应。不仅如此，1950 年 4 月 23 日，中央人民政府新闻署发布《关于改进报纸工作的决定》，要求报纸通讯员“写出群众中和他们自己对于政府工作、生产建设事业和社会生活的意见”。以《人民日报》为代表的党刊在舆论监督中发挥重要作用，以读者来信的形式公开曝光和揭露党内存在的问题，有力促进了反腐败斗争的深入开展。1951 年政务院发布《关于处理人民来信和接见人民工作的决定》，要求各级人民政府高度重视人民来信，见面谈话应当热情接待，对群众的诉求要及时办理。人民来信来访成为这一时期开展群众监督的重要手段。1953 年政务院发布《各级人民政府人民监察机关设置人民监察通讯员通则》，要求各级人民政府人民监察机关设置人民监察通讯员，发挥人民群众对国家机关及其工作人员的监督作用。各民主党派也积极参与社会监督工作，有力推动了反腐败斗争的开展。

2. 初步建立反腐败法律制度

革命胜利后，尽管很快就建立了权力制约机制，但极少数国家机关工作人员还是经不住资产阶级糖衣炮弹的袭击，败下阵来。1951 年开始，东北局、华北局等向党中央报告了干部队伍中的严重贪污问题，特别是华北天津地委前书记刘青山及当时的书记张子善的严重贪污犯罪，引起党中央对贪污等腐败问题的高度重视和严厉整治。1951 年 12 月 1 日，中共中央作出《关于实行精兵简政、增产节约、反对贪污、反对浪费和反对官僚主义的决定》，向全党提出警告："一切从事国家工作、党务工作和人民团体工作的党员，利用职权实行贪污和实行浪费，都是严重的犯罪行为。"中央决定，在党的领导下，分党政军 3 个系统成立各级增产节约检查委员会，由首长负责，亲自动手，采取自上而下和自下而上相结合的方法，检查贪污浪费现象，开展这场斗争。党的方针是：彻底揭露一切大中小贪污事件，着重打击大贪污犯，对中小贪污犯采取教育改造不使重犯的方针。[1] 此后，中共中央和毛泽东同志又对"三反"斗争发出一系列重要指示，有力推动了这一斗争的深入发展。为正确解决责任追究问题，中央人民政府先后制定了 3 个重要的法律性文件，即《中央节约检查委员会关于处理贪污、浪费及克服官僚主义错误的若干规定》（1952 年 3 月 8 日）、《中央节约检查委员会关于追缴贪污分子赃款赃物的规定》（1952 年 3 月 28 日）、《中华人民共和国惩治贪污条例》（1952 年 4 月 18 日）。《中央节约检查委员会关于处理贪污、浪费及克服官僚主义错误的若干规定》确立了处理贪污分子的基本方针，即"改造与惩治相结合"；明确根据不同情

---

〔1〕 参见中共中央党史研究室：《中国共产党历史》（第 2 卷）（1949—1978）（上册），中共党史出版社 2011 年版，第 160 页。

节和数额，对贪污分子给予处罚。《中央节约检查委员会关于追缴贪污分子赃款赃物的规定》对贪污分子的赃款赃物的追缴原则和处置办法作了具体规定。《中华人民共和国惩治贪污条例》总结“三反”运动经验，充分体现了惩办和教育相结合、镇压与宽大相结合的方针，明确规定了贪污罪的罪状和刑罚的宽严界限，为依法惩治“三反”运动中揭发出来的贪污分子提供了法律依据。“三反”运动及有关制度建设有力打击了贪污腐败行为，惩处了一批腐败分子，形成了风清气正、蓬勃向上的良好局面，对于保持新生人民政权的纯洁性意义重大。

建国初期，我国权力监督机制和反腐败法律制度的初步建立和运作，为建立健全党和国家监督制度积累了宝贵经验。实践证明，权力容易导致腐败。反腐败和廉政建设关系国家发展全局、关系最广大人民根本利益、关系社会公平正义与和谐稳定。只有构建起符合我国国情的党和国家监督体系，才能保持党的先进性和纯洁性，巩固党的执政基础和执政地位，跳出历史周期率，确保党和国家长治久安。

从 1949 年到 1956 年，中国共产党团结带领人民，适应国际国内环境和新的历史使命，经过不断探索实践和改革创新，不仅确立了社会主义制度这一根本制度，实现了中国历史上最伟大、最深刻的社会变革，而且初步全面构建起经济、政治、文化、社会、生态文明等各个领域的制度框架，为国家治理提供了坚实基础。正如董必武同志在党的八大上指出的：“中华人民共和国成立七年以来，我国社会发生的巨大变化的生动事实，极清楚地说明了我们党领导的人民民主政权是最有效率的和最巩固的；我们人民民主政权是属于世界上最民主的社会主义的类型。”“我国能够彻底胜利地完成各项民主改革和迅速有效地通过和平的道路取得社会主义革命的决定性的胜利，人民民主法制发挥的力量是重要因素之一。”[1]

---

[1] 董必武：《进一步加强人民民主法制，保障社会主义建设事业》，载《董必武选集》，人民出版社 1985 年版，第 451-452 页。

第二章

社会主义道路艰辛探索时期
国家制度和法律制度的建设发展

从1956年9月党的八大至1966年5月“文化大革命”爆发前的10年，是以毛泽东同志为核心的党的第一代中央领导集体带领全党全国各族人民，对适合中国国情的社会主义建设道路进行艰辛探索的10年。这10年，我国的社会主义建设取得了无可否认的巨大成就，但也经历了重大曲折。随着社会主义建设事业的曲折发展，党领导人民进行国家制度和法律制度建设的探索也经历了波折。这个时期，党领导对制度建设的探索主要是通过大量的政策文件来推进国家和社会治理。虽然党也领导人民进行了法律制度建设的探索，但由于当时社会条件的局限，许多方面都只是处于起步阶段，甚至是长期停滞徘徊。尽管如此，我国社会主义国家制度仍然得到巩固和发展，国家经济、政治、社会、文化、外交、军事等方方面面重要的基本的制度得以建立和巩固，也为党在改革开放以后领导国家制度和法律制度建设提供了有益镜鉴。

一、国内国际背景

1956年年初社会主义改造基本完成，社会主义制度在我国建立起来。社会主义制度建立后，如何进行社会主义建设，是我们党面临的一个重大问题。毛泽东同志经过深入思考和调研，于1956年4月发表了《论十大关系》的讲话，提出了经济、政治、社会、文化、外交等各个方面发展的关系，是党领导人民进行社会主义建设的基本指导思想，蕴含着丰富、厚重的制度内涵，“展现出党为寻找适合中国情况的建设社会主义的道路而多方面探索的生动景象，中国社会主义建设道路的基本思路逐步清晰起来”。[1] 1956年9月，党的八大正确分析国内外形势和国内主要矛盾的变化，明确宣布：我国无产阶级同资产阶级之间的矛盾已经基本解决，几千年来的阶级剥削制度的历史已经基本结束，社会主义的社会制度在我国已经基本建立起来。国内的主要矛盾，已经是人民对于建立先进的工业国的要求同落后的农业国的现实之间的矛盾，已经是人民对于经济文化迅速发展的需要同当前经济文化不能满足人民需要的状况之间的矛盾。党和全国人民当前的主要任务，就是要集中力量解决这个矛盾，把我国尽快地从落后的农业国变为先进的工业国。[2] 大会提出，在三个五年计划或者再多一点的时间内，在我国建成一个基本完整的工业体系的战略设想。党的八大明确党和国家的工作重点转移到社会主义建设上来，为全国人民描绘了社会主义发展的宏伟蓝图。

在政治领域，1956年国际上发生波匈事件，国内出现一些群众闹事等不安定因素，毛泽东同志和党中央对国内外局势作出科学分析，提出关于社会主义社会矛盾问题的学说，把正确处理人民内部矛盾作为国家政治生活的主题，提出要“造成一个又有集中又有民主，又有纪律又有自由，又有统一意志、又有个人心情舒畅、生动活泼，那样一种政治局面”[3]。党中央发动以正确处理人民内部矛盾为主题的全党整风运动。在整风过程中，发生了极少数右派向党猖狂进攻的复杂局面，导致党对整个阶级斗争

〔1〕 中共中央党史研究室：《中国共产党历史》（第2卷）（1949—1978）（上册），中共党史出版社2011年版，第382-383页。

〔2〕 参见《中国共产党简史》编写组编著：《中国共产党简史》，人民出版社、中共党史出版社2021年版，第188页。

〔3〕 中共中央文献研究室编：《毛泽东年谱》（1949—1976）（第3卷），中央文献出版社2013年版，第192页。

的形势作了过分严重的估计，开展了反右派斗争并出现严重扩大化。1957年党的八届三中全会提出，无产阶级和资产阶级、社会主义道路与资本主义道路的矛盾仍然是国内的主要矛盾。1958 年 11 月第一次郑州会议后，党中央开始重视纠正“左”的错误，但由于对“左”的错误的严重性认识不足，1959 年庐山会议后，又由纠“左”转为反右，并在全党范围内开展“反右倾”斗争，“左”倾错误再度泛滥。1962 年年初的七千人大会，强调要加强民主集中制，加强党的集中统一。毛泽东同志在会上带头作自我批评。会后，党中央指导和推动了党内和人民内部政治关系方面的调整工作，着重恢复国家正常的政治生活，调整与民主党派和无党派人士的关系，消除“大跃进”以来开展的一系列运动包括“反右倾”斗争产生的消极影响。[1] 但由于没有从根本上纠正“左”的错误，1962 年 9 月党的八届十中全会上，党又把一定范围内存在的阶级斗争进一步扩大化和绝对化，导致“左”的错误再度发展，使七千人大会后开始恢复起来的党内正常的民主生活再次遭到破坏。会后，在部分农村和城市开展了社会主义教育运动。1965 年 1 月，中央印发《农村社会主义教育运动中目前提出的一些问题》，将运动性质定为“解决社会主义和资本主义的矛盾”，将运动重点定为“整党内那些走资本主义道路的当权派”。“左”的错误也开始在意识形态领域发展蔓延。

---

〔1〕 具体表现在：1962 年 3 月 21 日，刘少奇同志主持召开最高国务会议，代表中共中央向党外民主人士通报七千人大会的精神，对 1958 年以来的工作特别是缺点错误和原因教训作坦诚说明，表示责任在中国共产党，主要责任在党中央。1962 年 3 月 23 日至 4 月 18 日，举行了已经推迟一年的全国政协三届三次会议和二届全国人大三次会议，周恩来同志在政府工作报告中代表国务院，对几年来政府工作中的缺点、错误作了诚恳的自我批评，希望人民代表大会对国务院给以批评。他在政协会议上的讲话中着重阐述了我国人民民主统一战线的新发展，指出进入社会主义建设阶段，人民民主统一战线的任务更重了，要团结一切可以团结的力量，动员更多可以动员的因素，来参加社会主义建设，扩大民主生活。1962 年 4 月下旬至 5 月下旬召开的全国统战工作会议和全国民族工作会议，指出：党必须主动调整同知识界、工商界、民主党派、民主人士、宗教界、少数民族、归国侨胞以及其他爱国人士的关系，发扬民主，加强团结，充分调动一切积极因素，克服当前困难，完成调整国民经济的任务。全国统战工作会议还提出要做好对在政治运动中受到伤害的党外人士的甄别平反工作。参见中共中央党史研究室：《中国共产党历史》（第 2 卷）（1949—1978）（下册），中共党史出版社 2011 年版，第 604-605 页。

在经济领域，1957 年我国第一个五年计划超额完成，但党内已出现冒进思想。党的八大以毛泽东同志提出的“十大关系”为指导思想，坚持既反保守又反冒进，即在综合平衡中稳步前进的方针，制定了具体的经济政策。1958 年 5 月，党的八大二次会议制定了“鼓足干劲、力争上游、多快好省地建设社会主义”的总路线。为贯彻这一总路线，党在没有经过认真调查研究和试点的前提下，轻率发动了严重脱离实际的“大跃进”和人民公社化运动，违背了客观经济规律，经济建设和社会发展不仅未达到预期目的，反而遭受重大挫折。同时，自然灾害和苏联政府背信弃义撕毁合同给我国发展造成更多压力，使党和国家遭受了建国以来前所未有的严重经济困难。为摆脱国民经济困境，1961 年 1 月党的八届九中全会决定对国民经济实行“调整、巩固、充实、提高”的八字方针。1962 年年初的七千人大会，总结了“大跃进”以来经济建设工作的经验教训，认识到社会主义建设将是一个长期的历史过程。党中央陆续制定农村人民公社、工业、商业、教育、科学、文艺等方面的工作条例草案，比较系统地总结了社会主义建设的经验，分别规定了适合当时情况的各项具体政策。从 1962 年下半年到 1965 年，国民经济开始稳步增长，社会呈现欣欣向荣的景象。党中央决定从 1963 年起再用 3 年时间继续调整。调整后期，适应经济建设战略重点向战备倾斜这一重大转变的需要，三线建设开始布局。到 1965 年年底，国民经济调整任务全面完成。1964 年 12 月，三届全国人大一次会议提出了全面实现工业、农业、国防和科学技术“四个现代化”的宏伟目标。

在思想文化、科学技术、法制建设等领域，党的八大前后，确立了“百花齐放、百家争鸣”、发挥知识分子在社会主义建设中的作用、加强人民民主法制等正确方针，并取得重大成果。但在 20 世纪 50 年代后期至 60 年代初期，由于受“左”倾错误思想的影响，政治和经济领域的错误做法也波及文化、科技、法制建设等领域，致使这些领域的方针政策和事业发展出现反复、徘徊、停滞等现象。

国际方面，这一时期我国外部环境发生重大复杂变化，不可避免地影响到党对国际国内形势的判断，也对党领导人民进行社会主义建设的方向和路径产生重大影响。20 世纪 50 年代中期，国际关系趋向缓和，世界经济与科学技术迅速发展，中苏关系良好，我国同社会主义国家交往密切，为刚刚起步的社会主义建设提供了难得机遇。但 1956 年 2 月，苏共二十大尖锐地揭露斯大林在领导苏联社会主义建设中的严重错误以及对他的个人崇拜所造成的严重后果，在社会主义阵营引起极大震动。中国共产党不赞成全盘否定斯大林领导苏联党和人民为社会主义而奋斗的历史，中苏两国两党之间发生论战。从 20 世纪 50 年代后期到 60 年代前期，这种论战不断升级，加上苏联在社会主义阵营大搞大国沙文主义，中苏关系迅速恶化，国际社会主义阵营出现分裂。与此同时，美国蓄谋制造“两个中国”，扩大侵略越南的战争，中美对抗加深。蒋介石集团企图在东南沿海地区实施军事进犯计划，中印爆发大规模边境冲突，新疆发生边民外逃事件，中国国家安全形势出现复杂变化。这些都严重影响了党对社会主义的认识和对国际国内形势的判断。特别是随着中苏之间的分歧扩大以及中美之间的斗争加剧，党对战争威胁和对中国不利的一面作了过于严重的估计和过度的反应，错误地认为中国正处于帝国主义、修正主义和各国反动派的包围中，使党内容易接受国内的阶级斗争日趋尖锐的错误论点，容易接受国内阶级斗争和党内斗争是同国际阶级斗争紧密联系的错误论点[1]。

二、十年探索时期的党的理论创新

十年探索时期，以毛泽东同志为代表的中国共产党人，总结苏联社会主义建设的经验教训，坚持运用马克思主义指导中国社会主义建设，要求把马列主义基本原理同中国实际进行“第二次结合”，找出在中国进行社

〔1〕 参见中共中央党史研究室：《中国共产党历史》（第 2 卷）（1949—1978）（下册），中共党史出版社 2011 年版，第 746 页。

会主义建设的正确道路，取得独创性理论成果，丰富和发展了毛泽东思想。这些理论成果集中体现在《论十大关系》《关于正确处理人民内部矛盾的问题》《在扩大的中央工作会议上的讲话》等主要著作中，[1] 毛泽东思想“活的灵魂”，即实事求是、群众路线、独立自主，是贯穿其中的立场、观点和方法。

(一)《论十大关系》的形成及重要意义

1956年2月至4月，毛泽东同志分别听取国务院35个部委关于工业生产和经济工作的汇报，逐渐形成对中国社会主义建设具有指导意义的一系列看法。他明确提出：“最重要的是要独立思考，把马列主义的基本原理同中国革命和建设的具体实际相结合。”[2] 1956年4月和5月，毛泽东同志就《论十大关系》分别在中央政治局扩大会议上讲话和最高国务会议上作报告。《论十大关系》初步提出中国社会主义经济、政治建设的若干新方针，包括处理好重工业和轻工业、农业的关系，沿海工业和内地工业的关系，经济建设和国防建设的关系，国家、生产单位和生产者个人的关系，中央和地方的关系，汉族和少数民族的关系，党和非党的关系，革命和反革命的关系，是非关系，中国和外国的关系。前5条主要讨论经济问题，后5条主要讨论政治关系。强调要正确处理重工业同农业、轻工业的关系，充分重视发展农业和轻工业，走出一条适合我国国情的中国工业化道路；要处理好经济建设和国防建设，大型企业和中小型企业，汉族和少数民族，沿海和内地，中央和地方，自力更生和学习外国等各种关系，处理好积累和消费的关系，注意综合平衡；要兼顾国家、集体、个人三者利益，充分调动各方面的积极性，在巩固中央统一领导的前提下，适当扩大

---

[1] 参见《关于建国以来党的若干历史问题的决议》。

[2] 中共中央文献研究室编：《毛泽东年谱》（1949—1976）（第2卷），中央文献出版社2013年版，第557页。

地方的权力；在中国共产党和各民主党派的关系上实行“长期共存、互相监督”的方针，确认中国共产党领导的统一战线和多党合作要继续存在、发挥作用；要学习资本主义国家先进的科学技术和企业管理方法中合乎科学的方面，但也要抵制和批判资产阶级的一切腐败制度和思想作风。《论十大关系》是一篇闪耀着马克思主义理论光辉的经典文献，是在深入调查研究的基础上形成的，标志着党对怎样建设社会主义有了自己新的重要认识，对当时及之后很长一段时间的工作都极具指导意义，是毛泽东同志关于社会主义建设问题的代表作。[1]

（二）关于正确处理人民内部矛盾的理论

苏共二十大全面否定斯大林，在社会主义阵营引起极大震动和思想混乱。1956 年秋冬，由于社会主义改造的迅速完成，加上经济建设中出现的冒进影响未能完全消除，领导工作中还存在官僚主义等问题，一些地方出现少数群众闹事等不稳定情况。[2] 面对这些新矛盾，许多干部习惯套用过去的经验，将群众闹事和对党员干部的尖锐批评一概视为“阶级斗争”的表现，认为凡是群众闹事，就是“敌我矛盾”，进而照搬革命时期的办法处理问题，进一步激化了矛盾。面对新情况，毛泽东同志和党中央深入思考社会主义社会的矛盾问题，吸取国际上波匈事件的教训，提出了关于正确处理人民内部矛盾的理论。

---

〔1〕 毛泽东同志回顾这段历史时多次说过，前几年经济建设主要学外国经验，1956 年 4 月《论十大关系》开始提出自己的建设路线，有我们自己的一套内容。1975 年邓小平同志在主持中央日常工作期间，向毛泽东同志建议重新整理《论十大关系》讲话，他说：“这篇东西太重要了，对当前和以后，都有很大的针对性和理论指导意义。”参见中共中央文献研究室编：《邓小平年谱》（1975—1997）（上），中央文献出版社 2004 年版，第 68 页。

〔2〕 比如，社会主义改造步伐加快，使财政、物资面临极大压力，许多城市出现粮食、肉类和日用品短缺，部分人以罢工、请愿等形式表示抗议。又如，“百花齐放、百家争鸣”方针提出后，知识分子日趋活跃，在政治、经济、文化、教育、科学等问题上发表意见，其中不乏对党和政府工作中的缺点、干部工作作风问题的批评意见，有些意见比较尖锐，也有一些错误言论。

1957年2月，毛泽东同志在最高国务会议上发表讲话，系统阐明了关于严格区分社会主义社会的敌我矛盾和人民内部矛盾两类不同性质的矛盾。他指出，矛盾是普遍存在的，社会主义社会也充满着矛盾，正是这些矛盾推动着社会主义社会不断地向前发展。社会主义社会的基本矛盾仍然是生产力和生产关系、经济基础和上层建筑之间的矛盾，这些矛盾可以通过社会主义制度本身的自我调整和完善，不断地得到解决。毛泽东同志关于社会主义社会基本矛盾的论断，第一次科学地揭示了社会主义社会发展的动力，也为后来的社会主义改革奠定了理论基础。毛泽东同志强调，社会主义社会存在着敌我矛盾和人民内部矛盾两类性质根本不同的矛盾。前者需要用强制的、专政的方法去解决，后者只能用民主的、说服教育的、“团结—批评—团结”的方法去解决，并把正确处理人民内部矛盾提升到国家政治生活主题的高度。[1]

适应我国社会矛盾的变化，毛泽东同志还提出一些积极主张：在科学文化工作中要实行“百花齐放、百家争鸣”；强调工人是企业的主人，要实行干部参加劳动、工人参加管理，以及技术人员、工人、干部“三结合”的制度，改革不合理的规章制度；调动一切积极因素，化消极因素为积极因素，以便团结全国各族人民建设社会主义强大国家。

（三）辩证看待指导思想与工作中的偏差和错误

党在领导社会主义建设道路的探索中面临两大问题：一是社会主义条件下的阶级斗争问题；二是社会主义建设的规模、速度问题。党在这两大问题上的指导思想和实际做法一度发生严重失误，这两方面又相互影响，使社会主义建设的探索出现严重曲折。

及时纠正党内各种错误思想认识和实践偏差，对于统一全党思想，推

〔1〕参见中共中央党史研究室：《中国共产党历史》（第2卷）（1949—1978）（上册），中共党史出版社2011年版，第428-431页。

进社会主义建设意义重大。党中央和毛泽东同志实事求是地纠正这期间出现的理论和实践错误，努力为社会主义建设事业的发展创造良好的政治条件。七千人大会比较系统地初步总结了“大跃进”以来经济建设工作的基本经验教训，指出工作中发生的缺点和错误，[1] 并指明了产生这些缺点和错误的原因：一方面是经验不够；另一方面是党内不少领导同志不够谦虚谨慎，背离了党的实事求是和群众路线的传统作风，削弱了民主集中制，妨碍了党及时发现问题和纠正错误。[2] 对此，毛泽东同志高屋建瓴且颇有远见地指出：在社会主义建设上，我们还有很大的盲目性，社会主义经济对我们来说还有许多未被认识的必然王国，今后要下苦功夫调查它，研究它，在实践中逐步地加深对它的认识，弄清楚它的规律。中国的人口多、底子薄，经济落后，“要使生产力很大地发展起来，要赶上和超过世界上最先进的资本主义国家，没有一百多年的时间，我看是不行的”。[3] 这是党中央和毛泽东同志对社会主义建设长期性的深刻认识，具

〔1〕 主要是：工农业生产计划指标过高，基本建设战线过长，使国民经济各部门的比例关系严重失调；在人民公社工作中，曾经混淆集体所有制和全民所有制的界限，急于过渡，违反按劳分配和等价交换原则，犯了刮“共产风”和其他平均主义的错误；不适当地要求在全国范围内建立许多完整的工业体系，权力下放过多，分散主义倾向有了严重的滋长；对农业增产的速度估计过高，对建设事业的发展要求过急，使城市人口不适当地大量增加，加重了城市供应和农村生产的困难。参见中共中央党史研究室：《中国共产党历史》（第 2 卷）（1949—1978）（下册），中共党史出版社 2011 年版，第 593-594 页。

〔2〕 毛泽东同志在七千人大会上讲话的中心话题是民主集中制问题。他强调，不论党内党外，都要有充分的民主生活，让群众说话。他说，批评和自我批评的方法，是解决人民内部矛盾、充分发扬民主的唯一正确的方法。他作自我批评说：“凡是中央犯的错误，直接的归我负责，间接的我也有份，因为我是中央主席。”“第一个负责任的应当是我。”在他的带动下，其他中央领导同志均作了自我批评。周恩来同志指出，不切实际地规定跃进的速度，就使人们只注意多、快，不注意好、省，只注意数量，不注重品种、质量，只要高速度，不重视按比例，只顾主观需要，不顾客观可能性，只顾当前要求，没有长远打算，结果是欲速则不达。邓小平同志主要讲恢复党的优良传统，除了调查研究、实事求是、联系群众、及时纠正错误以外，最重要的方面是必须健全党的民主生活，包括坚持民主集中制。朱德同志强调要学会按照客观规律办事。陈云同志建议恢复发扬民主、批评和自我批评的优良传统。参见中共中央党史研究室：《中国共产党历史》（第 2 卷）（1949—1978）（下册），中共党史出版社 2011 年版，第 595-597 页。

〔3〕 参见毛泽东：《在扩大的中央工作会议上的讲话》（1962 年 1 月 30 日），载中共中央文献研究室编：《毛泽东文集》（第 8 卷），人民出版社 1999 年版。

有深远战略价值和长远指导意义。

邓小平同志指出，这期间工作中的错误，责任在党中央的领导集体。毛泽东同志负有主要责任，但也不能把所有错误归咎于毛泽东同志个人。[1] 习近平总书记指出，“毛泽东同志晚年的错误有其主观因素和个人责任，还在于复杂的国内国际的社会历史原因，应该全面、历史、辩证地看待和分析”。[2]

三、制度的探索和发展

社会主义制度在我国基本建立起来后，党中央适应国际国内形势的发展变化，提出了符合我国国情和实际的社会主义建设目标任务，并通过制定一系列的政策文件，促进发展社会主义经济，巩固和发展社会主义制度，建立起体现中国特色的国家治理模式，各方面制度建设取得初步成效，为社会主义各项事业建设发展提供了坚实的制度保障。

（一）坚持和完善党的领导制度，提高党的执政能力和水平

为适应社会主义制度基本建立的新形势，提高党的执政能力，我们党

---

〔1〕 邓小平同志在1980年4月指导起草《关于建国以来党的若干历史问题的决议》时说：“讲错误，不应该只讲毛泽东同志，中央许多负责同志都有错误。‘大跃进’，毛泽东同志头脑发热，我们不发热？刘少奇同志、周恩来同志和我都没有反对，陈云同志没有说话。在这些问题上要公正，不要造成一种印象，别的人都正确，只有一个人犯错误。这不符合事实。中央犯错误，不是一个人负责，是集体负责。”参见《邓小平文选》（第2卷），人民出版社1994年版，第296页。

〔2〕 比如，毛泽东同志将阶级斗争提升到一定的高度，一是有历史原因，二是这种认识为全党所接受，是全党的集体认识问题。国际上，从1960年起，党认为苏联出现修正主义，考虑“反修防修”问题。1962年4月、5月，苏联直接插手酿成了新疆伊犁暴乱、塔城等3县边民外逃等事件，暗中支持其他国家在我国边界地区挑起冲突。蒋介石集团叫嚣“反攻大陆”，台海局势紧张。国内一定范围的阶级斗争，如敌对分子的破坏活动和严重的经济、刑事犯罪活动，表现较为激烈。在这种形势下，毛泽东同志将党内认识上的分歧也看成了严重的阶级斗争。毛泽东同志强调的阶级斗争很快为全党所接受。党的八届十中全会上，大家发言表示拥护毛泽东同志的观点。这说明，当时“左”的思潮不是个别人的责任，是全党的思想认识问题。

不断加强自身建设，积极探索并不断完善党的领导制度，坚持和完善民主集中制，坚持党中央集中统一领导，强化党的领导核心地位，确保社会主义建设的正确方向。

1. 强化党的领导理论武装

1956年，国际共产主义的波折以及国内出现的一些不稳定因素，都把坚持党的领导问题再次提上重要议事日程。为此，党的八大强调“党应当而且可以在思想上、政治上、方针政策上对于一切工作起领导作用”[1]。为切实巩固党的执政地位，党进一步强化自身建设，并于1957年4月在党内开展了“反官僚主义、反宗派主义和反主观主义”的整风运动。但在这个过程中，出现了少数反党分子向党发难的苗头。针对极少数右派分子乘机向党和新生的社会主义制度发动进攻，怀疑、否定中国共产党的领导和社会主义制度的情况，党中央予以坚决反击。毛泽东同志指出：“中国共产党是全中国人民的领导核心。没有这样一个核心，社会主义事业就不能胜利。”“一切离开社会主义的言论行动是完全错误的。”[2] 1957年6月19日，《人民日报》发表毛泽东同志《关于正确处理人民内部矛盾的问题》的讲话，文章指明了判断人们言行是非的6条政治标准[3]，其中最重要的是社会主义道路和党的领导这两条。1958年1月，毛泽东同志在《工作方法六十条（草案）》中，提出了党委领导原则的32字方针，即“大权独揽，小权分散。党委决定，各方去办。办也有决，不离原则。工

[1] 刘少奇：《在中国共产党第八次全国代表大会上的政治报告》，载中共中央文献编辑委员会编：《刘少奇选集》，人民出版社1985年版。

[2] 中共中央文献研究室编：《毛泽东年谱》（1949—1976）（第3卷），中央文献出版社2013年版，第162页。

[3] 这6条政治标准即：有利于团结全国各族人民，而不是分裂人民；有利于社会主义改造和社会主义建设，而不是不利于社会主义改造和社会主义建设；有利于巩固人民民主专政，而不是破坏或者削弱这个专政；有利于巩固民主集中制，而不是破坏或者削弱这个制度；有利于巩固共产党的领导，而不是摆脱或者削弱这种领导；有利于社会主义的国际团结和全世界爱好和平人民的国际团结，而不是有损于这些团结。

作检查，党委有责"〔1〕。1958 年 7 月，邓小平同志在主持中共中央书记处会议时强调："党是无产阶级最高组织形式……党领导一切，是一切问题根本的根本。"〔2〕 在七千人大会上，毛泽东同志再次强调，"工、农、商、学、兵、政、党这七个方面，党是领导一切的。党要领导工业、农业、商业、文化教育、军队和政府"。〔3〕 党领导一切并不意味着党包办一切、干预一切。周恩来同志在谈及党的领导问题时提出，我们说党领导一切，是说党要管大政方针、政策、计划，是说党对各部门都可以领导，不是说一切事情都要党去管。至于具体业务，党不要干涉；党的领导是组织领导、集体领导，不是个人领导。〔4〕 这些思想对坚持、巩固和改善党的领导，提供了有力的思想理论基础。

2. 坚持和完善民主集中制

党的八大吸取斯大林搞个人崇拜、违反民主集中制和集体负责的制度的教训，强调要健全民主集中制。〔5〕 具体包括：坚持集体领导制度；反对个人崇拜；从中央到县一级的党代表实行"常任制"；提出民主不是领

〔1〕 毛泽东同志解释说，"大权独揽"是指主要权力应集中于中央和地方党委的集体，"各方去办"不是由党员径直去办，而是一定要经过党员在国家机关中、在企业中、在合作社中、在人民团体中、在文化教育机关中，同非党员接触、研究，对不妥当的部分加以修改，然后大家通过，方才去办；"不离原则"的"原则"是指党是无产阶级组织的最高形式，民主集中制，集体领导和个人作用的统一，中央和上级的决议等。参见罗平汉：《"坚持党对一切工作的领导"的由来与发展》，载《学习时报》2020 年 11 月 13 日，第 5 版。

〔2〕 罗平汉：《"坚持党对一切工作的领导"的由来与发展》，载《学习时报》2020 年 11 月 13 日，第 5 版。

〔3〕 中共中央文献研究室编：《毛泽东文集》（第 8 卷），人民出版社 1999 年版，第 305 页。

〔4〕 参见中共中央文献编辑委员会编：《周恩来选集》（下卷），人民出版社 1984 年版，第 365-366 页。

〔5〕《关于无产阶级专政的历史经验》一文表示，中国共产党一贯主张群众路线和集体领导，反对突出个人。为强调制度建设所具有的重要性，毛泽东同志在文章中加写了一段话："我们要是不愿意陷到这样的泥坑里去的话，也就更加要充分地注意执行这样一种群众路线的领导方法，而不应当稍为疏忽。为此，我们需要建立一定的制度来保证群众路线和集体领导的贯彻实施，而避免脱离群众的个人突出和个人英雄主义，减少我们工作中的脱离客观实际情况的主观主义和片面性。"参见毛泽东：《对〈若干无产阶级专政的历史经验〉稿的批语和修改》，1956 年 4 月 2 日、4 日。转引自中共中央党史研究室：《中国共产党历史》（第 2 卷）（1949—1978）（上册），中共党史出版社 2011 年版，第 378 页。

导与被领导的关系，而是平等关系，并将七大党章中提出的“在民主基础上的集中和在集中领导下的民主”修改为“在民主基础上的集中和在集中指导下的民主”，使之制度化并沿用至今。这些设想和措施发展了党内民主。尽管在实践中，由于“反右倾”斗争严重破坏了党内民主生活，一度使个人崇拜和个人专断在党内进一步发展，“一言堂”“家长制”等现象在党内政治生活中得以滋长和蔓延，严重破坏了党的民主集中制，但是，党对完善民主集中制还是进行了积极的探索。比如，在七千人大会上，党总结了“大跃进”以来的经验教训，再次强调要加强民主集中制，发扬民主，加强集中统一，反对分散主义，在一定程度上为党内民主政治生活营造了宽松的氛围，使党内民主得到一定程度的恢复。[1]

3. 完善党的领导制度

一是，调整党的领导机构。党的八大对中央领导机构作了较大调整：中央委员会增设若干副主席；将中央政治局和中央书记处分开，中央书记处在中央政治局和它的常务委员会领导之下，处理中央日常工作；中央书记处第一把手不再称“主席”，而改称为总书记；由主席、副主席、总书记组成常委，常委是党的核心领导。

二是，探索建立领导小组制度。1957 年 1 月 10 日，中共中央发出《关于成立中央经济工作五人小组的通知》，决定由陈云等 5 位同志组成五人小组，在中央政治局领导下，统一领导国家的经济工作，陈云任组

〔1〕 毛泽东同志强调，在人民内部实行广泛的民主，很重要的是要在党内实行民主。党委的领导是集体领导，不是第一书记个人独断；要让群众批评，哪有马克思列宁主义者怕群众的道理？批评和自我批评是解决人民内部矛盾、充分发扬民主的唯一正确的方法。邓小平同志指出，民主集中制是党和国家的最根本的制度，坚持民主集中制是关系党和国家命运的事情；这几年由于没有搞好民主集中制，以致上下不通气。陈云同志指出，发扬民主、经常开展批评和自我批评，是我们党的老传统，这几年党内生活不正常，看到缺点、错误也不提，现在要把它恢复起来。刘少奇同志指出，如果我们这几年完全根据群众的意见，充分发扬民主，有许多错误不会犯，即便犯了，也可以早发现，这是一个很大的教训；党内民主不能代替国家的民主，要充分发扬人民代表大会制度的作用，通过这个制度去实行人民的民主，社员大会、社员代表大会、人民代表大会要真正建立起来，党委员会、人民委员会要真正实行民主，才能有真正的国家的人民民主制度。

长。1958年6月10日，中共中央发出《关于成立财经、政法、外事、科学、文教小组的通知》。通知指出，“这些小组是党中央的，直隶中央政治局和书记处，向它们直接做报告。大政方针在政治局，具体部署在书记处。只有一个‘政治设计院’，没有两个‘政治设计院’，大政方针和具体部署，都是一元化，党政不分。具体执行和细节决策属政府机构及其党组。对大政方针和具体部署，政府机构及其党组有建议之权，但决定权在党中央”。[1] 这些规范性文件确定了中共中央政治局、中央书记处与中央人民政府及其部门的关系是决策与执行的关系，有利于加强和改善党的领导。

三是，探索解决领导干部职务终身制问题。在党的八大上，毛泽东同志提出不再担任下一届国家主席，建议修改宪法，规定国家主席、副主席连选只得连任一届，在适当的时候不做党中央主席。党的八大通过的党章增加规定：“中央委员会认为有必要的时候，可以设立中央委员会名誉主席一人。”1958年党的八届六中全会同意毛泽东同志提出的关于他不做下届国家主席候选人的建议。1959年4月召开的二届全国人大一次会议选举刘少奇同志为国家主席。毛泽东同志的设想付诸实践，在探索解决党和国家领导职务终身制上迈出重要一步。

四是，加强对地方工作的领导。1958年2月，中共中央作出《关于召开地区性的协作会议的决定》，把全国划分为东北、华北、华东、华南、华中、西南、西北7个协作地区，分区举行定期性的和不定期性的会议，互通情报、交流经验、互相协作、彼此支援、调节矛盾、互相评比，以便在中央方针政策和统一规划的领导下，促进社会主义建设事业的共同发展。同年6月1日，党中央又作出《关于加强协作区工作的决定》，决定成立7个协作区委员会，每年至少开4次会议；委员会下设经济计划办公厅为办事机构，并接受国家计委和国家经委指导。党对各方面的领导不断加强。

---

[1] 《建国以来毛泽东文稿》(第7册)，中央文献出版社1992年版，第268-269页。

（二）坚持和完善人民当家作主制度，发展社会主义民主政治

1. 坚持和完善人民代表大会制度

在党中央的高度重视和大力支持下，全国人大及其常委会不断完善监督制度、组织制度、代表制度、会期制度等，保证人大依法行使各项职权，有力支持和保证人民通过人民代表大会行使国家权力，实现人民当家作主。

一是，积极探索人大监督制度。1954 年宪法规定，全国人大常委会“监督国务院、最高人民法院和最高人民检察院的工作”。对于如何开展监督工作，宪法没有明确，也没有具体的法律规定。1956 年 7 月，周恩来同志在上海市党代会上提出了进一步扩大民主监督的办法：第一，使人大代表经常去接触人民；第二，把人大代表在代表大会上的发言，包括批评政府的发言，不管错的对的都发表出来，这有利于揭露政府工作中的缺点；第三，使人大代表参加检查政府工作[1]。党的八大也强调要扩大人民民主，加强各级人大对政府工作的监督，鼓励和支持人民群众对国家机关工作人员的监督。十年探索初期，人大工作进行了积极探索，形成了一些固定做法。比如，将听取和审议“一府两院”工作报告作为主要监督方式；建立有关部门负责人到会听取意见制度；形成了用“会议简报”反映全国人大代表和常委会组成人员意见的固定形式。这些做法成为不成文的制度规范，发挥了监督职能作用，具有开创性。

二是，完善人大组织制度。为保证人大工作正常高效运转，采取措施加强人大机关建设。在中央层面，探索加强全国人大自身建设：确定全国人大常委会办公厅的组织机构；在各省市设立全国人大代表办事处，为代表履职提供津贴，组织代表开展工作，发挥人大代表作用；研究全国人大

---

〔1〕 中共中央文献编辑委员会编：《周恩来选集》（下卷），人民出版社 1984 年版，第 207-208 页。

设立专门委员会，提出全国人大设立 8 个常设委员会的方案等。在地方层面，主要探索包括：1956 年 5 月，全国人大常委会通过关于自治州人民代表大会和人民委员会每届任期问题的决定，明确自治州人民代表大会每届任期为二年，自治州人民委员会每届任期同自治州人大任期。同月，全国人大常委会通过关于县、市、市辖区、乡、民族乡、镇人民代表大会代表名额等问题的决定，明确了乡、民族乡、镇、县、市辖区人民代表大会代表名额的确定规则；乡、民族乡、镇应选的市辖区和不设区的市的人民代表大会的代表，由乡、民族乡、镇的人民代表大会选举。1956 年 6 月，一届全国人大三次会议通过关于修改地方各级人民代表大会和地方各级人民委员会组织法第二十五条第二款第四项、第五项规定的决议，适当提高了市辖区、乡、民族乡、镇的人民委员会组成人员的名额。

三是，建立代表视察制度。代表视察制度最先是由张治中于一届全国人大常委会第一次会议后提出的。[1] 1955 年 8 月全国人大常委会通过了《关于全国人民代表大会代表和省自治区直辖市人民代表大会代表视察工作的决定》，要求代表每年进行两次视察。从此，代表视察工作作为一项制度正式确立下来。反右派斗争前，全国人大代表进行了三次视察。每次视察结束，全国人大常委会都组织代表对视察工作进行讨论和总结，代表视察报告反映的问题、提出的意见和建议也得到了有关部门的重视，视察效果显著。时任全国人大常委会副委员长兼秘书长的彭真同志指出，“代表视察制度，是保证代表密切联系人民群众、全面了解实际情况，保证全国人民代表大会正确地决定各项政策、有效地监督各级国家机关及时改进工作，并且防止和克服国家领导机关脱离实际、脱离群众的主观主义、官僚主义倾向的一项重要措施，应该坚持下去”。[2] 代表视察制度是人大代

〔1〕 他主张每位全国人大常委会委员每年都要出去视察，了解地方情况，听取群众意见。建议由彭真同志转刘少奇同志。毛泽东同志看后很赞赏，提出把范围扩大到全国人大代表，以后又加上全国政协委员。参见余湛邦：《张治中与中国共产党——张治中机要秘书回忆录》，中共中央党校出版社 1991 年版，第 165 页。

〔2〕《中华人民共和国全国人民代表大会常务委员会的工作报告》（1956 年 6 月 30 日第一届全国人民代表大会第三次会议通过）。

表对“一府两院”的一种有效的监督方式，也是社会主义民主政治的重要体现。

四是，探索会期制度。1957 年 11 月全国人大常委会决定，省、直辖市人民代表大会会议可以每年举行一次。此外，从 1959 年开始，逐渐形成全国人大、全国政协（即“两会”）相隔一天开幕、同期召开的惯例，对完善全国人大会期制度起到积极作用。但是，1957 年下半年反右派斗争严重扩大化，民主集中制遭到破坏，宪法规定的人大及其常委会的各项职权的行使受到严重影响。1958 年后，全国人大已不能按期开会，其常委会也不像以前那样经常开会了，[1] 许多国家重大事项，如“大跃进”、人民公社化运动、“二五”计划、国家财政预决算，以及成立人民公社改变宪法规定的农村政权体制等，都没有或者没有及时提交全国人大及其常委会讨论。这个时期的立法工作包括刑法、民法等主要法律的起草工作也基本停顿。人大常委会工作被削弱。

2. 坚持中国共产党领导的多党合作和政治协商制度

为了进一步完善中国特色政党制度，继续发挥各民主党派在国家建设中的作用，保持他们对党的工作的监督，毛泽东同志在《论十大关系》中提出，中国共产党与民主党派要“长期共存，互相监督”。党的八大提出，必须按照“长期共存、互相监督”的方针，继续加强同各民主党派和无党派民主人士的合作，充分发挥人民政治协商会议和各级协商机构的作用。从此以后，“长期共存，互相监督”的“八字方针”成为中国共产党领导的多党合作和政治协商制度的核心内容，对于促进爱国统一战线的发展，凝聚各方面的力量和智慧投身于社会主义现代化建设发挥了重要作用。

---

[1] 按照 1954 年宪法的规定，全国人大每届任期 4 年，每年举行一次代表大会。第一届全国人大任期拖延了半年多；第二届全国人大从 1959 年 4 月至 1964 年 12 月，任期达 5 年零 7 个月；第三届全国人大从 1964 年 12 月至 1975 年 1 月，任期长达 10 年之久。

3. 坚持民族区域自治制度

民族关系问题历来是我们党关心的重要问题。为加强和维护民族团结，建立平等互助的民族关系，毛泽东同志在《论十大关系》中强调，要反对大汉族主义和地方民族主义。党的八大进一步提出，克服大汉族主义的错误观点，注意防止和纠正地方民族主义的倾向，积极发展少数民族地区的经济和文化工作，巩固和发展全党和全国各族人民大团结。1957 年 8 月，周恩来同志在民族工作座谈会上发表讲话，进一步阐释宪法为什么规定实行民族区域自治，而不宜实行苏联的民族自治共和国制度。“大跃进”过程中，民族工作出现忽视民族特点和民族宗教问题、少数民族地区的经济问题、少数民族的平等权利和自治权利问题，以及民族宗教上层人士的统战问题。1962 年 4 月中央召开民族工作会议，检查纠正了在民族工作中的这些错误。6 月，中央进一步指出，民族问题的彻底解决，是长期的，如果看不到这种长期性，不重视民族问题，不照顾民族特点和地区特点，不按党的政策办事，在工作中就势必要犯错误。这些重要的方针政策，进一步坚持、巩固和完善了民族区域自治制度。实践证明，坚持党的民族权利平等和民族区域自治政策，尊重少数民族群众的民族特点和选择，在各民族平等团结的基础上，走共同繁荣、共同进步的道路，才是社会主义社会中解决民族问题的正确原则。[1]

这期间，我国民族自治地方的建制发展较快。1958 年 3 月 5 日成立了广西僮族自治区，1965 年 10 月改名为“广西壮族自治区”。1958 年 10 月 25 日成立了宁夏回族自治区。这是坚持和落实民族区域自治制度的重要体现。特别是西藏自治区的建立，是经过艰苦斗争才实现的。[2] 1959 年 4 月召开的二届全国人大一次会议通过关于西藏问题的决议，指出：在西

〔1〕参见中共中央党史研究室：《中国共产党历史》（第 2 卷）（1949—1978）（下册），中共党史出版社 2011 年版，第 627-628 页。

〔2〕1959 年 3 月 10 日，西藏地方政府和上层反动集团撕毁关于和平解放西藏的“十七条协议”，发动武装叛乱。3 月 20 日，人民解放军驻藏部队奉命进行平叛作战。3 月 22 日，中共中央发出在平叛中实行民主改革的指示。

藏，同在其他少数民族地区一样，应当坚决实现中央人民政府统一领导下的民族区域自治，并要求逐步实现西藏的民主改革。[1] 根据决议，西藏开展民主改革，废除封建农奴制，解放百万农奴；实行土地改革，废除封建农奴主的土地所有制；废除政教合一制度，实行政教分离和宗教信仰自由；建立人民民主政权，保障人民当家作主。到 1960 年年底，西藏民主改革基本完成。1965 年 9 月 9 日，西藏自治区正式宣告成立，自上而下设立了民族自治领导机构，开始行使管理本地方、本民族内部事务的自治权。至此，全国五个省级自治区全部成立。实行民族区域自治制度，是我们党解决民族问题的基本政策，是我国宪法和法律确立的一项基本政治制度，符合各民族人民的利益和愿望，有效维护了国家统一和各民族平等团结。据统计，自 1954 年至 1966 年，先后制定并经人大常委会批准的自治区、自治州、自治县（旗）的人民代表大会和人民委员会组织条例、组织简则共 43 个，保障了民族自治地方自治权的实现。[2]

（三）健全社会主义法制的实践探索

社会主义制度基本建立后，党的八大总结建国以来法制建设的经验，提出了若干适应社会主义建设新形势的具有长远指导意义的法制建设思想，并着手制定民法、刑法等重要法律。但由于“左”的错误干扰，法制建设走了弯路，没能实现党提出的目标任务。

1. 明确提出健全社会主义法制的指导方针

党的八大适应执政形势的变化，强调要系统制定比较完备的法律，健全社会主义法制。董必武同志在党的八大上指出，“党就必须采取积极措

[1] 参见《第二届全国人民代表大会第一次会议关于西藏问题的决议》，载全国人大常委会办公厅、中共中央文献研究室编：《人民代表大会制度重要文献选编（一）》，中国民主法制出版社、中央文献出版社 2015 年版，第 360-363 页。

[2] 参见吴大英、刘瀚、陈春龙、信春鹰、周新铭：《中国社会主义立法问题》，群众出版社 1984 年版，第 54 页。

施，健全我们的人民民主法制，以便进一步保卫人民民主制度，巩固法律秩序，保障人民民主权利”。他指明了法制建设存在的问题，既包括无法可依，缺乏一些急需的较完整的基本法规，如刑法、民法、诉讼法、劳动法、土地使用法等；也包括有法不依，少数党员和国家工作人员不重视或者不遵守国家法制[1]。他还提出了法律面前人人平等，有法可依、有法必依的思想；要求加强法制宣传教育，培养守法风尚；加强高等法律教育工作，推进法律学科建设；领导干部要做遵法守法的模范，加强党对法制工作的领导；等等。这些为健全社会主义法制建设指明了方向。[2]

关于加强党对法制工作的领导，党的八大强调，各级党委必须把法制工作列入工作议程，党委定期讨论和检查法制工作；强调党领导法制工作，“是通过自己的党员和党组织领导国家机关，而不是包办代替国家机关的工作”。

关于有法可依，党的八大强调，适应国家主要任务和中心工作转移到保护和发展生产力的需要，必须进一步加强人民民主的法制，逐步地系统地制定完备的法律；强调法律、法令等应当随着社会主义建设的发展，加以必要的修改、补充或重新制定。

关于有法必依，党的八大强调“依法办事是进一步加强法制的中心环节”。一切国家机关和国家工作人员必须严格遵守国家的法律，充分保护人民的民主权利。“凡属已有明文规定的，必须确切地执行，按照规定办

[1] 比如，有些地方的县、乡两级人民代表大会没有依照宪法和地方组织法的规定按期开会，甚至个别省的人民代表大会也没按期开会；一些地方存在不倾听代表意见，不按照法律规定的手续撤换代表，甚至限制代表向人民代表大会反映群众呼声等违法现象；在一些地方或部门有违法乱纪、侵犯人民群众民主权利的现象；甚至有的人自命特殊，以为法制是管老百姓的，而自己可以超越于法制之外；由于不注意劳动保护和安全设备，或者忽视操作规程造成厂矿事故；经济机关不履行合同而发生纠纷。这些忽视法制、违反法制的现象，对国民经济的发展是有损害的。此外，有些地方对于违法犯罪的人，只关注他是否违法犯罪，而不注意严格履行法律手续。例如，有些司法人员有时没有按照法律规定的手续拘捕人犯，限制被告人行使辩护和上诉的权利；有些监所和劳动改造单位的管理人员违反党的政策和国家法律虐待犯人，这些都是严重的违法行为。

[2] 参见董必武：《进一步加强人民民主法制，保障社会主义建设事业》（1956 年 9 月 19 日），载《董必武选集》，人民出版社 1985 年版，第 406-421 页。

事；尤其一切司法机关，更应该严格地遵守，不许有任何违反。”

关于违法必究，党的八大强调，法律面前人人平等，“对于那些故意违反法律的人，不管他现在地位多高，过去功劳多大，必须一律追究法律责任”。

关于党员干部要做遵法守法的模范，党的八大强调，党必须注重法制思想教育，使党员知道国法和党纪同样是必须遵守的，遵守国法是遵守党纪中不可缺少的部分。“必须在人民群众中广泛地进行关于法律的宣传教育工作，在社会上培养守法的风尚。”

此外，党的八大还要求，加强法学教育和研究，改进政法学校的教学质量；加强司法机关的组织建设，配备精干人员；加速推行律师制度和公证制度，保护当事人诉讼权利。根据党的八大的部署，全国人大及其常委会和有关方面不断完善立法、行政、司法等各方面制度，健全社会主义法制。

2. 完善立法体制，改进立法工作

一是，完善中央层面特别是全国人大及其常委会的立法体制。与高度集中的计划经济体制相适应，1954 年宪法确立了中央高度集权的立法体制，规定“全国人民代表大会是行使国家立法权的唯一机关”，负责“修改宪法”和“制定法律”；全国人大常委会负责“解释法律”和“制定法令”。由于全国人大每年只召开一次会议，会期又很短，无法适应繁重的立法任务需要，为此，1955 年 7 月，一届全国人大二次会议“授权常务委员会依照宪法的精神、根据实际的需要，适时地制定部分性质的法律，即单行法规”。1959 年，二届全国人大一次会议又进一步确定：“为了适应社会主义改造和社会主义建设事业发展的需要，大会授权常务委员会，在全国人民代表大会闭会期间，根据情况的发展和工作需要，对现行法律中一些已经不适用的条文，适时地加以修改，作出新的规定。”这 10 年期间，根据党中央的部署，全国人大常委会先后 6 次通过决定，实施宪法规定的特赦制度，特赦已改恶从善的蒋介石集团、伪满洲国和伪蒙疆自治政府的战争罪犯等。加上1975年3月全国人大常委会通过的关于特赦释放全部在押战争罪犯的决定，共分7批特赦了全部在押战犯并给予公民权。

二是，初步提出赋予地方立法权的重要设想。如何在社会主义建设中更好发挥中央和地方两个积极性，毛泽东同志作了深入思考。他在《论十大关系》中提出，宪法规定立法权集中在中央，但是地方可以按照本地情况和工作需要，在不违背中央方针的条件下，搞章程、条例、办法。他指出，我国宪法规定地方没有立法权，这一条是学苏联的。有些资本主义国家也是这样，但美国地方的州可以立法，州和州的立法都不统一。美国这个国家很发展，它的政治制度是可以研究的。我们也要扩大一点地方的权力。地方的权力过小，对社会主义建设是不利的。“地方的权力过小，对社会主义建设不利”的思想，对体制改革有重要指导意义。[1]这些重要思想在当时由于各种原因，没有得到有效贯彻落实，但为改革开放后赋予省级和设区的市地方立法权提供了重要的理论指导。

三是，立法工作出现停滞徘徊。从1957年到1965年，全国人大除通过《一九五六年到一九六七年全国农业发展纲要（修正草案）》外，没有制定过一部法律。这一时期，虽然已开始着手起草民法、刑法等重要法律草案，但由于各种原因都没有能够出台。以民法为例，党和国家曾于1954年、1962年两次启动民法制定工作。第二次启动是1962年，并于1964年7月形成民法草案（试拟稿）。从体例上看，该草案分为3编，即“总则”“财产的所有”“财产的流转”，共24章262条。该草案将“继承”和“侵权行为”排除在外，将预算、税收等财政关系及劳动报酬等劳动关系纳入其中，体现了高度集中的计划经济体制的特征。后因1963年开始的“四清”运动，这次民法起草工作中断了。刑法是从1950年开始起草的，1954年宪法通过后，到1956年11月写出了13稿。1957年7月写出了第22稿，并由一届全国人大四次会议审议。会议通过决议，授权

---

〔1〕 参见薄一波：《若干重大决策与事件的回顾》（上卷），中共中央党校出版社1991年版，第488-489页。

其常务委员会根据代表和其他方面的意见，将刑法草案（初稿）加以审议修改，作为草案公布试行，在试行中继续征求各方面的意见，再加以修改，提请全国人民代表大会审议通过。但是，因受反右派运动等的影响，刑法草案未能公布。直到1962年5月，又开始对刑法草案第22稿进行全面修改。1963年时拟出第33稿，但由于随后的“四清”运动，刑事立法工作也就此中断了。

四是，综合运用各种立法形式，为社会主义建设提供法制保障。在民法、刑法等基本法律难以制定出来的情况下，为适应社会主义建设需要，全国人大常委会根据全国人大的授权，制定通过了治安管理处罚条例、人民警察条例、中国人民解放军军官服役条例、户口登记条例、地方经济建设公债条例、农业税条例、文化娱乐税条例、县级以上人民委员会任免国家机关工作人员条例等条例，批准了国务院关于国家行政机关工作人员的奖惩暂行规定、工商统一税条例草案、国务院关于调整获利较大的经济作物的农业税附加比例的规定、国家建设征用土地办法等，在社会主义建设实践中发挥了重要法制保障作用。

国民经济调整时期，总结“大跃进”的经验教训，在农业、工业、教育、科学研究、军队等领域制定了“农业六十条”“工业七十条”“高教六十条”“科研十四条”等工作条例。毛泽东同志指出，“工、农、商、学、兵、政、党这七个方面的工作，都应当好好地总结经验，制定一整套的方针、政策和办法，使它们在正确的轨道上前进”。[1] 这些农业、工业、商业、手工业、教育、科技、文艺等方面的工作条例，虽然未上升为法律，但对各条战线上的工作起到了指导与调整作用，也建立和完善了各条战线的工作制度和机制。

3. 完善司法制度，推进公正司法

1956年10月，最高人民法院总结新中国成立以来的刑事、民事审判经验，印发《各级人民法院刑、民事案件审判程序总结》，为进一步制定

---

〔1〕 毛泽东：《在扩大的中央工作会议上的讲话》（1962年1月30日）。

刑事诉讼法和民事诉讼法创造了条件。受反右斗争影响，最高人民法院1957年草拟的《民事案件审判程序（草案）》没能通过。1957年开始讨论的《中华人民共和国刑事诉讼法草案（草稿）》，也在反右斗争期间中断。1956年最高人民法院提出“调查研究、就地解决、调解为主”的民事审判工作方针，1964年又进一步发展为“依靠群众、调查研究、就地解决、调解为主”。其间，经过修改的刑事诉讼法草案（初稿）也在1962年重新开始征求意见，1963年3月至4月刑事诉讼法草案的三稿、四稿、五稿、六稿相继形成。其中，对无罪推定原则、陪审制、审判委员会职权范围、审判组织成员不更替原则、审判人员回避由谁决定、可否免除被告人近亲属作证义务、检察机关和公安机关的侦查分工、公诉案件中被害人的诉讼地位、免予起诉、侦查监督、自诉案件范围、第二审审理程序、被告人的近亲属及辩护人为被告人利益上诉、第二审是否可以加重处罚、死刑复核审查等相关争议问题，均作了讨论。

由于刑事诉讼法、民事诉讼法等基本法律一时难以出台，全国人大常委会通过一系列决定，明确了诉讼程序中的一些重要问题。一是，关于不公开审理的案件范围。全国人大常委会通过决定，明确人民法院审理有关国家机密的案件、有关当事人阴私的案件和未满18周岁少年人犯罪的案件，可以不公开进行。二是，关于被剥夺政治权利的人可否充当辩护人。全国人大常委会通过决定，明确被剥夺政治权利的人在被剥夺政治权利期间，不得充当辩护人。但是，被剥夺政治权利的人如果是被告人的近亲属或者监护人，可以充当辩护人。三是，关于各级人民法院助理审判员的任免。全国人大常委会通过决定，明确最高人民法院助理审判员由最高人民法院任免，地方各级人民法院助理审判员由本级人民法院任免。四是，坚持以审判为中心的诉讼制度，完善死刑制度，少用慎用死刑。全国人大常委会通过决定，明确对反革命分子和其他犯罪分子的管制，一律由人民法院依法判决，交由公安机关执行。在管制期间的被管制分子，如果被发现有新的犯罪行为，需要延长管制期限，或者因为表现良好，立有功绩，需要缩短管制期限或者提前撤销管制，也须经人民法院依法判决或者裁定。党的八大提出，对于反革命分子应当进一步实行宽大政策，除极少数罪大恶极、引起人民公愤的罪犯不能不处死刑以外，其余罪犯应当一律免处死刑，并且给以人道的待遇；需要处死刑的案件，应当一律归最高人民法院判决或者核准。1957年，一届全国人大四次会议决定，今后一切死刑案件都由最高人民法院判决或核准。9月26日，全国人大常委会就最高人民法院关于如何执行“一届全国人大四次会议关于死刑案件由最高人民法院判决或者核准的决议”作出批复，认为：按照人民法院组织法由高级人民法院负责核准或者终审判决的死刑案件，仍由高级人民法院判决或者负责审核。高级人民法院认为应当判处死刑的案件，应当报请最高人民法院核准后执行。高级人民法院认为不应当判处死刑的案件，即由高级人民法院依照法律的规定发回下级人民法院再审或者提审。

4. 政法机关建设停滞甚至倒退

由于“左”的错误思想影响，这一时期的政法机关建设出现停滞甚至有所倒退。比如，在国家法律难以制定的情况下，国务院法制局在草拟行政法规、审查国务院交付的行政法规草案以及其他法制相关工作中发挥了重要作用，本应保留并加强，但1959年6月全国人大常委会通过决议，撤销了国务院法制局。又如，司法部在司法改革、设置人民法院、管理司法行政工作和培养司法干部方面，发挥了重要作用，但当时认为，司法改革已经基本完成，各级人民法院已经健全，司法干部已经充实和加强，司法部已无必要单独设立；监察部在维护国家纪律、监督国家行政机关工作人员方面做了许多工作，但当时认为，这项工作必须在各级党委领导下，由国家机关负责，并且依靠人民群众，才能做好，监察部亦无单独设置之必要。1959年4月二届全国人大一次会议通过决议，撤销司法部，将其主管的工作交由最高人民法院管理；撤销监察部。

尽管党的八大提出了正确的法制建设的方针，各方面制度建设也取得一定成绩，但由于反右派斗争扩大化以及“左”倾错误思想的发展，严重冲击了刚起步的法制建设。1957 年开始批判“法律至上”，立法速度放慢，以至近于完全停顿下来。无法可依，依法办事失去前提，违法、失职行为不受约束，导致法制、政纪废弛。1958 年 8 月，毛泽东同志在北戴河政治局扩大会议上的讲话中指出，“法律这个东西，没有也不行，但我们有我们这一套，调查研究，就地解决，调解为主。不能靠法律治多数人，多数人要靠养成习惯”[1]。1960 年到 1963 年国民经济调整时期，法制建设短暂回暖。1962 年 3 月 23 日，毛泽东同志针对法制遭到破坏后的严重后果指出：“刑法需要制定，民法也需要制定，没有法律不行，现在是无法无天。不仅要制定法律，还要编案例。”[2] 但由于受“左”倾错误思想影响，加之旧中国留给我们的封建专制传统比较多，民主法制传统很少，法制建设不受重视并日趋边缘化。

（四）探索建立符合中国社会主义建设实际的行政体制

新中国成立之初，为了举全国之力医治战争创伤，尽快恢复和发展国民经济，我国建立了与高度集中的计划经济体制相适应的中央集权的政府管理体制。政府在经济发展、社会管理中起决定性作用，以指令性计划、单位制、人民公社制、严格户籍制作为资源配置、社会管理的主要制度安排，巩固国家政权和社会主义制度是首要目标。这在当时是必要的，也发挥了积极作用。随着社会主义改造的基本完成和社会主义建设的推进，这种体制的弊端也日益显现，严重影响地方积极性和主动性的发挥。1955 年，毛泽东同志就多次提出要改革经济管理体制，发挥中央和地方两个积极性。1956 年春，他在听取 35 个部委汇报工作时，又多次提到要改进经济管理体制，并在《论十大关系》中进一步指出，“应当在巩固中央统一

[1] 中共中央文献研究室编：《毛泽东年谱》（1949—1976）（第 3 卷），中央文献出版社 2013 年版，第 421 页。
[2] 中共中央文献研究室编：《毛泽东年谱》（1949—1976）（第 5 卷），中央文献出版社 2013 年版，第 94 页。

领导的前提下，扩大一点地方的权力，给地方更多的独立性，让地方办更多的事情……有中央和地方两个积极性，比只有一个积极性好得多”[1]，并建议“党政机构进行大精简”[2]。党的八大要求，在统一集中的基础上，适当调整中央和地方、上级地方和下级地方的行政管理职权，以发挥地方和下级国家机关的积极性。这为建立符合中国国情和实际的行政管理体制指明了方向。

1. 改革行政管理体制，扩大地方自主权

根据党的八大的部署，1956 年 10 月，中央印发《国务院关于改进国家行政体制的决议（草案）》，按统一领导、分级管理、因地制宜、因时制宜的原则划分中央和各省、自治区、直辖市行政管理职权。1957 年 11 月，全国人大常委会原则批准国务院关于改进工业管理体制的规定、关于改进商业管理体制的规定和关于改进财政管理体制的规定，改变权力过多集中于中央，地方及企业单位自主权较少的状况，调整中央和地方、国家和企业的关系，重新划分中央、地方和企业的管理权限以及财税分成比例，把一部分权力下放给地方和企业，以进一步发挥地方和企业的积极性和主动性。1958 年 4 月，中共中央、国务院发布的《关于工业企业下放的几项规定》提出：“为了加快我国社会主义建设的速度，提早实现工业化，在工业管理体制方面决定作如下改变：国务院各主管工业部门，不论轻工业或者重工业部门，以及部分非工业部门所管理的企业，除开一些主要的、特殊的以及‘试验田’性质的企业仍归中央继续管理以外，其余企业，原则上一律下放，归地方管理。”1958 年 6 月 2 日，中共中央作出《关于企业、事业单位和技术力量下放的规定》，要求下放的交接工作“应该一律于 6 月 15 日以前完成”。到 6 月 25 日，中央工业部门所属的企业和事业单位，已经有 80%左右下放地方管理。在当时“大跃进”的情况下，权力下放过多、过急，导致分散主义倾向的滋长，造成很大的浪费和

[1] 毛泽东：《论十大关系》，载《毛泽东选集》（第 5 卷），人民出版社 1977 年版，第 275 页。
[2] 毛泽东：《论十大关系》，载《毛泽东选集》（第 5 卷），人民出版社 1977 年版，第 280 页。

混乱。

2. 精简机构，提高行政管理效率

1956年年底，国务院所属工作部门达到81个。政府机构过于庞大，增加了财政负担，降低了行政效率，弊端逐步显现。毛泽东同志重视改革管理机构的工作，他在《论十大关系》中要求“必须反对官僚主义，反对机构庞大”。周恩来同志也指出：“机构庞杂，人浮于事，重床叠屋，团团转转，人多事乱，不务正业，浪费资财，破坏制度。这是机关式的官僚主义。”[1] 据此，国务院撤销、合并了一批职能部门和办事机构，地方各级政府机关也进行了一定精简。到1959年年底，国务院设60个部委、直属机构和办公机构，比1956年减少21个，不仅节约了行政成本，而且克服了机构职责交叉、分工不明等弊端，有力调动了各方面的积极性，提升了行政效率和工作质量。

3. 适应国民经济调整需要，适时加强中央集中统一领导

由于企业下放过快过猛，加之1958年下半年的全民大炼钢铁，不仅打乱了企业原有的生产协作关系，而且出现了各地大上基本建设项目，大量增加职工，以及平调国营企业设备、材料的问题，从而导致计划失控，工业生产秩序混乱。尽管中央在下放权限的前后，也曾发出《关于改进物资分配体制问题的意见》《关于改进计划管理体制的规定》《关于立即停止招收新职工和固定临时工的通知》等规定，要求加强全国和地区的平衡，生产资料必须按计划任务统一调拨等，但冲破计划、盲目大干快上的势头有增无减。

1959年2月24日，人民日报发表社论《全国一盘棋》，指出：“为了最有效、最合理地调动各方面的积极性，就必须更好地加强集中领导和全面安排……必须在全国范围内统一安排全国基本建设项目，统一安排全国主要产品的生产，统一分配全国的原材料，统一调拨和收购生产资料和生活资料这两大部类的主要物资。”3月、4月国务院连续发出通知，决定将

[1] 中共中央文献编辑委员会编：《周恩来选集》（下卷），人民出版社1984年版，第420页。

有关全局性的企业由地方交归国务院有关部门领导，部分由地方管理的企业改由中央和地方双重领导，逐步上收企业管理权。1959 年 7 月庐山会议前夕，毛泽东同志分析当时的经济形势和存在的问题，指出“大跃进”的重要教训之一就是没有搞好综合平衡，“四权”[1] 下放多了一些，快了一些，造成混乱，有些半无政府主义。要强调一下统一领导、集权问题。下放的权力要适当收回，收回来归中央、省市两级。对下放要适当控制，不可过活。[2] 1961 年开始的国民经济调整，又把下放地方的大部分企业陆续收归国务院有关部门管理，使计划、基本建设、物资、财政和企业管理方面的混乱状态有所扭转，使国民经济恢复了正常秩序。为此，国务院又恢复和增设了一些部门，到 1965 年年底，国务院的机构数又达到 79 个。

实践证明，在中央集中统一的基础上，根据形势发展和实际需要，适当调整中央和地方、地方上下级的行政管理职权，精简政府机构，赋予企业必要的经营自主权，对于充分发挥各方面建设社会主义的积极性和主动性，至关重要。这个时期的探索实践为以后的行政体制改革积累了有益经验。

（五）探索和完善社会主义基本经济制度

社会主义改造基本完成后，我国建立起高度集中的计划经济体制，社会主义的全民所有制经济和劳动群众集体所有制经济已经居于绝对统治地位。在短缺经济背景下，计划经济体制对经济发展采取的是供给侧管理，表现为从上到下的指令性生产计划，统购统销的流通体制。1956 年 8 月，党的八大确立了既反保守又反冒进，即在综合平衡中稳步前进的经济建设

---

〔1〕 指中共中央和国务院自 1957 年以来为改进财经工作的管理体制而下放的人、工、财、商四大管理权限。

〔2〕 参见中共中央文献研究室编：《毛泽东年谱》（1949—1976）（第 4 卷），中央文献出版社 2013 年版，第 86 页。

方针。此后，我国在所有制、分配制度、经济管理体制等方面进行了持续的探索，既有成功经验，也有失败教训。

1. 关于所有制和分配制度

社会主义建设初期，我们党在对生产所有制和分配制度的认识上是符合客观实际的。在党的八大上，陈云同志提出“三个主体、三个补充”的思想，即：在工商业经营方面，国家经营和集体经营是主体，附有一定数量的个体经营是补充；在生产的计划性方面，计划生产是工农业生产的主体，按照市场变化而在国家计划许可范围内的自由生产是补充；在社会主义的统一市场里，国家市场是主体，附有一定范围内国家领导的自由市场是补充。[1] 党的八大还要求纠正过分强调集体利益和集体经营而忽视社员个人利益、个人自由和家庭副业的偏向，对于克服改革过程中过度集中、盲目求纯的弊病，发挥了重要作用。1957 年 6 月，周恩来同志在一届全国人大四次会议上作政府工作报告时指出，在社会主义制度下，同社会生产力的水平相适应的分配原则是按劳取酬，既要反对悬殊太大，又要反对平均主义。1957 年 6 月，全国人大常委会讨论关于适当增加农业生产合作社社员自留地的议案，将高级农业生产合作社示范章程有关分配社员自留地的规模由 5%扩大到 10%。这些对于保护生产力和劳动者的生产积极性起到一定作用。

但是，党的八大作出的正确判断和决策没有得到坚持和贯彻。随着 1958 年 8 月北戴河会议通过《关于在农村建立人民公社的决议》[2]，农村生产关系（所有制和分配制度）发生了深刻变革[3]。人民公社实行政社合一的

---

〔1〕 参见陈云：《陈云文选》（第 3 卷），人民出版社 1995 年版，第 13 页。

〔2〕 该决议指出：“共产主义在我国的实现，已经不是什么遥远将来的事情了，我们应该积极地运用人民公社的形式，摸索出一条过渡到共产主义的具体途径。”全国各地农村形成大办人民公社的高潮。人民公社既是一个经济组织，也是一级政权机构；既要负责全社的农、林、牧、副、渔业生产，也要管理工、农、商、学、兵等各方面的工作；推行“组织军事化、行动战斗化、生活集体化”的劳动组织方式和生活方式。人民公社在初创时带有浓厚的平均主义和军事共产主义色彩。

〔3〕 该决议指出：“人民公社将是建成社会主义和逐步向共产主义过渡的最好的组织形式，它将发展成为未来共产主义社会的基层单位。”

体制，基本特点是“一大二公”，即公社规模大、生产资料公有化程度高。所谓公有化，实际上是把社员的私有财产统一收归公有。人民公社实行供给制与工资制相结合的分配制度，由公社统一核算分配，要求逐步缩小按劳分配，扩大按需分配。随着供给制的实行和“浮夸风”的盛行，人民公社在生产所有制形式上出现了急于向共产主义过渡的倾向，主要表现为：一是急于实现由农村人民公社的集体所有制向全民所有制过渡；二是为将来向共产主义过渡准备条件，急于增加共产主义因素，表现在轻视甚至否定商品生产、商品交换、价值规律、按劳分配在社会主义经济发展中的重要作用，大刮“一平二调”的“共产风”。这种无偿剥夺农民、无偿占有他人劳动成果的做法，严重挫伤了群众的生产积极性。

毛泽东同志及时发现并开始努力纠正“左”的共产风，强调社会主义社会必须大力发展商品生产和商品交换，尊重价值规律；做好综合平衡，提出以农业为基础，以工业为主导的思想，建设规模必须同国力相适应，人民生活和国家建设必须兼顾，制订计划必须做好物资、财政、信贷综合平衡等；必须反对无偿占有别人劳动成果的“共产风”，坚持按劳分配原则；同时强调建设社会主义将是一个长期的历史过程。[1] 其他中央领导人也提出了许多正确观点和主张，这些都是党的八大路线的延续和发展，具有长远的指导意义。但 1959 年庐山会议错误地开展“反右倾”斗争，打断了纠“左”进程，新的跃进高潮和“共产风”等“左”倾错误再度泛滥，重工业“单兵突进”，加剧了国民经济比例失调。加之自然灾害和苏联毁约，国民经济陷入空前困境。从 1961 年起，毛泽东号召全党大兴

---

〔1〕 比如，毛泽东同志在 1958 年 11 月 3 日召集部分省委书记开会时说：“现在，我们有些人大有要消灭商品生产之势。他们向往共产主义，一提商品生产就发愁，觉得这是资本主义的东西，没有分清社会主义商品生产和资本主义商品生产的区别，不懂得在社会主义条件下利用商品生产的作用的重要性。”“不能孤立地看商品生产，要看它是同什么经济制度相联系，同资本主义制度相联系就是资本主义商品生产，同社会主义相联系就是社会主义商品生产。”参见中共中央文献研究室编：《毛泽东文集》（第 7 卷），人民出版社 1999 年版，第 437-439 页。

调查研究之风，制定“农业六十条”[1] 和“工业七十条”[2] 等工作条例，基本刹住和纠正了“一平二调”的“共产风”，停止了急于过渡的做法，把所有制关系稳定在生产队范围内的集体所有制上。在农村政策调整中，从上到下都以不同形式在不同程度上对家庭承包制进行了大胆探索。1961 年到 1962 年 7 月，全国有不止 20% 的农村实行了不同形式的“包产到户”，效果大都比较好。

2. 改革经济管理体制

为提高经济效率，我们党在坚持社会主义公有制的前提下，对经济管理方式进行了改革探索，甚至尝试了托拉斯这种被认为是资本主义生产管

---

〔1〕 针对实践中的社队规模过大的问题，该条例草案规定人民公社各级的规模都不宜过大，改变了一开始认为的“规模大”是人民公社的特点、优点的观点；关于家庭副业，该条例草案提出，家庭副业是社会主义经济必要的补充，把有关自留地、家庭副业和开放集市贸易等方面的政策明确载入条例。1961 年 5—6 月对该草案作了修正，主要集中在公共食堂和供给制等问题上。关于公共食堂，尽管调查研究反映，多数社员不赞成吃公共食堂，但是受“公共食堂是必须固守的社会主义阵地”“散食堂就是不走社会主义道路”错误观念的影响，1961 年 3 月的草案仍然规定“在一切有条件的地方，生产队应该积极办好公共食堂”。实践调查显示，各地大多数公共食堂已经成为发展生产的障碍，成了党群关系中的一个疙瘩。1961 年 6 月的修正草案规定，“在生产队办不办食堂，完全由社员讨论决定”，“社员的口粮，不论办不办食堂，都应该分配到户，由社员自己支配”。绝大部分农村公共食堂散了伙，毛泽东同志听说后认为“这是一件大好事”。关于供给制，调查报告反映，人民公社刚成立时，就把供给制和吃饭不要钱看作“共产主义因素”，但实践中，大多数持反对意见，只同意把“五保户”纳入供给制，给予适当照顾。因为，如果只包“五保户”等困难户，所需粮款仅占可分配收入的 10%或者多一点，而实行伙食或者粮食供给制、半供给制，有的供给部分占可分配收入的 70%甚至 80%，剩余可供按劳分配的部分就微乎其微。修正草案据此删除了供给制的规定。自 1958 年北戴河会议以来突出宣传的供给制和公共食堂这两项“共产主义因素”都被否定了。党的八届十中全会进一步修改《农村人民公社工作条例（修正草案）》，将基本核算单位下放到生产队，明确生产队是人民公社中的基本核算单位，实行独立核算，自负盈亏，这项制度至少 30 年不变，不能任意变动。这项政策是对农村生产关系的重要调整，改变了生产的基本单位是生产队而统一分配的单位却是生产大队的不合理状态，解决了集体经济中长期存在的生产和分配不相适应的矛盾，是对人民公社“一大二公”模式的重大突破。

〔2〕 该条例草案恢复了被“大跃进”运动否定和打乱的工业企业规章制度和正统的工业秩序，重申社会主义分配原则是按劳分配；纠正“大跃进”以来党组织对生产行政工作干预过多的做法，禁止将党委领导下的厂长负责制引申到车间、工段和科室；建立严格的责任制度，包括以厂长为首的生产行政指挥系统及其责任制、以总工程师为首的技术管理责任制、以总会计师为首的财务管理责任制等，克服和防止工作上的无人负责和生产、技术上的瞎指挥现象；将职工代表大会制度载入条例；明确规定技术人员是工人阶级的一部分，推动我国工业企业的管理不断规范化。

理的一种方式，为建立和完善社会主义的经济管理制度积累了经验。

一是，改革和加强企业管理，实行“两参一改三结合”的制度和职工代表大会制度。1957 年 9 月，邓小平同志在党的八届三中全会上指出，党委领导下的职工代表大会，是扩大企业民主、吸引职工群众参加企业管理、克服官僚主义的良好形式，是正确处理人民内部矛盾的有效方法之一，应该在总结试点经验之后，全面推广。1960 年 3 月 22 日，中共中央批转鞍山市委《关于工业战线上的技术革新和技术革命运动开展情况的报告》，该报告总结了大搞技术革新和技术革命的经验。毛泽东同志将鞍钢实行的“两参一改三结合”制度称作“鞍钢宪法”，要求在工业战线加以推广。“两参一改三结合”制度，即实行民主管理，实行干部参加劳动，工人参加管理，改革不合理的规章制度，工人群众、领导干部和技术员三结合。1961 年制定的《国营工业企业工作条例（草案）》，正式确认这个管理制度，并建立起党委领导下的职工代表大会制度，使之成为扩大企业民主，吸引广大职工参加管理、监督行政，克服官僚主义的良好形式。

二是，试办托拉斯，按行业或根据生产性质组织联合经营的大型公司。国民经济调整时期，工业交通部门先后试办了 12 个托拉斯。这些托拉斯都是按行业组织起来的专业性的联合企业，同过去由政府管理（各级、各部门多头领导）工业不同，托拉斯改变了过去以厂矿为单位的独立核算、分散经营的办法，实行以托拉斯为单位的集中经营，把全行业联合成为一个统一的经济组织。这种管理体制有利于按照全国战略布局的要求和专业化协作相结合的原则，对全行业的企业进行合理的调整。

三是，建立经济建设公债制度。为解决国家建设资金不足的问题，从 1954 年开始，国家每年发行一定数量的经济建设公债。1956 年、1957 年全国人大常委会先后两次通过国家经济建设公债条例，解决国家经济建设资金需求问题。1958 年 6 月，全国人大常委会通过地方经济建设公债条例，从 1959 年起停止发行全国性的公债，允许各省（自治区、直辖市）发行短期的地方经济建设公债，因地制宜地筹集资金，使经济建设公债形成一种制度。

3. 完善科技创新体制机制

党中央历来高度重视科学技术发展。早在1956年就制定并开始实施《1956—1967年科学技术发展远景规划》，该文件提出了57项重要的科技研究任务，确定了12个重点项目，推动最重要的科学和技术尽快接近世界先进水平〔1〕，发出了向科学进军的行动纲领。1963年，国家对规划的执行情况进行了全面检查，绝大多数科研项目都已完成，并运用到生产建设中，大大缩小了我国同世界先进科学技术水平的差距〔2〕。1963年，又提前制定了新的十年（1963—1972年）科学技术发展规划，〔3〕确定了“自力更生，迎头赶上”的科技发展方针，提出了“科学技术现代化是实现农业、工业、国防和科学技术现代化的关键”。为实现十年规划的目标和任务，还制定了12条具体措施，以及实施十年规划的管理办法。十年规划执行的前3年进展顺利，并取得了一批重要成果，特别是为“两弹一星”的成功作出了重大贡献。1963年2月的全国农业科学技术工作会议，

---

〔1〕这12个重点项目或课题是：（1）原子能的和平利用；（2）无线电电子学中的新技术；（3）喷气技术；（4）生产过程自动化和精密仪器；（5）石油及其他特别缺乏的资源的勘探，矿物原料基地探寻和确定；（6）结合我国资源情况建立合金系统并寻求新的冶金过程；（7）综合利用燃料，发展重有机合成；（8）新型动力机械和大型机械；（9）黄河、长江综合开发的重大科学技术问题；（10）农业的化学化、机械化、电气化的重大科学问题；（11）危害我国人民健康最大的几种主要疾病的防治和消灭；（12）自然科学中若干重要的基本理论问题。对于前10项各方的认识是一致的。对于第11项，时任科学规划委员会主任聂荣臻同志说服了持不同意见的少数同志。他指出，有几种疾病，如血吸虫病，严重危害着几千万人民的生命和健康，应该是科学研究的重点问题，如果我们的医学科学不把解除亿万人民的病痛列为重点，那么我们的科学规划怎么能谈得上是造福人民的规划呢。对于第12项，周恩来同志看得更远，他指出，“如果我们不及时地加强对于长远需要和理论工作的注意，我们就要犯很大的错误。没有一定的理论科学的研究作基础，技术上就不可能有根本性质的进步和革新”。

〔2〕从科研成果看，规划任务的实现，解决了第二个和第三个五年计划国家经济建设和国防建设中迫切需要解决的一批科技问题，填补了我国科学研究的一些重要空白，加强了某些重要的基础学科，发展了原子能、电子学、半导体、自动化、计算技术、喷气和火箭技术等新兴科学技术，并为以后科学技术和国家各项建设事业的继续发展打下了良好的基础。参见薄一波：《若干重大决策与事件的回顾》（上卷），中共中央党校出版社1991年版，第509-515页。

〔3〕规划包括纲要，重点项目规划，事业发展规划，农业、工业、资源调查、医药卫生等方面的专业规划，技术科学规划，基础科学规划等6个部分，共77卷。重点研究试验项目374项，中心问题3205个，研究课题15000个。

初步总结了我国农业科研工作经验，制定了农业科技发展十年规划，提出了3000多项实现农业发展纲要所需进行的科研课题，对农业发展产生深远影响。为促进科学技术发展，保护知识产权，国务院还制定了新产品、新工艺技术鉴定暂行办法，工农业产品和工程建设技术标准管理办法，商标管理条例，发明奖励条例，技术改进奖励条例等。

十年期间，为适应我国主要矛盾发展变化和党的中心任务要求，党领导人民对社会主义经济制度进行了探索实践，提出了一些正确主张，推动经济建设和科学技术发展取得很大成就，为后来的社会主义建设奠定了重要的物质技术基础。但是，由于党对落后生产力基础上发展经济的困难估计不足，片面夸大生产关系对生产力的反作用，一度追求脱离生产力发展水平的“一大二公”，在所有制上过于求纯、急于过渡，分配制度上实行平均主义，影响了各方面的积极性，影响了国民经济的快速发展，也对我们进一步完善社会主义基本经济制度提出了新的理论和实践命题。

（六）繁荣和发展社会主义文化

我们党一贯重视文化建设事业。在社会主义建设时期，党提出了繁荣和发展社会主义文化的基本原则和指导方针，发挥了引领方向、教育人民、服务社会、推动发展的重要作用，文化事业取得了突出成就。

1. 确定“双百”方针

为繁荣和发展社会主义科学文化事业，1956年，毛泽东同志正式提出“百花齐放、百家争鸣”的“双百”方针，[1]要求“古为今用、洋为中用”，继承和吸收中外一切有益文化，创造社会主义的民族的新文化。“双百”方针极大鼓舞了文艺工作者的创作热情，文艺创作呈现繁荣景象，文

〔1〕毛泽东同志说，在《中华人民共和国宪法》范围内，各种学术思想，正确的、错误的，让他们去说，不去干涉他们。参见中共中央文献研究室编：《毛泽东年谱》（1949—1976）（第2卷），中央文献出版社2013年版，第575页。

学、电影、音乐、戏剧、舞蹈、美术等领域涌现出一大批优秀作品。[1] 1962 年 2 月，在纪念毛泽东同志《在延安文艺座谈会上的讲话》发表 20 周年之际，广大文艺工作者向全国提出了“为最广大的人民群众服务”的口号。1963 年 8 月，周恩来同志代表党中央提出了艺术创作上要进一步革命化、民族化和群众化的方针[2]。同时，党注重加强文化基础设施建设，文化馆、艺术馆、图书馆等一大批文化设施逐步建立，出版物品种、数量不断增长，公共文化事业快速发展，群众文化生活不断丰富。

2. 制定和实施知识分子政策

为充分发挥知识分子在社会主义建设中的作用，1956 年年初，中央召开关于知识分子问题的会议，明确知识分子的绝大多数“已经是工人阶级的一部分”，并陆续推出一系列落实知识分子政策的措施。但在随后的反右斗争中，大批知识分子被错划为右派分子，被认定为资产阶级知识分子，严重挫伤了他们的工作创造性、积极性、主动性[3]。为纠正“左”的错误，从 1961 年开始，中央有关部门制定“文艺八条”“剧院（团）工作十条”“电影工作三十二条”等，要求注意分清学术艺术问题、思想问题与政治问题的界限。1962 年，周恩来同志再次肯定知识分子的绝大多数已经是属于劳动人民的知识分子。陈毅同志给广大的知识分子“脱帽加冕”[4]。邓小平同志主持甄别平反工作。知识分子政策的调整，使广大知识分子受到极大鼓舞。但是，随着意识形态领域的阶级斗争逐渐扩大化，

---

〔1〕 比如，《红旗谱》《红日》《林海雪原》《百炼成钢》《青春之歌》等一大批优秀的中长篇小说相继问世。散文《茶花赋》《长江三日》，叙事诗《阿诗玛》等经典作品至今脍炙人口。音乐创作中涌现出《我们走在大路上》《我为祖国献石油》《唱支山歌给党听》等一大批优秀歌曲。革命历史题材的大型作品《长征组歌——红军不怕远征难》和史诗《东方红》应运而生，成为具有划时代意义的佳作。歌剧《洪湖赤卫队》《刘三姐》《红珊瑚》《江姐》等家喻户晓。

〔2〕 参见中共中央党史研究室：《中国共产党历史》（第 2 卷）（1949—1978）（下册），中共党史出版社 2011 年版，第 702 页。

〔3〕 例如，1957 年开展了对丁玲、冯雪峰所谓的“反党集团”批判。文学观念、艺术倾向、创作方法上的差别和分歧，被作为“政治问题”处理。

〔4〕 即脱“资产阶级知识分子”之帽，加“劳动人民知识分子”之冕。

党的知识分子政策再次出现大的反复，而且阶级斗争逐渐扩展到哲学、经济学、历史学、教育学等各个学术领域，错误地把不同的学术观点当作两个阶级、两条道路的斗争。1965 年 11 月，上海《文汇报》发表的姚文元《评新编历史剧〈海瑞罢官〉》一文，成为“文化大革命”的导火线。[1]

3. 形成了跨越时空、历久弥新的时代精神、民族精神

十年探索时期，中国人民继承和发扬革命时期的红船精神、井冈山精神、苏区精神、长征精神、延安精神等，意气风发地投身于热火朝天的社会主义建设，表现出了战胜一切困难的勇往直前的英雄气概和高昂的革命斗志，工农兵各行各业都涌现出了大量的先进典型和大批模范人物，抒写了无数改天换地的壮丽诗篇。有鞠躬尽瘁、死而后已的县委书记焦裕禄；有不怕困难、艰苦奋战，被称为“铁人”的石油工人王进喜；有公而忘私、全心全意为人民服务的解放军战士雷锋；有将个人理想与祖国命运、个人志向与民族振兴紧密联系在一起，“干惊天动地事，做隐姓埋名人”的钱三强等一大批科学家；等等。这些英雄事迹形成了影响至今的焦裕禄精神、大庆精神、雷锋精神、“两弹一星”精神、红旗渠精神、大寨精神等，进一步丰富和发展了具有时代内涵和民族特征的民族精神，是社会主义建设不断前进的精神力量。

（七）健全完善民生保障制度

新中国成立后，党领导人民初步建立起民生保障制度。进入社会主义建设时期，我们党在国家经济社会发展水平十分有限的情况下，领导人民在劳动就业、看病就医、休息休假、社会救济等方面，逐步建立起相对完

---

〔1〕 针对这种错误批判倾向，1966 年 2 月，以彭真同志为组长的中央文化革命五人小组起草了向中央政治局常委汇报的《关于当前学术讨论的汇报提纲》（史称《二月提纲》），提出“要坚持实事求是，在真理面前人人平等的原则，要以理服人，不要像学阀一样武断地以势压人”，试图将批判限制在学术讨论范围内，不让它进一步发展为严重的政治批判。但这种努力没有成功。

善的各项社会保障制度，对改善民生、稳定社会、发展经济发挥了重要作用。

1. 探索实行两种劳动制度和教育制度

劳动和教育是两大基本民生需求。进入社会主义建设时期，党和国家根据我国劳动力整体素质状况，采取了对应的劳动制度和教育制度，以服务社会生产需求。1958年5月，刘少奇同志在中共中央政治局扩大会议上提出，中国应有两种主要的教育制度和劳动制度并行，即全日制的劳动制度和教育制度、半工半读或半农半读的劳动制度和教育制度。1958年9月，中共中央、国务院发布《关于教育工作的指示》，提出"教育与生产劳动相结合"，"今后的方向，是学校办工厂和农场，工厂和农业合作社办学校"，"把生产劳动列为正式课程"，"国家办学与厂矿、企业、农业合作社办学并举"，"全国将有三类学校：全日制学校，半工半读学校和各种形式的业余学校"。1964年8月，刘少奇同志提出"要把两种劳动制度、两种教育制度作为正规的劳动制度和教育制度，每个省、每个大中城市，都来着手试办"。此后，全国逐步推广固定工和临时工并行的劳动制度，一些单位试验半工半读、半农半读制度，增加人民的就读和就业机会，减轻国家和企业的负担，有效激发了群众的劳动积极性。[1]

2. 健全医疗卫生和社会保障制度

为全面提高人民群众的健康水平，党领导人民持续开展群众性爱国卫生运动，把除四害及努力消灭危害人民最严重的疾病列入《1956年到1967年全国农业发展纲要（修正草案）》，推进防治工作。毛泽东同志在修改草案时指出："除四害的根本精神，是清洁卫生，人人振奋，移风易俗，改造国家。"1957年12月，全国人大常委会通过国境卫生检疫条例，该条例规定，为了防止鼠疫、霍乱等传染病由国外传入和由国内传出，在我国国境实施卫生检疫，初步建立起我国的卫生检疫制度。

---

〔1〕参见中共中央党史研究室：《中国共产党历史》（第2卷）（1949—1978）（下册），中共党史出版社2011年版，第681页。

与此同时，党和国家不断加强全民医疗保障制度建设。在城市继续实行统包统分的就业制度和公费医疗制度，绝大多数国家公职人员、高等院校学生和工矿企业职工都能享受到有病就医的经济保证。在农村，对那些严重危害健康的流行性疾病的治疗，则采取了减免费用的办法。1960 年 2 月，党中央转发卫生部《关于人民公社卫生工作几个问题的意见》，要求各地参照执行。此后，全国各地农村相继建立起以集体经济为基础、集体与个人相结合、互助互济的合作医疗制度[1]，在一定程度上缓解了农村缺医少药的状况。1965 年 6 月，毛泽东同志针对农村医疗保障的供需矛盾，为解决农民看病难问题，作出“把医疗卫生的重点放到农村去”的指示，要求医疗卫生工作为广大农民服务。此后，农村合作医疗进入迅速发展阶段，大批城市、部队“巡回医疗队”下到农村，培训农村医生，提高农村医疗服务水平[2]。

同时，探索建立适合农村特点的社会保障制度。合作社内依靠集体经济对丧失劳动能力、生活没有依靠的社员给予适当照顾，做到保吃、保穿、保烧、保教、保葬，在人民公社模式下，生产大队或生产队成为安排照顾“五保”对象的基本单位。“五保”制度成为我国农村社会保障的一项重要内容。

3. 健全劳动保障制度

为建立符合国情和实际的劳动制度和工资制度，调动广大职工的劳动就业积极性，促进社会主义事业发展，1956 年 6 月，国务院通过《关于工资制度改革的决定》，规定工、商、基本建设企业主要采用工资等级制度，制定工资标准。全国人大常委会原则批准国务院关于企业、事业单位和国家机关中普通工和勤杂工的工资待遇的暂行规定的决议；原则批准国务院

[1] 合作医疗大多是以人民公社为组织单位，经费源于大队统一提取的农民缴费、大队公益金按人头的补贴和业务收入。

[2] 到 1965 年，全国省（自治区、市）级、地区级和县级的卫生防疫站、妇幼保健站都已经建立起来；全国综合医院和专科医院发展到 42711 所，其中少数民族地区的医院已经发展到 6275 所；大部分公社都已经建立卫生院；有的生产队设有半农半医人员。全国城乡的卫生医疗网已经基本形成。在短短几年内就迅速消灭或基本消灭了在旧中国猖獗多年、危害严重的传染病。

关于国营、公私合营、合作社营、个体经营的企业和事业单位的学徒的学习期限和生活补贴的暂行规定；批准国务院关于工人、职员退休处理的暂行规定的决议，规定了退休的条件、退休以后的待遇、退休费的支付、适用范围等；原则批准国务院关于工人、职员回家探亲的假期和工资待遇的暂行规定，以解决远离家乡同家属分居两地的工人、职员回家探亲的问题。这些规定有效完善了我国的劳动保障制度，改善了人民群众的生活水平。

（八）发展和完善社会治理制度，维护社会稳定

我国社会主要矛盾的发展变化，要求正确处理好两类不同性质的矛盾。为适应新形势，党领导建立起符合我国国情和实际的社会管理制度，形成户籍制度、劳动教养制度、信访制度、治安管理制度等相互作用的社会综合治理制度，形成影响至今的社会治理典型——“枫桥经验”，有效维护了社会稳定，社会风气焕然一新。

1. 完善社会治理制度

1956 年，因经济建设中的急躁冒进，流向城市的农村人口有增无减，控制人口乡城流动显得非常必要。为此，国务院先后发出关于防止、制止农村人口盲目外流的指示，控制农村人口盲目流动。1958 年 1 月，全国人大常委会通过户口登记条例，加强和健全户口登记工作。该条例明确规定：“公民由农村迁往城市，必须持有城市劳动部门的录用证明，学校的录取证明，或者城市户口登记机关的准予迁入的证明，向常住地户口登记机关申请办理迁出手续。”这一具有中国特色的户籍管理制度，虽然也存在一些弊端，但在推进工业化进程、保持社会稳定等方面发挥了重要作用，至今仍有效。1957 年，全国人大常委会通过治安管理处罚条例，依法处罚扰乱公共秩序、妨害公共安全、侵犯公民人身权利、损害公私财产等违反法纪、败坏道德的行为；批准国务院关于劳动教养问题的决定，确立

了劳动教养制度。[1] 这些制度的建立，对预防和减少犯罪、保障广大人民群众的合法权益不受侵犯、维护社会秩序，发挥了积极作用。1957 年，全国人大常委会还批准了消防监督条例，以保卫社会主义建设和公民的生命财产免受火灾危害。

2. 初步形成“枫桥经验”

20 世纪 60 年代初，在农村社会主义教育运动中，浙江省诸暨县枫桥区（即今诸暨市枫桥镇）充分发动和依靠群众，开展说理斗争，没有打人，更没有捕人，就把那些认为非捕不可的“四类分子”制服了，取得良好效果。毛泽东同志对此予以充分肯定：“这叫矛盾不上交，就地解决”，并要求认真总结。公安部经过调查，起草了《诸暨县枫桥区社会主义教育运动中开展对敌斗争的经验》，即“枫桥经验”，其主要精神是“发动和依靠群众，坚持矛盾不上交，就地解决，实现捕人少，治安好”。毛泽东同志批示“要各地仿效，经过试点，推广去做”。“枫桥经验”成为全国政法战线的一面旗帜。三年困难时期，我国农业生产遭到严重破坏，人口流动频繁，流窜犯罪突出，给城市管理带来了很大压力。1965 年，枫桥干部群众着眼于大局，立足于就地改造，主动将本地外出人员寻找回来，有效地教育改造了 22 名流窜犯和 41 名懒汉、“二流子”，开创了就地改造流窜犯的经验。此后，枫桥干部群众紧紧抓住“依靠群众化解矛盾”这条主线，根据不同时期的形势任务，不断丰富和发展“枫桥经验”，赋予其新

---

〔1〕 劳动教养，是对于被劳动教养的人实行强制性教育改造的一种措施，也是对他们安置就业的一种办法。根据国务院关于劳动教养问题的决定的规定，把游手好闲、违反法纪、不务正业的有劳动力的人，通过劳动教养，改造成为自食其力的新人，以维护公共秩序，推进社会主义建设。对于被劳动教养的人，应当按照其劳动成果发给适当的工资。被劳动教养的人，在劳动教养期间，必须遵守劳动教养机关规定的纪律，违反纪律的，应当受到行政处分，违法犯罪的，应当依法处理。在教育管理方面，应当采用劳动生产和政治教育相结合的方针，并且规定他们必须遵守纪律和制度，帮助他们建立爱国守法和劳动光荣的观念，学习劳动生产的技术，养成爱好劳动的习惯，使他们成为参加社会主义建设的自食其力的劳动者。被劳动教养的人，在劳动教养期间，表现良好而有就业条件的，经劳动教养机关批准，可以另行就业；原送请劳动教养的单位、家长、监护人请求领回自行负责管教的，劳动教养机关也可以酌情批准。

的时代内涵，使之不断与时俱进，焕发出蓬勃生机和旺盛活力。实践充分表明，“枫桥经验”在维护社会稳定、促进经济社会协调发展方面彰显了独特优势，发挥了积极作用，是中国特色社会主义社会治理制度的重要组成部分。[1]

3. 完善信访制度

为贯彻党的群众路线、克服官僚主义，党领导创造了人民群众监督党和政府工作的信访制度。1957 年，国务院召开全国信访工作会议，发布《关于加强处理人民来信和接待人民来访工作的指示》，要求各级国家机关都必须有一位领导人亲自掌管信访工作，并要求县以上人民委员会一定要有专职人员或者专职机构，把信访工作同处理人民内部矛盾联系起来。这一制度有效促进了政府工作，维护了人民的合法权益，得到了人民的拥护，彰显了中国特色社会治理的制度优势。

（九）对“一国两制”伟大构想的起始探索

20 世纪 50 年代末 60 年代初，我国周边环境发生重大变化，为粉碎美国分裂中国的图谋，毛泽东同志和党中央总结对港澳工作的经验，适时调整对台政策，提出了和平解决台湾问题的主张，并采取措施积极推进。这

[1] 2003 年，时任浙江省委书记的习近平同志在纪念毛泽东同志批示“枫桥经验”40 周年暨创新“枫桥经验”大会上讲话时要求，不断丰富和发展“枫桥经验”，赋予其新的时代内涵，使“枫桥经验”与时俱进。落实习近平同志的指示，浙江率先开展了平安系列创建和法治建设，推进便民服务，加强基层治理，实现社会治理的重心落实到城乡、社区。进入新时代以来，诸暨干部群众创新发展了“枫桥经验”，包括抓好党建引领“牛鼻子”，发挥社会组织在基层治理中的重要作用，坚持基层事务靠自治、社会秩序用法治、乡风文明重德治的“三治融合”，深化“最多跑一次”便民行政服务改革，充分运用互联网信息技术等现代科技，推动新时代“枫桥经验”创新发展。2013 年，习近平总书记作出重要指示，要求各级党委和政府要充分认识“枫桥经验”的重大意义，发扬优良作风，适应时代要求，创新群众工作方法，善于运用法治思维和法治方式解决涉及群众切身利益的矛盾和问题，把“枫桥经验”坚持好、发展好。2019 年 1 月，习近平总书记在中央政法工作会议上指出，“枫桥经验”发展到今天，最重要的成果、最鲜明的特色，就是实现自律与他律、刚性与柔性、治身与治心、人力与科技相统一，要总结推广这一成果。

些方针政策和实践探索，为改革开放以后邓小平同志提出“一国两制”的伟大战略构想，提供了重要思想渊源和实践基础。

1. 对港澳继续实行“长期打算、充分利用”的方针

党中央总结建国以来对港澳工作的经验，明确提出继续坚持“长期打算、充分利用”的方针。即在相当长的时间内不收回香港，“要按英国继续统治香港的情况布置工作”；同时，充分利用香港的特殊条件和价值，为中国的社会主义经济建设和外交战略服务。[1] 1963年3月8日，《人民日报》发表社论，比较完整地阐述了中国共产党对香港、澳门问题的方针政策。文章指出，“香港澳门这类问题属于历史上遗留下来的帝国主义强加于中国的一系列不平等条约的问题”，“我们一贯主张，在条件成熟的时候，经过谈判和平解决，在未解决以前维持现状”。这为改革开放以后提出并实行“一国两制”方针、实现港澳和平回归奠定了思想理论基础。

2. 阐明对台立场，推动祖国和平统一大业

党的八大提出，推进祖国统一大业，应当争取用和平方式解放台湾，也要准备在不能和平解决的时候，采取其他的方式达到解放台湾的目的。[2] 1958年10月，《人民日报》相继发表《告台湾同胞书》《中华人民共和国国防部命令》《再告台湾同胞书》，阐述了中央政府的原则立场与政策主张：坚持一个中国是国共两党共同的立场；反对美国制造“两个中国”；国共两党举行谈判，和平解决台湾问题；解决台湾问题是中国的内

〔1〕 1956年6月11日，毛泽东同志听取广东省委汇报香港问题时，谈了中国在相当长的时间内不会收回香港的考虑。他说：“香港暂时还是不收回来好，我们不急，目前对我们还有用处……”1957年4月28日，周恩来同志在上海工商界人士座谈会上的讲话中，进一步提出了“充分利用”的思想。第一，内地在香港的企业，要适应那里的环境，充分利用香港的许多有利条件。比如，香港是自由港，原料来得容易，联系的范围很广，购置设备可以分期付款，成本低，有市场，技术人才容易训练出来等。第二，中国内地进行社会主义建设，“香港可作为我们同国外进行经济联系的基地，可通过它吸收外资，争取外汇”，“香港要完全按资本主义制度办事，才能存在和发展”。

〔2〕 党在八大政治报告中申明：“我们愿意用和平谈判的方式，使台湾重新回到祖国的怀抱，而避免使用武力。如果不得已而使用武力，那是在和平谈判丧失了可能性，或者是在和平谈判失败以后。”参见刘少奇：《在中国共产党第八次全国代表大会上的政治报告》（1956年9月15日），载中共中央文献编辑委员会编：《刘少奇选集》，人民出版社1985年版，第255页。

政，不受外国干涉。1958年，党中央决定暂时停止炮击金门后，进一步提出有关重要原则和政策主张，继续争取实现国共两党谈判。毛泽东同志提出，“只要蒋氏父子能抵制美国，我们可以同他合作”，“照他们自己的方式生活”，“军队可以保存，我们不压迫他裁兵，不要他简政，让他搞三民主义”[1] 等。1963年1月，周恩来同志将毛泽东同志关于和平解决台湾问题思想的要点概括为“一纲四目”，转达给台湾当局。一纲是：只要台湾归回祖国，其他一切问题悉尊重台湾地区领导人意见妥善处理。四目是：台湾归回祖国后，除外交必须统一于中央外，所有军政大权人事安排等悉由台湾地区领导人全权处理；所有军政及建设费用，不足之数，悉由中央拨付；台湾之社会改革，可以从缓，必俟条件成熟，并尊重台湾地区领导人意见协商决定，然后进行；双方互约不派人进行破坏对方团结之事。[2] 这一系列和平解决台湾问题的重要原则和政策主张，涵盖了社会制度、军队、财政、经济、生活方式等方面，为和平解决台湾问题、争取祖国完全统一提供了宝贵的思想指引。

（十）坚持和完善独立自主的和平外交政策

十年探索时期，我国发展了同社会主义阵营各国之间的友好互助合作关系，在和平共处五项原则的基础上，争取同社会制度不同的国家和平共处，妥善解决与邻国的边界问题，坚持和完善了独立自主的和平外交政策。

1. 始终坚持独立自主外交方针

新中国外交在实行“一边倒”政策的同时，始终坚持独立自主的方针。毛泽东同志明确指出，要用自己的腿走路。周恩来同志强调，为抵抗

---

〔1〕 参见中共中央文献研究室编：《毛泽东年谱》（1949—1976）（第3卷），中央文献出版社2013年版，第464-465页。

〔2〕 参见中共中央党史研究室：《中国共产党历史》（第2卷）（1949—1978）（下册），中共党史出版社2011年版，第639页。

美国侵略和威胁，中国同苏联结盟是必要的，但不能丢掉自己的党和国家的独立性。1956 年波匈事件发生后，我们党强调各国共产党之间应遵循独立和平等原则，社会主义国家之间也应实行和平共处五项原则。

2. 坚持和平共处五项原则

党的八大提出，继续巩固和加强同苏联的兄弟友谊；同赞成和平共处五项原则的亚洲、非洲国家和其他国家建立和发展友好关系；同一切愿意同我国建立外交关系和经济文化关系的国家建立和发展正常的外交关系和经济文化关系。1956 年 9 月，毛泽东同志会见参加中共八大的有关国家代表团时指出，“我们主张同所有国家建立外交关系和进行交流”，“我们的门是开着的，几年以后，英、美、西德、日本等都将与我们做生意的”〔1〕。1957 年，他在莫斯科向全世界庄严宣告，中国坚决主张一切国家实行和平共处五项原则。1964 年，他通过对世界形势的分析，提出“两个中间地带”主张。他指出：“亚洲、非洲、拉丁美洲是第一个中间地带；欧洲、北美加拿大、大洋洲是第二个中间地带。日本也属于第二个中间地带。”〔2〕 1963 年年底至 1964 年年初，周恩来同志出访亚洲、非洲和欧洲的 14 个国家，提出了我国经济援助的八项原则，将和平共处五项原则扩展到经济领域。在和平共处五项原则指导下，从 20 世纪 50 年代后期到 60 年代后期，我国同多个国家建立了外交关系，形成了第二次建交高潮。其中，1964 年 1 月同法国建立外交关系，是中国同西方国家加强外交关系的重大突破。

3. 探索和平解决与邻国的边界问题

边界问题是外交工作的重点，对于维护国家主权、安全、发展利益至关重要。1958 年 9 月，中央人民政府发布《中华人民共和国政府关于领海的声明》。同月，全国人大常委会批准了该声明。该声明就领海宽度、领海基线、内海、领海通行等有关问题作了规定，对于捍卫国家主权、维护

---

〔1〕 中共中央文献研究室编：《毛泽东年谱》（1949—1976）（第 2 卷），中央文献出版社 2013 年版，第 639-642 页。

〔2〕 毛泽东：《两个中间地带》，载《毛泽东文集》（第 8 卷），人民出版社 1999 年版，第 345 页。

国家海洋权利、发展海上交往、保障国家安全具有重要意义[1]。1959年9月，全国人大常委会通过关于中印边界问题的决议，希望印度方面能够迅速撤出入侵的地点，停止反华煽动，并且同中国开始和平解决边界问题的友好谈判。1960年1月，中缅两国签订《中华人民共和国政府和缅甸联邦政府关于两国边界问题的协定》《中华人民共和国和缅甸联邦之间的友好和互不侵犯条约》。10月，双方签订《中华人民共和国和缅甸联邦边界条约》。这是中国与邻国成功解决边界问题的第一例，为以后解决类似问题树立了良好范例。此后，中国又陆续与尼泊尔、蒙古、巴基斯坦和阿富汗等国签订了边界协定或条约，对和平解决与邻国领土争端进行了有益探索。

（十一）其他领域的制度建设

党在社会主义建设最初十年的探索，涉及制度建设的方方面面，虽然有些方面没有形成完整的制度，但也进行了一些重要探索，为后来相关制度的建立完善提供了发展思路。

1. 坚持和完善生态文明制度

我们党一贯重视改善自然生态环境。新中国的成立为这项工作创造了可行的条件。1955年，毛泽东同志向全国人民发出了“绿化祖国”的号召。周恩来同志多次指示要保护森林，防治水土流失等。[2] 中央在其制

[1] 朝鲜战争爆发后，美国海军第七舰队开进台湾海峡，派军舰侵入厦门等沿海地区，并派海军战斗机侵入福建、广东等省的领海上空，严重侵犯了我国国家主权和安全。该声明针对美国非法以武力造成台湾海峡紧张局势，以法治手段向全世界阐明了中国政府在领海问题上的态度和立场。

[2] 1961年4月，周恩来同志视察云南西双版纳地区时指示，一定要保护好这富饶美丽之乡，保护好自然资源，要做人民的功臣，不要做历史的罪人。1962年6月，周恩来同志在中共延边朝鲜族自治州州委常委会议上提出，搞社会主义要保护森林，“咱们都是读过书的，要讲保护森林，不能破坏森林。破坏了森林后代要骂我们的，那还搞什么社会主义”。1966年2月，周恩来同志对西北林业建设兵团的工作作重要指示，指出“黄土高原这个地方是我们祖宗的摇篮地，是民族文化发源地，但是这个地方的森林被破坏了。我们不仅要恢复森林面貌，而且要发展得更好”。

定的《一九五六年到一九六七年全国农业发展纲要（修正草案）》中明确提出，“发展林业，绿化一切可能绿化的荒地荒山”。1956 年 6 月，在一届全国人大三次会议上，代表建议政府在全国各省（区）划定天然森林禁伐区，保存自然植被以供科学研究；6 月 30 日，我国第一个自然保护区——广东鼎湖山国家级自然保护区建立，从国家层面启动了自然保护区建设工作[1]。1956 年 10 月，全国林业会议通过《狩猎管理办法（草案）》和《关于天然林禁伐区（自然保护区）划定草案》。1957 年，国务院颁布水土保持暂行纲要，依法开展水土保持工作，合理利用水土资源，根治河流水害，开发河流水利，发展农、林、牧业生产。1958 年，中央又先后发出关于在全国大规模造林、采集植物种子绿化沙漠等指示，要求迅速大规模发展造林事业，促进我国自然面貌和经济面貌改变。1963 年，国务院颁布森林保护条例，这是我国第一部有关森林保护的法规。国务院及其有关主管部门先后发布了关于狩猎事业、积极保护和合理利用野生动物资源、保护水产资源等指示、条例，以保护野生动物资源，维护生态平衡。

2. 坚持和完善军事制度

党领导的人民军队是共和国的坚强柱石。在社会主义建设和平时期，党对军队工作的领导丝毫没有放松。党通过不断改革完善军事制度，坚持和巩固党对军队的绝对领导制度。1963 年全国人大常委会修改通过中国人民解放军军官服役条例，通过了关于军士和兵的现役期限的决定，明确了陆军、空军、海军的现役期限。国务院、中央军委制定了一大批涉及国防和军队的法规、条令等规范性文件，大大提高了军队正规化管理水平，为加强国防和军队建设奠定了基础，加速了人民解放军正规化进程。

---

〔1〕此后，我国先后在海南尖峰岭、福建莘口、广西花坪等地陆续建立了 20 多处自然保护区，对于改善生态环境、保护生物多样性、推动可持续发展、促进人与自然和谐相处，发挥了积极作用。

3. 进一步探索完善监督制度

我们党一贯重视自身建设，重视对自身腐败、官僚主义、脱离群众等的监督。为确保党的先进性，提高党的凝聚力和战斗力，党的八大明确提出，加强党对国家机关的领导和监督、各级人大对各级国家机关的监督、上下级国家机关之间的监督以及人民群众对国家机关的批评与监督等，克服脱离群众、脱离实际的官僚主义；要加强党和国家的监察工作，监察委员会要积极地检查党员遵守党章党纪、共产主义道德和国家法律、法令的状况；要坚持民主集中制，反对和防止个人崇拜，进一步扩大党和国家的民主生活，不断完善各项监督制度。但是，由于没有真正从制度上解决领袖和党的关系问题，加上我国长期封建专制主义思想的影响，党的八大关于监督的正确思想和工作部署，没有得到坚持和贯彻。从 20 世纪 50 年代后期开始，党和国家的政治生活逐渐不正常，监督制度“失灵”，个人决定重大问题、个人崇拜、个人凌驾于组织之上的现象不断滋生，削弱以及破坏了党内民主和人民民主。这样一来，新中国刚起步的党和国家监督制度的探索实际上就此中断〔1〕。

1956 年至 1966 年的十年探索，是社会主义制度确立后的第一个十年，党带领全国人民对社会主义建设道路进行了艰辛探索，虽然经历曲折，但仍然取得了无可否认的巨大成就，〔2〕党和国家在政治、经济、法制、文化、民生、社会治理、环境保护等各领域各方面的制度探索都取得积极成果。这些制度成果是党带领全国人民历经千辛万苦、付出各种代价、总结正反两方面的经验教训，不断坚持真理、修正错误而形成的，在社会主义建设中发挥了重要作用，并为改革开放以后加强国家制度和法律制度建设提供了有益的理论和实践基础。

---

〔1〕 参见中共中央党史研究室：《中国共产党历史》（第 2 卷）（1949—1978）（下册），中共党史出版社 2011 年版，第 746 页。

〔2〕《关于建国以来党的若干历史问题的决议》指出：“我们现在赖以进行现代化建设的物质技术基础，很大一部分是这个期间建设起来的；全国经济文化建设等方面的骨干力量和他们的工作经验，大部分也是在这个期间培养和积累起来的。这是这个期间党的工作的主导方面。”

第三章

社会主义建设曲折发展时期

国家制度和法律制度的艰难前行

1966年至1976年的“文化大革命”，是一场由领导者错误发动，被反革命集团利用，给党、国家和人民造成严重灾难的内乱[1]。这场全局性、长时间的“左”倾严重错误，使党和国家的工作、社会秩序遭到巨大破坏，给我国社会主义事业带来新中国成立以来最严重的挫折，民主和法制遭到严重破坏，教训极其深刻。在这期间，以周恩来、邓小平同志为代表的党的领导层和广大干部群众对“左”倾错误和极“左”思潮进行了抵制和不断抗争，我国社会主义建设事业虽然遭到巨大损失，但在经济社会发展、制度建设、外交工作等方面仍取得一定进展。新中国成立以来，党领导人民历经千辛万苦和不懈探索构建起来的国家制度和法律制度虽然受到严峻考验和破坏，但社会主义制度这一根本制度没有被撼动，党在人民群众中的影响力、号召力没有被削弱，党、人民政权、人民军队和整个社会的性质没有改变。这是我们党能够依靠自己的力量结束“文化大革命”，确保人民民主政权不发生颠覆的最根本保障。

1976年10月粉碎“四人帮”至1978年年底党的十一届三中全会召开，是党和国家逐步扭转“文化大革命”造成的混乱局面，实现历史性转

---

[1] 参见中共中央党史研究室：《中国共产党的九十年》（社会主义革命和建设时期），中共党史出版社、党建读物出版社2016年版，第560页。

折，开辟社会主义事业发展新时期的重要阶段。一方面，经历十年内乱，党和国家的各项制度亟待恢复。1977年召开的党的十一大宣布，以粉碎“四人帮”为标志，“文化大革命”宣告结束，大会的历史责任是要调动党内外、国内外一切积极因素，团结一切可以团结的力量，为在20世纪把我国建设成为伟大的社会主义现代化强国而奋斗。[1] 1978年召开的五届全国人大一次会议通过了新修订的宪法，确立了在20世纪内把我国建设成为社会主义现代化强国这个新时期总任务，明确了国家的发展方向。国家的政治制度、经济制度、教育制度、军事制度、外交政策等出现新的发展气象。另一方面，由于这段时期尚未对“文化大革命”进行全面总结，国家各项工作包括制度建设在发展的同时受到“左”的思想束缚，在徘徊中前进。

一、国际国内背景

20世纪60年代开始，国际国内形势发生复杂而深刻的变化。国际上，一方面，左翼激进思潮在不少国家得到发展，亚非拉国家的民族独立运动、武装斗争风起云涌，资本主义发达国家的学生运动、反战运动、民权运动日益高涨。另一方面，美国侵犯越南的战争逐步升级，中美关系处于敌对状态，中苏关系由于意识形态之争以及苏联的霸权主义行径而日益恶化，社会主义阵营也因此陷入分裂，中国同一些周边国家的关系趋于紧张。这些情况影响到党的领导人对整个世界形势的观察和估计，以及对社会主义发展中一些重要问题的思考。面对当时社会主义各国、国际共产主义运动内部正在发生的深刻变化，毛泽东同志认为，世界上绝大多数共产党、工人党变成修正主义了，中国也面临着资本主义复辟的现实

[1] 参见中共中央党史研究室：《中国共产党历史》（第2卷）（1949—1978）（下册），中共党史出版社2011年版，第1004页。

危险[1]。

面对国内外的复杂形势，党在正确应对错综复杂的国际局面时，也在一定时期内对战争威胁和对“和平演变”的危险作了过于严重的估计和过度反应，对党内、国内政治形势特别是阶级斗争状况的严重性和危险性作出过分的不符合实际的估量[2]。毛泽东同志认为，“混进党里、政府里、军队里和各种文化界的资产阶级代表人物，是一批反革命的修正主义分子，一旦时机成熟，他们就会要夺取政权，由无产阶级专政变成资产阶级专政”；认为“赫鲁晓夫那样的人物”，“现正睡在我们的身旁”[3]。毛泽东同志对我国的阶级斗争形势、党和国家的政治状况作出的错误估计，使他把只在一定范围内存在的阶级斗争仍然看作社会的主要矛盾，并运用大规模群众性政治运动的方法来解决。

此外，由于在1955年至1965年的十年探索中，对社会主义民主的制度化、法律化建设没有给予足够重视，党内民主制度很不健全。法律面前人人平等，公检法机关分工负责、互相制约等原则逐渐遭到质疑和批判，人大常委会的立法、监督等工作被削弱。在缺乏有效监督制约机制的情况下，党难以及时防止和纠正探索过程中出现的重大失误[4]。正是前十年“左”的错误在实践和理论上的积累和发展，使社会主义社会阶级斗争的理论和实践上的错误发展得越来越严重，党的民主集中制受到损害，个人崇拜现象发展起来。林彪、江青、康生等野心家又别有用心地利用和助长了这些错误。这样，党就很难抵制这些“左”倾观点，而这些“左”倾

[1] 参见中共中央党史研究室：《中国共产党历史》（第2卷）（1949—1978）（下册），中共党史出版社2011年版，第751页。

[2] 参见中共中央党史研究室：《中国共产党的九十年》（社会主义革命和建设时期），中共党史出版社、党建读物出版社2016年版，第557页。

[3] 中共中央党史研究室：《中国共产党的九十年》（社会主义革命和建设时期），中共党史出版社、党建读物出版社2016年版，第563-564页。

[4] 参见中共中央党史研究室：《中国共产党的九十年》（社会主义革命和建设时期），中共党史出版社、党建读物出版社2016年版，第558页。

观点的发展就导致“文化大革命”的发生和持续。[1]

“一九七六年十月粉碎江青反革命集团的胜利，从危难中挽救了党，挽救了革命，使我们的国家进入了新的历史发展时期。”[2] 但从我国的自身情况看，“文化大革命”“使党、国家和人民遭到建国以来最严重的挫折和损失”[3]。持续10年的“文化大革命”积累了许多严重的政治问题和社会问题。从外部环境看，“和平与发展”成为时代主题，世界各国人民对和平的追求十分强烈，降低了战争在短期内再次发生的可能性。同时，我国的经济实力、科技实力与国际先进水平的差距明显拉大，面临巨大的国际竞争压力。[4] 因此，党在粉碎“四人帮”后面临的任务相当艰巨。无论是重建国家和社会生活的正常秩序，还是重新振兴遭到严重破坏的各项事业，都有许多迫切的工作要做。[5]

二、党的理论偏差和拨乱反正

“文化大革命”是由毛泽东同志发动和领导的。毛泽东同志发动“文化大革命”的总的指导思想曾被概括成“无产阶级专政下继续革命的理论”，主要出现在作为“文化大革命”纲领性文件的《五·一六通知》和党的九大的政治报告中。他的主要论点是：一大批资产阶级的代表人物、反革命的修正主义分子，已经混进党里、政府里、军队里和文化领域的各界里，相当大的一个多数的单位的领导权已经不在马克思主义者和人民群

[1] 参见《关于建国以来党的若干历史问题的决议》，1981年6月27日中国共产党第十一届中央委员会第六次全体会议通过。

[2] 中共中央文献研究室编：《中国共产党中央委员会关于建国以来党的若干历史问题的决议》，载《三中全会以来重要文献选编·下》，中央文献出版社2011年版，第151页。

[3] 中共中央文献研究室编：《中国共产党中央委员会关于建国以来党的若干历史问题的决议》，载《三中全会以来重要文献选编·下》，中央文献出版社2011年版，第141页。

[4] 参见胡锦涛：《继续把改革开放伟大事业推向前进》，载《求是》2008年第1期。

[5] 参见中共中央党史研究室：《中国共产党历史》（第2卷）（1949—1978）（下册），中共党史出版社2011年版，第986页。

众手里。党内走资本主义道路的当权派在中央形成了一个资产阶级司令部，它有一条修正主义的政治路线和组织路线，在各省、市、自治区和中央各部门都有代理人。过去的各种斗争都不能解决问题，只有实行“文化大革命”，公开地、全面地、自下而上地发动广大群众来揭发上述的黑暗面，才能把被走资派篡夺的权力重新夺回来。这实质上是一个阶级推翻一个阶级的政治大革命，以后还要进行多次。[1] 这些“左”倾错误论点，明显地脱离了作为马克思列宁主义普遍原理和中国革命具体实践相结合的毛泽东思想的轨道，必须把它们同毛泽东思想完全区别开来。

在“文化大革命”的混乱情况下，推动国家制度发展困难重重。以周恩来、邓小平同志为代表的党和国家领导人分别于 1972 年和 1975 年进行了两次整顿，对一些重要制度进行了调整和恢复。当时的整顿虽然还没有触及“文化大革命”的根本问题，但是继承了党在“文化大革命”以前积累的正确的和比较正确的思想成果，力图在一些重要问题上把“文化大革命”中被颠倒了的思想理论是非加以澄清，进行了当时条件下有限度的拨乱反正，并积极探索新的思路。这种思路为后来突破“以阶级斗争为纲”的指导思想，把党的工作重点转到社会主义现代化建设的轨道上来，进一步恢复和完善各项制度做了思想准备。正如邓小平同志后来所说：“拨乱反正在一九七五年就开始了。”[2] “改革，其实在一九七四年到一九七五年我们已经试验过一段。”“那时候的改革，用的名称是整顿，强调把经济搞上去，首先是恢复生产秩序。”[3] 可以说，“文化大革命”两次整顿期间提出的一些指导思想，积累的一些实践经验，为以后改革开放时期的成功探索做了理论和实践的准备，为新的历史时期开创中国特色社会主义道路、构建重要的国家制度和法律制度提供了宝贵经验。

---

〔1〕 参见《关于建国以来党的若干历史问题的决议》，1981 年 6 月 27 日中国共产党第十一届中央委员会第六次全体会议通过。

〔2〕 邓小平：《我们把改革当作一种革命》（1984 年 10 月 10 日），载《邓小平文选》（第 3 卷），人民出版社 1993 年版，第 81 页。

〔3〕 邓小平：《我们干的事业是全新的事业》（1987 年 10 月 13 日），载《邓小平文选》（第 3 卷），人民出版社 1993 年版，第 255 页。

实事求是是我们党的思想路线，是马克思列宁主义、毛泽东思想的精髓。邓小平同志指出："毛泽东思想的基本点就是实事求是，就是把马列主义的普遍原理同中国革命的具体实践相结合，毛泽东同志在延安为中央党校题了'实事求是'四个大字，毛泽东思想的精髓就是这四个字。"〔1〕1976年粉碎"四人帮"后，由于"两个凡是"方针（即"凡是毛主席作出的决策，我们都坚决维护，凡是毛主席的指示，我们都始终不渝地遵循"）的提出和推行，拨乱反正遇到阻碍，国家发展也受到影响。因此，要彻底澄清思想混乱，全面清除"文化大革命""左"倾错误，就必须解放思想，解决应当如何正确对待毛泽东同志的指示和决策、判定真理的标准到底是什么等根本问题。

在中国面临向何处去的历史关头，为冲破思想禁锢，打开局面，以邓小平同志为代表的中国共产党人对"两个凡是"进行了坚决批判，指出"'两个凡是'不行"，这"不是马克思主义，不是毛泽东思想"。"毛泽东思想是个体系，是发展了的马克思主义。""我们必须世世代代地用准确的完整的毛泽东思想来指导我们全党、全军和全国人民。"〔2〕"要对毛泽东思想有一个完整的准确的认识，要善于学习、掌握和运用毛泽东思想的体系来指导我们各项工作。只有这样，才不至于割裂、歪曲毛泽东思想，损害毛泽东思想。"〔3〕邓小平等中央领导同志对"两个凡是"的批评，不仅为真理标准大讨论及实事求是思想路线的重新确立做了理论铺垫，更重要的是破除了对毛泽东思想的教条主义和僵化认识。

1978年5月11日，《实践是检验真理的唯一标准》〔4〕公开发表，使

---

〔1〕邓小平：《高举毛泽东思想旗帜，坚持实事求是的原则》（1978年9月16日），载《邓小平文选》（第2卷），人民出版社1994年版，第126页。

〔2〕邓小平：《"两个凡是"不符合马克思主义》（1977年5月24日），载《邓小平文选》（第2卷），人民出版社1994年版，第39页。

〔3〕邓小平：《完整地准确地理解毛泽东思想》（1977年7月21日），载《邓小平文选》（第2卷），人民出版社1994年版，第42页。

〔4〕本报特约评论员：《实践是检验真理的唯一标准》，载《光明日报》1978年5月11日，第1版。

一场关于真理标准问题的大讨论以不可阻挡之势在全国展开。文章强调，实践不仅是检验真理的标准，而且是唯一的标准。文章从根本上否定了“两个凡是”，并触及了盛行多年的教条主义、思想僵化和个人崇拜问题。邓小平等老一辈革命家对真理标准问题大讨论给予有力支持，在不同场合、从不同角度反复强调毛泽东同志倡导的实事求是原则，恢复党的优良传统。[1] 这场在全国范围内开展、具有广泛群众基础的真理标准问题大讨论，对解放思想、突破“两个凡是”的思想束缚、恢复实事求是的思想路线起到了重要作用，也为党的十一届三中全会的召开做了理论准备，成为实现党和国家历史性伟大转折的思想先导。[2]

三、“文化大革命”期间制度的重大挫折和艰难发展

“文化大革命”期间，党的领导机关和各级组织普遍陷入瘫痪、半瘫痪状态，各级政权的组织形式和运作方式脱离原有秩序和制度框架，“公检法”被砸烂，国家的经济制度、文化制度、军事制度、外交政策等重要制度都受到严重冲击，给党和国家事业带来严重破坏。但是我国的社会主义制度最终经受住了“文化大革命”的严峻考验。我国最根本的制度社会主义制度没有发生改变，建国时期确立的我国的政体、国体都没有动摇，党的集中统一领导制度这一根本领导制度、人民代表大会制度这一根本政治制度、马克思主义在意识形态领域指导地位的根本文化制度、党对人民军队的绝对领导这一根本军事制度得到坚持，人民政权、人民军队和整个社会的性质都没有改变。所有这些都保障了我国的社会主义建设能够继续进行，人民民主政权没有被颠覆。历史再一次证明，中国人民是伟大的人民，中国共产党和社会主义制度具有强大生命力。

〔1〕 参见中共中央党史研究室：《中国共产党历史》（第2卷）（1949—1978）（下册），中共党史出版社2011年版，第1024-1025页。

〔2〕 参见中共中央党史研究室：《中国共产党历史》（第2卷）（1949—1978）（下册），中共党史出版社2011年版，第1029页。

（一）党的集中统一领导制度这一根本领导制度得到坚持

在“文化大革命”10年间，党和国家政治生活中的集体领导原则和民主集中制遭到破坏，党的一系列基本原则遭到摒弃。自1966年8月党的八届十一中全会通过《中国共产党中央委员会关于无产阶级文化大革命的决定》起，毛泽东同志的个人领导实际上取代了党中央的集体领导。在党内民主制度遭到破坏、党内生活极不正常的情况下，林彪、江青集团利用这种错误煽动极“左”思想，以党中央名义屡次将错误的指导思想制度化，导致社会动乱严重发展并长期持续。1969年4月1日至24日召开党的第九次全国代表大会，在与会代表中许多人都不是通过正常选举程序产生的情况下，把党的八大以后党在指导思想上和实践中的许多“左”的错误作为正确的加以肯定，而把党的八大以来探索适合中国情况的建设社会主义道路（包括纠“左”过程）中提出的许多正确的和比较正确的思想、政策和积极成果，作为“修正主义”加以批判，使“文化大革命”的理论和实践合法化。在这段时期，“无政府主义”泛滥，党的领导作用被严重削弱，党的组织纪律被破坏，大批党政领导干部被揪斗迫害，党的领导机关和各级组织普遍陷入瘫痪、半瘫痪状态，绝大多数党的组织甚至一度停止了组织生活，广大党员无法发挥作用，甚至连中央政治局也一度被文革小组取代。但是，党的基本性质始终没有发生改变，也没有因此而消亡。在“文化大革命”中，我们党作为一个整体，既没有被摧毁，也没有被分裂，还能维持统一，国务院和人民解放军还能进行许多必要的工作，我国社会主义的根基仍然保存着，社会主义经济建设还在进行，我们的国家仍然保持统一并且在国际上发挥重要影响，[1] 其中一个重要原因，就是党的集中统一领导制度这一根本领导制度没有动摇。

---

〔1〕 参见中共中央党史研究室：《中国共产党的九十年》（社会主义革命和建设时期），中共党史出版社、党建读物出版社2016年版，第633页。

1968年至1969年，张春桥等人几次提出要用造反派组织取代党的组织。他们提出："中国共产党领导在中央，在毛主席，何必要这个党委呢？"〔1〕"党究竟还要不要？是不是可以用群众组织代替党。"〔2〕毛泽东同志没有接受这种主张。即便在"文化大革命"中，周恩来、邓小平等一大批领导同志仍然坚持党的集中统一领导制度是解决我国社会主义建设一切问题的关键。在1967年发生的"二月抗争"（被林彪、江青等人诬陷为"二月逆流"）中，叶剑英、徐向前等老同志明确反对革命脱离党的领导。处境困难的周恩来同志也在不同场合力主恢复和坚持党的领导，反对把老干部一概打倒，反对搞乱军队。1967年10月，毛泽东同志作出了被称为"五十字建党纲领"的批示，即"党组织应是无产阶级先进分子所组成，应能领导无产阶级和革命群众对于阶级敌人进行战斗的朝气蓬勃的先锋队组织"。〔3〕尽管这一纲领在实施中出现了偏差，把阶级斗争作为了建党的唯一宗旨，〔4〕但毛泽东同志的初衷是加强党的自身建设，保持党的纯洁性。1969年党的九大后开展的整党，由于指导方针的错误，问题很多，但是一定程度上恢复了党的领导制度，从中央各部门到地方的各级党组织得以恢复，大多数党员恢复了组织生活，对于遏制造反派势力、稳定局势、推进工农业生产，起了一定作用。〔5〕

1973年，邓小平同志复出。1975年，受命于危难之际的邓小平同志提出进行全面整顿的指导思想，强调"整顿的核心是党的整顿，只要抓住整党这个中心环节，各方面的整顿就不难"，"整党主要放在整顿各级领导

〔1〕张春桥在上海整党建党三个试点单位座谈会上的讲话（1969年6月15日）。

〔2〕张春桥在上海整党建党座谈会上的讲话（1968年）。

〔3〕参见中共中央党史研究室：《中国共产党的九十年》（社会主义革命和建设时期），中共党史出版社、党建读物出版社2016年版，第582页。

〔4〕参见中共中央党史研究室：《中国共产党的九十年》（社会主义革命和建设时期），中共党史出版社、党建读物出版社2016年版，第582页。

〔5〕参见中共中央党史研究室：《中国共产党历史》（第2卷）（1949—1978）（下册），中共党史出版社2011年版，第817页。

班子上”。[1] 经过整顿，“一定要建立敢字当头的领导班子”[2]，“要加强党的领导，把我们党的优良作风发扬起来，坚持下去”[3]。在以邓小平同志为代表的中央政治局和国务院许多领导同志的共同努力下，党的领导制度得到一定恢复和巩固，广大党员、干部和群众人心思治、积极工作、努力生产，各方面的整顿得以很快开展。1975年形势明显好转，一些地区武斗得到制止，大部分地区社会秩序趋于稳定，国民经济迅速回升。这些成绩的取得根本在于坚持了党的领导制度。1975年宪法明确规定“中国共产党是全中国人民的领导核心”，“全国人民代表大会是在中国共产党领导下的最高国家权力机关”，这是首次在宪法条文中明确对中国共产党的领导作出规定，从而在法律制度上进一步巩固了党的领导制度。

（二）人民代表大会制度这一根本政治制度得到坚持

“文化大革命”期间，全国人民代表大会和地方各级人民代表大会作为人民行使国家权力的机关实际已经不能发挥作用。在国家层面，全国人大及其常委会自1966年7月后8年间没有开过会、议过事。“文化大革命”期间，全国人大及其常委会仅通过两部法律：一部是1975年1月四届全国人大一次会议通过的1975年宪法，一部是1975年3月四届全国人大常委会第二次会议通过的《全国人民代表大会常务委员会关于特赦释放全部在押战争罪犯的决定》。其中1975年制定的宪法，因受到“四人帮”干扰破坏，比1954年宪法大大倒退，带有浓厚的“文化大革命”色彩。这部宪法的指导思想是“继续革命”“全面专政”等极“左”思想，导致

---

〔1〕 参见邓小平：《各方面都要整顿》，载《邓小平文选》（第2卷），人民出版社1994年版，第35页。
〔2〕 邓小平：《关于国防工业企业的整顿》，载《邓小平文选》（第2卷），人民出版社1994年版，第25页。
〔3〕 邓小平：《加强党的领导，整顿党的作风》，载《邓小平文选》（第2卷），人民出版社1994年版，第12页。

内容上存在严重缺陷。

在地方层面，基层政权的组织形式和运作方式发生重大改变。1968 年地方各级人民代表大会和人民委员会被砸烂，被集党、政、军于一身的革命委员会所取代，并在 1975 年宪法中得到确认。1975 年宪法第二十二条第一款规定，地方各级革命委员会是地方各级人民代表大会的常设机关，同时又是地方各级人民政府。地方各级人民法院院长也改由本级革命委员会任命，许多民主的审判制度和原则都被取消，极大破坏了司法职权的独立性和权威性。这是国家政治体制和行政体制的一次重大倒退。〔1〕

但是，在毛泽东同志的坚持下，人民代表大会制度并没有发生根本性的动摇。1967 年，各地掀起夺取各级党政机关权力的夺权运动，“文化大革命”进入“全面夺权”阶段。一开始夺权后组成的临时权力机构效仿巴黎公社，大多称“公社”，如“北京人民公社”。毛泽东同志认为，建立北京人民公社，这样就发生改变政体、国家体制问题，国号问题，就发生外国是否承认的问题；主张还是不要改名字，不要叫公社。将来还是要叫人民代表大会，现在的临时机构叫革命委员会好。〔2〕

尽管人民当家作主的社会主义民主制度在“文化大革命”期间遭到严重破坏，但是，1975 年有各族各界代表人物出席的第四届全国人民代表大会还能召开，选举产生了全国人大常委会，并且确定了以周恩来、邓小平同志为领导核心的国务院人选。〔3〕我国工人阶级领导的、以工农联盟为基础的人民民主专政的社会主义国家的基本性质始终没有发生改变。“文化大革命”期间制定的 1975 年宪法尽管存在诸多问题，但继承了 1954 年宪法关于国家性质、政权组织形式等的基本规定和基本原则，坚持了社会主义政治制度。如规定“中华人民共和国是工人阶级领导的以工农联盟为

〔1〕参见中共中央党史研究室：《中国共产党的九十年》（社会主义革命和建设时期），中共党史出版社、党建读物出版社 2016 年版，第 576 页。

〔2〕参见中共中央党史研究室：《中国共产党历史》（第 2 卷）（1949—1978）（下册），中共党史出版社 2011 年版，第 783 页。

〔3〕参见《关于建国以来党的若干历史问题的决议》，1981 年 6 月 27 日中国共产党第十一届中央委员会第六次全体会议通过。

基础的无产阶级专政的社会主义国家”；“中华人民共和国的一切权力属于人民”；人民行使权力的机关是各级人民代表大会；“地方各级人民代表大会都是地方国家权力机关”；“各级人民代表大会和其他国家机关，一律实行民主集中制”；等等。这为实行改革开放以后恢复和推进国家制度建设奠定了基础。

（三）马克思主义在意识形态领域指导地位的根本文化制度得到坚持

这场由文化领域肇始的“大革命”彻底毁弃了正确的“双百”方针，对我国科学文化事业和民族传统文化造成极大的破坏，使文化教育事业出现严重的倒退。

在文化制度方面，1975年宪法第十二条规定：“无产阶级必须在上层建筑其中包括各个文化领域对资产阶级实行全面的专政。文化教育、文学艺术、体育卫生、科学研究都必须为无产阶级政治服务，为工农兵服务，与生产劳动相结合。”在林彪、江青等人的策划下，新中国成立以来党领导下的文艺工作的巨大成绩被全盘否定，中华民族无数的优秀文化遗产遭受浩劫。文坛一片荒芜、百花凋零，文化生活死气沉沉，以至于毛泽东同志在1975年说：“样板戏太少，而且稍微有点错误就挨批。百花齐放没有了。别人不能提意见，不好。怕写文章，怕写戏，没有小说，没有诗歌。”[1]

在教育制度方面，“文化大革命”开始后高等学校即停止招生，“停课闹革命”长达4年之久，贻误了一代青少年的成长。[2] 同时，为解决就业问题，1968年，毛泽东同志发出“知识青年到农村去，接受贫下中农的再教育，很有必要”[3] 的号召，全国开展了大规模的知识青年上山下乡

〔1〕萧心力主编：《毛泽东与共和国重大历史事件》，人民出版社2019年版，第418页。

〔2〕参见中共中央党史研究室：《中国共产党历史》（第2卷）（1949—1978）（下册），中共党史出版社2011年版，第818页。

〔3〕中共中央党史研究室：《中国共产党的九十年》（社会主义革命和建设时期），中共党史出版社、党建读物出版社2016年版，第583页。

运动。广大知识分子被下放到农村或在各种“五七”干校从事体力劳动，他们经受了锻炼，增加了对农村的了解，但是长时间被排除在各项业务工作和科学文化研究之外，给国家现代化建设造成很大损失。

尽管如此，马克思主义作为我们党的指导思想和理论基础，始终受到全党全国人民的拥护，并且在意识形态领域保持着指导地位。毛泽东同志发动这场“大革命”的出发点，是防止资本主义复辟、维护党的纯洁性和寻求中国自己的建设社会主义的道路。长久以来，毛泽东同志以对马克思主义、对人民利益的忠诚，不断观察和思考新兴的社会主义现实生活中的问题，努力追求实现一种完美的社会主义理想。他在犯严重错误的时候，还多次要求全党认真学习马克思、恩格斯、列宁的著作，还始终认为自己的理论和实践是马克思主义的，是为巩固无产阶级专政所必需的。[1] 毛泽东同志对于社会主义的一些独特构想，既有一些宝贵的预见，也有一些脱离实际的设想和对马克思主义教条化的理解。[2] 但是，毛泽东同志关于社会主义的基本思路是遵循马克思主义的科学社会主义基本原理的。[3] 此外，1975 年宪法在第二条第二款中明确规定，马克思主义、列宁主义、毛泽东思想是我国指导思想的理论基础。这些都说明，马克思主义在意识形态领域指导地位的根本文化制度没有发生根本性的改变。

正是在马克思主义的指引下，“文化大革命”中后期，经过周恩来、邓小平等同志的努力，对文化领域进行了一些调整，努力减少和修复“文化大革命”对我国文艺界造成的破坏。在周恩来同志批判极“左”思潮、进行整顿的努力下，1972 年 4 月，北京市新华书店开始发行《红楼梦》《水浒》《三国演义》《西游记》等中国古典文学名著，改变了“文化大革命”以来停止出版古典和近代文学作品的状况。10 月，南京举行了

---

〔1〕 参见《关于建国以来党的若干历史问题的决议》，1981 年 6 月 27 日中国共产党第十一届中央委员会第六次全体会议通过。

〔2〕 中共中央党史研究室：《中国共产党历史》（第 2 卷）（1949—1978）（下册），中共党史出版社 2011 年版，第 779 页。

〔3〕 参见中共中央党史研究室：《中国共产党的九十年》（社会主义革命和建设时期），中共党史出版社、党建读物出版社 2016 年版，第 565 页。

"文化大革命"以来第一次全国田径运动会。1975年，邓小平同志主持进行全面整顿，对文化教育也开展了整顿，在毛泽东同志的支持下，文艺工作重新强调党的"双百"方针，解除了对一些优秀作品发表和演出的限制。

（四）党对人民军队的绝对领导这一根本军事制度得到坚持

"文化大革命"中，军队也受到了冲击。由于林彪在军队推行"突出政治"等形式主义的做法，荒废了军事训练，一些军事院校被撤销。1975年宪法规定，中国人民解放军永远是一支战斗队，同时又是工作队，还是生产队。军队因为阶级斗争和承担管理地方工作的责任而超负荷运行，导致机构臃肿，纪律涣散，影响了军队的战斗力。"四人帮"还插手军队，煽动军队造反夺权，使军队建设遭到冲击和破坏，甚至出现林彪反革命集团阴谋夺权、策动武装政变的事件。但是，人民军队的领导权始终掌握在党中央的手中，人民军队的性质一直没有改变。正是由于始终坚持党对人民军队的绝对领导，在国家动乱的情况下，人民解放军仍然英勇地保卫着祖国的安全。这为度过"文化大革命"最混乱的时期，最终推翻"四人帮"提供了重要保障。

正是由于始终坚持了党对人民军队的绝对领导这一根本军事制度，人民军队在"文化大革命"中为稳定局势发挥了重要作用。比如，1967年的时候，毛泽东同志虽然鼓励夺权，但是对夺权后出现的严重混乱状况也感到忧虑。为了对动乱局面有所约束，毛泽东同志先后决定派人民解放军执行"三支两军"，提出要"实现无产阶级革命派大联合"，实行"革命群众组织的负责人、人民解放军当地驻军代表、革命领导干部组成的'三结合'"。夺权后组成的临时权力机构称为"革命委员会"。1967年3月，中央军委发出《关于集中力量执行支左、支农、支工、军管、军训任务的决定》。据此，大批解放军指战员直接介入地方"文化大革命"的夺权斗争，并承担起支援地方工农业生产的任务，还对一些最乱的省、市和党政部门实行军事管制。“三支两军”工作至1972年8月结束，在“文化大革命”最混乱、最复杂的情况下，维护了必要的社会稳定，减少了工农业生产和人民生命财产的损失，在可能的范围内减轻了造成的破坏。

正是由于始终坚持了党对人民军队的绝对领导这一根本军事制度，在受“文化大革命”严重干扰的情况下，国防科技仍然取得了显著成就。在毛泽东同志生前，中国已经能够自行设计和批量生产汽车、飞机、坦克、拖拉机等。1966年10月我国第一次成功进行了发射导弹核武器的试验；1967年6月成功爆炸了第一颗氢弹；1969年9月首次成功进行了地下核试验；1971年8月第一艘核潜艇建成并完成系泊试验，1974年4月完成试航任务；1975年10月我国第十七次地下核试验爆炸成功。这些成就，使全世界为之震惊。国防尖端技术研究方面取得的成就，增强了我国的国防战略防御能力，且具有重大的政治意义。邓小平同志后来说过：“如果六十年代以来中国没有原子弹、氢弹，没有发射卫星，中国就不能叫有重要影响的大国，就没有现在这样的国际地位。”[1]

（五）恢复和发展了一些基本制度

1. 初步恢复一些基本政治制度

一是，党领导的多党合作和政治协商制度在遭到严重破坏后得到部分恢复。在“文化大革命”期间，大批民主党派人士受到迫害，全国政协的工作被迫停止，中国人民政治协商会议在10年内根本没有召开。后来，在周恩来等同志的努力下，全国政协的工作得到一定恢复，解救了一批老干部，包括民主党派人士，进行了一些富有成效的调整。1972年10月，在周恩来同志的过问下，政协建立了各民主党派和无党派人士学习领导小

[1] 中共中央党史研究室：《中国共产党的九十年》（社会主义革命和建设时期），中共党史出版社、党建读物出版社2016年版，第603页。

组。12 月，全国政协机关成立临时领导小组，恢复了机关的部分工作。

二是，民族区域自治制度虽遭到破坏但得到坚持。“文化大革命”期间，由于极“左”路线影响干扰，社会主义时期民族问题的实质也被当成阶级问题，导致宗教政策、民族政策相继受到冲击。尽管如此，党的民族政策没有变。1972 年年初，党中央、国务院在北京召开宁夏固原地区座谈会，会后，根据中央指示，联合调查组和学习小组分赴宁夏、内蒙古、新疆、西藏等少数民族地区，调查了解民族政策执行情况和当地群众生活、生产中存在的问题。7 月 2 日，中央强调，落实党的民族政策，对于社会主义革命和社会主义建设，都是极其重要的。要认真学习和坚决贯彻执行党的民族政策。1975 年宪法规定，“实行民族区域自治的地方，都是中华人民共和国不可分离的部分。各民族一律平等。反对大民族主义和地方民族主义”，“自治区、自治州、自治县都是民族自治地方，它的自治机关是人民代表大会和革命委员会。民族自治地方的自治机关除行使宪法第二章第三节规定的地方国家机关的职权外，可以依照法律规定的权限行使自治权。各上级国家机关应当充分保障各民族自治地方的自治机关行使自治权，积极支持各少数民族进行社会主义革命和社会主义建设”。这些规定，使党的民族政策得到宪法保障，受到严重破坏的民族关系得到初步改善。

2. 探索发展一些基本经济制度

10 年期间，受“左”的错误思想影响，社会主义经济制度的许多正确原则，如发展生产力、发展商品经济、实行按劳分配、引进外国先进技术等，一概被当作修正主义和资本主义加以批判。企业内部许多行之有效的规章制度，尤其是国民经济调整时期制定并实行的比较完备的各种条例和政策，如“工业七十条”等，都遭到批判；党委领导下的厂长负责制、按劳分配原则、利润指标、经济核算等也被当作“资产阶级”的东西加以摒弃。但是，经过两次集中整顿，对经济、外贸、教育、科技等领域做了卓有成效的调整，为恢复和确立一些正确的经济制度做了准备，一些重要领域的社会主义建设仍然取得一定进展。

一是，重新明确全面实现“四个现代化”的目标。1975 年年初，邓小平同志在毛泽东、周恩来同志的支持下主持国务院工作。1975 年 1 月，四届全国人大重新明确了 1964 年 12 月三届全国人大一次会议提出的全面实现农业、工业、国防和科学技术“四个现代化”的宏伟目标。

二是，1975 年宪法确立的一些基本经济制度在现行宪法中得到延续。在所有制方面，1975 年宪法将 1954 年宪法规定的四种所有制，即全民所有制、集体所有制、个体劳动者所有制、资本家所有制，修改成全民所有制和集体所有制两种所有制，确立了以这两种所有制为主导的产权制度，[1] 强调我国实行“社会主义全民所有制和社会主义劳动群众集体所有制”；土地实行土地公有制所有制，即“矿藏、水流，国有的森林、荒地和其他资源，都属于全民所有。国家可以依照法律规定的条件，对城乡土地和其他生产资料实行征购、征用或者收归国有”；在农村实行“农村人民公社的集体所有制”，“一般实行三级所有、队为基础，即以生产队为基本核算单位的公社、生产大队和生产队三级所有”；首次规定“国营经济是国民经济中的领导力量”。在分配制度方面，首次在宪法中明确“按劳分配”原则，规定“国家实行‘不劳动者不得食’、‘各尽所能、按劳分配’的社会主义原则”，“允许非农业的个体劳动者在城镇街道组织、农村人民公社的生产队统一安排下，从事在法律许可范围内的，不剥削他人的个体劳动。同时，要引导他们逐步走上社会主义集体化的道路”，“在保证人民公社集体经济的发展和占绝对优势的条件下，人民公社社员可以经营少量的自留地和家庭副业，牧区社员可以有少量的自留畜”。在资源配置方式方面，实行社会主义计划经济，“促进社会主义经济有计划、按比例地发展”等。1975 年宪法确认了以绝对公有制和计划经济为核心的经济制度，这种制度并不符合我国当时生产力的发展状况，但有些制度规定体现了对社会主义经济制度的有益探索，比如，国营经济的主导地位、按劳

---

〔1〕 参见周安平、李旭东、赵云芬主编：《新中国宪法的历程——问题、回应和文本》，人民出版社 2017 年版，第 126 页。

分配的分配制度等，在1982年宪法中得到延续。[1]

三是，改进经济管理制度。农业方面，党中央重申农村工作必须认真执行“农业六十条”的规定。1971年12月，党中央发出《关于农村人民公社分配问题的指示》，不仅对极“左”思潮加以否定，而且对长期以来农业方面的一些“左”的错误加以限制。为解决当时农村普遍存在的“分光吃尽”、集体增产个人不增收、分配不兑现、劳动计酬上的平均主义等严重挫伤农民生产积极性的问题，该指示强调指出：应在发展生产的基础上逐步增加积累，公共积累不要一下子增加过多，要使农民在增加生产的基础上增加个人收入；口粮分配要做到有利于调动最大多数社员的积极性；农村人民公社分配必须兼顾国家、集体和个人三者利益，坚持各尽所能、按劳分配的原则；不要照搬照抄大寨大队的劳动管理办法和分配办法，而要从实际出发，着重总结本地的经验，采用群众自己创造的、愿意接受的、简便易行的办法；要注意农业的全面发展，不能把党的政策允许的多种经营当作资本主义去批评。1972年至1973年，国务院有关经济部门提出了整顿企业和加强经济管理的具体制度。国家计委起草了《关于坚持统一计划，加强经济管理的规定》，内容包括：加强国家统一计划，搞好综合平衡，反对地方各行其是；企业实行党委领导下的厂长负责制，建立强有力的生产指挥系统；坚持社会主义按劳分配原则，广泛推行计时工资加奖励，少数重体力劳动可实行计件工资；等等。

四是，起草了一些对完善制度具有重要意义的文件。在邓小平同志主持全面整顿期间，党和国家有关部门起草了一些重要文件。国家计委起草的《关于加快工业发展的若干问题》（即工业二十条），对工业整顿与发展产生了积极影响。中国科学院起草的《科学院工作汇报提纲》明确肯定新中国成立以来科技战线上成绩是主要的，并指出“科学技术也是生产力。科研要走在前面，推动生产向前发展”，强调要引进国外的先进技术

---

〔1〕参见周安平、李旭东、赵云芬主编：《新中国宪法的历程——问题、回应和文本》，人民出版社2017年版，第128页。

和设备，加强自然科学的理论研究。国务院政治研究室撰写的《论全党全国各项工作的总纲》等重要文件，在各个领域提出了纠正“左”倾错误、恢复和确立正确政策的指导思想和措施。这 3 个文件不限于整顿的内容，在一些问题上很有远见地提出了改革工业、科技工作的重要思想，在恢复高等教育的准备工作中发挥了关键作用，促进了包括社会科学在内的科学研究。

（六）巩固和发展了一些重要制度

1. 坚持和完善独立自主的和平外交政策

“文化大革命”期间，党的外交工作一度受到严重冲击，但是，比起其他方面工作，外事工作受破坏的程度相对要轻，时间较短。进入 20 世纪 70 年代，随着国际形势的变化，毛泽东、周恩来同志审时度势，及时对外交工作作出富有远见和胆略的重大决策。中国对外工作取得一系列显著成就。中国外交战略的转变和对外关系新局面的出现，对中国此后的发展具有广泛而深远的影响。经过我们党的努力工作，1971 年 10 月 25 日，第二十六届联合国大会不顾美国的阻挠，通过恢复中华人民共和国在联合国的一切合法权利的决议，这是我国外交工作的一个重大突破，具有极为深远的意义。从此，中国作为联合国安全理事会常任理事国，在联合国组织内为实现联合国宪章宗旨，维护世界和平、加强各国友好合作、促进人类进步事业作出了不懈的努力。

这一时期的重要外交思想和制度主要有：

一是，提出划分三个世界的正确战略和我国永远不称霸的重要思想。毛泽东同志认为美苏两个超级大国属于第一世界，美苏以外的西方发达国家和东欧国家属于第二世界，亚非拉的广大发展中国家属于第三世界。在当时的历史条件下，这一思想对指导我国外交工作，坚持反对超级大国的霸权主义和战争威胁，努力建立和发展同第三世界各国和其他类型国家的友好合作关系，包括继续推动同美国实现两国关系正常化，都发挥了重要作用。1974 年 4 月，邓小平代表中国政府出席联合国大会第六次特别会议，作了历史性发言，中国代表广大发展中国家向全世界宣布，中国绝不称霸。

二是，在宪法中首次完整规定了“和平共处五项原则”,〔1〕阐明了我国的基本外交政策。1975 年宪法在“序言”中阐明了我国的基本外交政策，即“在互相尊重主权和领土完整、互不侵犯、互不干涉内政、平等互利、和平共处五项原则的基础上，争取和社会制度不同的国家和平共处，反对帝国主义、社会帝国主义的侵略政策和战争政策，反对超级大国的霸权主义”。这是首次将“和平共处五项原则”在宪法中予以完整规定，这一点在现行宪法中仍然得到保留。

三是，同美国和日本签订了重要外交文件。1971 年 7 月基辛格秘密访华，1972 年 2 月尼克松访华，中美经过会谈，于 1972 年 2 月 28 日在上海发表《中华人民共和国和美利坚合众国联合公报》（以下简称《联合公报》，史称“上海公报”）。在《联合公报》中，中美双方申述了各自的原则和立场，强调双方同意以和平共处五项原则来处理国与国之间的关系。双方郑重声明：双方都希望减少国际军事冲突的危险；任何一方都不应该在亚洲太平洋地区谋求霸权，每一方都反对任何其他国家或国家集团建立这种霸权的努力。关于台湾问题，中方重申了自己的立场。美方则表示：美国认识到，台湾海峡两岸的所有中国人都认为只有一个中国，台湾是中国的一部分，美国政府对这一立场不提出异议。美国重申它对由中国人自己和平解决台湾问题的关心，并确认从台湾撤出全部美国武装力量和军事设施的最终目标。

中美上海《联合公报》的发表是中美关系史上的里程碑。它标志着曾经长期尖锐对立的中美两国从此走上实现关系正常化的道路。《联合公报》

---

〔1〕参见周安平、李旭东、赵云芬主编：《新中国宪法的历程——问题、回应和文本》，人民出版社 2017 年版，第 111 页。

和1978年12月16日发表的《中华人民共和国和美利坚合众国关于建立外交关系的联合公报》（以下简称《中美建交公报》）、1982年8月17日签订的《中华人民共和国和美利坚合众国联合公报》（以下简称《八一七公报》）共同构成中美3个联合公报，是中美两国关于两国关系以及我国台湾问题的重要国际性文件。中美上海《联合公报》确立了指导中美关系发展的政治基础和战略框架，为在《中美建交公报》和《八一七公报》基础上的中美外交实践提供了有效的法理基础和解释依据，具有重大意义。[1] 美国在3个联合公报中均强调坚持一个中国原则。坚持一个中国原则和中美3个联合公报的原则是中美关系健康发展的政治基础。

1972年9月25日，日本首相田中角荣访华。中日双方于9月29日签署建立外交关系的《中日联合声明》。在声明中，日本政府承认中华人民共和国政府是中国的唯一合法政府。中国政府重申：台湾是中华人民共和国领土不可分割的一部分；日本政府充分理解和尊重中国政府这一立场，并坚持遵循《波茨坦公告》第八条的立场。声明还说："日本方面痛感日本国过去由于战争给中国人民造成的重大损害的责任，表示深刻的反省。"此后中日两国互派大使，并陆续签订贸易、航空、海运、渔业和科技文化等一系列协定，并于1975年开始进行缔结和平友好条约的谈判。

《中日联合声明》与1978年缔结的《中日和平友好条约》、1998年发表的《中日联合宣言》共同构成了中日关系的3个政治文件。在《中日和平友好条约》中确认了《中日联合声明》"是两国间和平友好关系的基础，联合声明所表明的各项原则应予严格遵守"，从而使《中日联合声明》与《中日和平友好条约》形成一个整体，为巩固和发展中日关系奠定了重要的法律基础。[2]

---

〔1〕 参见江河：《中美三个联合公报的法理与实践——以条约法为视角》，载《法商研究》2009年第5期。

〔2〕 参见刘江永：《恪守三个政治文件　维护中日关系大局》，载《经济日报》2005年5月14日，第4版。

2. 生态环保制度构建方面取得重要进展

尽管“文化大革命”期间，国家各方面工作都受到不同程度的冲击，但在生态环境保护领域取得重要进展，出现多个“第一次”。在混乱情况下，在大多数人对环境保护问题还感到陌生的时候，周恩来同志就提出并着手抓了环境保护问题。

1972年6月，我国参加了在瑞典举行的世界上第一次保护环境的国际会议——联合国人类环境会议。同年，周恩来同志指示开展对官厅水库水源污染的调查。经过十多年的治理，终于控制住官厅水库的污染。这是新中国历史上第一项成功治理污染的工程，为以后的环境治理提供了重要经验。

1973年8月，国务院召开新中国成立后的首次全国环境保护会议，研究了有关环境保护的方针、政策，制定了《关于保护和改善环境的若干规定（试行草案）》（以下简称《环保规定（试行草案）》）。这是新中国第一部环境保护的综合性文件。不管从内容看，还是从实际作用看，《环保规定（试行草案）》都是一部环境保护法律文件。该文件确定了我国环保工作的基本方针和包括预防原则、综合治理原则、环境保护与经济发展相协调、依靠群众保护环境等在内的若干原则，建立了包括环境保护规划制度、“三同时”制度[1]、环境标准制度、综合利用制度、环境监测制度、环境保护计划制度、推动鼓励支持环境科学研究制度、环境保护宣传教育制度、环保经济激励制度、自然保护区管理制度、城市规模和人口数量控制制度、环境治理上的流域管理制度等在内的十三项（类）制度，内容几乎覆盖全部环境保护事务领域。可以说，《环保规定（试行草案）》构建了我国环境保护法的基本框架，是《中华人民共和国环境保护法》的

[1] “三同时”制度，是指《环保规定（试行草案）》第四章规定的“一切新建、扩建和改建的企业，防止污染项目，必须和主体工程同时设计，同时施工，同时投产”。

雏形。[1]

从此，环境保护被列入党和国家工作的议事日程。1974 年 10 月，经国务院批准，国务院环境保护领导小组及办公室正式成立，我国历史上第一个环境保护机构诞生。

3. 初步探索并形成计划生育制度

“文化大革命”前期，在无政府状态下我国人口急剧膨胀，使一系列经济、社会问题更加严重。鉴于这种情况，我国政府曾号召计划生育，提倡使用避孕药具。但是由于对人口问题的严重性认识仍不够深刻，没有制定明确的人口政策，所以计划生育没能在全国有效地推行。

从 20 世纪 70 年代初开始，人口增长过快对经济、社会发展的不利影响日益凸显。1971 年 7 月，国务院批转了卫生部等《关于做好计划生育工作的报告》，提出了第四个五年计划期间的人口控制指标。这是国务院决心改变生育无政府状态，实行有计划地控制人口增长的具体部署，成为 70 年代在全国大力开展计划生育的新起点。1973 年 6 月召开的全国计划工作会议，第一次把人口控制指标纳入国民经济发展计划。7 月，国务院成立计划生育领导小组及其办公室，各省、自治区、直辖市都成立了专门工作机构。那时的计划生育提倡“晚、稀、少”：“晚”是指男 25 周岁、女 23 周岁才结婚；“稀”是指两胎要间隔 4 年左右；“少”是指只生两个孩子。这一政策比较切合当时的国情，群众容易接受，执行效果较好。

四、“文化大革命”结束后制度的恢复重建和探索发展

粉碎“四人帮”后，在党的领导下，全国开始纠正“文化大革命”的错误，对被破坏的各项制度进行恢复重建并不断发展，推动社会主义各

---

〔1〕 参见徐祥民：《中国环境法的雏形——〈关于保护和改善环境的若干规定（试行草案）〉的历史地位》，载中国法学会环境资源法学研究会网 2019 年 11 月 5 日，http：//www. riel. whu. edu. cn/view/9609. html。

项事业逐步走上正轨。

（一）巩固和完善党的集中统一领导制度

党中央在领导深入揭批“四人帮”反革命集团罪行的过程中，积极着手在政治、思想、组织、作风上对党进行全面整顿，巩固和完善党的集中统一领导制度，开始加强新时期党的建设。

1977 年 8 月 12 日至 18 日，党的第十一次全国代表大会在北京召开，大会修改了《中国共产党章程》。十一大党章在结构上恢复了将总纲和各章分开阐述的做法，在内容上恢复了八大党章中的部分规定，在党的制度建设方面取得进展。一是，重申党的性质和指导思想，规定“中国共产党是无产阶级的政党，是无产阶级的阶级组织的最高形式，是由无产阶级先进分子所组成的、领导无产阶级和革命群众对于阶级敌人进行战斗的朝气蓬勃的先锋队组织”，“中国共产党的指导思想和理论基础是马克思主义、列宁主义、毛泽东思想”。二是，明确党在整个社会主义历史阶段的基本任务，即在 20 世纪内，领导全国各族人民把我国建设成为农业、工业、国防和科学技术现代化的社会主义强国。三是，明确提出“三要三不要”的基本原则。要求全党坚持“要搞马克思主义不要搞修正主义，要团结不要分裂，要光明正大不要搞阴谋诡计”的三项基本原则。四是，强调民主集中制。规定“全党要坚持民主集中制的组织原则，实行在民主基础上的集中和在集中指导下的民主”，“党员有权对党的各级组织和各级领导工作人员提出批评和建议，并有权越级直至向中央委员会和中央委员会主席提出申诉”，“党员对于党组织的决议、指示，如有不同的意见，允许保留，并有权在党的会议上提出讨论，有权越级直至向中央委员会和中央委员会主席报告”。在“党的组织制度”一章中突出“全党必须服从民主集中制的纪律：个人服从组织，少数服从多数，下级服从上级，全党服从中央”。五是，恢复党的纪律检查机构，规定“党的中央委员会，地方县和县以上、军队团和团以上各级党的委员会，都设立纪律检查委员会”。各级纪律检查委员会由同级党的委员会选举产生，并在同级党委的领导下进行工作。六是，完善党的干部路线，增加关于“任人唯贤”的规定。七是，保持和发扬党的优良传统和优良作风，规定“全党必须保持和发扬群众路线、实事求是的优良传统，保持和发扬理论联系实际、密切联系群众、批评和自我批评的作风，保持和发扬谦虚谨慎、不骄不躁、艰苦奋斗的作风，防止党员、特别是党的领导干部利用职权谋取任何特权，同资产阶级思想和作风作坚决的斗争”。八是，明确对党员和党的基层组织的基本要求。针对党员队伍在思想上、组织上、作风上不纯的情况，党章对党员提出八项要求。同时，恢复了党员预备期的规定，规定预备党员一律经过一年的预备期才能转为正式党员。九是，恢复党组制度。规定“在国家机关和人民团体中，应设立党组。中央一级国家机关和人民团体的党组成员由党中央指定。地方各级国家机关和人民团体的党组成员由相当的党委指定”。这使党组制度在粉碎“四人帮”后在党和国家的政治生活中重新恢复。随后，党中央先后发布《中共中央关于国家机关、人民团体改设党组的通知》《中共中央关于建立党组、党委问题的补充通知》。各省、自治区、直辖市从1977年10月起相继召开新一届党代表大会，选举产生新一届党委。与此同时，在中央直属机关和中央国家机关及人民团体中，陆续恢复建立党委或党组。[1] 这些制度对于坚持和巩固党的集中统一领导，发扬党的优良传统和作风起到了重要的正本清源作用。

但限于历史条件，十一大党章没有彻底摆脱“文化大革命”期间一些“左”的指导思想的影响，仍然肯定党的十大的政治路线和组织路线，继续沿用了“文化大革命”的错误理论、政策和口号。如：沿用了“无产阶级专政下继续革命”的提法，指出“文化大革命”“这种性质的政治大革命，今后还要进行多次”等。

---

〔1〕 参见中共中央党史研究室：《中国共产党历史》（第2卷）（1949—1978）（下册），中共党史出版社2011年版，第1006页。

（二）巩固和完善人民当家作主制度

1. 逐步恢复人民代表大会制度

人民代表大会制度是坚持党的领导、人民当家作主、依法治国有机统一的根本政治制度安排，是支撑我国国家治理体系和治理能力的根本政治制度，在国家政治制度中具有根本性质，在国家政权组织体系中具有根本地位。

“文化大革命”期间，人民代表大会制度遭到严重破坏。1977 年 10 月 23 日，四届全国人大常委会举行第四次会议，中共中央向全国人大常委会提出提前召开五届全国人大会议的建议。1978 年 2 月 26 日至 3 月 5 日，五届全国人大一次会议在北京召开。议程主要包括：政府工作报告、修改宪法、选举和决定国家领导工作人员，以及审议《一九七六年至一九八五年发展国民经济十年规划纲要（草案）》，讨论中华人民共和国国歌。大会提出了在 20 世纪内把我国建设成为农业、工业、国防和科学技术现代化的伟大的社会主义强国的任务。这次会议通过的 1978 年宪法在坚持人民民主专政和人民代表大会制度方面恢复了 1954 年宪法的相关规定，具体表述为“中华人民共和国的一切权力属于人民”，“人民行使国家权力的机关，是全国人民代表大会和地方各级人民代表大会”，“全国人民代表大会是最高国家权力机关”。从五届全国人大一次会议召开到十一届三中全会召开前，五届全国人大常委会共召开 4 次会议。同时，根据中央部署，从 1977 年 11 月起，各省、自治区、直辖市也先后召开新一届人民代表大会。各级人大工作陆续得到恢复。

相较于 1975 年宪法，1978 年宪法扩大了全国人大及其常委会的职权范围，并在健全选举制度、加强地方人大职能等方面增加了具体规定。比如：明确全国人大的重要职权之一是“监督宪法和法律的实施”，地方各级人大要在本行政区域内“保证宪法、法律、法令的遵守和执行”等。这些都有利于进一步发挥各级人大在国家政治生活中的重要作用，使它们能够更有效地行使人民赋予的国家权力，促进了人民代表大会制度的恢复和发展。

2. 逐步恢复中国共产党领导的多党合作和政治协商制度

受“文化大革命”冲击，全国政协机关及地方各级政协组织暂停工作。粉碎“四人帮”后，中国共产党领导的多党合作和政治协商制度得到恢复。1977 年，中共中央发出关于召开五届政协会议的通知，指出“在当前形势下，进一步发展革命统一战线，更好地调动党内外一切积极因素，团结一切可以团结的力量，对于我们在党中央领导下，把我国建设成为社会主义的现代化强国，具有重大意义”。1978 年 2 月 24 日至 3 月 8 日，中国人民政治协商会议第五届全国委员会第一次会议在北京举行。这是全国政协因“文化大革命”停开十余年后召开的首次会议，“对于发展我国革命统一战线，活跃国家的政治生活，巩固无产阶级专政，都具有重大的意义”。[1] 会议依据党的十一大精神和宪法基本原则，对《政协章程》进行了修改。这也是 1954 年全国政协二届一次会议制定《政协章程》以来的第一次修改。修改后的《政协章程》对政协的性质和作用、任务、民主协商的政治基础、政协共同准则、组织总则、工作总则、全国委员会及地方委员会等作了规定，进一步完善了中国共产党领导的多党合作和政治协商制度。一是，明确政协的性质，规定中国人民政治协商会议是“中国共产党领导下的革命统一战线的组织”。二是，明确政协的纲领和政治基础，指出：“中华人民共和国宪法是我国各族人民必须遵守的根本大法，是中国人民政治协商会议各参加单位和个人必须遵守的共同纲领。”“毛主席根据我国宪法的原则提出的六条政治标准，是我国人民政治生活中判断言论和行动的是非标准，是共产党同各民主党派长期共存、互相监督的政治基础，也是我国现阶段革命统一战线的政治基础。”但由于“左”的思想影

〔1〕 参见《五届政协第一次会议隆重闭幕　一致通过中国人民政治协商会议章程和决议　一致选举邓小平同志为政协全国委员会主席》，载《人民日报》1978 年 3 月 9 日，第 1 版。

响，《政协章程》的部分内容仍沿用了“文化大革命”的错误理论和提法。

全国政协会议的召开和新《政协章程》的通过，使在“文化大革命”期间遭受严重破坏的人民政协工作重新步入正轨，同时也逐步恢复了中国共产党领导的多党合作和政治协商制度。

3. 逐步恢复民族区域自治制度

民族区域自治制度是我国基本政治制度之一。中国共产党自成立以来，就非常重视民族问题。“文化大革命”期间，我国的民族区域自治制度受到严重破坏。在1978年2月召开的五届全国人大一次会议上，华国锋同志在《政府工作报告》中重申了党的民族平等、民族团结、民族区域自治，尊重少数民族语言文字、风俗习惯和宗教信仰自由等民族政策，把帮助少数民族发展经济建设和文化建设作为国家在民族工作方面的重大任务。国家民族事务委员会是我国最早成立的中央部委之一，自1970年6月22日被撤销后，在五届全国人大一次会议上得到恢复。不久后，国务院发布《关于国家民族事务委员会工作任务和机构设置的通知》。[1] 这标志着民族区域自治制度在“文化大革命”后逐渐得到恢复，开始进入新的历史阶段。

（三）逐步恢复社会主义法制

1. 加强党对法制建设的领导

党深刻吸取“文化大革命”的教训，“为了适应社会主义革命和社会主义建设新的发展时期的需要”，“清除‘四人帮’的流毒和影响”，决定修改1975年宪法。[2] 1978年6月20日，中共中央发出通知，决定成立中央政法小组，协助中央处理最高人民法院、最高人民检察院、公安部、

---

〔1〕 参见沈士光：《当代中国政治制度发展研究（1977—1982）》，江西人民出版社2008年版，第232-233页。

〔2〕 参见《中华人民共和国第五届全国人民代表大会第一次会议文件》，人民出版社1978年版，第78页。

民政部4个部门的一些政策方针问题，加强法制建设的领导工作。1978年10月13日，中央政法小组召开座谈会，商讨加强社会主义法制建设问题，在座谈会上提出了中央初步考虑急需修订、重新公布的法律法规，包括全国人民代表大会组织法、人民法院组织法、人民检察院组织法，以及森林保护条例、发明奖励条例等28个法律法规；急需新制定的有刑法、刑事诉讼法、民法、环境保护法以及关于婚姻问题若干规定等6个法律法规。[1] 根据党中央确定的一系列方针，社会主义法制得到恢复和发展。

2. 制定1978年宪法

1978年3月5日，五届全国人大一次会议通过了重新修订的《中华人民共和国宪法》。1978年宪法在结构上与1954年、1975年宪法相同，除序言外，分总纲，国家机构，公民的基本权利和义务，国旗、国徽、首都，共4章60条。在内容上，恢复了1954年宪法中的一些原则和内容。主要修改包括：第一，确立了新时期的总任务。这种用宪法的形式将党确定的全国人民在新时期的总任务确立下来的做法，为社会主义事业指明了方向，鼓舞了全国人民的建设热情。第二，恢复了人民检察制度。第三，重视科教文化事业的发展。在总纲中增加相关规定，突出了科学、教育、文化工作的重要性。第四，改变了1975年宪法先规定公民义务、后规定公民基本权利的做法，基本恢复了1954年宪法有关公民权利和义务的规定，并做了大量补充。第五，首次提出台湾问题和祖国统一话题，规定“一定要解放台湾，完成统一祖国的大业”。第六，首次将基本国策，即保护环境和计划生育的内容载入宪法。为保证宪法的实施，五届全国人大一次会议结束后不久，中共中央发出《关于在全国普遍进行一次新宪法宣传教育的通知》，要求集中必要的力量和时间，对新宪法大张旗鼓地进行宣传教育，提高广大干部和人民群众的政治觉悟，加强社会主义法制观念。

由于当时的历史条件的限制，1978年宪法还来不及全面总结经验教

[1] 参见《中国共产党编年史》编委会编：《中国共产党编年史》，山西人民出版社2002年版，第3022页。

训，也来不及彻底清除“左”的思想影响，以致存在一些“反映已经过时的政治理论观点和不符合现实客观情况的条文规定”。[1] 另外，还有一些符合法治建设要求的正确东西没有得到恢复，比如，“公民在法律上一律平等”“法院独立行使审判权”“检察院独立行使检察权”等。1978 年宪法通过后不久，召开了党的十一届三中全会，实现了党和国家历史的伟大转折。1978 年宪法的一些条文也逐步显示出不符合当时社会改革发展要求的情况。在此背景下，五届全国人大二次会议和三次会议分别对 1978 年宪法的一些内容作了修改和补充，但这种个别的局部的条文修改，已经不能适应改革开放后经济社会迅速发展变化的形势。1980 年 9 月，五届全国人大三次会议根据中共中央的建议，作出了《关于修改宪法和成立宪法修改委员会的决议》，决定对 1978 年宪法进行全面修改。因此，1978 年宪法事实上具有过渡性质。

3. 恢复重建司法制度

“文化大革命”对我国社会主义法制造成了严重破坏，公检法等机关被“彻底砸烂”，司法制度遭受重大挫折，亟待恢复。五届全国人大一次会议上，叶剑英同志在《关于修改宪法的报告》中提出：“鉴于同各种违法乱纪行为作斗争的极大重要性，宪法修改草案规定设置人民检察院。国家的各级检察机关按照宪法和法律规定的范围，对于国家机关、国家机关工作人员和公民是否遵守宪法和法律，行使检察权。在加强党的统一领导和依靠群众的前提下，充分发挥公安机关、检察机关、人民法院这些专门机关的作用，使它们互相配合又互相制约，这对于保护人民，打击敌人，是很重要的。”[2] 宪法重新赋予了检察机关检察权，同时恢复了审判公开和辩护制度。五届全国人大一次会议恢复了被四届全国人大一次会议撤销的最高人民检察院，选出了最高人民检察院检察长。1978 年 5 月，中共中

〔1〕 参见叶剑英：《在宪法修改委员会第一次全体会议上的讲话》（1980 年 9 月 16 日），载《叶剑英选集》，人民出版社 1996 年版，第 560 页。

〔2〕《中华人民共和国第五届全国人民代表大会第一次会议文件》，人民出版社 1978 年版，第 87–88 页。

央发出《关于建立地方各级人民检察院的通知》，要求地方各级人民检察院立即建立组织，以便开展工作。检察制度的恢复有利于形成一种相互制约、相互配合、共促司法公正的司法体系，有利于树立法律权威和实现法制统一，有利于实现依法治国。[1] 1977 年 12 月至 1978 年 1 月，第十七次全国公安会议召开，明确了新时期公安战线的方针任务，强调要切实加强社会主义法制。1978 年 4 月 24 日至 5 月 22 日，第八次全国司法工作会议召开，提出了社会主义的司法原则和新时期人民司法工作的任务。在各方面的共同努力下，我国司法制度开始恢复。

（四）积极探索适合国情和实际的基本经济制度

1. 坚持“按劳分配”社会主义原则，开展“收入分配”大讨论

“文化大革命”期间，在“左”的错误思想指导下，“按劳分配”作为社会主义分配原则，被当作修正主义和资本主义加以批判。粉碎“四人帮”后，为了纠正在分配制度上轻视物质利益、平均主义泛滥的问题，社会各界广泛开展了关于“按劳分配”的讨论。

1977 年年初，《人民日报》刊文批评过去在劳动与分配问题上的错误言论与做法，强调“按劳分配”是社会主义原则。[2] 经济理论界也开始批判“四人帮”的谬论，开展了关于按劳分配和“资产阶级法权”等问题的讨论。并在之后逐步扩大规模，集中讨论了按劳分配和“资产阶级法权”、政治和经济、革命和生产等问题。1977 年 8 月，党的十一大报告提出，“在思想教育上大力提倡共产主义劳动态度，在经济政策上则要坚持实行各尽所能、按劳分配的社会主义原则”。这条原则在 1978 年宪法中进

[1] 参见周安平、李旭东、赵云芬主编：《新中国宪法的历程——问题、回应和文本》，人民出版社 2017 年版，第 149 页。

[2] 参见《广泛开展社会主义劳动竞赛》，载《人民日报》1977 年 3 月 24 日，第 2 版；《抓纲治国推动国民经济新跃进》，载《人民日报》1977 年 4 月 19 日，第 1 版。转引自李响：《按劳分配在中国：一个宪法概念的浮沉史》，载《中外法学》2019 年第 5 期。

一步确立下来。1978 年 3 月 28 日，邓小平同志在有关谈话中指出，国务院政治研究室起草的《贯彻执行按劳分配的社会主义原则》“写得好，说明了按劳分配的性质是社会主义的，不是资本主义的”，“我们一定要坚持按劳分配的社会主义原则。按劳分配就是按劳动的数量和质量进行分配”，“要实行考核制度”，“要有奖有罚，奖罚分明”。[1] 邓小平同志的这些重要思想观点，推动了讨论的深入，有利于澄清人们在分配问题上的思想混乱，对于恢复和完善按劳分配制度起到了重要指导作用。1978 年 5 月 5 日，《人民日报》发表《贯彻执行按劳分配的社会主义原则》，把关于“按劳分配”的大讨论推向高潮。这一时期，经济理论界先后举行了 4 次关于按劳分配问题的讨论会，使这一时期在按劳分配问题上进行拨乱反正取得了重大成果，不仅明确了按劳分配的性质，肯定了按劳分配的作用，还承认了按劳分配的多种形式。

在按劳分配问题讨论的推动下，1978 年 5 月 7 日，国务院发出《关于实行奖励和计件工资制度的通知》，要求贯彻执行在发展生产、提高劳动生产率的基础上，逐步改善职工生活的方针；要有条件、有计划地实行奖励和计件工资制度；要规定合理的奖励、计件工资办法。通知正式恢复已经停止实行十多年之久的奖励制度和计件工资制度，有效地调动了广大职工的生产积极性。

2. 突破“左”的农村经济政策，开创家庭联产承包责任制的“先河”

这一时期，一些地方在调查研究基础上，大胆尝试突破“左”的农村经济政策，不仅有效调动了当地农民的生产积极性，也使农业形势得到好转。其中，中共安徽省委和四川省委分别在 1977 年 11 月和 1978 年 2 月制定了《关于当前农村经济政策几个问题的规定》和《关于目前农村经济政策几个主要问题的规定》。这两个文件的主要内容是：允许生产队根据农活特点建立不同的生产责任制；尊重生产队的自主权；减轻生产队和社员

---

[1] 邓小平：《坚持按劳分配原则》（1978 年 3 月 28 日），载《邓小平文选》（第 2 卷），人民出版社 1994 年版，第 101-102 页。

的负担；落实按劳分配政策；鼓励发展多种经营；粮食分配要兼顾国家、集体和个人利益；允许和鼓励社员经营自留地和家庭副业等。[1] 关于“尊重生产队自主权”问题，原中共安徽省委第一书记万里在1978年2月5日谈道：尊重生产队的自主权，实质上是个尊重实际、尊重群众和发扬民主的大问题。“尊重生产队的自主权，是党在农村的一项重要政策”[2]。这些政策得到广大农民拥护，并很快见到效果。

面对1978年夏秋出现的严重旱灾，安徽省委决定将凡是集体无法耕种的土地，借给社员耕种，谁种谁收，国家不征公粮，不派统购任务。在这一过程中，安徽省肥西县山南公社实行的“包产到户”、凤阳县梨园公社小岗生产队采取的“包干到户”，彻底地改变了人民公社统一经营、统一核算、统一分配的生产管理体制，开创了家庭联产承包责任制的“先河”。这种“包产到户”“包干到户”的方式不但使当地平稳地度过灾荒，而且一部分地区还取得较好收成；既发挥了集体经济的优越性，又调动了农民家庭的积极性，促进了农村经济的发展。[3] 这一成功的尝试为党中央确立家庭联产承包责任制起到了积极推动作用。

（五）恢复和发展科学教育文化制度

“文化大革命”期间，“四人帮”窃取了思想文化领域很大一部分领导权，把马克思主义教条化，造成思想文化的混乱，不仅禁锢了人们的思想，摧残了科教文化事业，还进一步拉大了我国科技文化水平同世界先进国家的差距。粉碎“四人帮”后，我国亟须恢复和发展文化教育制度，解

---

[1] 参见中共中央党史研究室：《中国共产党历史》（第2卷）（1949—1978）（下册），中共党史出版社2011年版，第1034-1035页。

[2] 万里：《尊重生产队的自主权》（1978年2月5日），载《万里文选》，人民出版社1995年版，第104-105页。

[3] 参见中共中央党史研究室：《中国共产党历史》（第2卷）（1949—1978）（下册），中共党史出版社2011年版，第1034-1036页。

决思想文化领域的领导权问题和科教文化繁荣问题。[1]

一是，依法确立马列主义、毛泽东思想在意识形态和思想文化领域真实的领导地位。1978 年 3 月 1 日，叶剑英同志在五届全国人大一次会议上所作的《关于修改宪法的报告》中指出："实现新时期的总任务，不但需要有一个经济建设的高潮，而且需要有一个文化建设的高潮。""为了坚持马克思主义、列宁主义、毛泽东思想在各个思想文化领域的领导地位，无产阶级必须在一切思想文化领域中把领导权牢牢地掌握在自己的手中，贯彻执行毛主席的无产阶级革命路线，必须用马克思主义的思想武器去批判修正主义、批判资产阶级，使社会主义的文化大大繁荣和兴旺起来。"[2] 据此，1978 年宪法确立了马克思主义、列宁主义、毛泽东思想在意识形态和思想文化领域的领导地位，鲜明提出"百花齐放、百家争鸣"的方针，对促进艺术发展和科学进步，促进社会主义文化繁荣起到了重要作用。

二是，为科教文化事业的发展提供制度保障。邓小平同志指出："社会主义制度的优越性表现在它的文化、科学技术水平应该比资本主义发展得更快、更先进，这才称得起社会主义，称得起先进的社会制度。"[3] 粉碎"四人帮"后，国家大力发展科学、教育、文化事业，并以宪法的形式保障了科学、教育和文化的繁荣与发展。1978 年宪法明确规定："国家大力发展科学事业，加强科学研究，开展技术革新和技术革命，在国民经济一切部门中尽量采用先进技术。科学技术工作必须实行专业队伍和广大群众相结合、学习和独创相结合。""国家大力发展教育事业，提高全国人民的文化科学水平。教育必须为无产阶级政治服务，同生产劳动相结合，使受教育者在德育、智育、体育几方面都得到发展，成为有社会主义觉悟的

---

[1] 参见周安平、李旭东、赵云芬主编：《新中国宪法的历程——问题、回应和文本》，人民出版社 2017 年版，第 144 页。

[2] 《中华人民共和国第五届全国人民代表大会第一次会议文件》，人民出版社 1978 年版，第 93 页。

[3] 中共中央文献研究室编：《邓小平年谱》（1975—1997）（上），中央文献出版社 2004 年版，第 200 页。

有文化的劳动者。”“公民有进行科学研究、文学艺术创作和其他文化活动的自由。国家对于从事科学、教育、文学、艺术、新闻、出版、卫生、体育等文化事业的公民的创造性工作，给以鼓励和帮助。”

为动员全党全国重视科学技术，加速我国科学技术发展，中共中央发出关于在 1978 年春召开全国科学大会的通知。3 月 18 日至 31 日，全国科学大会在北京隆重举行。大会讨论并制定了《一九七八—一九八五年全国科学技术发展规划纲要（草案）》，确定了今后一个时期科技战线的工作任务，对社会主义现代化建设事业产生了深远影响。1977 年 5 月 7 日，中共中央决定将中国科学院哲学社会科学学部改名为中国社会科学院；9 月 18 日，中央决定成立国家科学技术委员会，恢复统管科研工作的领导机构。国家还加大对中国科学院的基本建设投资。党中央一系列重大措施对科技工作走上正轨起了重要作用。〔1〕

三是，恢复高考制度。“文化大革命”期间，将原来行之有效的大学招生文化考试制度改变为自愿报名、群众推荐、领导批准、学校复审的招生办法。邓小平同志在《尊重知识，尊重人才》一文中指出：“我们要实现现代化，关键是科学技术要能上去。发展科学技术，不抓教育不行。靠空讲不能实现现代化，必须有知识，有人才。没有知识，没有人才，怎么上得去?”〔2〕 1977 年 9 月 6 日，他就高校招生问题指出，“至少百分之八十的大学生，须在社会上招考，才能保证质量”〔3〕。9 月 25 日，教育部全国高等学校招生工作会议通过了《关于一九七七年高等学校招生工作的意见》。10 月 5 日，中央政治局讨论并通过这一意见。随后，国务院正式决定从当年起，改变“文化大革命”期间高等学校招生不考试的做法，采取自愿报名、统一考试、择优录取的办法。这次全国高校招生工作会议决

〔1〕 参见中共中央党史研究室：《中国共产党历史》（第 2 卷）（1949—1978）（下册），中共党史出版社 2011 年版，第 1017-1020 页。

〔2〕 邓小平：《尊重知识，尊重人才》（1977 年 5 月 24 日），载《邓小平文选》（第 2 卷），人民出版社 1994 年版，第 40 页。

〔3〕 中共中央文献研究室编：《邓小平年谱》（1975—1997）（上），中央文献出版社 2004 年版，第 195 页。

定，恢复高考的招生对象是：工人、农民、上山下乡和回乡知识青年、复员军人、干部和应届高中毕业生；录取学生时要优先保证重点院校；招收应届高中毕业生的比例，占省、市、自治区招生总数的20%—30%；学生毕业后由国家统一分配。11月28日至12月25日，全国有570多万名知识青年参加高等学校招生考试，其中27.3万人被录取。1978年1月10日，经国务院批准，教育部发出关于高等学校1978年研究生招生工作的安排意见，决定将1977年和1978年的招生工作合并进行，同时报考，统称为1978年研究生。[1] 2月，国务院批准恢复全国重点高等学校88所；12月，又批准恢复和增设普通高等学校169所，为进一步发展完善高等学校教育发挥了重要作用。高考制度的恢复，不仅为被“文化大革命”耽误的大批知识青年提供了可以靠自己努力、通过考试公平竞争获得接受高等教育的机会，也为国家现代化建设作了重要人才储备。

（六）巩固和完善军事制度

军事制度是国家政治稳定和发展的重要基石，是我国政治制度不可或缺的组成部分。这一阶段的军事制度建设主要包括加强军队规范化管理、加强军队政治工作、修改兵役制度等。

一是，加强军队规范化管理。1977年12月召开的中央军委全体会议提出了加强军队建设、准备打仗的方针，明确规定了军队建设的十项任务，“对我们军队几乎所有的领域，所有的方面，都订出了章程”[2]，通过了《关于加强部队教育训练的决定》《关于办好军队院校的决定》《关于加强军队组织纪律性的决定》《中国人民解放军保守国家军事机密条例》《关于加速我军武器装备现代化的决定》《关于军队编制体制的调整方案》

---

〔1〕 参见中共中央党史研究室：《中国共产党历史》（第2卷）（1949—1978）（下册），中共党史出版社2011年版，第1015-1016页。

〔2〕 邓小平：《在中央军委全体会议上的讲话》（1977年12月28日），载《邓小平文选》（第2卷），人民出版社1994年版，第72页。

《关于兵役制问题的决定（草案）》《关于加强军队工厂、马场、农副业生产管理的决定》《关于整顿和加强军队财务工作的决定》。邓小平同志高度评价了这次会议，并指出本次会议通过的“这些章程有些是过去有的，被林彪、‘四人帮’破坏了，这次把它们恢复了；有的是新订的。所有这些章程，都是整顿军队、准备打仗所必需的。有了这些章程，我们就有章可循，就能够统一认识，统一行动”[1]。

二是，加强军队政治工作。为研究和解决在新的历史条件下，恢复和发扬我军政治工作优良传统、提高部队战斗力的问题，党中央、中央军委于1978年召开了全军政治工作会议。这次会议讨论修改了《关于加强军队政治工作的决议》、《军队政治工作条例》和《中国人民解放军干部服役条例》。《军队政治工作条例》明确规定：“中国共产党在中国人民解放军中的政治工作是我军的生命线。”《关于加强军队政治工作的决议》于1978年7月18日由中共中央批转全党全军。该决议从二十二个方面对加强军队政治工作作了具体规定。除了重申历史上军队政治工作的基本原则、基本要求之外，根据邓小平同志的指示精神，从新的历史条件下军队建设的实际出发，提出了新的要求。[2] 1978年8月18日五届全国人大常委会第三次会议批准的《中国人民解放军干部服役条例》，对军队干部的来源和培养、任免和考核、服现役的最高年龄、退出现役等作出规定。

三是，实行义务兵与志愿兵相结合制度。兵役制度是国家关于公民参加军队和其他武装组织、承担军事任务或在军队外接受军事训练的一项重要的军事制度。1978年宪法以国家根本法的形式对公民兵役义务进行了规定，“依照法律服兵役和参加民兵组织是公民的光荣义务”。随着我军技术装备的不断发展，对战士的军政素质和技术水平提出更高要求。为加速军队革命化、现代化建设，1978年3月7日五届全国人大常委会第一次会议

[1] 邓小平：《在中央军委全体会议上的讲话》（1977年12月28日），载《邓小平文选》（第2卷），人民出版社1994年版，第72页。

[2] 参见邹瑜、顾明主编：《法学大辞典》，中国政法大学出版社1991年版，第642页。

批准《关于兵役制问题的决定》，决定从1978年起实行义务兵与志愿兵相结合的兵役制度，并对现行义务兵的服役年限作适当延长。这对于推动军队现代化建设起到积极作用。

（七）不断完善外交政策

1976年，党中央在粉碎“四人帮”、实现国内政治局面的安定后，通过日益增多的对外交往，对国际形势有了更为直接和全面的了解，逐步作出比较符合实际的判断，并在外交工作中采取了更加积极主动的行动。[1]邓小平同志改变了关于世界战争不可避免而且迫在眉睫的提法，为进一步对外开放打开了局面，也为完善外交政策指明了方向。在这个时期，我国加强对外交往，其中《中日和平友好条约》的签订和《中美建交公报》的发表是最具影响力的成果，有效地加强和改善了我国的对外关系。

总体来看，1976年10月粉碎“四人帮”后，在党的领导下，国家的正常秩序、被破坏的各项制度逐步得到恢复，对社会主义建设提出了解放思想的要求，为实现党和国家伟大的历史转折奠定了基础。正如邓小平同志所指出的：“粉碎‘四人帮’以后三年的前两年，做了很多工作，没有那两年的准备，三中全会明确地确立我们党的思想路线、政治路线，是不可能的。”[2]

五、十年浩劫的教训和反思

邓小平同志曾说：“过去的成功是我们的财富，过去的错误也是我们的财富。我们根本否定‘文化大革命’，但应该说‘文化大革命’也有一

〔1〕 中共中央党史研究室：《中国共产党历史》（第2卷）（1949—1978）（下册），中共党史出版社2011年版，第1039页。

〔2〕 邓小平：《目前的形势和任务》（1980年1月16日），载《邓小平文选》（第2卷），人民出版社1994年版，第242页。

‘功’，它提供了反面教训。没有‘文化大革命’的教训，就不可能制定十一届三中全会以来的思想、政治、组织路线和一系列政策。”〔1〕“文化大革命”持续10年，使党和国家事业遭到新中国成立以来时间最长、范围最广、损失最大的挫折。党的优良传统和社会良好道德风尚在相当程度上被毁弃。党的组织和国家政权受到极大削弱，大批干部和群众遭受残酷迫害，民主和法制被肆意践踏。它以十分尖锐的形式，相当充分地暴露出我们党和国家在体制、政策、工作等方面存在的严重缺陷。这段历史从反面为我国的国家治理体系建设和治理能力现代化提供了许多重要和深刻的经验和教训。正如邓小平同志总结1957年以来历史经验时所指出的：“二十年的经验尤其是‘文化大革命’的教训告诉我们，不改革不行，不制定新的政治的、经济的、社会的政策不行。”〔2〕

“文化大革命”的历史教训是多方面的，特别是国家制度和法律制度层面，值得深刻反思和总结。“文化大革命”之所以能够发动，党内之所以能够接受发动“文化大革命”的观点，运动初期之所以有那么多干部、群众投身其中，有着复杂原因。除了我们党缺乏建设社会主义国家的经验和对马克思列宁主义存在认识上的误区外，一个重要原因是新中国成立后，由于种种原因，党和国家领导体制高度集中的状况没有得到有效改善，党内民主和国家政治生活中的民主化、法制化的进程未能顺利发展，或者虽然制定了法律，却没有应有的权威；党和国家的领导制度、组织制度、干部制度等方面还有许多不健全的地方，权力过于集中于个人，个人专断和个人崇拜现象滋长。这种制度方面的缺陷，使党和国家难以防止和制止“文化大革命”的发动和发展。要防止类似的悲剧重演，必须健全和完善党的领导制度和国家制度，健全和完善民主法治。

---

〔1〕邓小平同志会见捷克斯洛伐克总统胡萨克时谈话中的内容，摘自邓小平：《总结历史是为了开辟未来》（1988年9月5日），载《邓小平文选》（第3卷），人民出版社1993年版，第271页。

〔2〕邓小平同志在会见“九十年代的中国与世界”国际会议全体与会者时谈话的一部分，摘自邓小平：《要吸收国际的经验》（1988年6月3日），载《邓小平文选》（第3卷），人民出版社1993年版，第266页。

要改革和完善党的领导制度。必须从组织上和制度上采取措施，禁止任何形式的个人专断和个人崇拜，坚持民主集中制和集体领导原则。必须制定正确的党的建设的方针和政策，不断加强执政党的建设。要把党的建设同经济、政治、文化等方面的建设紧密结合起来，教育党的干部和党员不脱离人民群众，始终保持党同人民群众的血肉联系。采取符合党章要求、符合宪法和法律规定的正确途径解决党内存在的问题。

要发展社会主义民主，加强社会主义法制。长期以来，社会主义民主法制建设没有得到应有的重视，本来就比较薄弱的民主法制逐渐被削弱，乃至到“文化大革命”遭到空前破坏，这是一个沉痛的教训。“文化大革命”的历史告诉我们，解决一定范围内存在的阶级斗争，治理国家，只能在党的领导下，主要依靠国家法律来进行。必须依宪治国、依宪执政，坚持宪法法律至上，维护国家法制统一、尊严、权威，一切违反宪法和法律的行为都必须予以追究。要实现四个现代化，发展社会主义民主，健全社会主义法制是根本保障。党必须领导人民加强民主政治建设，使民主制度化、法律化；必须不断推进国家经济、政治、文化、社会生活的法治化、规范化；必须使国家的宪法和法律具有不可侵犯的神圣权威，使全体公民的民主权利得到切实保障；党必须在宪法和法律的范围内活动，任何一级党组织和它的领导人都不能有超出法律之上的特权。

“文化大革命”的历史告诉我们，在人民民主专政的国家政权建立以后，特别是社会主义基本制度建立以后，发展生产力，正确地领导经济建设，才是党在社会主义建设时期的中心任务。以“阶级斗争为纲”和以大搞群众运动的方法进行上层建筑领域的“革命”，只能给党和国家带来灾难性后果。只有不断坚持和完善中国特色社会主义制度、推进国家治理体系和治理能力现代化，通过制度和法律来治理国家，使这种制度和法律不因领导人的改变而改变，不因领导人的看法和注意力的改变而改变，才能避免悲剧重演。

第四章

社会主义革命和建设时期
国家制度和法律制度建设的经验启示

从新中国成立到改革开放前的这个历史时期，是我们党领导人民进行社会主义建设历史进程中承上启下的历史阶段，既有辉煌成就，也有曲折徘徊。在这个历史阶段，党领导人民构建国家制度和法律制度，特色十分鲜明，经验弥足珍贵。

一、在道路选择方面具有方向性，充分发挥“压舱石”和“稳定器”的重要作用

国家制度的选择，背后蕴含的是道路的抉择。新中国的成立，并不只是一个政权代替另一个政权，一种政治力量代替另一种政治力量，而是中华民族历史上前所未有的制度变革和道路抉择。新中国实现了民族独立、人民解放和国家统一，彻底改变了近代以后100多年来中国积贫积弱、受人欺凌的悲惨命运，从此中国人民成为国家主人，中华民族走上了实现伟大复兴的壮阔道路。但建设新中国面临方向问题：是建设一个社会主义国家，还是资本主义国家；是实现社会主义现代化，还是资本主义现代化。

一个国家选择什么样的社会制度来治国理政，是由这个国家的历史传承、文化传统、经济社会发展水平决定的，是这个国家的人民最终选择

的，关键还要看这种社会制度能否解决这个国家的历史课题和现实问题。我们党从成立起就把实现共产主义作为自己的纲领和奋斗目标。新中国成立前夕，党领导人民确立了社会主义制度这一具有顶层决定性、全局指导性的根本制度，从制度层面明确宣示了中国人民将举什么旗、走什么路。

一是政治制度。政治制度反映着一个国家社会制度的阶级本质。新中国成立前后，党团结带领人民制定《共同纲领》和1954年宪法，确立新中国的国体是工人阶级领导的、以工农联盟为基础的人民民主专政；政体是实行民主集中制的人民代表大会制度；政党制度是中国共产党领导的多党合作和政治协商制度；国家结构形式是统一的多民族国家和在单一制国家中的民族区域自治制度。这些制度，比较系统地构建了人民当家作主制度体系，使中国人民在历史上第一次成为国家真正的主人，可以通过各种途径和形式管理国家事务，管理经济文化事业，管理社会事务。此外，建立健全党组制度、实行党管干部原则的干部人事制度、党对人民军队的绝对领导制度、纪检监察制度、党委领导下的厂长负责制等，通过关于增强党的团结的决议，全方位维护党中央权威和集中统一领导。

二是经济制度。经济基础决定上层建筑，所有制形式本质上反映着一个国家社会制度的性质。新中国成立后，党团结带领人民没收官僚资本，建立国营经济，使之成为整个社会经济的领导力量和共和国的主要物质基础；废除封建土地制度，从根本上铲除封建制度的根基，解放农村生产力；对个体农业、手工业和资本主义工商业进行社会主义改造，将农民、手工业者劳动群众个体所有的私有制转变成为劳动群众集体所有的公有制，将资本家所有制转变成为国家所有即全民所有的公有制，建立起以公有制为主要特征的社会主义经济制度。

三是思想文化制度。中国革命的胜利，是马克思主义在中国的胜利，是马克思主义基本原理同中国具体实际相结合的毛泽东思想的胜利。新中国成立后，党加强对宣传思想工作的领导，用马克思主义、毛泽东思想来武装全党、教育人民，通过一系列政策、法律和举措确立了马克思主义在国家政治生活和意识形态领域指导地位的思想文化制度。

社会主义政治制度、经济制度、思想文化制度的建立，全面确立了社会主义基本制度，实现了中国历史上最伟大、最深刻的社会变革，不仅巩固了民族独立和人民解放的成果，而且为当代中国的一切发展、进步创造了政治前提、奠定了制度基础。此后，无论面对的国际形势多么风云变幻，无论肩扛的发展任务多么艰巨繁重，即使是在“文化大革命”这样极端特殊的时期，党和国家事业都能通过自我调整不断取得新的胜利，根本原因就在于我国的根本制度——社会主义制度没有动摇。这也启示我们，面对前进道路上的风险挑战，必须始终保持战略定力和制度自信，充分发挥社会主义制度在关键时刻“压舱石”和“稳定器”的重要作用，确保国家和人民经受住各种困难和风险考验，始终沿着正确的方向前进。

二、在覆盖领域方面具有全面性，确保国家治理形成整体效应、取得总体效果

新中国成立后，中国共产党适应国际国内环境和新的历史使命的发展变化，团结带领人民，在治国理政的各项制度建设方面不断探索实践和改革创新，使国家治理制度体系不断丰富发展完善。

党的十九届四中全会决定从十三个方面概括了支撑中国特色社会主义制度的根本制度、基本制度、重要制度。新中国成立至改革开放前构建的国家制度和法律制度，已经全面覆盖了这十三个方面。尽管有的方面方才夯实基础，有的方面刚刚起步探索，有的方面仅有初步萌芽，但其中蕴含的政治理念和价值追求是一致的。建国初期，党的领导制度体系、人民当家作主制度体系、基本经济制度、思想文化制度这四个方面，就已经明确了这些制度必须坚持和巩固的根本点。对其他九个方面的制度，也都进行了不懈探索。在法治体系方面，尽管法治还没有成为治国理政的基本方式，但“有法可依，有法必依”的理念已经提出并初步践行，《共同纲

领》、1954 年宪法和一大批法律成为国家治理的重要依托，审判制度、检察制度、律师制度、公证制度等也先后依法建立起来，基本覆盖了立法、执法、司法、守法各个环节。特别是 1954 年宪法规定的“国家维护社会主义法制的统一和尊严”，初步奠定了依法治国方略的宪法基础。在行政体制方面，逐步在中央和地方层面建立起与我国社会主义基本制度相适应的政府组织机构和职能体系，为治国理政、推进社会主义现代化建设发挥了重要作用。在民生保障制度方面，建立全新的教育制度提升全民文化素质，建立“面向工农兵、预防为主、团结中西医、卫生工作与群众运动相结合”的医疗卫生制度维护人民生命健康，建立劳动保护、社会保障等制度维护劳动者的合法权益。在社会治理制度方面，建国初期剿灭匪患、铲除娼妓制度、消除烟毒痼疾、废除封建婚姻等，初步积累了社会治理经验，有效维护了社会秩序；提出、总结并不断发展完善“枫桥经验”，动员人民群众积极参与社会治理，有效化解社会矛盾，社会风气焕然一新。在生态文明制度方面，新中国缔造者们治理江河、绿化祖国、保护环境的生态理念和实践，反映出中国共产党人朴素的绿色情怀。国务院制定的《环保规定（试行草案）》，是新中国第一部环境保护的综合性文件，为形成生态文明制度体系积累了经验。在军事制度方面，通过宪法和一批军事法律法规，坚持和巩固党对军队绝对领导这一根本原则，明确武装力量的性质和任务，明确国防和武装力量的领导体制，确立民兵制、义务兵役制、军衔制、政治工作制、军官服役制等重要军事制度。在“一国两制”制度体系方面，党中央针对台湾和香港、澳门的不同情况，采取不同政策，将国家统一的成本和代价降到最低，为实现祖国完全统一创造有利条件。在外交政策方面，确立并坚持独立自主的和平外交政策，首倡的和平共处五项原则不仅成为我国对外政策的基石，还成为国际社会公认的规范国际关系的重要原则。在党和国家监督体系方面，逐渐形成包括党内监督体系、行政监察体系、司法监督体系、社会监督体系“四位一体”的监督格局，为建立健全党和国家监督制度提供了宝贵经验。

改革开放前党领导人民构建的国家制度和法律制度，全面覆盖了党的领导和经济、政治、文化、社会、生态文明、军事、外事等各个方面。这些制度相互关联、紧密衔接，在社会主义革命和建设中发挥了重要作用，为改革开放新时期的制度建设进行了探索、积累了经验。社会主义革命、建设和改革的不同阶段，虽然承担的历史使命不同，但国家治理的内在逻辑没有改变。无论是革命建设，还是改革开放，治理中国这样具有超长时间历史纵深、超大幅员国土面积、超大数量人口规模、超常复杂民族宗教结构乃至越来越超大规模经济体量的社会主义发展中国家，都需要一整套系统完备、科学规范、运行有效的制度体系。这也启示我们，国家治理是一项宏大的系统工程，靠零打碎敲不行，碎片化修改也不行，必须是全面系统的各领域制度构建和联动集成，才能在国家治理体系和治理能力现代化上形成整体效应、取得总体效果。

三、在实践发展方面具有探索性，寻找适合中国国情的制度模式

社会主义基本制度在我国建立后，如何在中国建设社会主义，是党面临的崭新课题。这一时期，党和国家以苏为鉴，探究求索，从主要依靠向苏联学习到更加强调独立自主，结合中国实际探索适合中国国情的道路，在一些方面取得了重要制度成果，也有一些探索发生严重失误。

经过执行“一五”计划三年多的实践，党积累了一些建设社会主义的经验，同时注重吸取苏联社会主义建设的教训，毛泽东同志着重指出，对于苏共二十大，重要的问题在于我们从中得到什么教益，最重要的是要把马列主义的基本原理同中国革命和建设的具体实际相结合。毛泽东同志经过调查研究，发表《论十大关系》。以之为指导，党的八大对国内主要矛盾作出科学判断，明确国家的根本任务和中心工作是集中力量发展生产力。围绕社会主义建设中心任务，党和国家推出一系列方针政策。经济建设实行既反保守又反冒进，在综合平衡中稳步前进的方针；强调运用价值

规律，发展社会主义商品经济；实行简政放权，权力下放、机构精简，赋予地方、企业更多自主权；宣布知识分子的绝大部分已经是工人阶级的一部分；文化和艺术领域实行“百花齐放、百家争鸣”；制定并实施十二年科技发展远景规划纲要；扩大人民民主，健全社会主义法制；实行民族区域自治；推进祖国统一大业；坚持独立自主和平外交政策；坚持民主集中制，反对个人崇拜；实行与各民主党派“长期共存、互相监督”；提出要“建设一个具有现代工业、现代农业、现代科学文化、现代化国防的社会主义国家”；等等。这些正确的方针政策及其实施，对于探索社会主义道路，坚持和完善社会主义经济制度、政治制度、文化制度等重要制度，发挥了重要作用。

同时，受复杂的冷战局势及苏联模式的影响，社会主义建设经验不足，党发动“大跃进”、人民公社化运动，一度脱离社会生产力实际发展水平，在生产资料所有制方面盲目追求“一大二公”，企业下放过快过猛，犯了过急过纯的错误。党内“左”的错误思想长期得不到纠正，民主集中制不能得到很好贯彻和执行，酿成“文化大革命”悲剧，党和国家事业发展遭受严重挫折。“文化大革命”期间，“公检法”被砸烂，法律制度受到冲击，教训极为深刻。这一历史教训，为党的十一届三中全会纠正错误，决定实行改革，提出保障人民民主、加强社会主义法制，提供了有益借鉴。这也启示我们，在中华民族伟大复兴的历史进程中，必须加强民主，始终注重制度建设，必须使民主制度化、法律化，使这种制度和法律不因领导人的改变而改变，不因领导人的看法和注意力的改变而改变。

四、在历史经验方面具有传承性，发扬党在革命时期的优良传统和有益经验

毛泽东等中央领导同志早在领导中国人民进行新民主主义革命的伟大斗争中，就开始探索建立国家政权的各项制度，并在局部地区执政中积累

了宝贵经验。新中国成立至改革开放前，党团结带领人民构建国家制度和法律制度，特别注意总结根据地时期党在局部地区执政的经验做法，并在建立国家政权、确立国家制度中自觉加以运用。

一是，新中国成立后确立的政治制度是长期革命实践和理论探索的产物。从第一次国内革命战争时期的罢工工人代表大会和农民协会到第二次国内革命战争时期的工农兵代表苏维埃，从抗日战争时期的“三三制”参议会到解放战争后期和建国初期各地普遍召开的各界人民代表会议等，都是我们党创造性地把马克思主义国家学说同中国的具体实际相结合，为实现人民民主而进行的实践。以毛泽东同志为代表的老一辈无产阶级革命家，对此进行了深刻总结，形成《新民主主义论》《论人民民主专政》《论联合政府》等重要论著，为新中国成立后实行人民代表大会制度奠定了理论基础。正如习近平总书记所总结的：“人民代表大会制度是近代以来中国人民在追求国家独立、民族解放和民主自由的斗争中探索和建立起来的。”

二是，新中国成立后的法制建设也不是从一张白纸上开始的，而是打上了革命根据地建设经验的深刻烙印。1949 年 2 月，中共中央发布《关于废除国民党的六法全书与确定解放区的司法原则的指示》，彻底废除国民党的伪“法统”，同时也确定了新中国法制建设的渊源。董必武同志指出，国内革命时期，各根据地制定了许多政策法令，尽管形式上较为简单，而且不可避免带有地方性，但有力保障了革命事业的发展，还是我们现在人民民主法制的萌芽。革命根据地时期倡导的男女权利平等、法律面前人人平等、各民族平等，司法领域积极探索的“马锡五审判方式”、人民陪审制度等，均在新中国的法制建设中得到传承和发展。

三是，新中国成立后确立的经济制度特别是土地制度，是对革命根据地特别是解放区实践经验的总结和提升。抗日战争时期，为团结一切可团结的力量抗日，党实行地主减租减息、农民交租交息的土地政策。1947 年党召开全国土地会议，制定《中国土地法大纲》，废除封建半封建剥削的土地制度，实行耕者有其田的土地制度，按农村人口平均分配土地。新中国成立后，党总结解放区土地改革的经验，颁布《中华人民共和国土地改革法》，推动在全国范围内基本完成土改，从根本上铲除了封建制度的根基，为我国逐步实现社会主义工业化扫清了障碍，为新中国的经济恢复发展与社会进步奠定了基础。

由此可见，新中国成立后构建的国家制度和法律制度，绝不是拍脑袋想出来的，更不是短期内闭门“造”出来的，很多都已在局部执政时期经过了探索和实践。也正因为制度建设的薪火相传，确保了这些重要制度受到人民群众的热烈拥护，展现出旺盛的生命力。这也启示我们，我国的国家制度和法律制度，不是“舶来品”“飞来峰”，而是党带领人民坚持独立自主、立足本国实际长期探索出来的；不是封闭僵化的，而是随着国际国内形势和经济社会发展，通过改革实现自我完善发展来的。

五、在制度设计方面具有前瞻性，为改革开放历史新时期的制度构建提供了宝贵源泉

新中国成立至改革开放前，党团结带领人民在一些重要的制度领域创造性地开展探索，有的已经形成比较系统的制度体系，有的虽没有系统化、规范化，但其中蕴含的政治智慧、思想火花和制度萌芽同样具有较强的前瞻性和启发性。这段历史时期的制度构建，为改革开放历史新时期的制度构建提供了宝贵源泉。

一是，1954年宪法奠定了新中国的制度根基，是现行宪法的“源头”。习近平总书记指出，现行宪法是在继承1949年《共同纲领》和1954年宪法基本精神和主要内容的基础上制定的。1954年宪法是党领导人民制定的新中国社会主义宪法，为巩固社会主义政权和进行社会主义建设发挥了重要保障和推动作用，也为改革开放新时期我国现行宪法的制定和完善奠定了基础。这部宪法用根本法形式把两项原则固定下来：第一项是人民

民主原则，实行人民当家作主，不搞资产阶级民主；第二项是社会主义原则，走社会主义道路，不走资本主义道路。据此，宪法确立了国体、政体，明确了民主集中制原则，国家主席地位和职权，国家权力划分原则、央地关系基本原则、民族平等原则、“中华人民共和国公民在法律上一律平等”原则，规定了公民的权利和义务。这些原则和内容，是新中国的“立国之本”，任何时候都不能动摇。

二是，经济社会领域的理论思考和制度探索为改革开放后的制度构建提供了宝贵经验。比如，经济制度方面。陈云同志在20世纪50年代提出的“三个主体、三个补充”的思想[1]，为确立“以公有制为主体、多种所有制经济共同发展”的基本经济制度提供了重要思想渊源。60年代初全国很多农村大胆探索家庭承包制，效果大都比较好。刘少奇、周恩来、陈云、邓小平、邓子恢等中央领导同志明确表示支持。[2] 尽管这一制度未能坚持下来，但为后来推动以家庭联产承包责任制为主要内容的农村改革，促进改革开放发挥了示范作用。又如，社会治理制度方面。20世纪60年代初，浙江干部群众创造了“枫桥经验”。1963年毛泽东同志批示“要各地仿效，经过试点，推广去做”。之后，“枫桥经验”不断创造矛盾化解新机制，形成“小事不出村、大事不出镇、矛盾不上交”等新发展。2003年，时任浙江省委书记的习近平同志强调，要推动枫桥经验与时俱进、丰富发展。经过总结、提炼和升华，枫桥经验焕发出全新制度内涵，为基层社会治理提供了重要方案，成为共建共治共享社会管理制度的重要组成部分。

三是，部分领域的政治构想为改革开放后有关制度的正式确立提供了

---

[1] 即在工商业经营方面，国家经营和集体经营是主体，附有一定数量的个体经营是补充；在生产的计划性方面，计划生产是工农业生产的主体，按照市场变化而在国家计划许可范围内的自由生产是补充；在社会主义的统一市场里，国家市场是主体，附有一定范围内国家领导的自由市场是补充。

[2] 邓小平同志指出：“生产关系究竟以什么形式为最好，恐怕要采取这样一种态度，就是哪种形式在哪个地方能够比较容易比较快地恢复和发展农业生产，就采取哪种形式；群众愿意采取哪种形式，就应该采取哪种形式，不合法的使它合法起来。”

重要启示。“一国两制”，是邓小平同志在20世纪80年代初提出的伟大构想，最初动因是解决台湾问题，实现国家和平统一，后来用于解决港澳问题，实现港澳顺利回归。其实早在建国之初，党中央就针对西藏、台湾和香港、澳门的不同情况，采取不同政策，努力通过和平谈判、允许特殊地方实行不同制度等方式，将国家统一的成本和代价降到最低。这不仅为实现祖国完全统一创造了有利条件，也为“一国两制”的理论构想和制度实践作了有益探索。比如，中央政府签署《关于和平解放西藏办法的协议》，在祖国统一前提下，尊重西藏现行制度，允许在西藏实行不同于其他地方的制度，不仅实现了西藏和平解放，也为和平实现祖国统一进行了探索。又如，党中央明确提出“中国人民愿意在可能的条件下，争取用和平的方式解放台湾”，毛泽东同志更明确提出：“只要蒋氏父子能抵制美国，我们可以同他合作；台、澎、金、马要整个回来，可以照原有的方式生活，军队可以保存，继续搞三民主义。”〔1〕这其中已蕴含了“一国两制”的思想理念。再如，党中央从全局出发，作出对香港和澳门“暂不收回，维持现状”的决策，坚持“长期打算，充分利用”的方针，成功打破了美西方全面封锁，为后来运用“一国两制”方式实现香港、澳门和平回归祖国奠定了基础。由此可见，“一国两制”是经过长时期酝酿和实践探索，逐步形成和丰富完善起来的，充分体现了我们党用和平方式解决争端、实现国家统一的创新精神和政治智慧。

---

〔1〕《毛泽东同曹聚仁谈话纪要》（1958年10月13日），载中共中央党史研究室：《中国共产党历史》（第2卷）（1949-1978）（下册），中共党史出版社2011年版，第639页。

第三编　改革创新

1978 年 12 月 18 日，党的十一届三中全会胜利召开。我们党深刻总结建国以来社会主义革命和建设，特别是“文化大革命”的经验教训，作出把党和国家工作中心转移到经济建设上来、实行改革开放的历史性决策，提出发展社会主义民主，健全社会主义法制，实现了我国历史上具有深远意义的伟大转折。从此，我国进入了改革开放和社会主义现代化建设新时期，开始大踏步地赶上时代。这个时期，我们党把制度建设放在重要位置，与经济改革发展同步推进。经过 30 多年的探索，到党的十八大召开时，我国的国体、政体、根本政治制度、基本政治制度、基本经济制度和各方面的重要制度得到巩固发展，中国特色社会主义法律体系形成并不断完善，走出了一条中国特色社会主义道路，实现了中国特色社会主义国家制度和法律制度的创新发展。

第一章

1978 年伟大历史转折和中国特色社会主义开创时期国家制度和法律制度的恢复发展

党的十一届三中全会后，适应新形势需要，党和国家迅速对在“文化大革命”中遭到破坏的国家政治、经济、文化等各项制度进行恢复重建。1978 年到 1992 年，召开了党的十二大、十三大，两次修改党章，肯定了党的理论创新成果，提出党在新时期的基本路线，确立党的工作重点和任务，党内法规制度建设得到加强。在党中央的领导下，全国人大对宪法作了全面修改，完善了国家立法体制，立法工作全面加强，国家制度和法律制度恢复重建取得良好开端，并得到发展完善。

一、国际国内背景

“文化大革命”结束以后，我们党领导实行拨乱反正，逐步恢复党和国家政治生活的正常秩序，经济社会发展秩序也得到有序恢复发展。我国面临的国际国内形势发生较大的变化，为进一步实行改革开放、探索建设中国特色社会主义创造了有利条件。

就国际形势来看，20 世纪 70 年代中后期，美苏两个超级大国在全球争霸的战备态势发生一些变化，在继续对抗的同时谋求通过对话缓解紧张的关系。欧共体、日本随着经济实力的发展，在国际事务中不完全唯美国马首是瞻，以第三世界国家为主组成的不结盟运动影响日益广泛。这一时期，世界经济快速发展，科技进步日新月异。我国同世界各国的友好关系取得重要进展。20世纪60年代末期剑拔弩张的中苏关系得到缓和。长期紧张的中美关系随着尼克松的访华和中美《联合公报》的发表，出现良好发展局面。到1978年，中美两国关系正常化谈判已经基本完成。同年，《中日和平友好条约》缔结。随着1971年恢复我国在联合国的合法席位，我国的国际地位迅速提升，国际影响力迅速扩大，我们不仅同很多第三世界国家建立了友好关系，而且同一些西方资本主义国家建立了外交关系。1978年，我国领导人对亚洲、非洲、拉丁美洲、欧洲许多国家进行了访问，促进了我国和这些国家的联系与沟通。这些为我国的经济社会发展奠定了良好国际环境。

就国内情况来看，“文化大革命”十年内乱，充分暴露出我们党和国家在体制、政策、工作等方面存在的严重缺陷，党内外强烈要求实行改革开放，加快发展生产以建设社会主义现代化强国。但是，由于历史条件的限制，党内还未能彻底纠正“文化大革命”的错误理论、政策和口号，特别是“两个凡是”的提出，违背了马克思主义基本原理，禁锢了人们的思想，在某种程度上为新形势下坚持真理、修正错误设置了障碍，影响了改革开放的顺利进行。在这种背景下，党中央采取一系列措施，从理论到实践为实现拨乱反正，积极推进改革开放事业和社会主义现代化建设做了许多准备工作。

（一）恢复实事求是的思想路线

经过开展《实践是检验真理的唯一标准》大讨论，打破“两个凡是”给人们造成的思想困扰，解放思想，恢复了毛泽东思想实事求是的精髓。陈云同志深刻指出：“毛主席倡导的实事求是的革命作风，不是一个普通作风问题，而是马克思主义唯物主义的根本思想路线问题。坚持毛泽东思想，就必须坚持实事求是。是否坚持实事求是，是区别真假马列主义、真假毛泽东思想的根本标志之一。"〔1〕通过这场讨论，党内外思想日益活跃，为实行对外开放和对若干体制进行改革做了思想准备。

（二）以开放胸怀向世界学习

为加快推动经济发展，学习外国的先进经验，党中央组织开展了大规模的出国考察活动，对思想解放带来推动作用。1978 年，中国即有 13 位副总理和副委员长以上的领导人 21 次率团出访，共到达 51 个国家。其中邓小平本人先后 4 次出访了 8 个国家。〔2〕另外，据国务院港澳办统计，从 1978 年 1 月至 11 月底，经香港出国和去港考察的人员就有 529 批，共 3213 人。〔3〕这样大规模的出国考察，不但改善了中国的对外关系，而且使党和国家的高层对国际形势的发展变化有了比较全面直观的了解，看到了我国经济发展和科技水平上的巨大差距，也看到了当时国际环境为我国发展提供的机遇，使我们深刻认识到"关起门来，固步自封，夜郎自大，是发达不起来的"，〔4〕有力推动中国扭转了发展航向。

（三）理论务虚统一思想认识

在对世界先进水平加强了解的同时，我们对经济建设经验教训进行了深刻总结反思。1978 年 7 月到 9 月，经中央同意，国务院举行为期两个月的务虚会议，研究如何改革经济管理体制，如何学习国外成功经验，从国

〔1〕中共中央文献研究室编：《陈云年谱（修订本）》（下卷），中央文献出版社 2015 年版，第 240 页。

〔2〕参见武国友：《中华人民共和国通史》（第 4 卷）（1976—1992），南方出版传媒、广东人民出版社 2020 年版，第 64-65 页。

〔3〕参见曹普：《当代中国改革开放史》（上卷），人民出版社 2016 年版，第 88 页。

〔4〕中共中央文献研究室编：《邓小平年谱》（1975—1997）（上），中央文献出版社 2004 年版，第 398-399 页。

外引进先进技术，利用国外资金和技术设备，加快我国现代化建设速度等问题，强调："实现四个现代化，是一场伟大革命。这场革命既要大幅度地改变目前落后的生产力，也就必然要多方面地改变生产关系，改变上层建筑，改变工农业企业的管理方式和国家对工农业企业的管理方式，改变人们的活动方式和思想方式，使之适应于现代化大经济的需要。"[1] 9月5日至10月22日，全国计划会议召开，形成《一九七九、一九八〇两年经济计划的安排》，提出经济工作必须实行"三个转变"：一是"从上到下都要把主要注意力转到生产斗争和技术革命上来"，二是"从那种不计经济效果、不讲工作效率的官僚主义的管理制度和管理方法，转到按照经济规律办事、把民主和集中很好地结合起来的科学管理的轨道上来"，三是"从那种不同资本主义国家进行经济技术交流的闭关自守或半闭关自守状态，转到积极地引进国外先进技术，利用国外资金，大胆地进入国际市场"。[2] 两次会议顺利召开并达成重要共识，表明改革开放的主张在党内重要决策层已经有了扎实的思想基础，党中央就此作出重大决策的条件已经趋于成熟。[3]

二、党的理论创新

1978年到1992年，是改革开放后国家制度和法律制度建设的恢复重建和推进发展时期，也是全党冲破思想禁区、找到并创立中国特色社会主义理论的重大收获时期。党的理论创新主要表现在以下几个方面：

---

[1] 《李先念传》编写组编：《李先念传（1949—1992）》（下），中央文献出版社2009年版，第1066页。

[2] 参见曹普：《当代中国改革开放史》（上卷），人民出版社2016年版，第117-118页。

[3] 参见曹普：《当代中国改革开放史》（上卷），人民出版社2016年版，第119页。

（一）破除思想禁锢，确立改革开放的强国之路

1978 年 11 月 10 日至 12 月 15 日，中央工作会议在北京召开，会期共 36 天。会议讨论了全党工作重点转移等关系全局的若干重大问题，为召开党的十一届三中全会做了充分准备。在这次会议闭幕会上，华国锋同志就“两个凡是”问题做了自我批评，宣布会后将召开党的十一届三中全会，进一步确定全党工作重点转移后的方针和任务。[1] 邓小平同志在会上作了题为《解放思想，实事求是，团结一致向前看》的著名讲话。他指出：“只有思想解放了，我们才能正确地以马列主义、毛泽东思想为指导，解决过去遗留的问题，解决新出现的一系列问题，正确地改革同生产力迅速发展不相适应的生产关系和上层建筑，根据我国的实际情况，确定实现四个现代化的具体道路、方针、方法和措施。”[2] “一个党，一个国家，一个民族，如果一切从本本出发，思想僵化，迷信盛行，那它就不能前进，它的生机就停止了，就要亡党亡国。”[3] 民主是解放思想的重要条件，“当前这个时期，特别需要强调民主。因为在过去一个相当长的时间内，民主集中制没有真正实行，离开民主讲集中，民主太少”。[4] 为了保障人民民主，必须加强法制。“必须使民主制度化、法律化，使这种制度和法律不因领导人的改变而改变，不因领导人的看法和注意力的改变而改变。”[5] 他还强调指出：“如果现在再不实行改革，我们的现代化事业和社会主义事业就会被葬送。”[6] 提出要及时地研究新情况和解决新问题，尤其要注意研究和解决管理方法、管理制度、经济政策这三方面的问题。

---

〔1〕参见武国友：《中华人民共和国通史》（第 4 卷）（1976—1992），南方出版传媒、广东人民出版社 2020 年版，第 77 页。
〔2〕《邓小平文选》（第 2 卷），人民出版社 1994 年版，第 141 页。
〔3〕《邓小平文选》（第 2 卷），人民出版社 1994 年版，第 143 页。
〔4〕《邓小平文选》（第 2 卷），人民出版社 1994 年版，第 144 页。
〔5〕《邓小平文选》（第 2 卷），人民出版社 1994 年版，第 146 页。
〔6〕《邓小平文选》（第 2 卷），人民出版社 1994 年版，第 150 页。

这个讲话实际上成为随后召开的党的十一届三中全会的主题报告。[1]

1978 年 12 月 18 日，党的十一届三中全会召开。全会果断决定，停止使用“以阶级斗争为纲”这个不适用于社会主义社会的口号，否定了“无产阶级专政下继续革命”理论，明确提出全党工作的着重点应该从 1979 年起转移到社会主义现代化建设上来。这项决策，解决了 1957 年以来没有解决好的工作重点转移问题。[2]

会议高度评价了关于真理标准问题的讨论，明确提出改革开放的任务。指出实现四个现代化，要求大幅度地提高生产力，就必然要求多方面地改变同生产力发展不适应的生产关系和上层建筑，改变一切不适应的管理方式、活动方式和思想方式，因而是一场广泛、深刻的革命。强调要根据新的历史条件和实践经验，采取一系列新的重大的经济措施，对经济管理体制和经营管理方式着手进行认真的改革，在自力更生的基础上积极发展同世界各国平等互利的经济合作。[3]

会议还对民主和法制问题进行了认真的讨论，明确提出要发扬社会主义民主，加强社会主义法制，做到有法可依、有法必依、执法必严、违法必究。应当把立法工作摆到全国人大及其常委会的重要议程上来。司法机关要保持应有的独立性；要忠实于法律和制度，忠实于人民利益，忠实于事实真相；要保证人民在自己的法律面前人人平等，不允许任何人有超于法律之上的特权。健全党的民主集中制，健全党规党法，严肃党纪；党中央和各级党委实行集体领导，并从组织上为党的工作重点转移的实现和改革开放政策的贯彻实施提供保障。

在党和国家面临何去何从的重大历史关头，党的十一届三中全会冲破

〔1〕 参见中共中央党史研究室：《中国共产党的九十年》（改革开放和社会主义现代化建设新时期），中共党史出版社、党建读物出版社 2016 年版，第 655 页。

〔2〕 参见中共中央党史研究室：《中国共产党的九十年》（改革开放和社会主义现代化建设新时期），中共党史出版社、党建读物出版社 2016 年版，第 656 页。

〔3〕 参见中共中央党史研究室：《中国共产党的九十年》（改革开放和社会主义现代化建设新时期），中共党史出版社、党建读物出版社 2016 年版，第 657 页。

长期“左”的错误的严重束缚，提出必须完整、准确地掌握毛泽东思想的科学体系，重新确立了马克思主义的思想路线、政治路线、组织路线，实现了建国以来我党历史上具有深远意义的伟大转折，开启了改革开放和社会主义现代化建设的伟大征程。从此，中国进入了社会主义事业发展的新时期。

（二）提出“建设有中国特色的社会主义”的重大命题

1982年9月1日至11日，党的十二大在北京举行。大会的主要任务和使命是，通过对过去六年历史性胜利的总结，进一步肃清十年内乱所遗留的消极后果，全面开创社会主义现代化建设新局面。邓小平同志在大会开幕词中明确提出：“我们的现代化建设，必须从中国的实际出发。无论是革命还是建设，都要注意学习和借鉴外国经验。但是，照抄照搬别国经验、别国模式，从来不能得到成功。这方面我们有过不少教训。把马克思主义的普遍真理同我国的具体实际结合起来，走自己的道路，建设有中国特色的社会主义，这就是我们总结长期历史经验得出的基本结论。”〔1〕“建设有中国特色的社会主义”重大命题，成为指引新时期改革开放和社会主义现代化建设的伟大旗帜。〔2〕党的十二大还提出我们党在新的历史时期的总任务是：团结全国各族人民，自力更生，艰苦奋斗，逐步实现工业、农业、国防和科学技术现代化，把我国建设成为高度文明、高度民主的社会主义国家。

（三）提出社会主义初级阶段理论，制定党的基本路线

改革开放的实践，中国特色社会主义事业的不断推进，迫切需要党在

〔1〕《邓小平文选》（第3卷），人民出版社1993年版，第2-3页。
〔2〕参见中共中央党史研究室：《中国共产党的九十年》（改革开放和社会主义现代化建设新时期），中共党史出版社、党建读物出版社2016年版，第714页。

深刻分析基本国情、总结实践经验的基础上，对什么是社会主义、怎样建设社会主义，以及我国改革开放和社会主义现代化建设的基本路线从理论和实践上进一步作出明确的回答。[1] 1981 年 6 月，党的十一届六中全会通过《关于建国以来党的若干历史问题的决议》，第一次明确提出“我们的社会主义制度还是处于初级的阶段”。此后，党的十二大、十二届六中全会《中共中央关于社会主义精神文明建设指导方针的决议》，都重申了社会主义初级阶段的观点。1987 年 10 月 25 日至 11 月 1 日召开的党的十三大，对党的十一届三中全会以来 9 年的实践经验进行了创造性的理论概括，第一次系统阐明了社会主义初级阶段的理论，明确提出了党在这个阶段的基本路线，并依据这个理论和路线制定了“三步走”发展战略和各项改革任务。强调正确认识我国社会现在所处的历史阶段，是建设有中国特色的社会主义的首要问题，是我们制定和执行正确的路线和政策的根本依据。我国正处在社会主义的初级阶段。这个论断，包括两层含义。第一，我国社会已经是社会主义社会。我们必须坚持而不能离开社会主义。第二，我国的社会主义社会还处在初级阶段。我们必须从这个实际出发，而不能超越这个阶段。党的十三大强调，从 50 年代后期开始，在“左”的错误思想影响下，“形成的过分单一的所有制结构和僵化的经济体制，以及同这种经济体制相联系的权力过分集中的政治体制，严重束缚了生产力和社会主义商品经济的发展。这种情况教育我们，清醒地认识基本国情，认识我国社会主义所处的历史阶段，是极端重要的问题”。指出我国从 50 年代生产资料私有制的社会主义改造基本完成，到社会主义现代化的基本实现，至少需要上百年时间，都属于社会主义初级阶段。“我们在现阶段所面临的主要矛盾，是人民日益增长的物质文化需要同落后的社会生产之间的矛盾……必须大力发展商品经济，提高劳动生产率，逐步实现工业、农业、国防和科学技术的现代化，并且为此而改革生产关系和上层建筑中

---

〔1〕 参见中共中央党史研究室：《中国共产党的九十年》（改革开放和社会主义现代化建设新时期），中共党史出版社、党建读物出版社 2016 年版，第 740 页。

不适应生产力发展的部分。”社会主义初级阶段理论的提出，为正确理解新中国成立以来的成功和失误提供了有力的理论武器，是我们党对科学社会主义理论的重要贡献。

根据我国处在社会主义初级阶段的实际，党的十三大提出建设有中国特色社会主义的基本路线是：领导和团结全国各族人民，以经济建设为中心，坚持四项基本原则，坚持改革开放，自力更生，艰苦创业，为把我国建设成为富强、民主、文明的社会主义现代化国家而奋斗。并确定了我国经济建设具有长远指导意义的“三步走”发展战略。“第一步，实现国民生产总值比一九八〇年翻一番，解决人民的温饱问题……第二步，到本世纪末，使国民生产总值再增长一倍，人民生活达到小康水平。第三步，到下个世纪中叶，人均国民生产总值达到中等发达国家水平，人民生活比较富裕，基本实现现代化。”这“三步走”的发展战略，对中华民族百年图强的宏伟目标作了积极稳妥的规划，既体现了党和人民勇于进取的雄心壮志，又反映了党坚持从实际出发、遵循客观规律的科学精神，是我们党探索中国特色社会主义建设规律的重大成果。[1]

三、国家制度和法律制度的恢复发展

在经历了十年内乱之后，党和国家各项事业百废待兴。首要的一项工作就是，全面系统地恢复并发展完善在“文化大革命”中受到巨大冲击的党和国家的各项制度。这个时期，随着改革开放和社会主义现代化实践持续推进，在党的坚强有力领导下，我国对恢复发展国家制度和法律制度进行了积极探索，取得初步成果。

---

〔1〕 参见中共中央党史研究室：《中国共产党的九十年》（改革开放和社会主义现代化建设新时期），中共党史出版社、党建读物出版社2016年版，第745－746页。

（一）加强和完善党的领导制度体系

我国的国家制度和治理体系具有多方面的显著优势，其中首要的是坚持党的集中统一领导，保持政治稳定，确保国家始终沿着社会主义方向前进。改革开放以来，党始终把加强党的建设放在突出位置，党的思想、组织、作风和制度等建设不断加强，完善了党的领导制度，巩固了党的执政地位。

1. 加强党的思想建设，巩固党团结的政治基础

改革开放初期，在思想理论界面临两种错误倾向：一种是思想认识跟不上形势，仍处在僵化半僵化的状态，需要进一步解放思想；另一种是打着改革的旗号宣扬资产阶级自由化，否定社会主义，否定党的领导。这两种错误倾向都影响到党内，对改革开放产生了不利影响，急需拨乱反正。党中央及时采取措施，予以正本清源。

（1）提出坚持“四项基本原则”的立国之本。经过真理标准问题大讨论，特别是经过中央工作会议和三中全会，“两个凡是”的错误受到严肃批评，党的实事求是的思想路线得到重新确立。但是，党内围绕着思想路线出现的意见分歧和争论并没有完全消除。[1] 为此，叶剑英同志建议中央召开一次理论工作务虚会，大家把不同意见摆出来，在充分民主讨论的基础上，统一认识，把这个问题解决一下。[2] 1979 年 1 月 18 日，中央理论工作务虚会召开，大家开动脑筋，畅所欲言，突破了许多理论禁区，提出了一些对拨乱反正和改革开放、对探索新问题颇有积极意义的理论观点。[3] 与此同时，也出现了一些值得警觉的现象。比如，极少数人利用党进行拨乱反正的时机，曲解“解放思想”口号，极端夸大党所犯的错

---

〔1〕 参见武国友：《中华人民共和国通史》（第 4 卷）（1976—1992），南方出版传媒、广东人民出版社 2020 年版，第 139 页。

〔2〕 《胡耀邦文选》，人民出版社 2015 年版，第 110 页。

〔3〕 参见曹普：《当代中国改革开放史》（上卷），人民出版社 2016 年版，第 229 页。

误，企图否定党的领导，否定社会主义制度，否定毛泽东和毛泽东思想。[1] 这些情况，引起邓小平同志的高度关注。3月30日，邓小平同志代表党中央在理论务虚会上作了《坚持四项基本原则》的重要讲话，旗帜鲜明地强调："我们要在中国实现四个现代化，必须在思想政治上坚持四项基本原则。这是实现四个现代化的根本前提。这四项是：第一，必须坚持社会主义道路；第二，必须坚持无产阶级专政；第三，必须坚持共产党的领导；第四，必须坚持马列主义、毛泽东思想。"[2]

关于坚持党的领导，邓小平同志明确指出："在中国，在五四运动以来的六十年中，除了中国共产党，根本不存在另外一个像列宁所说的联系广大劳动群众的党。没有中国共产党，就没有社会主义的新中国。"[3] "事实上，离开了中国共产党的领导，谁来组织社会主义的经济、政治、军事和文化？谁来组织中国的四个现代化？"[4] "现在中国经济正在党中央和国务院的领导下重新走上健康发展的道路，如果再让有些人到处踢开党委去闹，那就只能把四个现代化吹得精光。这不是危言耸听，而是大量实践所证明了的客观真理。"[5] 从此，坚持四项基本原则与坚持改革开放、现代化建设一起，构成了党的十一届三中全会确定的路线的基本内容，[6] 成为改革开放以来的立国之本，保证了改革开放的正确政治方向。

(2)《党和国家领导制度的改革》重要讲话，从思想上为党和国家制度改革做好理论准备。从"文化大革命"结束到1980年，党和国家的领导机构逐渐恢复了正常的工作秩序，但基本上还只是恢复到"文化大革

---

[1] 参见中共中央党史研究室：《中国共产党的九十年》(改革开放和社会主义现代化建设新时期)，中共党史出版社、党建读物出版社2016年版，第662页。
[2] 《邓小平文选》(第2卷)，人民出版社1994年版，第164-165页。
[3] 《邓小平文选》(第2卷)，人民出版社1994年版，第170页。
[4] 《邓小平文选》(第2卷)，人民出版社1994年版，第170页。
[5] 《邓小平文选》(第2卷)，人民出版社1994年版，第171页。
[6] 参见曹普：《当代中国改革开放史》(上卷)，人民出版社2016年版，第237页。

命”前的那种体制，远不能适应社会主义现代化建设的迫切需要。[1] 最为突出的问题就是权力过分集中。在一元化领导的口号下，把一切权力集中于党委，特别是第一书记，损害各级党和政府的民主生活、集体领导、民主集中制，个人分工负责制等。[2] 另外一个突出问题是各级领导人员年龄普遍偏大，干部队伍面临青黄不接的严重局面。[3] 为保证十一届三中全会路线的连续性和稳定性，防止“文化大革命”历史悲剧的重演，实现国家的长治久安，就必须对党和国家的领导制度进行改革，从制度上确保党和国家政治生活的民主化、经济管理的民主化和整个社会生活的民主化。[4]

1980 年 8 月 18 日至 22 日，中共中央政治局召开扩大会议，专门讨论党和国家领导制度的改革及其相关问题。邓小平同志在会上作了《党和国家领导制度的改革》的重要讲话。他指出，“党和国家现行的一些具体制度中，还存在不少的弊端，妨碍甚至严重妨碍社会主义优越性的发挥……从党和国家的领导制度、干部制度方面来说，主要的弊端就是官僚主义现象，权力过分集中的现象，家长制现象，干部领导职务终身制现象和形形色色的特权现象”[5]，“为了适应社会主义现代化建设的需要，为了适应党和国家政治生活民主化的需要，为了兴利除弊，党和国家的领导制度以及其他制度，需要改革的很多”[6]，“我们过去发生的各种错误，固然与某些领导人的思想、作风有关，但是组织制度、工作制度方面的问题更重要。这些方面的制度好可以使坏人无法任意横行，制度不好可以使好人无

---

[1] 参见张士义：《打铁必须自身硬——改革开放四十年党建史》，天地出版社 2018 年版，第 82 页。
[2] 参见曹普：《当代中国改革开放史》（上卷），人民出版社 2016 年版，第 217 页。
[3] 参见张士义：《打铁必须自身硬——改革开放四十年党建史》，天地出版社 2018 年版，第 82 页。
[4] 参见张士义：《打铁必须自身硬——改革开放四十年党建史》，天地出版社 2018 年版，第 83 页。
[5] 《邓小平文选》（第 2 卷），人民出版社 1994 年版，第 327 页。
[6] 《邓小平文选》（第 2 卷），人民出版社 1994 年版，第 322 页。

法充分做好事，甚至会走向反面……领导制度、组织制度问题更带有根本性、全局性、稳定性和长期性"[1]，并强调"改革党和国家的领导制度，不是要削弱党的领导，涣散党的纪律，而正是为了坚持和加强党的领导，坚持和加强党的纪律。在中国这样的大国，要把几亿人口的思想和力量统一起来建设社会主义，没有一个由具有高度觉悟性、纪律性和自我牺牲精神的党员组成的能够真正代表和团结人民群众的党，没有这样一个党的统一领导，是不可能设想的，那就只会四分五裂，一事无成。这是全国各族人民在长期的奋斗实践中深刻认识到的真理。我们人民的团结，社会的安定，民主的发展，国家的统一，都要靠党的领导。坚持四项基本原则的核心，就是坚持党的领导。问题是党要善于领导；要不断地改善领导，才能加强领导"[2]。1980年9月，中共中央发出《关于印发邓小平同志在中央政治局扩大会议上的讲话的通知》，推动党和国家领导制度改革迈出重要步伐。

（3）通过《关于建国以来党的若干历史问题的决议》，完成党的指导思想的拨乱反正。随着改革开放的逐步深入，党内外要求对新中国成立以来正反经验教训进行反思和总结的呼声越来越强烈。1979年9月29日，叶剑英同志在庆祝新中国成立30周年大会上发表了重要讲话，初步总结了新中国成立30年的历史，指出"中共中央认为，对过去三十年特别是文化大革命十年的历史，应当在适当的时候，经过专门的会议，作出正式的总结"[3]。10月下旬，邓小平同志和中央有关同志谈话，明确1980年的主要工作之一是起草建国以来党的历史问题决议。[4] 1980年3月，他就起草决议提出具体要求："中心意思应该是三条：第一，确立毛泽东同志的历史地位，坚持和发展毛泽东思想。这是最核心的一条……第二，对

[1]《邓小平文选》（第2卷），人民出版社1994年版，第333页。
[2]《邓小平文选》（第2卷），人民出版社1994年版，第341-342页。
[3]《叶剑英选集》，人民出版社1996年版，第522页。
[4] 参见中共中央文献研究室编：《邓小平年谱》（1975—1997）（上），中央文献出版社2004年版，第574页。

建国三十年来历史上的大事，哪些是正确的，哪些是错误的，要进行实事求是的分析，包括一些负责同志的功过是非，要做出公正的评价。第三，通过这个决议对过去的事情做个基本的总结。这个总结宜粗不宜细。总结过去是为了引导大家团结一致向前看。总的指导思想，就是这三条。其中最重要、最根本、最关键的还是第一条。"〔1〕

1981年6月，党的十一届六中全会通过《关于建国以来党的若干历史问题的决议》，对建国32年来党的重大历史事件作出了正确的总结，充分肯定了社会主义制度的建立，是我国历史上最深刻最伟大的社会变革，是我国今后一切进步和发展的基础；完全否定了"文化大革命"，指出"文化大革命"不是也不可能是任何意义上的革命或社会进步，是给党、国家和各族人民带来严重灾难的内乱；实事求是地评价了毛泽东同志在中国革命中的历史地位，充分论述了实事求是、群众路线、独立自主是毛泽东思想的活的灵魂和毛泽东思想作为我们党的指导思想的伟大意义。

该决议强调，要在坚持四项基本原则的基础上，把全党、全军和全国各族人民的意志和力量进一步集中到建设社会主义现代化强国这个伟大目标上来。肯定了党的十一届三中全会以来逐步确立的适合我国情况的建设社会主义现代化强国的正确道路，明确这是我国社会主义事业和党的工作继续前进的方向。该决议指出，这条道路还将在实践中不断充实和发展，但是它的主要点，已经可以从建国以来正反两方面的经验，特别是"文化大革命"的教训中得到基本的总结，主要包括十个方面的内容：我国社会的主要矛盾是人民日益增长的物质文化需要同落后的社会生产之间的矛盾；经济建设必须从国情出发，有步骤分阶段地实现现代化的目标；生产关系的变革和完善必须适应于生产力的状况，有利于生产的发展；毫不动摇地团结一切可以团结的力量，巩固和扩大爱国统一战线；逐步建设高度民主的社会主义政治制度；社会主义必须有高度的精神文明；改善和发展

〔1〕 参见中共中央文献研究室编：《邓小平年谱》（1975—1997）（上），中央文献出版社2004年版，第610页。

社会主义的民族关系，加强民族团结；加强现代化的国防建设；继续坚持反对帝国主义、霸权主义、殖民主义和种族主义，维护世界和平；把党建设成为具有健全的民主集中制的党。该决议的出台，进一步统一了全党和全国人民的思想和认识，加强了团结，标志着党在指导思想上完成了拨乱反正。

（4）旗帜鲜明反对资产阶级自由化。为保证党的十一届三中全会路线的正确贯彻执行，排除资产阶级自由化的干扰，党中央在坚持推进改革开放的同时，坚持四项基本原则，积极开展反对资产阶级自由化的斗争。1981 年 1 月 29 日，中共中央发出《关于当前报刊新闻广播宣传方针的决定》，要求报刊、新闻、广播、电视认真进行关于坚持四项基本原则的宣传，对怀疑、诋毁四项基本原则的思想和言论，不能放任、容忍，更不允许利用党的宣传工具加以散布，而必须进行有力的批驳。1983 年 10 月，邓小平同志在党的十二届二中全会上明确强调思想战线不能搞精神污染，要加强党对思想战线的领导。他指出："我们要向资本主义发达国家学习先进的科学、技术、经营管理方法以及其他一切对我们有益的知识和文化，闭关自守、故步自封是愚蠢的。但是，属于文化领域的东西，一定要用马克思主义对它们的思想内容和表现方法进行分析、鉴别和批判。"[1]"建议中央政治局或中央书记处就党的思想战线的工作进行专门的讨论，系统地解决有关的方针、任务、措施、步骤等等问题。"[2] 根据这次全会精神，在全国思想文化领域开展了反对精神污染即反对资产阶级自由化的斗争。[3]

1986 年 9 月召开的党的十二届六中全会，专题讨论加强精神文明建设问题，审议通过《中共中央关于社会主义精神文明建设指导方针的决议》，强调："搞资产阶级自由化，即否定社会主义制度、主张资本主义制度，

〔1〕《邓小平文选》（第 3 卷），人民出版社 1993 年版，第 44 页。

〔2〕《邓小平文选》（第 3 卷），人民出版社 1993 年版，第 48 页。

〔3〕参见中共中央党史研究室：《中国共产党的九十年》（改革开放和社会主义现代化建设新时期），中共党史出版社、党建读物出版社 2016 年版，第 737 页。

是根本违背人民利益和历史潮流，为广大人民所坚决反对的。”要坚持马克思主义在精神文明建设中的指导作用，坚决摒弃维护剥削和压迫的资本主义思想体系和社会制度，摒弃资本主义的一切丑恶腐朽的东西。1987 年 1 月 28 日，中共中央发出《关于当前反对资产阶级自由化若干问题的通知》，对反对资产阶级自由化斗争作出具体部署，明确了斗争范围、重点、方法和政策界限。在党中央的领导下，反对资产阶级自由化斗争不断深入，取得重要成果，有力保障和促进了党的各项建设。

2. 加强党的组织建设，为贯彻党的路线方针政策提供组织保障

为保证党的十一届三中全会以来的路线方针政策有力执行，党中央坚持党管干部原则，多措并举加强党的组织建设。

（1）形成以邓小平同志为核心的第二代中央领导集体。为恢复被“文化大革命”破坏的党内政治生活和组织生活的正常状态，党中央采取一系列组织措施，加强和保证对党政军重要部门和全国各地的领导，着手对各级领导班子进行调整，进一步稳定局势，纯洁党的干部队伍。特别是党的十一届三中全会，在重新恢复和确立了党的实事求是的思想路线的基础上，增选了中央领导机构成员，进一步健全了党中央领导机构，加强了党中央的领导力量，形成了以邓小平同志为核心的党的第二代中央领导集体，为顺利推进我国改革开放和社会主义现代化建设提供了强有力的领导和组织保证。

（2）恢复设立中央书记处。1980 年 2 月，党的十一届五中全会召开，会议的主题是坚持党的领导，改善党的领导，提高党的战斗力。为便于中央政治局和它的常务委员会能够集中精力，考虑和决定国内外事务中的重大问题，同时使党的各方面大量日常工作能够及时有效得到处理，全会通过《关于成立中央书记处的决议》，决定恢复设立中央书记处，作为中央政治局和它的常务委员会领导下的经常工作机构，负责处理中央日常工作；中央书记处实行集体领导、分工负责的制度，设总书记一人，书记若干人，候补书记若干人，由中央委员会直接选举产生。这是加强和完善党

中央领导机构的重大举措，迈出了党和国家领导制度改革的第一步。

（3）提出干部队伍建设“四化”方针并调整领导班子。1980 年 8 月，邓小平同志在《党和国家领导制度的改革》讲话中指出：“陈云同志提出，我们选干部，要注意德才兼备。所谓德，最主要的，就是坚持社会主义道路和党的领导。在这个前提下，干部队伍要年轻化、知识化、专业化，并且要把对于这种干部的提拔使用制度化。”〔1〕鲜明提出了干部队伍“四化”要求。1982 年，党的十二大通过的党章，明确将干部队伍“四化”方针写入党章。这是新时期党对“德才兼备”原则和选拔干部标准的具体运用和创新发展，体现了在干部队伍建设上政治素质、年龄结构、知识水平、专业能力四个方面要求的有机统一。〔2〕1982 年 2 月，出台《中共中央关于建立老干部退休制度的决定》。在邓小平等老一辈无产阶级革命家的积极推动和各级党委的共同努力下，党的各级领导班子顺利地、有条不紊地实现了新老合作与交替，党的中央领导层及地方各级领导班子在实现年轻化、知识化、专业化方面迈出了较大步伐。〔3〕1984 年到 1985 年，中央比较集中地调整了各级领导班子。国务院系统 81 个部门的领导班子调整前正职的平均年龄为 56.6 岁，调整后下降 5 岁，55 岁以下的比例从 10%上升到 30%，大专文化程度比调整前增长 27.5%，达到 71%。同期，29 个省、自治区、直辖市党委常委和正副省长、主席、市长的平均年龄由 57 岁下降到 53 岁，55 岁以下的占 90%，大专文化程度上升到 80%。〔4〕

（4）设立中央顾问委员会。选拔培养中青年干部进入领导班子，实行干部离退休制度，废除干部职务终身制等，是贯彻干部队伍“四化”方针、顺利实现干部队伍新老交替的战略举措。鉴于改革开放初期，原来在

〔1〕《邓小平文选》（第 2 卷），人民出版社 1994 年版，第 326 页。

〔2〕参见张士义：《打铁必须自身硬——改革开放四十年党建史》，天地出版社 2018 年版，第 141 页。

〔3〕参见张士义：《打铁必须自身硬——改革开放四十年党建史》，天地出版社 2018 年版，第 142 页。

〔4〕参见武国友：《中华人民共和国通史》（第 4 卷）（1976—1992），南方出版传媒、广东人民出版社 2020 年版，第 479 页。

“文化大革命”中被打倒的老干部刚刚复出工作，为更稳妥地推动干部制度改革、培养中青年干部，党中央开始考虑设立一个新机构，让部分老同志暂时过渡一下。1980年8月13日，中共中央、国务院作出《关于设置顾问的决定》，指出：老干部是我们党和国家的宝贵财富，为了爱护这些老同志，使他们能够健康长寿，并利用自己的经验在晚年尽可能地为党做一些工作，以保证党的优良传统和优良作风代代相传，更好地完成党的各项任务，中央决定，在县级以上单位设置顾问。1982年9月，党的十二大通过的党章，在提出努力实现干部队伍“四化”的同时，规定了中央顾问委员会的性质和权限。明确“党的中央顾问委员会是中央委员会的政治上的助手和参谋”，“中央顾问委员会在中央委员会领导下进行工作，对党的方针、政策的制定和执行提出建议，接受咨询”等。设立顾问委员会是我们党的创举，是解决干部新老交替的一项重要举措。

（5）加强干部第三梯队建设与建立后备干部制度。1983年6月，在中央工作会议上，陈云同志指出：“要抓紧选拔五十岁上下、特别是四十岁上下的优秀干部，趁我们还在的时候，把第三梯队也建立起来。”〔1〕邓小平同志接着说：“陈云同志的讲话……谈了一个重要的政治问题，即干部队伍三个梯队的配备问题。这个问题关系到我们党和国家的命运，讲得非常好。”〔2〕7月，中央组织部召开全国组织工作座谈会，对建设第三梯队工作作了全面部署。1985年，第三梯队建设初显成效，省、地、县三级初步建立第三梯队。1986年11月，中央组织部在《关于领导班子年轻化几个问题的通知》中又提出，进一步加强县以上各级领导班子的第三梯队建设。

随着第三梯队建设的展开，党的后备干部推荐、选拔和培养锻炼也提上了干部队伍建设的工作日程。1983年，全国组织工作座谈会后，各级党委和组织部门按照中央的要求，采取有力措施，推动后备干部选拔培养工

〔1〕《陈云文选》（第3卷），人民出版社1995年版，第325页。

〔2〕中共中央文献研究室编：《陈云传》（下），中央文献出版社2005年版，第1715页。

作，到1986年，全国各级组织部门建立起一支十几万人的后备干部队伍。[1] 同时，通过实施各种人事制度改革举措，我国在选调大学生到基层培养锻炼、妇女干部的培养与选拔、地方党政领导干部年度考核制度建设、干部选拔任用制度建设等方面，都取得重要进展，我国干部制度改革取得了令人瞩目的成绩。

3. 加强党的作风建设，密切党同人民群众的联系

为提高党的战斗力，改变党内纪律作风松弛的状况，党不断加强自身作风建设。

（1）开展全面整党。1982年10月，党的十二届二中全会贯彻落实党的十二大提出的全面整党的要求，通过《中共中央关于整党的决定》。根据部署，全面整党从1983年冬季开始在全国开展。1987年5月，中共中央整党工作指导委员会在北京召开全国整党工作总结会议，宣布历时三年半的全国整党工作基本结束。经过这次全面整党，广大党员特别是党的干部加深了对党的十一届三中全会以来路线方针政策的理解，提高了在思想上政治上行动上同党中央保持一致的自觉性。这是改革开放新时期加强党的建设的一次重大实践，积累了一些正确处理党内矛盾和问题的重要经验，主要有：一是在整党中不采取大搞“群众运动”的方式，避免过去政治运动中盛行的一套“左”的做法；二是在整党中始终注意正确处理整党工作同改革、经济工作的关系，做到两者互相结合、互相促进；三是任何时候都要从实际出发，有“左”反“左”，有右反右，坚持两条战线的斗争；四是加强党的建设要从集中整党向经常性的党的建设过渡，立足于用多种方式解决党的建设中的问题。[2]

（2）出台《中共中央关于加强党同人民群众联系的决定》。经过对1989年政治风波的反思，党对保持和发展同人民群众血肉联系的极端重要

〔1〕 参见张士义：《打铁必须自身硬——改革开放四十年党建史》，天地出版社2018年版，第151页。

〔2〕 参见张士义：《打铁必须自身硬——改革开放四十年党建史》，天地出版社2018年版，第134-135页。

性有了进一步认识。[1] 1990 年 3 月，党的十三届六中全会审议通过了《中共中央关于加强党同人民群众联系的决定》。强调党在长期斗争中创造和发展起来的一切为了群众，一切依靠群众，从群众中来到群众中去的群众路线，是党的根本工作路线，是党的优良传统和政治优势。该决定要求从七个方面加强党同人民群众的联系。一是坚持从群众中来到群众中去，建立健全民主的、科学的决策和执行程序，保证决策和决策的执行符合人民的利益。二是坚持各级领导干部经常深入基层、深入群众的制度，扎扎实实做好工作，把党的路线、方针、政策落到实处。三是坚持在深化政治体制改革中，推进社会主义民主和法制建设，积极疏通和拓宽党同人民群众联系的渠道。四是坚定不移地加强廉政建设和党风建设，继续发扬艰苦奋斗精神，克服党内存在的消极腐败现象。五是建立和完善党内监督与党外监督、自上而下的监督与自下而上的监督的制度，切实加强对各级领导机关和领导干部的监督。六是充分发挥党的基层组织的战斗堡垒作用和共产党员的先锋模范作用，宣传和组织群众，带领群众一道前进。七是在党内普遍深入地进行马克思主义群众观点和党的群众路线的再教育，增强执行党的群众路线的自觉性。

4. 加强党的制度建设，开展依法依规治党

这个时期，党把恢复各项制度建设放在重要位置，并适应新的形势不断推进，发展完善。

（1）党的十一届五中全会全面加强党的制度建设，讨论了党章修改草案，制定了《关于党内政治生活的若干准则》。全会讨论的党章修改草案总结历史经验，适应社会主义现代化建设新时期的需要，对党员条件作出严格规定，对党的干部制度作了一系列新的规定，包括废止干部领导职务实际上存在的终身制。[2] 会议决定，将这个党章草案提交党的十二大审

---

〔1〕参见中共中央党史研究室：《中国共产党的九十年》（改革开放和社会主义现代化建设新时期），中共党史出版社、党建读物出版社 2016 年版，第 775 页。

〔2〕参见张士义：《打铁必须自身硬——改革开放四十年党建史》，天地出版社 2018 年版，第 76 页。

议通过。会议通过的《关于党内政治生活的若干准则》，是加强执政党制度建设的重要党内法规，是党内政治生活合理化、制度化的重要保证，为做好党的各项建设提供了重要指导。该准则共 12 条，包括：一是坚持党的政治路线和思想路线。二是坚持集体领导，反对个人专断。三是维护党的集中统一，严格遵守党的纪律。四是坚持党性，根绝派性，反对破坏党的团结统一的任何形式的派性和派别活动。五是要讲真话，言行一致。忠于党和人民的事业，说老实话，做老实事，当老实人，光明磊落，表里如一，是共产党人应有的品质。六是发扬党内民主，正确对待不同意见。七是保障党员的权利不受侵犯。八是选举要充分体现选举人的意志。九是同错误倾向和坏人坏事作斗争。十是正确对待犯错误的同志。采取“惩前毖后，治病救人”“团结—批评—团结”的方针，达到既弄清思想、又团结同志的目的。十一是接受党和群众的监督，不准搞特权。十二是要努力学习，做到又红又专。这 12 条准则总结了我们党几十年来处理党内关系的经验教训，特别是“文化大革命”10 年间同林彪、“四人帮”斗争的经验教训，是对党章的必不可少的补充，对发扬党内积极因素、克服消极因素，发挥党员的先锋模范作用，具有重要意义。

（2）党的十二大审议通过新党章，完善党内根本法。新的党章清除了党的十一大党章中“左”的错误，继承和发展了党的七大、八大党章的优点。新党章对党的性质和党的指导思想，对现阶段我国社会的主要矛盾和党的总任务，对党在国家生活中如何正确地发挥领导作用，都作了具体规定。对党员和党的干部在思想上、政治上和组织上的要求，比过去历次党章的规定都更加严格。同时，强调从中央到基层的各级组织都必须严格遵守民主集中制和集体领导的原则，禁止任何形式的个人崇拜。明确党中央不设主席只设总书记，总书记负责召集中央政治局会议、政治局常务委员会会议和主持中央书记处的工作；中央和省一级党组织设顾问委员会；党的各级纪律检查委员会由同级党的代表大会选举产生；党的各级组织都必须重视党的建设等。这些规定，有利于加强党的集体领导、提高党的战斗力和加强党与群众的联系。自这次大会起，按照党章规定，党的全国代表大会每5年举行一次，实现了制度化。

（3）党的十三大对加强党的制度建设的新要求。1987年，党的十三大根据社会主义初级阶段理论和党的基本路线，从理论和实践上对新的历史条件下加强党的建设进行了积极探索，进一步确定了党的建设的基本方针和任务。大会提出，我们党处于执政地位，必须经得起执政的考验；我们党正在领导改革开放，也必须经得起改革开放的考验，这是新时期党的建设必须解决的最重大的课题。鉴于党的历史上主要依靠政治运动来加强党的建设并由此引发的一系列问题和教训，为继续推动党和国家领导制度改革，党的十三大明确提出“党的自身建设也必须进行改革”，要“切实加强党的制度建设”新任务，要求“在新的历史条件下，在党的建设上走出一条不搞政治运动，而靠改革和制度建设的新路子”，并在多个方面进行了探索。[1]

一是健全党的集体领导制度和民主集中制，加强党内民主建设。第一，提出健全这些制度要从中央做起。主要是：建立中央政治局常委向中央政治局、中央政治局向中央全会定期报告工作的制度；适当增加中央全会每年开会的次数，使中央委员会更好地发挥集体决策作用；建立中央政治局、政治局常委会、中央书记处的工作规则和生活会制度，使集体领导制度化，加强对党的领导人的监督和制约。1987年11月14日，十三届中央政治局举行第一次全体会议，讨论通过《十三届中央政治局工作规则（试行）》《十三届中央政治局常委会工作规则（试行）》《十三届中央书记处工作规则（试行）》，推进和保障了中央权力运作的规范化。[2] 同时，党的十三大也就加强地方党组织民主制度建设提出建立和完善有关制度的要求。第二，要求改革和完善党内选举制度，明确规定党内选举的提

〔1〕 参见张士义：《打铁必须自身硬——改革开放四十年党建史》，天地出版社2018年版，第186页。

〔2〕 参见张士义：《打铁必须自身硬——改革开放四十年党建史》，天地出版社2018年版，第189页。

名程序和差额选举办法。提出应当把差额选举的范围首先扩大到各级党代会代表，基层党组织委员、书记，地方各级党委委员、常委和中央委员会委员。根据要求，大会对党章作了部分修改，规定可以直接采用候选人人数多于应选人数的差额选举办法进行正式选举，也可以先采用差额选举办法进行预选，产生候选人名单，然后进行正式选举。第三，提出要切实保障党章规定的党员民主权利，制定保障党员权利的具体条例。明确侵犯党员的权利就是违反党的纪律，必须受到党纪处分；要疏通党内民主渠道和健全民主生活，使党员对党内事务有更多了解和直接参与的机会。

二是实行党政分开，改革党的领导制度。大会报告关于政治体制改革部分着重谈了党政分开问题，强调应当改善党的领导制度、领导方式和领导作风，划清党组织和国家政权的职能，理顺党组织与人民代表大会、政府、司法机关、群众团体、企事业单位和其他各种社会组织之间的关系，做到各司其职，并且逐步走向制度化。

党的十三大后，贯彻十三大精神要求，党的建设工作取得了一定的进展，提高了党员和干部队伍的活力与素质等。但同时也经历了一些反复和曲折，给党和国家事业的发展带来了消极影响，主要表现是：第一，在实行党政分开、调整党的组织设置中出现的问题，对巩固党的领导和执政地位产生不利影响；第二，反对资产阶级自由化的斗争出现曲折和挫折，给党的思想理论建设和意识形态工作带来了消极影响；第三，思想政治工作削弱，危及国家政治社会生活的安定团结和社会主义现代化建设的良好局面；第四，党的基层组织建设在实践中受到忽视，其作用和功能弱化。[1]

（4）第三代中央领导集体推进党的制度建设向前发展。在国际大气候和国内小气候影响下，1989 年 4 月到 6 月，国内发生了一场严重的政治风波，波及全国几十个大中城市。[2] 党中央采取果断措施平息了政治风波，

---

〔1〕 参见张士义：《打铁必须自身硬——改革开放四十年党建史》，天地出版社 2018 年版，第 196-198 页。

〔2〕 参见张士义：《打铁必须自身硬——改革开放四十年党建史》，天地出版社 2018 年版，第 205 页。

北京和其他大中城市很快恢复了正常秩序。1989 年 6 月 23 日至 24 日，党的十三届四中全会召开。全会分析了国内发生政治风波的性质及原因，初步总结了经验教训，明确了当前和今后一个时期党的方针和任务，对中央领导机构成员进行了调整。[1] 江泽民同志当选为中央委员会总书记。全会要求，大力加强党的建设，大力加强民主和法制建设，坚决惩治腐败，切实做好几件人民普遍关心的事情，决不辜负人民对党的期望。新的中央领导集体坚决、全面贯彻党的基本路线，一手抓治理整顿、深化改革，一手抓党的建设、精神文明建设和思想政治工作，全国政治局面迅速趋向稳定，经济形势逐步好转，思想战线出现新的转机。[2]

一是全面部署加强党的建设工作。1989 年 8 月 28 日，中共中央发出《关于加强党的建设的通知》，强调："从现在起，各级党委必须按照党的基本路线的要求，聚精会神地抓党的建设，下决心解决好当前党的建设中的迫切问题。"包括认真做好清查和清理工作，纯洁党的组织，加强领导班子建设和基层组织建设，搞好思想整顿，发扬党的优良作风、克服消极腐败现象，做好民主评议党员工作，严格党员标准，加强党建理论的学习、宣传和研究等。

二是切实完善党内制度建设，坚决维护和加强党的领导。在完善党内制度建设方面，1990 年 5 月，中共中央印发《关于县以上党和国家机关党员领导干部民主生活会的若干规定》，健全并严格执行党内民主生活会制度。6 月，颁布《中国共产党基层组织选举工作暂行条例》，完善党内选举制度。7 月，出台《中共中央关于实行党和国家机关领导干部交流制度的决定》，进一步加强领导班子建设，促进干部健康成长。8 月，中央组织部印发《中国共产党发展党员工作细则（试行）》，保证党员发展质量，提高党的战斗力。

---

[1] 参见中共中央党史研究室：《中国共产党的九十年》（改革开放和社会主义现代化建设新时期），中共党史出版社、党建读物出版社 2016 年版，第 770-771 页。

[2] 参见中共中央党史研究室：《中国共产党的九十年》（改革开放和社会主义现代化建设新时期），中共党史出版社、党建读物出版社 2016 年版，第 771-772 页。

在完善领导体制、调整党同国家政权机关和其他社会政治组织的关系方面，1989 年 12 月，出台《中共中央关于坚持和改善党对工会、共青团、妇联工作领导的通知》《中共中央关于坚持和完善中国共产党领导的多党合作和政治协商制度的意见》。1990 年 3 月 18 日，江泽民同志在参加全国人大、政协两会的民主党派负责人会议上作《关于坚持和完善人民代表大会制度》的讲话。7 月，出台《中共中央关于加强统一战线工作的通知》。这些文件和讲话都强调，必须坚持中国共产党的领导和社会主义基本政治制度，中国的国家性质和基本制度决不能动摇，任何国家政权机关和社会政治组织都不能背离中国共产党的领导，这是我国社会稳定和经济发展的根本保证；必须继续改善党和国家领导制度，不断推进社会主义民主政治建设。[1] 原先被撤销的党组在国家机关、经济组织和文化组织中陆续恢复。经过全党两年多的共同努力，党的建设工作得到切实加强，有效地解决了党内存在的思想混乱、组织涣散、纪律松弛等突出问题，增强了党的凝聚力、战斗力和影响力，促进了政治稳定和社会稳定，保证了党在改革开放和社会主义现代化建设中更好地发挥领导核心作用。

（二）恢复和发展人民当家作主制度体系

人民当家作主是我国社会主义民主政治的本质和核心。改革开放新时期，适应经济社会发展要求，我们坚持走中国特色社会主义民主政治发展道路，人民当家作主制度体系不断恢复健全，获得新发展。

1. 人民代表大会制度的恢复和发展

人民代表大会制度是我国的根本政治制度。党的十一届三中全会后，我国各级人大恢复行使职权，政权机关建设不断完善，人民代表大会制度建设获得长足发展。

---

〔1〕 参见中共中央党史研究室：《中国共产党的九十年》（改革开放和社会主义现代化建设新时期），中共党史出版社、党建读物出版社 2016 年版，第 775 页。

（1）全国人大工作全面恢复正常运转。1979 年 7 月，五届全国人大二次会议通过《关于修正〈中华人民共和国宪法〉若干规定的决议》，通过了《中华人民共和国地方各级人民代表大会和地方各级人民政府组织法》《中华人民共和国全国人民代表大会和地方各级人民代表大会选举法》等 7 部法律，听取和审议了"一府两院"的工作报告，审查和批准了经济社会发展计划、财政预算，选举任免了国家机关领导人等，并使之成为人大工作的常态。此后，全国人大还通过了 1982 年宪法、1988 年宪法修正案，制定了一些基本法律。这些工作，标志着全国人大全面恢复正常运转，我国民主政治制度步入正常秩序，社会主义法制建设迈出新步伐。

（2）全国人大及其常委会建设全面加强。1982 年，五届全国人大五次会议颁布现行宪法。这部宪法继承和发展了 1954 年宪法的基本原则，总结了国家建设发展的经验教训，全面系统地加强和完善了国家政权机构建设，特别是适应社会主义现代化建设新时期形势和任务要求，全面加强了全国人大及其常委会建设。

一是加强全国人大及其常委会的组织建设。规定全国人大常委会组成人员不得担任国家行政机关、审判机关和检察机关的职务。在原有的民族委员会基础上，增设了法律委员会、财政经济委员会、教育科学文化卫生委员会、外事委员会等专门委员会，研究、审议和拟定有关议案，协助全国人大及其常委会行使职权。全国人大常委会委员长、副委员长、秘书长组成委员长会议，处理全国人大常委会重要日常工作。

二是适当扩大全国人大常委会的职权。考虑到全国人大常委会是全国人大的常设机关，组成人员人数少，可以经常开会、开展经常性工作。因此，从实际出发，宪法将原来属于全国人大的一部分职权赋予它的常委会行使，扩大了全国人大常委会的职权，明确全国人大和它的常委会共同行使国家立法权。全国人大常委会有权制定和修改除应当由全国人大制定的法律以外的其他法律。在全国人大闭会期间，对全国人大制定的法律进行部分补充和修改，但不得同该法律的基本原则相抵触；审查和批准国民经济和社会发展计划、国家预算在执行过程中必须作的部分调整方案；根据国务院总理提名，决定部长、委员会主任、审计长、秘书长的人选等。

三是不断完善全国人大及其常委会会议制度。1987年11月24日，六届全国人大常委会第二十三次会议通过了《中华人民共和国全国人民代表大会常务委员会议事规则》。1989年4月4日，七届全国人大二次会议通过了《中华人民共和国全国人民代表大会议事规则》。这两项议事规则对全国人大及其常委会召开会议的次数和日期，议案和工作报告的提出、听取和审议程序，质询，人大代表的发言和表决等作出具体规定，进一步推动全国人大工作走上了制度化、程序化的轨道。

四是完善中央其他国家机关建设，健全国家体制。恢复设立国家主席和副主席。设立国家中央军事委员会，领导全国武装力量。国务院实行总理负责制，各部、各委员会实行部长、主任负责制。国家领导人员连续任职不得超过两届，取消了实际上存在的领导职务终身制。国家主席、国务院、中央军委、最高人民法院和最高人民检察院，都由全国人大产生并对它负责，受它监督。

（3）地方国家政权建设得到加强。遵循在中央统一领导下，充分发挥地方的主动性、积极性的原则，明确中央和地方的国家机构职权划分，加强地方政权建设。一是在县级以上地方人大设立常委会。这是健全人民代表大会制度的一项重要举措。五届全国人大二次会议通过的《关于修正〈中华人民共和国宪法〉若干规定的决议》，对地方政权组织和选举制度作了修改，明确县和县以上地方各级人大设立常委会，作为本级人大的常设机关；将地方各级革命委员会改为地方各级人民政府，将县的人大代表改为由选民直接选举产生，将上级人民检察院同下级人民检察院的关系由监督改为领导等。1979年下半年，根据修改的选举法、地方组织法，各省、自治区、直辖市在66个县、自治县、不设区的市和市辖区进行了直接选举的试点，第一批县级人大常委会在此基础上产生。省级人大常委会的设立也同步启动，到1979年年底，有21个省、自治区、直辖市的人大设立了常委会，其他省级人大则在1980年设立了常委会。设区的市、自治州的人大常委会基本上也都在1980年设立起来了。到1981年年底，随着县级直接选举工作的全面开展，全国2000多个县级人大都设立了常委会。二是赋予省、自治区、直辖市的人大和它的常委会地方立法权，之后又根据实践发展需要，赋予经国务院批准的较大的市和省会所在地的市的人大及其常委会相应的地方立法权。三是根据1982年宪法和有关法律的规定，在省、自治区、直辖市和自治州、设区的市的人大，设立了法制（政法）、财经、教育科学文化卫生等专门委员会。四是地方各级人民政府实行首长负责制，设立乡政权等。

（4）代表工作制度逐步建立。我国各级人大是由民主选举产生的各级人大代表组成的。各级人大代表通过依法执行代表职务行使国家权力。随着我国社会主义民主法制的不断发展，对代表履行职责提出了进一步规范化、制度化的要求。1992年4月，七届全国人大五次会议通过了《中华人民共和国全国人民代表大会和地方各级人民代表大会代表法》，对全国人大和地方各级人大代表的性质、地位、权利、义务、工作方式，对代表在闭会期间的活动包括组成代表小组开展活动、对本级或下级国家机关的工作进行视察、采取多种方式经常听取和反映人民群众的意见和要求等，都作了具体规定。

改革开放以来，我国人民代表大会制度不断健全，各级人大及其常委会的工作取得了很大进展，在国家政治生活、经济生活、社会生活中发挥着越来越重要的作用，充分体现了人民代表大会制度的优越性。邓小平同志对此予以了充分肯定："我们实行的就是全国人民代表大会一院制，这最符合中国实际。如果政策正确，方向正确，这种体制益处很大，很有助于国家的兴旺发达，避免很多牵扯。"〔1〕

2. 中国共产党领导的多党合作和政治协商制度的恢复和发展

坚持和完善党领导的多党合作和政治协商制度，是我国社会主义民主

〔1〕《邓小平文选》（第3卷），人民出版社1993年版，第220页。

政治建设的重要内容。党的十一届三中全会后，党领导的多党合作和政治协商制度在拨乱反正中得以重建，并随着民主政治的发展而发展。

（1）民主党派工作得到恢复。民主党派工作始终是党领导的统一战线的一个重要方面。在共产党的领导下，实行多党派的合作，这是我国具体历史条件和现实条件所决定的，也是我国政治制度的一个特点和优点。1979年6月15日至7月2日，全国政协五届二次会议在北京举行，邓小平同志在会上作了题为《新时期的统一战线和人民政协的任务》的开幕式讲话。他指出："我国各民主党派……都已经成为各自所联系的一部分社会主义劳动者和一部分拥护社会主义的爱国者的政治联盟，都是在中国共产党领导下为社会主义服务的政治力量。"〔1〕摘掉了戴在民主党派头上长达20多年的"资产阶级政党"的帽子，极大调动了各民主党派为社会主义建设服务的积极性。

随着中共中央进一步拨乱反正，平反冤假错案，落实对民主党派的政策，恢复民主党派的组织工作取得重大进展。1979年10月，8个民主党派（民革、民盟、民建、民进、农工党、致公党、九三学社、台盟）分别召开了全国代表大会，讨论通过了各自的工作报告，修改了章程，选举产生了新的中央领导机构等。1981年12月至1982年1月，中共中央统战部在北京举行了全国统战工作会议。会后中央转发了《全国统战工作会议纪要》，指出："在今后一个相当长的历史时期内，统一战线仍然有强大的生命力，仍然是我们党的一大法宝。""要认真地贯彻执行'长期共存、互相监督'的方针，切实尊重各民主党派在宪法赋予的权利和义务范围内的政治自由、组织独立和法律上平等地位。"强调"人民政协是我国各民族、各阶层、各党派、各人民团体、各界人士和一切爱国力量的统一战线组织。要依靠政协各级组织，动员各种社会力量，开展各方面的统战工作"。并就妥善安排党外人士作出规定。1983年后，民主党派成员和无党派人士在全国人大代表、全国人大常委会委员和副委员长人选中都占有一定比

〔1〕《邓小平文选》（第2卷），人民出版社1994年版，第186页。

例，并在全国人大各专门委员会中也占有一定比例。

1982年9月，党的十二大正式确立了新时期党对民主党派的“长期共存、互相监督、肝胆相照、荣辱与共”的十六字方针。1982年宪法以根本法的形式肯定了爱国统一战线和人民政协的性质、地位和作用。宪法序言中明确指出：“中国人民政治协商会议是有广泛代表性的统一战线组织，过去发挥了重要的历史作用，今后在国家政治生活、社会生活和对外友好活动中，在进行社会主义现代化建设、维护国家的统一和团结的斗争中，将进一步发挥它的重要作用。”1986年4月，中共中央统战部起草了《关于新时期党对民主党派工作的方针任务的报告》，全面总结了建国以来党对民主党派工作的基本经验，系统阐述了中国共产党与民主党派的关系，阐明了新时期党对民主党派工作的方针和任务，明确指出各民主党派都不是在野党，更不是反对党，而是同我党通力合作的共同致力于社会主义事业的亲密友党。7月，中共中央批转了这个报告，指出：在新时期，全党必须提高对统战工作的长期性和重要性的认识，坚定不移地贯彻“长期共存，互相监督”，“肝胆相照，荣辱与共”的方针，进一步加强和发展党同民主党派的合作，更好地发挥民主党派的积极作用。

（2）明确“中国共产党领导的多党合作和政治协商制度”是我国政治制度的重要组成部分。1987年，党的十三大正式提出“中国共产党领导的多党合作和政治协商制度”的表述，明确其为我国政治制度的重要组成部分，强调：“人民代表大会制度，共产党领导下的多党合作和政治协商制度，按照民主集中制的原则办事，是我们的特点和优势，决不能丢掉这些特点和优势，照搬西方的‘三权分立’和多党轮流执政。”人民政协是包括各民主党派、各人民团体和社会各方面代表的爱国统一战线组织。要求加强政协自身的组织建设，逐步使国家大政方针和群众生活重大问题的政治协商和民主监督经常化；完善共产党领导下的多党合作和协商制度，进一步发挥民主党派和无党派爱国人士在国家政治生活中的作用。

（3）明确“中国共产党领导的多党合作和政治协商制度”的基本政治

制度地位。随着我们党对社会主义民主政治制度认识的不断深化，进一步明确了党领导的多党合作和政治协商制度在我国民主政治生活中的地位。1989年1月，邓小平同志在阅读中共中央统战部内部刊物刊载的《北京市部分民主党派成员和无党派人士对“多党合作”问题的看法和意见》时批示：“可组织一个专门小组（成员要有民主党派的），专门拟定民主党派成员参政和履行监督职责的方案，并在一年内完成，明年开始实行。”[1]落实这一指示，1989年12月30日，中共中央下发了《中共中央关于坚持和完善中国共产党领导的多党合作和政治协商制度的意见》。这是我国多党合作制度发展史上的一个重要里程碑。它明确提出了中国共产党领导的多党合作和政治协商制度是我国一项基本政治制度，根本不同于西方资本主义国家的多党制或两党制，也有别于一些社会主义国家实行的一党制，是符合中国国情的社会主义政党制度。正式确立了我国各民主党派参政党的政治地位，指出：“我国是人民民主专政的社会主义国家。中国共产党是社会主义事业的领导核心，是执政党。各民主党派是各自所联系的一部分社会主义劳动者和一部分拥护社会主义的爱国者的政治联盟，是接受中国共产党领导的，同中共通力合作、共同致力于社会主义事业的亲密友党，是参政党。”

该意见总结建国以来行之有效的经验，对我们党同民主党派进行政治协商的方式进行了归纳，明确主要采取以下几种形式：一是中共中央主要领导人邀请各民主党派主要领导人和无党派的代表人士举行民主协商会，就中共中央将要提出的大政方针问题进行协商。这种会议一般每年举行一次。二是中共中央主要领导人根据形势需要，不定期地邀请民主党派主要领导人和无党派的代表人士举行高层次、小范围的谈心活动，就共同关心的问题自由交谈、沟通思想、征求意见。三是由中共召开民主党派、无党派人士座谈会，通报或交流重要情况，传达重要文件，听取民主党派、无

---

〔1〕中共中央文献研究室编：《邓小平年谱》（1975—1997）（下），中央文献出版社2004年版，第1262页。

党派人士提出的政策性建议或讨论某些专题。这种会议大体每两月举行一次。四是除会议协商以外，各民主党派和无党派人士可就国家大政方针和现代化建设中的重大问题向中共中央提出书面的政策性建议，也可约请中共中央负责人交谈。上述各种协商形式，原则上也适用于中国共产党地方党委和民主党派地方组织之间的协商活动。该意见还对进一步发挥民主党派成员、无党派人士在人民代表大会中的作用，举荐民主党派成员、无党派人士担任各级政府及司法机关的领导职务，进一步发挥民主党派在人民政协中的作用，支持民主党派加强自身建设等方面作了具体规定。这些制度化规范，有利于加强党领导的多党合作和政治协商制度建设，有利于我国社会主义民主政治和政治文明的发展进步。

3. 基层群众自治制度的恢复和发展

基层群众自治是指城乡居民群众以相关法律法规政策为依据，在城乡基层党组织领导下，在居住地范围内，依托基层群众自治组织，直接行使民主选举、民主决策、民主管理和民主监督等权利，实行自我管理、自我服务、自我教育、自我监督。改革开放后，我国基层群众自治制度获得进一步创新、拓展和发展。1982 年宪法规定：城市和农村按居民居住地区设立的居民委员会或者村民委员会是基层群众性自治组织。

（1）城市居民委员会的恢复和发展。1980 年 1 月，全国人大常委会重新公布《城市居民委员会组织条例》。1982 年宪法在总结我国居民委员会实行群众自治经验的基础上，首次以根本法的形式明确规定居民委员会的性质、任务和作用。全国各地对城市居民委员会的组织进行了整顿，健全了组织机构和各项规章制度。1989 年 12 月 26 日，为了加强城市居民委员会的建设，促进城市基层社会主义民主和城市社会主义物质文明、精神文明建设的发展，七届全国人大常委会第十一次会议将《城市居民委员会组织条例》修改为《中华人民共和国城市居民委员会组织法》，调整增加了新的内容，要求居民委员会宣传宪法、法律、法规和国家的政策，维护居民的合法权益；协助人民政府或者它的派出机关做好与居民利益有关的公共卫生、计划生育、优抚救济、青少年教育等工作。此外，对居民委员会的规模和机构设置、居民委员会的组成人员及其产生方法、居民委员会的任期等都作了具体规定。这标志着我国城市居民委员会建设得到全面恢复发展，并迈入制度化轨道。

（2）农村村民自治制度的确立。农村普遍实行家庭联产承包责任制后，农民拥有了生产经营自主权，更加关注切身利益，关注村务管理，体现出一种强烈的参与意识。一些地区的农村出现群众自发组织起来形成自治组织负责管理农田灌溉、防火、防盗等公益事业的新情况。为了规范和推进农村基层群众自治的发展，1982年宪法把村民委员会与居民委员会一起写进了宪法，正式确立了村民委员会作为农村基层群众性自治组织的法律地位。之后，各地按照宪法的规定有步骤地开展了建立村民委员会的工作。截至1986年12月，全国共建立村民委员会86.6万多个。1987年11月24日，六届全国人大常委会第二十三次会议审议通过《中华人民共和国村民委员会组织法（试行）》。明确村民委员会是村民自我管理、自我教育、自我服务的基层群众性自治组织，负责办理本村的公共事务和公益事业，调解民间纠纷，协助人民政府做好与村民利益直接有关的社会治安、民政、统计、文化、教育、卫生、计划生育等行政工作；规定村民委员会成员的选举产生和任期制度等。各省区市根据本行政区域的实际情况制定了相关的村民委员会组织法实施办法、村民委员会选举办法，进一步推进法律规定落实落地。

4. 民族区域自治制度的恢复和发展

改革开放后，我国民族政策和民族工作的发展进入新的历史时期，民族区域自治制度得到恢复和发展。1981年6月，《关于建国以来党的若干历史问题的决议》指出："改善和发展社会主义的民族关系，加强民族团结，这对于我们这个多民族国家具有重大意义……必须坚持实行民族区域自治，加强民族区域自治的法制建设，保障各少数民族地区根据本地实际情况贯彻执行党和国家政策的自主权。"1982年宪法不仅在总纲中规定

“各少数民族聚居的地方实行区域自治，设立自治机关，行使自治权”，而且专设“民族自治地方的自治机关”一节，规定了民族自治机关的设立和它行使自治权的内容，明确自治地方的自治机关行使同级地方国家机关的职权，同时依照宪法、民族区域自治法和其他法律规定的权限行使自治权，根据本地方实际情况贯彻执行国家的法律、政策等，为民族区域自治制度稳定发展奠定了坚实的宪法基础。

这一时期，我国不仅恢复了被破坏的民族区域自治制度，并且根据一些少数民族的迫切愿望，新建了一些民族区域自治地方。到 1984 年民族区域自治法制定时，我国已经建立民族自治地方 116 个，包括 5 个自治区、31 个自治州、80 个自治县。这些民族自治地方，行政区域的总面积约 610 万平方公里，占全国总面积的 60%以上；总人口为 1.2 亿多，其中各少数民族人口为 5000 多万。

1984 年 5 月 31 日，六届全国人大二次会议通过《中华人民共和国民族区域自治法》。这是根据宪法有关民族区域自治的基本原则，从我国少数民族的具体实际出发，在总结 30 多年实施民族区域自治经验的基础上制定的，是实施宪法规定的民族区域自治制度的基本法律。这部法律明确规定：“各少数民族聚居的地方实行区域自治。民族自治地方分为自治区、自治州、自治县。各民族自治地方都是中华人民共和国不可分离的部分。”“民族自治地方的自治机关是自治区、自治州、自治县的人民代表大会和人民政府。”“民族自治地方的人民代表大会有权依照当地民族的政治、经济和文化的特点，制定自治条例和单行条例。”“上级国家机关的决议、决定、命令和指示，如有不适合民族自治地方实际情况的，自治机关可以报经该上级国家机关批准，变通执行或者停止执行。”《中华人民共和国民族区域自治法》的出台，是民族区域自治制度发展的重要里程碑，有力保障了民族自治地方的合法权益，促进了民族自治地方的改革、发展和社会稳定，维护了国家的统一。

（三）建设中国特色社会主义法治体系

法治是人类制度文明的发展方向，是现代国家治理的基本方式。党的十一届三中全会深刻总结我国民主法治建设的经验教训，明确提出为了保障人民民主，必须加强社会主义法制，使民主制度化、法律化，使这种制度和法律具有稳定性、连续性和极大的权威，做到有法可依，有法必依，执法必严，违法必究。

立法是依法治国的前提。党的十一届三中全会要求，“从现在起，应当把立法工作摆到全国人民代表大会及其常务委员会的重要议程上来”。贯彻落实党中央决策部署，1979 年 2 月 23 日，五届全国人大常委会第六次会议原则通过《中华人民共和国森林法（试行）》，通过《中华人民共和国逮捕拘留条例》。7 月 1 日，五届全国人大二次会议通过《关于修正〈中华人民共和国宪法〉若干规定的决议》，对 1978 年宪法作出个别修改；会议还审议通过了地方组织法、选举法、人民法院组织法、人民检察院组织法、刑法、刑事诉讼法、中外合资经营企业法等 7 部法律，开启改革开放新时期法治建设的新局面。

1. 建立和完善党领导立法工作的体制机制

我国的宪法和法律是在党领导下制定的。1979 年全国人大常委会法制委员会建立时，彭真同志向中央政治局常委专门写了一个《关于制定和修订法律、法规审批程序的请示报告》。在报告中明确规定：“在草拟或修改法律、法规、重要条例时，应将拟定或修订的法规要解决的主要问题和意见，请示中央原则批准”，“在起草和修改过程中，如有原则性的变动，需要公布或人大常委会提出后，说明变动理由，连同条文草案报送中央批准”。[1] 1982 年宪法制定过程中，中央讨论过多次。另外，一些重要的法

〔1〕 顾昂然：《立法札记——关于我国部分法律制定情况的介绍（1982—2004 年）》，法律出版社 2006 年版，第 25-26 页。

律或法律中的重要问题，也需报请中央请示。比如，1979 年五届全国人大二次会议制定刑法、刑事诉讼法、地方组织法、选举法、人民法院组织法、人民检察院组织法、中外合资经营企业法等 7 部法律，政治局开了两次会进行讨论；民法通则、民族区域自治法等，都是经中央讨论过的；后来制定行政诉讼法时，中央政治局常委会先后讨论过两次。[1]

1991 年 2 月，中共中央《关于加强对国家立法工作领导的若干意见》明确指出，党领导人民制定宪法和法律，党领导人民遵守、执行宪法和法律，这是我国法制建设的重要政治原则，也是法制建设不断发展的重要保证。[2] 该意见明确，中央对国家立法工作的领导主要是：确定立法工作方针和一些重要法律的指导思想和原则；审定我国立法工作规划和计划；根据形势和社会发展的需要，建议立法机关把经过实践检验证明正确的并长期适用的党的方针政策，通过法定程序转变为国家法律；对立法工作中需要中央确定的重大方针政策问题，作出决定等。[3]

2. 出台 1982 年宪法和 1988 年修宪

宪法是国家的根本法。"文化大革命"结束后，为实现拨乱反正的目标任务，开展大规模的社会主义建设，五届全国人大一次会议于 1978 年 3 月 5 日全面修改了宪法。但由于当时历史条件的限制，还没有完全彻底纠正"文化大革命"时期的各项"左"的路线方针政策。随着社会主义现代化建设的全面开展和改革开放政策的推行，1978 年宪法虽经两次部分修改，还是难以适应新形势需要。对宪法的全面修改就再次提上议事日程。

(1) 1982 年宪法的出台和主要内容。1980 年 8 月 30 日，中共中央正式向五届全国人大三次会议主席团提出了关于修改宪法和成立宪法修改委员会的建议。1982 年 9 月，五届全国人大五次会议审议通过了宪法修正案

---

[1] 参见顾昂然：《立法札记——关于我国部分法律制定情况的介绍（1982—2004 年）》，法律出版社 2006 年版，第 26 页。

[2] 参见顾昂然：《立法札记——关于我国部分法律制定情况的介绍（1982—2004 年）》，法律出版社 2006 年版，第 42 页。

[3] 参见顾昂然：《立法札记——关于我国部分法律制定情况的介绍（1982—2004 年）》，法律出版社 2006 年版，第 42 页。

草案，现行宪法由此诞生。

现行宪法是在继承 1949 年《共同纲领》和 1954 年宪法基本精神和主要内容的基础上修改完成的，是对新中国成立以来我国社会主义革命、建设、改革经验教训的总结，更加全面完整地反映了新的历史时期国家的发展要求，是人民意志的集中体现。宪法确立了中国特色社会主义道路、中国特色社会主义理论体系、中国特色社会主义制度的发展成果，反映了我国各族人民的共同意志和根本利益，成为历史新时期党和国家的中心工作、基本原则、重大方针、重要政策在国家法制上的最高体现。其主要内容包括：一是在序言中明确提出以坚持中国共产党的领导为核心的四项基本原则；二是规定我国国体是人民民主专政制度，政体是人民代表大会制度；三是规定了社会主义初级阶段的基本路线；四是规定了我国的社会主义经济制度；五是充实了关于社会主义精神文明的内容；六是强化了公民基本权利义务的规定；七是充实了国家机构的规定；八是规定了国旗、国徽、首都等国家的象征。值得注意的是，这次宪法修改改变了以往宪法的体例结构，将“公民的基本权利和义务”一章移到总纲后面、国家机构前面，作为第二章，并且条文数量从 1954 年宪法的 19 条、1978 年宪法的 16 条，增加到 24 条，对公民权利和自由的规定十分广泛和充分。这种安排和规定，充分彰显了我们党坚持以人民为中心的发展思想，更好保障了人民在国家政治生活中的主人翁地位。

1982 年宪法贯彻党的十一届三中全会精神，把“发展社会主义民主，健全社会主义法制”作为我国今后的一项根本任务，对立法、执法、司法、守法、宪法法律监督等都作了充分规定。这是现行宪法的一个重要特点。立法方面，对立法体制进行了改革和完善。明确全国人大常委会有权制定法律；国务院可以制定行政法规；省级人大及其常委会在与宪法、法律、行政法规不相抵触的前提下，可以制定地方性法规；民族自治地方的人大有权依照当地民族的政治、经济和文化的特点，制定自治条例和单行条例。规定国家维护社会主义法制的统一和尊严；一切法律、行政法规和地方性法规都不得同宪法相抵触。执法方面，要求各级行政机关依法行政。规定国务院即中央人民政府，是最高国家权力机关的执行机关；地方各级人民政府是地方国家权力机关的执行机关。强调一切国家机关和武装力量“都必须以宪法为根本的活动准则”，“都必须遵守宪法和法律。一切违反宪法和法律的行为，必须予以追究”。司法方面，规定人民法院、人民检察院依照法律规定独立行使审判权、检察权，不受行政机关、社会团体和个人的干涉。守法方面，规定任何公民享有宪法和法律规定的权利，同时必须履行宪法和法律规定的义务；公民必须遵守宪法和法律。宪法、法律实施监督方面，明确全国人大及其常委会监督宪法的实施；地方各级人大在本行政区域内，保证宪法、法律、行政法规的遵守和执行。

（2）1988年宪法修正案。根据改革开放以来经济体制改革和对外开放的发展实践，1988年4月12日，七届全国人大一次会议通过宪法修正案，明确规定国家允许私营经济在法律规定的范围内存在和发展；私营经济是社会主义公有制经济的补充；国家保护私营经济的合法的权利和利益，对私营经济实行引导、监督和管理。适应经济改革的需要，删除了任何组织和个人不得出租土地的规定，增加土地的使用权可以依照法律的规定转让的内容。这是我国宪法史上第一次以修正案命名的形式对宪法作的修改，也为后来宪法的修改创立了先例，避免了对宪法反复进行大的修改，保证了宪法的稳定性和连续性。

3. 全面推进社会主义立法工作

这一时期，全国人大及其常委会还制定修改了许多法律。五届、六届、七届全国人大主要是搞基本法，通过了新宪法、国家机构的有关法律，制定了刑法、民法通则和一系列单行民事法律，制定了刑事、民事、行政三大诉讼法，以及其他一些基本法律，为我国法制建设奠定了基础。[1] 比如，适应以经济建设为中心、推进改革开放的需要，制定了全

〔1〕参见顾昂然：《立法札记——关于我国部分法律制定情况的介绍（1982—2004年）》，法律出版社2006年版，第64页。

民所有制工业企业法、中外合作经营企业法、外资企业法、专利法、商标法、著作权法、经济合同法、企业破产法等法律；贯彻落实“一国两制”方针，制定了香港特别行政区基本法、澳门特别行政区基本法；加强民族团结，发展社会主义民主，制定了民族区域自治法、村民委员会组织法等法律；保护和改善生活环境与生态环境，制定了环境保护法、水污染防治法、大气污染防治法等法律；促进教育和文化事业发展，制定了义务教育法、文物保护法等法律。这些法律的出台，从根本上改变了许多重要领域无法可依的局面，为迅速恢复重建国家和社会秩序、促进经济和社会健康有序发展、实施对外开放战略提供了有力法制保障，为中国特色社会主义法律体系的形成奠定了重要基础。

4. 推进完善地方立法体制

1978年，邓小平同志明确指出：“有的法规地方可以先试搞，然后经过总结提高，制定全国通行的法律。”[1] 1979年7月1日，五届全国人大二次会议通过了地方组织法，规定县级以上的地方各级人大设立常委会，省、自治区、直辖市人大及其常委会根据本行政区域的具体情况和实际需要，在和国家宪法、法律、政策、法令、政令不抵触的前提下，可以制定和颁布地方性法规，并报全国人大常委会和国务院备案。彭真同志对赋予省级人大地方立法权有明确的说明。他指出：“我们国家大，民族多，各地政治、经济、文化发展不平衡，就是一个省、一个自治区内部也不平衡。因此，一切都由中央制定、颁布，并且定得很死，全国一刀切，那就很难适应千差万别的具体情况，不是挂一漏万，就是主观主义，实践证明不行……各地方、各方面的具体问题很难都由中央规定，由地方依据中央总的方针，从自己的实际情况出发来规定，可以更好地解决本地的问题。”[2]

1982年宪法确认了省、自治区、直辖市人大及其常委会制定地方性法

〔1〕《邓小平文选》(第2卷)，人民出版社1994年版，第147页。
〔2〕《彭真文选》，人民出版社1991年版，第387页。

规的权力，还规定自治区、自治州、自治县的人大有权依照当地民族的政治、经济和文化的特点，制定自治条例和单行条例。考虑到一些较大的市由于政治、经济、文化地位比较重要，也需要因地制宜地制定一些地方性法规，五届全国人大五次会议一并对地方组织法作出修改，规定省、自治区的人民政府所在地的市和经国务院批准的较大的市的人大常委会，可以拟订本市需要的地方性法规草案，提请省、自治区的人大常委会审议制定。1986 年，随着体制改革和实践的发展需要，六届全国人大常委会第十八次会议对地方组织法作出第二次修改，又规定这些市的人大及其常委会在不同上位法相抵触的前提下，可以制定地方性法规，报省、自治区人大常委会批准后施行。这样，从 1979 年到 1986 年，短短 7 年时间，我国省级地方和较大的市人大及其常委会都被赋予了地方立法权。

地方人大及其常委会获得立法权后，围绕中央的改革决策和部署，结合地方实际积极探索开展立法工作，主要集中在三个方面：一是国家立法的实施性法规。主要是对土地管理法、城市规划法、环境保护法、城市居民委员会组织法、村民委员会组织法（试行）等制定实施办法。二是开展创制性立法和先行先试立法。主要是结合自身实际，在经济特区、鼓励外商投资、商品质量监督、酒类管理、禁止赌博等方面开展立法。三是人大自身建设的法规。主要是制定了地方人大及其常委会议事规则、立法工作、监督工作条例等。

此外，这期间国务院制定了很多行政法规，最高人民法院、最高人民检察院也出台了很多司法解释，加强规范执法、司法行为，促进文明执法。随着法治建设的推进，普法教育活动的开展，全民法律意识、法治观念也普遍增强，为营造良好的法治环境创造了有利的条件。这样，经过十多年的努力，我国法治体系建设取得显著成效。1991 年 4 月，七届全国人大四次会议审议通过的《关于国民经济和社会发展十年规划和第八个五年计划纲要的报告》指出，现在我国以宪法为基础的社会主义法律体系初步形成，国家政治经济活动和政府工作逐步走上法制轨道。

(四) 改革发展中国特色社会主义行政体制

根据我国宪法和法律规定，国务院是最高国家行政机关，是最高国家权力机关的执行机关，领导全国行政工作；地方各级人民政府是地方各级国家行政机关，也是地方各级国家权力机关的执行机关，接受国务院领导。改革开放前，我国实行高度集中的计划经济体制，与之相适应，建立了高度集中的行政管理体制。在当时的条件下，这种体制对促进我国社会主义经济建设协调发展发挥了重要作用，但也带来了显著的弊端。邓小平同志指出："我们的各级领导机关，都管了很多不该管、管不好、管不了的事，这些事只要有一定的规章，放在下面，放在企业、事业、社会单位，让他们真正按民主集中制自行处理，本来可以很好办，但是统统拿到党政领导机关、拿到中央部门来，就很难办。谁也没有这样的神通，能够办这么繁重而生疏的事情。这可以说是目前我们所特有的官僚主义的一个总病根。"[1] 改革开放后，由于经济管理等工作的需要，加上拨乱反正，大批老干部得到平反并重新安排工作，国家行政机构数量和干部大量增加。1977 年至 1981 年，国务院先后恢复和增设了 48 个工作部门，到 1981 年年底共设有 100 个工作部门，达到新中国成立以来的最高峰。[2] 机构臃肿、职责不清、人浮于事、效率低下等问题比较突出。为此，党和国家积极采取改革措施，合理配置机构，加强行政立法，提高政府治理能力和行政效率。

1. 1982 年至 1987 年的行政体制改革：精兵简政、提高效率

1982 年 1 月 11 日、13 日，中央政治局召开会议讨论中央机构改革精简问题，邓小平同志作了题为《精简机构是一场革命》的讲话，强调"如

---

〔1〕《邓小平文选》(第 2 卷)，人民出版社 1994 年版，第 328 页。

〔2〕参见柳建辉：《中华人民共和国通史》(第 6 卷)(2002—2012)，南方出版传媒、广东人民出版社 2020 年版，第 270 页。

果不搞这场革命，让党和国家的组织继续目前这样机构臃肿重叠、职责不清，许多人员不称职、不负责，工作缺乏精力、知识和效率的状况，这是不可能得到人民赞同的”。[1] 中央政治局会议原则通过国务院机构改革方案，强调重点是适应工作重点的转移，提高政府工作效率，精简和调整机构。1982 年 3 月，国务院总理向全国人大常委会作了《关于国务院机构改革问题的报告》。明确提出国务院机构的改革，首先必须改进国务院本身的领导体制和领导方法，以加强集中统一领导，提高工作效率，建议减少副总理，设国务委员，由国务院总理、副总理、国务委员和秘书长组成国务院常务会议；国务院常务会议是国务院的日常领导工作机构，在总理主持下，负责对国务院职权范围内的各项重要工作进行领导和决策；国务院各部、委和国务院直属机构、办公机构的设置，必须做到分工合理，职责分明，机构精干，提高工作效率。此外，国务院还有临时性的领导小组、办公室、委员会等各种非常设机构 45 个，绝大部分都要撤销，其工作由各有关部、委承担。经过这次改革，部委减至 43 个，直属机构减为 15 个，办公机构减为 3 个，国务院共设置 61 个部门，人员编制从原来的 5.1 万人减为 3 万人。[2] 国务院部门机构改革完成后，进行了地方机构改革。

这次机构改革在中央和地方以精兵简政为原则，改革了国务院领导体制，大幅度裁撤合并了一些经济管理部门，为经济体制改革提供了良好条件。与此同时，减少了政府部门副职领导的数量，按照干部“四化”要求对干部队伍的年龄、文化结构进行了调整，推动一批年轻干部走上了领导岗位，是我国推进干部人事制度改革的重要组成部分。

1982 年至 1987 年的行政体制改革还包括推行“市管县”体制改革、事业单位改革、加强行政法制建设等内容。通过一系列改革，初步实现了精兵简政、提高行政效率的目的，并且干部队伍结构更趋合理，干部年轻

---

〔1〕《邓小平文选》（第 2 卷），人民出版社 1994 年版，第 396 页。

〔2〕参见柳建辉：《中华人民共和国通史》（第 6 卷）（2002—2012），南方出版传媒、广东人民出版社 2020 年版，第 270 页。

化取得很大成绩。但是，由于没有触动高度集中的计划经济管理体制，政府职能没有大的转变，改革不久就出现了反弹现象，机构再度膨胀，到1986年，国务院部门又增至72个,[1] 人员再次大幅增加。

2. 1988年至1992年的行政体制改革：转变职能、理顺关系

1987年，党的十三大明确指出，随着经济体制改革的展开和深入，对政治体制改革提出了愈益紧迫的要求，要进一步下放权力；官僚主义现象在党和国家的政治生活中依然严重地存在，而政府机构庞大臃肿，层次过多，职责不清，互相扯皮，是形成官僚主义的重要原因，必须下决心对政府工作机构自上而下地进行改革。强调这次机构改革的核心是必须抓住转变职能这个关键。

贯彻落实党的十三大精神要求，1988年4月9日，七届全国人大一次会议审议通过了国务院机构改革方案。改革的重点是合理配置职能，精简经济管理部门，转变经济管理部门的管理方式，强化决策、咨询、宏观调控的行业管理，将管理方式从直接管理转向间接管理。政府的职能定位是实现政企分开，弱化政府的微观管理职能，强化综合管理职能。经过这次机构改革后的国务院，部委由48个减为41个，直属机构由22个减为19个，非常设机构由75个减为44个，减少人员9700多人。[2] 这次改革虽然没有在地方推行，精简的机构、人员后来也有反复，但改革中提出的"转变政府职能"的目标，对以后的行政体制改革产生了重要影响。

3. 加强行政立法，促进依法行政

改革开放初期，为适应改革发展和行政体制改革要求，加快转变政府管理职能，国家行政立法不断加强。全国人大先是制定了国务院组织法、地方组织法，对各级人民政府的组织、职权、运行进行了规范。党的十三

〔1〕参见柳建辉:《中华人民共和国通史》(第6卷)(2002—2012)，南方出版传媒、广东人民出版社2020年版，第270页。

〔2〕参见柳建辉:《中华人民共和国通史》(第6卷)(2002—2012)，南方出版传媒、广东人民出版社2020年版，第270页。

大后，进一步加强行政立法工作，推进行政管理法制化，强化对行政工作、行政人员的监督。

1989 年 4 月 4 日，七届全国人大二次会议审议通过《中华人民共和国行政诉讼法》，明确要求行政机关必须依法办事，行政行为必须有事实依据、有法律根据、符合法定程序；公民、法人和其他组织认为行政机关的行为侵害了自己的合法权益可以向人民法院提起行政诉讼。《中华人民共和国行政诉讼法》的颁布实施，意味着政府的行政行为受到社会和司法的监督，是我国法治政府建设中具有里程碑意义的事件，对于保障公民合法权益、维护和促进行政机关依法行使行政职权、改进和提高行政工作，都具有重要的积极意义。

1990 年 2 月 18 日，国务院发布《法规规章备案规定》，明确了法规和规章的定义和范围，要求地方性法规、国务院部门规章、地方人民政府规章都应当报国务院备案。为加强行政监察，改善行政管理，提高行政效能，促进国家行政机关及其工作人员廉洁奉公，遵纪守法，1990 年 12 月 9 日，国务院发布《中华人民共和国行政监察条例》，从监察机关和机关工作人员范围、监察机关职权、监察程序及罚则等方面规定了对行政机关工作人员的监督。为维护和监督行政机关依法行使职权，防止和纠正违法或者不当的具体行政行为，保护公民、法人和其他组织的合法权益，1990 年 12 月 24 日，国务院颁布《行政复议条例》，明确行政复议机关要遵循合法、及时、准确和便民的原则，依法对具体行政行为是否合法和适当进行审查。这些法律法规的制定和实施，有效规范了政府行政行为，促进了依法行政，推动转变了政府职能，为建立中国特色社会主义行政体制进行了有益探索。

（五）探索建立社会主义基本经济制度

改革开放是我们党的历史上一次伟大觉醒，孕育了新时期从理论到实践的伟大创造。我国社会主义基本经济制度，是我们党坚持马克思主义基本原理和我国具体国情相结合，充分吸取和借鉴社会主义革命和建设时期正反两方面经验，逐渐形成并最终确立起来的、从理论到实践再到制度的伟大创造，其理论基础和总依据就是我们在改革开放中形成的社会主义初级阶段理论。

1. 公有制为主体、多种所有制经济共同发展

所有制改革是我国经济体制改革的重要环节。改革开放前，我国建立起了苏联模式的社会主义公有制经济，特征是“社会主义经济=公有制+计划经济+按劳分配”。单一的公有制结构表现为：农村以集体所有制为主；城市以全民所有制为主，基本上消灭了私有制。1978 年年底统计，全国城镇仅有 14 万个体工商业者，其经营范围被严格限制在修理、服务和手工业等几个少数行业，且不允许其雇佣除家庭成员之外的劳动者。[1]这种单一的公有制结构得到了宪法确认和保护。1954 年宪法提到的所有制形式包括全民所有制、集体所有制、个体劳动者所有制和资本家所有制，到了 1975 年宪法和 1978 年宪法，只规定了全民所有制和集体所有制。

改革开放、以经济建设为中心，要求大幅度地提高生产力，也必然要求改变同生产力发展不适应的生产关系和上层建筑，进行经济体制改革。在这个背景下，我国所有制实现形式有了创新探索和发展。

（1）冲破“左”的思想束缚，确立家庭联产承包责任制。所有制改革首先在农村取得突破，传统的集体所有制模式逐步被农民创造的家庭联产承包责任制替代，实现土地所有权和经营权分开，启动了所有制改革的序幕。

从地域上来看，农村改革的突破首先从安徽、四川取得成效。这两地大胆实行“放宽政策”“休养生息”的方针，率先进行了农村改革。[2] 特

[1] 参见武国友：《中华人民共和国通史》（第 4 卷）（1976—1992），南方出版传媒、广东人民出版社 2020 年版，第 309 页。

[2] 参见曹普：《当代中国改革开放史》（上卷），人民出版社 2016 年版，第 156 页。

别是 1978 年，在安徽、四川都有地方实行“包产到户”“包干到户”的大胆尝试，直接冲击了人民公社集中经营、集体劳动的原有体制。1978 年秋，安徽省梨园公社小岗生产队全队 18 户户主召开秘密会议，决定把田分到户，实行“包干到户”，极大调动了农民积极性，解放了农业生产力。1979 年，小岗队获得大丰收，粮食产量达 13.2 万斤，是 1966 年到 1970 年 5 年的总和。[1] 小岗队包干到户后来成为改革开放中的一个典型事件。1979 年，就全国来看，实行包产到户的地区都获得了大丰收。

这种情况下，党的十一届四中全会通过的《中共中央关于加快农业发展若干问题的决定》，虽然只肯定包产到组和包工到组的农业生产责任制，规定“不许分田单干”，总的原则不允许包产到户；但也有所松动，明确“某些副业生产的特殊需要和边远山区、交通不便的单家独户”可以包产到户。要防止农村像过去一样深受“左”的政策的影响，“必须首先分清究竟什么是社会主义，什么是资本主义。社队的多种经营是社会主义经济，社员自留地、自留畜、家庭副业和农村集市贸易是社会主义经济的附属和补充，决不允许把它们当作资本主义经济来批判和取缔。按劳分配、多劳多得是社会主义的分配原则，决不允许把它当作资本主义原则来反对。三级所有、队为基础的制度适合于我国目前农业生产力的发展水平，决不允许任意改变，搞所谓‘穷过渡’”。

这个决定颁布后，生产责任制有了进一步的发展，但对包产到户、包干到户的争论没有停止。1980 年 5 月 31 日，邓小平同志在同中央负责工作人员谈话时指出：“农村政策放宽以后，一些适宜搞包产到户的地方搞了包产到户，效果很好，变化很快。安徽肥西县绝大多数生产队搞了包产到户，增产幅度很大。‘凤阳花鼓’中唱的那个凤阳县，绝大多数生产队搞了大包干，也是一年翻身，改变面貌。有的同志担心，这样搞会不会影响集体经济。我看这种担心是不必要的。我们总的方向是发展集体经济。实行包产到户的地方，经济的主体现在也还是生产队……关键是发展生产

---

〔1〕 参见曹普：《当代中国改革开放史》（上卷），人民出版社 2016 年版，第 159 页。

力，要在这方面为集体化的进一步发展创造条件。”并强调：“从当地具体条件和群众意愿出发，这一点很重要。”[1]

1980 年 9 月 14 日至 22 日，中共中央召开各省、市、自治区党委第一书记座谈会，讨论加强和完善农业生产责任制问题，形成《关于进一步加强和完善农业生产责任制的几个问题》的座谈会纪要，并于 9 月 27 日印发。这个文件实现了党的农村政策的重大突破，强调：“凡有利于鼓励生产者最大限度地关心集体生产，有利于增加生产，增加收入，增加商品的责任制形式，都是好的和可行的，都应加以支持，而不可拘泥于一种模式，搞一刀切。”“对于包产到户应当区别不同地区、不同社队采取不同的方针。”即在那些边远山区和贫困落后的地区可以实行包产到户，在一般地区，集体经济比较稳定，生产有所发展，现行的生产责任制群众满意或经过改进可以使群众满意的，就不要搞包产到户。1981 年 12 月，随着实践的进一步发展，中央召开全国农村工作会议，专门讨论农村政策问题，通过了《全国农村工作会议纪要》，并于 1982 年 1 月 1 日以中央一号文件发出。文件明确指出：“目前实行的各种责任制，包括小段包工定额计酬，专业承包联产计酬，联产到劳，包产到户、到组，包干到户、到组，等等，都是社会主义集体经济的生产责任制。不论采取什么形式，只要群众不要求改变，就不要变动。”这样，包产到户被明确为社会主义集体经济的生产责任制，完全合法化，进一步得到发展。1982 年年底，全国共有 80%的生产队实行包产到户。[2] 1983 年 1 月，中共中央关于印发《当前农村经济政策的若干问题》的通知强调，党的十一届三中全会以来，我国农村发生了许多重大变化，其中，影响最深远的是普遍实行了多种形式的农业生产责任制，而联产承包制又越来越成为主要形式，它采取了统一经营与分散经营相结合的原则，使集体优越性和个人积极性同时得到发挥。

经过改革开放之初的短短 3 年，我国传统的“一大二公三纯”的所有

---

〔1〕《邓小平文选》（第 2 卷），人民出版社 1994 年版，第 315-316 页。
〔2〕参见曹普：《当代中国改革开放史》（上卷），人民出版社 2016 年版，第 274 页。

制结构开始有了明显变化。实行包产到户或家庭联产承包责任制，实现了土地所有权与土地使用权的分离，赋予了农民更多的生产自主权以及剩余产品的支配权利，广大农民获得了更多的实实在在利益，更好调动了农民生产积极性、创造性，大大促进了农业生产力的解放和发展。1979 年到 1984 年，我国农业总产值以年均 8.9%的增速发展，平均每年增产粮食 170 亿公斤；1984 年我国粮食产量达到创纪录的 4000 亿公斤，人均 400 公斤，接近世界人均水平；国务院向世界粮农组织宣布，我国已基本上解决了温饱问题。[1] 到 1990 年，粮食总产量达到 4350 亿公斤，棉花、油料、肉类、水产、水果等农副产品产量大幅度增加，为解决人民温饱问题提供了物质保障。[2] 农业生产之所以能够在短时期内蓬勃发展起来，显示了我国社会主义农业的强大活力，根本原因就在于大胆冲破“左”的思想束缚，改变不适应我国农业生产力发展的体制，全面推行了联产承包责任制，发挥了 8 亿农民的巨大的社会主义积极性。

（2）乡镇企业异军突起。在农村土地制度发生变化的同时，农村的乡镇企业也得到了迅速发展。1979 年 7 月，国务院颁发了新中国成立以来第一个关于发展社队企业的指导性文件，明确了社队企业的发展方针，并给予了低税、免税政策。1983 年 12 月，中共中央召开了全国农村工作会议，肯定了社队企业振兴农村经济的重要作用。1984 年 3 月，中共中央、国务院正式将社队企业名称改为乡镇企业，并指出乡镇企业是国营企业的重要补充，乡镇企业进入一个新的发展阶段。1987 年，全国乡镇企业发展到 1750 多万个，比 1984 年增加了近两倍，总收入达到了 4600 亿元，比 1984 年增加了两倍多，纯利润达到 405 亿元，上交国家的税金 220 多亿元；特别是吸收就业人数 8800 多万人，不但促进了农村经济的发展，还提高了

---

〔1〕 参见曹普：《当代中国改革开放史》（上卷），人民出版社 2016 年版，第 276 页。

〔2〕 参见《关于国民经济和社会发展十年规划和第八个五年计划纲要的报告》，载中共中央文献研究室编：《十三大以来重要文献选编》（下），中央文献出版社 2011 年版，第 39 页。

农民的收入水平。[1] 随着乡镇企业的发展，农民的人均纯收入不断增加，1987 年比 1978 年农民人均纯收入净增 329 元，平均每年增加 36.5 元。[2] 到 1990 年，我国农村经济结构发生明显变化，非农产业占农村社会总产值的比重由 1980 年的 31.1%提高到 54.6%；乡镇企业吸纳农村劳动力已达到 9000 多万人，促进了商品经济的发展，为逐步实现农业现代化开创了一条适合我国国情的道路。[3]

乡镇企业在短短几年时间取得快速发展与其灵活的企业制度有很大的关系。其劳动用工制度、干部制度、工资奖金制度都比较灵活，乡镇政府也给乡镇企业很大的自由发展空间。另外，乡镇企业是由企业主体自发建立起来的，企业的发展必须依靠市场，市场灵敏度比较高。这些有利因素使乡镇企业成为我国经济发展的一支生力军，大大突破了我国传统的城市从事工业、农村从事农业的二元经济结构和布局，使城市工业和农村工业的比例关系发生了重大变化。1987 年，乡镇企业工业总产值达到 3243 亿元，占全国工业总产值的 1/4，相当于 1975 年全国工业总产值。[4]

（3）个体经济、私营经济的发展。随着改革的推进，与农村家庭联产承包责任制改革相呼应，个体经济、私营经济逐步发展壮大。

一是个体经济的发展。个体经济的发展最初源于解决庞大的就业需要。改革开放初期，我国城镇就业几乎全部集中在公有制部门，1978 年这一比例高达 99.84%，几乎不存在其他类型的所有制就业。[5] 由于国家政策的改变，大批上山下乡的知青开始返城。知识青年的就业安置问题成为

---

〔1〕参见武国友：《中华人民共和国通史》（第 4 卷）（1976—1992），南方出版传媒、广东人民出版社 2020 年版，第 495 页。

〔2〕参见武国友：《中华人民共和国通史》（第 4 卷）（1976—1992），南方出版传媒、广东人民出版社 2020 年版，第 497 页。

〔3〕《关于国民经济和社会发展十年规划和第八个五年计划纲要的报告》，载中共中央文献研究室编：《十三大以来重要文献选编》（下），中央文献出版社 2011 年版，第 39 页。

〔4〕参见武国友：《中华人民共和国通史》（第 4 卷）（1976—1992），南方出版传媒、广东人民出版社 2020 年版，第 499 页。

〔5〕参见国务院发展研究中心课题组：《波澜壮阔 40 年——我国改革开放 40 年回顾、总结与展望》，中国发展出版社 2019 年版，第 79 页。

重大社会问题，传统的单纯依靠公有制经济已经难以吸纳城市就业，不得不允许自谋职业。[1]

1980 年召开的全国劳动就业工作会议，明确提出“在国家统筹规划和指导下，实行劳动部门介绍就业、自愿组织起来就业和自谋职业相结合”的方针。在这一背景下，个体经济获得了一定发展空间。1980 年年底，从事个体工商业的人数发展到 80.6 万人，比 1979 年翻了一番多。[2] 1981 年 10 月，中共中央、国务院印发的《关于广开门路，搞活经济，解决城镇就业问题的若干决定》明确提出：“为了适应生产力发展的状况，以及人民群众多方面的需要，还必须同时发挥集体、个体等多种经济形式的积极作用。”“按照国民经济的需要适当发展城镇劳动者个体经济，增加自谋职业的渠道。”“在社会主义公有制经济占优势的根本前提下，实行多种经济形式和多种经营方式长期并存，是我党的一项战略决策，决不是一种权宜之计。”这就使长期被忽视，甚至受到歧视的个体经济获得了合法地位，逐渐发展起来。1981 年年底，全国城镇个体经济发展到 183 万户，从业人员 227 万人，在户数上又比 1980 年翻了一番多。[3]

1982 年宪法规定，社会主义公有制即全民所有制和劳动群众集体所有制是我国社会主义经济制度的基础。同时确认，在法律规定范围内的城乡劳动者个体经济，是社会主义公有制经济的补充；国家保护个体经济的合法的权利和利益，并通过行政管理，对个体经济进行指导、帮助和监督。还规定参加农村集体经济组织的劳动者，有权在法律规定的范围内经营自留地、自留山、家庭副业和饲养自留畜。个体经济在我国国民经济中的地位，获得了国家根本法的肯定和保障。1984 年 10 月，党的十二届三中全会通过《中共中央关于经济体制改革的决定》，总结了新中国成立以来我

〔1〕 参见国务院发展研究中心课题组：《波澜壮阔 40 年——我国改革开放 40 年回顾、总结与展望》，中国发展出版社 2019 年版，第 61 页。

〔2〕 参见武国友：《中华人民共和国通史》（第 4 卷）（1976—1992），南方出版传媒、广东人民出版社 2020 年版，第 313 页。

〔3〕 参见武国友：《中华人民共和国通史》（第 4 卷）（1976—1992），南方出版传媒、广东人民出版社 2020 年版，第 313 页。

国经济体制的历史经验教训和党的十一届三中全会以来经济体制改革的经验，强调要坚持发展多种经济形式和多种经营方式，明确“当前要注意为城市和乡镇集体经济和个体经济的发展扫除障碍，创造条件，并给予法律保护……坚持多种经济形式和经营方式的共同发展，是我们长期的方针，是社会主义前进的需要”。这一决定的出台，大大促进了个体经济的发展。到 1985 年，全国个体工商户达到 1171 万户，从业人员 1766 万人，注册资本 169 亿元。〔1〕有力推动了生产发展，增加了财政税收、吸纳了社会就业，繁荣了社会主义经济。

二是私营经济的产生和发展。允许鼓励个体经济的存在和发展，必然带来生产要素的流动和分工的深化，促进生产组织形式的规模化发展。这就产生了一个新的问题，一些个体工商户的规模不断扩大，受自身家庭劳动力不足的影响，逐步出现了雇佣工人的现象。一部分个体业主不断增加雇工，从而在我国再次产生了私营经济。

对私营经济问题，中央一开始就采取了既不禁止也不提倡的方针。1983 年 1 月，中共中央印发《当前农村经济政策的若干问题》，指出：“我国是社会主义国家，不能允许剥削制度存在。但是我们又是一个发展中的国家，尤其在农村，生产力水平还比较低，商品生产不发达，允许资金、技术、劳力一定程度的流动和多种方式的结合，对发展社会主义经济是有利的。因此，对农村中新出现的某些经济现象，应当区别对待……农村个体工商户和种养业的能手，请帮手、带徒弟，可参照《国务院关于城镇非农业个体经济若干政策性规定》执行。”对于超过上述规定，雇请较多帮工的，不宜提倡，不要公开宣传，也不要急于取缔，应因势利导，使之向不同形式的合作经济发展。

由于政策相对宽松，一些个体工商户发展的规模越来越大，雇佣的工人也越来越多，出现了雇工“大户”，招聘的学徒和帮手远远超过了当时

〔1〕参见武国友：《中华人民共和国通史》（第 4 卷）（1976—1992），南方出版传媒、广东人民出版社 2020 年版，第 322 页。

规定的 7 个人的限制。20 世纪 80 年代初，安徽芜湖市年广久创办的“傻子瓜子”就是当时影响较大的一个事件。短短几年时间内“傻子瓜子”迅速发展起来，1981 年，年广久雇工为 10 人以上，到 1983 年雇工人数发展到 100 多人。[1] 如何看待雇工“大户”，引起了社会广泛争议。

1984 年 10 月，邓小平同志在中央顾问委员会第三次全体会议上专门谈到这个问题。他指出：“还有的事情用不着急于解决。前些时候那个雇工问题，相当震动呀，大家担心得不得了。我的意见是放两年再看。那个能影响到我们的大局吗？如果你一动，群众就说政策变了，人心就不安了。你解决了一个‘傻子瓜子’，会牵动人心不安，没有益处。让‘傻子瓜子’经营一段，怕什么？伤害了社会主义吗？”[2] 邓小平同志在这次讲话中进一步强调要解放思想：“这次经济体制改革的文件好，就是解释了什么是社会主义，有些是我们老祖宗没有说过的话，有些新话。我看讲清楚了。过去我们不可能写出这样的文件，没有前几年的实践不可能写出这样的文件。写出来，也很不容易通过，会被看作‘异端’。我们用自己的实践回答了新情况下出现的一些新问题。不是说四个坚持吗？这是真正坚持社会主义，否则是‘四人帮’的‘宁要社会主义的草，不要资本主义的苗’。”[3]

1987 年 1 月，中共中央出台《把农村改革引向深入》，明确提出了对待私营企业的方针，界定了个体经营者和私人企业（私营企业），并肯定了私人企业的合法性，指出：“个体经营者为了补充自己劳力的不足，按照规定，可以雇请一二个帮手，有技术的可以带三五个学徒。对于某些为了扩大经营规模，雇工人数超过这个限度的私人企业，也应当采取允许存在，加强管理，兴利抑弊，逐步引导的方针。”1987 年 10 月，党的十三大明确了我国社会主义初级阶段的所有制结构应以公有制为主体，同时在这

[1] 参见武国友：《中华人民共和国通史》（第 4 卷）（1976—1992），南方出版传媒、广东人民出版社 2020 年版，第 315 页。
[2] 《邓小平文选》（第 3 卷），人民出版社 1993 年版，第 91 页。
[3] 《邓小平文选》（第 3 卷），人民出版社 1993 年版，第 91 页。

一前提下继续发展多种所有制经济。对于城乡合作经济、个体经济和私营经济，都要继续鼓励它们发展。明确指出："私营经济一定程度的发展，有利于促进生产，活跃市场，扩大就业，更好地满足人民多方面的生活需求，是公有制经济必要的和有益的补充。必须尽快制订有关私营经济的政策和法律，保护它们的合法利益，加强对它们的引导、监督和管理。""以公有制为主体"和"发展多种所有制经济"论断的明确提出，初步构建了我国社会主义初级阶段基本经济制度的框架。

1988年4月，七届全国人大一次会议通过《中华人民共和国宪法修正案》，明确"私营经济是社会主义公有制经济的补充"，国家允许私营经济"在法律规定的范围内存在和发展"，对私营经济"实行引导、监督和管理"，"保护私营经济的合法的权利和利益"。私营经济获得国家根本法的肯定和保护。同年6月，国务院颁布《中华人民共和国私营企业暂行条例》，对私营企业给予明确界定和说明，规定私营企业是资产属于私人所有、雇工8人以上的营利性经济组织，必须在国家法律、法规和政策规定的范围内从事生产和经营活动，国家保障私营企业的合法权益，鼓励、引导私营企业健康发展。

20世纪80年代末，受特殊历史环境的影响，个体私营经济的发展出现波折。全国的个体工商户和私营企业的户数都有相当数量的减少。对此，党中央、国务院以及国家有关部门多次发出有关指示或通知，要求在个体经济和私营经济问题上贯彻执行党和国家的政策。这样，1990年和1991年，我国个体工商业、私营工商业的户数开始增长，但增长的速度和1988年以前相比较为缓慢。这种状况表明，对非公有制经济的认识乃至对我国社会主义的认识，仍然有待于进一步深化。

（4）外商投资经济的兴起和发展。对外开放是我国的一项基本国策。改革开放以来，启动大规模现代化建设，迫切需要解决经验、技术和资金缺口问题，利用外资成为进行社会主义现代化建设的必然选择。为扩大国际经济合作与技术交流，引进外资促进经济发展，我们努力改变以政策管理经济的模式，坚持法律先行，增强外商投资信心。1978 年，邓小平同志批示可以搞中外合资经营企业后，有关部门抓紧对当时正在谈判的几个项目进行调查研究，就中外合资经营企业的章程、合同提出建议。在调研过程中，香港爱国人士廖瑶珠大律师作为顾问，参加草拟有关章程和合同。廖瑶珠提出，只有章程和合同还不够，还应当有法源，要制定中外合资经营企业法。她的这一意见引起中央领导同志的高度重视。叶剑英同志指示立即开展立法工作。1979 年 7 月 1 日，五届全国人大二次会议审议通过《中华人民共和国中外合资经营企业法》。由于当时吸收外商直接投资尚缺乏实践经验，这部法律规定的内容还比较原则，全文共 15 条。邓小平同志指出："这个法是不完备的，因为我们还没有经验。与其说是法，不如说是我们政治意向的声明。"〔1〕《中华人民共和国中外合资经营企业法》明确了外资在中国从事合资企业经营活动的权利义务、条件、待遇等，有效吸引了外资，促进了中外合资企业的发展，是我国第一部关于外商投资的专门法律，是对外开放法制建设的重要里程碑。

1983 年 9 月，经过深入研究和广泛征求意见，国务院发布《中华人民共和国中外合资经营企业法实施条例》，其内容更加全面系统，包括企业的设立与登记、组织形式与注册资本、出资方式、董事会与经营管理机构、引进技术、税务、外汇管理、争议的解决等内容，共 16 章 118 条，使得中外合资经营企业各方面的经营活动都有法可依。之后，1986 年，六届全国人大四次会议通过《中华人民共和国外资企业法》；1988 年，七届全国人大一次会议通过《中华人民共和国中外合作经营企业法》。这两部法律与《中华人民共和国中外合资经营企业法》共同组成了利用外资的三部基本法律（统称"外资三法"）。此外，1986 年 7 月，国务院发出《关于进一步改善外商投资企业生产经营条件的通知》，10 月公布《关于鼓励外商投资的规定》，1987 年 7 月又出台了 22 个细则。这些规定对吸引外资、

〔1〕中共中央文献研究室编：《邓小平年谱》（1975—1997）（上），中央文献出版社 2004 年版，第 529 页。

促进对外开放发挥了重要作用。对此，党的十三大给予充分肯定："中外合资企业、合作经营企业和外商独资企业，也是我国社会主义经济必要的和有益的补充。应当切实保护国外投资者的合法利益，进一步改善投资环境。"

这些法规文件的出台，使吸收外资的法规进一步完善和系统化了，不但在总的原则上，而且在具体实施的细则上基本都有法可依、有章可循了。[1] 外商投资企业获得更大发展。"从1979年7月《中外合资经营企业法》公布到1983年底，批准的外商投资企业总计1361个，协议外商投资金额43.4亿美元，外商实际投入金额10.1亿美元（均不含海上石油合作勘探开发和商品信贷）。这些项目分布在经济特区和广东、福建两省的一些地方，上海、天津也有一些，其他地区是星星点点。"[2] 1984年扩大对外开放，有力推动了外商投资企业发展。"从1987年起我国吸收外商投资，一直呈现直线上升趋势，规模越来越大，形势越来越好，促进国民经济发展的作用越来越明显。"[3] 改革开放以来到1990年，我国实际吸收外商直接投资189.8亿美元，兴办外商投资企业2万多家；借用外国贷款458.2亿美元，建设民用机场、铁路、公路、港口码头、油田、电力、化工等项目550个，补充了我国建设资金的不足；还引进了一大批国外先进技术，促进了国内生产技术水平的提高。[4] 和改革开放之初相比，外资企业获得较大发展，有力推动了社会主义现代化建设事业。

2. 按劳分配为主体、其他分配方式为补充的分配制度的形成

收入分配制度是推动经济社会发展的一项基础性制度，是社会主义基本经济制度的重要组成部分。改革开放前，由于受"左"的思想影响，按

---

〔1〕 参见谷牧：《谷牧回忆录》，中央文献出版社2009年版，第380页。
〔2〕 谷牧：《谷牧回忆录》，中央文献出版社2009年版，第371页。
〔3〕 谷牧：《谷牧回忆录》，中央文献出版社2009年版，第380页。
〔4〕 参见《关于国民经济和社会发展十年规划和第八个五年计划纲要的报告》，载中共中央文献研究室编：《十三大以来重要文献选编》（下），中央文献出版社2011年版，第40页。

劳分配原则在实践中总体上演变成平均主义的“大锅饭”，反对追求差别化的物质利益。特别是“文化大革命”期间，“四人帮”以限制“资产阶级法权”为幌子，实际上否定了按劳分配原则，大搞贫穷的、低水平的平均主义，挫伤了人们的生产积极性，造成经济效率低下，严重阻碍经济社会发展，迫切需要进行收入分配制度的改革。

（1）按劳分配原则的确立。1978 年 12 月，邓小平同志鲜明提出要实行社会主义的物质利益原则，指出：“为国家创造财富多，个人的收入就应该多一些，集体福利就应该搞得好一些。不讲多劳多得，不重视物质利益，对少数先进分子可以，对广大群众不行，一段时间可以，长期不行。”〔1〕并且提出了允许一部分人先富起来，先富带动后富的思想。1979 年 9 月，党的十一届四中全会通过《中共中央关于加快农业发展若干问题的决定》，明确提出：“按劳分配、多劳多得是社会主义的分配原则，决不允许把它当作资本主义原则来反对。”

进入 20 世纪 80 年代，随着家庭联产承包责任制在农村如火如荼地开展起来，原来以工分制为主要分配形式的集体经营转化成了家庭经营，广大农村地区的分配方式也发生了重大的变化，实行“缴足国家的，留够集体的，剩下都是自己的”，突破了平均主义和“大锅饭”的枷锁，调动了广大农民的积极性，提高了农民收入。这种分配方式实际上是按劳分配原则在农村的具体体现。

当农村逐渐落实家庭联产承包责任制的时候，城镇地区也掀起反对平均主义、落实按劳分配的浪潮。1984 年，《中共中央关于经济体制改革的决定》提出，企业内部拉开收入档次，以充分体现奖勤罚懒、奖优罚劣，充分体现多劳多得、少劳少得，充分体现脑力劳动和体力劳动、复杂劳动和简单劳动、熟练劳动和非熟练劳动、繁重劳动和非繁重劳动之间的差别。

（2）以按劳分配为主体、多种分配方式为补充的分配制度的确立。随

〔1〕《邓小平文选》（第 2 卷），人民出版社 1994 年版，第 146 页。

着改革开放的深入推进，我国突破了在社会主义社会实行单一按劳分配的传统思维，逐渐认识到多种分配方式在社会主义经济发展中的地位和作用。

1987 年 10 月，党的十三大顺应客观经济现实需要，提出了实行以按劳分配为主体的多种分配方式和正确的分配政策的方针。明确提出："社会主义初级阶段的分配方式不可能是单一的。我们必须坚持的原则是，以按劳分配为主体，其他分配方式为补充。"除了按劳分配这种主要方式和个体劳动所得以外，收入的取得还有其他多种方式，比如，"企业发行债券筹集资金，就会出现凭债权取得利息；随着股份经济的产生，就会出现股份分红；企业经营者的收入中，包含部分风险补偿；私营企业雇用一定数量劳动力，会给企业主带来部分非劳动收入"等。分配政策"既要有利于善于经营的企业和诚实劳动的个人先富起来，合理拉开收入差距，又要防止贫富悬殊，坚持共同富裕的方向，在促进效率提高的前提下体现社会公平。对过高的个人收入，要采取有效措施进行调节；对以非法手段牟取暴利的，要依法严厉制裁"。并特别强调"当前分配中的主要倾向，仍然是吃大锅饭，搞平均主义，互相攀比，必须继续在思想上和实际工作中加以克服"。党的十三届七中全会通过的《中共中央关于制定国民经济和社会发展十年规划和"八五"计划的建议》，进一步发展了社会主义分配制度的思想，将按劳分配为主体、其他分配方式为补充的分配原则上升到制度层面，指出我国要"实行以按劳分配为主体，其他分配方式为补充的分配制度"。

3. 社会主义市场经济体制的初步探索

我国经济体制改革确定什么样的目标模式，是关系整个社会主义现代化建设全局的一个重大问题。这个问题的核心是正确认识和处理计划与市场的关系。传统的观念认为，市场经济是资本主义特有的东西，计划经济才是社会主义经济的基本特征。因此，1956 年社会主义改造完成后到 1978 年党的十一届三中全会召开，我国持续实行了 20 多年的单一的计划经济体制。这虽然有利于在全社会范围内集中必要的人力、物力、财力进行重点建设，推动建立完整的国民经济体系，推进工业化和国防建设，但是也存在明显的弊端。比如，政企职责不分，条块分割，国家对企业统得过多过死，忽视商品生产、价值规律和市场的作用，分配中平均主义严重，企业缺乏应有的自主权，企业吃国家“大锅饭”、职工吃企业“大锅饭”，压抑了企业和广大职工群众的积极性、主动性、创造性等。党的十一届三中全会后，随着改革的深入，我们逐步摆脱了传统的观念，形成新的认识。

（1）提出“计划经济为主、市场调节为辅”方针。“文化大革命”结束不久，国内对中国经济体制改革采取什么样的体制，进行过热烈讨论。在党内，李先念、陈云同志比较早提出使用“市场经济”这一概念。1978年9月，李先念同志在国务院务虚会的总结中提出了“计划经济与市场经济相结合”的观点。[1] 1979年2月，李先念同志又指出：“我同陈云同志谈，他同意，在计划经济前提下，搞点市场经济作为补充。计划经济和市场经济相结合，以计划经济为主；市场经济是个补充，不是小补充，是大补充。”[2]

1979年3月8日，党内长期主抓经济建设的领导人陈云同志撰写的关于计划与市场问题的提纲指出，1917年后苏联实行计划经济，1949年后中国实行计划经济，都是按照马克思所说的有计划按比例办事的；当时这样做完全对，但缺点是没有根据已经建立社会主义经济制度的经验和本国生产力发展的实际状况对马克思的原理加以发展，即只有“有计划按比例”这一条，没有在社会主义制度下还必须有市场调节这一条；整个社会主义时期必须有两种经济：一是计划经济部分，二是市场调节部分，即只根据市场供求的变化进行生产，带有盲目性调节的部分，前者是基本的主

〔1〕参见陈述：《中华人民共和国通史》（第5卷）（1992—2002），南方出版传媒、广东人民出版社2020年版，第51页。

〔2〕《李先念传》编写组、鄂豫边区革命史编辑部编写：《李先念年谱》（第6卷）（1979—1992），中央文献出版社2011年版，第13页。

要的，后者是从属的次要的，但又是必需的；在今后经济的调整和改革中，计划与市场这两种经济的比例的调整将占很大比重。[1] 不久后，中共中央决定，在国务院下设财政经济委员会，作为研究制定财经方针政策和决定工作中的大事的决策机关，陈云同志任主任，李先念同志任副主任。陈云同志和李先念同志关于计划经济与市场经济相结合，以计划经济为主、市场经济为辅的重要认识，对我国突破高度集中的计划经济体制束缚，产生了广泛而深远的影响，成为我国20世纪80年代经济体制改革的重要指导思想。

1981年，《关于建国以来党的若干历史问题的决议》明确提出我国的经济体制问题："社会主义生产关系的变革和完善必须适应于生产力的状况，有利于生产的发展……必须在公有制基础上实行计划经济，同时发挥市场调节的辅助作用。"1982年9月，党的十二大进一步强调："正确贯彻计划经济为主、市场调节为辅的原则，是经济体制改革中的一个根本性问题。"这是我国市场取向改革起步阶段的重大突破。

（2）提出"有计划的商品经济"方针。1984年10月，党的十二届三中全会通过《中共中央关于经济体制改革的决定》，提出要进一步解放思想，建立起具有中国特色的、充满生机和活力的社会主义经济体制，促进社会生产力的发展。该决定指出，"改革计划体制，首先要突破把计划经济同商品经济对立起来的传统观念，明确认识社会主义计划经济必须自觉依据和运用价值规律，是在公有制基础上的有计划的商品经济"。这就明确了我国的经济体制是"有计划的商品经济"，为推进经济体制改革提供了新的理论指导，是我国经济体制改革进一步解放思想的重要体现。

1987年，邓小平同志对计划经济与市场经济的理论认识，又提出了新的见解。当年2月6日，他就党的十三大报告的起草与中央几位领导人谈话中指出："为什么一谈市场就说是资本主义，只有计划才是社会

〔1〕 参见中共中央文献研究室编：《陈云年谱（修订本）》（下卷），中央文献出版社2015年版，第267-268页。

主义呢？计划和市场都是方法嘛。只要对发展生产力有好处，就可以利用。它为社会主义服务，就是社会主义的；为资本主义服务，就是资本主义的。好像一谈计划就是社会主义，这也是不对的，日本就有一个企划厅嘛，美国也有计划嘛。我们以前是学苏联的，搞计划经济。后来又讲计划经济为主，现在不要再讲这个了。"〔1〕据此，党的十三大报告没有再提计划经济为主，而是肯定了"社会主义有计划商品经济的体制，应该是计划与市场内在统一的体制"。强调指出，《中共中央关于经济体制改革的决定》提出的社会主义经济是公有制基础上的有计划的商品经济，"这是我们党对社会主义经济作出的科学概括，是对马克思主义的重大发展，是我国经济体制改革的基本理论依据"。

1989 年政治风波后，质疑市场取向改革的声音越来越强烈。要市场还是要计划被一些人认为是一个"姓'资'还是姓'社'"的问题，而且进一步引向了对改革开放的质疑。面对这些质疑，党的十三届四中全会后提出了建立适应有计划商品经济发展的计划经济与市场调节相结合的经济体制和运行机制。

4. 加强民事、经济立法，依法构建和保障社会主义基本经济制度

这个时期，国家重点加强了民事、经济领域立法。比如，制定民法通则，规范作为平等主体的公民之间、法人之间、公民和法人之间的财产关系和人身关系，保障商品交换的当事人的平等地位和权利。制定经济合同法，保护经济合同当事人的合法权益，维护社会经济秩序，提高经济效益等。此外，还制定了民事诉讼法、全民所有制工业企业法、专利法、商标法、著作权法、会计法、企业破产法、个人所得税法、税收征收管理法、进出口商品检验法等法律，推进和保障社会主义基本经济制度的有序发展。

从 1978 年到 1992 年，按照邓小平同志"摸着石头过河"的改革方法，我国在渐进改革实践中不断深化对社会主义初级阶段基本经济制度的

〔1〕《邓小平文选》（第 3 卷），人民出版社 1993 年版，第 203 页。

认识，初步形成了符合当时历史发展阶段的共识。1991年3月，《关于国民经济和社会发展十年规划和第八个五年计划纲要的报告》指出，80年代，我国社会经济生活中最引人注目的是经济体制改革和对外开放，这是过去10年所发生的最深刻的变化。通过改革，经济体制格局发生了重大变化：从单一的公有制结构，逐步变化为以公有制为主体、多种经济成分并存的所有制结构；从单一的分配制度，逐步变化为以按劳分配为主体、其他分配方式为补充的分配制度；过分集中的计划经济体制，逐步变化为计划经济与市场调节相结合的体制。[1] 持续进行的经济体制改革调动了各方面的积极性，促进了社会生产力的发展，推动了人民生活明显改善。1990年同1980年相比，国民生产总值由4470亿元增加到17400亿元，按不变价格计算，增长了1.36倍，平均每年增长9%；城镇居民人均生活费收入在1990年达到1387元，农民人均纯收入达到630元，剔除价格因素，分别比1980年增长68.1%和123.9%。[2] 尽管那时还没有正式提出社会主义基本经济制度这一概念，但其中的主要构成要素都已有所涉及，这为20世纪90年代正式确立我国的基本经济制度奠定了坚实基础。

（六）改革和发展社会主义先进文化制度

文化是一个国家、一个民族的灵魂。“文化大革命”时期，文化领域是受影响冲击的重灾区。改革开放后的文化建设是在对“文化大革命”及其以前“左”的错误进行拨乱反正的基础上开始的。

1. 党中央高度重视社会主义精神文明建设

1979年10月，邓小平同志代表党中央在中国文学艺术工作者第四次代表大会上作了祝词讲话，指出：“我们要在建设高度物质文明的同时，

---

〔1〕参见《关于国民经济和社会发展十年规划和第八个五年计划纲要的报告》，载中共中央文献研究室编：《十三大以来重要文献选编》（下），中央文献出版社2011年版，第42页。

〔2〕参见《关于国民经济和社会发展十年规划和第八个五年计划纲要的报告》，载中共中央文献研究室编：《十三大以来重要文献选编》（下），中央文献出版社2011年版，第41页。

提高全民族的科学文化水平，发展高尚的丰富多彩的文化生活，建设高度的社会主义精神文明。”[1] 1981年6月，党的十一届六中全会通过的《关于建国以来党的若干历史问题的决议》，强调要坚决扫除长期间存在而在“文化大革命”期间登峰造极的那种轻视教育科学文化和歧视知识分子的完全错误的观念，努力提高教育科学文化在现代化建设中的地位和作用。1982年9月，党的十二大指出：“我们在建设高度物质文明的同时，一定要努力建设高度的社会主义精神文明。这是建设社会主义的一个战略方针问题。”“社会主义精神文明的建设大体可以分为文化建设和思想建设两个方面。这两方面又是互相渗透和互相促进的。”

1986年9月，党的十二届六中全会通过《中共中央关于社会主义精神文明建设指导方针的决议》。该决议根据马克思主义基本原理同中国实际相结合的原则，结合我国全面改革发展的要求，回顾了改革开放几年来精神文明建设的成就和面临的问题，阐明了社会主义精神文明建设的战略地位、根本任务和基本指导方针，是当时加强我国社会主义精神文明建设的纲领性文献，对于推动我国文化建设和文化体制改革，解放和发展文化生产力有重要意义。该决议指出：“社会主义精神文明建设的根本任务，是适应社会主义现代化建设的需要，培育有理想、有道德、有文化、有纪律的社会主义公民，提高整个中华民族的思想道德素质和科学文化素质。”“加强精神文明建设，就要牢记历史教训，正确处理社会主义社会的各种矛盾，坚持对思想性质的问题采取讨论的方法、说理的方法、批评和自我批评的方法，就是说，用教育和疏导的方法去解决；坚持一切着眼于建设，把注意力集中到团结人民、充分发挥人民的社会主义积极性和创造精神上来，集中到满足人民的文化和精神需要上来，集中到加强思想道德建设和教育科学文化建设上来，归根到底，集中到促进社会生产力的发展上来。”该决议明确了吸收外来文化对发展社会主义文化的重要性，指出：“近代世界和中国的历史都表明，拒绝接受外国的先进科学文化，任何国

〔1〕《邓小平文选》（第2卷），人民出版社1994年版，第208页。

家任何民族要发展进步都是不可能的。闭关自守只能停滞落后。”该决议强调，要树立和发扬社会主义的道德风尚，遵循社会主义道德建设的基本要求，爱祖国、爱人民、爱劳动、爱科学、爱社会主义。要坚持马克思主义在精神文明建设中的指导作用，加强社会主义民主、法制、纪律的教育，普及和提高教育科学文化等。党的十三大充分肯定了改革开放以来社会主义精神文明建设取得的重要进展，强调要根据党的十二届六中全会决议要求，提高整个民族的思想道德素质和科学文化素质。

2. 文化体制的改革和发展

随着改革开放的推进，文化体制的改革也提上了议事日程。1983年，国务院《政府工作报告》提出了文化体制改革的任务，强调文化部门应当围绕不断提高精神产品质量这个中心，进一步安排好事业的调整、体制的改革、队伍的整顿和基本设施的建设，努力创造和输送更多更好的、为群众喜闻乐见的精神食粮，组织各种适合不同群众需要的文化娱乐和体育活动，丰富人民的文化生活。该报告明确，必须尊重艺术规律，尊重作家艺术家的创造性劳动，有领导有步骤地进行文艺体制改革。

在党中央和国务院的领导、推动下，这一时期的文化体制改革主要情况如下：

（1）文艺与演出部门体制改革。一是调整艺术部门和艺术团体的布局。1985年，中共中央办公厅、国务院办公厅批转了文化部《关于艺术表演团体的改革意见》，要求改革全国专业艺术表演团体数量过多、布局不合理的状况，增强艺术表演团体自身的生机与活力，使其逐步成为独立性较强的社会文化团体。二是推行艺术表演团体经营方式的“双轨制”。1988年国务院批转的文化部《关于加快和深化艺术表演团体体制改革的意见》和1989年中共中央《关于进一步繁荣文艺的若干意见》，提出了实行“双轨制”的具体改革意见，明确国家主办的全民所有制艺术表演团体要少而精，大多数艺术表演团体实行多种所有制形式，由社会力量主办。三是实行承包经营责任制和“以文补文”、开展有偿服务等改革，着力解决文化单位的经济困难，消除统得过多、过死和吃大锅饭等体制弊端。四是承认文化市场的合法地位并加强监管。1988 年 2 月，文化部、国家工商行政管理局发布《关于加强文化市场管理工作的通知》，明确提出了“文化市场”的概念，规定了文化市场的管理范围、任务、原则和方针。

（2）新闻出版部门体制改革。一是实行事业单位企业化管理运行机制改革。1978 年，财政部批准了《人民日报》等 8 家新闻单位实施企业化管理的报告。二是改革发行体制。1982 年 6 月，文化部发出《关于图书发行体制改革工作的通知》，提出建立以国营书店为主体、多种流通渠道、多种经济成分、多种购销形式、少流通环节的发行体制。1988 年，中共中央宣传部和新闻出版署联合发出《关于当前图书发行体制改革的若干意见》，要求继续完善和发展以国营书店为主体的“三多一少”的发行格局，同时推行“三放一联”（放权承包，放开批发渠道，放开购销形式和发行折扣，推行横向经济联合）的发行方针，建立和发展开放式的效率高的充满活力的发行体制。三是对书刊定价实行分级管理。1984 年，取消了统一定价制度，对书刊定价实行分级管理，中央和地方分开负责图书定价。四是实行承包责任制为主的内部体制改革。增强新闻出版单位活力，提高服务水平和市场竞争力。

（3）广播影视工作改革。针对地方只转播中央台的节目等突出问题，推动中央、省、地、县 4 级广播和电视系统改革，要求各自根据不同情况推动广电行业的发展。对国营的电影制片厂实行转企改制，独立经营，推动电影行业发展，满足人民群众需求。

（七）发展社会民生保障制度

社会民生问题是人民群众最关心最直接最现实的利益问题。增进人民福祉、促进人的全面发展是我们党立党为公、执政为民的本质要求，也是我们党始终保持强大号召力、向心力、凝聚力的根本所在。改革开放以来，党和国家坚持以人民为中心，不断改革完善社会民生保障制度体系，取得显著成就，人民群众获得感幸福感安全感不断增强。

1. 就业制度的发展

就业是民生之本，是人民群众维持、改善生活的基本前提和基本途径。新中国成立后，我国建立了以统包统配制为主要内容的计划就业制度。党的十一届三中全会后，我国以改革“统包统配”的劳动就业制度为突破口，积极探索更加灵活的就业政策，着力解决就业问题。

（1）提出“三结合”就业方针。1980 年 8 月，中共中央转发全国劳动就业工作会议文件《进一步做好城镇劳动就业工作》，率先提出“在国家统筹规划和指导下，实行劳动部门介绍就业、自愿组织起来就业和自谋职业相结合”的方针。1981 年 10 月，中共中央和国务院颁布《关于广开门路，搞活经济，解决城镇就业问题的若干决定》，明确要求今后在调整产业结构的同时，必须着重开辟在集体经济和个体经济中的就业渠道；努力办好城镇集体所有制经济，大力提倡和指导待业青年组织起来，在集体经济单位就业；按照国民经济的需要适当发展城镇劳动者个体经济，增加自谋职业的渠道等。要逐步改革国营企业的经济体制和劳动制度，有效地提高经营管理水平和经济效果。限于当时的历史条件，这个决定也提出，对农村多余劳动力，要通过发展多种经营和兴办社队企业，就地适当安置，不使其涌入城镇。

（2）提出社会化、市场化招工方针。1986 年 7 月，国务院发布《国营企业招用工人暂行规定》，提出企业招用工人，应贯彻执行先培训后就业的原则，面向社会，公开招收，全面考核，择优录用。明确废止两种招工办法：一是企业不得以任何形式进行内部招工；二是不再实行退休工人子女顶替，使企业选择新职工有了更大的回旋余地。这一规定把竞争机制引入就业领域，赋予企业招工选择权，为形成劳动者与企业的双向选择关系打下了基础。

（3）实行就业劳动合同制。早在 1983 年，根据国有企业改革的用工需要，劳动人事部发布了《关于积极试行劳动合同制的通知》《关于招工考核择优录用的暂行规定》等文件，使劳动合同制的就业政策初步确立。1986 年 7 月，国务院正式发布《国营企业实行劳动合同制暂行规定》，按照“老人老办法、新人新办法”的原则，提出对新招职工普遍实行劳动合同制，明确劳动合同制工人与原固定工人享有同等权利，首先在新增职工中打破了固定工制度。

为解决劳动用工制度双轨制带来的矛盾，从 1987 年开始，大范围地推动企业原有的固定工制度改革，逐步实行统一的劳动就业模式。1992 年 7 月颁布的《全民所有制工业企业转换经营机制条例》规定：“企业可以实行合同化管理或者全员劳动合同制。”合同化管理范围由新增职工扩大到包括原有职工在内的全体职工。这就消除了企业原有职工与新增职工的用工差别，有利于广泛开展劳动者竞争上岗，促进劳动者合理流动，优化生产要素资源配置。

2. 教育制度的发展

百年大计，教育为本。从 20 世纪 50 年代后期开始，我国教育事业频繁受到“左”的政治运动的冲击，遭到严重破坏，特别是“文化大革命”使我国教育事业同世界发达国家之间在许多方面本来已经缩小的差距又拉大了。“文化大革命”结束后，邓小平同志复出工作，主动要求抓教育和科技，推进教育体制改革拨乱反正，我国教育事业走上恢复和蓬勃发展的道路。

（1）教育体制的初步恢复。1977 年高考制度的恢复和确立，是带动整个教育制度乃至社会制度变革的关键事件，是教育体制恢复与重建的突破口，也是教育领域拨乱反正的关键一步。在恢复高考的同时，中止 12 年的研究生教育也恢复招生，并且加大了派遣留学生到国外学习的力度。教育法制化建设逐步恢复并取得重要进展。1980 年 2 月，五届全国人大常委会第十三次会议通过《中华人民共和国学位条例》，标志着学位管理活动正式走上法制化轨道；12 月，国务院设立学位委员会，负责领导全国的学位授予工作。

同期，我国基础教育也重新回到正常发展的轨道。1978年2月，教育部颁发《全日制十年制中小学教学计划试行草案》，规定全日制中小学学制为10年，其中小学5年，中学5年（初中3年、高中2年），全面恢复“文化大革命”前的教育体制，确定了中小学的基本学制和课程设置。1980年12月，中共中央、国务院出台《关于普及小学教育若干问题的决定》，提出在80年代全国应基本实现普及小学教育的历史任务，有条件的地区还可以进而普及初中教育；中小学学制准备逐步改为12年制。并提出普及小学教育，必须坚持“两条腿走路”的方针，以国家办学为主体，充分调动社队集体、厂矿企业等各方面办学的积极性。

（2）出台《中共中央关于教育体制改革的决定》。1982年，党的十二大把教育和科学作为实现今后20年经济发展目标的三大战略重点之一。1983年，邓小平同志鲜明地提出：“教育要面向现代化、面向世界、面向未来。”1985年年初，国家规定每年的9月10日为教师节，极大地促进了尊师重教风气的形成，激发了广大教师工作的积极性。

1985年5月15日至20日，中共中央、国务院在北京召开了改革开放后的第一次全国教育工作会议。1985年5月27日，《中共中央关于教育体制改革的决定》颁布，标志着我国教育体制改革全面启动。这是党中央继《中共中央关于经济体制改革的决定》和《中共中央关于科学技术体制改革的决定》之后作出的关于推进中国改革开放大业的第三个重要决定。该决定强调要从根本上改变教育领域的诸多突出问题，必须从教育体制入手，有系统地进行改革。要“改革管理体制，在加强宏观管理的同时，坚决实行简政放权，扩大学校的办学自主权；调整教育结构，相应地改革劳动人事制度。还要改革同社会主义现代化不相适应的教育思想、教育内容、教育方法”。改革的目的是“要开创教育工作的新局面，使基础教育得到切实的加强，职业技术教育得到广泛的发展，高等学校的潜力和活力得到充分的发挥，学校教育和学校外、学校后的教育并举，各级各类教育能够主动适应经济和社会发展的多方面需要”。

（3）颁布《中华人民共和国义务教育法》。《中共中央关于教育体制改革的决定》提出要制定义务教育法。1986年，《中华人民共和国义务教育法》正式出台，直接落实了宪法第十九条关于义务教育制度的规定，为义务教育的普及和完善奠定了坚实的法律基础。法律明确规定，国家、社会、学校和家庭依法保障适龄儿童、少年接受义务教育的权利；国家鼓励企业、事业单位和其他社会力量，在当地人民政府统一管理下，按照国家规定的基本要求，举办法律规定的各类学校。《中华人民共和国义务教育法》的颁布和贯彻执行，是关系国家和民族未来的一项具有战略意义的重大措施，标志着我国普及基础教育工作进入了新阶段。

《中共中央关于教育体制改革的决定》和《中华人民共和国义务教育法》的出台，极大地促进了教育事业的新发展。国家成立了教育委员会，统筹整个教育事业的改革和发展，积极落实“地方负责、分级管理”的基础教育管理体制，发展基础教育成为地方政府的重要责任。九年制义务教育开始有步骤地实施，据统计，1990—1991学年，中国小学学龄儿童入学率已达97.8%以上，中国多数城市都已基本普及初中教育，全国城乡小学毕业生入学率业已达到77.7%左右。[1] 学校办学体制多元化探索开始进行。职业技术教育获得快速发展，我国中等教育结构发生深刻变化。1990年，各类职业技术学校在校生人数519.4万，占高中阶段在校生比重已达72.41%。[2] 扩大高校办学自主权取得积极成果，高校招生和毕业分配制度改革稳步推进。

3. 社会保障制度的发展

改革开放前，我国的社会保障制度具有“国家负责，单位包办”的特征。城市采取“低工资高福利”政策，凡是在机关或企业就业的职工，各

---

〔1〕参见武国友：《中华人民共和国通史》（第4卷）（1976—1992），南方出版传媒、广东人民出版社2020年版，第529页。

〔2〕参见武国友：《中华人民共和国通史》（第4卷）（1976—1992），南方出版传媒、广东人民出版社2020年版，第529页。

项福利基本上由国家或企业一包到底。农民则主要靠土地养老、子女养老和邻里互助养老，还普遍建立起农村合作医疗（“赤脚医生”）制度。

（1）社会保障制度的恢复和建立。1978 年宪法对劳动者的福利，劳动者在年老、疾病或者丧失劳动能力时的物质帮助，革命残疾军人、革命烈士家属等的生活保障问题作了原则性规定。1982 年宪法对公民的社会保障权益作了广泛规定，包括国家机关与企事业单位职工的退休保障；公民在年老、疾病或者丧失劳动能力的情况下，有从国家和社会获得物质帮助的权利；国家和社会保障残废军人的生活，抚恤烈士家属，优待军人家属；国家和社会帮助安排盲、聋、哑和其他有残疾的公民的劳动、生活和教育等。

1978 年，五届全国人大决定重新设置民政部，结束了“文化大革命”以来全国社会救济、社会福利、优抚安置事务无主管部门的局面。同年 6 月，国务院颁布《关于安置老弱病残干部的暂行办法》《关于工人退休、退职的暂行办法》，标志着国家恢复重建退休制度。1980 年 10 月，国务院发布《关于老干部离职休养的暂行规定》，确立了我国特殊的离休制度。1980 年 3 月，国家劳动总局、全国总工会联合发布《关于整顿与加强劳动保险工作的通知》，国营企业和集体企业开始对在“文化大革命”期间中断的企业社会保险工作进行全面整顿和恢复。在社会福利、优抚和救济方面，1984 年 3 月，中国残疾人福利基金在北京成立，负责筹集、管理和使用残疾人福利基金，举办残疾人福利事业。1984 年 9 月，中共中央、国务院发出《关于帮助贫困地区尽快改变面貌的通知》，扶贫工作列入了国家的议事日程。

（2）社会保障制度整体推进。1986 年，“七五”计划明确提出了“要有步骤地建立起具有中国特色的社会主义的社会保障制度雏形”的目标；明确社会保障体系主要由社会救济、社会保险、社会福利、军人优抚和互助保障（以家庭保障为主）构成；要求多渠道筹集社会保障基金等。之后，我国社会保障事业获得快速发展。

基本养老保险方面。1984 年 5 月，劳动部会同国家经委、财政部、工商银行、全国总工会等部门向国务院提交了《关于统筹全民所有制单位退休基金的报告》，在全国部分省的一些县市开始进行退休费用社会统筹试点，随后在全国逐步推开。1991 年 6 月，国务院下发《关于企业职工养老保险制度改革的决定》，提出要随着经济的发展，逐步建立起基本养老保险与企业补充养老保险和职工个人储蓄性养老保险相结合的制度，改变养老保险完全由国家、企业包下来的办法，实行国家、企业、个人三方共同负担。基本养老保险基金由政府根据支付费用的实际需要和企业、职工的承受能力，按照以支定收、略有结余、留有部分积累的原则统一筹集。

医疗保险制度方面。1984 年 4 月，卫生部和财政部联合发出《关于进一步加强公费医疗管理的通知》，提出要积极慎重地改革公费医疗制度。1988 年 3 月，经国务院批准，成立了由卫生部牵头，国家体改委、劳动部、财政部、国家医药管理总局等 8 个部门参与的医疗制度改革方案研究小组，指导推进全国的医疗保险改革，开展将公费医疗、劳保医疗向社会统筹的医疗保险制度改革试点。1992 年，劳动部发布《关于试行职工大病医疗费用社会统筹的意见的通知》，要求各地结合实际情况试行。

失业保险方面。国务院于 1986 年 7 月颁布了《国营企业职工待业保险暂行规定》，我国的失业保险制度初步建立。此外，这一时期，我国工伤保险、生育保险和城镇居民最低生活保障等也逐步确立实施。

总体上看，这一阶段的社会保障制度改革主要是围绕国有企业改革进行，同时也为以后的社会保障制度改革奠定了基础。

4. 卫生制度的发展

改革开放后，我国经济体制从计划经济体制逐步转变为社会主义市场经济体制，卫生体制也随之发生明显转变，允许和支持个人行医及经营医药商品，扩大医疗机构自主权，调整医疗服务价格等。

1980 年，国务院批转卫生部《关于允许个体医生开业行医问题的请示报告》，指出为了发挥分散在社会上的医生的技术作用，方便群众看病，仍然要执行允许个体开业行医的政策。同时强调对个体开业行医既要放宽政策，允许合法存在，又要进行严格管理。这为个人和社会力量进入公共卫生领域畅通了渠道。1982年颁布的《中华人民共和国食品卫生法（试行）》、1984年颁布的《中华人民共和国药品管理法》等，加强了公共卫生监管的制度化建设。

1985年，为了贯彻执行党中央关于经济体制改革的决定，进一步开创卫生工作新局面，国务院批转了卫生部《关于卫生工作改革若干政策问题的报告》。该报告明确，为了加快卫生事业的发展，中央和地方应逐步增加卫生经费和投资；同时必须进行改革，放宽政策，简政放权，多方集资，开阔发展卫生事业的路子，把卫生工作搞活。强调卫生工作改革的目的是，调动各方面的积极性，改善服务态度，提高服务质量和管理水平，有利于防病治病，便民利民。明确医院的改革要坚持正确的治疗原则，不能单纯考虑经济问题，注意合理用药和合理检查，避免浪费。1989年，为整合医疗卫生资源，扩大卫生服务供给，增强医疗卫生机构的生机和活力，国务院批转了卫生部、财政部等五部门发布的《关于扩大医疗卫生服务有关问题的意见》，对推行各种形式的承包责任制、允许有条件的单位和医疗卫生人员从事有偿业余服务、改革医疗卫生服务的收费标准等提出具体意见。

1990年，卫生部和国家中医药管理局起草《中国卫生发展与改革纲要1991—2000》，将卫生事业的性质表述为“公益性的福利事业”，提出卫生工作的战略重点是改善农村卫生、加强预防保健和振兴中药等，强调要进一步深化卫生体制改革。1992年，为全面落实中共中央、国务院关于加快发展第三产业的决定，促使卫生事业更快更好地上一个新台阶，卫生部出台《关于深化卫生改革的几点意见》，对改革卫生管理体制、拓宽卫生筹资渠道、转换运行机制、增强卫生经济实力、完善健康保障体系、开拓国际医药卫生市场等六个方面进行改革部署。

这个时期，党和政府对我国卫生事业性质的基本定位是公益性的福利事业，同时也开始强调发挥市场机制作用、拓宽卫生筹资渠道、扩大卫生服务供给的改革方向。

（八）改革和发展社会治理制度

改革开放前，我国实行的是计划经济体制和高度集中的行政管理模式，我国的社会管理也带有强烈的行政化色彩，全体社会成员被纳入统一的管理体制中。在城市，单位是最主要的社会组织载体；在农村，人民公社是最主要的社会组织形式。同时，实行严格的户籍制度，加强对人口流动的管理。政府通过指令性计划对整个社会进行管理。这种社会管理制度为建国后迅速恢复社会秩序、维护社会稳定，进而恢复和发展生产作出了历史性贡献。但同时也存在着限制社会流动、社会成员缺乏独立性、压抑社会活力的弊端。改革开放后，这种社会治理机制越来越不能适应形势发展需要，我国开始通过改革调动各方面积极性。国家逐步放松对社会领域的管制，向社会分权，私人经济部门成长起来，人民群众越来越多地参与社会公共事务。与此相适应，我国对社会管理体制作了局部调整，进行积极探索和改革。

1. 普遍成立乡镇政府

随着家庭联产承包责任制的全面实行，农村人民公社制解体。根据1982年宪法的规定，改革了农村人民公社政社合一的体制，确立农村基层政权为乡（镇），明确了村民委员会的基层群众自治组织地位，赋予了其调解民间纠纷、协助维持社会治安的职责。1983年10月，中共中央、国务院联合发出《关于实行政社分开建立乡政府的通知》，要求各地在1984年年底以前完成建立乡政府的工作。在乡以下，将原来的生产大队、生产小队改建为村民委员会和村民小组。1987年11月，全国人大常委会通过《中华人民共和国村民委员会组织法（试行）》，规范和促进村民委员会建设。

2. 发挥城市基层群众自治组织的作用

随着非公有制经济的壮大，人员的自由流动在全社会范围内扩大，单纯依靠单位管理职工的社会生活已经不能适应形势的发展。1980年，《城市街道办事处组织条例》《城市居民委员会组织条例》重新颁布，街道办事处、居民委员会的职能和机构恢复。1982年宪法规定，城市居民委员会是基层群众性自治组织，并明确了城市居民委员会在社会治理中的职责作用。1989年12月，七届全国人大常委会第十一次会议通过《中华人民共和国城市居民委员会组织法》，增加了居民委员会的任务，规范了居民委员会的规模和机构设置等，为其更好地发挥社会治理作用提供了法制保障。

3. 调整城乡分割的二元户籍制度

1984年10月，《国务院关于农民进入集镇落户问题的通知》明确了各地农民自理口粮入镇的条件、程序和待遇。1985年7月，公安部发布《关于城镇暂住人口管理的暂行规定》，允许暂住人口在城镇居留。1992年8月，公安部拟制了《关于实行当地有效城镇居民户口制度的通知》，浙江、广东、山东等地开始试行"当地有效城镇居民户口"即"蓝印户口"。随着户籍管控的放松，城市人口流动逐渐增多，有力促进了社会经济的发展。

4. 加强社会治安综合治理

改革开放初期，稳定社会秩序成为社会治理的重点。1979年11月，召开全国城市治安工作会议，提出整顿城市治安秩序的方针政策。1983年，在全国实施"严打"。1986年9月，六届全国人大常委会第十七次会议修改了治安管理处罚条例；1990年12月，七届全国人大常委会第十七次会议通过关于惩治走私、制作、贩卖、传播淫秽物品的犯罪分子的决定，与刑法、刑事诉讼法有机结合，有力打击了各种违法犯罪活动，促进了社会秩序好转。1991年3月，设立中央社会治安综合治理委员会，与中央政法委合署办公并下设办公室，主要职能是协助中共中央、国务院领导全国社会治安综合治理工作。各级政府也按要求设立相应的社会治安综合治理机构。同年，中央出台《关于加强社会治安综合治理的决定》，明确社会治安综合治理的基本任务是，在各级党委和政府的统一领导下，各部门协调一致，齐抓共管，依靠广大人民群众，运用政治的、经济的、行政的、法律的、文化的、教育的等多种手段，整治社会治安，打击犯罪和预防犯罪，保障社会稳定，为社会主义现代化建设和改革开放创造良好的社会环境。社会治安综合治理的工作范围主要包括“打击、防范、教育、管理、建设、改造”六个方面；要坚持打防并举，标本兼治，重在治本的原则，切实落实综合治理的各项措施。

这一时期，我国社会改革的重点是通过调整社会管理来适应经济体制改革的需求。随着改革的推进，高度集中的政治经济社会一体化体制逐步被打破，激发了市场活力和社会生机，推进改革开放事业顺利发展。

（九）发展生态文明制度体系

我国的生态文明制度体系建设与整个改革开放事业同步发展，生态环境保护依法推进，城乡居民生活环境持续改善。1978 年宪法明确规定国家保护环境和自然资源，防治污染和其他公害，环境保护首次入宪。从这时起到 1992 年，我国在法律体系、政策制度、管理体制三个方面初步形成环境保护制度体系的基本架构。

1. 制定环境保护法律制度

1979 年 9 月，全国人大常委会制定了新中国成立以来第一部综合性的环境保护基本法——《中华人民共和国环境保护法（试行）》，开启我国环保工作的法制化进程，确定了我国环境保护的基本方针、任务和政策以及环境保护机构、职责等。法律要求各部门和各级政府在制定国民经济和社会发展计划时必须统筹考虑环境保护，为实现环境和经济社会协调发展提供了法律保障。1982 年宪法不仅延续和强化了 1978 年宪法中的环保理念，而且明确规定了国家对生态环境、污染防治、珍贵动植物的保护以及对自然资源的合理利用等相关内容。

我国环境保护立法工作在 1982 年颁布海洋环境保护法后加速推进，1984 年颁布水污染防治法和森林法，1985 年颁布草原法，1986 年颁布渔业法、矿产资源法和土地管理法（1988 年又进行了修订），1987 年颁布大气污染防治法，1988 年颁布水法和野生动物保护法，1991 年颁布水土保持法等。特别是 1989 年，在总结环境保护法试行经验的基础上，正式出台了环境保护法。这些法律的出台，为我国环境保护工作提供了重要法制保障。同期，地方人大也制定了许多环境保护方面的地方性法规。我国环境保护法律制度体系的框架初步形成。

2. 构建系统的环境治理政策体系

与我国环境保护法律制度建设同步，国家加强了环境治理政策体系建设。1978 年 12 月，中共中央批转了国务院环境保护领导小组第四次会议通过的《环境保护工作汇报要点》，明确我们绝不能走先污染、后治理的弯路，要消除污染和保护环境。1983 年 12 月至 1984 年 1 月，第二次全国环境保护会议召开，首次明确提出环境保护是中国的一项基本国策；提出经济建设、城乡建设和环境建设同步规划、同步实施、同步发展，实现经济效益、社会效益、环境效益相统一的指导方针。1984 年，国务院作出《关于环境保护工作决定》，对有关保护环境、防治污染的一系列重大问题作出比较明确的规定，环境保护开始纳入国民经济和社会发展计划，成为经济和社会生活的重要组成部分。

1989 年 4 月至 5 月召开的第三次全国环境保护会议进一步提出了深化环境监管、加强制度建设、推动经济与环境协调发展的要求。这次会议出台了《1989—1992 年环境保护目标和任务》和《全国 2000 年环境保护规划纲要》；形成了“坚持预防为主”、“谁污染谁治理”和“强化环境管理”三项政策；总结了此前实施的环境影响评价制度和排污收费制度的经验教训，在此基础上提出建立环境目标责任制度、污染集中控制制度、排污许可证制度、限期治理制度、城市环境综合整治定量考核制度等，为我国生态文明制度的深化发展奠定了坚实基础。

为贯彻执行环境保护法，1990 年 12 月，国务院发布《关于进一步加强环境保护工作的决定》，要求严格执行环境保护法律法规，依法采取有效措施防治工业污染，积极开展城市环境综合整治工作等，并把实行环境保护目标责任制摆在了更加突出的位置。1992 年 8 月，中共中央、国务院批准《环境与发展十大对策》，强调走可持续发展道路是中国当代以及未来的必然选择。

3. 建立和完善环境管理行政体制

1978 年，我国重新成立了中央爱国卫生运动委员会。根据《环境保护工作汇报要点》，1980 年组建了中国环境监测总站，承担国家环境监测任务，为国家环境管理与决策提供技术支持。1982 年国家机构改革，设立城乡建设环境保护部，下设环境保护局。1984 年建立了国务院环境保护委员会，领导和组织协调全国的环境保护工作，负责研究审定环保方针政策，提出规划要求等。同年 12 月，城乡建设环境保护部下设的环境保护局改为国家环境保护局，同时作为国务院环境保护委员会的办事机构，负责全国环境保护的规划、协调、监督和指导工作。1988 年，国务院机构改革方案将国家环境保护局从其他机构中正式分离出来，成为直属国务院管理的副部级单位，环境保护工作有了独立专门的管理机构。此外，我国还积极完善国家各部门和地方机构的环境管理职能，要求有关部门在完成本职工作的同时做好污染防治和环境保护工作。

（十）巩固和发展党对人民军队绝对领导制度

党对军队的绝对领导是我党建军的根本原则，是我军永远不变的“军魂”。改革开放以后，我军进行了大规模的改革，但是无论体制机制如何改，都始终不渝地坚持了党对军队绝对领导这一根本原则不动摇。并且随着国家法治化进程的不断推进，我们党领导积极建立完善符合时代要求的最高军事领导制度。

1. 成立国家中央军事委员会，强化军委主席负责制

1982年宪法规定，中华人民共和国中央军事委员会领导全国武装力量，中央军事委员会实行主席负责制，中央军事委员会每届任期同全国人民代表大会每届任期相同；中央军事委员会主席对全国人民代表大会和全国人民代表大会常务委员会负责；全国人民代表大会选举中央军事委员会主席，根据中央军事委员会主席的提名，决定中央军事委员会其他组成人员的人选等。这些规定，不仅明确了军队在国家体制中的作用和地位，明确了中央军事委员会与全国人大的关系，而且从国家根本法上正式确认中央军事委员会实行主席负责制。1982年5月，中共中央下发《关于〈宪法修改草案〉中规定设立中央军事委员会问题的通知》，说明了国家中央军事委员会和党的中央军事委员会的关系。该通知指出，设立国家的中央军事委员会，决不是取消或者削弱党对军队的绝对领导；在国家的中央军事委员会成立以后，党的中央军事委员会仍然作为党中央的军事领导机关直接领导军队，这一点没有改变；党的中央军事委员会和国家的中央军事委员会实际上是一个机构，组成人员和对军队的领导职能完全一致；我们党领导军队的长期行之有效的各项制度，仍将继续坚持和发展等。

2. 加强军队政治工作

1987年1月，中央军事委员会扩大会议通过《中央军委关于新时期军队政治工作的决定》。该决定继承古田会议以来我军政治工作的基本原则和优良传统，科学地阐明了政治工作的地位和作用，对新时期军队政治工作的指导思想、主要任务、方针政策和基本方法作了正确的阐述和规定。强调中国共产党在人民解放军中的政治工作，是我军的生命线；坚持党对军队的领导和全心全意为人民服务的宗旨，是关系军队性质和发展的不可动摇的原则；军队政治工作必须保证全军官兵坚持四项基本原则，贯彻党的路线方针政策，遵守国家的宪法和法律，维护人民的利益。

正是由于我们建立了牢固的党对军队的绝对领导制度，在1989年春夏之交的政治风波中，人民军队有力地维护了党的执政地位和社会主义制度，维护了国家的长治久安和人民的根本利益。1989年9月，邓小平同志在同中央几位负责同志谈话时指出，“党要管军队，因为军队始终是党领导的，这次动乱中看得更清楚。军队是党领导的军队，当然也是国家的军队”。[1]“我们的传统是军队听党的话，不能搞小集团，不能搞小圈子，不能把权力集中在几个人身上。军队任何时候都要听中央的话，听党的话，选人也要选听党的话的人。军队不能打自己的旗帜。”[2]

经中央军事委员会批准，1989年12月，总政治部召开了全军政治工作会议，集中讨论了新形势下如何加强和改进政治工作，保证党对军队的绝对领导，保证全军高度稳定和集中统一，保证军队在政治上永远合格的问题，形成了《关于新形势下加强和改进军队政治工作的若干问题》的会议纪要。1990年2月，中共中央转发这个文件，强调党对军队的绝对领导，是我军建设的一个根本原则，是军队在政治上永远合格的可靠保证。明确要把军队置于党的绝对领导之下，必须坚持一系列根本制度：坚持军队的最高领导权和指挥权集中于党中央和中央军事委员会；坚持民主集中制的组织原则；坚持党委统一的集体领导下的首长分工负责制；坚持设立政治委员和政治机关的制度；坚持支部建在连上。强调要按照“学习、团结、廉洁、求实”的要求，切实把各级党组织尤其是领导班子建设好，严格党的纪律，一切行动听指挥。

（十一）提出和确立“一国两制”制度

“一个国家，两种制度”是指在一个中国的前提下，国家的主体坚持社会主义制度，香港、澳门、台湾保持原有的资本主义制度长期不变。

---

〔1〕《邓小平文选》（第3卷），人民出版社1993年版，第317页。
〔2〕《邓小平文选》（第3卷），人民出版社1993年版，第317页。

“一国两制”是中国特色社会主义的伟大创举，是中国政府从国家和民族的根本利益出发，为解决历史遗留问题、实现国家和平统一而提出的基本国策和重要制度。

1.“一国两制”的提出

“一国两制”最初是考虑用来和平解决台湾问题的。1979 年 1 月 1 日，中美两国正式建立外交关系。全国人大常委会发表《告台湾同胞书》，宣布了争取和平统一祖国的大政方针，指出：“实现中国的统一，是人心所向，大势所趋。”“我们殷切期望台湾早日归回祖国，共同发展建国大业。我们的国家领导人已经表示决心，一定要考虑现实情况，完成祖国统一大业，在解决统一问题时尊重台湾现状和台湾各界人士的意见，采取合情合理的政策和办法，不使台湾人民蒙受损失。”同时宣告中国政府已经命令人民解放军停止对金门等岛屿的炮击。并提出了结束隔绝状态，实现通航、通邮、通商，开展人员往来和经济文化交流等一系列政策主张。邓小平同志在应邀对美国进行正式访问时，再次阐明了中国政府对台湾问题的原则立场和方针政策。他指出：“我们不再用‘解放台湾’这个提法了。只要台湾回归祖国，我们将尊重那里的现实和现行制度。我们一方面尊重台湾的现实，另一方面一定要使台湾回到祖国的怀抱。”[1]

1981 年 9 月，叶剑英同志以全国人大常委会委员长的名义向新华社记者发表谈话，进一步阐明了关于台湾回归祖国、实现和平统一的方针政策，后被概括为“叶九条”，标志着“一国两制”构想的具体化和明晰化。主要包括：(1) 建议举行国共两党对等谈判，实行第三次合作，共同完成祖国统一大业。双方可先派人接触，充分交换意见。(2) 建议双方共同为通邮、通商、通航、探亲、旅游以及开展学术、文化、体育交流提供方便，达成有关协议。(3) 国家实现统一后，台湾可作为特别行政区享有高度的自治权，并可保留军队。中央政府不干预台湾地方事务。(4) 台湾

〔1〕中共中央文献研究室编：《邓小平年谱》(1975—1997)(上)，中央文献出版社 2004 年版，第 478 页。

现行社会、经济制度不变，生活方式不变，同外国的经济、文化关系不变。私人财产、房屋、土地、企业所有权、合法继承权和外国投资不受侵犯。（5）台湾当局和各界代表人士，可担任全国性政治机构的领导职务，参与国家管理。（6）台湾地方财政遇有困难时，可由中央政府酌情补助。（7）台湾各族人民、各界人士愿回祖国大陆定居者，保证妥善安排，不受歧视，来去自由。（8）欢迎台湾工商界人士回祖国大陆投资，兴办各种经济事业，保证其合法权益和利润。（9）热诚欢迎台湾各族人民、各界人士、民众团体通过各种渠道、采取各种方式提供建议，共商国是。〔1〕

1982年1月11日，邓小平同志在会见美国华人协会主席李耀滋先生时，正式把解决台湾回归祖国、实现祖国和平统一的构想概括为“一国两制”。他指出：“九条方针是以叶副主席的名义提出来的，实际上就是一个国家两种制度。两种制度是可以允许的。他们不要破坏大陆的制度，我们也不破坏他们那个制度。国家的统一是我们整个中华民族的愿望。”〔2〕

1982年宪法规定，国家在必要时得设立特别行政区；在特别行政区内实行的制度按照具体情况由全国人民代表大会以法律规定。这为用“一国两制”方针解决港、澳、台问题提供了宪法依据。1983年6月26日，邓小平同志对“一国两制”构想作了详细阐述，将叶剑英同志提出的“九条方针”归纳为“六点办法”，后被概括为“邓六条”：“祖国统一后，台湾特别行政区可以有自己的独立性，可以实行同大陆不同的制度。司法独立，终审权不须到北京。台湾还可以有自己的军队，只是不能构成对大陆的威胁。大陆不派人驻台，不仅军队不去，行政人员也不去。台湾的党、政、军等系统，都由台湾自己来管。中央政府还要给台湾留出名额。”〔3〕1984年5月，六届全国人大二次会议通过的《政府工作报告》指出：“从国家和民族的根本利益出发，鉴于历史的经验和台湾的现实，我们提出了

〔1〕参见《叶剑英选集》，人民出版社1996年版，第563-564页。
〔2〕中共中央文献研究室编：《邓小平年谱》（1975—1997）（下），中央文献出版社2004年版，第797页。
〔3〕《邓小平文选》（第3卷），人民出版社1993年版，第30页。

祖国统一之后可以实行‘一个国家，两种制度’的设想。”这表明，“一国两制”构想已成为我国政府解决统一问题的正式方针。

2. “一国两制”的实践

尽管“一国两制”构想是在考虑和平解决台湾问题的过程中形成的，但却首先在解决香港、澳门问题上变成现实。1982 年 9 月，中国政府与英国政府开始就解决香港问题举行谈判。邓小平同志会见前来参加谈判的英国首相撒切尔夫人时，表明了用“一国两制”构想解决香港问题的立场。他说：“香港继续保持繁荣，根本上取决于中国收回香港后，在中国的管辖之下，实行适合于香港的政策。香港现行的政治、经济制度，甚至大部分法律都可以保留，当然，有些要加以改革。香港仍将实行资本主义，现行的许多适合的制度要保持。”〔1〕此后，中英两国政府就香港问题举行了多轮谈判。1984 年 6 月，邓小平同志会见香港客人时就香港问题具体阐释了“一国两制”的构想。他说：“我们的政策是实行‘一个国家，两种制度’，具体说，就是在中华人民共和国内，十亿人口的大陆实行社会主义制度，香港、台湾实行资本主义制度。”〔2〕“我们多次讲过，我国政府在一九九七年恢复行使对香港的主权后，香港现行的社会、经济制度不变，法律基本不变，生活方式不变，香港自由港的地位和国际贸易、金融中心的地位也不变，香港可以继续同其他国家和地区保持和发展经济关系。”〔3〕

邓小平同志反复阐明我国对香港问题的立场，并直接指导关于香港问题的中英谈判。1984 年 12 月，中英两国政府在北京正式签署了关于香港问题的联合声明，指出：英国于 1997 年 7 月 1 日将香港交还中华人民共和国，中国恢复对香港行使主权之后，成立具有高度自治权的香港特别行政区，香港现行的资本主义制度及生活方式 50 年保持不变。1985 年 5 月，中英双方互换联合声明及其 3 个附件的批准书，香港主权归还中国的问题

〔1〕《邓小平文选》（第 3 卷），人民出版社 1993 年版，第 13 页。
〔2〕《邓小平文选》（第 3 卷），人民出版社 1993 年版，第 58 页。
〔3〕《邓小平文选》（第 3 卷），人民出版社 1993 年版，第 58 页。

得到解决。

1986 年，中葡两国政府为澳门问题展开了谈判。1987 年，两国总理在北京签订《中华人民共和国政府和葡萄牙共和国政府关于澳门问题的联合声明》及两个附件。该联合声明称，澳门地区（包括澳门半岛、凼仔和路环）是中国的领土，中国将于 1999 年 12 月 20 日对澳门恢复行使主权。1988 年 1 月，中葡两国政府代表互换联合声明批准书，澳门主权回归问题得到解决。

中英举行谈判解决香港问题的同时，中央也在谋划香港基本法的起草问题。1984 年 7 月 27 日，邓小平同志就香港问题指出："要把基本法制定的时间提前，不迟于 1990 年，最好更早一点，不要等到 1993 年才公布。"[1] 1985 年 4 月 10 日，六届全国人大三次会议在批准中英联合声明的同时，决定成立香港特别行政区基本法起草委员会，负责基本法起草工作。1990 年 4 月 4 日，七届全国人大三次会议通过《中华人民共和国香港特别行政区基本法》，定于 1997 年 7 月 1 日正式实施。1993 年 3 月 31 日，八届全国人大一次会议通过《中华人民共和国澳门特别行政区基本法》，定于 1999 年 12 月 20 日正式实施。基本法的出台，再次从法律上确认了"一国两制"制度。

实行"一国两制"的方针和制度，不仅为和平解决统一问题提供了新思路新实践，而且为我国的社会主义现代化建设创造了良好的周边环境和国际氛围，也为当今世界通过和平谈判解决国与国之间的争端、民族与民族之间的历史遗留问题，树立了成功的范例。

（十二）提出和发展独立自主的和平外交政策

正确认识国际局势，科学把握时代主题，是国家制定对外政策的重要

---

〔1〕 中共中央文献研究室编：《邓小平年谱》（1975—1997）（下），中央文献出版社 2004 年版，第 988 页。

依据。1987年5月12日，邓小平同志在会见荷兰首相吕贝尔斯时阐述了中国对国际局势的看法和中国对外政策的变化。他说：“对于总的国际局势，我的看法是，争取比较长期的和平是可能的，战争是可以避免的……一九七八年我们制定一心一意搞建设的方针，就是建立在这样一个判断上的。要建设，没有和平环境不行。我们在制定国内搞建设这个方针的同时，调整了对外政策。我们奉行独立自主的和平外交政策，这有利于和平。”〔1〕

1. 提出和平与发展是当代世界两大主题的重要论断

1980年1月16日，邓小平同志在中共中央干部会议上指出：“当然，我们有信心，如果反霸权主义斗争搞得好，可以延缓战争的爆发，争取更长一点时间的和平。这是可能的，我们也正是这样努力的。”〔2〕进入80年代中期，国际形势进一步趋于缓和。1984年10月31日，在会见缅甸总统吴山友时，邓小平同志指出：“国际上有两大问题非常突出，一个是和平问题，一个是南北问题。还有其他许多问题，但都不像这两个问题关系全局，带有全球性、战略性的意义。”〔3〕1985年3月4日，邓小平同志指出：“现在世界上真正大的问题，带全球性的战略问题，一个是和平问题，一个是经济问题或者说发展问题。和平问题是东西问题，发展问题是南北问题。概括起来，就是东西南北四个字。南北问题是核心问题。”〔4〕

提出和平与发展是时代主题的重要论断，标志着我国外交指导思想上的重大转变，正是基于这个新判断，我国逐渐调整了对外政策。1985年6月4日，邓小平同志对此作了总结，阐明了我国对国际形势判断和对外政策的两个重要转变：“第一个转变，是对战争与和平问题的认识。世界战争的危险还是存在的，但是，世界和平力量的增长超过战争力量的增长。由此得出结论，在较长时间内不发生大规模的世界战争是有可能的，维护

---

〔1〕《邓小平文选》（第3卷），人民出版社1993年版，第233页。
〔2〕《邓小平文选》（第2卷），人民出版社1994年版，第241页。
〔3〕《邓小平文选》（第3卷），人民出版社1993年版，第96页。
〔4〕《邓小平文选》（第3卷），人民出版社1993年版，第105页。

世界和平是有希望的。根据对世界大势的这些分析，以及对我们周围环境的分析，我们改变了原来认为战争的危险很迫近的看法。第二个转变，是我们的对外政策。过去一段时间，针对苏联霸权主义的威胁，我们搞了‘一条线’战略，就是从日本到欧洲一直到美国这样的‘一条线’。现在我们改变了这个战略，这是一个重大的转变。我们奉行独立自主的正确的外交路线和对外政策。”〔1〕 1987年，党的十三大报告正式确认“和平与发展”是世界的两大主题。

2. 确立独立自主的和平外交政策

1982年，党的十二大报告明确提出了坚持独立自主的对外政策，提出中国用以指导自己同各国发展关系的一贯原则是“互相尊重主权和领土完整、互不侵犯、互不干涉内政、平等互利、和平共处”五项原则。1986年3月，六届全国人大四次会议审议的《关于第七个五年计划的报告》，明确将中国的对外政策概括为“独立自主的和平外交政策”。该报告阐述了这一政策的主要内容和基本原则：第一，将反对霸权主义、维护世界和平、发展各国友好合作和促进共同经济繁荣作为对外工作的根本目标。第二，所有国家一律平等，各国的事应由各国人民自己去管，世界上的事应由各国协商解决。第三，中国在任何时候和任何情况下都坚持独立自主，对一切国际问题都根据其本身的是非曲直决定自己的态度和对策。第四，不与任何一个超级大国结盟或建立战略关系。第五，在和平共处五项原则的基础上同世界各国发展关系。反对一切形式的恐怖主义。第六，中国属于第三世界，坚持把加强和发展同第三世界国家的团结与合作作为我国对外工作的一个基本立足点。第七，中国反对军备竞赛。第八，坚持长期实行对外开放，在平等互利基础上扩大多领域、全世界范围内的交流与合作。第九，在联合国的宗旨和原则下积极参与各项工作，开展多边外交。第十，中国重视各国人民之间的交往。党的十三大第一次将独立自主的和

---

〔1〕 中共中央文献研究室编：《邓小平年谱》（1975—1997）（下），中央文献出版社2004年版，第1050-1051页。

平外交政策写入党代会报告，明确“中国将继续坚定不移地奉行独立自主的和平外交政策，在和平共处五项原则的基础上同世界各国发展友好合作关系”。

3. 提出建立国际政治经济新秩序

20世纪80年代，我国积极倡导在和平共处五项原则的基础上建立国际政治新秩序和在平等互利的基础上建立国际经济新秩序，坚持反对不公正不合理的国际经济旧秩序，坚持反对国际政治中的霸权主义和强权政治。1988年9月，邓小平同志指出：“现在需要建立国际经济新秩序，也需要建立国际政治新秩序。新的政治秩序就是要结束霸权主义，实行和平共处五项原则。”[1] 同年12月，他再次提出：“世界总的局势在变，各国都在考虑相应的新政策，建立新的国际秩序。霸权主义、集团政治或条约组织是行不通了……世界上现在有两件事情要同时做，一个是建立国际政治新秩序，一个是建立国际经济新秩序……我们应当用和平共处五项原则作为指导国际关系的准则。”[2]

4. 健全外交决策机制

为适应国内外形势发展需要，进一步推动独立自主的和平外交政策，1981年，我国重新恢复成立了中央外事工作领导小组，其是中共中央领导外事和国家安全工作的议事、沟通和协调机构，参与外事、国家安全工作领域的重大决策问题，下设中共中央外事办公室作为常设办事机构。

5. 实施全方位外交工作布局

随着对外方针政策的调整，我国的对外工作取得了重大进展，全方位外交格局取得初步成果。

（1）在党的对外工作方面。早在1977年，我们党就恢复了与南斯拉夫党的关系。1980年，恢复了同意大利、西班牙共产党的关系。此后，希

---

〔1〕中共中央文献研究室编：《邓小平年谱》（1975—1997）（下），中央文献出版社2004年版，第1251页。

〔2〕《邓小平文选》（第3卷），人民出版社1993年版，第282-283页。

腊、法国、荷兰等一些国家的共产党也相继派代表团访问中国。[1] 1982年，党的十二大明确提出，我们党坚持在马克思主义的基础上，按照独立自主、完全平等、互相尊重、互不干涉内部事务的原则，发展同各国共产党和其他工人阶级政党的关系。20世纪80年代中期，我们党恢复了同东欧一些国家曾经中断了的党际关系。1989年5月，戈尔巴乔夫访华，中苏两党两国关系恢复正常。与此同时，我们党还同日本、法国、澳大利亚、新西兰等国家的社会党、社会民主党、工党建立了关系，广泛发展了同第三世界国家的民族主义政党的联系。到1991年，中国共产党已同世界上270多个各类政党建立了不同形式的联系。[2]

（2）在政府的对外工作方面。1978年12月16日，中美双方发表了《中美建交公报》，1979年1月1日，中美两国建立外交关系，实现两国关系正常化。1979年1月29日至2月5日，邓小平同志应邀访问美国，这是新中国成立后国家领导人第一次访问美国，在中美关系史上揭开了新的一页。中美建交后，中国同西方国家之间的经济、文化、科学、教育等方面的交往和合作取得了显著进展。中日两国继1972年建交后，在1978年缔结了《中日和平友好条约》。中英、中法、中德关系都取得了重要进展。经过长达7年的磋商与谈判，中苏两国在1989年5月实现关系正常化。1991年苏联解体后，又实现了中苏关系到中俄关系的顺利过渡。

20世纪80年代以来，我国在实现现代化过程中，同广大发展中国家在反对霸权主义和强权政治、维护民族独立和主权、建立国际政治经济新秩序的斗争中，相互团结和支持，共同致力于维护世界和平与发展。到1992年，我国同亚洲、非洲和拉丁美洲的发展中国家普遍建立了外交关系，高层互访频繁，积极推动建立公正合理的国际政治经济新秩序。同时，我国作为联合国安理会常任理事国，积极参与以联合国为中心的多边外交活动，为促进世界和平与发展作出了积极贡献。全方位外交格局的初

---

〔1〕 参见曹普：《当代中国改革开放史》（上卷），人民出版社2016年版，第343页。
〔2〕 参见曹普：《当代中国改革开放史》（上卷），人民出版社2016年版，第343页。

步形成，为保证我国改革开放和现代化建设顺利进行创造了良好的国际环境。

（十三）恢复和发展党和国家监督体系

党和国家监督体系是党在长期执政条件下实现自我净化、自我完善、自我革新、自我提高的重要制度保障。“文化大革命”期间，党和国家监督体系受到极大破坏，党的监察委员会、检察机关等被取消或停止工作，党的纪律和法规遭到践踏，严重影响了党的形象和威信。党的十一届三中全会拨乱反正后，党和国家监督体系也逐步走上了恢复、发展和完善的道路。

1. 党和国家监督体系的恢复重建

（1）纪检机关和检察机构的恢复设立。党的十一届三中全会强调，国要有国法，党要有党规党法，党的各级领导干部必须带头严守党纪。全会重新恢复了中央纪律检查委员会，选举陈云同志为中央纪律检查委员会第一书记。

1979 年 1 月 4 日至 22 日，中央纪律检查委员会第一次全体会议在北京举行。会议从完善党的纪律检查制度、搞好党风这一关乎党的建设全局的中心任务出发，从制度上对纪律检查工作作了明确规定，对各级纪律检查部门的工作作了具体部署。会议讨论并拟定了《关于党内政治生活的若干准则》，通过了《中共中央纪律检查委员会关于工作任务、职权范围、机构设置的规定》和《中央纪律检查委员会第一次会议通告》。为维护党规党法，搞好党风，《中央纪律检查委员会第一次会议通告》根据党的历史经验，确定了党的纪律检查工作必须遵循的一系列重要原则：①严格区分、正确处理两类不同性质的矛盾；②反倾向斗争必须从实际出发；③重证据、重调查研究，严禁逼供信；④对人的处理要持十分慎重的态度；⑤坚持实事求是，有错必纠；⑥敢于斗争，刚直不阿；⑦认真走群众路线；⑧实行集体领导和个人分工负责相结合的制度。

1979年3月，中央纪委和中央组织部联合发出《关于设立纪律检查委员会有关问题的通知》，要求省和县各级党的委员会都设立纪委。同年4月，中央纪委和中央组织部又联合发出《关于迅速建立健全各级纪律检查机构的意见》，要求省、市、自治区、地、州、县委纪委、纪检组（或筹备组），在1979年5月底前普遍正式建立起来。各地和各有关部门陆续设立了纪检组织，形成了一个比较完善的纪律检查系统。为加强对党的纪检工作的领导。1980年2月，中央又批转了中央纪律检查委员会《关于改变省、市、自治区以下各级党委纪委领导关系的请示报告》，同意将各级党的纪委由受同级党委领导改变为受同级党委和上级纪委双重领导，而以同级党委领导为主。

同时，1978年宪法恢复了最高人民检察院的法律监督地位，明确了其在党和国家监督体系中的监督职能。1979年通过的《中华人民共和国人民检察院组织法》《中华人民共和国刑事诉讼法》明确了检察院的职能职责与权责界限，为司法监督工作提供了法律支撑。

（2）全面恢复党的优良传统和作风。党中央在加强思想、组织和制度建设的同时，也十分重视党的作风建设，为全面恢复党的优良传统与作风做了大量工作。

1979年11月2日，邓小平同志在中央党、政、军机关副部长以上干部会上作了题为《高级干部要带头发扬党的优良传统》的报告，集中谈了党的作风建设问题。同年11月13日，中共中央、国务院联合发出《关于高级干部生活待遇的若干规定》，就高级干部的宿舍、房租、生活用具、交通工具、服务人员、外出休养、文化娱乐等十个方面的生活待遇作了具体规定，要求各有关部门必须严格执行，高级干部自觉遵守。

为做好执政党党风建设，反对与消除个人崇拜现象，制止各地对老一辈革命家不够实事求是的颂扬之风，1980年7月30日，中共中央发出《关于坚持“少宣传个人”的几个问题的指示》。中纪委于11月专门召开贯彻《关于党内政治生活的若干准则》座谈会，陈云同志强调指出："执政党的党风问题是有关党的生死存亡的问题。因此，党风问题必须抓紧搞，永远搞。"〔1〕1981 年 1 月 8 日，中央批转中纪委关于贯彻《关于党内政治生活的若干准则》座谈会纪要，强调要从领导做起，层层带头，一级抓一级，这是贯彻执行《关于党内政治生活的若干准则》、纠正不正之风的关键。

1981 年 2 月 24 日至 3 月 4 日，中纪委召开第三次全体会议，邓颖超同志作了《坚定不移地搞好党风》的讲话，指出："要向我们全党的干部、党员呼吁，警惕有人吹捧、抬轿子。当别人吹捧你的时候，不要觉得美滋滋的；抬轿子，轿子送上来，不坐，他有什么办法？我常常讲，有人抬轿子我们不去坐，他就没有市场了，只好丢掉他的轿子，关键在于我们坐不坐轿子。所以，反对特殊化，要从我们每个党员，要从我们领导干部做起，这是要有一点革命精神的。反对特殊化，我们应当采取坚定不移的态度。"〔2〕

各级纪律检查机构的建立和健全，以及《关于党内政治生活的若干准则》等党内法规的制定和发布，标志着党的纪律检查工作逐步走上正轨。

2. 党和国家监督体系的初步发展

（1）纪检、检察、监察等机构的发展。党的十二大通过的党章对纪检机关的领导体制进行了改革，明确将原来"由同级党的委员会选举产生"各级纪律检查委员会，改为由同级党的代表大会选举产生，规定党的中央纪律检查委员会在党的中央委员会领导下进行工作，党的地方各级纪律检查委员会在同级党的委员会和上级纪律检查委员会的双重领导下进行工作。

在国家机关的监督方面，1982 年宪法规定，国家行政机关、审判机关、检察机关都由人民代表大会产生，对它负责，受它监督；为了加强对

---

〔1〕《陈云文选》（第 3 卷），人民出版社 1995 年版，第 273 页。
〔2〕《邓颖超文集》，人民出版社 1994 年版，第 193 页。

财政、财务活动的监督，国务院增设审计机关，依照法律规定独立行使审计监督权。地方各级人民政府也相应地设立审计机关。审判机关、检察机关、审计机关等的恢复和重建，为党和国家监督制度的发展奠定了良好的基础。

此外，党的十二大后，我国正式建立了行政监察系统，党和国家监督制度进一步发展。为了加强对国家行政机关及其工作人员行使权力的监督，1986 年 12 月，六届全国人大常委会第十八次会议决定设立监察部，在国务院的领导下，主管全国监察工作。1987 年 7 月 1 日，监察部正式对外办公。1987 年 8 月，国务院发出《关于在县以上地方各级人民政府设立行政监察机关的通知》，规定了行政监察机关的领导体制，明确地方各级行政监察机关是各级人民政府负责监察工作的专门机构，受所在人民政府和上级行政监察机关双重领导。1989 年，最高人民检察院下属经济检察厅正式更名为贪污贿赂检察厅，职能保持不变。之后，广东省作为全国改革试点，率先成立了检察院下属的反贪污贿赂局。随着试点工作的展开，我国其他省区市也陆续成立了反贪污贿赂局。

（2）制定完善纪检、监察规章制度。实现党风根本好转，必须推动党的作风建设走向经常化、长期化，使党风建设进入法制化轨道，形成常抓不懈的长效工作机制。继党的十二大修改党章后，中央继续采取措施加强有关监督工作的规章制度建设。1985 年 9 月，中国共产党在北京召开了全国代表会议，一项重要议题是研究党的建设问题，对整顿党风、加强作风建设提出要求。1985 年 11 月，中共中央办公厅、国务院办公厅发出《关于解决当前机关作风中几个严重问题的通知》，要求各级党政机关认真执行中共中央关于纠正不正之风的一系列指示，贯彻执行党的全国代表会议精神，切实改进机关作风，消除腐败现象。

1986 年开始，中央进一步加大了党风廉政制度建设力度。1986 年 7 月，中共中央发出《关于全党必须坚决维护社会主义法制的通知》，要求把党的作风建设与提高党员、干部的法制观念，健全社会主义法制有机结合起来。1986 年 9 月，《中共中央关于社会主义精神文明建设指导方针的决议》指出，建设好的党风，思想教育很重要，制度建设也很重要；必须努力改革和完善党的组织制度和工作制度，严格执行党的纪律，建立和健全党内监督制度和人民监督制度，使各级领导干部得到有效的监督。中共中央及其有关部门还出台了《关于简化各级领导干部外出活动接待工作的若干规定》《关于坚决制止干部用公款旅游的通知》《关于进一步制止党政机关和党政干部经商、办企业的规定》等。1987 年，中纪委出台《关于坚决查处共产党员索贿问题的决定》《关于处理检举、控告和申诉的若干规定》《关于对党员干部加强党内纪律监督的若干规定（试行）》等，对实施党的纪律检查工作作了比较详细的规定。1988 年，中纪委出台《中国共产党纪律检查机关案件检查工作条例（试行）》《党员领导干部犯严重官僚主义失职错误党纪处分的暂行规定》《共产党员在涉外活动中违反纪律党纪处分的暂行规定》等，推进党的纪律检查工作进一步走上制度化、规范化和科学化轨道。

党的十三届四中全会后，以江泽民同志为核心的党的第三代中央领导集体，继续积极探索加强权力制约和监督的有效途径，完善发展党和国家监督制度。针对政治风波中暴露出党内存在的严重问题，中共中央政治局通过了《关于加强党的建设的通知》，开展清查清理和党员登记工作，纯洁党的组织和党员队伍。为进一步从制度上加强党风廉政建设和反腐败工作，出台了《中共中央、国务院关于近期做几件群众关心的事的决定》《关于进一步清理整顿公司的决定》《关于加强党风和廉政建设的意见》《关于共产党员违反社会主义道德党纪处分若干规定》《关于加强党同人民群众联系的决定》《关于共产党员在经济方面违法违纪党纪处分的若干规定（试行）》等党内规章制度。

第二章

把中国特色社会主义全面推向21世纪时期
国家制度和法律制度的发展推进

一、国际国内背景

（一）20世纪90年代初的国际国内形势

20世纪90年代初，我们党依然面临着复杂的国际国内形势。国际上，随着东欧剧变、苏联解体，社会主义在世界范围内的实践陷入低潮。[1]两大阵营冷战局面结束，两极格局终结，霸权主义和强权政治依然存在，各种力量重新分化组合，世界朝着多极化方向发展，但是新格局的形成是长期复杂的过程。在国内，继党的十三届三中全会决定对国民经济进行治理整顿之后，1989年11月，党的十三届五中全会作出了《关于进一步治理整顿和深化改革的决定》，提出从1989年算起，再用3年或更长一点时间，基本完成治理整顿的任务。该决定强调，任何时候都必须坚持从我国的基本国情出发，牢固树立持续、稳定、协调发展的指导思想，坚决防止片面追求过高的发展速度，始终把不断提高经济效益放到经济工作的首要位置。

---

〔1〕参见中共中央党史研究室：《中国共产党的九十年》（改革开放和社会主义现代化建设新时期），中共党史出版社、党建读物出版社2016年版，第786页。

经过近 3 年的治理整顿，一方面，我国的经济秩序和经济环境得到很大改善，过热的经济明显降温，国民经济保持一定增长速度，供求平衡矛盾明显缓解，通货膨胀得到控制，治理整顿取得了较好效果，[1] 为加快改革开放和社会主义现代化建设创造了有利条件。另一方面，我国经济运行中存在的深层次问题尚未得到根本解决，在治理整顿期间，经济发展速度有所减缓。[2] 1989 年国内生产总值仅比上年增长 4.1%，1990 年国内生产总值仅比上年增长 3.8%，这两年的经济增长速度不但是改革开放以来经济增长最低的年份，也是新中国成立以来少有的情况。[3] 同时，世界社会主义发生的曲折对我国也产生了负面影响，有人对社会主义的前途缺乏信心，也有人对改革开放产生怀疑，提出姓“社”还是姓“资”的疑问；1989 年政治风波后，我国还面临着来自西方发达资本主义国家经济“制裁”的严峻考验。这样，能否坚持党的基本路线不动摇，抓住机遇、加快发展，把改革开放和现代化建设继续推向前进，成为影响 90 年代中国发展进步的重大问题。[4]

在面临严峻考验的重大历史关头，1989 年 6 月，党的十三届四中全会明确提出，“要继续坚决执行党的十一届三中全会以来的路线、方针和政策，继续坚决执行党的十三大确定的‘一个中心、两个基本点’的基本路线”。新当选的中共中央总书记江泽民同志明确指出：“这次中央领导机构作了一些人事调整，但是，党的十一届三中全会以来的路线和基本政策没有变，必须继续贯彻执行。在这个最基本的问题上，我要十分明确地讲两句话：一句是坚定不移，毫不动摇；一句是全面执行，一以贯之。”[5] 面

---

〔1〕参见中共中央党史研究室：《中国共产党的九十年》（改革开放和社会主义现代化建设新时期），中共党史出版社、党建读物出版社 2016 年版，第 781 页。

〔2〕参见中共中央党史研究室：《中国共产党的九十年》（改革开放和社会主义现代化建设新时期），中共党史出版社、党建读物出版社 2016 年版，第 787 页。

〔3〕参见陈述：《中华人民共和国通史》（第 5 卷）（1992—2002），南方出版传媒、广东人民出版社 2020 年版，第 6 页。

〔4〕参见中共中央党史研究室：《中国共产党的九十年》（改革开放和社会主义现代化建设新时期），中共党史出版社、党建读物出版社 2016 年版，第 787 页。

〔5〕《江泽民文选》（第 1 卷），人民出版社 2006 年版，第 57 页。

对1991年12月苏联解体后西方发达国家加大对中国施压的局势，1992年的中央政治局常委会工作要点强调指出：“邓小平同志建设有中国特色的社会主义理论和党的‘一个中心、两个基本点’的基本路线，是指引我们进行社会主义现代化建设的强大思想武器，必须以此来武装全党，进一步统一思想，坚定信心，增强团结，振奋精神。”这个工作要点还作出3年治理整顿的任务已经基本完成的重要判断，强调1992年要加快改革开放的步伐等。[1]

但是，在推进改革开放的过程中，仍然存在不小的阻力，各种理论观点在媒体上进行着激烈争论。有的要重提以阶级斗争为纲或以反对“和平演变”为中心；有的认为资产阶级自由化的主要危险来自经济领域；有的认为搞市场经济就是搞资本主义，多一个“三资”企业就多一份资本主义；等等。有些理论观点上的分歧、争论还上升到所谓姓“资”姓“社”的原则高度，造成人们思想上的困惑，影响改革开放迈开新的步伐。[2]

（二）邓小平南方谈话

在这个历史的重要关口，邓小平同志于1992年1月18日至2月21日先后到武昌、深圳、珠海、上海等地视察，发表了系列重要讲话，深刻回答了长期束缚人们思想的许多重大认识问题，进一步丰富和完善了建设有中国特色社会主义理论。南方谈话的主要内容有：第一，要毫不动摇地坚持党的“一个中心、两个基本点”的基本路线，基本路线要管一百年。第二，社会主义的本质是解放生产力，发展生产力，消灭剥削，消除两极分化，最终达到共同富裕。计划多一点还是市场多一点，不是社会主义与资本主义的本质区别，计划和市场都是经济手段。改革开放胆子要大一些，

---

〔1〕参见陈述：《中华人民共和国通史》（第5卷）（1992—2002），南方出版传媒、广东人民出版社2020年版，第18页。

〔2〕参见陈述：《中华人民共和国通史》（第5卷）（1992—2002），南方出版传媒、广东人民出版社2020年版，第17页。

敢于试验。判断的标准，应该主要看是否有利于发展社会主义社会的生产力，是否有利于增强社会主义国家的综合国力，是否有利于提高人民的生活水平。第三，抓住机遇，加快发展。经济发展总要力争隔几年上一个台阶，发展才是硬道理，当然，不是鼓励不切实际的高速度，还是要扎扎实实，讲求效益，稳步协调地发展。第四，要坚持两手抓，一手抓改革开放，一手抓打击各种犯罪活动。这两只手都要硬。在整个改革开放过程中都要反对腐败。还是要靠法制，搞法制靠得住些。必须始终注意坚持四项基本原则。第五，正确的政治路线要靠正确的组织路线来保证。中国的事情能不能办好，社会主义和改革开放能不能坚持，经济能不能快一点发展起来，国家能不能长治久安，从一定意义上说，关键在人。中国要出问题，还是出在共产党内部。对这个问题要清醒，要注意培养人，要按照“革命化、年轻化、知识化、专业化”的标准，选拔德才兼备的人进班子。第六，要用马克思主义的历史唯物主义去认识人类社会发展的规律，坚定社会主义的信念。

“东方风来满眼春。”邓小平同志南方谈话，科学总结了党的十一届三中全会以来的实践探索和基本经验，从理论上深刻回答了长期困扰和束缚人们思想的许多重大问题，是把改革开放和现代化建设推向新阶段的又一个解放思想、实事求是的宣言书，〔1〕既有深刻的理论意义，又有鲜明的现实针对性，我国改革开放和社会主义现代化建设由此翻开新的篇章。2001年8月31日，江泽民同志在国防大学军队高级干部理论研讨班上指出：“小平同志晚年提出了许多十分重要的思想，特别是他一九九二年的南方谈话，澄清了当时困扰着人们思想的一些十分重大的问题，为我们这一代人创造了很好的条件。”〔2〕

---

〔1〕参见中共中央党史研究室：《中国共产党的九十年》（改革开放和社会主义现代化建设新时期），中共党史出版社、党建读物出版社2016年版，第791页。

〔2〕陈述：《中华人民共和国通史》（第5卷）（1992—2002），南方出版传媒、广东人民出版社2020年版，第29页。

二、党的理论创新

邓小平同志是我国社会主义改革开放和现代化建设的总设计师。他尊重实践，尊重群众，时刻关注最广大人民的利益和愿望，善于概括群众的经验和创造，敏锐地把握时代发展的脉搏和契机，既继承前人又突破陈规，表现出开辟社会主义建设新道路的巨大政治勇气和开拓马克思主义新境界的巨大理论勇气，对建设有中国特色社会主义理论的创立作出了历史性的重大贡献，形成了当代中国的马克思主义——邓小平理论。这是马克思主义在中国发展的新阶段，指导了改革开放以来中国特色社会主义现代化建设。

（一）建设有中国特色社会主义理论的确立

1992 年 10 月 12 日至 18 日，党的十四大在北京举行。大会以邓小平同志建设有中国特色社会主义理论为指导，认真总结党的十一届三中全会以来 14 年的实践经验，确定今后一个时期的战略部署，动员全党同志和全国各族人民，进一步解放思想，把握有利时机，加快改革开放和现代化建设步伐，夺取有中国特色社会主义事业的更大胜利。大会的突出特点和最大贡献，在于对建设有中国特色社会主义理论作了新的概括，充分肯定了这个理论在马克思列宁主义思想理论发展史上的重要地位，并且把这个理论和党的“一个中心、两个基本点”的基本路线正式载入党章。

党的十四大指出，党的十一届三中全会以来的 14 年是真正集中力量进行社会主义现代化建设的 14 年，是人民生活水平提高最快的 14 年，开创了历史新局面，取得了举世瞩目的成就，党赢得了广大人民群众的拥护；而之所以能够取得这样的胜利，根本原因是在 14 年的伟大实践中，坚持把马克思主义基本原理同中国具体实际相结合，逐步形成和发展了建设有中国特色社会主义的理论。这个理论的主要内容包括九个方面：（1）在社会主义的发展道路问题上，强调走自己的路，建设有中国特色的社会主义。（2）在社会主义的发展阶段问题上，指出我国社会主义初级阶段将是一个至少上百年的很长的历史阶段，制定一切方针政策都必须以这个基本国情为依据，不能脱离实际，超越阶段。（3）在社会主义的根本任务问题上，指出社会主义的本质是解放生产力，发展生产力，消灭剥削，消除两极分化，最终达到共同富裕。现阶段我国社会的主要矛盾是人民日益增长的物质文化需要同落后的社会生产之间的矛盾，必须把发展生产力摆在首要位置，以经济建设为中心，推动社会全面进步。判断各方面工作的是非得失，归根到底，要以是否有利于发展社会主义社会的生产力、是否有利于增强社会主义国家的综合国力、是否有利于提高人民的生活水平为标准。（4）在社会主义的发展动力问题上，强调改革也是一场革命，也是解放生产力，是中国现代化的必由之路，僵化停滞没有出路。（5）在社会主义建设的外部条件问题上，指出和平与发展是当代世界两大主题，必须坚持独立自主的和平外交政策。实行对外开放是改革和建设必不可少的，应当吸收和利用世界各国包括资本主义发达国家所创造的一切先进文明成果来发展社会主义。（6）在社会主义建设的政治保证问题上，强调坚持社会主义道路、坚持人民民主专政、坚持中国共产党的领导、坚持马克思列宁主义毛泽东思想。这四项基本原则是立国之本，是改革开放和现代化建设健康发展的保证。（7）在社会主义建设的战略步骤问题上，提出基本实现现代化分三步走。（8）在社会主义的领导力量和依靠力量问题上，强调党是社会主义事业的领导核心，党必须适应改革开放和现代化建设的需要，不断改善和加强对各方面工作的领导，改善和加强自身建设。必须依靠广大工人、农民、知识分子，必须依靠各民族人民的团结，必须依靠全体社会主义劳动者、拥护社会主义的爱国者和拥护祖国统一的爱国者的最广泛的统一战线。党领导的人民军队是社会主义祖国的保卫者和建设社会主义的重要力量。（9）在祖国统一的问题上，提出“一个国家、两种制度”的创造性构想。在一个中国的前提下，国家的主体坚持社会主义制度，香港、澳门、台湾保持原有的资本主义制度长期不变，按照这个原则来推进祖国和平统一大业的完成。大会同时指出，建设有中国特色社会主义的理论还有其他许多内容，还要在研究新情况、解决新问题的过程中，在实践检验中继续丰富、完善和发展。

建设有中国特色社会主义的理论，是在和平与发展成为时代主题的历史条件下，在我国改革开放和社会主义现代化建设的实践过程中，在总结我国社会主义胜利和挫折的历史经验并借鉴其他国家社会主义兴衰成败历史经验的基础上，逐步形成和发展起来的。它第一次比较系统地初步回答了在中国这样经济文化比较落后的国家如何建设社会主义、如何巩固和发展社会主义的一系列基本问题，用新的思想、观点，继承和发展了马克思主义，是马克思列宁主义基本原理与当代中国实际和时代特征相结合的产物，是毛泽东思想的继承和发展，是全党全国人民集体智慧的结晶，是中国共产党和中国人民最珍贵的精神财富。

（二）确立邓小平理论的指导地位

1997 年 9 月 12 日至 18 日，党的十五大在北京召开，会议主题是：高举邓小平理论伟大旗帜，把建设有中国特色社会主义事业全面推向 21 世纪。大会首次使用“邓小平理论”这个概念，把这一理论作为指引党继续前进的旗帜。[1]

大会强调，旗帜问题至关紧要，旗帜就是方向，旗帜就是形象；坚持党的十一届三中全会以来的路线不动摇，就是高举邓小平理论的旗帜不动摇。在社会主义改革开放和现代化建设的新时期，在跨越世纪的新征途上，一定要高举邓小平理论的伟大旗帜，用邓小平理论来指导我们整个事

---

〔1〕 参见中共中央党史研究室：《中国共产党的九十年》（改革开放和社会主义现代化建设新时期），中共党史出版社、党建读物出版社 2016 年版，第 809 页。

业和各项工作；这是党从历史和现实中得出的不可动摇的结论。大会指出，马克思列宁主义同中国实际相结合有两次历史性飞跃，产生了两大理论成果。第一次飞跃的理论成果是毛泽东思想，第二次飞跃的理论成果是建设有中国特色社会主义理论，也即邓小平理论。

大会指出，邓小平理论之所以能够成为马克思主义在中国发展的新阶段，是因为：第一，邓小平理论坚持解放思想、实事求是，在新的实践基础上继承前人又突破陈规，开拓了马克思主义的新境界。第二，邓小平理论坚持科学社会主义理论和实践的基本成果，抓住"什么是社会主义、怎样建设社会主义"这个根本问题，深刻地揭示社会主义的本质，把对社会主义的认识提高到新的科学水平。第三，邓小平理论坚持用马克思主义的宽广眼界观察世界，对当今时代特征和总体国际形势，对世界上其他社会主义国家的成败，发展中国家谋求发展的得失，发达国家发展的态势和矛盾，进行正确分析，作出了新的科学判断。第四，总起来说，邓小平理论形成了新的建设有中国特色社会主义理论的科学体系。它第一次比较系统地初步回答了中国社会主义的发展道路、发展阶段、根本任务、发展动力、外部条件、政治保证、战略步骤、党的领导和依靠力量以及祖国统一等一系列基本问题，指导我们党制定了在社会主义初级阶段的基本路线。

党的十五大把邓小平理论确立为党的指导思想，明确写进党章，规定：中国共产党以马克思列宁主义、毛泽东思想、邓小平理论作为自己的行动指南。邓小平理论是毛泽东思想的继承和发展，是马克思主义在中国发展的新阶段，是当代中国的马克思主义；全党一定要自觉地运用邓小平理论来指导我们整个事业和各项工作，在实践中继续丰富和发展这个理论。

确立邓小平理论作为党的指导思想，这是我们党经过近 20 年改革开放和社会主义现代化建设的成功实践作出的历史性决策，表明中央领导集体和全党把邓小平开创的中国特色社会主义全面推向前进的决心和信念，也反映了全国人民的共识和心愿。[1]

三、国家制度和法律制度的发展推进

邓小平同志南方谈话，阐明了发展社会主义的一些重大理论问题，更加强调制度建设的重要性，指出巩固和发展社会主义，“恐怕再有三十年的时间，我们才会在各方面形成一整套更加成熟、更加定型的制度”。[2] 江泽民同志指出：“完善各个方面的制度，是新的历史条件下加强党的建设的重要课题。党和国家的领导制度，经济、文化、科技、社会等方面的管理制度，党内教育、管理、监督的制度，都需要根据新的形势加以完善。”[3] 在邓小平理论指导下，以江泽民同志为核心的第三代中央领导集体进一步加强社会主义制度建设和法治建设，使国家制度和法律制度不断得以完善。

（一）发展和完善党的领导制度体系

1\. 坚持邓小平理论在加强党的建设中的指导地位

以科学的理论为指导，加强党的建设伟大工程，是我们党始终保持马克思主义政党本质的政治保证。邓小平理论包含着内容丰富的党的建设理论，主要内容有：关于坚持和改善党的领导，使党成为领导社会主义现代化建设的坚强核心；关于解放思想，实事求是，坚持正确的思想路线；关于纠正长期“左”的错误，反对资产阶级自由化，要警惕右，但主要是防止“左”，提高坚持党的基本路线的坚定性；关于进行党的领导制度改革，完善党规党法，实现党内生活民主化制度化；关于坚持和健全民主集中

---

〔1〕 参见中共中央党史研究室：《中国共产党的九十年》（改革开放和社会主义现代化建设新时期），中共党史出版社、党建读物出版社 2016 年版，第 813 页。

〔2〕《邓小平文选》（第 3 卷），人民出版社 1993 年版，第 372 页。

〔3〕 江泽民：《论党的建设》，中央文献出版社 2001 年版，第 547 页。

制，增强党的团结统一；关于实行干部队伍“四化”方针，造就朝气蓬勃的领导干部队伍；关于从严治党，反对腐败，加强党的纪律性等方面的思想。这都是党的建设理论的重要发展，为加强党的建设指明了方向。

1992年年初，邓小平同志南方谈话，对在新的历史条件下从政治上、思想上、组织上、作风上全面加强党的建设提出了新要求。1992年9月3日，中共中央政治局会议通过《中共中央关于加强和改进宣传思想工作，更好地为经济建设和改革开放服务的意见》和《中共中央关于加强党的建设，提高党在改革和建设中的战斗力的意见》。两个意见强调，要认真学习、深入贯彻邓小平同志重要谈话和中央政治局全体会议精神，解放思想，统一认识，全面宣传、毫不动摇地坚持党的“一个中心、两个基本点”的基本路线，牢固树立以经济建设为中心的思想，密切党同人民群众的联系，使党的各级组织和广大共产党员始终站在改革和建设的前列，充分发挥党在建设有中国特色社会主义伟大事业中的领导核心作用。

1992年10月，党的十四大突出强调了建设有中国特色社会主义理论在党的建设中的指导地位，提出一定要结合新的实际，遵循党的基本路线，坚持党要管党和从严治党，加强和改进党的建设，把党建设成为领导全国人民沿着有中国特色的社会主义道路不断前进的坚强核心。1994年9月，党的十四届四中全会集中讨论了党的建设问题，作出《中共中央关于加强党的建设几个重大问题的决定》，强调要继续把党的思想建设放在首要地位，推动全党对建设有中国特色社会主义理论的学习不断向广度和深度发展。1996年，中央制定《1996年—2000年全国干部教育培训规划》，要求各级党组织把邓小平建设有中国特色社会主义理论作为广大党员、干部学习马克思主义的中心内容和首要任务，围绕全面、正确执行党的“一个中心、两个基本点”的基本路线开展理论教育工作。1997年9月，党的十五大提出，面向新世纪党的建设总目标是，把党建设成为用邓小平理论武装起来、全心全意为人民服务、思想上政治上组织上完全巩固、能够经受住各种风险、始终走在时代前列、领导全国人民建设有中国特色社会主义的马克思主义政党。要按照新的伟大工程的总目标，从思想上、组织上、作风上全面加强党的建设，不断提高领导水平和执政水平，不断增强拒腐防变的能力，以新的面貌和更强大的战斗力，带领人民完成新的历史任务。加强党的思想建设，根本的是坚定不移地用邓小平理论武装全党，充分发挥党的思想政治优势。

2. 加强党的组织建设

为把党建设成坚强的领导核心，充分发挥党的组织优势，我们党十分注重加强组织建设。

（1）继续加强干部队伍“四化”建设。随着历史的发展，干部队伍的新老交替逐渐实现制度化、正常化，中央顾问委员会的历史使命随之完成。党的十四大充分肯定了中央顾问委员会成立10年来，在维护党的团结和社会稳定、推进改革开放和现代化建设方面所做的卓有成效的工作，并根据中央顾问委员会的建议，决定不再设立中央顾问委员会。党章据此也作了相应修改，删去有关顾问委员会设置和工作任务的条文。同时，对选拔大批优秀年轻干部进入各级领导班子提出明确要求。据此，各级党组织围绕1993年五级领导班子换届做了大量工作，一大批德才兼备的中青年干部进入新的领导岗位，各级领导班子的年龄和知识结构有了改善，整体素质有了提高。在省部级党政领导干部中，中华人民共和国成立前参加工作的已经不到10%，20世纪50年代末60年代初参加工作的占主体。[1]县（市）级领导干部，大多数是新中国成立后出生的。他们年富力强，精力充沛，思想比较解放，知识面比较宽，接受新事物快，经受了改革开放实践的锻炼，做出了比较明显的实绩，给我们党带来了新的生机和活力。[2] 党的十五大召开前，各级领导层的新老合作与交替加快了步伐，一大批能够担当跨世纪重任的中青年干部陆续走上各级领导班子，在地

〔1〕 参见张士义：《打铁必须自身硬——改革开放四十年党建史》，天地出版社2018年版，第239页。

〔2〕 参见张士义：《打铁必须自身硬——改革开放四十年党建史》，天地出版社2018年版，第240页。

（市、区）级党政领导班子中，40岁以下的干部就达到1300人；省、地、县三级领导班子中，具有大专以上学历的分别达到93.5%、91.5%和83.6%，党的中高级干部平均年龄普遍实现了年轻化，文化程度及整体素质明显提高。[1]

（2）坚持党管干部的原则。在这一原则下，不断改进管理方法，加快了对党政领导干部选拔任用等重要制度的改革；继续推进领导干部交流制度，并同回避制度和各级领导班子的任期制度结合起来，为干部在多种环境和岗位经受锻炼、增长才干创造条件。[2] 据统计，1992年至1997年年底，全国共交流县处级以上领导干部16.9万多人。[3] 1995年2月，党中央制定颁布了《党政领导干部选拔任用工作暂行条例》，2002年7月，党中央颁布实施《党政领导干部选拔任用工作条例》，对干部选拔任用的基本原则、基本程序、基本方法和扩大民主、强化监督等方面作了明确规定，推动干部选拔任用工作走上制度化、规范化。

（3）加强基层组织建设。1994年11月，印发《关于加强农村基层组织建设的通知》，进一步加强基层党组织建设。1997年1月，印发《进一步加强和改进国有企业党的建设工作的通知》。此外，机关、学校、科研机构、街道等领域的党建工作也得到进一步加强。

3. 加强党的作风建设

党的作风是提高党的领导水平和执政水平、提高拒腐防变和抵御风险能力的重要保证。

（1）以整风精神开展“三讲”教育。1996年10月，党的十四届六中全会作出决定，对县处级以上领导干部进行一次“以讲学习、讲政治、讲正气”为主要内容的党性党风教育。党的十五大在部署党的建设工作时再

---

〔1〕参见张士义：《打铁必须自身硬——改革开放四十年党建史》，天地出版社2018年版，第267页。

〔2〕参见张士义：《打铁必须自身硬——改革开放四十年党建史》，天地出版社2018年版，第266页。

〔3〕参见张士义：《打铁必须自身硬——改革开放四十年党建史》，天地出版社2018年版，第266页。

次强调继续在县级以上领导干部中深入进行以讲学习、讲政治、讲正气为主要内容的党性党风教育。1998年11月，中共中央发布《关于在县级以上党政领导班子、领导干部中深入开展以“讲学习、讲政治、讲正气”为主要内容的党性党风教育的意见》，对开展“三讲”教育活动的基本要求、必须遵循的原则以及步骤和方法等作出明确规定。“三讲”教育采取自上而下的办法，分级分批进行。从1998年11月到2000年年底，全党共有70万名领导干部参加了“三讲”教育，广大干部在新形势下普遍受到了一次深刻的马克思主义教育，经受了一次严格的党内民主生活锻炼，在坚持群众路线和党的民主集中制等方面得到明显提高。[1]

这次“三讲”教育在总结和继承以往成功经验的基础上，在探索一条不搞政治运动、妥善解决党内问题、提高干部素质的新路子上迈出重要步伐，创造和积累了一些重要经验。一是，必须科学认识党所面临的新形势新任务和所处的客观环境，实事求是地分析领导干部队伍的现状，从实际出发采取正确的方针、原则和政策。二是，必须大力弘扬理论联系实际的马克思主义学风，在改造客观世界的同时改造主观世界。三是，加强对领导干部的思想教育，必须着眼于启发自觉性，并把内因与外因有机结合起来，坚定地相信和依靠群众。四是，必须坚决克服党内政治生活中的庸俗习气，开展积极健康的思想斗争。五是，必须紧紧围绕贯彻党的基本路线和全党全国工作大局来进行，用思想教育推动各项工作不断发展。六是，必须实行严格的领导责任制，逐级建立运转有效的工作机制。

（2）出台《中共中央关于加强和改进党的作风建设的决定》。2001年9月24日至26日，党的十五届六中全会专题研究并通过关于加强和改进党的作风建设的决定，明确提出党的作风建设的主要任务是：坚持解放思想、实事求是，反对因循守旧、不思进取；坚持理论联系实际，反对照抄照搬、本本主义；坚持密切联系群众，反对形式主义、官僚主义；坚持民

---

〔1〕参见张士义：《打铁必须自身硬——改革开放四十年党建史》，天地出版社2018年版，第290页。

主集中制原则，反对独断专行、软弱涣散；坚持党的纪律，反对自由主义；坚持清正廉洁，反对以权谋私；坚持艰苦奋斗，反对享乐主义；坚持任人唯贤，反对用人上的不正之风。全会要求，全党要进行卓有成效的工作，全面贯彻落实“八个坚持、八个反对”，使党的作风有新的明显进步，使党群关系和干群关系有新的明显改善，使广大群众看到实效，增强信心。这既是对贯彻落实党的十五大精神的深化，也为迎接党的十六大召开做了重要准备。

4. 加强党的制度建设

这一时期，我们党更加注重党的制度建设，提出了制度体系建设的明确要求。江泽民同志在庆祝中国共产党成立八十周年大会上的讲话中鲜明指出：“制度建设更带有根本性、全局性、稳定性和长期性。要进一步完善民主集中制的各项制度，进一步完善党的领导制度和工作机制，从制度体系上保证民主集中制的正确执行。”〔1〕

（1）修改完善党章。党的十四大适应形势的发展和党的任务需要，通过了《中国共产党章程（修正案）》，对党章总纲和部分条文进行了修改。修改后的党章，阐述了建设有中国特色社会主义的理论，增写了党在社会主义初级阶段的基本路线，对党的建设和党的领导的基本要求作了补充。对党的建设的基本要求，由原来的三项改写为四项，增加了“坚持党的基本路线”，作为第一项。把“坚持解放思想，实事求是”作为第二项，增加了“积极探索，大胆试验，创造性地开展工作，不断研究新情况，总结新经验，解决新问题，在实践中丰富和发展马克思主义”等内容。在第三项“坚持全心全意为人民服务”中，增加了党在任何时候都把群众利益放在第一位，坚持不懈地反对腐败，加强党风建设和廉政建设等内容。在第四项“坚持民主集中制”中，把“在民主的基础上实行高度的集中”改为“民主集中制是民主基础上的集中和集中指导下的民主相结合”。对加强和改善党的领导要求，必须集中精力领导经济建设；必须实行民主的

〔1〕《江泽民文选》（第3卷），人民出版社2006年版，第288页。

科学的决策，不断改进领导方式和方法，提高领导水平等。对条文部分的修改主要是按照贯彻执行党的基本路线的需要，对党员、干部提出新的更高的要求；同时，根据党的工作实际，对党的组织制度、基层党组织的职责以及党内生活的一些规定作了必要的修改和补充。比如，根据多年的实践和许多地方、基层党组织的要求，将第四、五章中县一级党的委员会的任期由三年改为五年，基层委员会的任期由三年改为三年或四年，总支部委员会、支部委员会的任期由两年改为两年或三年。恢复了十二大党章关于在政府机关、经济组织和文化组织中设立党组的规定；对党组的任务，增写了讨论和决定本部门的重大问题和指导直属单位党组织的工作的内容。

（2）坚持和健全民主集中制。1994 年 9 月，党的十四届四中全会作出的《中共中央关于加强党的建设几个重大问题的决定》，明确提出党的建设新的伟大工程的命题，并强调要以完备的制度保障党内民主，维护中央权威，保证全党在重大问题上的统一行动。指出民主集中制是我们党的根本组织制度和领导制度。民主集中制的民主，就是党员和党组织的意愿、主张的充分表达和积极性创造性的充分发挥；民主集中制的集中，就是全党意志、智慧的凝聚和行动的一致。必须进一步健全和完善民主集中制的一系列制度，提高全党特别是领导干部执行民主集中制的自觉性，反对违背和否定这一制度的各种错误倾向，防止个人专断和极端民主化。

一是要努力发展党内民主，疏通和拓宽党内民主渠道，充分发挥全党的积极性。从党的中央委员会到每一个支部，从领导机关的决策到在党的会议和党的报刊上参加政策问题的讨论，从党内选举到对领导干部进行评议、监督，都要充分发扬民主。建立健全领导、专家、群众相结合的决策机制，逐步完善民主科学决策制度。为切实保障各级党组织和党员的民主权利，1994 年 12 月，党中央制定了《中国共产党党员权利保障条例（试行）》，明确规定党员正确行使权利的原则和保障党员行使权利的措施。

二是要加强民主基础上的集中，维护中央权威，有力地执行党的路线方针政策。坚持民主集中制要坚持“四个服从”的组织原则，最重要的是全党服从中央。这是坚持民主集中制的一个重大问题。各地、各部门要牢固树立全局观念，保证中央的政令畅通，坚决贯彻执行中央的决议、决定，结合实际创造性地工作，重大问题要请示报告。在中央的统一领导下，充分发挥地方的积极性，把贯彻中央精神与立足本地实际相结合，把对当地人民负责与对全国人民负责相统一。

三是要坚持和完善集体领导和个人分工负责相结合的制度，重大问题必须由集体讨论决定。凡属方针政策性的大事，凡属全局性的问题，凡属重要干部的推荐、任免和奖惩，都要由中央或地方党委集体决定。重大问题的决定，要充分酝酿、协商和讨论，并按照少数服从多数的原则表决。对集体的决定，任何个人无权改变，个人或少数人有不同意见允许保留，但必须无条件服从，并在行动上积极执行。要制定中央和地方党委工作条例，进一步明确和规范党委会及其常委会的职责范围、议事规则、决策程序；完善党代表大会制度，进一步发挥党的中央和地方各级委员会全体会议的作用。

四是要加强和健全党内监督，严肃党的纪律，保证党的肌体的健康和各项任务的顺利完成。要坚持和健全组织生活会制度、党员领导干部民主生活会制度，从团结的愿望出发，认真进行批评和自我批评。要完善党内监督制度，制定党内监督条例。要充分发挥各级纪律检查机关党内监督作用。

（二）发展社会主义民主政治制度的探索与实践

为巩固和发展稳定的社会政治环境，保证经济建设和改革开放的顺利进行，党提出必须按照民主化和法制化紧密结合的要求，积极推进政治体制改革[1]，建设有中国特色的社会主义民主政治。

1. 坚持和完善人民代表大会制度

（1）完善立法制度。为保证全国人大及其常委会科学有效行使立法权，切实提高立法质量，全国人大常委会不断探索立法体制新机制。一是对法律案一般实行三审制，以增加审议时间。二是将一些重要的法律草案向社会公布，广泛征求全民的意见，使法律充分反映人民的意志。1999年，土地管理法、村民委员会组织法修订草案和合同法草案先后向社会公布，征求全民意见。三是进一步做好常委会会议分组审议工作，由过去的4个组扩大为6个组，使常委会组成人员有更充足的时间审议各项议案。委员长、副委员长均参加分组审议，听取意见。

（2）完善监督制度。为切实担负起人民赋予的神圣责任，多措并举，全国人大常委会不断探索强化监督职能。一是，在听取和审议"一府两院"工作报告方面，全国人大常委会不断增强听取和审议工作报告的计划性和规范性。在选择工作报告题目时，着重考虑关系改革发展稳定全局的重大问题和同老百姓切身利益密切相关的热点、难点问题。为了替人民把好钱袋子，尤其重视对预算、计划执行情况的监督。1995年，全国人大常委会根据审计法的规定，第一次听取和审议了中央预算执行情况的审计工作报告。1999年和2000年，全国人大常委会相继制定了关于加强中央预算审查监督的决定、关于加强经济工作监督的决定，使这种监督制度化规范化。二是，建立并不断完善执法检查相关制度。全国人大常委会在总结各地经验的基础上，于20世纪90年代初期开始组织执法检查探索实践。1993年9月2日，全国人大常委会制定了《全国人民代表大会常务委员会关于加强对法律实施情况检查监督的若干规定》，执法检查有了法律依据。1997年，全国人大常委会决定将农业法的执法检查报告提请大会审议，这是全国人大会议第一次听取和审议执法检查报告。同年，全国人大常委会

[1] 参见中共中央党校教务部编：《十一届三中全会以来党和国家重要文献选编》（1978年12月—2007年10月），中共中央党校出版社2008年版，第261页。

还进一步完善了执法检查报告的审议制度和有关机关改进执法情况的报告制度。1999 年 4 月 23 日，九届全国人大常委会第十四次委员长会议通过了《关于改进全国人大常委会执法检查工作的几点意见》，使常委会的执法检查步入了规范化、制度化的轨道。三是，建立法规备案审查制度。自 1993 年至 2000 年立法法实施前，全国人大常委会对备案的地方性法规、自治条例、单行条例进行审查，一般由全国人大办公厅秘书局分送有关的专门委员会开展，专门委员会（或其办事机构）提出审查意见后，多半以办事机构的名义将审查意见送秘书局，再由秘书局汇总后转送有关地方人大常委会办公厅研究办理。2000 年立法法对备案审查的提出和审查的机构作了规定，明确了审查程序，为备案审查工作提供了法律依据。行政法规从此也开始向全国人大常委会报送备案审查。

（3）完善选举制度。1995 年修改的地方组织法明确规定，人大常委会主任、秘书长，乡镇人大主席，人民政府正职领导人员，人民法院院长，人民检察院检察长的候选人数一般应多一人，进行差额选举；如果提名的候选人只有一人，也可以等额选举。人大常委会副主任，乡镇人大副主席，人民政府副职领导人员的候选人数应比应选人数多一人至三人，人民代表大会常务委员会委员的候选人数应比应选人数多十分之一至五分之一，由本级人民代表大会根据应选人数在选举办法中规定具体差额数，进行差额选举。

（4）完善代表工作制度。1995 年修改选举法，将全国和省、自治区农村与城市每一代表所代表的人口数比例，统一修改为 4∶1。明确规定各级人大代表名额的确定原则是“基数加人口数”，不得超过选举法所规定的上限；各级人大代表中应当有相当数量的妇女代表，并逐步提高妇女代表的比例。1996 年，修订《中国人民解放军选举全国人民代表大会和县级以上地方各级人民代表大会代表的办法》。

（5）加强人大及其常委会自身建设。一是，不断完善全国人大及其常委会机构设置。1993 年，八届全国人大一次会议决定设立环境保护委员会，1994 年更名为环境与资源保护委员会。1998 年九届全国人大一次会议决定设立农业与农村委员会。1997 年，全国人大常委会决定设立香港特别行政区基本法委员会，作为其下设的工作委员会。1999 年，澳门特别行政区基本法委员会依法设立。二是，加强地方人大建设。1995 年修改地方组织法，规定县级以上地方各级人大常委会根据工作需要，除设立办事机构外，还可以设立“其他工作机构”，“省、自治区的人民代表大会常务委员会可以在地区设立工作机构”；县级以上地方各级人大常委会设立代表资格审查委员会，负责审查代表的选举是否符合法律规定。[1] 这使地方人大常委会的内部组成结构更为完善。同时，对县级以上地方各级人大的职权增加了“环境和资源保护”“保护各种经济组织的合法权益”的内容。此外，1993 年宪法修正案将县级人大每届任期由 3 年改为 5 年，地方组织法也作了相应修改，并增加规定乡镇人大设主席、副主席。三是，完善人大工作规则。这一时期，全国人大常委会机关不断完善工作体制机制，制定并多次修改委员长会议议事规则，对委员长会议讨论决定问题的程序，作出明确规定；制定并多次修改全国人大常委会秘书处工作规则和秘书长办公会议事规则；制定了全国人大常委会新闻发布工作规则，建立了新闻发布制度；创办了全国人大干部培训中心，初步建立起对人大干部的培训制度。

2. 坚持和完善共产党领导的多党合作与政治协商制度

为更好发挥我国政党制度的优势，1993 年宪法修正案，将“中国共产党领导的多党合作和政治协商制度将长期存在和发展”写入宪法序言，为这一基本政治制度的巩固和发展提供了宪法保障。1994 年 3 月，全国政协八届二次会议修订《政协章程》。1995 年 1 月，全国政协制定《关于政治协商、民主监督、参政议政的规定》，对人民政协履行职能的规范化、制

---

〔1〕 参见全国人大常委会法制工作委员会编：《中华人民共和国法律》，法律出版社 1999 年版，第 1-173 页。

度化作了全面阐述，中共中央专门就此发出通知，要求中共各级党委结合实际认真贯彻实施。此外，全国政协还制定、修订了《政协全国委员会常务委员会工作规则》《政协全国委员会提案工作条例》《政协全国委员会专门委员会通则》等规章制度。2000 年 12 月 31 日，中共中央颁发《关于加强统一战线工作的决定》，强调统一战线是我们党的重要法宝，在 21 世纪实现民族振兴和祖国统一事业中，具有不可替代的重要作用。要适应新的历史条件下统一战线内部构成发生的深刻变化，以建设有中国特色社会主义为基础，实现大陆人民的团结；以促进香港、澳门长期稳定繁荣发展和拥护祖国完全统一为基础，实现大陆同胞与港澳台同胞的团结；以促进中华民族伟大复兴为基础，实现海内外全体中华儿女的团结，要坚持党对统一战线的领导权，坚持大团结、大联合的主题，为党和国家的中心任务服务。

3. 坚持和完善民族区域自治制度

随着我国改革开放和社会主义现代化建设事业的发展，社会主义市场经济体制的建立，民族区域自治法有关财政经济方面的一些规定已不适应新的情况，国家对民族自治地方某些扶持和照顾的政策，也需相应作一些调整。2001 年，全国人大常委会对民族区域自治法作适当修改，明确规定民族区域自治是中国共产党运用马克思列宁主义解决我国民族问题的基本政策，是国家的一项基本政治制度。修改后的法律，在经济体制和上级国家机关对民族自治地方的支持和帮助方面，在财政体制、投资、金融、税收、基础设施建设、人才、扶贫、教育文化、干部配备，以及经济发达地区的对口支持方面，都对民族自治地方的发展给予了支持，为加快民族地区经济和社会发展、促进民族团结、逐步缩小民族自治地方与其他地区的发展差距提供了法律保障。

4. 不断巩固和扩大基层民主

扩大基层民主，保证人民群众直接行使民主权利，依法管理自己的事情，创造自己的幸福生活，是社会主义民主最广泛的实践。[1]

（1）城市的居民自治与社区建设的发展。在城市，随着市场化改革的不断深入，城市基层管理体制改革被提上日程。1998 年 3 月，国务院赋予民政部推动社区建设的职能。在民政部的推动下，全国开始了居民自治与社区建设相结合的探索。2000 年 11 月，民政部向党中央、国务院上报了《关于在全国推进城市社区建设的意见》，中共中央办公厅、国务院办公厅向全国转发了意见，社区建设在全国范围内正式推广，我国城市基层管理体制全面转向自治，城市的居民自治与社区建设的发展呈现良好态势。居民除了参与居民委员会选举外，还通过参与本社区公共事务的讨论，为社区建设献言献计。有的社区还定期召开议事会、听证会、民主恳谈会等，采取多种形式开展自治活动。

（2）村民自治制度的发展。在农村，基层民主自治同样迅速发展。在 1987 年村民委员会组织法（试行）制定以后，为保证其有效实施，加快村民自治民主建设，1990 年民政部发出《关于在全国农村开展村民自治示范活动的通知》，并制定了村民自治示范村、示范乡镇、示范县的标准。同年 12 月，中共中央批转全国村级组织工作座谈会纪要，明确指出每个县都要选择几个或十几个村，开展村民自治示范活动，村民自治因此由点到面、由示范到全面推行。1994 年 2 月，民政部发布《全国农村村民自治示范活动指导纲要（试行）》，明确提出要建立民主选举、民主决策、民主管理、民主监督的四项民主制度，并对村民自治示范活动的目标、任务、指导方针、具体措施等作出全面系统规定，村民自治示范活动开始走向规范化和制度化。1997 年，党的十五大强调要扩大基层民主，完善基层自治组织的民主选举制度和村务公开制度等。1998 年 4 月，中共中央办公厅和国务院办公厅联合发出《关于在农村普遍实行村务公开和民主管理制度的通知》，对村务公开的内容和方法、民主管理的基本要求、规章制度

---

〔1〕 参见中共中央党校教务部编：《十一届三中全会以来党和国家重要文献选编》（1978 年 12 月—2007 年 10 月），中共中央党校出版社 2008 年版，第 358 页。

的建立、领导和督促检查等都作了详细规定，并要求各地积极探索在乡镇机关建立政务公开的途径。1998年10月，党的十五届三中全会通过《关于农业和农村工作若干重大问题的决定》，把全面推进村民自治确立为建设中国特色社会主义新农村的目标之一，把推进农村基层民主政治建设作为实现我国农业和农村跨世纪发展目标必须坚持的十条方针之一，对扩大农村基层民主、实行村民自治作出具体部署。提出搞好村民自治，制度建设是根本，重点是建立健全村民委员会的民主选举制度，以村民会议或村民代表会议为主要形式的民主议事制度，以村务公开、民主评议和村民委员会定期报告工作为主要内容的民主监督制度。首次提出“乡级民主”概念，指出乡级民主建设是农村基层民主的重要组成部分，要坚持和完善乡镇人大代表的直接选举制度。1998年11月4日，全国人大常委会制定《中华人民共和国村民委员会组织法》，结束了长达10年的试行法。该法坚持村民自治、基层群众直接行使民主权利的原则，针对实际存在的问题，在选人、议事、监督3个关键环节上对试行法作了补充，完善村委会选举制度，增加对村民委员会民主选举主要程序的规定，规定了村民委员会必须提请村民会议讨论决定的事项，建立村务公开制度等；改变了村委会一般设立在自然村的规定，明确设置在建制村。从此，以建制村为基础的村民自治实现有法可依并蓬勃发展起来。

（3）推进企业民主管理。加强企业民主管理是实现人民当家作主的内在要求。1992年4月，七届全国人大五次会议重新制定了工会法，对工会的性质和任务、活动准则、组织原则、基层工会组织、工会和人民政府的关系、外商投资企业工会等作了规定。该法明确规定，全民所有制企业职工代表大会是企业实行民主管理的基本形式，是职工行使民主管理权力的机构，依照全民所有制工业企业法的规定行使民主管理职权。2001年，随着工会工作的进一步发展，全国人大常委会修改工会法，对新建企业工会的组建、企业职工和工会干部合法权益的保护、工会经费的收缴以及对侵犯工会合法权益行为的制裁作出补充性规定，突出强化了工会维护职工合法权益的职能。

（三）依法治国的探索与实践

随着社会主义市场经济的建立发展和改革开放的深入推进，为巩固和发展稳定的社会政治环境，我们党坚持与时俱进，提出建设社会主义法治国家的目标任务，将依法治国确定为党领导人民治理国家的基本方略，强调要加强社会主义法治建设。我国法治建设取得重要进展。

1.“依法治国”基本方略的提出

1992年，邓小平南方谈话强调，“还是要靠法制，搞法制靠得住些”。[1] 党的十四大明确提出，要“高度重视法制建设。加强立法工作，特别是抓紧制订与完善保障改革开放、加强宏观经济管理、规范微观经济行为的法律和法规，这是建立社会主义市场经济体制的迫切要求。要严格执行宪法和法律，加强执法监督，坚决纠正以言代法、以罚代刑等现象，保障人民法院和检察院依法独立进行审判和检察”。[2] 1993年，党的十四届三中全会通过《中共中央关于建立社会主义市场经济体制若干问题的决定》，提出要遵循宪法规定的原则，加快经济立法，进一步完善民商法律、刑事法律、有关国家机构和行政管理方面的法律，要在20世纪末初步建立适应社会主义市场经济的法律体系。1996年2月8日，江泽民同志在中共中央举办的法制讲座上，第一次明确提出要坚持依法治国，强调“加强社会主义法制建设，依法治国，是邓小平建设有中国特色社会主义理论的重要组成部分，是我们党和政府管理国家和社会事务的重要方针”。[3] 同年3月，八届全国人大四次会议郑重将“依法治国，建设社会主义法制国家”确定为我国法治建设的目标。

---

〔1〕《邓小平文选》（第3卷），人民出版社1993年版，第379页。

〔2〕中共中央党校教务部编：《十一届三中全会以来党和国家重要文献选编》（1978年12月—2007年10月），中共中央党校出版社2008年版，第262页。

〔3〕《江泽民文选》（第1卷），人民出版社2006年版，第511页。

1997 年 9 月，党的十五大正式提出将依法治国作为治理国家的基本方略，对依法治国的科学含义、重大意义和战略定位作了全面阐述；第一次提出“法治国家”的概念，将其作为建设有中国特色的社会主义政治的重要内容，就建设社会主义法治国家需要解决的一系列重大问题作了全面阐述。从此，党的治国基本方略发生了重大转变，由“法制国家”转变为“法治国家”，由“制”到“治”的一字之差，反映了我们党对法治建设认识不断深化。党的十五大明确指出，“依法治国，就是广大人民群众在党的领导下，依照宪法和法律规定，通过各种途径和形式管理国家事务，管理经济文化事业，管理社会事务，保证国家各项工作都依法进行，逐步实现社会主义民主的制度化、法律化，使这种制度和法律不因领导人的改变而改变，不因领导人看法和注意力的改变而改变。依法治国，是党领导人民治理国家的基本方略，是发展社会主义市场经济的客观需要，是社会文明进步的重要标志，是国家长治久安的重要保障。党领导人民制定宪法和法律，并在宪法和法律范围内活动。依法治国把坚持党的领导、发扬人民民主和严格依法办事统一起来，从制度和法律上保证党的基本路线和基本方针的贯彻实施，保证党始终发挥总揽全局、协调各方的领导核心作用”。〔1〕 会议还提出到 2010 年要形成有中国特色社会主义法律体系；对政府机关实行执法责任制和评议考核制；推进司法改革，建立冤案、错案责任追究制度；深入开展普法教育，着重提高领导干部的法制观念和依法办事能力等。1999 年 3 月 15 日，九届全国人大二次会议通过宪法修正案，将“实行依法治国，建设社会主义法治国家”〔2〕 写入宪法，使依法治国基本方略得到国家根本法的保障。这标志着我国社会主义民主法治建设进入一个新的阶段。

〔1〕 中共中央党校教务部编：《十一届三中全会以来党和国家重要文献选编》（1978 年 12 月—2007 年 10 月），中共中央党校出版社 2008 年版，第 357 页。

〔2〕 全国人民代表大会常务委员会法制工作委员会编：《中华人民共和国法律》，人民出版社 2013 年版，第 19 页。

2. 完善立法体制机制，加快立法工作

为适应建立社会主义市场经济体制要求，确保市场经济依法有序运行，这个时期，国家加快立法步伐，制定了一大批促进经济社会发展、推进改革开放、维护社会稳定的法律。具体有：（1）完善立法体制，规范立法活动。为适应立法步伐不断加快的新形势，深入推进科学立法、民主立法，提高立法质量，2000年九届全国人大三次会议通过立法法，对我国的立法体制作了全面规定，明确划分了不同立法主体的立法权限，划定国家专属立法权的范围，对授权立法作出规定，赋予经济特区所在地的市以较大的市地方立法权。至此，我国统一而又分层次的立法体制基本确立。（2）为适应经济体制转轨，制定大批发展社会主义市场经济的法律。例如公司法、合伙企业法、商业银行法、乡镇企业法、反不正当竞争法、消费者权益保护法、拍卖法、担保法、海商法、保险法、票据法、城市房地产管理法、广告法、注册会计师法、仲裁法、审计法、对外贸易法、劳动法、证券法、合同法、招标投标法、信托法、个人独资企业法、农村土地承包法、政府采购法等。（3）适应不断扩大对外开放特别是加入世界贸易组织的需要，及时修改了一批法律和法规，包括中外合资经营企业法、中外合作经营企业法、外资企业法、专利法、商标法、著作权法以及海关法、保险法等。（4）为打击各类犯罪，维护社会经济秩序，修订刑法，形成了一部统一的、比较完备的刑法；修改刑事诉讼法，完善了刑事诉讼程序。（5）为推进依法行政，建立法治政府，制定了行政处罚法、行政复议法、国家赔偿法等法律，规范和监督权力的行使。（6）完善民主制度。制定村民委员会组织法、工会法，修改民族区域自治法，发展社会主义民主。（7）完善民生保障制度。制定残疾人保障法、未成年人保护法、妇女权益保障法、老年人权益保障法等法律，保障人权和社会民生。（8）加强生态环境保护，制定固体废物污染环境防治法等法律，修改了矿产资源法、海洋环境保护法等法律，进一步加强对环境和资源的保护。

3. 推进依法行政，建设法治政府

依法行政是依法治国的重要组成部分，在很大程度上对依法治国基本方略的实行具有决定性意义。根据党的十五大决策部署，1999年国务院颁布《关于全面推进依法行政的决定》，明确要求各级政府和政府各部门要统一思想、更新观念，提高对依法行政重要性的认识，把依法行政作为关系改革、发展、稳定大局的一件大事，真正落实到行政活动的各个方面、各个环节，切实做到严格、正确依法办事。要进一步加强政府法制机构建设，充分发挥法制工作机构在政府法制建设、依法行政中的参谋、助手作用；进一步加强政府立法工作，切实提高政府立法质量，为依法行政奠定坚实的基础，进一步加强法规、规章的备案审查，从源头上、制度上解决“依法打架”的问题，切实维护社会主义法制的统一；加大行政执法力度，确保政令畅通，做到有法必依、执法必严、违法必究。要实行行政处罚法规定的罚款“罚缴分离”制度，继续积极推进相对集中行政处罚权的试点工作，并在总结试点经验的基础上，扩大试点范围；要结合地方政府机构改革，调整和优化干部队伍结构，着力提高干部素质，尤其要加强对行政执法人员的教育和培训。2001年，国务院发布《行政法规制定程序条例》和《规章制定程序条例》，对行政法规和规章的制定作出规范，进一步推动依法行政。

4. 完善法官、检察官和律师制度，推进司法改革

为实现对法官、检察官管理的科学化和法制化，完善与社会主义法制建设和社会主义市场经济体制相适应的、具有中国特色的社会主义法官制度和检察官制度，八届全国人大常委会第十二次会议于1995年通过《中华人民共和国法官法》和《中华人民共和国检察官法》，对法官、检察官的任职资格、职责、权利义务、选拔任免、培训、考核、奖惩、管理等作出明确规定。这两部法律对当时的法官制度和检察官制度作了重大改革：一是规定实行法官、检察官资格制度；二是建立法官、检察官职务等级制度；三是设立法官考评委员会和检察官考评委员会；四是完善法官和检察

官的培训制度，建立起正规化的培训体系。1995 年法官法和检察官法的颁布实施，在依法管理法官、检察官，提高他们的素质，保障他们依法行使职权，促进司法队伍的正规化建设等方面，发挥了重要作用。2001 年 6 月，全国人大常委会又修正了法官法和检察官法。修正后的两部法律提高了法官、检察官的任职条件，细化了任职回避的规定，并明确规定，"国家对初任法官、检察官和取得律师资格实行统一的司法考试制度"。[1]

为完善律师制度，保障律师依法执行业务，规范律师的行为，维护法律的正确实施，发挥律师在社会主义法制建设中的积极作用，1996 年 5 月，全国人大常委会制定了律师法。2001 年 12 月，为了与统一的司法考试制度相匹配，全国人大常委会又对律师法进行了修正。

随着市场经济的发展，经济案件与日俱增，人们对法院的公平和效率需求也日益强烈。最高人民法院于 1999 年颁布了第一个《人民法院五年改革纲要》。改革的具体目标是：以落实公开审判原则为主要内容，进一步深化审判方式改革；以强化合议庭和法官职责为重点，建立符合审判工作特点和规律的审判管理机制；以加强审判工作为中心，改革法院内设机构，使审判人员和司法行政人员的力量得到合理配备；坚持党管干部的原则，建立一支政治强、业务精、作风好的法官队伍；加强法院办公现代化建设，提高审判工作效率和管理水平；健全各项监督机制，保障司法人员的公正、廉洁；对法院的组织体系、法院干部管理体制、法院经费管理体制等改革进行积极探索，为实现人民法院改革总体目标奠定基础。

最高人民检察院在 2000 年制定了《检察改革三年实施意见》，力争实现六项改革目标：一是，改革检察业务工作机制，强化法律监督的职能和作用；二是，改革检察机关的机构等组织体系，加强上级检察机关对下级检察机关的领导；三是，改革检察官办案机制，全面建立主诉、主办检察官办案责任制；四是，改革检察机关干部人事制度，调整人员结构，提高

---

〔1〕 全国人民代表大会常务委员会法制工作委员会编：《中华人民共和国法律》，人民出版社 2013 年版，第 123、130 页。

人员素质，实行检察官、书记员、司法警察、司法行政人员的分类管理，建立充满生机与活力的用人机制；五是，改革检察机关内、外部监督制约机制，保证公正、廉洁和高效；六是，改革检察机关经费管理机制，实行科技强检，为检察机关依法履行检察职能提供物质保障。

（四）行政体制改革的探索与实践

20世纪90年代初期，党政机构臃肿，层次重叠；一些部委和地方政府仍然不愿意把经济权力下放给企业，严重阻碍企业经营机制的转换；不少单位人浮于事，效率低下，脱离群众。为了建立一个与“社会主义市场经济”相适应的行政体制，党的十四大报告首次在党的大会上将推进行政管理体制改革作为关系全局的主要任务进行单独论述。我国于1993年、1998年两次实施了行政管理体制和机构改革，为经济社会持续快速发展和改革开放深入推进提供了有力行政体制保障，为进一步建成完善的中国特色社会主义行政体制奠定了坚实基础。

1. 党对行政管理体制改革的理论指导

党的十四大第一次单独提出行政管理体制和机构改革的历史任务，为发展中国特色社会主义行政体制理论作出新贡献：一是，指明行政管理体制改革和机构改革的重要性，强调“机构改革，精兵简政，是政治体制改革的紧迫任务，也是深化经济改革、建立市场经济体制和加快现代化建设的重要条件”[1]。二是，阐明政府职能，“主要是统筹规划，掌握政策，信息引导，组织协调，提供服务和检查监督”[2]。三是，指出加快政府职能转变的根本途径是政企分开。凡是国家法令规定属于企业行使的职权，各级政府都不要干预；下放给企业的权利，中央政府部门和地方政府都不

〔1〕中共中央党校教务部编：《十一届三中全会以来党和国家重要文献选编》（1978年12月—2007年10月），中共中央党校出版社2008年版，第263页。

〔2〕中共中央党校教务部编：《十一届三中全会以来党和国家重要文献选编》（1978年12月—2007年10月），中共中央党校出版社2008年版，第257页。

得截留。四是，提出行政管理体制和机构改革的原则和目标，即要“按照政企分开和精简、统一、效能的原则”[1]，“转变职能、理顺关系、精兵简政、提高效率”[2]。五是，明确提出要尽快推行国家公务员制度。

1993年3月，党的十四届二中全会通过《关于党政机构改革的方案》。11月，党的十四届三中全会作出《中共中央关于建立社会主义市场经济体制若干问题的决定》，对相关行政体制改革提出明确要求：一是，政府的社会经济管理职能要与国有资产所有者职能分开，加强中央和省、自治区、直辖市两级政府专司国有资产管理的机构；二是，政府管理经济的职能主要是制定和执行宏观调控政策，搞好基础设施建设，创造良好的经济发展环境；三是，建立以间接手段为主的完善的宏观调控体系，并阐述了宏观调控的主要任务和实现方式；四是，发挥中央和地方两个积极性，宏观经济调控权必须集中在中央，同时赋予省、自治区和直辖市必要的权力，使其能够制订地区性的法规、政策和规划；五是，行政机关实行国家公务员制度；六是，财税体制改革重点是要将地方财政包干制改为在合理划分中央与地方事权基础上的分税制，建立中央税收和地方税收体系。

1997年9月，党的十五大提出“一切政府机关都必须依法行政”，并对行政体制改革提出具体要求：一是，继续推进政企分开，建立现代企业制度，对国有大中型企业实行规范的公司制改革；二是，实现国家机构组织、职能、编制、工作程序的法定化，严格控制机构膨胀，坚决裁减冗员；三是，将综合经济部门改组为宏观调控部门，调整和减少专业经济部门，加强执法监管部门，培育和发展社会中介组织；四是，深化人事制度改革，引入竞争激励机制，建设一支高素质的专业化国家行政管理干部队伍。

2. 1993年的行政体制改革

为适应社会主义市场经济发展的要求，1993年3月，八届全国人大一

〔1〕 中共中央党校教务部编：《十一届三中全会以来党和国家重要文献选编》（1978年12月—2007年10月），中共中央党校出版社2008年版，第262页。

〔2〕 中共中央党校教务部编：《十一届三中全会以来党和国家重要文献选编》（1978年12月—2007年10月），中共中央党校出版社2008年版，第263页。

次会议通过关于国务院机构改革方案的决定，行政管理体制和机构改革正式启动。改革的主要内容有：（1）坚持政企分开。1994年7月24日，国务院颁布国有企业财产监督管理条例，逐步建立权责明确的国有资产管理、监督以及营运体制和国有资产保值增值考核体系。（2）转变政府职能，精简机构。采取中央、省、地（市）、县、乡五级联动方式，在3年内基本完成。中央一级改革的重点是加强宏观调控和监督部门，大幅度裁减非常设机构，精简机关人员。改革后，国务院组成部门有41个（含国务院办公厅），直属机构和办事机构18个，共计59个，比原有的86个减少27个。国务院非常设机构也由85个减少到26个。省、地（市）两级改革的重点是加强市场监督和社会保障职能。县级政府按照"小机构、大服务"的方向，把大部分专业经济部门改为经济实体或服务实体。乡一级机构在加强基层政权建设和完善农村社会化服务体系的前提下减少脱产人员。到1996年，各级政府机构改革基本完成，各级机构精减人员25%左右。（3）理顺部门之间、央地之间的关系。理顺国务院部门之间的关系尤其是综合经济部门之间以及综合经济部门与专业经济部门之间的关系，合理划分职责权限，避免交叉重复。理顺中央与地方的关系，合理划分管理权限，使地方在中央方针政策的指导下，因地制宜地发展本地区经济和各项社会事业。（4）财税体制改革。1993年12月15日，国务院作出《关于实行分税制财政管理体制的决定》，确定从1994年1月1日起改革地方财政包干体制，对各省、自治区、直辖市以及计划单列市实行分税制财政管理体制：按照中央与地方政府的事权划分，合理确定各级财政的支出范围；根据事权与财权相结合的原则，将税种统一划分为中央税、地方税和中央地方共享税，并建立中央税收和地方税收体系，分设中央与地方两套税务机构分别征管；科学核定地方收支数额，逐步实行比较规范的中央财政对地方的税收返还和转移支付制度；建立健全分级预算制度，硬化各级预算约束。（5）推行国家公务员制度。随着各级行政机构定职能、定编制和定员的工作陆续完成，国家公务员制度全面推开，配套的干部人事制度和工资制度改革同步进行。1993 年 8 月，国务院印发《国家公务员暂行条例》，于 10 月 1 日起施行。为提高行政管理水平和工作效率，加强自身建设，提高公务员素质，国家建立了培训制度。1994 年，国家行政学院正式成立，主要培训中高级公务员、高层次管理人才和政策研究人才。总体来说，这次改革主要在两个领域取得突破性进展：一是围绕政府职能新定位，对传统的计划、财税、金融、流通体制等进行改革，探索构建政府的宏观调控体系；二是开始推行国家公务员制度，并加强对公务员的培训。

3. 1998 年的行政体制改革

改革开放以来，我国多次进行行政体制改革。但由于历史条件限制很多问题未能得到根本性解决，脱胎于计划经济体制的政府机构设置同社会主义市场经济发展的矛盾日益突出。机构庞大，政企不分，通过专业经济部门直接管理企业的体制，已经越来越不适应建立现代企业制度的要求。因此，1998 年 3 月，九届全国人大一次会议通过关于国务院机构改革方案的决定，开展了力度更大的行政体制改革。改革总的目标是适应经济发展和社会全面进步要求，建立办事高效、运转协调、行为规范的行政管理体系，完善国家公务员制度，建设高素质的专业化行政管理队伍，逐步建立适应社会主义市场经济体制的有中国特色的政府行政管理体制。改革的主要内容有：（1）继续坚定推行政企分开，建立现代企业制度。一是，解除政府主管部门与所办经济实体和直属企业的行政隶属关系；军队、武警部队和政法机关所办经营型企业全部移交给地方；大幅度提高机关后勤服务的社会化程度；取消国有企业的行政级别。二是，积极推行规范的公司制和股份制改革，完善法人治理结构，鼓励符合条件的国有大型企业改制上市。三是，不断健全国家对国有企业的监管制度，向国有重点企业派出稽察特派员。四是，推进垄断行业改革，逐步实施电信、电力、民航管理体制改革，开始研究制定铁路管理体制改革方案。（2）调整部门职能，精简机构编制。按照国务院关于“定职能、定机构、定编制”的“三定”方案，各部委转交给企业、社会中介组织和地方共计 200 多项职能；部门之间调整转移100多项职能；除国务院办公厅外，国务院组成部门由40个减少到29个，各部门内设司局级机构比原来减少200多个，人员总数减少一半。地方各级政府机构也进行了相应改革。全国精简行政编制共计115万人。（3）改革行政审批制度。在对原有审批项目进行清理的基础上，国务院取消1195个行政审批事项，各级地方政府也取消了一批行政审批事项。（4）不断提高依法行政水平。推进行政执法体制改革，开展相对集中行政处罚权试点工作。加强执法监督，认真做好行政复议。增强政府工作透明度，支持人民群众和新闻媒体对政府工作进行监督。电子政务建设不断推进。这次改革，极大改进了过去长期存在而没有解决的职能交叉、多头管理、政出多门、权责不清等问题，结束了专业经济部门直接管理企业的体制，进一步改变了计划经济体制下形成的政府机构框架。

4. 行政立法不断推进，为依法行政筑牢基础

在实施行政体制改革的同时，国家进一步完善了有关国家机构和行政管理方面的法律制度。1994年制定国家赔偿法，对行政赔偿的范围、赔偿义务机关及赔偿的方式、标准、程序等作出全面规定，落实了行政机关违法对公民造成损害给予赔偿的宪法原则。1996年制定行政处罚法，统一规范行政处罚程序，保障和监督行政机关依法行使行政职权，有效推动行政机关树立起程序观念。1997年制定行政监察法，将行政监察条例上升为法律，促进行政机关及其工作人员廉洁奉公、遵纪守法。1999年制定行政复议法，将行政复议条例上升为法律，规定行政复议的范围、原则、程序及责任，通过行政机关内部自我纠正错误机制，防止和纠正违法或者不当的行政行为，为公民、法人和其他组织维护合法权益提供救济途径。2000年制定立法法，对国务院及其部门、地方人民政府的立法权限作出规定，规范行政机关制定行政法规、国务院部门规章、地方政府规章等立法行为。

5. 设立新的行政区划

为发挥大城市对地区经济的带动作用，推动西南地区经济发展，1997年3月14日，八届全国人大五次会议批准设立重庆直辖市。这个时期，我

国顺利实现港澳主权回归。相应地，于1997年7月1日成立香港特别行政区；于1999年12月20日成立澳门特别行政区。

实践证明，这一阶段党领导的行政体制改革取得很大成功，与发展社会主义市场经济相适应的行政体制基本建立。首先，转变政府职能取得实质性进展。政府对微观经济运行的干预明显减少，企业作为市场竞争主体的地位得到确立，市场配置资源的基础性作用明显增强，新型宏观调控体系逐步健全，社会管理和公共服务职能不断加强。其次，政府组织结构不断精简优化，自身建设不断加强。建立了以宏观调控、市场监管、社会管理和公共服务等部门为主体的政府机构框架，机构设置和职责体系趋于合理，行政编制控制得当。中国特色国家公务员制度基本建立，公务员队伍的整体素质和能力明显提高。再次，中央与地方权责关系逐步调整，中央与地方事权得到较合理的划分，建立了分税制财政管理体制，中央和地方两个积极性得到充分发挥。最后，依法行政开始全面推进，科学民主决策水平不断提高，行政立法日益规范，行政程序意识不断增强，政务公开制度逐步完善。

（五）我国基本经济制度的确立和发展

1. 社会主义初级阶段基本经济制度正式确立

以邓小平南方谈话和党的十四大为标志，我国改革开放和现代化建设事业进入一个新的发展阶段。党的十四大对社会主义初级阶段所有制结构作了更全面科学的概括，提出我国的所有制结构是，“以公有制包括全民所有制和集体所有制经济为主体，个体经济、私营经济、外资经济为补充，多种经济成分长期共同发展，不同经济成分还可以自愿实行多种形式的联合经营”。1993年11月，党的十四届三中全会通过《中共中央关于建立社会主义市场经济体制若干问题的决定》，明确我国以公有制为主体的多种经济成分共同发展的格局初步形成，强调必须坚持以公有制为主体、多种经济成分共同发展的方针。

1997年9月，党的十五大正式确立了我国社会主义初级阶段的基本经济制度。十五大报告指出：“公有制为主体、多种所有制经济共同发展，是我国社会主义初级阶段的一项基本经济制度。这一制度的确立，是由社会主义性质和初级阶段国情决定的：第一，我国是社会主义国家，必须坚持公有制作为社会主义经济制度的基础；第二，我国处在社会主义初级阶段，需要在公有制为主体的条件下发展多种所有制经济；第三，一切符合‘三个有利于’的所有制形式都可以而且应该用来为社会主义服务。”十五大明确，公有制经济不仅包括国有经济和集体经济，还包括混合所有制经济中的国有成分和集体成分。公有制的主体地位主要体现在：公有资产在社会总资产中占优势；国有经济控制国民经济命脉，对经济发展起主导作用。公有制实现形式可以而且应当多样化，一切反映社会化生产规律的经营方式和组织形式都可以大胆利用。非公有制经济是我国社会主义市场经济的重要组成部分，对个体、私营等非公有制经济要继续鼓励、引导，使之健康发展。十五大的这些表述，说明我们党对社会主义所有制结构的认识不再局限于纯而又纯的公有制，是与时俱进发展了马克思主义，实现了我国所有制改革的历史性突破。1998年10月，党的十五届三中全会通过《中共中央关于农业和农村工作若干重大问题的决定》，强调以公有制为主体、多种所有制经济共同发展的基本经济制度，以家庭承包经营为基础、统分结合的经营制度，以劳动所得为主和按生产要素分配相结合的分配制度，必须长期坚持。要继续完善所有制结构，在积极发展公有制经济的同时，采取灵活有效的政策措施，鼓励和引导农村个体、私营等非公有制经济有更大的发展。2000年10月，党的十五届五中全会通过的《中共中央关于制定国民经济和社会发展第十个五年计划的建议》（以下简称《第十个五年计划的建议》）指出，社会生产力水平的多层次性和所有制结构的多样性，是我国社会主义初级阶段的重要特征。公有制为主体、多种所有制经济共同发展是我国的基本经济制度，非公有制经济是社会主义市场经济的重要组成部分。要适应社会生产力发展的要求，继续调整和完善所有制结构。要为各类企业发展创造平等竞争的环境，支持、鼓励和引导私营、个体企业尤其是科技型中小企业健康发展。

1999 年 3 月，九届全国人大二次会议通过《中华人民共和国宪法修正案》，增加规定“国家在社会主义初级阶段，坚持公有制为主体、多种所有制经济共同发展的基本经济制度”。并将 1993 年宪法第十一条：“在法律规定范围内的城乡劳动者个体经济，是社会主义公有制经济的补充。国家保护个体经济的合法的权利和利益。”“国家通过行政管理，指导、帮助和监督个体经济。”“国家允许私营经济在法律规定的范围内存在和发展。私营经济是社会主义公有制经济的补充。国家保护私营经济的合法的权利和利益，对私营经济实行引导、监督和管理。”修改为：“在法律规定范围内的个体经济、私营经济等非公有制经济，是社会主义市场经济的重要组成部分。”“国家保护个体经济、私营经济的合法的权利和利益。国家对个体经济、私营经济实行引导、监督和管理。”从而通过国家根本法的形式将我国的基本经济制度固定下来。

经过 20 多年的改革开放，我国的多种所有制经济形式得到迅速发展。公有制经济在调整和改革中发展壮大，探索公有制多种实现形式取得显著成效，国有经济在关系国家命脉的重要行业和关键领域占支配地位，支撑、引导和带动整个社会经济的发展。非公有制经济发展成为社会主义市场经济的重要组成部分。个体工商户由 1978 年的 14 万户、15 万人发展到 2001 年年底的 2433 万户、4760 万人，注册资金 3436 亿元；私营企业从 20 世纪 80 年代末开始起步，1992 年后一直以 15%以上的速度增长，到 2001 年年底已达到 203 万户，从业人员 2714 万人，注册资本 18212 亿元；个体经济、私营经济创造的国内生产总值，已占全部国内生产总值的 30%，东部沿海省市更高达 60%以上。[1] 此外，1989 年至 2001 年，累计批准外商

---

〔1〕 参见陈述：《中华人民共和国通史》（第 5 卷）（1992—2002），南方出版传媒、广东人民出版社 2020 年版，第 357-358 页。

投资企业37万多家，实际利用外资3814亿美元；引进技术和成套设备、关键设备42000项，总金额1283亿美元。[1] 个体经济、私营经济、外资经济等非公有制经济的蓬勃发展，在发展经济、增加就业、活跃市场、扩大出口等方面发挥了重要作用。

2. 分配制度的进一步发展完善

党的十四大在分配制度问题上坚持党的十三大的主张，继续提出要“以按劳分配为主体，其他分配方式为补充，兼顾效率与公平”。党的十四届三中全会在此基础上作了进一步发展，明确指出“个人收入分配要坚持以按劳分配为主体、多种分配方式并存的制度，体现效率优先、兼顾公平的原则”。首次提出“允许属于个人的资本等生产要素参与收益分配”。这是对我国收入分配制度的重大发展：一是其他分配方式从“补充”发展到“并存”，地位提高了；二是允许资本等生产要素参与收益分配。我国初步建立了与社会主义市场经济体制相适应的社会主义初级阶段的收入分配制度。1997年9月，党的十五大就完善分配结构和分配方式问题作了专门阐述，指出“坚持按劳分配为主体、多种分配方式并存的制度”，“把按劳分配和按生产要素分配结合起来，坚持效率优先、兼顾公平”，“依法保护合法收入，允许和鼓励一部分人通过诚实劳动和合法经营先富起来，允许和鼓励资本、技术等生产要素参与收益分配”。进一步明确了技术等生产要素可以参与收益分配。1999年3月修宪，坚持按劳分配为主体、多种分配方式并存的分配制度写进了国家根本法。2000年10月，《第十个五年计划的建议》指出，要深化收入分配制度改革，坚持效率优先、兼顾公平的原则，实行按劳分配为主体、多种分配方式并存的制度，把按劳分配与按生产要素分配结合起来。强调在新的历史条件下，要深化对劳动和劳动价值理论的认识；随着生产力的发展，科学技术工作和经营管理作为劳动的重要形式，在社会生产中起着越来越重要的作用，要鼓励资本、技术等生产要素参与收益分配等。

---

〔1〕 参见本书编写组编：《十六大报告辅导读本》，人民出版社2002年版，第223页。

随着我国经济的快速发展和收入分配制度改革的深化，人民生活水平得到进一步提高，人民群众得到了更多的实惠。2001 年，城镇居民家庭人均可支配收入达到 6859.6 元，农村居民家庭人均纯收入达到 2366.4 元；到 2002 年党的十六大召开前，城乡居民储蓄存款包括外币存款在内的余额超过 9 万亿元，居民拥有的股票、债券等其他金融资产也有较多增长。〔1〕

3. 社会主义市场经济体制的确立

1992 年，邓小平南方谈话讲明了计划和市场的关系，进一步强调了市场经济的改革方向，从根本上解除了把计划经济和市场经济看作属于社会基本制度范畴的思想束缚，使我们党在计划与市场关系问题上的认识有了新的重大突破。1992 年 6 月 9 日，江泽民同志在中央党校讲话中提出了关于建立新经济体制问题上的三种认识并表达了自己的意见："一是建立计划与市场相结合的社会主义商品经济体制，二是建立社会主义有计划的市场经济体制，三是建立社会主义的市场经济体制……我个人的看法，比较倾向于使用'社会主义市场经济体制'这个提法。"〔2〕1992 年 6 月 12 日，邓小平同志和江泽民同志谈话时表示，赞成使用"社会主义市场经济体制"这个提法，指出："实际上我们是在这样做，深圳就是社会主义市场经济。不搞市场经济，没有竞争，没有比较，连科学技术都发展不起来。产品总是落后，也影响到消费，影响到对外贸易和出口。""在党校的讲话可以先发内部文件，反映好的话，就可以讲。这样十四大也就有了一个主题了。"〔3〕

1992 年 10 月，党的十四大第一次明确提出，"我国经济体制改革的目标是建立社会主义市场经济体制"，"就是要使市场在社会主义国家宏观调控下对资源配置起基础性作用，使经济活动遵循价值规律的要求，适应供

〔1〕 参见本书编写组编：《十六大报告辅导读本》，人民出版社 2002 年版，第 39 页。

〔2〕《江泽民文选》（第 1 卷），人民出版社 2006 年版，第 201-202 页。

〔3〕 中共中央文献研究室编：《邓小平年谱》（1975—1997）（下），中央文献出版社 2004 年版，第 1347-1348 页。

求关系的变化；通过价格杠杆和竞争机制的功能，把资源配置到效益较好的环节中去，并给企业以压力和动力，实现优胜劣汰；运用市场对各种经济信号反应比较灵敏的优点，促进生产和需求的及时协调。同时也要看到市场有其自身的弱点和消极方面，必须加强和改善国家对经济的宏观调控。我们要大力发展全国的统一市场，进一步扩大市场的作用，并依据客观规律的要求，运用好经济政策、经济法规、计划指导和必要的行政管理，引导市场健康发展”。

1993年3月，八届全国人大一次会议修改宪法，删除了国家在社会主义公有制基础上实行计划经济的规定，同时将国家实行社会主义市场经济写入宪法，标志着社会主义市场经济成为我国的宪法制度。之后，党的十四届三中全会通过《中共中央关于建立社会主义市场经济体制若干问题的决定》，进一步对建立社会主义市场经济体制作出总体规划，把党的十四大确定的经济体制改革的目标和基本原则加以具体化；强调在建立社会主义市场经济体制的进程中，要始终坚持将“三个有利于”作为决定各项改革措施取舍和检验其得失的根本标准。该决定是20世纪90年代进行经济体制改革的行动纲领。以此为指导，我国积极推进财政、税收、金融、外贸、外汇、计划、投资、价格、流通、住房和社会保障等方面的体制改革，市场在资源配置中的基础性作用明显增强，宏观调控体系的框架初步建立。

1997年9月，党的十五大再次强调要坚持和完善社会主义市场经济体制，充分发挥市场机制作用，健全宏观调控体系；加快国民经济市场化进程；继续发展各类市场，着重发展资本、劳动力、技术等生产要素市场，完善生产要素价格形成机制；改革流通体制，健全市场规则，加强市场管理，清除市场障碍，打破地区封锁、部门垄断，尽快建成统一开放、竞争有序的市场体系，进一步发挥市场对资源配置的基础性作用。1997年亚洲金融危机爆发并持续到1999年，对世界经济影响深远。我国审时度势采取一系列果断有力的措施，努力扩大国内需求，实行积极的财政政策和稳健的货币政策，加强基础设施建设，深化金融体制等改革，保持人民币汇率稳定，成功地应对了金融危机，保持了经济发展良好势头，推动社会主义市场经济体制建设实现健康发展。

4. 社会主义市场经济有关法律制度不断完善

《中共中央关于建立社会主义市场经济体制若干问题的决定》指出，社会主义市场经济体制的建立和完善，必须有完备的法制来规范和保障；要高度重视法制建设，做到改革开放与法制建设的统一，学会运用法律手段管理经济。该决定明确法制建设的目标是，遵循宪法规定的原则，加快经济立法，进一步完善民商法律、刑事法律、有关国家机构和行政管理方面的法律，在20世纪末初步建立适应社会主义市场经济的法律体系。

贯彻落实《中共中央关于建立社会主义市场经济体制若干问题的决定》的精神和要求，我国加快经济立法步伐。在规范市场主体、维护市场秩序、加强宏观调控、促进对外开放等方面，制定了公司法、合伙企业法、个人独资企业法、乡镇企业法、商业银行法、证券法、合同法、信托法、反不正当竞争法、消费者权益保护法、产品质量法、担保法、海商法、保险法、票据法、广告法、仲裁法、对外贸易法、劳动法、农村土地承包法等法律，修改了中外合资经营企业法、中外合作经营企业法、外资企业法、专利法、商标法、著作权法等。比如，竞争是市场经济最基本的运行机制，但各种不正当竞争行为往往会对公平竞争秩序造成严重破坏，影响市场经济健康发展，1993年9月，全国人大常委会通过反不正当竞争法，鼓励和保护公平竞争，制止不正当竞争行为，保障经营者的合法权益，维护社会主义市场经济秩序。又如，公司法是关于市场经济的一部重要法律，1993年12月，八届全国人大常委会第五次会议通过公司法，明确了公司设立条件、审批登记程序，规范了公司股票的发行和交易、财务会计管理等，对我国建立规范的公司制度，保障公司的合法权益，维护社会经济秩序，保障和促进社会主义市场经济的健康发展，具有重要作用。

再如，合同法是民法的重要组成部分，是市场经济的基本法律，与企业的生产经营和人民群众的生活密切相关。改革开放以来，我国先后制定了经济合同法、涉外经济合同法和技术合同法3部合同法，对保护合同当事人的合法权益，维护社会经济秩序，促进国内经济、技术和对外经济贸易的发展，发挥了重要作用。随着改革开放的不断深入和扩大，为了保障社会主义市场经济的发展，1999年3月，九届全国人大二次会议制定了统一的合同法，进一步完善了我国的合同法律制度。

进入21世纪，我国社会主义市场经济体制建设取得重大成果。2000年10月，《第十个五年计划的建议》指出，社会主义市场经济体制初步建立，市场机制在配置资源中日益明显地发挥基础性作用，经济发展的体制环境发生了重大变化；并提出了逐步完善社会主义市场经济体制的新的历史任务和要求。与此同时，随着我国社会主义基本经济制度的确立、发展以及经济体制改革的深入推进，我国的经济得到迅速发展，取得了重大的历史性成就。2001年，我国国内生产总值达到95933亿元，比1989年增长近两倍，年均增长9.3%，经济总量已居世界第6位。人民生活总体上实现了由温饱到小康的历史性跨越。

（六）发展社会主义先进文化制度

在改革开放的过程中，我国原有的文化传统和价值观受到冲击，旧的观念被逐渐突破，但与社会主义市场经济相适应的新的价值体系尚未建立完善。与此同时，以信息技术为代表的科学技术在世界范围内迅猛发展，各种思想文化相互激荡，国外社会主义运动的严重曲折和西方意识形态的渗透，也对我国的文化建设提出了更高的要求。

1. 加强社会主义精神文明建设

改革开放以来，西方资产阶级的意识形态夹杂在各种文化载体中传入我国，一些腐朽的东西也跟着进来，资产阶级自由化思潮和精神污染严重影响了我国现代化建设进程。因此，在整个改革开放过程中，党中央反复强调要坚持四项基本原则，反对精神污染。1992 年，党的十四大明确提出要“坚持两手抓，两手都要硬，把社会主义精神文明建设提高到新水平”[1]，强调“精神文明建设必须紧紧围绕经济建设这个中心，为经济建设和改革开放提供强大的精神动力和智力支持”。1996 年 10 月，党的十四届六中全会作出《关于加强社会主义精神文明建设若干重要问题的决议》，将精神文明建设置于中国特色社会主义事业大局中进行审视，强调加强社会主义精神文明建设是一项重大战略任务，并对社会主义精神文明建设的指导思想和奋斗目标做了清晰、明确、深刻的阐述，提出系列要求。1997 年 4 月 21 日，党中央决定成立中央精神文明建设指导委员会，作为党中央指导全国精神文明建设工作的议事机构。随后，各省、自治区、直辖市也相继建立了相应的机构，推进精神文明建设。

2. 提出“中国特色社会主义文化”新命题

在“加强社会主义精神文明建设”的基础上，为适应我国文化建设面临的新形势，以江泽民同志为核心的党的第三代中央领导集体，积极探索社会主义文化建设的新途径，提出了“中国特色社会主义文化”的新命题。1991 年 7 月 1 日，江泽民同志在庆祝中国共产党成立 70 周年大会的讲话中，首次提出“有中国特色社会主义的经济、政治、文化，是有机统一、不可分割的整体”[2] 的论断，并初步阐述了建设中国特色社会主义文化的基本要求。1997 年，党的十五大从经济建设、政治建设、文化建设三位一体的战略高度，明确了文化在中国特色社会主义建设事业中的重要地位和作用，把建设有中国特色社会主义文化作为我国社会主义初级阶段基本纲领的重要组成部分，强调“建设有中国特色社会主义的文化，就是以马克思主义为指导，以培育有理想、有道德、有文化、有纪律的公民为

---

[1] 中共中央党校教务部编：《十一届三中全会以来党和国家重要文献选编》（1978 年 12 月—2007 年 10 月），中共中央党校出版社 2008 年版，第 263 页。

[2] 《江泽民文选》（第 1 卷），人民出版社 2006 年版，第 161 页。

目标，发展面向现代化、面向世界、面向未来的，民族的科学的大众的社会主义文化”,[1]“有中国特色社会主义的文化，是凝聚和激励全国各族人民的重要力量，是综合国力的重要标志”[2]，“全党必须从社会主义事业兴旺发达和民族振兴的高度，充分认识文化建设的重要性和紧迫性”[3]。大会阐明了社会主义精神文明与中国特色社会主义文化的关系，指出有中国特色社会主义的文化，就其主要内容来说，同改革开放以来我们一贯倡导的社会主义精神文明是一致的。“在全社会形成共同理想和精神支柱，是有中国特色社会主义文化建设的根本。”文化相对于经济、政治而言。精神文明相对于物质文明而言。只有经济、政治、文化协调发展，只有两个文明都搞好，才是有中国特色社会主义。

3. 持续出台促进精神文明和先进文化建设的系列政策

1994年8月23日，根据党的十四大关于加强爱国主义教育的精神，中共中央印发《爱国主义教育实施纲要》，要求各级有关部门把爱国主义作为加强社会主义精神文明建设的基础工程来抓；8月31日，中共中央印发《关于进一步加强和改进学校德育工作的若干意见》，要求教育战线站在历史的高度，以战略的眼光来认识新时期学校德育工作的重要性，大力加强青年学生的思想道德建设。1996年3月，八届全国人大四次会议批准《国民经济和社会发展“九五”计划和2010年远景目标纲要》，把精神文明建设的具体目标列入国民经济和社会发展规划，提出要把提高青少年素质作为工作重点。自此以后，各级政府和有关部门也都分别制订精神文明建设规划，并将其纳入国民经济和社会发展总体规划，通过不断地增加投入，为精神文明建设提供物质保障。2000年10月，《第十个五年计划的建

[1] 中共中央党校教务部编：《十一届三中全会以来党和国家重要文献选编》（1978年12月—2007年10月），中共中央党校出版社2008年版，第349页。

[2] 中共中央党校教务部编：《十一届三中全会以来党和国家重要文献选编》（1978年12月—2007年10月），中共中央党校出版社2008年版，第360页。

[3] 中共中央党校教务部编：《十一届三中全会以来党和国家重要文献选编》（1978年12月—2007年10月），中共中央党校出版社2008年版，第360页。

议》第一次在中央文件里提出“文化产业”这一概念，要求完善文化产业政策，加强文化市场建设和管理，推动有关文化产业发展。这标志着我国对文化的社会效益和经济效益有了新认识，对于发展文化产业、推进文化体制改革意义重大。2001 年 9 月，中共中央印发《公民道德建设实施纲要》，提出要把法制建设与道德建设、依法治国与以德治国紧密结合起来，通过公民道德建设的不断深化和拓展，逐步形成与发展社会主义市场经济相适应的社会主义道德体系。

4. 加强文化发展相关法律制度建设

为规范文化市场，促进文化事业繁荣发展，1994 年 8 月 25 日，国务院制定《音像制品管理条例》，开始规范对录有内容的录音带、录像带、唱片、激光唱盘和激光视盘等音像制品的出版、复制、进口、批发、零售、出租和经营性录像放映的管理。1996 年 6 月，为发展和繁荣电影事业，国务院制定《电影管理条例》，对电影的制片、审查、进口、出口、发行、放映以及电影事业的保障等作出规定。1997 年 1 月，为加强对出版活动的管理，发展和繁荣有中国特色的社会主义出版事业，保障公民依法行使出版自由的权利，国务院制定《出版管理条例》。1997 年 3 月，为加强印刷业管理，维护印刷业经营者的合法权益和社会公共利益，国务院制定《印刷业管理条例》。1997 年 8 月，国务院制定《广播电视管理条例》，对在我国境内设立广播电台、电视台以及采编、制作、播放、传输广播电视节目等活动作出规范。2001 年年底，为兑现我国加入世界贸易组织的承诺，适应对外开放的需要，全国人大常委会修改了著作权法，国务院也修订了《电影管理条例》、《出版管理条例》、《印刷业管理条例》和《音像制品管理条例》。

5. 推进文化体制改革

这一阶段，党和政府积极推动文化体制机制和传播手段改革创新，在经营性文化事业单位转企改制、完善文化工作管理体系、建设现代文化市场体系和文化政策法规体系等方面取得显著进展。[1] 2001 年，中共中央办公厅下发《中央宣传部、国家广电总局、新闻出版总署〈关于深化新闻出版广播影视业改革的若干意见〉的通知》，强调要加强党对新闻出版、广播影视业改革的领导，文化体制改革要以发展为主题，以结构调整为主线，以集团化建设为重点和突破口，积极进行探索创新，以进一步壮大实力，增强活力，提高竞争力。随着改革的推进，反映时代精神、贴近人民生活的文化精品不断进入市场，群众文化生活日益丰富多彩，健康文明的社会氛围逐渐形成。

（七）发展社会民生保障制度的探索与实践

在加快改革和经济发展过程中，我国经济社会发展同时承受着巨大压力，特别是 20 世纪 90 年代前期物价上涨和通货膨胀比较严重，国有企业改革导致大量职工下岗，农村集体经济衰退导致一些贫困农民生活保障困难。为保障群众基本生活，增进人民福祉，党提出要积极建立待业、养老、医疗、住房等社会保障制度，完善失业保险和社会救济制度，提供最基本的社会保障。

1. 推进就业体制机制改革

自 1993 年开始，我国进一步将原有的“统包统分”就业模式调整为介绍就业、组织就业和自谋职业相结合的“三结合”就业模式，并鼓励农村富余劳动力外出务工。这一时期，随着国有企业改革进入攻坚阶段，很多职工下岗，生活十分困难。1993 年，全国下岗职工累计达 300 万人，此后逐年上升，到 1997 年突破 1000 万人。[2] 面对短时间内出现的数以千万计的下岗职工，党和政府积极采取措施，加大再就业培训力度，积极创造

〔1〕参见中共中央党史研究室：《中国共产党的九十年》（改革开放和社会主义现代化建设新时期），中共党史出版社、党建读物出版社 2016 年版，第 843 页。
〔2〕参见中共中央党史研究室：《中国共产党的九十年》（改革开放和社会主义现代化建设新时期），中共党史出版社、党建读物出版社 2016 年版，第 818 页。

新的就业岗位，努力解决下岗职工基本生活保障问题。1998 年 5 月，中共中央、国务院召开国有企业下岗职工基本生活保障和再就业工作会议。6 月，中共中央、国务院发出通知，要求把解决国有企业下岗职工的基本生活保障和再就业作为首要任务，争取用 5 年左右的时间，初步建立起适应社会主义市场经济体制要求的社会保障体系和就业机制。各级政府按照中央部署，先后为下岗职工建立起三条保障线：一是下岗职工基本生活保障；二是 3 年后未就业者按规定享受失业保险；三是失业保险满两年仍未就业者可享受城镇居民最低生活保障。[1] 这些措施的实施，保障了下岗职工的基本生活，在很大程度上消解了国有企业改革的困难和风险。

在此基础上，我国开始探索建立适应社会主义市场经济的劳动基本制度。20 世纪 90 年代以来，我国非公有制经济成分有了很大发展，公有制企业也在加快转换经营机制，带来劳动关系的复杂化、多样化。这一时期，随意延长工时、克扣工资、拒绝提供必要的劳动保护等现象时有发生，通过立法来保障劳动者合法权益的呼声十分强烈。1994 年，全国人大常委会制定劳动法，推动改革劳动用工制度，保障劳动者合法权益，建立起适应社会主义市场经济的用工制度。劳动法对工时作了规定，明确国家实行劳动者每日工作时间不超过 8 小时、平均每周工作时间不超过 44 小时的工时制度。当时，我国通行的每天 8 小时、每周 48 小时工时制度沿用的还是《共同纲领》的规定。1994 年国务院发布规定，要求自当年 3 月 1 日起实行每日工作 8 小时，平均每周工作 44 小时的工时制度。1995 年 3 月 25 日，国务院再次决定修改工时制度，规定自当年 5 月 1 日起，职工每周工作 40 小时。此外，我国于 1992 年制定矿山安全法，2001 年制定职业病防治法，2002 年制定安全生产法，有力地保障了广大劳动者的职业健康和劳动安全。

---

[1] 参见中共中央党史研究室：《中国共产党的九十年》（改革开放和社会主义现代化建设新时期），中共党史出版社、党建读物出版社 2016 年版，第 819 页。

2. 推进建立社会保障体系，增进社会福利

党的十四大提出要“积极建立待业、养老、医疗等社会保障制度”[1]。党的十四届三中全会指出，社会保障体系包括“社会保险、社会救济、社会福利、优抚安置和社会互助、个人储蓄积累保障”[2]。党的十五大更加明确提出，要“建立社会保障体系，实行社会统筹和个人帐户相结合的养老、医疗保险制度，完善失业保险和社会救济制度，提供最基本的社会保障”[3]。按照党中央的部署，我国对社会保障管理体制进行了改革，社会保险由过去多个行政部门分别管理转变为由劳动和社会保障行政部门统一管理，由社会保险经办机构和税务部门共同负责的“双重征缴”模式也全面推开。

（1）改革养老保险制度。1995 年 3 月，国务院发布《国务院关于深化企业职工养老保险制度改革的通知》，提出以缴费型社会养老保险替代原有的非缴费型退休金制度。为落实通知要求，劳动部制定并发布《基本养老保险覆盖计划》，将基本养老保险的实施范围扩大到城镇各类企业的全部劳动者。1997 年，国务院发布《关于建立统一的企业职工基本养老保险制度的决定》，开始在全国建立统一的城镇企业职工基本养老保险制度。养老保险制度实行社会统筹与个人账户相结合的模式。20 世纪 90 年代后期，企业缴费比例为工资总额的 20% 左右，个人缴费比例为本人工资的 8%。经过几年推进，至 2001 年年底，全国各省、自治区、直辖市（除西藏外）均实行了养老保险省级统筹或建立了省级调剂金制度，基本养老金也实现社会化发放。

（2）建立医疗保险制度。1998 年 12 月，国务院颁布《关于建立城镇职工基本医疗保险制度的决定》，开始在全国建立城镇职工基本医疗保险

---

[1] 中共中央党校教务部编：《十一届三中全会以来党和国家重要文献选编》（1978 年 12 月—2007 年 10 月），中共中央党校出版社 2008 年版，第 257 页。

[2] 中共中央党校教务部编：《十一届三中全会以来党和国家重要文献选编》（1978 年 12 月—2007 年 10 月），中共中央党校出版社 2008 年版，第 287 页。

[3] 中共中央党校教务部编：《十一届三中全会以来党和国家重要文献选编》（1978 年 12 月—2007 年 10 月），中共中央党校出版社 2008 年版，第 352 页。

制度。基本医疗保险原则上实行地市级统筹，所有用人单位及其职工都要按照属地管理原则参加所在统筹地区的基本医疗保险，执行统一政策，实行基本医疗保险基金统一筹集、使用和管理。基本医疗保险费由用人单位和职工共同负担。用人单位缴费率控制在职工工资总额的6%左右，职工缴费率一般为本人工资收入的2%。

（3）建立失业保险制度。1999 年，国务院颁布《失业保险条例》，明确城镇企业事业单位及其职工必须缴纳失业保险费，城镇企业事业单位按照本单位工资总额的2%缴纳失业保险费，职工按照本人工资的1%缴纳失业保险费，推进失业保险制度建设发展到一个新阶段。随着失业保险制度的不断完善，国有企业下岗职工基本生活保障制度也逐步被纳入失业保险制度。

（4）建立工伤保险制度。1996 年，劳动部发布《企业职工工伤保险试行办法》，开始在部分地区建立工伤保险制度；国家技术监督局制定职工工伤和职业病致残程度鉴定标准，为鉴定工伤和职业病致残程度提供了依据。工伤保险实行社会统筹，设立工伤保险基金。

（5）建立生育社会保险制度。为维护企业女职工的合法权益，保障她们在生育期间得到必要的经济补偿和医疗保健，均衡企业间生育保险费用的负担，1994 年，劳动部制定了《企业职工生育保险试行办法》。生育保险按属地原则组织，根据以支定收、收支基本平衡的原则筹集资金，由企业按照其工资总额的一定比例向社会保险经办机构缴纳生育保险费，建立生育保险基金。职工个人不缴纳生育保险费。

（6）建立城市居民最低生活保障制度。1997 年 9 月，国务院颁布《国务院关于在全国建立城市居民最低生活保障制度的通知》，决定建立城市居民最低生活保障制度。到 1999 年，全国所有城市和有建制镇的县城均建立了最低生活保障制度，国务院颁布《城市居民最低生活保障条例》，为城市所有居民提供最基本的生活保障。

（7）规范农村五保供养制度。1994 年，国务院颁布《农村五保供养工作条例》，推动了农村社会保障制度的发展。五保供养的内容包括：供给粮油和燃料；供给服装、被褥等用品和零用钱；提供符合基本条件的住房；及时治疗疾病，对生活不能自理者有人照料；以及妥善办理丧葬事宜。五保对象是未成年人的，还应当保障他们依法接受义务教育。根据条例规定，农村集体经济组织负责提供五保供养所需的经费和实物，乡、民族乡、镇人民政府负责组织五保供养工作的实施。

（8）完善特殊群体的保护制度。1992年，全国人大常委会通过妇女权益保障法，有力推动了妇女解放事业发展和男女平等。1996年出台老年人权益保障法，旨在弘扬中华民族传统美德，为保护老年人的合法权益和在全社会形成敬老、养老、助老的良好风尚提供了法律依据。

（9）加快发展慈善事业。这一时期，公益事业捐赠活动发展很快，对促进教育、科学、文化、卫生以及其他社会公共事业和福利事业的发展，发挥了重要作用。1999年，全国人大常委会通过了公益事业捐赠法，鼓励自然人、法人或者其他社会组织自愿无偿向依法成立的公益性社会团体和公益性非营利的事业单位捐赠财产，推动公益事业发展。

3. 实施科教兴国战略，全面推进教育体制改革

党的十四大报告指出，“必须把教育摆在优先发展的战略地位，努力提高全民族的思想道德和科学文化水平，这是实现我国现代化的根本大计”，并提出“到本世纪末，基本扫除青壮年文盲，基本实现九年制义务教育”。[1] 为实现这个战略任务，推动教育改革和发展，使教育更好地为社会主义现代化建设服务，1993年2月13日，中共中央和国务院发布《中国教育改革和发展纲要》。纲要明确了教育事业发展的目标、战略和指导方针，提出到20世纪末，我国教育发展的总目标是：全民受教育水平有明显提高；城乡劳动者的职前、职后教育有较大发展；各类专门人才的拥有量基本满足现代化建设的需要；形成具有中国特色的、面向21世纪

〔1〕 中共中央党校教务部编：《十一届三中全会以来党和国家重要文献选编》（1978年12月—2007年10月），中共中央党校出版社2008年版，第260页。

的社会主义教育体系的基本框架。再经过几十年的努力，建立起比较成熟和完善的社会主义教育体系，实现教育的现代化。党的十五大进一步提出，“培养同现代化要求相适应的数以亿计高素质的劳动者和数以千万计的专门人才，发挥我国巨大人力资源的优势，关系二十一世纪社会主义事业的全局。要切实把教育摆在优先发展的战略地位”[1]，并提出了一系列具体的目标要求。1999 年 6 月 13 日，中共中央、国务院作出《关于深化教育改革全面推进素质教育的决定》，要求全面推进素质教育，培养适应 21 世纪现代化建设需要的社会主义新人。[2]

为落实科教兴国战略，依法保障和促进教育事业的发展，全国人大及其常委会不断加强教育立法工作，依法巩固教育改革成果。从 1993 年到 2002 年，全国人大及其常委会先后制定了教师法、教育法、职业教育法、高等教育法和民办教育促进法，依法落实教育优先发展的战略地位，提高教师待遇，为促进教育改革发展提供法律保障。

这个阶段，教育体制改革的主要亮点和内容有：一是，改变政府包揽办学的格局，逐步建立以政府办学为主体、社会各界共同办学的体制。二是，加大政府对教育的投入，形成以财政投入为主、多渠道筹措经费的新体制。三是，严格落实义务教育法，在全国特别是农村地区，基本普及九年义务教育。中小学由“应试教育”开始转向重视全面提高国民素质。四是，规范职业教育发展，坚持走产教结合的道路。五是，深化高等教育体制改革。逐步建立政府宏观管理、学校面向社会自主办学的体制；实行国家任务计划和调节性计划相结合的招生体制；改革财政拨款机制，实行高校收费。六是，大力发展成人教育，特别是农村成人教育，大力扫除青壮年文盲。七是，深化同教育体制改革相配套的人事劳动制度改革，逐步实行教师聘任制。八是，积极发展广播电视教育，抓紧建设教育卫生电视接

[1] 中共中央党校教务部编：《十一届三中全会以来党和国家重要文献选编》（1978 年 12 月—2007 年 10 月），中共中央党校出版社 2008 年版，第 361 页。

[2] 参见《江泽民文选》（第 2 卷），人民出版社 2006 年版，第 329-339 页。

收和播放网点，基本建成覆盖大多数乡镇和边远地区的全国电教网络。九是，首次提出“211工程”和“985工程”。[1] 通过这个时期的改革，我国义务教育和高等教育成功实现历史性跨越，教育事业呈现兴旺发达的势头。特别是2000年年底，“基本普及九年义务教育”和“基本扫除青壮年文盲”的目标如期实现，把我国沉重的人口负担转化为人力资源优势，为社会主义现代化建设奠定了坚实劳动力基础。

4. 探索适应社会主义市场经济环境的医疗卫生体制

社会主义市场经济条件下，如何完善健康保障体系，保障人民享有更好的医疗，是改革的重要内容。这个时期，党和国家出台了系列政策和法律，努力探索建立适合中国特色社会主义市场经济要求的医疗卫生体制。

（1）出台一批推进卫生体制改革的政策。1992年9月，卫生部发布《关于深化卫生改革的几点意见》，提出要支持有条件的单位办成经济实体或实行企业化管理，并提出深化卫生改革六点要求，即改革卫生管理体制，提高卫生服务的整体效能；拓宽卫生筹资渠道，完善补偿机制；转换运行机制，推进劳动人事及工资制度改革；加强经营开发，增强卫生经济实力；改革医疗保健制度，完善健康保障体系；扩大对外开放，开拓国际医药卫生市场。由此拉开了20世纪90年代医疗制度改革的序幕。此后，卫生行业开始要求医院实行“以工助医”“以副补主”[2]，刺激了医院创收，解决了医院收入困难的问题，使我国的医疗卫生事业迅速发展。但同时也影响了医疗机构公益性的发挥，医患关系日益紧张。医改方向应是政府主导还是市场主导，逐渐成为社会焦点。1996年12月，中央召开了新中国成立以来的第一次全国卫生工作会议。之后，中共中央、国务院于1997年1月出台《关于卫生改革与发展的决定》，明确指出我国卫生事业

---

〔1〕 1993年7月国家教委印发《关于重点建设一批高等学校和重点学科点的若干意见》，提出面向21世纪重点建设100所左右的高等学校和一批重点学科点的计划，简称“211工程”。1998年5月，教育部决定努力建设若干所世界一流大学和一批国际知名的高水平研究型大学，简称“985工程”。

〔2〕 艾笑：《卫生部推出深化改革意见》，载《人民日报》1992年9月30日，第3版。

是政府实行一定福利政策的社会公益事业，并对建立医师、药师等专业技术人员执业资格、药物分类管理、农村合作医疗制度等提出改革要求。2000 年 2 月，国务院发布《关于城镇医疗卫生体制改革的指导意见》，提出要建立新的医疗机构分类管理制度，将医疗机构分为非营利性和营利性两类进行管理；实行医药分开核算、分别管理；加大对药品生产结构的调整力度；推进药品流通体制改革；对药品研制、生产、流通、使用全过程依法实行监督；调整医疗服务价格。2000 年 7 月，国家计委印发了《关于改革药品价格管理的意见》，放开大部分药品价格，对政府定价以外的其他药品实行市场调节价。2002 年 10 月 19 日，中共中央、国务院作出《关于进一步加强农村卫生工作的决定》，指出到 2010 年，要在全国农村基本建立起适应社会主义市场经济体制要求和农村经济社会发展水平的农村卫生服务体系和农村合作医疗制度。

（2）加强促进医疗卫生事业发展的法制建设。随着市场化改革深入推进，医疗市场一度出现混乱无序，非法行医、买卖血液、药价暴涨、等钱行医等乱象，严重威胁人民生命健康，影响了党和国家的形象。为改变这种状况，国家加强立法以整顿规范市场。在这期间，全国人大常委会于 1997 年通过献血法，规定实行公民无偿献血制度，禁止血液买卖；于 1998 年 6 月通过执业医师法，规定国家实行医师资格考试制度和医师执业注册制度，保证医师队伍的质量。全国人大常委会于 2001 年对药品管理法作了全面修订，简化药品生产企业、经营企业和药品的审批程序；明确药品生产企业、经营企业必须执行《药品生产质量管理规范》和《药品经营质量管理规范》；统一药品审批，取消药品地方标准，将中药材、中药饮片逐步纳入标准化、规范化管理轨道；建立处方药与非处方药分类管理制度；明确药品检验的经费来源和收费原则；强化药品监督管理执法，加大对违法行为的处罚、打击力度。随着对医疗机构市场化的争议，这个阶段的医疗卫生体制改革不断地在探索中前进，但一些深层问题还有待研究解决。

5. 控制人口增长，坚持优生优育

计划生育是我国宪法规定的一项长期的基本国策。确保实现既定的人口控制目标，坚持优生优育，提高人口质量，是党的十四大提出的重要任务。1997年，党的十五大再次强调要坚持计划生育基本国策，控制人口增长，提高人口素质，重视人口老龄化问题。2000年3月，中共中央、国务院颁布《关于加强人口与计划生育工作稳定低生育水平的决定》，肯定了我国人口与计划生育工作取得的举世瞩目的成就，并提出今后人口与计划生育工作的主要任务将转向稳定低生育水平，提高出生人口素质。为贯彻落实党中央的决策部署，提高人口素质，实行优生优育，全国人大常委会于1994年通过母婴保健法，对医疗保健机构提供婚前保健服务和孕产期保健服务作了详细规定；于2001年通过人口与计划生育法，将计划生育工作纳入法制轨道。到20世纪末，计划生育这一基本国策基本上已为人民群众所接受。我国在经济还不发达的情况下，有效地控制了人口过快增长，使生育水平下降到更替水平以下，出生人口素质不断提高，婴幼儿健康水平得到很大改善，人民群众传统婚育观念有了明显转变。

6. 深化城镇住房制度改革，建立住房公积金制度

住房问题关系群众切身利益。1992年，党的十四大提出要努力推进城镇住房制度改革。1994年，国务院发布《关于深化城镇住房制度改革的决定》，对城镇住房制度改革的目的、内容、步骤都作了系统规定。这次城镇住房制度改革的基本内容包括：将住房建设投资由国家、单位统包的体制改变为国家、单位、个人三者合理负担的体制；将各单位建设、分配、维修、管理住房的体制改变为社会化、专业化运行的体制；将住房实物福利分配的方式改变为以按劳分配为主的货币工资分配方式；建立以中低收入家庭为对象、具有社会保障性质的经济适用住房供应体系和以高收入家庭为对象的商品房供应体系；建立住房公积金制度；发展住房金融和住房保险，建立政策性和商业性并存的住房信贷体系；建立规范化的房地产交易市场和发展社会化的房屋维修、管理市场。此后，住房公积金制度在上

海试点后，迅速在全国得到普及。1996 年 8 月，国务院办公厅转发《国务院住房制度改革领导小组关于加强住房公积金管理意见的通知》，对住房公积金的管理机构作出明确规定。1997 年，党的十五大报告提出按照建立社会主义市场经济体制的要求，大力推行住房体制改革。为加快推进住房体制改革，国务院于 1998 年发布《关于进一步深化城镇住房制度改革加快住房建设的通知》，提出改革的目标是：停止住房实物分配，逐步实行住房分配货币化；建立和完善以经济适用住房为主的多层次城镇住房供应体系；发展住房金融，培育和规范住房交易市场。强调要重点发展经济适用住房（安居工程），加快解决城镇住房困难居民的住房问题。1999 年，国务院颁布《住房公积金管理条例》，以法规的形式对住房公积金进行规范。同年 8 月，有关部门联合发布《在京中央和国家机关进一步深化住房制度改革实施方案》，住房分配货币化工作又一次取得实质性重大突破。以此为标志，在中国实行了近 50 年的福利分房制度基本结束。[1] 2002 年，国务院修改完善了住房公积金管理条例，5 月发布《关于进一步加强住房公积金管理的通知》，对住房公积金的决策体系、管理机构设置、银行专户和个人账户管理、公积金归集、个人贷款发放等作出规范。总体来说，通过住房制度改革，国家结束了福利分房，逐步实现住房商品化、社会化。我国在出售公房和建立公积金制度两个问题上有了重大突破，并开始推进安居工程建设，为不断改善群众的居住条件，满足城镇居民不断增长的住房需求打下坚实的基础。

（八）探索完善社会治理制度

随着社会主义市场经济体制的建立，我国社会治理领域也出现一些新情况新问题。面对新形势新挑战，党和国家坚持从国情实际出发，积极探

〔1〕 陈述：《中华人民共和国通史》（第 5 卷）（1992—2002），南方出版传媒、广东人民出版社 2020 年版，第 512 页。

索建立新型社会治理制度。

1. 构建信访制度

社会主义市场经济体制的建立发展，使我国社会发生巨大经济变革和重大利益调整，各类社会矛盾和利益冲突急剧增加，信访总量呈持续上升趋势。为顺应社会主义市场经济和信访形势发展的需求，保持各级人民政府同人民群众的密切联系，保护信访人的合法权益，维护信访秩序，1995 年国务院颁布《信访条例》。该条例明确了信访人的权利和义务，提出信访工作要坚持分级负责、归口管理，谁主管、谁负责，及时、就地依法解决问题与思想疏导教育相结合的原则；规范了信访办理的程序以及责任追究制度等，标志着信访工作迈向规范化、制度化、法治化。2000 年 2 月，中共中央办公厅、国务院办公厅颁布《国家信访局职能配置、内设机构和人员编制规定》，将中办国办信访局更名为国家信访局，升格为副部级单位，专门负责信访工作。国家信访局成立后，制定出台了一系列深化完善信访制度的规范性文件，信访工作规范化、制度化、程序化、法治化建设迈上新台阶。

2. 完善社会治安管理法律制度

搞好社会治安，必须坚持走群众路线，把专门力量与群众力量结合起来，加强对社区群防群治的研究；大力加强基层组织建设，增强对社会的管理和控制能力，强化社会治安管理和防范机制，建立严格的责任制。为进一步加强治安管理，维护社会秩序、公共安全和公共利益，保护公民的合法权益，1994 年 5 月 12 日，八届全国人大常委会第七次会议作出关于修改《中华人民共和国治安管理处罚条例》的决定，完善社会治安管理，加强对现实生活中存在的危害社会治安新情况新问题的处罚。

3. 健全公共安全体制机制

公共安全直接关系人民群众的幸福生活指数。维护公共安全是社会治理工作的重要方面。随着社会主义市场经济逐步建立，社会经济活动日趋活跃复杂，引发的公共安全问题日益增加。为有效解决社会治理中的公共安全难题，国家加强了公共安全领域立法力度。一是，加强安全生产领域立法。2002 年 6 月，全国人大常委会通过安全生产法，在总结多年实践经验教训的基础上，明确规定了安全生产监督管理、生产经营单位安全保障、从业人员权利义务等，完善了安全生产的法律制度，为加强安全生产监督管理、防止和减少生产安全事故提供了法律支撑，依法保障人民群众生命和财产安全。二是，加强食品、药品领域立法。1982 年 11 月，全国人大常委会通过食品卫生法（试行），在保障食品卫生、防止食品污染和有害因素对人体的危害、保障人民身体健康、增强人民体质等方面，发挥了重要作用。之后，随着经济体制改革的深入，针对食品卫生方面出现的一些新情况新问题，又于 1995 年 10 月修订了食品卫生法，进一步加强行政执法手段，加重对违法行为处罚力度，加强对进口食品管理，明确生产经营企业的责任等，推动完善了食品卫生监督管理体制。同样，为加强对市场经济环境下的药品监管，全国人大常委会于 2001 年修订了药品管理法，将实践中行之有效的监管制度依法予以确认，专设药品监督管理部门，将监督管理权责从卫生行政部门转移到药品监督管理部门，建立起新型的药品监管体制。三是，加强应急管理领域立法。为应对经济社会发展过程中突发的各种自然灾害、安全事故，全面提升社会治理能力，我国全面加强了应急管理领域法制建设，取得一定进展。比如，防汛抗旱方面，制定防洪法、防汛条例、水库大坝安全管理条例；气象灾害防治方面，制定气象法、防沙治沙法；地质灾害方面，制定防震减灾法、地质灾害防治条例、破坏性地震应急条例、地震预报管理条例、地震安全性评价管理条例；火灾防治方面，制定消防法，仓库防火安全管理规则，公共娱乐场所消防安全管理规定，机关、团体、企业、事业单位消防安全管理规定，草原防火条例；危化品管理方面，制定危险化学品安全管理条例、监控化学品管理条例、使用有毒物品作业场所劳动保护条例；抢险救援工作方面，制定红十字会法、灾害事故医疗救援工作管理办法、化学事故应急救援管理办法；核安全方面，制定核电厂核事故应急管理条例。

4. 构建国家安全法律制度

国家安全是我国发展的前提。在国家安全方面，我们党一直重视包括经济安全、军事安全和各种非传统安全在内的综合性安全。随着改革开放的不断深入，我国面临的国际环境安全威胁也与日俱增，各种间谍刺探我国经济、政治、军事等情报活动越来越多。为加强国家安全工作，1993 年，全国人大常委会通过国家安全法，明确了国家安全工作的基本原则、国家安全机关的职权及反间谍工作相关问题，标志着我国国家安全工作制度建设开始步入法制化轨道。

（九）加强生态环境保护制度建设

生态环境保护既是国内生产发展面临的问题，也是国际社会普遍关注的问题。1992 年，联合国环境与发展大会在巴西里约热内卢召开，提出关于可持续发展的主题，我国参加了这次会议并积极支持响应大会主题。从此，我国把生态环境保护摆到更加突出的位置。党的十四大提出，要认真执行控制人口增长和加强环境保护的基本国策，改善生态环境。1995 年，党的十四届五中全会提出要把实现可持续发展作为一个重大战略。1997 年，党的十五大进一步将可持续发展战略作为我国经济发展的战略之一，要求资源开发和节约并举，严格执行资源管理和保护的法律，实施资源有偿使用制度等。总体来看，从党的十四大到党的十六大召开前，我国坚持可持续发展理念，将经济发展与人口、节约资源、保护环境统筹考虑，把环境保护作为一项基本国策，积极参与生态环境保护领域的国际合作，注重经济发展与环境保护协调推进，长远目标与近期目标相结合，行政管理手段和市场机制相结合，从多方面加快建立和完善环境资源保护制度体系建设，基本形成比较全面的生态环境保护制度体系。

1. 积极参与生态环境保护国际合作

我国非常重视环境保护领域的国际合作，积极参与联合国等国际组织开展的环境治理事务。1992年，我国政府在联合国环境与发展大会上签署《里约宣言》（又称《地球宪章》）、《21世纪议程》和《关于森林问题的原则声明》等文件，主动加入《联合国气候变化框架公约》和《生物多样性公约》。之后，又陆续签订《京都议定书》《生物多样性公约卡塔赫纳生物安全议定书》等50多项涉及环境保护的国际条约，并积极履行这些条约规定的义务。[1]

2. 完善环境政策治理体系

这个时期，我国在生态环境保护方面的特点是政策与法制并行，在法律不能及时出台的情况下，积极发挥政策的作用。1994年，我国发布《中国21世纪议程——中国21世纪人口、环境与发展白皮书》，从人口、环境与发展的具体国情出发，提出了可持续发展的总体战略、对策以及行动方案。1996年3月，八届全国人大四次会议通过《国民经济和社会发展“九五”计划和2010年远景目标纲要》，将可持续发展作为我国的一项重大战略，要求合理开发利用资源，保护生态环境，实现经济社会相互协调和可持续发展。7月，第四次全国环境保护会议召开，提出保护环境的实质就是保护生产力，确定了坚持污染防治和生态保护并重的方针，并实施《污染物排放总量控制计划》和《中国跨世纪绿色工程规划》两大举措。8月，《国务院关于环境保护若干问题的决定》提出建立全国主要污染物排放总量指标体系和定期公布的制度；实行环境质量行政领导负责制，将辖区环境质量作为考核政府主要领导人工作的重要内容等。2000年，国务院发布《全国生态环境保护纲要》，要求按照生态环境保护与生态环境建设并举，保护优先、预防为主、防治结合的基本原则，污染防治与生态环境保护统一规划、同步实施，兼顾资源开发与环境保护，实行“谁开发谁保护，谁破坏谁恢复，谁使用谁付费”制度；提出建立生态环境保护综合决策机制，包括建立和完善生态环境保护责任制和建立生态环境保护监管体

[1] 数据来自《中国的环境保护（1996—2005）》白皮书，中国国务院新闻办公室2006年6月5日在北京发表。

系、生态环境保护早期预警制度、经济社会发展与生态环境保护综合决策机制，以及加强生态环境保护法制建设。2002年，第五次全国环境保护会议将贯彻落实《国家环境保护“十五”计划》作为会议主题，提出环境保护是政府的一项重要职能，要按照社会主义市场经济的要求，动员全社会的力量做好这项工作。要求有效控制污染物排放总量，大力推进重点地区的环境综合整治；严格执行环境影响评价制度；保护饮用水源；切实搞好生态环境保护和建设。

3. 完善生态环境保护管理体制

为适应加强生态环境保护工作需要，国家从各层面加强完善生态环境管理机构。1993年3月，全国人大设立环境保护委员会，1994年更名为全国人大环境与资源保护委员会，负责组织起草和审议环境与资源保护方面的法律草案并提出报告，监督环境与资源保护方面的法律实施，提出与环境资源立法有关的议案等。各省、自治区、直辖市人大也相继设立环境与资源保护委员会。1998年6月，国家环保局升格为国家环境保护总局，作为国务院主管环境保护工作的直属机构，负责对环境保护工作实施统一监管。2001年建立全国环境保护部际联席会议制度，2002年建立区域环境督查派出机构，加强部门和地区间的协调与合作。各省（自治区、直辖市）、市、县级政府先后设置环境保护议事协调机构。各级政府综合部门和资源管理部门以及多数大中型企业也设立环保机构，负责本部门和企业的环境保护工作。

4. 加快生态环境保护立法

贯彻落实党中央决策部署和我国对国际社会的承诺，国家不断加快生态环保立法。全国人大常委会在立法工作中，坚持制定新法和修改旧法并重。一是制定新法。从1995年到2002年，先后制定《中华人民共和国固体废物污染环境防治法》《中华人民共和国环境噪声污染防治法》《中华人民共和国节约能源法》《中华人民共和国防沙治沙法》《中华人民共和国清洁生产促进法》《中华人民共和国环境影响评价法》。《中华人民共和国固体废物污染环境防治法》全面系统地规定了防治固体废物污染环境的基本原则、制度、政策和措施及监督管理体制、法律责任，建立工业固体废物和危险废物的申报登记制度、危险废物许可证管理制度，处理、处置危险废物的行政代执行措施等。《中华人民共和国清洁生产促进法》标志着中国污染治理模式由末端治理开始向全过程控制转变。《中华人民共和国环境影响评价法》将环境影响评价从建设项目扩展到各类开发建设规划，并规定了环境影响评价的公众参与制度、跟踪评价和后评价制度等。二是修改旧法。从1995年到2002年先后修改《中华人民共和国大气污染防治法》《中华人民共和国水污染防治法》《中华人民共和国矿产资源法》《中华人民共和国森林法》《中华人民共和国土地管理法》《中华人民共和国渔业法》《中华人民共和国海洋环境保护法》《中华人民共和国水法》等。其中，两次修改《中华人民共和国大气污染防治法》，确立了排放大气污染物许可证和超标排污收费制度，规定按照向大气排放污染物的种类和数量征收排污费，分别实行城市大气环境质量的分级分区分类控制。1997年修订《中华人民共和国刑法》，增加“破坏环境资源保护罪”，打击破坏环境资源的犯罪行为，加大生态环境保护力度。此外，国务院也抓紧出台了一系列实施性法规，包括《中华人民共和国水土保持法实施条例》《中华人民共和国水生野生动物保护实施条例》《中华人民共和国自然保护区条例》。随着这些法律法规的颁布实施，我国的生态环境保护法律法规体系基本形成，生态环境保护有了更加全面有力的法制保障。

（十）坚持和完善党对人民军队的绝对领导制度

为适应世界军事技术迅猛发展的新形势，解决我军现代化建设和军事斗争准备面临的艰巨任务，切实提高军队的战斗力，党中央在军队建设的方向性、全局性问题上提出了许多重大方针政策和指导原则，作出一系列重要决策，部署一系列重大工作，保证了党对军队的领导制度。

1. 加强坚持党对人民军队绝对领导的理论武装

党对人民军队的绝对领导是中国特色军事制度的本质特征。其核心是指我军必须完全地无条件地置于党的领导之下，无论发生什么样的情况，都毫不动摇地坚持党指挥枪的原则，一切行动听从党中央和中央军委的指挥；决不允许向党闹独立性，不允许其他政党在军队建立组织和进行活动，也不允许任何个人向党争夺兵权；未经党中央和中央军委授权，任何人不得插手军队，更不得擅自调动和指挥军队。[1] 保证党对人民军队的绝对领导，始终是关系我军性质和宗旨、关系社会主义前途命运、关系国家长治久安的重大问题，也是我军建设和发展的首要问题。江泽民同志把坚持党对人民军队的绝对领导提高到“军魂”高度，反复强调“党对军队的绝对领导是我军永远不变的军魂，要毫不动摇地坚持党领导人民军队的根本原则和制度”[2]。党的十四大后，中央军委作出的第一个决定就是要发扬老红军传统，坚持党指挥枪的原则，反对山头主义、宗派主义，纠正干部任用上存在的不正之风，[3] 确保党对军队的绝对领导。

2. 将思想政治建设摆在全军各项建设的首位

注重并始终坚持从思想上、政治上建设部队，是我们党领导军队的根本原则和政治优势。加强思想政治建设，是我军保持人民军队性质和正确发展方向的可靠保证。1994年召开的中央军委扩大会议明确提出，要把思想政治建设摆在全军各项建设的首位。1999年7月召开的全军政治工作会议再次强调，要把思想政治建设摆到党、国家和军队工作战略全局的高度，各级领导都要把抓思想政治建设作为首要职责。会议讨论形成的《关于改革开放和发展社会主义市场经济条件下军队思想政治建设若干问题的

---

〔1〕 参见中国人民解放军总政治部：《当代革命军人核心价值观学习读本》，解放军出版社2009年版，第24页。

〔2〕 江泽民：《全面建设小康社会，开创中国特色社会主义事业新局面》，载《江泽民文选》（第3卷），人民出版社2006年版，第562页。

〔3〕 参见江泽民：《十年来军委工作的回顾和总结》，载《江泽民文选》（第2卷），人民出版社2006年版，第454页。

决定》印发全党全军执行。思想政治建设的要求是坚持用邓小平理论武装全军，广泛深入地开展新形势下的爱国奉献、革命人生观、尊干爱兵、艰苦奋斗的教育，引导广大官兵树立正确的世界观、人生观、价值观。特别强调要对广大官兵进行革命气节教育，在全军上下形成和保持共产党人和革命军人的浩然正气。要以抵御“酒绿灯红”的影响为突破口，狠抓部队思想作风和纪律的教育整顿；以加强党风廉政建设为重点，着力抓对高中级干部的教育管理，要求全军各级领导努力继承和发扬党和军队的优良传统，保持老红军本色。

3. 确立新时期积极防御的军事战略方针

进入 20 世纪 90 年代后，我国安全环境和军事斗争任务发生重大变化，我们党审时度势制定了新时期军事战略方针。1993 年年初，中央军委制定了新时期积极防御的军事战略方针，在战略指导上实行重大调整，把军事斗争准备的基点由应付一般条件下的局部战争转到打赢现代技术特别是高技术条件下的局部战争上。[1] 新时期积极防御的军事战略方针的基本内容是：以毛泽东军事思想、邓小平同志关于新时期军队建设的思想为指导，服从和服务于国家发展战略，立足打赢一场可能发生的现代技术特别是高技术条件下的局部战争，加速我军质量建设，努力提高我军应急作战能力，扬长避短，灵活应变，遏制战争，赢得战争，保卫国家领土主权和海洋权益，维护祖国统一和社会稳定，为改革开放和现代化建设提供强有力的安全保证。[2] 为贯彻新时期军事战略方针，我国开始实施科技强军战略。1995 年，中央军委明确提出科技强军战略，重点是加强国防科研，改善武器装备，提高官兵的科技素质，建立科学的体制编制，提高科技创新能力和科学管理水平、由人力密集型向科技密集型转变。1999 年的全军参谋长会议，对发展具有我军特色的作战思想、加快武器装备建设、解决

---

〔1〕 参见江泽民：《论中国特色军事变革》，载《江泽民文选》（第 3 卷），人民出版社 2006 年版，第 584 页。

〔2〕 参见江泽民：《国际形势和军事战略方针》，载《江泽民文选》（第 1 卷），人民出版社 2006 年版，第 290 页。

好诸军兵种联合作战等又作了部署。[1]

4. 优化体制编制改革

减少数量，提高质量，走有中国特色的精兵之路，是邓小平同志根据世界军事斗争的新趋势提出的一个重要思想。海湾战争以后，在世界新军事变革的大背景下，我们党把注重质量建设的方针摆在了更加突出的位置，“八五”“九五”期间两次对军队规模进行精简。“八五”期间将军队规模精简到300万人以内，“九五”期间又精简了50万人，总员额数缩减到250万人。[2] 同时，遵循既要精简员额，又要理顺关系、优化结构的指导思想，对我军的领导、指挥体制和后勤保障体制进行了重大改革，对高级领导机关进行较大幅度的精简，对部队编组进行重大调整。改革院校体制，初步实现规模化办学。1995年，党对武警部队领导管理体制进行重要调整，决定武警部队由国务院、中央军委双重领导，实行统一领导管理与分级指挥相结合的体制。

5. 建立完善依法治军的法律制度体系

依法治军就是把党对军队绝对领导的根本原则，把党关于国防建设和武装力量建设的主张，把我军治军的成功经验，用法律的形式确定下来，使军队建设规范化、制度化。邓小平同志一直强调要加强军队法制建设，使军队建设各个方面有法可依、有章可循。中央军委狠抓依法治军落实工作，从1989年11月到1990年6月，颁布了10件军事法规。1990年6月颁布的内务条令规定：“坚持从严治军、依法治军，实行严格科学的正规管理。”[3] 1991年中央军委制定“八五”期间军队建设计划时，明确提出“要坚定不移地贯彻依法治军的方针”。20世纪90年代，在中央军委大

---

〔1〕 参见江泽民：《十年来军委工作的回顾和总结》，载《江泽民文选》（第2卷），人民出版社2006年版，第457页。

〔2〕 参见江泽民：《论中国特色军事变革》，载《江泽民文选》（第3卷），人民出版社2006年版，第589页。

〔3〕 参见江泽民：《十年来军委工作的回顾和总结》，载《江泽民文选》（第2卷），人民出版社2006年版，第464页。

力推动下，我国制定军事法律12件，军事法规124件，军事规章2000余件。国防法、军事设施保护法、香港特别行政区驻军法、澳门特别行政区驻军法、司令部条例、政治工作条例、后勤条例、军事训练条例、武器装备管理工作条例等，从不同方面促进了国防和军队建设，保证了军队更好地履行职能。在党的领导下，我国初步建立起具有中国特色的军事法律制度规范体系，为推进实现国防和军队现代化提供了有力的法律制度保障。

（十一）“一国两制”制度的实践

“一国两制”的伟大战略构想，在20世纪90年代获得了从理论到实践的跨越。

1. 构建以宪法和基本法为基础的宪制秩序

为推动落实“一国两制”方针，实现港澳和平回归，我们以宪法为依据，加快制定两个特别行政区基本法，推进构建以宪法和基本法为基础的宪制秩序。1990年4月4日，七届全国人大三次会议通过香港特别行政区基本法，并作出设立香港特别行政区的决定。1993年3月31日，八届全国人大一次会议通过澳门特别行政区基本法，并作出设立澳门特别行政区的决定。1997年7月1日和1999年12月20日，中国政府先后对香港、澳门恢复行使主权，香港特别行政区、澳门特别行政区相继成立，香港特别行政区基本法和澳门特别行政区基本法开始实施。由此，形成了由宪法和特别行政区基本法共同构成的特别行政区的宪制基础。宪法是国家的根本法，是全国各族人民共同意志的集中体现，是特别行政区法律制度得以合法存在的基础和依据。特别行政区基本法是根据宪法制定的基本法律，是“一国两制”在特别行政区得以推行的法律依据和实践基础。香港和澳门从回归祖国之日起直辖于中国中央人民政府，中央人民政府依照宪法和特别行政区基本法对香港特别行政区和澳门特别行政区实行管治，与之相应的特别行政区制度和体制得以确立。[1]

2. 坚决维护特别行政区基本法权威

1992年10月，港英当局提出对香港1994年区议会和1995年市政局、区域市政局、立法局的产生办法作出重大改变的政改方案。这个政改方案，违反中英联合声明关于中英两国政府在过渡时期内加强磋商和合作的规定，违反中英双方关于香港政治体制发展与香港特别行政区基本法相衔接的原则，受到我国政府坚决反对和香港居民强烈批评。英国政府不得不要求同我国就相关问题进行谈判。1993年4月至11月，中英两国政府代表就1994年和1995年选举安排问题举行了十七轮谈判。但英国顽固坚持错误立场，于十七轮会谈后单方面中断谈判，将双方正在谈判的部分问题提交立法局讨论，直接导致谈判终止。鉴于英方破坏了原先由双方建立起来的政治体制衔接桥梁，我方提出，“另起炉灶，以我为主”完成对香港恢复行使主权的各项准备工作。1994年7月，江泽民同志强调，“对港英当局的政改方案，我们已经发表声明，重申了我们的立场，不予承认！一九九七年，我们要按照香港特别行政区基本法的有关规定，重组立法局、行政局、市政局和区议会”[2]。8月31日，八届全国人大常委会第九次会议通过关于郑耀棠等32名全国人大代表所提议案的决定，明确指出：“港英最后一届立法局、市政局和区域市政局、区议会于1997年6月30日终止。英国政府单方面决定的有关港英最后一届立法局、市政局和区域市政局、区议会的选举安排，违反中英联合声明，不符合《中华人民共和国香港特别行政区基本法》和《全国人民代表大会关于香港特别行政区第一届政府和立法会产生办法的决定》。”该决定明确由香港特别行政区筹备委员会根据全国人大关于香港特别行政区第一届政府和立法会产生办法的决定，负责筹备成立香港特别行政区的有关事宜，规定香港特别行政区第一

〔1〕 参见沈春耀等主编：《大智立法：新中国成立70年立法历程》，法律出版社2019年版，第258页。

〔2〕 江泽民：《我们对香港前途充满信心》，载《江泽民文选》（第1卷），人民出版社2006年版，第383-384页。

届立法会的具体产生办法，组建香港特别行政区第一届立法会。

3. “人大释法”保证特别行政区基本法正确实施

香港特别行政区基本法第一百五十八条和澳门特别行政区基本法第一百四十三条均规定，基本法的解释权属于全国人大常委会。全国人大常委会可以主动或者应请求对基本法的所有条款进行解释。全国人大常委会对特别行政区基本法的解释一般被简称为“人大释法”。“人大释法”是特别行政区基本法实施的一个重要方式，是全面准确贯彻落实“一国两制”方针和特别行政区基本法的应有之义。1999 年 6 月，九届全国人大常委会第十次会议对香港特别行政区基本法第二十二条第四款和第二十四条第二款第三项作出解释，明确所有香港特别行政区永久居民在内地所生中国籍子女要进入香港特别行政区，必须依法向特别行政区有关机关提出申请，获准后方能进入，并对香港特别行政区永久性居民范围进行了更为明确的界定。这次“人大释法”在香港特别行政区落地，成为香港特别行政区法治的重要组成部分，保证了“一国两制”方针的正确贯彻落实，体现了党中央和中央人民政府运用法治思维和法治方式治理香港特别行政区的决心和自信。

4. 将全国性法律列入特别行政区基本法附件三，适用于特别行政区

根据香港、澳门特别行政区基本法第十八条的规定，在特别行政区实施的法律可分为两类：一是特别行政区本地法律，主要由特别行政区立法机关制定，包括根据特别行政区基本法保留的原有法律制度；二是适用于特别行政区，由全国人大及其常委会制定的全国性法律，主要包括：宪法、特别行政区基本法及全国人大常委会对特别行政区基本法作出的解释、列入特别行政区基本法附件三的全国性法律、中央为特别行政区制定的其他法律法规或作出的决定决议。经研究，全国人大及其常委会分别决定了列入两个特别行政区基本法附件三的全国性法律。（1）在香港，1990 年香港特别行政区基本法通过时，全国人民代表大会决定将 6 部全国性法律列入附件三，自 1997 年 7 月 1 日起由香港特别行政区在当地公布或立法

实施，具体包括：关于中华人民共和国国都、纪年、国歌、国旗的决议，关于中华人民共和国国庆日的决议，中央人民政府公布中华人民共和国国徽的命令，中华人民共和国政府关于领海的声明，国籍法[1]，外交特权与豁免条例。1997年7月1日香港回归时，全国人大常委会决定在附件三中增加5部全国性法律，同时减少1部全国性法律。增加的5部全国性法律是：国旗法、领事特权与豁免条例、国徽法、领海及毗连区法、香港特别行政区驻军法。删去的1部法律是中央人民政府公布中华人民共和国国徽的命令，这部法律已由新的国徽法取代。1998年11月4日，全国人大常委会决定在附件三中增加专属经济区和大陆架法。（2）在澳门特别行政区，1993年澳门特别行政区基本法通过时，全国人民代表大会决定将8部全国性法律列入附件三，自1999年12月20日起由澳门特别行政区在当地公布或立法实施，具体包括：关于中华人民共和国国都、纪年、国歌、国旗的决议，关于中华人民共和国国庆日的决议，国籍法，外交特权与豁免条例，领事特权与豁免条例，国旗法，国徽法，领海及毗连区法。1999年12月20日澳门回归时，全国人大常委会决定增加2部全国性法律：专属经济区和大陆架法、澳门特别行政区驻军法。另外，特别值得提出的是，香港、澳门特别行政区基本法都规定，全国人大常委会决定宣布战争状态或因特别行政区内发生特别行政区政府不能控制的危及国家统一或安全的动乱而决定特别行政区进入紧急状态，中央人民政府可发布命令将有关全国性法律在特别行政区实施。这有利于确保中央对港澳行使全面管治权。

（十二）坚持和发展独立自主的和平外交政策

这10年间，中国坚定不移地贯彻独立自主的和平外交政策，广泛开

[1] 为适应香港的实际情况，更好实施国籍法，1996年5月15日八届全国人大常委会第十九次会议通过关于《中华人民共和国国籍法》在香港特别行政区实施的几个问题的解释。

展双边和多边外交，积极参与国际交流和合作，反对霸权主义和强权政治，推动建立公正合理的国际政治经济新秩序，进一步改善了我国改革开放和现代化建设的外部环境，我国的国际影响日益扩大。

1. 不断发展和完善外交政策

（1）发展完善独立自主的和平外交政策。党的十四大明确提出，“和平与发展仍然是当今世界两大主题”，“世界要和平，国家要发展，社会要进步，经济要繁荣，生活要提高，已成为各国人民的普遍要求”。中国愿意在和平共处五项原则基础上同所有国家发展全方位的外交关系。将维护我国的独立和主权，促进世界的和平与发展，作为中国外交政策的基本目标。强调“在涉及民族利益和国家主权的问题上，我们决不屈服于任何外来压力”。党的十五大强调“要和平、求合作、促发展已经成为时代的主流”。独立自主的外交政策内涵有了进一步丰富和发展：“对于一切国际事务，我们都要从中国人民和世界人民的根本利益出发，根据事情本身的是非曲直，决定自己的立场和政策，不屈从于任何外来压力，不同任何大国或国家集团结盟，不搞军事集团，不参加军备竞赛，不进行军事扩张。”

（2）丰富和发展国际新秩序理论。党的十四大对建立什么样的国际新秩序这一国际社会普遍关心的重大问题作了具体阐述，提出要在互相尊重主权和领土完整、互不侵犯、互不干涉内政、平等互利、和平共处等原则的基础上，建立和平、稳定、公正、合理的国际新秩序，包括建立平等互利的国际经济新秩序。强调世界是多样性的，各国人民都有权根据本国的具体情况，选择符合本国国情的社会制度和发展道路；国家无论大小、强弱、贫富，都应当作为国际社会的平等成员参与国际事务，互相尊重，求同存异，平等相待，友好相处；国与国之间的分歧和争端，应当遵照联合国宪章和国际法准则，通过协商和平解决，不得诉诸武力和武力威胁；反对霸权主义和强权政治，反对少数几个国家垄断和操纵国际事务等。党的十五大将国际新秩序进一步明确为“公正合理的国际政治经济新秩序”，指出这种国际新秩序的建立应当以和平共处五项原则为基础，符合联合国宪章的宗旨和原则，反映和平与发展的时代潮流，并再次强调要尊重世界的多样性，各国有权选择符合本国国情的社会制度、发展战略和生活方式，各国的事情由各国人民自己作主，国际上的事情由大家商量解决。

（3）提出世界多样性的主张。1993年11月，江泽民同志在会见时任美国总统克林顿时指出，世界多样性是客观存在的事实，只有各国互相尊重、互不干涉内政、平等相待、求同存异，和平共处，发展合作，才能维持持久和平和稳定，为各国共同发展创造必要的国际环境。[1] 2000年9月，江泽民同志在联合国千年首脑会议上进一步指出，世界是丰富多彩的，世界上不能只有一种文明、一种社会制度、一种发展模式、一种价值观念，各个国家、各个民族都为人类文明的发展做出了贡献。[2] “应充分尊重各国的历史文化、社会制度和发展模式，承认世界多样性的现实。”我国在世界多样性基础上，进一步提出了“和而不同”的重要外交主张，强调在承认世界多样性的前提下，世界各种文明和社会制度应该而且可以长期共存，在求同存异中发展。主张各国应当在政治上互相尊重，经济上互相促进，文化上互相借鉴。这一思想为中国处理国家间事务提供了新的依据和准则，为世界多极化发展提供了理论支撑，丰富了中国和平外交政策的内容，扩大了世界多样性思想的适用范围。

（4）提出“新安全观”。1999年3月，江泽民同志在日内瓦裁军会议上提出了建立适应时代需要的新安全观重要外交思想。他指出，以军事联盟为基础、以加强军备为手段的旧安全观，无助于保障国际安全，更不能营造世界的持久和平；必须建立适应时代需要的新安全观，并积极探索维护世界和平与安全的新途径；强调只有建立以互信、互利、平等、协作为核心的新安全观和公正合理的国际新秩序，才能从根本上促进裁军进程健康发展，使世界和平与国际安全得到保障。[3]

---

〔1〕 参见《江泽民文选》（第1卷），人民出版社2006年版，第331页。
〔2〕 参见《江泽民文选》（第3卷），人民出版社2006年版，第110页。
〔3〕 参见《江泽民文选》（第2卷），人民出版社2006年版，第313页。

2. 推进全方位外交新格局

这一时期，我国根据国际形势的发展变化，坚持正确的对外方针和政策，广泛开展双边和多边外交，积极参与国际交流和合作，我国的国际地位进一步提高。

(1) 构筑稳定的大国和邻国关系。

一是中美关系取得重要进展。中国同美国的关系既有相互矛盾、相互排斥的一面，又有相互需要、进行合作的一面。因此，在发展中美关系的过程中，既有斗争又有合作，但始终应把维护我国的根本利益放在首要位置。1993 年 11 月，亚太经合组织领导人非正式会议在美国西雅图召开，江泽民与克林顿举行首次中美两国领导人会晤。1997 年 10 月，江泽民同志对美国进行了国事访问，双方发表《中美联合声明》，提出共同致力于建立中美建设性战略伙伴关系。1998 年 6 月，时任美国总统克林顿对中国进行国事访问，在台湾问题上首次公开重申了美国对台的“三不”承诺。中美关系进入了一个新阶段。“9·11”事件后，在上海举行的亚太经合组织第九次领导人非正式会议期间，中美双方就两国关系和反对恐怖主义、维护世界和平和稳定等重大问题深入交换了意见。2002 年 2 月 21 日，在中美《联合公报》发表 30 周年之际，时任美国总统布什访问中国，中美双方同意在各个领域扩大和加强合作。2002 年 10 月，时任中国国家主席江泽民访问美国，进一步确立了中美建设性合作关系的定位。

二是中俄关系深入发展。1996 年 4 月，时任俄罗斯总统叶利钦访华，双方签署《中俄联合声明》，宣布将两国关系升格为“平等信任的、面向 21 世纪的战略协作伙伴关系”，决定实行元首定期会晤机制和元首间热线电话联系、总理定期会晤机制、国际磋商制度和民间交往制度。1997 年 4 月，双方签署《关于世界多极化和建立国际新秩序的联合声明》。1998 年 11 月，双方签署《关于中俄边界问题的联合声明》《关于世纪之交的中俄关系的联合声明》，进一步巩固和充实了双边关系。2001 年 7 月，双方签署《中俄睦邻友好条约》，将中俄两国“世代友好、永不为敌”的共识以法律的形式确定下来，为 21 世纪中俄关系长期稳定发展奠定了坚实的法律基础。

三是中国与欧盟关系稳步推进。1995 年 7 月，欧盟公布《欧盟—中国关系长期政策》，提出要与中国“全面发展政治、经济和贸易关系”，强调对华关系“应成为欧盟与亚洲和世界其他地区发展的一块基石”。1996 年 11 月，欧盟又提出《欧盟对华合作新战略》，强调对华政策的“全面性、长期性和独立性”，确定了合作领域。1998 年 4 月，在第二届亚欧会议前夕，中国和欧盟发表了联合声明，提出“建立面向 21 世纪的长期稳定的建设性伙伴关系”。这是中国与欧盟关系发展史上的里程碑。除此以外，中国也注重发展与欧盟成员国之间的关系。中英、中法、中德关系等都取得了进一步发展。

四是中日两国关系取得显著进步。1998 年 11 月，在《中日和平友好条约》签署 20 周年之际，江泽民同志作为国家元首首次访日，双方签署《中日联合宣言》，宣布“面向 21 世纪，建立致力于和平与发展的友好合作伙伴关系”。

五是中国与东盟关系全面发展。1994 年，中国成为东盟地区论坛成员国。1996 年 7 月，东盟将中国升格为全面对话伙伴国。1997 年 12 月，江泽民同志出席在马来西亚吉隆坡举行的东盟与中、日、韩首脑（“9+3”）非正式会晤和中国—东盟首脑（“9+1”）非正式会晤。2001 年，第五次中国—东盟领导人会议决定 10 年内建立中国—东盟自由贸易区。还建立了东亚首脑会议、中国与东盟“10+1”和中、日、韩与东盟“10+3”定期会晤机制。

此外，加强与周边国家的睦邻友好合作，是我国外交政策的重要方面，“亲仁善邻”是中华民族的优良传统，中国着眼于维护和平与稳定的大局，积极发展与所有邻国的睦邻友好关系，维护地区和平，促进共同发展。

（2）继续深化同发展中国家的传统友谊。加强同第三世界国家的团结合作，是中国对外政策的基本立足点。为加强同发展中国家的互相支持和合作，我国国家领导人多次访问亚非拉发展中国家，增进了中国与这些国家的传统友谊和各方面的合作。1996 年 5 月，江泽民同志访问肯尼亚等六国，提出发展面向 21 世纪长期稳定、全面合作中非关系的五点建议。1999 年 10 月底至 11 月初，江泽民同志访问阿尔及利亚等三国，阐述了中国对中东和平进程和伊拉克等地区热点问题的立场和主张，强调提倡和平而不是武力、合作而不是对抗、兼容而不是排斥的原则。2001 年，江泽民访问智利等六国，表示中国愿同拉美各国共同努力，推动中拉关系在新世纪建立和发展长期稳定、平等互利的全面合作关系。2000 年 10 月，由中国倡议召开的“中非合作论坛——北京 2000 年部长级会议”举行，会议发表了《北京宣言》和《中非经济和社会发展合作纲领》，反映了中国和非洲各国对建立国际新秩序、加强合作的共同愿望。此外，我国同南非、埃及、巴西、墨西哥等发展中大国建立了不同形式的伙伴关系，与不结盟运动、非洲统一组织、阿拉伯国家联盟、伊斯兰会议组织、里约集团等发展中国家组织进一步加强合作，增进相互理解和信任，共同维护发展中国家的权益。

（3）积极拓展多边外交。中国的多边外交呈现出全方位、多层次、宽领域的发展态势，不仅极大地改善和提升了中国在国际社会、国际关系体系中的地位、形象和影响力，而且直接推动了中国特色社会主义各项事业的全面发展。

一是积极推动并参加联合国主导的多边外交活动。中国作为联合国安理会常任理事国，在联合国事务中发挥建设性作用，在解决热点问题、防止大规模杀伤性武器扩散、保持地区稳定、制止南亚核军备竞赛等领域都作出应有努力。

二是主动加入系列国际条约。在环保方面，加入了《联合国气候变化框架公约》《生物多样性公约》《联合国防治荒漠化公约》等；在军控方面，加入了《不扩散核武器条约》《全面禁止核试验条约》《关于禁止发展、生产、储存和使用化学武器及销毁此种武器的公约》等。1997 年签署《经济、社会及文化权利国际公约》，1998 年签署《公民权利和政治权利国际公约》。“9 · 11”事件后，中国加入了《制止恐怖主义爆炸的国际公约》和《制止向恐怖主义提供资助的国际公约》。

三是积极参加亚太经合组织会议。1993 年 11 月，首次亚太经合组织领导人非正式会议在美国西雅图举行，江泽民同志出席会议。此后，中国参加了亚太经合组织历次会议和领导人非正式会议，为区域合作做出贡献。

四是倡导并推动创建上海合作组织。1998 年 7 月，中、俄、哈、吉、塔五国领导人在哈萨克斯坦首都阿拉木图会晤，决定将之前举行的首脑定期会晤作为惯例固定下来，并将“双方”谈判转为多边合作，合作的领域也由安全领域扩展到政治和经贸等领域。由于五国元首的首次会晤是在上海，因此也被称为“上海五国机制”。2001 年 1 月，乌兹别克斯坦提出加入此机制的要求。同年 6 月，中、俄、哈、吉、塔、乌六国元首会议在上海举行，签署《“上海合作组织”成立宣言》。2002 年 6 月，上海合作组织在俄罗斯举行元首会议，签署《上海合作组织宪章》，标志着该组织从国际法意义上得以建立。上海合作组织的成立，对于加强各成员国在安全、经济、文化等领域交流合作，维护地区安全稳定等方面，发挥了重要作用。

五是支持和举办博鳌亚洲论坛。2001 年 2 月，博鳌亚洲论坛成立大会在中国海南博鳌举行，大会通过了《博鳌亚洲论坛宣言》《博鳌亚洲论坛章程指导原则》等纲领性文件。2002 年 4 月，博鳌亚洲论坛首届年会在博鳌开幕，主题是“新世纪、新挑战、新亚洲——亚洲经济合作与发展”。博鳌亚洲论坛的创立，为专门讨论亚洲事务，增进亚洲各国之间、亚洲各国与世界其他地区之间多层次、多渠道、多形式的交流与合作提供了重要平台。

（十三）强化巩固党和国家监督体系

1992 年，邓小平同志南方谈话提出，“在整个改革开放过程中都要反对腐败。对干部和共产党员来说，廉政建设要作为大事来抓。还是要靠法制，搞法制靠得住些”[1]。我们党进一步加强党和国家监督体系建设。

1. 党中央提出加强监督体系建设要求

党的十四大鲜明提出廉政建设要靠教育，更要靠法制，切实加强各级党组织和纪律检查机关对党员干部的监督，特别要在执法部门和直接掌握人、财、物的岗位，建立有效防范以权谋私和行业不正之风的约束机制。党的十四届四中全会提出，要逐步建立健全有效的监督约束机制，完善党内监督制度，制定党内监督条例，把党内监督同群众监督、舆论监督、民主党派和无党派人士的监督结合起来，把自上而下和自下而上的监督结合起来，逐步形成强有力的监督体系。党的十五大提出要“不断提高领导水平和执政水平，不断增强拒腐防变的能力”的历史性课题。强调要完善监督法制，建立健全依法行使权力的制约机制，坚持标本兼治，教育是基础，法制是保证，监督是关键，通过深化改革，不断铲除腐败现象滋生蔓延的土壤。

2. 加强廉政制度建设

党中央十分重视完善反腐倡廉法规制度。党的十五大之前，出台了《关于对党和国家机关工作人员在国内交往中收受的礼品实行登记制度的规定》和《关于党政机关县（处）级以上领导干部收入申报的规定》，制定《中国共产党纪律处分条例（试行）》《中国共产党党员领导干部廉洁从政若干准则（试行）》等法规、条例，推动反腐败工作深入有序开展。党的十五大之后，1998 年 7 月，党中央作出军队、武警部队和政法机关一律不再从事经商活动的重大决策，经过艰苦细致的工作，到 1998 年年底

[1] 《邓小平文选》（第 3 卷），人民出版社 1993 年版，第 379 页。

在全国范围内完成这一任务；11月，中共中央、国务院发布《关于实行党风廉政建设责任制的规定》，对各级领导班子和领导干部的行为规范及其在党风廉政建设和反腐败斗争中的责任提出严格要求。与此同时，积极推进行政审批、财政管理和干部人事三项制度改革，使反腐败从侧重遏制转到标本兼治、加大治本力度的轨道。此外，1997年5月，全国人大常委会通过《行政监察法》，完善了行政监察的领导体制，监察机关的职能与职责、权限等，强化行政监察职能，促进行政机关及其工作人员廉洁奉公、遵纪守法。

3. 建立完善党内巡视制度

这一时期，制度建设的一个突出亮点是将党内巡视制度纳入党的专门监督体系。为加强党内专门监督机关在反腐败斗争中的力量，1996年1月，党的十四届中央纪律检查委员会第六次全体会议决定建立党内巡视制度，将党内巡视制度纳入党的专门监督体系。1997年2月，《中共中央纪律检查委员会关于重申和建立党内监督五项制度的实施办法》提出，在坚持党的纪律检查委员会现行领导体制的前提下，实行巡视制度。建立巡视制度有利于加强对省、自治区、直辖市和中央、国家机关部委领导班子及其成员贯彻执行党章和其他党内法规、遵守党的纪律、落实党风廉政建设责任等方面情况进行监督。

4. 加强党和国家监督机构机制建设

为强化党和国家监督制度，建立常态化监督机制，党和国家加强了相关机构建设。一是纪检、监察机关合署办公并向部门派驻。1993年2月，根据党中央、国务院的决定，国家监察部与中纪委从当年起合署办公，机构列入国务院序列，编制列入中共中央直属机构。此后，地方各级行政监察部门与纪检机关合署办公，实行“一套工作机构、履行党的纪律检查和行政监督两项职能”的体制，强化监督合力，发挥整体效能。5月，中央出台《中共中央纪律检查委员会、监察部关于中央直属机关和中央国家机关纪检、监察机构设置的意见》。根据党章和行政监察条例的有关规定，中央纪委和监察部向中央直属机关和中央国家机关派驻了纪检、监察机构。2001 年 9 月，党的十五届六中全会提出纪律检查机关对派出机构实行统一管理，增强了派驻机构的独立性和权威性。二是设立国家反贪污贿赂总局。1995 年最高人民检察院成立反贪污贿赂总局，负责调查贪污贿赂、失职渎职、职务犯罪，这标志着检察机关惩治贪污贿赂犯罪工作进入专业化、正规化轨道。

第三章

新形势下坚持和发展中国特色社会主义时期
国家制度和法律制度的发展完善

一、国际国内背景

1992 年党的十四大召开至 2002 年党的十六大召开的 10 年间，我们党带领全国人民战胜国内外各种风险挑战，经受住一次又一次考验，排除各种干扰，保证了改革开放和现代化建设始终沿着正确方向前进，在改革发展稳定、内政外交国防、治党治国治军各方面都取得巨大成就。社会主义民主政治和精神文明建设成效显著，国民经济持续快速健康发展，社会主义市场经济体制初步建立，市场体系建设全面展开，政府职能转变步伐加快，开放型经济加速发展，特别是 2001 年加入世界贸易组织，我国改革开放进入新阶段，取得新成果。2000 年，我国国内生产总值达到 89404 亿元，经济总量居世界第 7 位；2001 年，国内生产总值达到 95933 亿元，经济总量居世界第 6 位。综合国力大大加强，生产力水平和人民生活都迈上一个大台阶，总体实现由温饱到小康的历史性跨越，圆满完成经济发展“三步走”的前两步战略任务。

在国际上，世纪之交的国际局势发生深刻变化，世界多极化和经济全球化的趋势在曲折中发展，给世界和平与发展带来了机遇和有利条件。但霸权主义和强权政治依然存在并有新的表现，不公正不合理的国际政治经济旧秩序没有根本改变，南北差距进一步扩大。民族、宗教矛盾和边界、领土争端导致的局部冲突时起时伏。2001 年美国发生“9・11”事件后，传统安全威胁和非传统安全威胁因素相互交织，恐怖主义危害上升。随着经济全球化迅速发展，国际经济联系日益紧密，经济安全问题更为凸显，国际社会各种不确定因素增加。世界范围内科技进步日新月异，以信息技术为核心的高新技术迅猛发展，以经济为基础、科技为先导的综合国力竞争日趋激烈。

总之，当人类社会跨入新世纪的时候，我国进入全面建设小康社会、加快推进社会主义现代化新的发展阶段，既面临难得的发展机遇，又面临严峻挑战。我们必须把握时代脉搏，沉着应对，从新的历史起点出发，抓住和用好重要战略机遇期，统筹国内国际两个大局，聚精会神搞建设，一心一意谋发展，为实现推进现代化建设、完成祖国统一、维护世界和平与促进共同发展的历史任务努力奋斗。

二、党的理论创新

胡锦涛同志指出：“党和人民实践是不断前进的，指导这种实践的理论也要不断前进。”[1] 这一时期，我们党在理论创新上取得丰硕成果，创造性地提出中国特色社会主义理论体系，提出“三个代表”重要思想和“科学发展观”重大战略思想，进一步筑牢了全国各族人民团结奋斗的思想根基。

（一）确立“三个代表”重要思想的指导地位

党的十五大后，在继续推进党的建设实践过程中，以江泽民同志为核心的党中央，坚持解放思想、实事求是、与时俱进，敏锐把握国际局势和

〔1〕《胡锦涛文选》（第 3 卷），人民出版社 2016 年版，第 529 页。

国内形势新变化，着眼于马克思主义建党学说的运用和对实际问题的理论思考，深刻总结我们党 70 多年自身建设的经验、世界社会主义运动的历史经验以及世界上一些大党老党兴衰存亡的经验教训，在科学判断党的历史方位的基础上，创造性地提出“三个代表”重要思想，实现党的建设理论的重大创新，为在新世纪全面推进党的建设新的伟大工程提供了强大思想武器。[1]

2000 年 2 月，江泽民同志到广东省深入考察党的建设工作，在广州主持召开党建工作座谈会上明确提出“三个代表”重要思想。他指出，“总结我们党七十多年的历史，可以得出一个重要结论，这就是：我们党所以赢得人民的拥护，是因为我们党在革命、建设、改革的各个历史时期，总是代表着中国先进生产力的发展要求，代表着中国先进文化的前进方向，代表着中国最广大人民的根本利益，并通过制定正确的路线方针政策，为实现国家和人民的根本利益而不懈奋斗”[2]。2001 年 7 月 1 日，在庆祝中国共产党成立 80 周年大会上，江泽民同志发表重要讲话，围绕在新的历史条件下建设一个什么样的党和怎样建设党这个基本问题，深刻阐述了“三个代表”重要思想的科学内涵。他指出：“‘三个代表’要求，是我们党的立党之本、执政之基、力量之源，也是我们在新世纪全面推进党的建设，不断推进理论创新、制度创新和科技创新，不断夺取建设有中国特色社会主义事业新胜利的根本要求。”[3] 我们党要始终代表中国先进生产力的发展要求，就是党的理论、路线、纲领、方针、政策和各项工作，必须努力符合生产力发展的规律，体现不断推动社会生产力的解放和发展的要求，尤其要体现推动先进生产力发展的要求，通过发展生产力不断提高人民群众的生活水平；我们党要始终代表中国先进文化的前进方向，就是党的理论、路线、纲领、方针、政策和各项工作，必须努力体现发展面向现

[1] 参见张士义：《打铁必须自身硬——改革开放四十年党建史》，天地出版社 2018 年版，第 299 页。
[2] 《江泽民文选》（第 3 卷），人民出版社 2006 年版，第 2 页。
[3] 《江泽民文选》（第 3 卷），人民出版社 2006 年版，第 272 页。

代化、面向世界、面向未来的，民族的科学的大众的社会主义文化的要求，促进全民族思想道德素质和科学文化素质的不断提高，为我国经济发展和社会进步提供精神动力和智力支持；我们党要始终代表中国最广大人民的根本利益，就是党的理论、路线、纲领、方针、政策和各项工作，必须坚持把人民的根本利益作为出发点和归宿，充分发挥人民群众的积极性、主动性、创造性，在社会不断发展进步的基础上，使人民群众不断获得切实的经济、政治、文化利益。[1] 2002 年 5 月 31 日，江泽民同志在中央党校省部级干部进修班毕业典礼上发表讲话，明确提出："贯彻'三个代表'要求，关键在坚持与时俱进，核心在保持党的先进性，本质在坚持执政为民。"[2]

2002 年 11 月 8 日至 14 日，党的十六大召开，对党的建设历史经验进行了科学总结，对加强和改进新形势下党的建设作出战略部署。在科学分析和判断党所处历史方位的基础上，围绕全面贯彻"三个代表"重要思想提出具体要求。党的十六大把"三个代表"重要思想同马克思列宁主义、毛泽东思想、邓小平理论一道，确立为党必须长期坚持的指导思想，实现党的指导思想又一次与时俱进，这是党的十六大的历史性贡献。党的十六大强调："'三个代表'重要思想，是在科学判断党的历史方位的基础上提出来的。我们党历经革命、建设和改革，已经从领导人民为夺取全国政权而奋斗的党，成为领导人民掌握全国政权并长期执政的党；已经从受到外部封锁和实行计划经济条件下领导国家建设的党，成为对外开放和发展社会主义市场经济条件下领导国家建设的党。我们必须从中国和世界的历史、现状和未来着眼，准确把握时代特点和党的任务，科学制定并正确执行党的路线方针政策，认真研究和解决推动中国社会进步和加强党的建设的问题，做到既不割断历史又不迷失方向，既不落后于时代又不超越阶

[1] 参见《江泽民文选》(第 3 卷)，人民出版社 2006 年版，第 272-279 页。

[2] 中共中央文献研究室编：《十五大以来重要文献选编》(下)，中央文献出版社 2011 年版，第 596 页。

段，使我们的事业不断从胜利走向胜利。”“三个代表”重要思想是对马克思列宁主义、毛泽东思想和邓小平理论的继承和发展，反映了当代世界和中国的发展变化对党和国家工作的新要求，是加强和改进党的建设、推进我国社会主义自我完善和发展的强大理论武器。

（二）提出中国特色社会主义理论体系

创造性地提出并深刻阐述中国特色社会主义理论体系，将科学发展观写入党章，是党的十七大的重大理论贡献。[1] 2007 年 10 月 15 日至 21 日召开的党的十七大指出，改革开放以来我们取得一切成绩和进步的根本原因，归结起来就是：开辟了中国特色社会主义道路，形成了中国特色社会主义理论体系。高举中国特色社会主义伟大旗帜，最根本的就是要坚持这条道路和这个理论体系。中国特色社会主义理论体系，就是包括邓小平理论、“三个代表”重要思想以及科学发展观等重大战略思想在内的科学理论体系。这个理论体系，坚持和发展了马克思列宁主义、毛泽东思想，凝结了几代中国共产党人带领人民不懈探索实践的智慧和心血，是马克思主义中国化最新成果，是党最可宝贵的政治和精神财富，是全国各族人民团结奋斗的共同思想基础。在当代中国，坚持中国特色社会主义理论体系，就是真正坚持马克思主义。实践永无止境，创新永无止境。中国特色社会主义理论体系是不断发展的开放的理论体系。全党同志要倍加珍惜、长期坚持和不断发展党历经艰辛开创的中国特色社会主义道路和中国特色社会主义理论体系，坚持解放思想、实事求是、与时俱进，勇于变革、勇于创新，使中国特色社会主义道路越走越宽广，让当代中国马克思主义放射出更加灿烂的真理光芒。

---

〔1〕中共中央党史研究室：《中国共产党的九十年》（改革开放和社会主义现代化建设新时期），中共党史出版社、党建读物出版社 2016 年版，第 919 页。

（三）确立科学发展观的指导地位

党的十六大之后，以胡锦涛同志为总书记的党中央，立足社会主义初级阶段这个最大的实际，科学分析我国全面参与经济全球化的新机遇新挑战，全面认识工业化、信息化、城镇化、市场化、国际化深入发展的新形势新任务，深刻把握我国发展面临的新课题新矛盾，创造性地提出以人为本、全面协调可持续的科学发展观，这是马克思主义理论中国化的新成果。党的十七大根据形势发展，适时对党章作出修改，把科学发展观写入党章，使之成为全党的指导思想。

2003年8月28日至9月1日，胡锦涛同志在江西考察工作期间，明确提出“科学发展观”这一概念，指出要牢固树立协调发展、全面发展、可持续发展的科学发展观。〔1〕

2003年10月，党的十六届三中全会通过的《中共中央关于完善社会主义市场经济体制若干问题的决定》提出，要坚持以人为本，树立全面、协调、可持续的发展观，促进经济社会和人的全面发展。强调要按照统筹城乡发展、统筹区域发展、统筹经济社会发展、统筹人与自然和谐发展、统筹国内发展和对外开放的要求，推进改革和发展。2007年6月25日，胡锦涛同志在中央党校发表讲话，对科学发展观的内容及理论体系作了论述。他指出，科学发展观的第一要义是发展，核心是以人为本，基本要求是全面协调可持续，根本方法是统筹兼顾。〔2〕

党的十七大全面系统阐述了科学发展观的历史地位和科学内涵。指出，科学发展观是对党的三代中央领导集体关于发展的重要思想的继承和发展，是马克思主义关于发展的世界观和方法论的集中体现，是同马克思

〔1〕 中共中央党史和文献研究院编著：《改革开放四十年大事记》，人民出版社2018年版，第64页。

〔2〕 参见张世飞：《改革开放40年的执政党建设》，中共党史出版社2018年版，第192页。

列宁主义、毛泽东思想、邓小平理论和“三个代表”重要思想既一脉相承又与时俱进的科学理论，是我国经济社会发展的重要指导方针，是发展中国特色社会主义必须坚持和贯彻的重大战略思想。深入贯彻落实科学发展观，要求我们始终坚持“一个中心、两个基本点”的基本路线，积极构建社会主义和谐社会，继续深化改革开放，切实加强和改进党的建设；全党同志要全面把握科学发展观的科学内涵和精神实质，增强贯彻落实科学发展观的自觉性和坚定性，把科学发展观贯彻落实到经济社会发展各个方面。

三、国家制度和法律制度的发展完善

（一）进一步发展完善党的领导制度体系

2002 年 11 月，站在全面建设小康社会的历史新起点上，党的十六大对党的建设历史经验进行了科学总结，对加强和改进新形势党的建设作出战略部署，强调要把思想建设、组织建设和作风建设有机结合起来，把制度建设贯穿其中，既立足于做好经常性工作，又抓紧解决存在的突出问题。2007 年 10 月，党的十七大根据新的实践要求，对以改革创新精神全面推进党的建设新的伟大工程提出明确要求，提出思想建设、组织建设、作风建设、制度建设和反腐倡廉建设“五位一体”的党的建设总体布局，对“建设什么样的党，怎样建设党”这一根本性问题作出更全面、系统、深入的回答，使党的建设的发展战略和总体部署更为清晰完整。[1]

1. 加强和提高党的思想建设，坚定理想信念

我们党加强自身建设的一条重要经验是理论创新每前进一步，理论武装就跟进一步。党的十六大要求，必须把党的思想理论建设摆在更加突出的位置，深入学习贯彻“三个代表”重要思想，提高全党的马克思主义理

[1] 参见张士义：《打铁必须自身硬——改革开放四十年党建史》，天地出版社 2018 年版，第 409 页。

论水平；大力弘扬求真务实、开拓进取的精神，不断深化对共产党执政规律、社会主义建设规律和人类社会发展规律的认识，不断丰富和发展马克思主义。党的十六届四中全会要求，坚持用邓小平理论和“三个代表”重要思想武装全党，不断提高马克思主义理论水平。党的十七大要求，抓好思想理论建设这个根本，深入学习马克思列宁主义、毛泽东思想、中国特色社会主义理论体系，深入学习实践科学发展观，推进学习型党组织创建，教育引导党员、干部矢志不渝为中国特色社会主义共同理想而奋斗。党的十七届四中全会强调，要建设马克思主义学习型政党、提高全党思想政治水平。党的十六大、十七大分别修改了党章，将“三个代表”重要思想和科学发展观作为党的指导思想写入党章。

2. 加强党的组织建设，建设高素质干部队伍

（1）加强和改进党的干部队伍建设。一是坚持和落实科学发展观和正确政绩观。出台实施《体现科学发展观要求的地方党政领导班子和领导干部综合考核评价试行办法》，创建干部政绩考核评价体系，建立健全保障科学发展观贯彻落实的体制机制。二是坚持党管干部、党管人才原则，颁布《深化干部人事制度改革纲要》，出台《中华人民共和国公务员法》，印发《公开选拔党政领导干部工作暂行规定》《党政机关竞争上岗工作暂行规定》《党的地方委员会全体会议对下一级党委、政府领导班子正职拟任人选和推荐人选表决办法》等法规文件，完善干部选拔任用机制，一些地方还试行了基层党政主要领导干部“公推直选”试点；为推进实行党政领导干部任期、交流、任职回避和辞职制度，出台《党政领导干部职务任期暂行规定》《党政领导干部交流工作规定》《党政领导干部任职回避暂行规定》等党内法规文件；为进一步实施人才强国战略，出台《中共中央、国务院关于进一步加强人才工作的决定》。党的十七大后，中央有关部门印发《党政领导干部选拔任用工作责任追究办法（试行）》《党政领导干部选拔任用工作有关事项报告办法（试行）》《地方党委常委会向全委会报告干部选拔任用工作并接受民主评议办法（试行）》《市县党委书

记履行干部选拔任用工作职责离任检查办法（试行）》等，进一步完善党政领导干部选拔任用有关工作的制度体系。经过不断探索，逐渐形成了民主推荐、民主测评、差额考察、任期公示、公开选拔、竞争上岗、全委会投票表决、领导干部辞职等制度。

（2）加强和改进党的基层组织建设。党的十六大后，中央出台了《关于深入开展农村党的建设“三级联创”活动的意见》《关于进一步加强和改进街道社区党的建设工作的意见》《关于加强和改进中央企业党建工作的意见》，修改了《中国共产党党和国家机关基层组织工作条例》；中央有关部门出台了加强高校党建工作和非公有制企业党建工作的意见等，扎实推进基层党组织建设，努力使基层党组织成为推动发展、服务群众、凝聚人心、促进和谐的坚强战斗堡垒。

3. 加强党的作风建设，保持党同人民群众的血肉联系

坚持党的群众路线，坚持全心全意为人民服务的宗旨，把实现人民群众的利益作为一切工作的出发点和归宿，是我们党坚持立党为公、执政为民的内在本质要求。

（1）开展保持共产党员先进性教育活动。为切实加强党的执政能力建设，确保党始终走在时代前列，更好地肩负起历史使命，党中央决定自2005年1月开始，在全党开展一次保持共产党员先进性教育活动，并下发《关于在全党范围开展以实践“三个代表”重要思想为主要内容的保持共产党员先进性教育活动的意见》。到2006年6月，全国共产党员先进性教育活动基本结束。在历时一年半的时间里，全党共有350多万个基层党组织、近7000万名党员参加了先进性教育活动，基本实现了提高党员素质、加强基层组织、服务人民群众、促进各项工作的目标，党的先进性建设和执政能力建设取得比较明显的成效。先进性教育活动结束后不久，中共中央办公厅印发了《关于加强党员经常性教育的意见》《关于做好党员联系和服务群众工作的意见》《关于加强和改进流动党员管理工作的意见》《关于建立健全地方党委、部门党组（党委）抓基层党建工作责任制的意

见》，推动建立健全保持共产党员先进性长效机制。

（2）开展学习实践科学发展观和创先争优活动。党的十七大明确要求在全党开展深入学习实践科学发展观活动，在党的基层组织和党员中深入开展创先争优活动。学习实践科学发展观活动是集中性主题教育活动，创先争优活动是推动基层党组织和党员立足本职发挥先进模范作用的经常性工作。这两项活动紧密衔接、相互促进。

2008 年 9 月 14 日，中央下发《中共中央关于在全党开展深入学习实践科学发展观活动的意见》，对在全党开展深入学习实践科学发展观活动作出全面部署，要求坚持边学边改，找准并解决影响和制约科学发展的突出问题以及党员干部党性党风党纪方面群众反映强烈的突出问题，取得实效。到 2010 年 2 月底，持续一年半的学习实践活动结束，共有 370 多万个党组织、7500 多万名党员参加了学习实践活动。

2010 年 4 月 5 日，中共中央办公厅转发《中央组织部、中央宣传部关于在党的基层组织和党员中深入开展创先争优活动的意见》，规定了开展创先争优活动的总体要求、主要内容、实施原则、活动方式和组织领导责任，要求各地区各部门认真贯彻执行。中央组织部、中央宣传部召开了动员部署会议，各地各部门陆续启动，并取得初步成效，达到预期目的。

4. 加强党的制度建设，健全民主集中制

党的十六大以来，以胡锦涛同志为总书记的党中央在继续推进党的建设伟大工程过程中，始终把制度建设贯穿党的思想建设、组织建设、作风建设和反腐倡廉建设之中，提高党的建设科学化水平。

（1）修改党章。党的十六大通过《中国共产党章程（修正案）》。在党章中明确规定，中国共产党是中国工人阶级的先锋队，同时是中国人民和中华民族的先锋队，是中国特色社会主义事业的领导核心，代表中国先进生产力的发展要求，代表中国先进文化的前进方向，代表中国最广大人民的根本利益。党的最高理想和最终目标是实现共产主义。这样表述党的性质，切合我们党的历史发展和现实状况，符合时代要求，有利于最广泛地调动广大党员的积极性、主动性和创造性，团结和带领广大人民群众共同建设中国特色社会主义。这次党章修改还把十六大确定的全面建设小康社会的奋斗目标写入党章；把坚持和完善公有制为主体、多种所有制经济共同发展的基本经济制度，坚持和完善按劳分配为主体、多种分配方式并存的分配制度，坚持和完善社会主义市场经济体制，实施科教兴国和可持续发展战略，推动社会主义物质文明、政治文明和精神文明的协调发展，实行依法治国、建设社会主义法治国家，实行依法治国和以德治国相结合等我们党在建设中国特色社会主义实践中取得的重大成果写入党章。党章还对党的建设和党的领导、党员发展、党员必须履行的义务、党委内部议事和决策的基本制度、党的基层组织建设、党的各级领导干部必须具备的基本条件、党的纪律检查机关的主要任务、党组的地位和任务等提出更加明确的要求。

党的十七大也修改了党章。新写入党章的内容主要集中在九个方面：一是科学发展观；二是中国特色社会主义道路和中国特色社会主义理论体系重大论断；三是和谐社会的目标；四是经济建设、政治建设、文化建设、社会建设四位一体的中国特色社会主义事业总体布局；五是发展社会主义市场经济、发展社会主义民主政治、发展社会主义先进文化、构建社会主义和谐社会的有关内容；六是党在领导军队建设、民族工作、宗教工作、统战工作、外交工作等方面形成的方针政策；七是党的十六大以来我们党在党的建设方面取得的重大认识和成果；八是党的一些具体制度规定，党的各级组织要按规定实行党务公开，党的各级代表大会代表实行任期制，党的中央和省、自治区、直辖市委员会实行巡视制度，中央政治局向中央委员会全体会议报告工作、接受监督，党的地方各级委员会的常务委员会定期向委员会全体会议报告工作、接受监督等；九是对党员、党的干部和党的各级组织的要求和内容。

（2）出台关于加强党的执政能力建设的决定，明确提出“依法执政”。党的十六大首次提出了加强党的执政能力建设的重大命题和战略任务，明确要提高党的领导水平和执政水平，改革和完善党的领导方式和执政方式，推进社会主义民主政治建设。为贯彻党的十六大要求，2004 年 9 月，党的十六届四中全会专题研究并作出《中共中央关于加强党的执政能力建设的决定》，明确了加强党的执政能力建设的指导思想、总体目标和主要任务。该决定指出，党的执政能力就是党提出和运用正确的理论、路线、方针、政策和策略，领导制定和实施宪法和法律，采取科学的领导制度和领导方式，动员和组织人民依法管理国家和社会事务、经济和文化事业，有效治党治国治军，建设社会主义现代化国家的本领。加强党的执政能力建设的主要任务是：按照推动社会主义物质文明、政治文明、精神文明协调发展的要求，不断提高驾驭社会主义市场经济的能力、发展社会主义民主政治的能力、建设社会主义先进文化的能力、构建社会主义和谐社会的能力、应对国际局势和处理国际事务的能力。

该决定强调，必须坚持科学执政、民主执政、依法执政，不断完善党的领导方式和执政方式；坚持党的领导、人民当家作主和依法治国的有机统一，不断提高发展社会主义民主政治的能力。明确指出依法执政是新的历史条件下党执政的一个基本方式。该决定要求按照党总揽全局、协调各方的原则，改革和完善党的领导方式。发挥党委对同级人大、政府、政协等各种组织的领导核心作用，发挥这些组织中党组的领导核心作用。党委既要支持人大、政府、政协和审判机关、检察机关依照法律和章程独立负责、协调一致地开展工作，及时研究并统筹解决他们工作中的重大问题，又要通过这些组织中的党组织和党员干部贯彻党的路线方针政策，贯彻党委的重大决策和工作部署。要规范党政机构设置，完善党委常委会的组成结构，适当扩大党政领导成员交叉任职，减少领导职数，切实解决分工重叠问题，撤并党委和政府职能相同或相近的工作部门等。要坚持和健全民主集中制，增强党的团结和活力。认真贯彻党员权利保障条例，建立和完善党内情况通报制度、情况反映制度、重大决策征求意见制度，逐步推进党务公开，增强党组织工作的透明度。建立健全常委会向全委会负责、报告工作和接受监督的制度等。

该决定反映了以胡锦涛同志为总书记的中央领导集体按照邓小平理论和“三个代表”重要思想治国理政的思路和方略，是党的历史上第一个全面总结党的执政经验、指导全党担当起执政兴国历史使命的纲领性文件，是新世纪新阶段推进党的建设新的伟大工程、开创中国特色社会主义伟大事业新局面的战略部署和行动指南。

（3）出台关于加强和改进新形势下党的建设问题的决定。2009 年 9 月，党的十七届四中全会通过《中共中央关于加强和改进新形势下党的建设若干重大问题的决定》，重点研究解决当前党的建设中带有战略性、根本性、紧迫性的重大理论和实际问题。该决定强调全党必须牢记党的先进性和党的执政地位都不是一劳永逸、一成不变的，过去先进不等于现在先进，现在先进不等于永远先进；过去拥有不等于现在拥有，现在拥有不等于永远拥有。世情、国情、党情的深刻变化对党的建设提出了新的要求，党面临的执政考验、改革开放考验、市场经济考验、外部环境考验是长期的、复杂的、严峻的，落实党要管党、从严治党的任务比过去任何时候都更为繁重和紧迫。该决定指出我们党在长期执政实践中，探索形成了加强自身建设的基本经验，这就是：坚持把思想理论建设放在首位，提高全党马克思主义水平；坚持把推进党的建设伟大工程同推进党领导的伟大事业紧密结合起来，保证党始终成为社会主义事业的坚强领导核心；坚持以执政能力建设和先进性建设为主线，保证党始终走在时代前列；坚持立党为公、执政为民，保持党同人民群众的血肉联系；坚持改革创新，增强党的生机活力；坚持党要管党、从严治党，提高管党治党水平。这些基本经验，是加强和改进新形势下党的建设的重要指导原则，必须倍加重视、倍加珍惜，在实践中不断丰富发展。

该决定强调要坚持和健全民主集中制，积极发展党内民主。一是坚持和完善党的领导制度。坚持党总揽全局、协调各方的领导核心作用，坚持党的领导、人民当家作主、依法治国有机统一，改革和完善党的领导方式和执政方式，提高党的领导水平和执政水平。二是保障党员主体地位和民主权利。以落实党员知情权、参与权、选举权、监督权为重点，进一步提高党员对党内事务的参与度，充分发挥党员在党内生活中的主体作用，健全党内情况通报制度等。三是完善党代表大会制度和党内选举制度。改善党代表大会代表结构，增强代表广泛性，扩大党代表对提名推荐候选人的参与，改进候选人提名方式，落实和完善党代表任期制等；完善党内选举办法，逐步扩大基层党组织领导班子直接选举范围，严格控制选任制领导干部任期内职务变动等。四是完善党内民主决策机制。党的各级委员会按照集体领导、民主集中、个别酝酿、会议决定的原则决定重大事项，发挥全委会对重大问题的决策作用，完善常委会议事规则和决策程序，推行和完善地方党委讨论决定重大问题和任用重要干部票决制，健全和规范党委常委会向全委会定期报告工作并接受监督制度；提高科学决策、民主决策、依法决策水平；落实重大决策报告制度，健全决策失误纠错改正机制和责任追究制度；完善集体领导与个人分工负责相结合的制度等。五是维护党的集中统一。坚持党员个人服从党的组织、少数服从多数、下级组织服从上级组织、全党各个组织和全体党员服从党的全国代表大会和中央委员会，其中最重要的是坚持全党服从中央；始终同党中央在思想上政治上行动上保持高度一致，坚持把发挥地方积极性同维护中央权威结合起来，把局部利益同全局利益统一起来，严守党的纪律特别是政治纪律，保证中央政令畅通等。

（4）全面推进党的制度建设。

一是健全党的领导体制和工作机制。第一，按照党总揽全局、协调各方的原则，进一步明确和规范党政关系。出台《中共中央关于进一步加强中国共产党领导的多党合作和政治协商制度建设的意见》《关于加强人民政协工作的若干意见》《关于巩固和壮大新世纪新阶段统一战线的意见》，转发《中共全国人大常委会党组关于进一步发挥全国人大代表作用、加强全国人大常委会制度建设的若干意见》等，进一步规范党委与人大、政府、政协等的关系。第二，以明确权责为重点，完善地方党委领导体制和工作机制，健全部门党组（党委）工作机制，健全党对国有企业和事业单位领导的体制机制。按照精简、统一、效能的原则，规范党政机构设置。不再设立不在政府任职又直接分管政府工作的专职书记、常委，撤销与政府机构重叠对口的党的部门，切实解决层次过多、职责交叉、多头管理等问题。第三，完善科学决策机制。包括完善重大决策的规则和程序，通过多种渠道和形式广泛集中民智，使决策真正建立在科学、民主的基础之上；建立健全决策公开制度，增加决策的透明度；建立决策失误责任追究制度，健全纠错改正机制；建立多种形式的决策咨询机制和信息支持系统。[1] 第四，坚持和完善集体领导和个人分工负责相结合的制度。党的十六大修改的党章规定，党的各级委员会实行集体领导和个人分工负责相结合的制度。凡属重大问题都要按照集体领导、民主集中、个别酝酿、会议决定的原则，由党的委员会集体讨论，作出决定；委员会成员要根据集体的决定和分工，切实履行自己的职责。党的十六届四中全会进一步丰富了这一制度的内容，明确要完善并严格执行党委内部的议事规则和决策程序，保持协调高效运转，增强整体合力；坚决反对和防止个人独断专行，反对好人主义、自由主义；减少地方党委副书记职数，实行常委分工负责，充分发挥集体领导作用等。这为全党在新的历史条件下坚持和完善集体领导与个人分工负责相结合的制度明确了方向。

二是健全党内民主制度。党的十六大提出，要以保障党员民主权利为基础，以完善党的代表大会制度和党的委员会制度为重点，从改革体制机制入手，建立健全充分反映党员和党组织意愿的党内民主制度。根据这一要求，中央加快推动建立健全中央和地方各级党委常委会向全委会负责、报告工作和接受监督的制度，党的代表大会代表提案制度，代表提议的处理和回复机制等；党代会常任制的试点规模进一步扩大，党委内部的议事

---

〔1〕 张士义：《打铁必须自身硬——改革开放四十年党建史》，天地出版社 2018 年版，第 403-404 页。

和决策机制进一步完善，党代会、党代表、党的委员会全体会议的作用都得到进一步发挥。2004年4月，中央下发《党的地方委员会全体会议对下一级党委、政府领导班子正职拟任人选和推荐人选表决办法》，对全委会在重要干部的表决上作出全面、细致的程序性规定。2004年9月，中央出台《中国共产党党员权利保障条例》，对党员的知情权、参与权、选择权和监督权等各项权利及保障措施作了更加规范、完善的规定。2008年5月，中央印发《中国共产党全国代表大会和地方各级代表大会代表任期制暂行条例》，细化了党代会代表任期制规定。

三是加强学习型政党建设。我们党是一个善于学习的政党。改革开放以后，从20世纪80年代开始，中央领导人有组织地进行集体学习。时任司法部部长邹瑜同志1986年6月给胡耀邦同志写信，建议在中南海举办法制讲座，胡耀邦同志批示支持，随后中央举办了4期法制讲座，邀请有关专家学者为中央领导人讲课。从1994年到2002年，中央领导共组织了12次法制讲座集体学习。党的十六大后，以胡锦涛同志为总书记的党中央进一步拓宽了学习内容，建立了常态化集体学习制度。从2002年12月到2007年9月，十六届中央政治局共进行了44次集体学习，为全党的学习起到了示范和导向作用。以建立中央政治局集体学习制度为契机，中央进一步抓好领导干部的理论和业务学习，进一步坚持和完善党委（党组）理论学习中心组学习制度，推进中心组学习向制度化、规范化迈进。以在全党开展保持共产党员先进性教育活动为契机，中央积极建立健全党员学习教育制度，形成党员学习教育的长效机制。2007年1月，中共中央印发《2006—2010年全国干部教育培训规划》，颁布《干部教育培训工作条例（试行）》，推进党员干部学习培训制度化、规范化。2009年9月，党的十七届四中全会鲜明提出建设马克思主义学习型政党，强调必须按照科学理论武装、具有世界眼光、善于把握规律、富有创新精神的要求，把建设马克思主义学习型政党作为重大而紧迫的战略任务抓紧抓好。2010年2月，中共中央办公厅印发《关于推进学习型党组织的建设的意见》，要求各地区各部门结合实际认真贯彻执行。

（二）发展和完善人民当家作主的民主政治制度

1. 坚持和完善人民代表大会制度

（1）加强人大及其常委会的组织建设。一是积极推动全国人大常委会委员的专门化和年轻化。第十届、第十一届全国人大常委会组成人员中，都增加了一批年轻的专职委员，多是法律、经济等方面的专家学者，常委会组成人员的年龄结构、知识结构有了较大改善。二是完善全国人大专门委员会制度。第十届、第十一届全国人大专门委员会通过议案处理、专项立法和专题调研，协助和参与全国人大及其常委会行使职权，发挥了重要作用。三是进一步完善地方人大及其常委会的组织建设。2004 年 3 月，十届全国人大二次会议通过宪法修正案，将乡镇人大的任期由 3 年改为 5 年。同时，根据宪法的相关规定，结合实践中出现的新情况新经验，对地方组织法中乡镇人大和政府的任期，市、县级人大常委会组成人员的名额等内容作了修改。

（2）加强人大及其常委会的制度建设。加强全国人大常委会的制度建设，是常委会依法履行职责、发挥人民代表大会制度优越性的重要保证，也是坚持和完善人民代表大会制度的重要内容。[1] 这主要有两个方面：一方面，完善有关制度规范。第一，认真落实法律规定的立法制度，继续推进立法工作的民主化。具体而言，主要是采取座谈会、论证会、听证会等多种形式，广泛听取各方面对列入全国人大常委会议程的法律案的意见，扩大立法民主，提高立法质量；涉及公民、法人和其他组织的切身利益，尤其是需要设定普遍性的公民义务的特别重要的法律案，依照立法法规定的程序公布草案，征求有关机关、组织和公民的意见；在立法工作中

〔1〕 中共中央文献研究室编：《十六大以来重要文献选编》（中），中央文献出版社 2011 年版，第 894 页。

防止“利益部门化”和“部门利益法制化”等问题，保证制定的法律体现党的主张和人民意志。第二，进一步健全监督机制，完善监督制度，改进和加强监督工作。全国人大及其常委会紧紧围绕党和国家工作的大局、改革发展稳定中的重大问题、关系人民群众切身利益的热点难点问题，选准题目，抓住关键，综合运用听取审议专题工作报告、执法检查等监督工作的基本形式，改进和加强监督工作；对备案的行政法规、地方性法规、司法解释，在进行被动审查的同时，有重点地加强主动审查，维护国家法制的统一。第三，建立和完善若干具体工作制度，促进全国人大常委会工作的制度化、法制化、规范化。同时，规范专门委员会的工作制度，发挥专门委员会的作用；从制度上保证和加强党对全国人大工作的领导等。〔1〕另一方面，制定完善有关法律。全国人大常委会2006年8月制定了各级人大常委会监督法，对各级人大常委会行使监督权的原则，监督宪法和法律的实施，听取和审议人民政府、人民法院、人民检察院的工作报告，审查和批准国家计划、预算及其执行情况的报告，监督审判和检察工作，质询和特定问题调查等作出规定。2009年修改了全国人大常委会议事规则，完善了有关会议召开、议案提出和审议、发言等方面的规定。

2. 坚持和完善中国共产党领导的多党合作和政治协商制度

党的十六大将中国共产党领导的多党合作和政治协商制度，总结为社会主义建设和党的建设的基本经验，强调要坚持“长期共存、互相监督、肝胆相照、荣辱与共”的方针，加强同民主党派合作共事，更好地发挥我国社会主义政党制度的特点和优势。这个时期，人民政协制度发展主要体现在以下方面：

（1）修改全国政协章程，进一步完善人民政协制度。2004年3月，全国政协十届二次会议修改完善了《政协章程》，增加有关“三个代表”重要思想的表述和“社会主义事业的建设者”，团结和民主是人民政协两大

〔1〕中共中央文献研究室编：《十六大以来重要文献选编》（中），中央文献出版社2011年版，第894-897页。

主题，中国共产党领导的多党合作和政治协商制度是我国的一项基本政治制度，共同致力于中华民族伟大复兴，巩固和发展公有制经济，鼓励、支持和引导非公有制经济发展，坚持和完善民族区域自治制度，宣传和协助贯彻执行宗教信仰自由政策以及界别设置等内容；体现中共十六大确立的有关重大理论观点和重大方针政策等内容；规范对人民政协性质、人民政协主要职能的表述；调整对现阶段我国阶级状况的表述；进一步明确政协委员的条件、义务和产生程序；对一些重要的工作程序进行规范等。[1]同时，推进政协全国委员会全体会议、常务委员会会议、秘书长会议的制度化、规范化和程序化建设，分别制定全体会议、常务委员会、秘书长会议工作规则；改进会议作风，提高会议质量，制定政协全国委员会常务委员会会议请假的规定等。

（2）出台加强人民政协制度建设的意见，推进人民政协制度发展完善。2005 年 2 月，《中共中央关于进一步加强中国共产党领导的多党合作和政治协商制度建设的意见》对人民政协制度的发展完善作出安排部署。一是，明确人民政协制度是我国的政党制度。我国是人民民主专政的社会主义国家，同这种国体相适应的政权组织形式是人民代表大会制度，同这种国体相适应的政党制度是中国共产党领导的多党合作和政治协商制度。二是，明确人民政协制度是我国政治文明的重要内容。将中国共产党领导的多党合作和政治协商制度作为构成我国政治制度的基本框架，提出在新的历史条件下，发展社会主义民主政治，建设社会主义政治文明，其中一个重要方面就是坚持和完善中国共产党领导的多党合作和政治协商制度，扩大各界人士有序的政治参与，拓宽社会利益表达渠道，促进社会和谐发展，实现中国共产党的领导、人民当家作主和依法治国的有机统一。[2]2006 年 2 月，《中共中央关于加强人民政协工作的意见》进一步明确，中

〔1〕 政协全国委员会办公厅编：《全国政协规章制度选编》，中国文史出版社 2017 年版，第 30-40 页。

〔2〕 中共中央文献研究室编：《十六大以来重要文献选编》（中），中央文献出版社 2011 年版，第 673 页。

国人民政治协商会议是中国人民爱国统一战线的组织，是中国共产党领导的多党合作和政治协商的重要机构，是我国政治生活中发扬社会主义民主的重要形式。[1] 三是，对进一步加强人民政协工作作出部署。主要是对进一步完善政治协商的内容、形式和程序，充分发挥民主党派和无党派人士的参政议政作用，充分发挥民主党派的民主监督作用，加强中国共产党同党外人士的合作共事，支持民主党派加强自身建设，加强和改善中国共产党对多党合作和政治协商的领导等作出具体规定。同时强调，要加强新形势下党外代表人士队伍建设，切实抓好党外人士的发现储备，全面加强党外人士的教育培养，加大党外代表人士的选拔任用力度，注重党外代表人士的管理，加强与党外代表人士的联谊交友，加强和改善党对党外代表人士队伍建设的领导。[2]

3. 坚持和完善民族区域自治制度

为贯彻落实宪法和民族区域自治法，帮助民族自治地方加快经济和社会的发展，增进民族团结，促进各民族共同繁荣，这个时期国家主要从以下两方面坚持和完善民族区域自治制度：一是，进一步规范上级国家机关对民族自治地方的帮助扶持责任。2005 年 5 月，国务院第 89 次常务会议通过了国务院实施民族区域自治法若干规定，在促进民族自治地方经济、社会、教育、文化事业以及少数民族干部、各类人才培养等方面有了新的突破，[3] 作出制度性安排。二是，深入做好民族教育工作，大力发展民族教育事业。同年 12 月，教育部印发关于贯彻落实该规定的通知，进一步加大对民族地区基础教育的投入力度，帮助民族地区全面实现“两基”目标；大力推进民族地区中等职业教育管理体制、学校内部运行机制和教育教学模式的改革创新，进一步推动高中阶段教育的改革与发展；积极支

[1] 中共中央文献研究室编：《十六大以来重要文献选编》（下），中央文献出版社 2011 年版，第 259 页。

[2] 中共中央文献研究室编：《十七大以来重要文献选编》（下），中央文献出版社 2013 年版，第 809-819 页。

[3] 参见王文惠编著：《当代中国政治法律制度》，中国社会科学出版社 2018 年版，第 150-151 页。

持和帮助民族地区发展高等教育，支持办好民族院校和全国普通高等学校民族预科班、民族班，对民族自治地方的高等学校以及民族院校的学科建设和研究生招生，给予特殊的政策扶持；进一步做好语言文字工作，因地制宜搞好“双语”教学，积极推广全国通用的普通话等。

4. 坚持和完善基层民主制度

这一时期，随着改革开放的不断深入，特别是社会主义市场经济体制的初步确立，包括街道办事处、居民委员会在内的城市基层社会结构面临改革和调整的任务。这就要求在进一步坚持和发展城市居民委员会制度的同时，着力加强社区居民委员会制度建设。中共中央办公厅、国务院办公厅转发《民政部关于在全国推进城市社区建设的意见》的通知，确定了我国社区发展的基本格局。国民经济和社会发展第十个五年规划纲要提出要加强社区民主建设，社区建设成为新时期我国经济社会发展的重要组成制度。党的十七大报告提出，要健全基层党组织领导的充满活力的基层群众自治机制，扩大基层群众自治范围，完善民主管理制度，把城乡社区建设成为管理有序、服务完善、文明祥和的社会生活共同体，将基层群众自治制度纳入中国特色社会主义政治制度体系之中。2010 年 11 月，中共中央办公厅、国务院办公厅印发《关于加强和改进城市社区居民委员会建设工作的意见》，对进一步完善基层群众自治制度，健全城市基层管理和服务体制作出部署。一是进一步明确城市社区居民委员会的主要职责。我国城市社区居民委员会是居民自我管理、自我教育、自我服务的基层群众性自治组织。城市社区居民委员会依法组织居民开展自治活动，依法协助城市基层人民政府或者它的派出机关开展工作，依法依规组织开展有关监督活动。二是不断健全城市社区居民委员会组织体系，加快社区居民委员会组织全覆盖，健全社区居民委员会下属的委员会，有效承接社区管理和服务，规范社区居民委员会专业服务机构等。三是努力壮大城市社区居民委员会工作队伍，扩大社区居民委员会工作人员来源渠道，加强对社区居民委员会工作人员的教育培训，关心社区居民委员会工作人员的成长进步。

四是积极完善城市社区党组织领导下的社区居民自治制度，坚持以扩大党内基层民主带动社区居民民主，坚持和发展社区民主选举制度，完善社区民主管理制度，健全社区居民委员会日常工作制度等。五是切实改善城市社区居民委员会服务设施，加强工作用房和居民公益性服务设施建设，积极推进社区信息化建设。六是逐步理顺城市社区居民委员会与相关组织的工作关系，自觉接受社区党组织的领导，支持社会组织和社区志愿者参与社区管理和服务，发挥业主大会和业主委员会在社区管理和服务中的积极作用，强化驻区单位的社区建设责任等。七是大力加强对城市社区居民委员会建设工作的领导，城市基层人民政府或者它的派出机关对社区居民委员会的工作给予指导、支持和帮助，落实领导责任制，加强部门协调配合，切实加大经费保障力度，提高指导社区居民委员会建设的工作水平等。

同时，坚持和完善村民委员会制度，出台有关政策文件，修改相关法律规定。一是健全和完善村务公开和民主管理制度。2004 年 6 月，中共中央办公厅、国务院办公厅印发《关于健全和完善村务公开和民主管理制度的意见》。要求进一步做好村务公开和民主管理工作，进一步健全村务公开制度，保障农民群众的知情权；进一步规范民主决策机制，保障农民群众的决策权；进一步完善民主管理制度，保障农民群众的参与权；进一步强化村务管理的监督制约机制，保障农民群众的监督权等。二是保障村民委员会选举的公正有序，保障村民享有更多更切实的民主权利。2009 年 4 月，中共中央办公厅、国务院办公厅印发《关于加强和改进村民委员会选举工作的通知》，加强村民委员会选举前的各项准备工作，加强选举领导机构和工作机构，加强选举教育和培训、选举方案制定、加强村级财务审计等工作；依法规范村民委员会产生程序、候选人提名方式、候选人的竞争行为、投票行为等村民委员会选举程序；扎实做好新老村民委员会交接工作、新当选村民委员会成员培训工作、村民委员会成员合法权益保障工作等。三是进一步完善有关法律制度，着力解决实行村民自治中遇到的新情况、新问题。2010 年 10 月，全国人大常委会修改村民委员会组织法，进一步完善村民委员会成员的选举和罢免程序，民主议事制度、民主管理和民主监督制度，充实了加强基层党组织对村民自治的领导、村民委员会职责、村民委员会开展工作和办理村公益事业的经费保障等内容。

（三）发展和完善中国特色社会主义法治体系

这个时期，我们党坚持与时俱进，不断开创法治建设新局面，推动中国特色社会主义法治建设取得新成就。

1. 形成和完善中国特色社会主义法律体系

加强立法工作，提高立法质量，到 2010 年形成有中国特色社会主义法律体系，这是党的十五大提出的社会主义法治建设目标。党的十六大重申了这一目标，党的十七大进一步提出要坚持科学立法、民主立法，完善中国特色社会主义法律体系。形成和完善中国特色社会主义法律体系，成为这个时期我们党领导国家制度和法律制度建设的重要任务。

（1）中国特色社会主义法律体系如期形成。围绕形成中国特色社会主义法律体系，全国人大及其常委会不断加强立法工作，取得重大进展，突出体现在以下方面：一是修改宪法。2004 年 3 月，十届全国人大二次会议通过了宪法修正案。宪法修正案共 14 条，集中体现了我们党领导人民探索中国特色社会主义在道路、理论和制度上的新成果。主要是把党的十六大确定的重大理论观点、重大方针政策载入宪法，并明确了国家尊重和保障人权、依法保护公民的财产权和继承权。二是制定有关维护国家主权和统一的法律。制定反分裂国家法，把党和国家对台工作的大政方针和政策措施以法律形式固定下来，为反对和遏制“台独”分裂活动、促进国家和平统一提供了有力的法律保障。贯彻“一国两制”方针，对香港特别行政区基本法及其附件有关条款作出解释并通过相关决定。三是制定修改推进民主政治发展的相关法律。制定监督法，推动人大监督工作的制度化、规范化和程序化；制定行政许可法，巩固行政审批制度改革成果，履行我国加入世贸组织承诺，推进法治政府建设；制定公务员法，为推动干部人事制度改革提供法律保障。此外，还修改选举法、代表法、地方组织法、村民委员会组织法、国家赔偿法等，推进国家民主政治制度建设。四是制定推进市场经济方面的法律。制定物权法、侵权责任法、涉外民事关系法律适用法、反垄断法、反洗钱法、银行业监督管理法、企业所得税法、农民专业合作社法等，修改中国人民银行法、商业银行法、合伙企业法、证券法、保险法、个人所得税法等，废止农业税条例。这些法律的制定和修改，对于保护民事主体合法权益、维护公平竞争的市场秩序、完善我国金融法律制度、税收法律制度、促进农业产业化经营，发挥了重要作用。五是注重加强社会领域立法。制定劳动合同法、劳动争议调解仲裁法、社会保险法、食品安全法、人口与计划生育法等，修改防震减灾法、义务教育法、妇女权益保障法、未成年人保护法等，不断加强对人民群众劳动、就业、教育、生命和财产安全等保障方面法律制度建设，依法推动社会民生安全保障工作。六是加强生态环保领域立法。制定了可再生能源法、循环经济促进法、海岛保护法，修改了节约能源法、水土保持法等，健全完善资源和环境保护基本法律制度，促进经济社会可持续发展。七是集中开展法律法规清理工作。从2008年下半年开始，全国人大常委会、国务院、最高人民法院、最高人民检察院和有立法权的地方人大常委会先后开展了法律、法规、司法解释的清理工作，基本解决了行政法规、司法解释和地方性法规中明显不适应、不一致、不协调等问题，保证了法律体系内部的科学和谐统一。

经过不懈努力，到2010年年底，我国已制定现行有效法律236件、行政法规690多件、地方性法规8600多件，并全面完成了对现行法律和行政法规、地方性法规的集中清理工作。[1] 2011年3月，吴邦国同志在十一

---

〔1〕《吴邦国委员长在形成中国特色社会主义法律体系座谈会上的讲话》，载李飞主编：《中国特色社会主义法律体系辅导读本》，中国民主法制出版社2011年版，第1-2页。

届全国人大四次会议上宣布："一个立足中国国情和实际、适应改革开放和社会主义现代化建设需要、集中体现党和人民意志的，以宪法为统帅，以宪法相关法、民法商法等多个法律部门的法律为主干，由法律、行政法规、地方性法规等多个层次的法律规范构成的中国特色社会主义法律体系已经形成，国家经济建设、政治建设、文化建设、社会建设以及生态建设的各个方面实现有法可依，党的十五大提出到2010年形成中国特色社会主义法律体系的立法工作目标如期完成。"[1]

中国特色社会主义法律体系的形成是我国社会主义民主法制建设史上的重要里程碑，具有重大的现实意义和深远的历史意义。中国特色社会主义法律体系从制度上、法律上确保中国共产党始终成为中国特色社会主义事业的领导核心，确保国家的一切权力牢牢掌握在人民手中；中国特色社会主义法律体系把国家各项事业发展纳入法制化轨道，从制度上、法律上解决了国家发展中带有根本性、全局性、稳定性和长期性的问题，为建设社会主义现代化国家、实现中华民族伟大复兴奠定坚实的法制基础。

（2）推进中国特色社会主义法律体系不断完善。中国特色社会主义法律体系是动态、开放、发展的，伴随中国特色社会主义实践的发展而不断完善。2011年7月，胡锦涛同志在庆祝中国共产党成立90周年大会上发表讲话，系统阐述了中国特色社会主义制度的基本内涵，明确了中国特色社会主义法律体系在国家制度中的重要地位，充分表明我们党高度重视依法治国、建设社会主义法治国家，高度重视法律体系的发展完善及其在国家治理体系中的重要作用。从宣布中国特色社会主义法律体系形成到2012年党的十八大召开前的一年多时间里，全国人大及其常委会根据经济社会发展的需要，先后制定和修改了一批重要法律。具体制定了行政强制法、非物质文化遗产法、车船税法、出境入境管理法、军人保险法等；修改了刑事诉讼法、刑法、民事诉讼法、个人所得税法、兵役法、职业病防治

[1]《吴邦国在十一届全国人大四次会议上作的常委会工作报告》，载《人民日报》2011年3月11日，第2版。

法、居民身份证法等。同时，不断完善立法工作体制机制，推进科学立法、民主立法。扩大公民对立法的有序参与，积极回应社会关切；积极开展立法后评估试点工作；加强立法宣传，增强社会的法律共识；统筹相关法律的同步修改，维护法律体系的科学和谐统一；加强法律解释和规范性文件备案审查工作，督促指导国务院、地方人大及其常委会及时制定法律配套法规，保障法律的有效实施。

2. 切实推进依法行政

进入21世纪后，我国加快推进发展社会主义民主政治的新形势对政府法治建设提出新的要求。为从根本上解决行政机关存在的有法不依、执法不严、违法不究的问题，党中央从执政为民的高度，提出了加快推进依法行政、建设法治政府的改革目标。2011年3月，胡锦涛同志在中共中央政治局集体学习时发表讲话指出，全面推进依法行政，要以建设法治政府为目标，以事关依法行政全局的体制机制创新为突破口，以增强领导干部依法行政意识和能力、提高制度建设质量、规范行政权力运行、保证法律法规严格执行为着力点，为保障经济又好又快发展和社会和谐稳定发挥更大作用。

(1) 加快行政管理体制改革，推进依法行政。党的十六大提出了“深化行政管理体制改革”、进一步转变政府职能的要求。2004年3月，温家宝同志在十届全国人大二次会议上所作《政府工作报告》，第一次明确提出“建设法治政府”的目标。随后，国务院印发实施《全面推进依法行政实施纲要》[1]，正式确立了全面推进依法行政、建设法治政府的目标，明确了此后十年全面推进依法行政的指导思想、基本原则、基本要求、主要任务和保障措施。这是贯彻落实依法治国基本方略的重大举措，标志着我们党对依法行政规律有了更加科学的认识和把握。该纲要明确指出了依法

---

[1] 《国务院关于印发全面推进依法行政实施纲要的通知》，载中华人民共和国中央人民政府官网，http：//www.gov.cn/gongbao/content/2004/content_70309.htm？gs_ws = tsina_63645153615249358。

行政存在的突出问题，即“有法不依、执法不严、违法不究现象时有发生，人民群众反映比较强烈”；强调行政执法改革的目标是“理顺行政执法体制，加快行政程序建设，规范行政执法行为”。为贯彻落实该纲要有关规定，推动建立权责明确、行为规范、监督有效、保障有力的行政执法体制，全面推进依法行政，2005 年 7 月，国务院办公厅印发《关于推行行政执法责任制的若干意见》[1]，对规范政府执法行为发挥了重要作用。随着改革的深入推进，党的十七大再次提出要“加快行政管理体制改革，建设服务型政府”。2008 年，党的十七届二中全会通过《关于深化行政管理体制改革的意见》，对加强依法行政制度建设提出明确要求。一是加快建设法治政府。规范行政决策行为，完善科学民主决策机制。加强和改进政府立法工作。健全行政执法体制和程序。完善行政复议、行政赔偿和行政补偿制度。二是推行政府绩效管理和行政问责制度。三是健全对行政权力的监督制度。四是加强公务员队伍建设。

（2）加快推进完善行政法律制度。为加快法治政府建设，推进依法行政，国家加快推进行政领域立法，依法推进行政体制改革。一是，全国人大及其常委会加快规范行政行为立法步伐。2003 年 8 月通过《中华人民共和国行政许可法》，规范了政府行政许可行为，对行政许可设定事项和程序进行了严格限制，明确了违反本法应承担的法律责任，带来了一场“政府的自我革命”，不仅使行政许可行为有法可依，也有力地促进法制政府建设，大大提高依法行政的整体水平。2005 年 4 月制定《中华人民共和国公务员法》，规范了公务员管理，加强了对公务员的监督，同时加强对公务员合法权益的保护，对公务员向上级承担责任的条件和公务员辞职辞退作出明确规定，并进一步将行政问责法制化和规范化。2007 年 8 月制定《中华人民共和国突发事件应对法》，突出保护人民生命财产安全，严格规范权力行使，强化对官员问责。2011 年 6 月制定《中华人民共和国行政强

---

〔1〕《国务院办公厅关于推行行政执法责任制的若干意见》，载中华人民共和国中央人民政府官网，http：//www. gov. cn/gongbao/content/2005/content_64332. htm。

制法》，对行政强制的种类、行政措施的实施程序、强制执行程序、法律责任等进行了明确规定，有效规范了行政强制行为。此外，还于2010年修改完善《中华人民共和国国家赔偿法》，明确了赔偿责任，扩大了赔偿范围，简化了赔偿程序，确立了精神损害赔偿，以约束规范国家机关及其工作人员的行为，促进国家机关依法行使职权。二是，国务院及有关部门加强行政配套立法，多措并举推进依法行政。第一，强化行政问责制度。2003年“非典”疫情暴露出行政执法中一些突出问题，为规范行政执法行为，推进依法行政，5月，国务院制定《突发公共卫生事件应急条例》，明确了各级政府及有关部门应对突发公共卫生事件的责任和义务及违法行为的法律责任。第二，完善行政监督和救济法律制度。为加强行政监督，保护公民的合法权益，2006年4月，国务院法制办正式设立行政复议司。9月，中办、国办联合下发《关于预防和化解行政争议健全行政争议解决机制的意见》，明确提出要“积极探索符合行政复议工作特点的机制和方法”，对充分发挥行政复议在解决行政争议、化解社会矛盾、构建和谐社会中的重要作用作了明确规定。总体上看，党的十六大以后，党和政府把依法行政作为各级行政机关应当遵循的基本准则，重点解决依法行政实践中存在的突出问题，有力推进了依法行政，建设法治政府取得重大进展。

3. 推进和深化司法体制改革

司法体制改革是推进依法治国的重要内容。党的十六大明确提出，要“推进司法体制改革”，明确司法体制改革的目标和任务是“完善司法机关的机构设置、职权划分和管理制度，进一步健全权责明确、相互配合、相互制约、高效运行的司法体制”。2007年，党的十七大再次强调要“深化司法体制改革”，核心在于优化司法职权配置，规范司法行为，建设公正高效权威的社会主义司法制度，保证审判机关、检察机关依法独立公正地行使审判权、检察权。

（1）推进司法体制改革。司法体制改革的着力点是完善切实保障人民群众合法权益和保障司法公正的体制机制。2003年，中央司法体制改革领导小组成立。2004 年年末，中共中央转发了《中央司法体制改革领导小组关于司法体制和工作机制改革的初步意见》，司法体制改革走向整体统筹，有序推进阶段。2008 年 12 月，《中央政法委员会关于深化司法体制和工作机制改革若干问题的意见》出台，第二轮司法改革启动，从优化司法权限配置、落实宽严相济形势政策、加强司法队伍建设、加强司法经费保障等四个方面提出具体改革任务，改革进入重点深化、系统推进阶段。[1] 2009 年 3 月，最高人民法院发布《人民法院第三个五年改革纲要（2009—2013）》。该纲要以促进社会和谐为主线，以加强权力制约和监督为重点，涵盖优化人民法院职权配置、落实宽严相济刑事政策、加强人民法院队伍建设、加强人民法院经费保障和健全司法为民工作机制等五个方面的内容。与此同时，2009 年 8 月，最高人民检察院印发《2009—2013 年全国检察信息化发展规划纲要》，提出大力推进检察信息化建设。

（2）修改完善相关法律法规，进一步巩固司法体制改革成果，尊重和保障人权。为落实宽严相济的刑事政策，加强人权保障，2006 年修改的人民法院组织法，将死刑复核权统一收归最高人民法院；2011 年通过的刑法修正案（八），取消了 13 个经济性非暴力犯罪死刑罪名，使我国刑罚结构更趋合理。2012 年修改的《刑事诉讼法》将尊重和保障人权写入总则部分，从证据制度、辩护制度、强制措施制度、审判程序、执行程序等方面加以完善。同年修改的《民事诉讼法》保障民事案件当事人权利，健全举证制度，完善调解与诉讼衔接机制，强化民事诉讼法律监督。

4. 加强法律实施的监督

党的十六大报告提出“加强对执法活动的监督，推进依法行政，维护司法公正，提高执法水平，确保法律的严格实施”。党的十七大报告提出“必须让权力在阳光下运行”。改革开放以来，我国逐步建立健全了比较完善的执法司法监督体系和监督制度，在实践中发挥了积极作用。但随着社

---

〔1〕中共中央党史研究室：《中国共产党的九十年》（改革开放和社会主义现代化建设新时期），中共党史出版社、党建读物出版社 2016 年版，第 935 页。

会主义法治建设的深入推进，对执法司法监督提出了更高要求。这个时期，全国人大及其常委会通过加强立法，强化了法律实施的监督制度。一是强化人大对“一府两院”的监督职能。2006年制定通过《中华人民共和国各级人民代表大会常务委员会监督法》，明确了各级人大常委会对“一府两院”的监督职权，特别确立了“法律法规实施情况的检查”制度和“规范性文件的备案审查”制度，为加强法律实施监督、维护我国法律体系的科学和谐统一、增强监督实效，提供了有力法律保障。二是强化检察机关法律监督职责。2012年修改《刑事诉讼法》，通过扩展诉讼监督的范围，增加诉讼监督的内容，丰富诉讼监督的手段，明确诉讼监督的效力，强化诉讼监督的责任，健全诉讼监督的程序，强化了对诉讼活动的法律监督，坚决纠正执法不严、司法不公等问题，以促进严格执法和公正司法。[1]

（四）发展和完善中国特色社会主义行政体制

这一时期，行政体制改革的主要任务是推进服务型政府和法治政府建设。改革重点是围绕构建有利于推动科学发展、促进社会和谐的体制机制，着力进行制度创新和管理方式创新。

1. 转变政府职能

深化行政管理体制改革以转变政府职能为核心。加快推进政企分开、政资分开、政事分开、政府与市场中介组织分开，把不该由政府管理的事项转移出去，把该由政府管理的事项切实管好，从制度上更好地发挥市场在资源配置中的基础性作用，更好地发挥公民和社会组织在社会公共事务中的作用，更加有效地提供公共产品。[2]

---

〔1〕胡泽君：《认真履行法律监督职责切实维护宪法和法律的统一正确实施》，载《检察日报》2012年12月6日，第1版。

〔2〕中共中央文献研究室编：《十七大以来重要文献选编》（上），中央文献出版社2009年版，第270页。

（1）全面正确履行政府职能。一是改善经济调节，更多地运用经济手段、法律手段并辅以必要的行政手段调节经济活动，增强宏观调控的科学性、预见性和有效性，促进国民经济又好又快发展。二是加强社会管理。切实做好加强和创新社会管理的重点工作，加强和完善社会管理格局。进一步加强和改进最低生活保障制度，进一步明确加强和改进最低生活保障工作的政策措施；强化能力建设、经费保障、政策宣传等方面工作保障；加强组织领导，进一步落实管理责任。[1] 三是更加注重公共服务，着力促进社会事业健康发展，建立健全公共服务体系，推进公共服务均等化。

（2）突出行政管理和服务重点。按照加快职能转变的要求，结合实际，国务院先后两次进行行政审批制度改革，取消和调整了一大批行政审批项目。为规范行政审批制度改革，先后制定了《关于行政审批制度改革工作的实施意见》《关于贯彻行政审批制度改革的五项原则需要把握的几个问题》《关于进一步深化行政审批制度改革的意见》，明确了改革的指导原则、基本思路、工作目标和方法步骤。[2]

（3）更加有效地提供公共产品。为规范政府采购行为、更加有效地提供公共产品，进一步完善政府购买服务制度。2002 年我国出台了政府采购法，提高政府采购资金的使用效益，维护国家利益和社会公共利益，保护政府采购当事人的合法权益，保证全国政府采购法制有效统一，促进廉政建设，有力地推进了我国政府采购活动规范运行和蓬勃健康发展。同时，合理界定政府职能，明确部门责任，确保权责一致；理顺部门职责分工，坚持一件事情原则上由一个部门负责，确需多个部门管理的事项，明确牵头部门，分清主次责任。健全部门间协调配合机制。[3]

---

[1] 中共中央文献研究室编：《十七大以来重要文献选编》（下），中央文献出版社 2013 年版，第 1102-1110 页。

[2] 余兴安主编：《当代中国的行政改革》，中国社会科学出版社 2017 年版，第 28-29 页。

[3] 中共中央文献研究室编：《十七大以来重要文献选编》（上），中央文献出版社 2009 年版，第 271 页。

2. 推进政府机构改革

按照精简统一效能的原则和决策权、执行权、监督权既相互制约又相互协调的要求，紧紧围绕职能转变和理顺职责关系，进一步优化政府组织结构，规范机构设置，探索实行职能有机统一的大部门体制，完善行政运行机制。[1]

（1）深化国务院机构改革。这期间，通过 2003 年、2008 年两次机构改革，进一步完善国务院组织结构，加快政府职能转变。2003 年的政府机构改革，是在加入世贸组织的大背景之下进行的。改革目的是进一步转变政府职能，改进管理方式，推进电子政务，提高行政效率，降低行政成本。根据改革方案，国务院设立国有资产监督管理委员会，作为国务院直属特设机构。此外，国务院还设置了一些负责管理某个行业、系统和某方面工作的直属机构、办事机构和事业单位。2008 年的政府机构改革，围绕转变政府职能和理顺部门职责关系，突出了三个重点：一是加强和改善宏观调控，促进科学发展；二是着眼于保障和改善民生，加强社会管理和公共服务；三是按照探索职能有机统一的大部门体制要求，对一些职能相近的部门进行整合，实行综合设置，理顺部门职责关系。[2]

（2）推进地方政府机构改革。中共中央、国务院《关于地方政府机构改革的意见》对地方各级政府组织机构改革提出明确要求，以政府职能转变为核心，按照精简统一效能的原则，理顺职责关系，明确和强化责任，优化政府组织结构，完善体制机制，推进依法行政，提高行政效能。主要任务包括：一是着力转变政府职能，加快推进政企分开、政资分开、政府与市场中介组织分开，进一步下放管理权限，深化行政审批制度改革，减少行政许可。二是理顺职责关系，切实解决部门职责交叉和关系不顺的问题。三是明确和强化责任，将其作为地方政府机构改革的重要内容。四是

[1] 中共中央文献研究室编：《十七大以来重要文献选编》（上），中央文献出版社 2009 年版，第 271 页。

[2] 尹中卿：《中国政治制度》，五洲传播出版社 2010 年版，第 57-58 页。

调整优化组织结构，进一步完善服务农业、农村、农民的管理体制。五是规范县级以上地方政府和部门内设机构设置。六是按照财力与事权相匹配的原则，科学配置地方各级政府的财力，增强市（地）、县（市）政府提供公共服务的能力；进一步理顺和明确垂直管理部门与地方政府权责关系，建立健全协调配合机制，严格执法监管等。〔1〕

（3）推进事业单位分类改革。2011 年 3 月，中共中央、国务院印发《关于分类推进事业单位改革的指导意见》，提出要科学划分事业单位类别；推进承担行政职能事业单位、生产经营活动事业单位、公益服务事业单位改革；构建公益服务新格局，大力发展公益服务；完善支持公益事业发展的财政政策，推进预算管理、政府采购和国有资产管理改革等。〔2〕

3. 加强依法行政

（1）加快建设法治政府。党的十六大报告提出，要加强社会主义法制建设，加强对执法活动的监督，推进依法行政。党的十六届四中全会进一步明确了依法执政的要求。党的十六届五中全会提出，要落实全面推进依法行政实施纲要，推行行政执法责任制，建设法治政府。党的十七大报告提出，要加快建设社会主义法治国家，全面落实依法治国基本方略，推进依法行政。为落实国务院《全面推进依法行政实施纲要》，进一步完善地方市县政府依法行政工作制度，《国务院关于加强市县政府依法行政的决定》对此提出明确要求。一是完善市县政府行政决策机制，建立完善重大决策的听取意见制度、听证制度、合法性审查制度、集体决定制度、实施情况后评价制度和行政决策责任追究制度等 6 项制度。二是建立健全规范性文件监督管理制度，严格规范性文件制定权限和发布程序，完善规范性文件备案制度，建立规范性文件定期清理制度。三是严格行政执法，改革行政执法体制，完善行政执法经费保障机制，规范行政执法行为，加强行

〔1〕 中共中央文献研究室编：《十七大以来重要文献选编》（上），中央文献出版社 2009 年版，第 520-523 页。

〔2〕 中共中央文献研究室编：《十七大以来重要文献选编》（下），中央文献出版社 2013 年版，第 277-286 页。

政执法队伍建设，强化行政执法责任追究。四是强化对行政行为的监督，充分发挥社会监督的作用，加强行政复议和行政应诉工作，积极推进政府信息公开。五是增强社会自治功能，建立政府行政管理与基层群众自治有效衔接和良性互动的机制。充分发挥社会组织的作用，营造依法行政的良好社会氛围。六是加强领导，落实责任制，省级政府切实担负起有关领导责任；市县政府狠抓落实，加强市县政府法制机构和队伍建设，完善推进市县政府依法行政报告制度等。〔1〕

（2）推进政府信息公开制度建设。国务院制定政府信息公开条例，明确规定行政机关公开政府信息，坚持以公开为常态、不公开为例外，遵循公正、公平、便民的原则；对公开的主体和范围、主动公开、依申请公开以及监督和保障等作出规定。推进完善政府信息公开制度，建立健全政府信息公开管理体制、政府信息发布协调机制、政府信息公开机制、公共企事业单位的信息公开工作以及发布政府信息的保密审查、监督保障等制度。

（3）完善公务员制度。2005 年 4 月，全国人大常委会通过的公务员法，总结干部人事制度改革经验，完善有关制度，明确了公务员的范围、公务员管理的原则和公务员必备的基本条件、公务员的义务与权利，对公务员的选拔任用、领导人员引咎辞职等作出规定。公务员法实施后，有关方面先后出台多项配套法规和规章，与有关党内法规相互配套，构成中国特色公务员法律法规制度体系，使公务员队伍的“进”“管”“出”各个环节基本实现有章可循、有规可依。〔2〕

（五）我国基本经济制度的新发展

1. 经济所有制结构的进一步发展

2002 年，党的十六大对我国经济所有制结构的表述取得重大突破，明

〔1〕 中共中央文献研究室编：《十七大以来重要文献选编》（上），中央文献出版社 2009 年版，第 414–423 页。

〔2〕 余兴安主编：《当代中国的行政改革》，中国社会科学出版社 2017 年版，第 73 页。

确提出了“两个毫不动摇”的重要思想，即“必须毫不动摇地巩固和发展公有制经济”“必须毫不动摇地鼓励、支持和引导非公有制经济发展”。强调坚持公有制为主体，促进非公有制经济发展，统一于社会主义现代化建设的进程中，不能把这两者对立起来。各种所有制经济完全可以在市场竞争中发挥各自优势，相互促进，共同发展。2004 年 3 月，为进一步明确国家对发展非公有制经济的方针，根据党的十六大精神，十届全国人大二次会议修改宪法，将宪法中的“国家保护个体经济、私营经济的合法的权利和利益。国家对个体经济、私营经济实行引导、监督和管理”修改为：“国家保护个体经济、私营经济等非公有制经济的合法的权利和利益。国家鼓励、支持和引导非公有制经济的发展，并对非公有制经济依法实行监督和管理。”

2005 年 2 月，国务院下发了《关于鼓励支持和引导个体私营等非公有制经济发展的若干意见》，这是新中国成立以来首部以促进非公有制经济发展为主题的中央政府文件，被誉为民营经济发展进入一个新阶段的标志。该意见强调，改革开放以来，我国个体、私营等非公有制经济不断发展壮大，已经成为社会主义市场经济的重要组成部分和促进社会生产力发展的重要力量；要认真贯彻中央确定的方针政策，进一步解放思想，深化改革，消除影响非公有制经济发展的体制性障碍，确立平等的市场主体地位，实现公平竞争；进一步完善国家法律法规和政策，依法保护非公有制企业和职工的合法权益；进一步加强和改进政府监督管理和服务，为非公有制经济发展创造良好环境；进一步引导非公有制企业依法经营、诚实守信、健全管理，不断提高自身素质，促进非公有制经济持续健康发展。该意见的出台，有力地推动了非公有制经济的快速发展。到 2006 年，我国私营企业达 497.4 万家，从业人员 6396 万人；个体企业达 2576 万家，从业人员 7500 万人；私营和个体企业营业额共计突破 6 万亿元。[1]

2007 年 3 月，十届全国人大五次会议通过《中华人民共和国物权法》，

---

〔1〕 参见本书编写组编：《十七大报告辅导读本》，人民出版社 2007 年版，第 173 页。

明确国有财产和集体财产的范围、国家所有权和集体所有权的行使、加强对国有财产和集体财产的保护，巩固和发展公有制经济；明确私有财产的范围、依法对私有财产给予保护，鼓励、支持和引导非公有制经济的发展。物权法明确规定，国家实行社会主义市场经济，保障一切市场主体的平等法律地位和发展权利。国家、集体、私人的物权和其他权利人的物权受法律保护，任何单位和个人不得侵犯。

2007 年 10 月，党的十七大重申要坚持和完善公有制为主体、多种所有制经济共同发展的基本经济制度，坚持两个“毫不动摇”，坚持平等保护物权，形成多种所有制经济平等竞争、相互促进新格局。2010 年 5 月，国务院发布《关于鼓励和引导民间投资健康发展的若干意见》，再次重申了两个“毫不动摇”，提出鼓励和引导民间投资进入法律法规未明确禁止准入的行业和领域；国有资本要把投资重点放在不断加强和巩固关系国民经济命脉的重要行业和关键领域，在一般竞争性领域，要为民间资本营造更广阔的市场空间等。该意见的发布为民间投资健康发展提供了良好政策环境，促进了民间投资持续健康发展。

在公有制为主体、多种所有制经济共同发展的所有制结构的引领推动下，我国公有制经济特别是国有经济和非公有制经济都有了巨大发展。2003 年至 2012 年，国有企业营业收入从 10.73 万亿元增长到 42.38 万亿元，年均增长 16.6%。[1] 国有经济布局和结构进一步优化，企业活力和竞争力不断增强，在经济社会发展中发挥着重要作用。在非公有制经济方面，截至 2012 年，我国私营企业超过 1060 万户，注册资金近 30 万亿元；个体工商户已逾 4000 万户，注册资金近 2 万亿元；非公有制经济对 GDP 的贡献率已超过 60%。[2] 还吸纳了 80% 的城镇就业人员和 90% 的新增就业人员，为 1.8 亿以上的从业人员提供了主要的工资性收入，带动了 3.6

〔1〕 参见本书编写组编著：《〈中共中央关于全面深化改革若干重大问题的决定〉辅导读本》，人民出版社 2013 年版，第 85 页。

〔2〕 参见本书编写组编著：《〈中共中央关于全面深化改革若干重大问题的决定〉辅导读本》，人民出版社 2013 年版，第 94 页。

亿以上的家庭人口解决了生计问题。[1] 2001 年加入世界贸易组织，开启了我国全面参与经济全球化、充分利用两个市场、两种资源的新时期，我国开放型经济快速发展。2011 年我国实际使用外资 1160 亿美元，连续多年成为吸收外商直接投资最多的发展中国家。[2]

2. 深化分配制度改革

21 世纪初，随着改革的进一步深入，我国的市场经济体制已经初步建立。2002 年，党的十六大明确提出确立劳动、资本、技术和管理等生产要素按贡献参与分配的原则，完善按劳分配为主体、多种分配方式并存的分配制度；坚持效率优先、兼顾公平，既要提倡奉献精神，又要落实分配政策，既要反对平均主义，又要防止收入悬殊；以共同富裕为目标，扩大中等收入者比重，提高低收入者收入水平；一切合法的劳动收入和合法的非劳动收入，都应该得到保护。确立各类生产要素按贡献参与分配的原则，是我国社会主义初级阶段收入分配制度的一次重大突破。2004 年修改宪法，“公民的合法的私有财产不受侵犯”写入宪法，公民的合法的私有财产权获得宪法保障。

2007 年，党的十七大提出合理的收入分配制度是社会公平的重要体现，要坚持和完善按劳分配为主体、多种分配方式并存的分配制度，健全劳动、资本、技术、管理等生产要素按贡献参与分配的制度；初次分配和再分配都要处理好效率和公平的关系，再分配更加注重公平；要创造条件让更多群众拥有财产性收入。党的十七大把各类生产要素按贡献参与分配的“原则”上升为“健全制度”要求，纳入制度建设层面，体现了经济领域深入贯彻落实科学发展观、完善社会主义市场经济体制的客观要求。

随着收入分配制度改革不断深化，调动了经济主体的积极性，优化了资源配置，推动国民经济持续健康发展，并且随着以税收、转移支付、社

---

〔1〕 参见本书编写组编著：《〈中共中央关于全面深化改革若干重大问题的决定〉辅导读本》，人民出版社 2013 年版，第 94 页。

〔2〕 参见本书编写组编著：《十八大报告辅导读本》，人民出版社 2012 年版，第 24 页。

会保障等为主要手段的再分配调节制度框架初步建立，我国城乡居民收入快速增长，生活质量不断提高。城镇居民人均可支配收入和农村居民人均纯收入分别由2002年的7702.8元和2475.6元增加到2012年的24564.7元和7916.6元，都大约增长了2.2倍。[1]

3. 完善社会主义市场经济体制

我国于2001年加入世界贸易组织，迎来了更加开放世界经济环境、广阔的全球发展空间，我国经济同世界经济的互动日益紧密，同时也带来经济全球化、世界多极化、新一轮技术革命深化等系列挑战，面临更为复杂多变的市场竞争，要素流动和市场竞争的规模越来越大，对中国的经济体制改革和现代化建设产生了重大影响。为此，党的十六大提出，要不断完善社会主义市场经济体制，在更大程度上发挥市场在资源配置中的基础性作用，健全统一、开放、竞争、有序的现代市场体系。

为贯彻落实党的十六大精神，2003年11月，党的十六届三中全会通过了《中共中央关于完善社会主义市场经济体制若干问题的决定》，对完善社会主义市场经济体制的各个方面作出了全面规划和工作部署。该决定指出，改革开放以来，我国“社会主义市场经济体制初步建立，公有制为主体、多种所有制经济共同发展的基本经济制度已经确立，全方位、宽领域、多层次的对外开放格局基本形成”。完善社会主义市场经济体制的目标是：按照统筹城乡发展、统筹区域发展、统筹经济社会发展、统筹人与自然和谐发展、统筹国内发展和对外开放的要求，更大程度地发挥市场在资源配置中的基础性作用，增强企业活力和竞争力，健全国家宏观调控，完善政府社会管理和公共服务职能，为全面建设小康社会提供强有力的体制保障。主要任务是：完善公有制为主体、多种所有制经济共同发展的基本经济制度；建立有利于逐步改变城乡二元经济结构的体制；形成促进区域经济协调发展的机制；建设统一开放竞争有序的现代市场体系；完善宏

[1] 参见柳建辉：《中华人民共和国通史》（第6卷）（2002—2012），南方出版传媒、广东人民出版社2020年版，第503页。

观调控体系、行政管理体制和经济法律制度；健全就业、收入分配和社会保障制度；建立促进经济社会可持续发展的机制。

2007年，党的十七大进一步提出要完善基本经济制度，健全现代市场体系，在加快转变经济发展方式、完善社会主义市场经济体制方面取得重大进展；要深化对社会主义市场经济规律的认识，从制度上更好发挥市场在资源配置中的基础性作用，形成有利于科学发展的宏观调控体系；要加快形成统一开放竞争有序的现代市场体系，发展各类生产要素市场，完善反映市场供求关系、资源稀缺程度、环境损害成本的生产要素和资源价格形成机制，规范发展行业协会和市场中介组织，健全社会信用体系。

这一时期，为从法制上推动基本经济制度的发展完善，保护公民、法人和其他组织的合法权益，保障和促进社会主义市场经济的健康发展，我国继续加强和推进经济领域立法工作。比如，为维护国家基本经济制度，规范社会主义市场经济秩序，保障各种市场主体的平等法律地位和发展权利，激发人们创造财富的活力，依法保护权利人的物权，制定了物权法；为规范企业破产程序，公平清理债权债务，保护债权人和债务人的合法权益，制定了企业破产法；为预防和制止垄断行为，保护市场公平竞争，提高经济运行效率，维护消费者利益和社会公共利益，促进社会主义市场经济健康发展，制定了反垄断法。此外，还制定了侵权责任法、反洗钱法、企业所得税法、车船税法、企业国有资产法、银行业监督管理法、社会保险法、劳动合同法、劳动争议调解仲裁法等法律。

从2002年到2012年，我们紧紧抓住发展的重要战略机遇期，与时俱进发展完善国家基本经济制度，深化社会主义市场经济体制改革，促进国民经济持续快速健康发展，国内生产总值年均实际增长10.4%[1]，经济总量连续跨越新台阶。2008年国内生产总值超过德国位居世界第三，2010年超过日本位居世界第二，2012年国内生产总值达到51.9万亿元，中国

〔1〕参见柳建辉：《中华人民共和国通史》（第6卷）（2002—2012），南方出版传媒、广东人民出版社2020年版，第494页。

经济总量占世界的份额由2002年的4.4%提高到2012年的11.5%左右[1]，进一步巩固了经济总量世界第二的地位。

（六）完善发展社会主义先进文化的制度

我们党高度重视文化建设，坚持把文化建设放在党和国家全局工作的重要战略地位来推进。

1. 提出关于发展社会主义文化的任务

党的十六大明确把发展社会主义先进文化作为全面建设小康社会宏伟蓝图的重要目标，强调要“牢牢把握先进文化的前进方向”。党的十六届四中全会明确提出了“解放和发展文化生产力”，并将“建设社会主义先进文化的能力”作为考察党执政能力的重要指标，明确了先进文化建设的重要性和紧迫性。这是党对文化建设理论的重大创新，是对社会生产力认识的重要突破。党的十六届五中全会提出，深化文化体制改革，“形成以公有制为主体、多种所有制共同发展的文化产业格局和民族文化为主体、吸收外来有益文化的文化市场格局”[2]。党的十六届六中全会明确提出构建社会主义主流价值观体系的任务。党的十七大提出“建设社会主义核心价值体系”，“提高国家文化软实力”是一个战略任务。党的十七届六中全会通过《中共中央关于深化文化体制改革　推动社会主义文化大发展大繁荣若干重大问题的决定》，明确提出建设社会主义文化强国这一长期战略目标；强调推动社会主义文化大发展大繁荣，必须坚持以马克思主义为指导，坚持社会主义先进文化前进方向，坚持以人为本，坚持把社会效益放在首位，坚持改革开放。

---

〔1〕参见柳建辉：《中华人民共和国通史》（第6卷）（2002—2012），南方出版传媒、广东人民出版社2020年版，第494页。

〔2〕中共中央文献研究室编：《十六大以来重要文献选编》（中），中央文献出版社2006年版，第1057页。

2. 积极推进文化体制机制改革

党的十六大提出了“继续深化文化体制改革”的任务，要求“抓紧制定文化体制改革的总体方案”。2005 年 12 月，中共中央、国务院下发《关于深化文化体制改革的若干意见》，这是新中国成立以来党中央、国务院第一次就文化体制改革作出专门决定，从总体上明确了深化文化体制改革的指导思想、原则要求和目标任务，标志着文化体制总体改革方案的形成。2006 年 9 月，《国家“十一五”时期文化发展规划纲要》公布，与《国民经济和社会发展“十一五”规划纲要》相衔接，要求在重塑文化市场主体、完善市场体系、改善宏观管理、转变政府职能四个关键环节上实现新突破，强调国有经营性文化单位转企改制是文化体制改革的中心环节。

党的十七大后文化体制改革全面展开。2010 年 4 月，中共中央办公厅、国务院办公厅转发《中央宣传部关于党的十六大以来文化体制改革及文化事业文化产业发展情况和下一步工作意见》，确定了 2012 年前文化体制改革的主要任务。2011 年 10 月，党的十七届六中全会通过《中共中央关于深化文化体制改革　推动社会主义文化大发展大繁荣若干重大问题的决定》，首次提出“发挥市场在文化资源配置中的积极作用”，科学定位了文化市场在文化建设中的作用；提出“健全现代文化市场体系”“扩大文化消费”，明确了文化市场管理的根本目标。2012 年 2 月，中共中央办公厅、国务院办公厅印发了《国家“十二五”时期文化改革发展规划纲要》，要求各地区各部门结合实际认真贯彻执行。

3. 文化体制改革取得显著成就

文化体制改革，围绕构筑公共文化服务体系，形成了文化产业新格局。一是在国有经营性文化单位转企改制方面，全面完成了出版发行、电影电视剧制作、广电传输等单位的转企改制，基本完成一般文艺院团、非时政类报刊出版单位等单位的转企改制，重点新闻网站的转企改制也取得重大突破；二是公益性文化事业单位内部改革不断深化，人事、收入分配和社会保障等制度改革取得明显成效；三是文化市场综合执法改革基本完成，有效解决了文化市场管理职能交叉、多头执法问题，执法体制逐渐理顺；四是政府职能大幅度转变，新闻出版系统和广电系统行政管理部门实现了“局社分开”“局台分开”，由行政管理为主向行政、法规、经济等综合管理转变，文化宏观管理体制进一步完善。

4. 文化事业和文化产业发展迅速

这个时期，我们党采取措施，推进文化事业和文化产业发展取得成效。一是通过深入推进文化体制改革，公益性文化事业蓬勃发展，覆盖城乡的公共文化服务体系基本框架初步建立。第一，通过创新公共文化服务运行机制，推进公共文化设施共建共享。第二，推进重点文化惠民工程建设，建立健全公共文化服务网络。第三，围绕重大纪念活动、传统节日等主题，开展文化活动，丰富各类群众文化生活。二是文化产业规模不断壮大。2009 年国务院出台《文化产业振兴规划》，对我国文化产业的发展做了较为详细而具体的规划。2011 年《国民经济和社会发展第十二个五年规划纲要》，提出要推动文化产业成为国民经济支柱产业。这一系列政策措施，为文化产业的加快发展提供了切实保证。文化产业规模化、集聚化水平大幅提升，文化产业投融资体系逐步建立，新兴文化产业迅速兴起。

（七）发展和完善民生保障制度

党的十六大以来，党和政府着力保障和改善民生，全面推进社会事业发展。就业规模持续扩大，覆盖城乡居民的社会保障体系逐步建立，大力推进教育、医疗体制改革，住房保障制度不断完善，广大群众反映强烈的民生难题逐步解决。10 年来，全体人民学有所教、劳有所得、病有所医、老有所养、住有所居的期盼变为现实。

1. 推进完善劳动就业制度立法

党的十六大以来，我国就业形势非常严峻。一方面是劳动力总量矛盾和结构矛盾交织，另一方面是面临下岗失业人员再就业、部分高校毕业生就业以及农村富余劳动力转移等突出问题。党的十六届五中全会提出，把扩大就业摆在经济社会发展更加突出位置，坚持实施积极的就业政策，千方百计增加就业岗位。党的十七大报告提出“就业是民生之本”“实施扩大就业的发展战略”“实施积极的就业政策，加强政府引导，完善市场就业机制，扩大就业规模，改善就业结构”。

为贯彻落实党中央的决策部署，进一步完善劳动就业制度，全国人大常委会加强了相关立法。2007 年 6 月，制定劳动合同法，有针对性解决了现行劳动合同制度中存在的主要问题，促进劳动者的就业稳定，并根据实际需要增加维护用人单位合法权益的内容，对于更好保护劳动者合法权益，发展和谐稳定的劳动关系，促进社会主义和谐社会建设有重要意义。8 月，制定就业促进法，将行之有效的积极就业政策上升为法律，保障劳动者就业权利。12 月，制定劳动争议调解仲裁法，对劳动争议处理制度作了进一步完善，强化调解、完善仲裁、加强司法救济，推动劳动争议调解仲裁制度进一步完善。

2. 推进教育领域制度改革

党中央高度重视发展教育，坚定不移实施科教兴国战略和人才强国战略，切实把教育摆在优先发展的战略地位。2010 年 6 月，中央政治局通过《国家中长期教育改革和发展规划纲要（2010—2020 年）》，提出“优先发展、育人为本、改革创新、促进公平、提高质量”的二十字方针，明确了未来 10 年的战略目标是，到 2020 年，基本实现教育现代化，基本形成学习型社会，进入人力资源强国行列。为贯彻该纲要，2010 年 7 月，国务院成立了国家教育体制改革领导小组。

在党中央的领导下，教育改革在教育管理体制、办学体制、投入体制改革以及相关制度建设方面迈出了坚定的步伐。一是推进高等教育管理体制变革。通过实施“211 工程”、“985 工程”以及高等教育“质量工程”，形成了高等教育突出重点、带动整体的发展格局。二是实施教育行政管理体制改革。公办高等学校党委领导下的校长负责制、中小学校校长负责制、办学自主权全面依法落实。三是推动教育投入体制改革，促进教育公平。一方面，以政府投入为主，形成多渠道筹措教育经费的体制机制。2006年修订的义务教育法明确将义务教育所需经费全面纳入财政保障范围，实现在全国范围内普遍实行真正意义的义务教育免费。另一方面，加强农村教育，促进教育公平。2003年召开的建国以来第一次全国农村教育工作会议，明确新增教育经费主要用于农村的重大决策。党的十六届六中全会更加明确提出，“坚持公共教育资源向农村、中西部地区、贫困地区、边疆地区、民族地区倾斜，逐步缩小城乡、区域教育发展差距”。经过全党全社会的不懈努力，我国全面实现了普及义务教育和扫除青壮年文盲的“两基”目标。免费义务教育覆盖城乡，家庭经济困难学生资助体系全面建立，进城务工人员随迁子女就学问题逐步解决，适龄残疾儿童随班就读比例不断提高，我国教育公平取得重要成就。

3. 完善覆盖全民的社会保障体系

党的十六大把“社会保障体系比较健全”作为全面建设小康社会的一个重要目标，提出进一步“建立健全同经济发展水平相适应的社会保障体系，是社会稳定和国家长治久安的重要保证”。党的十六届六中全会作出《关于构建社会主义和谐社会若干重大问题的决定》，提出“社会公平正义是社会和谐的基本条件，制度是社会公平正义的根本保证”，明确把“完善社会保障制度”作为“对保障社会公平正义具有重大作用的制度”来推进。这标志着社会保障制度自此正式成为促进社会公平正义、实现社会和谐发展的核心制度安排。党的十七大进一步把以改善民生为重点的社会建设与经济建设、政治建设、文化建设并列成为中国特色社会主义事业总体布局的重要组成部分，把“覆盖城乡居民的社会保障体系基本建立，人人享有基本生活保障”作为社会建设和小康社会新的更高要求的重要目标。这一时期，我国还将加强社会保障制度建设作为我国建设和谐社会的核心制度安排。

（1）推进农村社会保障制度改革。一是探索并建立“新农保”制度。2006年《劳动和社会保障事业发展“十一五”规划纲要（2006年—2010年）》提出，要按照城乡统筹发展的要求，探索建立与农村经济发展水平相适应、与其他保障措施相配套的农村社会养老保险制度；基本建立新型农村合作医疗制度。[1] 2009年9月，国务院颁布了《关于开展新型农村社会养老保险制度试点的指导意见》。新农保的基本原则是“保基本、广覆盖、有弹性、可持续”，采取个人缴费、集体补助和政府补贴相结合的筹资模式，采取社会统筹与个人账户相结合的支付方式，到2012年年底我国参加新农保的人数达到4.6亿。[2]

二是探索并建立“新农合”制度。2003年，卫生部、财政部和农业部联合下发了《关于建立新型农村合作医疗制度的意见》，要求建立政府组织领导、农民自愿参加、政府集体个人共同筹资、以大病统筹为主要内容的新型农村合作医疗制度。[3] 到2012年年底，我国农村合作医疗制度的参合人数达到8.05亿人，参合率为98.3%。[4]

三是建立和完善农民工社会保障制度。随着我国社会主义市场经济的发展和城镇化的快速推进，农民工逐渐成为我国城市建设和工业发展的重要力量。根据劳动和社会保障部2004年的调查，农民工已占企业员工总数的近60%，但由于二元户籍制度导致的农民工身份的特殊性使得农民工群体无法享受与当地城镇居民相等的社会保障。[5] 在这种背景下，2006

---

〔1〕《劳动和社会保障事业发展“十一五”规划纲要（2006年—2010年）》，载中华人民共和国人力资源和社会保障部官网，http：//www.mohrss.gov.cn/SYrlzyhshbzb/zwgk/ghcw/ghjh/200611/t20061108_ 72342.html。

〔2〕参见吴邦国：《把维护最广大人民根本利益作为人大工作的出发点和落脚点》，载全国人大网，http：//www.npc.gov.cn/zgrdw/npc/dbdhhy/12_ 1/2013-03/08/content_ 1771104.htm。

〔3〕《2012年我国卫生和计划生育事业发展统计公报发布》，载中华人民共和国中央人民政府官网，http：//www.gov.cn/jrzg/2013-06/18/content_ 2428628.htm。

〔4〕《2012年我国卫生和计划生育事业发展统计公报发布》，载中华人民共和国中央人民政府官网，http：//www.gov.cn/jrzg/2013-06/18/content_ 2428628.htm。

〔5〕参见余瑞东：《中国农民工数量已超城镇居民构成的传统产业工人》，载中新网，https：//www.chinanews.com/cj/gncj/news/2006/08-04/768745.shtml。

年1月，国务院发布了《国务院关于解决农民工问题的若干意见》，强调要积极稳妥地解决农民工社会保障问题，并提出了具体要求：依法将农民工纳入工伤保险范围；抓紧解决农民工大病医疗保障问题；探索适合农民工特点的养老保险办法。到2011年年底已经有6800多万名农民工被工伤保险制度覆盖。[1]

（2）完善城市社会保障制度。一是完善企事业单位养老保险制度。党的十七大提出"促进企业、机关、事业单位基本养老保险制度改革"，"提高统筹层次，制定全国统一的社会保险关系转续办法"。2009年12月，通过《城镇企业职工基本养老保险关系转移接续暂行办法》，实现基本养老保险关系在全国的无缝隙转移接续。2010年10月，全国人大常委会制定社会保险法。企业职工基本养老保险制度进一步完善，城镇职工基本养老保险省级统筹制度全面建立。

二是开展城镇居民医疗保险。为了解决城镇非从业居民的医保问题，确保社会保险法的贯彻实施，2007年7月，国务院发布了《关于开展城镇居民基本医疗保险试点的指导意见》，正式开展城镇居民基本医疗保险试点。

三是推进城镇居民养老保险实现全覆盖。为解决城镇非从业人员的养老问题，2011年7月，国务院出台《关于开展城镇居民社会养老保险试点的指导意见》，目标是建立个人缴费、政府补贴相结合的城镇居民养老保险制度，实行社会统筹和个人账户相结合，与家庭养老、社会救助、社会福利等其他社会保障政策相配套，保障城镇居民老年基本生活。2012年，基本实现城镇居民养老保险制度全覆盖。

四是工伤保险制度实现法制化。2003年4月出台《工伤保险条例》，标志着我国工伤保险制度走上法制化轨道，新型工伤保险制度框架初步形

---

[1] 《人社部：2011年已有6800万农民工被工伤保险制度覆盖》，载中华人民共和国国务院新闻办公室2012年9月14日，http：//www. scio. gov. cn/ztk/xwfb/93/6/2/Document/1217818/1217818. htm。

成。之后，社会保险法的颁布，更是把包括工伤保险在内的社会保险制度提升到国家法律的高度，为保障工伤职工的合法权益提供了制度保障。

（3）不断完善社会救助体系。为完善社会求助制度体系，国家出台了一系列的文件加以推进。一是，推进低保制度实现城乡全覆盖。2006 年农业税取消之后，政府将五保供养（保吃、保穿、保住、保医、保葬，简称“五保”）的资金纳入财政预算，先后出台了《关于进一步做好农村五保供养工作的通知》《关于农村五保供养服务机构建设的指导意见》，修订了《农村五保供养工作条例》。我国“基本实现了农村‘五保’从农民集体互助共济向财政供养为主的转变”。同时，建立全国范围内的农村最低生活保障制度。2007 年 7 月，国务院下发《关于在全国建立农村最低生活保障制度的通知》，将符合条件的农村贫困人口全部纳入保障范围，明确保障标准要随着当地生活必需品价格变化和人民生活水平提高适时进行调整。二是，城乡医疗救助制度全面建立，重特大疾病医疗救助开始试点。2003 年，民政部、卫生部和财政部联合下发《关于实施农村医疗救助的意见》，通过政府拨款和社会捐助对农村贫困居民实施医疗救助。三是，废除强制性收容遣送制度，建立自愿受助、无偿救助的流浪乞讨人员救助制度。普遍建立社会救助标准与物价上涨挂钩联动机制，切实加强各项救助制度的配套衔接。

4. 深化医疗卫生体制改革

党中央高度重视提高公共卫生服务水平和突发性公共卫生事件应急能力建设。党的十六届五中全会要求，认真研究并逐步解决群众看病难看病贵问题，继续深化医疗卫生体制改革，完善公共卫生和医疗服务体系，基本建立新型农村合作医疗制度。党的十七大确定了人人享有基本医疗卫生服务的奋斗目标，明确了坚持公共医疗卫生公益性质的根本方向，明确了建立基本医疗卫生制度的历史任务。党的十七届三中、五中全会分别提出要促进农村医疗卫生事业发展，加快医疗卫生事业改革发展。2009 年，中共中央、国务院《关于深化医药卫生体制改革的意见》和国务院《医药卫生体制改革近期重点实施方案（2009—2011 年）》出台。新医改方案针对当前医药卫生领域存在的突出问题，强调公益性原则，明确提出到 2020 年基本建立覆盖城乡居民的基本医疗卫生制度。[1]

为建立基本医疗卫生制度，深化医药卫生体制改革，形成比较完善的服务保障体系，我国采取一系列措施深入推进有关改革，取得显著成效。一是在公共卫生服务体系方面，城乡居民公共卫生服务均等化水平明显提高。国家免费向全体居民提供基本公共卫生服务，包括建立居民健康档案、0—6 岁儿童健康管理等服务。针对特殊疾病、重点人群和特殊地区，国家实施重大公共卫生服务项目，惠及人群近 2 亿人。全面提高卫生应急能力，建立了国家、省、地市、县四级应急管理体制，形成多部门突发公共卫生事件应对协调机制。有效处置了传染性非典型肺炎、甲型 H1N1 流感等突发公共卫生事件，及时开展了四川汶川特大地震、甘肃舟曲特大山洪泥石流等灾害的紧急医学救援。二是在医疗服务体系方面，夯实基层医疗卫生服务体系。加快县、乡、村三级医疗卫生机构基础设施建设步伐，以社区为基础的新型城市医疗卫生服务体系初步建立。三是在药品供应保障体系方面，自 2009 年开始，从无到有建立起国家基本药物制度，药品生产、流通、监管体系不断完善。

5. 加快推进住房制度改革

自 2003 年国务院发文要求加快建立和完善适合我国国情的住房保障制度起，住房保障在我国住房体系建设中的重要地位越来越清晰。2007 年，国务院印发《关于解决城市低收入家庭住房困难的若干意见》，要求加快建立健全以廉租住房制度为重点、多渠道解决城市低收入家庭住房困难的政策体系，进一步明确了政府在住房保障中的职责。2008 年 11 月的国务院常务会议提出，为抵御世界金融危机的不利影响，我国开始实施积极的财政政策和适度宽松的货币政策，出台更加有力的扩大国内需求措

[1] 参见中共中央党史研究室：《中国共产党的九十年》（改革开放和社会主义现代化建设新时期），中共党史出版社、党建读物出版社 2016 年版，第 946 页。

施。当年用于提振经济的4万亿元资金中，有9000亿元用于保障性安居工程，加大对廉租住房建设支持力度，加快棚户区改造。2009年，保障性住房发展规划纳入政府工作报告，“争取用三年时间，解决750万户城市低收入住房困难家庭和240万户林区、垦区、煤矿等棚户区居民的住房问题”。我国保障房体系逐渐形成了廉租住房、经济适用住房、公共租赁住房、限价商品房和棚户区改造住房五大类，为实现“住有所居”奠定基础。

（八）发展和完善社会治理制度

完善社会治理，保持社会安定有序，是构建社会主义和谐社会的必然要求，也是我国社会主义制度的本质体现。这个时期，以推动社会主义和谐社会建设为目标，社会治理制度得到发展完善。

1. 积极发挥社会组织的作用

发展社会组织，对于激发社会的创造性和活力，提升政府服务水平，改善社会民生，构建社会主义和谐社会具有重要意义。[1] 2004年3月，国务院颁布基金会管理条例，明确基金会的定义，规定了基金会的分类，实施分类登记管理，完善基金会组织机构规范，强化基金会财务会计制度建设等。其中规定的“非公募基金会”，包含国企基金会、大学基金会等各种形式，对整个公益事业的发展起到了积极作用。[2] 同年12月，国务院办公厅印发《关于深入贯彻工会法　支持工会工作的通知》，进一步支持各级工会组织发挥应有的作用。各地区、各有关部门贯彻实施工会法，按照依法行政和全面建设法治政府的要求，积极采取措施，更好地发挥工会组织的作用。财政部印发《民间非营利组织会计制度》，对民间非营利组织的资产、负债、净资产、收入、费用、财务会计报告、会计核算制度

〔1〕 参见陈建波：《国家治理与和谐社会》，浙江人民出版社2015年版，第90页。
〔2〕 参见陈建波：《国家治理与和谐社会》，浙江人民出版社2015年版，第91页。

作出规定，进一步完善了民间非营利组织相关制度。

2. 加强社会公共安全建设

（1）加强食品药品安全监管制度建设。一是加强监管机制建设。改革食品药品监管部门。在中央层面，设立国务院食品安全委员会，作为国务院食品安全工作的高层次议事协调机构；在国家药品监督管理局基础上组建国家食品药品监督管理局，作为国务院综合监督食品、保健品、化妆品安全管理和主管药品监管的直属机构。在地方层面，将原食品药品监督管理机构省级以下垂直管理改为由地方政府分级管理，业务上接受上级主管部门和同级卫生部门的组织指导和监督；对省、市、县三级食品药品监督管理机构与同级卫生部门职能进行整合等。二是制定食品安全法。建立以食品安全风险评估为基础的科学管理制度；坚持预防为主，对食品的生产、加工、包装、运输、储藏和销售的各个环节有针对性地完善相关制度；建立以责任制为基础，分工明晰、责任明确、权威高效、决策与执行适度分开、相互协调的食品安全监督体制。

（2）加强安全生产管理制度建设。加强安全生产组织建设。为促进安全生产形势的稳定好转，保护国家财产和人民生命安全，2003 年 10 月成立在国务院领导下的国务院安全生产委员会，并设立办公室，作为国务院安全生产委员会的办事机构。同时，进一步完善安全生产法配套法规。组织修订矿山、交通、危险化学品、烟花爆竹和特种设备等领域的法律法规。2004 年 1 月，国务院出台安全生产许可证条例，明确要实行安全生产许可证制度。

（3）完善应急管理体系。一是建立健全应急管理体制机制。2006 年 10 月，党的十六届六中全会通过《中共中央关于构建社会主义和谐社会若干重大问题的决定》，对应急管理体制机制建设作出部署。各级政府成立应急管理领导机构和办事机构；建立健全隐患排查和监测预警、应急处置、恢复重建保障等机制；加强预案编制工作、预案管理和演练工作；将军队应急队伍纳入国家应急队伍体系，推动专家队伍建设等，我国应急管理体系建设取得重大进展。[1] 二是推动突发事件应急立法。2003 年 5 月，国务院发布突发公共卫生事件应急条例，对应急管理体制与职责作出明确划分。2007 年 8 月，全国人大常委会通过突发事件应对法，对突发事件的管理体制、预防和应急准备、监测和预警、应急处置与救援、事后恢复与重建以及有关法律责任等作出规定，为政府依法有效地科学预防和处置突发事件提供法律保障。

（4）防范和化解社会矛盾，加强社会治安综合治理。社会治理工作聚焦防范和化解社会矛盾，加强社会治安综合治理，做好平安建设，为我国在 21 世纪头 20 年的战略机遇期提供和谐稳定的社会环境。一是完善贯彻“严打”方针经常性工作机制，推进社会治安管控体系的建设，进一步落实社会治安综合治理的各项措施。二是正确处理人民内部矛盾，维护社会和谐稳定。解决好关系群众切身利益的问题，从根本上预防和化解矛盾纠纷；大力开展矛盾纠纷排查调处工作，形成经常性的工作制度；及时妥善处置各种群体性事件、群众上访问题；大力加强基层基础建设；完善维护稳定的工作机制，使处理人民内部矛盾和群体性事件的工作规范化、制度化。[2] 三是加强社会治安综合治理，积极预防和化解各种社会矛盾。依法打击各类犯罪活动，大力加强社会治安防范工作，加强社会管理、社会治安综合治理基层基础工作，加强公民道德、法制宣传教育和民主法制建设工作。建立健全责任机制、齐抓共建工作机制、综合经费保障机制、舆论宣传工作机制，考核奖惩机制等。[3] 加强有关系统和行业的社会治安综合治理工作。

---

〔1〕 参见魏礼群主编：《建设服务型政府——中国行政体制改革 40 年》，广东经济出版社 2017 年版，第 313-316 页。

〔2〕 参见中共中央文献研究室编：《十六大以来重要文献选编》（上），中央文献出版社 2011 年版，第 549-553 页。

〔3〕 参见中共中央文献研究室编：《十六大以来重要文献选编》（下），中央文献出版社 2011 年版，第 2-10 页。

（九）发展完善生态文明制度体系

这一时期，以胡锦涛同志为总书记的党中央提出了科学发展观，明确了生态文明的科学概念，对推进生态环境保护作出部署、提出要求，生态文明建设取得一系列积极成果。

1. 推进生态文明制度建设

（1）用科学发展观统领环境保护工作。《国务院关于落实科学发展观加强环境保护的决定》提出，要按照全面落实科学发展观、构建社会主义和谐社会的要求，坚持环境保护基本国策，在发展中解决环境问题。国务院还出台了关于加强环境保护重点工作的意见。具体而言，一是明确了协调发展、互惠共赢，强化法治、综合治理，不欠新账、多还旧账，依靠科技、创新机制，分类指导、突出重点等基本原则。二是强调经济社会发展必须与环境保护相协调。促进地区经济与环境协调发展，大力发展循环经济，积极发展环保产业。三是坚持问题导向，切实解决水污染防治、城市环境保护、大气污染防治、农村环境保护、核与辐射环境安全等突出问题，并以实施国家环保工程为重点，推动解决突出的环境问题。四是进一步加强机制建设，健全环境法规和标准体系、社会监督机制，完善环境管理体制，加强环境监管制度建设和环保队伍能力建设等。五是落实环境保护领导责任制，健全环境保护协调机制。六是加强环境保护重点工作。着力解决重金属污染防治、化学品环境污染防治、重点领域污染综合防治、环保产业发展、农村环境保护等影响科学发展和损害群众健康的突出环境问题。

（2）完善环境政策制度体系。2007 年 6 月，国务院发出《关于印发节能减排综合性工作方案的通知》，强调要狠抓节能减排责任落实和执法监管，发挥政府主导作用，强化企业主体责任；建立强有力的节能减排领导协调机制；制定具体的节能减排综合性工作方案。同年 7 月，国家环保总局等3家单位联合发布了《关于落实环保政策法规防范信贷风险的意见》，提出要加强协调配合，认真履行职责；加强建设项目和企业的环境监管与信贷管理；加强监督检查，追究违规者的责任等。

2. 加强环境保护领域法制建设

2003年以来，我国加强环境保护领域法制建设，完善我国环境保护法律制度，主要形成了环境监测制度、环境影响评价制度、排污许可制度、总量控制和区域限批制度、联合防治制度、生态保护红线制度、政府责任制度、信息公开和政府参与制度、环境公益诉讼制度、法律责任制度。同时，还有规划、标准、总量控制、生态环境税费、生态保护补偿、突发生态环境事件应急、河长制、土壤污染风险管控和修复、核安全监管、野生动物分类分级保护等制度。这一阶段生态环境保护立法具有以下特点：一是改革开放进入新阶段，经济发展产生的生态环境问题开始显现，立法从强调生态环境保护与经济发展相协调到强调经济发展与生态环境保护协调统一转变；二是立法形式上制定和修改并重，生态环境保护法律制度体系基本形成；三是污染防治和生态保护并重，污染防治强调源头管理、综合利用。〔1〕

推动修改环境保护法，突出强调政府责任、监督和法律责任；完善环境质量标准、环境监测、环境保护规划、跨行政区污染防治等环境管理基本制度和保护环境的具体措施，衔接环境影响评价制度，补充总量控制制度；进一步明确企业责任，完善防治污染和其他公害的制度等。还制定或修改了放射性污染防治法、海岛保护法、可再生能源法、循环经济促进法、固体废物污染环境防治法、节约能源法、电力法、煤炭法、清洁生产促进法、水污染防治法、水土保持法、野生动物保护法、森林法、草原法、渔业法、矿产资源法、土地管理法、水法等相关法律，同时在制定侵

〔1〕参见全国人大常委会法制工作委员会研究室编：《我国改革开放40年立法成就概述》，法律出版社2019年版，第299页。

权责任法、修改刑法时，对有关生态保护的内容作了规定或修改。[1]

积极完善有关行政法规。加强对危险化学品、医疗废物、危险废物等管理，制定或修改危险化学品安全管理条例、医疗废物管理条例、危险废物经营许可证管理办法等。制定濒危野生动植物进出口管理条例，完善濒危野生动植物进出口管理体制，明确禁止和限制进出口的濒危野生动植物的范围、进出口应当具备的条件、进出口的审批程序，加强对进出口活动的监督等。加强生态文明考核评价、生态环境保护责任追究制度建设，出台了环境保护违法违纪行为处分暂行规定，明确惩处的具体违法违纪行为，促进环境保护法律法规的贯彻实施等。

（十）坚持和完善党对人民军队的绝对领导制度

1. 进一步强化坚持党对军队绝对领导的根本原则

党的十六大以来，党中央对加强军队党的建设更加重视，作出一系列重大决策，系统回答了新形势下军队党的建设的地位作用、目标任务、总体思路、原则、内容方法等重大问题，指明了军队党的建设的正确方向，进一步强化了党对军队的领导。党的十六大、十七大都强调，要坚持党对军队的绝对领导，这是我军永远不变的军魂，要毫不动摇地坚持党领导人民军队的根本原则和制度，始终把思想政治建设摆在首位，深入进行军队历史使命、理想信念、战斗精神和社会主义荣辱观教育，大力弘扬听党指挥、服务人民、英勇善战的优良传统，永葆人民军队的性质、本色和作风。

胡锦涛同志多次强调要坚持党对军队的绝对领导。他在 2004 年 12 月的中央军委扩大会议上提出，军队要“为党巩固执政地位提供重要力量保证”，“为维护国家发展的重要战略机遇期提供坚强安全保障”，“为维护

[1] 参见全国人大常委会法制工作委员会研究室编：《我国改革开放 40 年立法成就概述》，法律出版社 2019 年版，第 299 页。

国家利益提供有力战略支撑”，“为维护世界和平与促进共同发展发挥重要作用”。[1] 2005年12月，在中央军委扩大会议上胡锦涛同志强调，“要毫不动摇坚持党对军队绝对领导的根本原则和制度，大力加强军队党的建设和干部队伍建设，确保党从思想上政治上组织上牢牢掌握部队”[2]。2007年8月，胡锦涛同志在庆祝中国人民解放军建军八十周年暨全军英雄模范代表大会上的讲话中指出：“人民解放军的优良革命传统，集中起来就是听党指挥、服务人民、英勇善战。”[3] 突出了坚持党对军队的绝对领导的根本原则。

2. 加强军队思想政治建设

思想政治建军是我们党领导军队建设的光荣传统。新时期对军队思想政治建设提出新的要求，赋予了新的内涵。一是培育当代革命军人核心价值观。2003年，中央军委和总政治部印发《深入学习贯彻科学发展观的意见》，推动全军学习贯彻科学发展观。2008年12月，胡锦涛同志在中央军委扩大会议上提出“忠诚于党，热爱人民，报效国家，献身使命，崇尚荣誉”[4] 的当代革命军人核心价值观，赋予了革命军人核心价值观新的时代内涵。二是按照“三个贴近”要求创新思想政治工作。思想政治工作要坚持紧贴时代发展、紧贴使命任务、紧贴官兵实际，不断研究新情况、解决新问题，不断创新内容形式和方法手段，始终与时代发展相同步、与使命任务要求相适应、与官兵思想实际相符合。三是大力发展先进军事文化。2012年1月，中央军委下发《关于大力发展先进军事文化的意见》，明确提出发展先进军事文化的总要求：坚持走具有我军特色的军事文化发展路子，以培育当代革命军人核心价值观为根本任务，以满足官兵精神文化需求为出发点和落脚点，以提高部队战斗力为根本着眼点，以保持我军高度团结统一为重要着力点。

[1] 参见《胡锦涛文选》（第2卷），人民出版社2016年版，第256-260页。
[2] 《胡锦涛文选》（第2卷），人民出版社2016年版，第392-393页。
[3] 《胡锦涛文选》（第2卷），人民出版社2016年版，第598页。
[4] 《胡锦涛文选》（第3卷），人民出版社2016年版，第183页。

3. 加强军队法治化建设

2009年3月，胡锦涛同志在十一届全国人大二次会议解放军代表团全体会议上的讲话中强调："依法治军、从严治军，是推进国防和军队建设科学发展必须抓好的全局性、基础性、长期性工作。现在，军队所处的社会环境和军队内部组织结构、人员成分、技术构成日益复杂，越是在这种情况下，越是要坚持依法治军、从严治军，并切实贯彻到军队建设的各个领域和全部实践。"[1]

贯彻落实这一要求，这个时期不断强化了坚持党对军队的绝对领导制度化建设。中央军委先后颁发《关于进一步加强军队高中级干部作风建设的意见》《关于提高各级党委贯彻落实科学发展观能力的措施》等重要文件，修订《中国人民解放军政治工作条例》《中国共产党军队委员会工作条例》等重要法规，制定实施《中国共产党军队支部工作条例》《中国共产党军队各级代表大会代表任期制实施办法（试行）》《军队干部选拔任用工作程序规定》等法规制度。修订《中国共产党军队委员会工作条例》，总结吸收军队党委工作的新经验，对新形势下军队党委工作的指导思想、原则和要求，党委的职责、议事和决策、领导作风、制度、监督与责任追究等作了进一步完善。这个条例是规范军队党委工作的基本法规，有利于更好地发挥党委在推动部队建设和带领部队完成各项任务中的领导核心作用。这些法规制度是军队党的建设制度创新的重要成果，使军队党的建设各项工作基本上做到有章可循，初步形成按照法规制度治党管党的良好局面。

党的十六大以来，为加强中国特色军事法治建设，全国人大常委会陆续制定人民武装警察法、国防动员法、军人保险法；修改兵役法、国防法、人民防空法、军事设施保护法、预备役军官法、《中国人民解放军选举全国人民代表大会和县级以上地方各级人民代表大会代表的办法》等一批军事法律。截至2012年10月，全国人大及其常委会制定的军事法律和

[1]《胡锦涛文选》（第3卷），人民出版社2016年版，第208–209页。

有关国防方面的法律问题决定18件，国务院和中央军委联合制定的军事行政法规98件，中央军委制定的军事法规234件，各总部、军兵种、军区和武警部队制定的军事规章3000多件。[1] 这些军事法律、法规和规章，使国防和军队建设基本实现了有法可依。

4. 党领导军队现代化建设取得重大成就

霸权主义强权政治对我国形成了政治、军事压力，恐怖主义、分裂主义等也给我国安全环境带来不稳定因素。为适应国家安全与发展利益新需求，党领导积极推进我国特色军事改革，实现我军信息化、现代化。一是深化军队体制编制改革，推动军队组织形态现代化。2003年9月，中共中央批准《2005年前军队体制编制调整改革总体方案》，决定2005年前再裁减军队员额20万，军队总员额控制在230万以内。2005年年底，圆满完成裁减军队员额20万的任务。军队领导管理体制、联合作战指挥体制、联合训练体制、联合保障体制日趋健全。强化军委总部战略管理功能，负责全军“顶层设计”的解放军战略规划部正式挂牌。二是创新军事训练方式方法。2006年6月，全军军事训练会议作出《关于加强新世纪新阶段军事训练的决定》，2008年，总参谋部颁发新的《军事训练与考核大纲》，2012年颁发《基于信息系统集成训练指导纲要》，对信息化条件下的军事训练进行具体规范和指导。三是加强军队人才建设。2003年8月，中央军委颁发《实施军队人才战略工程规划》，部署实施人才战略工程。2011年4月，中央军委颁发《2020年前军队人才发展规划纲要》，对未来十年军队人才建设和发展做出中长期战略规划。四是加快高新技术武器装备发展。基本建成以第二代为主体、第三代为骨干的武器装备体系，大批高新技术装备快速进入序列。[2] 卫星及航天技术、载人航天工程、绕月探测工程等取得巨大成就，为我军应对多种安全威胁、完成多样化军事任务奠

[1] 参见陈创东、张明军：《军事立法取得历史性成就——访中央军委法制局局长王黎红》，载《解放军报》2012年10月24日，第5版。

[2] 参见中共中央党史研究室：《中国共产党的九十年》（改革开放和社会主义现代化建设新时期），中共党史出版社、党建读物出版社2016年版，第960页。

定了坚实的物质技术基础。[1] 五是全面建设现代后勤。2007年年底，中央军委颁发《全面建设现代后勤纲要》，明确提出全面建设现代后勤目标任务。在实行三军联勤体制改革的同时，后勤各项改革也稳步推进。加快军民融合，后勤保障社会化稳步推进。六是推进完善军民融合制度。国防动员法确立了国防动员“平战结合、军民结合”的总体方针。2002年，中央军委下发《关于实行军队后勤保障社会化若干问题的意见》，在“三化一改”基础上，将改革项目拓展到公务用车、医疗保障、被装筹措、油料保障社会化。国务院、中央军委联合下发《关于推进军队后勤保障社会化有关问题的通知》，明确各级政府支持军队保障社会化的政策措施，为推进改革提供了有力保障。2006年，总政治部、总参谋部会同财政部、教育部等部门，先后出台《关于从普通高等学校毕业后入伍的优秀士兵中选拔基层干部的通知》；2009年，又下发《关于做好普通高等学校应届毕业生征集工作的通知》等文件，初步实现了依托国民教育在高起点上加强士官和基层军官队伍建设的目标。2007年1月，中央军委下发《“十一五”期间推进军队后勤保障和其他保障社会化的意见》，军队保障社会化开始由单一后勤领域，拓展到包括通用物资储备、非公务电话通信、基础设施建设、人才培养、军队文化事业、军人子女教育、军事科研、装备等其他保障领域。2010年，国务院、中央军委联合下发《关于建立和完善军民结合寓军于民武器装备科研生产体系的若干意见》，强调推动军工开放，引导社会资源进入武器装备科研生产领域的重要性，积极为民营企业“参军”正名，打破“民参军”所有制藩篱。

在党的领导下，我军坚持人民军队的根本宗旨，军队与武警在参与地方抗洪抢险、抗震救灾、海上搜救、矿山救援、医疗救助等活动中发挥了重要作用，始终坚持了党对军队绝对领导的根本原则和人民军队的根本宗旨。

---

〔1〕 参见张军贤：《新中国国防和军队现代化建设的重大成就和历史经验》，载《中共党史研究》2009年第10期。

（十一）坚持和完善“一国两制”制度体系

进入21世纪，党中央针对海峡两岸情势出现的新变化，审时度势推动出台《反分裂国家法》；坚持推进完善“一国两制”制度体系，推动香港、澳门“一国两制”行稳致远，坚决捍卫国家主权和领土完整。

1. 推进祖国和平统一大业

2005年3月，胡锦涛同志在参加全国政协十届三次会议民革、台盟、台联界委员联组讨论时，针对新形势下的两岸关系，明确提出新形势下发展两岸关系的“四点意见”，即坚持一个中国原则绝不动摇，争取和平统一的努力绝不放弃，贯彻寄希望于台湾人民的方针绝不改变，反对“台独”分裂活动绝不妥协。[1] 2008年12月，举行纪念《告台湾同胞书》发表30周年座谈会，胡锦涛同志发表讲话，就推动两岸关系和平发展提出六点意见，即恪守一个中国，增进政治互信；推进经济合作，促进共同发展；弘扬中华文化，加强精神纽带；加强人员往来，扩大各界交流；维护国家主权，协商涉外事务；结束敌对状态，达成和平协议。[2]

为了反对和遏制“台独”分裂势力分裂国家，促进祖国和平统一，2005年3月十届全国人大三次会议通过《反分裂国家法》，反对和遏制“台独”分裂势力分裂国家，促进祖国和平统一，努力维护台湾海峡地区和平稳定，维护国家主权和领土完整，维护中华民族的根本利益。《反分裂国家法》把我们解决台湾问题的大政方针法律化，表达了我们坚持和平统一的一贯立场和最大诚意，同时表明全中国人民坚决反对“台独”、捍卫国家主权和领土完整的共同意志和坚定决心。[3]

---

〔1〕 参见《胡锦涛文选》（第2卷），人民出版社2016年版，第300-305页。
〔2〕 参见《胡锦涛文选》（第3卷），人民出版社2016年版，第190-193页。
〔3〕 参见《胡锦涛文选》（第2卷），人民出版社2016年版，第304-305页。

2. 推动香港、澳门“一国两制”行稳致远

这一时期，“一国两制”制度在香港、澳门得到贯彻实施，一些全国性法律适用于特别行政区，特别是全国人大常委会运用对基本法的解释权，为完善“一国两制”制度体系发挥了重要作用，有效维护了国家主权安全与统一。这是国家立法的重大成就，对于保证特别行政区长期繁荣稳定具有重大意义。

（1）“人大释法”制度进一步成熟和完善。一是就香港特别行政区有关问题释法。香港特别行政区行政长官的产生办法和立法会的产生办法，是香港政治体制的重要组成部分。这两个产生办法是由香港特别行政区基本法附件一和附件二决定的。当时，香港社会对附件一第七条和附件二第三条的规定，存在着不同的理解和认识。2004 年 4 月，全国人大常委会决定，根据宪法和香港特别行政区基本法的有关规定，对香港特别行政区基本法附件一第七条和附件二第三条作出解释，厘清香港政治体制发展程序。2005 年 3 月，香港特别行政区行政长官董建华因健康原因辞职，香港社会对于新行政长官的任期是新的 5 年，还是原来行政长官的剩余任期存在不同意见。同年 4 月，全国人大常委会对香港特别行政区基本法第五十三条第二款作出解释，指出在行政长官未任满 5 年任期造成行政长官缺位的情况下，新行政长官的任期为原行政长官的剩余任期，妥善解决了有关问题。2011 年 6 月，香港终审法院作出临时裁决，该判决涉及对香港特别行政区基本法关于中央人民政府管理的事务及中央和香港特别行政区关系条款的解释。香港特别行政区终审法院依据香港特别行政区基本法第一百五十八条第三款规定，向全国人大常委会提出释法请求。同年 8 月，全国人大常委会作出解释，明确管理与香港特别行政区有关的外交事务属于中央人民政府的权力，香港特别行政区有责任适用或实施中央人民政府决定采取的国家豁免规则或政策，而不得偏离上述规则或政策，也不得采取与上述规则或政策不同的规则。这次“人大释法”强调了国家豁免规则属于外交事务，香港法院无权处理以外国国家为被告或针对外国国

家财产的案件。[1] 二是就澳门特别行政区有关问题释法。2011 年 12 月，全国人大常委会就澳门特别行政区基本法附件一第七条和附件二第三条作出解释，明确澳门特别行政区行政长官产生办法和立法会产生办法修改的法律程序问题。

（2）增加列入特别行政区基本法附件三的全国性法律。香港特别行政区基本法、澳门特别行政区基本法规定，凡列于该法附件三的法律，由特别行政区在当地公布或立法实施，明确了特别行政区实施附件三所列全国性法律的方式。1990 年香港特别行政区基本法通过时，有 6 部法律列入附件三。1997 年 7 月 1 日香港回归时增加 5 部全国性法律，减少 1 部全国性法律。2005 年 10 月全国人大常委会决定在香港特别行政区基本法附件三中增加外国中央银行财产司法强制措施豁免法。1993 年澳门特别行政区基本法通过时，全国人大决定将 8 部全国性法律列入澳门特别行政区基本法附件三在澳门实施。1999 年澳门回归时增加 2 部全国性法律。2005 年全国人大常委会决定增加外国中央银行财产司法强制措施豁免法。[2]

（3）中央为促进特别行政区发展制定相关法律形成制度。一是完善特别行政区全国人大代表产生办法。1997 年 3 月和 1999 年 3 月，全国人大先后分别通过了香港特别行政区、澳门特别行政区选举第九届全国人大代表的办法。此后，每届全国人大的最后一次会议一般要通过下一届港澳全国人大代表的产生办法，推动完善有关制度。[3]

二是对香港特别行政区政治体制发展问题作出决定。香港特别行政区是直辖于中央人民政府的享有高度自治权的地方行政区域，其高度自治权源于中央的授权，其政治体制是由全国人民代表大会制定的香港特别行政区基本法予以规定的。我国是单一制国家，地方无权自行决定或改变其政

---

[1] 参见沈春耀等主编：《大智立法：新中国成立 70 年立法历程》，法律出版社 2019 年版，第 260-267 页。

[2] 参见沈春耀等主编：《大智立法：新中国成立 70 年立法历程》，法律出版社 2019 年版，第 270-274 页。

[3] 参见沈春耀等主编：《大智立法：新中国成立 70 年立法历程》，法律出版社 2019 年版，第 275-276 页。

治体制。香港政治体制的发展，涉及中央和特别行政区的关系，必须在香港特别行政区基本法的框架内进行，修改行政长官的产生办法和立法会的产生办法，是香港政治体制发展中的重大问题；是否需要修改和如何修改，决定权在中央。这是宪法和香港特别行政区基本法确立的一项极为重要的原则，也是“一国两制”方针的应有之义。[1] 2004 年 4 月，全国人大常委会通过了关于香港特别行政区基本法附件一第七条和附件二第三条的解释，主要对“二〇〇七年以后”和如需“修改”的含义问题、“如需”修改应由谁确定和应由谁提出修改法案的问题、如果不作修改是否适用现行规定的问题作了解释。同月，香港特别行政区行政长官董建华向全国人大常委会提交了关于香港特别行政区 2007 年行政长官和 2008 年立法会产生办法是否需要修改的报告。全国人大常委会通过决定，对香港特别行政区 2007 年行政长官和 2008 年立法会产生办法作出规定。2007 年 12 月，香港特别行政区行政长官曾荫权向全国人大常委会提交了关于香港特别行政区政制发展咨询情况及 2012 年行政长官和立法会产生办法是否需要修改的报告。全国人大常委会通过了关于香港特别行政区 2012 年行政长官和立法会产生办法及有关普选问题的决定。2010 年 6 月，香港特别行政区立法会分别通过了关于 2012 年行政长官和立法会产生办法的修订议案。全国人大常委会根据这两项议案，分别对 2012 年香港特别行政区行政长官和立法会的产生办法作出修改。[2]

三是对香港、澳门两个特别行政区作出新的授权。第一，为适应深圳市与香港特别行政区之间交通运输和便利通关的实际需要，在深港西部连接的深圳湾水域需要建设一座跨境大桥。由于大桥港方一侧条件所限，香港特别行政区政府提出，希望把整个口岸区建在深圳一侧，实行“一地两检”模式。2006 年，全国人大常委会作出决定，授权香港特别行政区自深

---

〔1〕 参见沈春耀等主编：《大智立法：新中国成立 70 年立法历程》，法律出版社 2019 年版，第 277 页。

〔2〕 参见沈春耀等主编：《大智立法：新中国成立 70 年立法历程》，法律出版社 2019 年版，第 276-279 页。

圳湾口岸启用之日起，对该口岸所设港方口岸区依照香港特别行政区法律实施管辖。第二，为支持澳门特别行政区发展教育、培养人才，促进澳门特别行政区更好更快发展，国务院同意澳门特别行政区关于将澳门大学迁址到广东省珠海市横琴岛的请求。澳门大学迁址到广东省珠海市横琴岛后，需要按照澳门特别行政区法律实施管辖。2009 年，全国人大常委会作出决定，授权澳门特别行政区对设在横琴岛的澳门大学新校区依照澳门特别行政区法律实施管辖。[1]

四是在“一国两制”下建立内地与两个特别行政区更紧密的经济合作。2003 年，为促进内地和香港、澳门经济的共同繁荣与发展，加强双方与其他国家和地区的经贸联系，内地分别与香港、澳门签署《内地与香港关于建立更紧密经贸关系的安排》《内地与澳门关于建立更紧密经贸关系的安排》等文件，对内地与香港、澳门之间的货物贸易、服务贸易和贸易投资便利化等作出安排，2004 年 1 月 1 日起全面实施。这是内地与港澳经贸关系发展的客观需要，是“一国两制”方针的成功实践，体现了中央政府对香港、澳门特别行政区的支持，以互惠互利为基本原则，为内地与港澳经贸合作提供了新的动力和发展空间。[2]

（十二）坚持独立自主的和平外交政策，坚定不移走和平发展道路

新世纪新阶段，党中央对国际形势作出基本判断，认为和平与发展仍是当今时代的主题，世界多极化、经济全球化趋势在曲折中发展，维护和平、制约战争、牵制霸权的因素不断增长，国际形势总体对我国有利，争取较长时期的和平国际环境和良好周边环境是可以实现的，21 世纪头 20

---

〔1〕 参见沈春耀等主编：《大智立法：新中国成立 70 年立法历程》，法律出版社 2019 年版，第 279-284 页。

〔2〕 参见中共中央文献研究室编：《十六大以来重要文献选编》（上），中央文献出版社 2011 年版，第 512-513 页。

年是我国发展的重要战略机遇期。[1] 明确我国外交工作的指导思想是：坚持以毛泽东思想、邓小平理论和“三个代表”重要思想为指导，全面贯彻落实科学发展观，紧紧围绕发展这个党执政兴国的第一要务，高举和平、发展、合作的旗帜，坚持独立自主的和平外交政策，坚定不移走和平发展道路，按照大国是关键、周边是首要、发展中国家是基础、多边是重要舞台的外交总体布局，全方位开展外事工作，维护和用好重要战略机遇期，维护国家主权、安全、发展利益，努力为我国改革开放和社会主义现代化建设营造良好国际环境和有利外部条件，为推动建设持久和平、共同繁荣的和谐世界作出贡献。[2]

1. 提出和谐世界理念与和平发展道路

2005 年 9 月，胡锦涛同志在联合国成立 60 周年首脑会议上发表《努力建设持久和平、共同繁荣的和谐世界》重要讲话，深入阐释和谐世界理念。2007 年 10 月，胡锦涛同志在党的十七大报告中系统阐述和谐世界理念的深刻内涵：政治上相互尊重、平等协商，共同推进国际关系民主化；经济上相互合作、优势互补，共同推动经济全球化朝着均衡、普惠、共赢方向发展；文化上相互借鉴、求同存异，尊重世界多样性，共同促进人类文明繁荣进步；安全上相互信任、加强合作，坚持用和平方式而不是战争手段解决国际争端，共同维护世界和平稳定；环保上相互帮助、协力推进，共同呵护人类赖以生存的地球家园。[3] 和谐世界思想是与党的三代中央领导集体的外交思想既一脉相承又与时俱进的理论成果。它坚持我国一贯倡导的独立自主、和平合作、求同存异、平等公正等外交原则，同时强调各国人民根本利益的一致性，提出了世界发展的远景目标，表明党和

[1] 参见《胡锦涛文选》（第 2 卷），人民出版社 2016 年版，第 503 页。

[2] 参见《胡锦涛文选》（第 2 卷），人民出版社 2016 年版，第 508 页。

[3] 参见中共中央文献研究室编：《十七大以来重要文献选编》（上），中央文献出版社 2009 年版，第 36 页。

政府的国际战略视野日益广阔深远，更加具有大国胸怀和全球意识。[1]

2005 年 12 月，我国政府发布《中国的和平发展道路》白皮书，回答了世界日益关注中国选择什么样的发展道路，追求什么样的发展目标，中国的发展对世界意味着什么等一系列问题。[2] 2011 年 9 月，我国政府再次发布《中国的和平发展》白皮书，重申中国坚持走和平发展道路。其要义就是中国选择以和平发展、合作共赢作为实现国家现代化、参与国际事务和处理国际关系的基本途径；其鲜明特征是科学发展、自主发展、开放发展、和平发展、合作发展、共同发展。《中国的和平发展》白皮书体现了新形势下中国对发展观、秩序观、利益观、安全观、责任观等方面的新认识新理念。[3]

2. 全方位外交取得新进展

在建设和谐世界理念指导下，我国大国外交保持稳定，周边外交深入发展，继续巩固与发展中国家的友谊，多边外交丰富多彩，更加活跃。

（1）保持大国外交稳定。一是中美关系稳定发展。中方抓住“9·11”事件后美国大幅度调整对外政策的契机，“坚持以两手对两手，积极扩大共同利益和合作领域，妥善处理矛盾和分歧，争取中美关系在稳定的基础上不断取得进展”[4]。中美关系总体保持稳定和发展。2009 年 4 月，中美双方一致同意共同努力建设 21 世纪积极合作全面的中美关系，同意建立中美战略与经济对话机制。11 月，双方发表《中美联合声明》，提出将稳步建立面向 21 世纪应对共同挑战的伙伴关系。2011 年 1 月，中美两国达

---

〔1〕 参见汪文斌：《和谐世界思想：中国外交理论的新境界》，载《人民日报》2011 年 7 月 5 日，第 7 版。

〔2〕 参见杨洁篪：《坚持和平发展　推进外交工作——外交部部长杨洁篪在“中国的和平发展”座谈会上的讲话》，载中华人民共和国驻美利坚合众国大使馆网 2011 年 9 月 26 日，http：//www. china-embassy. org/chn/zt/zhongguodehepingfazhan/t862053. htm。

〔3〕 参见杨洁篪：《坚持和平发展　推进外交工作——外交部部长杨洁篪在“中国的和平发展”座谈会上的讲话》，载中华人民共和国驻美利坚合众国大使馆网 2011 年 9 月 26 日，http：//www. china-embassy. org/chn/zt/zhongguodehepingfazhan/t862053. htm。

〔4〕《胡锦涛文选》（第 2 卷），人民出版社 2016 年版，第 509 页。

成《中美联合声明》，美方重申“欢迎一个强大、繁荣、成功、在国际事务中发挥更大作用的中国”。中方表示，“欢迎美国作为一个亚太国家为本地区和平、稳定与繁荣作出努力”。二是中俄关系进一步发展。2004年10月，两国签署《中俄联合声明》，批准《〈中俄睦邻友好合作条约〉实施纲要》，签署《中华人民共和国和俄罗斯联邦关于中俄国界东段边界的补充协定》。2005年5月，两国立法机构批准了这一协定，标志着彻底解决了历史遗留的边界问题，扫清了两国关系正常发展最大的障碍和暗礁。[1] 2010年9月，两国签署《中俄关于全面深化战略协作伙伴关系联合声明》，并发表《中俄两国元首关于第二次世界大战结束65周年联合声明》。2012年6月，中俄两国元首共同签署《关于进一步深化平等信任的中俄全面战略协作伙伴关系的联合声明》。三是中欧关系提升。2003年，中国与欧盟决定将“全面伙伴关系”提升为“全面战略伙伴关系”。中欧双方高层互访不断，经贸关系不断加强，并建立副部长级的战略对话机制（2005年）和副总理级的高层经济对话机制（2008年），以及在2007年启动中欧伙伴合作协定的谈判。

（2）推动多方面外交取得新进展。一是周边外交取得重要成果。2002年，在第六次中国-东盟领导人会议上，中国领导人和东盟10国领导人签署《中国与东盟全面经济合作框架协议》，决定到2010年建成中国-东盟自由贸易区。2010年，中国-东盟自由贸易区的建成，是中国在东南亚的经济外交取得的重要成果。二是中非关系取得新进展。发展同非洲国家的友好合作关系，是我国外交工作的重要方面。这个时期，中非关系全面快速发展，不断走向成熟。从2000年确立的“长期稳定、平等互利的新型伙伴关系”，到2003年提出的“长期稳定、平等互利、全面合作的新型伙伴关系”，2006年1月，中国政府发表首份《中国对非洲政策文件》。2006年11月，中非合作论坛北京峰会一致同意建立“政治上平等互信、经济上合作共赢、文化上交流互鉴的新型战略伙伴关系”。三是推动对拉

〔1〕参见左凤荣：《中俄关系70年的发展历程与经验》，载《当代世界与社会主义》2019年第5期。

美和加勒比海地区的关系发展。2008 年 11 月，中国政府发布《中国对拉丁美洲和加勒比政策文件》，强调从战略高度看待中拉关系，致力于同拉丁美洲和加勒比国家建立和发展平等互利、共同发展的全面合作伙伴关系。四是与阿拉伯国家友好合作关系稳步发展。2004 年 1 月，中国与阿拉伯国家联盟发表了《关于成立“中国-阿拉伯国家合作论坛”的公报》，宣布成立“中国-阿拉伯国家合作论坛”。2010 年 5 月，中阿合作论坛第四届部长级会议发表了《天津宣言》，宣布在中阿论坛框架下建立“全面合作、共同发展”的中阿战略合作关系。

（3）多边外交领域取得丰硕成果。党的十六大、十七大都提出要积极开展多边外交，在国际事务中发挥建设性作用，推动国际秩序朝着更加公正合理的方向发展。一是在政治和安全领域，我国作为一个负责任的大国，支持并积极参加联合国维和行动。2002 年加入联合国一级维和待命安排机制。根据联合国安理会有关决议，2008 年 12 月，我海军舰艇编队远赴亚丁湾、索马里海域实施护航，这是我国首次使用军事力量赴海外维护国家战略利益，首次组织海上作战力量赴海外履行国际人道主义义务。[1] 二是在维护地区和平与安全方面积极发挥作用。比如，通过创建六方会谈，探索以和平的多边方式解决朝核问题，维护朝鲜半岛的稳定及东北亚地区的和平；通过参与东盟地区论坛、东盟防长扩大会议、香格里拉对话会、亚信峰会等地区安全机制，寻求促进地区安全、化解海洋纠纷、构建地区安全互信的机制和措施。[2] 三是积极参与应对气候变化国际合作进程，促进可持续发展。2006 年，《中国应对气候变化国家方案》出台，中国在发展中国家中第一个出台国家方案。在 2007 年年底的巴厘气候变化大会上，中国作为发展中国家一员，有条件承诺国内减缓气候变化措施。

（4）建设性开展各领域外交，取得显著成就。一是积极推动经贸领域“引进来”与“走出去”战略实施。坚持“走出去”与“引进来”相结合

〔1〕 参见王乔保：《十年来的中国军事外交——回顾与展望》，载《国际展望》2013 年第 2 期。
〔2〕 参见韦宗友：《中国多边外交 60 年：成就与挑战》，载《当代世界》2014 年第 10 期。

的方针，制定实施文化“走出去”战略，对外文化交流持续向深度、广度发展。二是主动适应国际形势的变化和发展需要，推动公共外交事业蓬勃发展。通过2008年北京奥运会、2010年上海世博会的成功举行，扩大了我国的国际影响力，增进了中国人民与世界人民的相互了解。三是积极开展领事保护。坚持以人为本，加强海外利益保护能力建设，健全预警和快速反应机制，加强领事和侨务工作，为海外中国公民和法人提供必要协助，从政局动荡或发生重大公共安全事件的国家成功实施多起大规模撤侨行动。例如2006年黎以战争撤侨、2011年利比亚战争撤侨等，有效维护了海外中国公民和法人的合法权益。

（十三）推进党和国家监督体系建设

党的十六大强调要坚持和完善反腐败领导体制和工作机制，认真落实党风廉政建设责任制，形成防止和惩治腐败的合力。以胡锦涛同志为总书记的党中央把对权力的制约和监督作为政治文明建设的重要内容，推动党和国家监督制度向纵深发展。2004年9月，党的十六届四中全会通过的《中共中央关于加强党的执政能力建设的决定》提出，加强对权力运行的制约和监督，认真贯彻党内监督条例，建立和完善巡视制度，建立健全领导干部个人重大事项报告制度、述职述廉制度、民主评议制度、谈话诫勉制度和经济责任审计制度，改革和完善党的纪律检查体制，支持和保证人大、政府专门机关、司法机关依法履行监督职能以及政协依照章程开展民主监督，加强社会监督；大兴求真务实之风，保持党同人民群众的血肉联系；坚持标本兼治、综合治理，惩防并举、注重预防，抓紧建立健全与社会主义市场经济体制相适应的教育、制度、监督并重的惩治和预防腐败体系。

2007年10月，党的十七大召开，提出要坚持用制度管权、管事、管人，建立健全决策权、执行权、监督权既相互制约又相互协调的权力结构和运行机制。扎实推进惩治和预防腐败体系建设，在坚决惩治腐败的同时，更加注重治本，更加注重预防，更加注重制度建设，拓展从源头上防治腐败工作领域，形成拒腐防变教育长效机制、反腐倡廉制度体系、权力运行监控机制等。2009 年 9 月，党的十七届四中全会通过《中共中央关于加强和改进新形势下党的建设若干重大问题的决定》，强调加快推进惩治和预防腐败体系建设，深入开展反腐败斗争，以加强领导干部特别是主要领导干部监督为重点，建立健全决策权、执行权、监督权既相互制约又相互协调的权力结构和运行机制，坚持用制度管权、管事、管人，深化重要领域和关键环节改革，最大限度减少体制障碍和制度漏洞等。

贯彻落实党代会和有关中央全会要求，我们党大力推进党风廉政制度机制建设，为从根源上预防和治理腐败现象起到重要制度规范作用。

1. 加强党内监督规章制度建设

（1）完善党内监督相关制度。2003 年 12 月，中共中央颁布《中国共产党党内监督条例（试行）》。把党内监督的重点对象明确为党的各级领导机关和领导干部，特别是各级领导班子的主要负责人。建立和完善了集体领导和分工负责、重要情况通报和报告、述职述廉、民主生活会、巡视、谈话和诫勉、询问和质询等监督制度。提出党内监督的七大重点是，遵守党的章程和其他党内法规，维护中央权威，贯彻执行党的路线、方针、政策和上级党组织决议、决定及工作部署的情况；遵守宪法、法律、坚持依法执政的情况；贯彻执行民主集中制的情况；保障党员权利的情况；在干部选拔任期中执行党和国家有关规定的情况；密切联系群众，实现、维护、发展人民群众根本利益的情况；廉洁自律和抓党风廉政建设的情况。条例的出台，标志着党内监督工作更加规范化、制度化。此后，与该条例相关的政策规定《关于进一步加强和改进舆论监督工作的意见》《公开选拔党政领导干部工作暂行规定》《关于党政领导干部辞职从事经营活动有关问题的意见》《党政领导干部选拔任用工作监督检查办法（试行）》《关于实行党风廉政建设责任制的规定》《关于党员领导干部报告个人有关事项的规定》等相继出台，有效构建起便利管用、科学规范、有约束力的党内监督机制。

（2）完善预防腐败机制。2005 年 1 月，中共中央制定《建立健全教育、制度、监督并重的惩治和预防腐败体系实施纲要》。强调要加强反腐倡廉制度建设，充分发挥制度在惩治和预防腐败中的保证作用，加强对权力运行的制约和监督，确保权力正确行使；要深化干部人事制度、行政审批制度、财政金融和投资体制、司法体制等制度的改革，规范和完善工程建设投标招标、土地使用出让权、产权交易、政府采购等制度的改革，等等。这是党内监督体制纵深推进的重要标志。为进一步落实纲要规定精神，推进惩治和预防腐败体系建设，2008 年 5 月，党中央颁布《建立健全惩治和预防腐败体系建设 2008—2012 年工作规划》，明确了开展这项工作的指导思想、重要目标、工作原则、基本任务、具体措施和办法。

（3）健全和完善巡视制度体系。党的十六大提出，要改革和完善党的纪律检查体制，建立和完善巡视制度。2003 年 12 月，中共中央颁布《中国共产党党内监督条例（试行）》，以党内法规对巡视工作作出规定，将巡视制度确定为党内监督的重要制度。2004 年，为进一步加强和改进巡视工作，中纪委、中组部、中编办发出《关于省、自治区、直辖市党委设立巡视机构有关问题的通知》，对巡视机构设置、巡视组的主要职责、人员编制等提出明确要求。2007 年，党的十七大第一次把巡视制度写入党章，规定“党的中央和省、自治区、直辖市委员会实行巡视制度”。2009 年 7 月，中共中央制定《中国共产党巡视工作条例（试行）》，对巡视工作的目的、指导思想、主要任务、组织领导和机构设置、工作方式以及巡视组的管理等方面作出具体规定。建立巡视制度有利于把不正之风和腐败问题解决在萌芽状态，减少腐败现象的滋生。

（4）拓宽人民群众监督渠道。一是完善推进政务公开制度。2005 年 3 月，中共中央办公厅、国务院办公厅发布《关于进一步推行政务公开的意见》；2007 年 4 月，国务院发布《中华人民共和国政府信息公开条例》；2011 年 6 月，中共中央办公厅、国务院办公厅发布《关于深化政务公开加强政务服务的意见》。这些规定对深化政务公开、加强政务服务，加强对行政权力的监督制约，提高依法行政和政务服务水平具有重要意义。二是建立健全接受群众、舆论监督制度。2004 年 3 月，国务院印发《全面推进依法行政实施纲要》，强调要高度重视新闻舆论监督，对新闻媒体反映的问题要认真调查、核实，并依法及时作出处理，发挥新闻舆论监督作用。2005 年 1 月，国务院发布《信访条例》，要求各级人民政府、县级以上人民政府工作部门做好信访工作，认真处理来信、接待来访，倾听人民群众的意见、建议和要求，接受人民群众的监督。

2. 深入推进党和国家监督机构建设

（1）巡视监督机构专门化。2003 年 8 月，中央纪委和中央组织部决定成立巡视专门机构，对全国 20 多个省、区及 6 个中央国家机关开展巡视工作，有力加强了对被巡视地区和单位领导班子和领导干部的监督。同时，中央纪委、中央组织部巡视组和巡视工作办公室分别更名为中央巡视组和中央巡视工作领导小组办公室。

（2）设立国家预防腐败局。2007 年 9 月，中央设立了国家级专门预防腐败的机构即国家预防腐败局。职责主要有：一是负责全国预防腐败工作的组织协调、综合规划、政策制定、检查指导；二是协调指导企业、事业单位、社会团体、中介机构和其他社会组织的防止腐败工作；三是负责预防腐败的国际合作和国际援助。国家预防腐败局办公室也是中纪委、监察部内设的预防腐败室，形成了中纪委、监察部、国家预防腐败局合署办公的合力，体现了构建“惩治和预防腐败体系”的需要。

第四章

改革开放和社会主义现代化建设新时期
国家制度和法律制度建设的经验启示

从1978年到2012年，在党中央的坚强领导下，我国锐意推进经济体制、政治体制、文化体制、社会体制以及其他各方面体制改革，不断形成和发展符合当代中国国情、充满生机活力的国家制度、法律制度，为我国经济繁荣发展、社会和谐稳定提供了有力制度保障。通过对34年来党领导国家制度和法律制度建设的理论和实践探索进行梳理和分析，我们深深感受到国家制度和法律制度建设成就来之不易，经验弥足珍贵，得到许多宝贵的启示。

一、制度更带有根本性、全局性、稳定性和长期性

根据《辞海》，制度是指在政治、经济、法律、文化等方面形成的体制和体系以及要求成员共同遵守的、按一定程序办事的规程或行动准则。制度具有以下基本功能和特点：一是，具有指导性和约束性，即提示和引导相关机构或人员做什么、怎么做、什么不能做等，能够影响机构或人们的行为；二是，具有规范性和程序性，即具有一段时间内、一定程度上的稳定性，不能朝令夕改。制度的产生需要经过一定的程序，不是随意而为。从制度的功能和特点来看，法律实际上是广义制度的组成部分。法律

和制度紧密相连，是相通的。制度和法律正是因为具有约束性、规范性、稳定性，在国家治理中发挥着重要作用。古人说，“凡将立国，制度不可不察也”，“经国序民，正其制度”，“小智治事，中智治人，大智治制”，都突出强调了制度在治国理政中的重要作用。

中国共产党始终注重制度建设。不论是在新民主主义革命时期，还是在社会主义革命和建设时期，我们党都把制度建设放在重要位置，强调体制、机制和规程、法令的约束力，这是我们党的优良传统和成功经验。早在新民主主义革命时期和新中国成立初期，我们党就领导对国家制度和法律制度建设进行了实践和探索。但是，由于我们对制度建设极端重要性的认识还不深，还没有把它提到根本性、全局性的地位来看待，加上受不同时期特定历史环境的影响，我国的国家制度和法律制度建设在取得重要成绩的同时，也历经坎坷和曲折，特别是“文化大革命”期间，党和国家的许多重要制度遭到严重践踏和破坏，没能发挥应有的作用。这一教训是极其深刻的。

党的十一届三中全会拨乱反正、实行改革开放后，在对历史的全面总结中，我们党对制度建设的地位和作用有了更加清醒和深刻的认识。1978年12月，在党的十一届三中全会召开前的中央工作会议上，邓小平同志指出：“为了保障人民民主，必须加强法制。必须使民主制度化、法律化，使这种制度和法律不因领导人的改变而改变，不因领导人的看法和注意力的改变而改变。”〔1〕 1980年8月，他进一步强调：“我们过去发生的各种错误，固然与某些领导人的思想、作风有关，但是组织制度、工作制度方面的问题更重要。这些方面的制度好可以使坏人无法任意横行，制度不好可以使好人无法充分做好事，甚至会走向反面……这个教训是极其深刻的。不是说个人没有责任，而是说领导制度、组织制度问题更带有根本性、全局性、稳定性和长期性。这种制度问题，关系到党和国家是否改变

〔1〕《邓小平文选》（第2卷），人民出版社1994年版，第146页。

颜色，必须引起全党的高度重视。”[1] 不久后，他在和意大利记者谈话时回答了如何才能避免或防止再发生诸如“文化大革命”这样的事情，强调指出：“这要从制度方面解决问题。我们过去的一些制度，实际上受了封建主义的影响，包括个人迷信、家长制或家长作风，甚至包括干部职务终身制。我们现在正在研究避免重复这种现象，准备从改革制度着手。我们这个国家有几千年封建社会的历史，缺乏社会主义的民主和社会主义的法制。现在我们要认真建立社会主义的民主制度和社会主义法制。只有这样，才能解决问题。”[2] 这些讲话中，邓小平同志明确将制度问题上升到根本性、全局性、稳定性和长期性的地位。

第二代中央领导集体的其他成员也十分强调制度建设在国家治理中的作用。叶剑英同志针对“文化大革命”鲜明指出：“林彪、‘四人帮’从反面给了我们血的教训，使我们懂得，一个国家非有法律和制度不可。这种法律和制度要有稳定性、连续性。它们是人民制定的，代表社会主义和无产阶级专政的最高利益，一定要具有极大的权威，只有经过法律程序才能修改，而不能以任何领导人个人的意志为转移。”[3] 陈云同志指出：“关于民主制度、民主生活很不够是‘文化大革命’得以发生的重要原因之一，这个问题实际上应该说，党内民主集中制没有了，集体领导没有了，这是‘文化大革命’发生的一个根本原因。”[4] 胡耀邦同志指出：“和个人的思想、品质、作风比起来，制度问题是一个重要的客观原因。”[5] 这些讲话都强调了制度建设的重要性，强调制度要有权威，要有稳定性，要经过严格的程序才能修改。1987 年，党的十三大首次明确提出“加强党的制度建设”这一重大命题，要求“在党的建设上走出一条不搞政治运动，而靠改革和制度建设的新路子”。

---

〔1〕《邓小平文选》（第 2 卷），人民出版社 1994 年版，第 333 页。
〔2〕《邓小平文选》（第 2 卷），人民出版社 1994 年版，第 348 页。
〔3〕《叶剑英选集》，人民出版社 1996 年版，第 499 页。
〔4〕《陈云文选》（第 3 卷），人民出版社 1995 年版，第 274 页。
〔5〕《胡耀邦文选》，人民出版社 2015 年版，第 212 页。

以江泽民同志为核心的党的第三代中央领导集体和以胡锦涛同志为总书记的党中央也十分重视、强调制度的根本性、全局性、稳定性和长期性作用。在1994年9月召开的党的十四届四中全会上，江泽民同志指出："注重制度建设，是这次全会决定的一个重要指导思想。""我们要全面规划、精心设计，在民主集中制、基层党组织建设、干部的培养选拔等方面进一步建立科学的规章制度，形成适应新的历史时期所要求的新机制新规范。"〔1〕1997年9月，党的十五大明确提出要实行依法治国，逐步实现社会主义民主的制度化、法律化，使这种制度和法律不因领导人的改变而改变，不因领导人看法和注意力的改变而改变；并且明确提出了到2010年形成有中国特色社会主义法律体系的目标任务。2001年7月1日，在庆祝中国共产党成立80周年大会上的讲话中，江泽民同志提出了制度体系的概念，他指出："制度建设更带有根本性、全局性、稳定性和长期性。要进一步完善民主集中制的各项制度，进一步完善党的领导制度和工作机制，从制度体系上保证民主集中制的正确执行。"〔2〕

2004年9月，党的十六届四中全会强调依法执政是新的历史条件下党执政的一个基本方式，必须坚持科学执政、民主执政、依法执政，不断完善党的领导方式和执政方式，推进社会主义民主的制度化、规范化和程序化。2007年10月，党的十七大强调要坚持用制度管权、管事、管人，建立健全决策权、执行权、监督权既相互制约又相互协调的权力结构和运行机制；健全组织法制和程序规则，保证国家机关按照法定权限和程序行使权力、履行职责。2009年9月，党的十七届四中全会要求建立健全以党章为根本、以民主集中制为核心的制度体系，推进党的建设科学化、制度化、规范化，强调科学的领导制度是党有效治国理政的根本保证。在十七届四中全会第二次全体会议上，胡锦涛同志指出："制度建设既是党的建设的重要组成部分，又是党的建设的重要保证。要增强党内生活和党的建

〔1〕《江泽民文选》（第1卷），人民出版社2006年版，第410页。
〔2〕《江泽民文选》（第3卷），人民出版社2006年版，第288页。

设制度的严密性和科学性，既要有实体性制度又要有程序性制度，既要明确规定应该怎么办又要明确违反规定该怎么处理，减少制度执行的自由裁量空间，推进党的建设科学化、制度化、规范化。”[1] 2011 年 7 月 1 日，在庆祝中国共产党成立 90 周年大会上的讲话中，胡锦涛同志指出：“九十年来党的发展历程告诉我们，建设好、管理好一个有几千万党员的大党，制度更带有根本性、全局性、稳定性、长期性。必须始终把制度建设贯穿党的思想建设、组织建设、作风建设和反腐倡廉建设之中，坚持突出重点、整体推进，继承传统、大胆创新，构建内容协调、程序严密、配套完备、有效管用的制度体系。”“全党同志都要牢固树立法律面前人人平等、制度面前没有特权、制度约束没有例外的观念，认真学习制度，严格执行制度，自觉维护制度。”[2]

从 1978 年到 2012 年，正是因为我们党十分重视制度建设在治国理政中的重要作用，将制度上升到根本性、全局性、稳定性、长期性的高度，从而有力推进了社会主义制度不断自我完善和发展，在经济、政治、文化、社会等各个领域形成一整套符合我国国情、顺应时代潮流的相互衔接、相互联系的制度体系，我国的国家制度和法律制度建设由此取得辉煌成绩，极大地推动解放和发展社会生产力，推动经济社会全面发展，维护和促进社会公平正义以及民族团结、社会稳定和国家统一，为党和国家兴旺发达、长治久安提供坚实的制度保障。

二、制度的形成和发展完善，是人们在经济社会发展内生演化的基础上发挥主观能动性把握规律构建推动的

习近平总书记指出：“各国国情不同，每个国家的政治制度都是独特的，都是由这个国家的人民决定的，都是在这个国家历史传承、文化传

[1]《胡锦涛文选》（第 3 卷），人民出版社 2016 年版，第 253 页。
[2]《胡锦涛文选》（第 3 卷），人民出版社 2016 年版，第 534 页。

统、经济社会发展的基础上长期发展、逐渐改进、内生性演化的结果。"[1] 这一重要论述深刻揭示了制度的内生演化与自觉建构相统一的特点，是主客观等多种因素相互作用形成和发展的。历史发展有其规律性，但人在其中不是完全消极被动的，只要把握住历史发展大势，抓住历史变革时机，奋发有为，锐意进取，就能更好地把握历史规律，建立起充满活力、富有效率、更加包容、促进发展的体制机制，为人类社会更好前进提供坚实稳定的制度保障。中国特色社会主义制度承载着党和人民对制度的理性思考，凝结着党和人民的智慧，是党领导人民坚持以马克思主义为指导，在革命、建设和改革的长期实践探索中形成发展的，是在深刻认知、分析和把握制度形成、发展、变迁的规律，依据我国历史文化、社会性质、经济发展水平，反复选择、实践、比较后自主建构并形成新的事实再次内生演化的成果，注重了历史和现实、理论和实践、形式和内容有机统一，具有深刻的历史逻辑、理论逻辑、实践逻辑。

在我们积极发挥主观能动性自觉设计、建构、发展制度的时候，要清醒认识到制度的内生性演化特征决定了人们在建构制度时必须遵循制度形成和演变的客观规律，不能在客观条件不成熟时，脱离实际拔苗助长。马克思指出："立法者应该把自己看做一个自然科学家。他不是在制造法律，不是在发明法律，而仅仅是在表述法律，他把精神关系的内在规律表现在有意识的现行法律之中。"[2] 该论述阐明了人们只能利用规律推动社会发展，而不能超越规律办事。制度建构者的主要任务是放在对精神关系的内在规律的认知和把握上，制定出良善的制度和法律。毛泽东同志 1954 年主持起草新中国第一部宪法时就说过："搞宪法是搞科学。"[3] 制度建设也必须坚持科学的态度，使我们的思想和行动符合客观实际，符合社会主义初级阶段的国情和时代发展的要求。这要求我们坚持解放思想、实事求

---

[1] 《习近平谈治国理政》（第 2 卷），外文出版社 2017 年版，第 286 页。
[2] 《马克思恩格斯全集》（第 1 卷），人民出版社 1956 年版，第 183 页。
[3] 《毛泽东文集》（第 6 卷），人民出版社 1999 年版，第 330 页。

是、与时俱进的思想方法和工作方法，努力推动制度建设更好地体现时代性、把握规律性、富于创造性。

解放思想是发展中国特色社会主义的一大法宝。改革开放以来党和国家制度建设取得的重要成就，正是我们牢牢把握社会主义初级阶段这个最大国情，牢牢立足社会主义初级阶段这个最大实际，勇于解放思想、破除种种不合时宜的条条框框的束缚推动形成的。家庭联产承包责任制的确立，私营经济和外资经济的发展，社会主义市场经济体制目标的设定等，都是得益于思想解放的推动。实践没有止境，创新也没有止境。我们要突破前人，后人也必然会突破我们。这是社会前进的必然规律。一定要适应实践的发展，以实践来检验一切，自觉地把思想认识从那些不合时宜的观念、做法和体制的束缚中解放出来，从对马克思主义的错误的和教条式的理解中解放出来，从主观主义和形而上学的桎梏中解放出来。

坚持实事求是，就是坚持一切从实际出发来研究和解决问题，坚持理论联系实际来制定和形成指导实践发展的正确路线方针政策，坚持在实践中检验真理和发展真理。对于“实事求是”，毛泽东同志在《改造我们的学习》中作了精辟的概括：“‘实事’就是客观存在着的一切事物，‘是’就是客观事物的内部联系，即规律性，‘求’就是我们去研究。”[1] 实事求是是无产阶级世界观的基础，是马克思主义的思想基础。过去我们搞革命所取得的一切胜利，是靠实事求是；现在我们要实现社会主义现代化，同样要靠实事求是。制度建设也须如此，要坚持从国情和实际出发，既要把握长期形成的历史传承，又要把握走过的发展道路、积累的经验、形成的原则，还要把握现实要求、着眼于解决现实问题，不能想象突然就搬来一座“飞来峰”，不能生搬硬套外国模式，不能亦步亦趋效仿别人的治理体制。党的十一届三中全会后，我们党领导加强国家制度和法律制度建设，立足于中国的历史传统和现实国情，坚持从实际出发，面向世界，博采众长，遵循中国特色社会主义建设规律，坚持把是否有利于发展社会主

〔1〕《毛泽东选集》（第3卷），人民出版社1991年版，第801页。

义社会的生产力、是否有利于增强社会主义国家的综合国力、是否有利于提高人民的生活水平作为判断是非得失的标准，制度建设取得了显著成绩。

“明者因时而变，知者随事而制”，“法与时转则治，治与世宜则有功”。与时俱进，不断推进制度创新是中国共产党制度建设不断提高的活力源泉。邓小平同志指出：“世界形势日新月异，特别是现代科学技术发展很快。现在的一年抵得上过去古老社会几十年、上百年甚至更长的时间。不以新的思想、观点去继承、发展马克思主义，不是真正的马克思主义者。”[1] 制度具有稳定性特征，但不等于是一成不变的。宪法是国家的根本法，是治国安邦的总章程，其在总体保持连续性、稳定性、权威性的基础上，也在不断适应新形势、吸纳新经验、确认新成果、作出新规范。2012 年前，我国现行宪法在 1982 年通过后，根据党和国家事业发生的许多重要发展变化和实际需要在 1988 年、1993 年、2004 年修改了 3 次，从而更好发挥了宪法的规范、引领、推动、保障作用。改革开放以来，我们党执政的国际环境和国内环境都发生了重大深刻变化，这对制度建设提出了新的课题、新的要求，同时也为制度创新提供了良好机遇和条件。党及时主动适应形势发展需要，领导人民在建设中国特色社会主义实践中，不断加强制度建设和法制建设，把继承和发扬优良传统与改革、创新有机结合起来，形成结构完整、配置科学、程序严密、制约有效的制度机制和中国特色社会主义法律体系，为中国特色社会主义建设提供了有力的制度保障和法制保障。

三、推动制度执行力不断提高，是推进制度建设的关键

制度的生命在于执行。再好的制度，如果不抓落实，只是写在纸上、贴在墙上、锁在抽屉里，就会形同虚设，其效果也会大打折扣。习近平总

[1] 《邓小平文选》(第 3 卷)，人民出版社 1993 年版，第 291-292 页。

书记指出："我们的制度不少，可以说基本形成，但不要让它们形同虚设，成为'稻草人'，形成'破窗效应'。很多情况没有监督，违反了也没有任何处理。这样搞，谁会把制度当回事呢？我们党的制度是从党章开始的，学习党章学了半天，最后还是视而不见、听而不闻，这不行！我们的制度有些还不够健全，已经有的铁笼子门没关上，没上锁。或者栅栏太宽了，或者栅栏是用麻秆做的，那也不行。现有制度都没执行好，再搞新的制度，可以预言也会是白搭。所以，我说一分部署还要九分落实。制定制度很重要，更重要的是抓落实，九分气力要花在这上面。"[1]

1978 年至 2012 年的 34 年间，党中央领导都强调要严格执行制度。邓小平同志指出："公民在法律和制度面前人人平等，党员在党章和党纪面前人人平等。人人有依法规定的平等权利和义务，谁也不能占便宜，谁也不能犯法。不管谁犯了法，都要由公安机关依法侦查，司法机关依法办理，任何人都不许干扰法律的实施，任何犯了法的人都不能逍遥法外。谁也不能违反党章党纪，不管谁违反，都要受到纪律处分，也不许任何人干扰党纪的执行，不许任何违反党纪的人逍遥于纪律制裁之外。只有真正坚决地做到了这些，才能彻底解决搞特权和违法乱纪的问题。"[2] 江泽民同志指出："落实从严治党的方针，不是一时一事的要求，必须全面贯穿于党的思想、政治、组织、作风、纪律和制度建设的各方面工作，切实体现到对各级党组织和广大党员、干部进行教育、管理、监督等各个环节中去。"[3] "对领导干部中发生的违纪违法行为一定要严肃查处。要坚决改变失之于宽、失之于软的现象。"[4] 胡锦涛同志指出："各级领导班子和纪检监察机关要坚持有纪必依、执纪必严、违纪必究，对有令不行、有禁不止、随意变通、恶意规避等严重破坏制度的行为，要发现一起、查处一

---

〔1〕中共中央纪律检查委员会、中共中央文献研究室编：《习近平关于党风廉政建设和反腐败斗争论述摘编》，中央文献出版社、中国方正出版社 2015 年版，第 128-129 页。

〔2〕《邓小平文选》（第 2 卷），人民出版社 1994 年版，第 332 页。

〔3〕《江泽民文选》（第 2 卷），人民出版社 2006 年版，第 498 页。

〔4〕《江泽民文选》（第 2 卷），人民出版社 2006 年版，第 504 页。

起。只要触犯了制度，都必须依纪依法处理，绝不姑息迁就。越是领导干部违反制度，越是要依纪依法从严处理。”[1]

抓好制度执行，既是制度建设的基本要求，也是检验制度建设成效的重要标准。

一是，要树立并强化制度意识，维护制度权威。习近平总书记多次引用卢梭的名言，“一切法律中最重要的法律，既不是刻在大理石上，也不是刻在铜表上，而是铭刻在公民的内心里”[2]，强调法律要发挥作用，需要全社会信仰法律。如果广大党员、干部没有牢固树立制度意识，不能自觉遵守和维护制度，再多再好的制度最终也只能是摆设。制度和法律不能仅仅停留在条文的制定和颁布上，要内化于心，外化于行，要切实增强按制度办事、依法办事意识，自觉维护制度的刚性约束力，坚决防止制度成为“稻草人”“橡皮筋”，努力营造人人维护制度、执行制度的良好社会氛围。

二是，要抓住“关键少数”，领导干部要带头维护制度权威，做制度执行的表率。法律和制度约束的重点是权力运行，而掌握和行使权力的主要是领导干部。权力意味着责任，责任意味着担当，领导干部不仅是制度建设的组织者，更是制度执行的排头兵。作为国家治理体系中的“关键少数”，领导干部要带头学习制度、严格执行制度、自觉维护制度。领导干部以身作则，率先垂范，方能为普通党员和干部上行下效立标杆、树旗帜，方能引领全社会增强制度意识，自觉维护制度权威。要坚持制度面前人人平等、执行制度没有例外，不留“暗门”、不开“天窗”，防止“破窗效应”。改革开放初，陈云同志发现出现“有令不行，有禁不止”现象的一个重要原因，就在于党内纪律执行过程中存在特殊化现象，对部分领导干部的违法乱纪行为，执纪部门不敢管、不作为，顾虑这、顾虑那，从轻处罚、宽大处理，以致其他党员干部跟着心存侥幸。为此他专门强调：

---

〔1〕《胡锦涛文选》（第3卷），人民出版社2016年版，第308页。

〔2〕［法］卢梭：《社会契约论》，何兆武译，商务印书馆1980年版，第73页。

“无论是谁违反党纪、政纪，都要坚决按党纪、政纪处理；违反法律的，要建议依法处理。各级纪委必须按此原则办事，否则就是失职。”“不加强思想政治工作，不严格执行党纪、政纪，党风、社会风气无法根本好转。”〔1〕

三是，健全制度执行的监督机制，加强对制度执行的监督。严格监督是保证制度不折不扣贯彻执行的关键。邓小平同志指出：“对各级干部的职权范围和政治、生活待遇，要制定各种条例，最重要的是要有专门的机构进行铁面无私的监督检查。”〔2〕每项制度都要明确监督执行的责任部门，使制度执行的监督责任无可推卸。要健全权威高效的制度执行机制，明确各项制度执行的主体责任、监督责任、领导责任，层层压实制度执行责任，形成制度执行强大推动力。要把监督检查、目标考核、责任追究有机结合起来，灵活运用日常督查和专项检查等方式及时发现和解决问题，坚持有责必问、问责必严，坚决纠正有令不行、有禁不止现象。要健全群众监督制度，让群众和党员监督干部，特别是领导干部。对把制度当摆设、破坏制度、违法违规违纪的，人民就有权依法进行检举、控告、弹劾、撤换、罢免，执纪执法部门就要严肃查处，确保各项制度落地生根，真正让铁规发力、让禁令生威。

---

〔1〕《陈云文选》（第3卷），人民出版社1995年版，第356页。
〔2〕《邓小平文选》（第2卷），人民出版社1994年版，第332页。

第四编　进入新时代

党的十八大以来，以习近平同志为核心的党中央，面对世界百年未有之大变局，围绕实现社会主义现代化和中华民族伟大复兴的中国梦，统筹推进“五位一体”总体布局、协调推进“四个全面”战略布局，着力全面深化改革总目标，坚持和完善中国特色社会主义制度、推进国家治理体系和治理能力现代化，推动中国国家制度和治理体系建设取得历史性成就，为我国政治稳定、经济发展、文化繁荣、民族团结、人民幸福、社会安宁、国家统一提供了有力保障，焕发出强大的治理效能，开辟了“中国之治”的新天地。

第一章

习近平新时代中国特色社会主义思想

一、习近平新时代中国特色社会主义思想的创立背景

2012 年 11 月，党的十八大召开，实现中央领导集体的新老交替，选举产生了以习近平同志为总书记的党中央。习近平同志带领新的中央领导集体，以巨大的政治勇气和强烈的责任担当，带领全国人民推进全面深化改革，提出一系列新理念新思想新战略，出台一系列重大方针政策，推出一系列重大举措，推进一系列重大工作，解决了许多长期想解决而没有解决的难题，办成了许多过去想办成而没有办成的大事，推动党和国家事业取得历史性成就、发生历史性变革，形成了一系列理论创新、实践创新和制度创新成果，领导中国特色社会主义进入新时代。

党的十八大以来，我国经济社会发展面临着复杂多变的国际国内形势和环境，给我们的发展带来更多的机遇和挑战。从国际上看，和平与发展的时代主题没有变，世界正处于百年未有之大变局中，全方位综合国力竞争正在全球展开，国际金融危机深层次影响在相当长时期依然存在，世界经济形势总体上处于缓慢复苏过程中，不稳定、不确定、不安全因素增多，部分国家“逆全球化”思潮上扬、保护主义抬头、民粹主义大行其道，特别是西方敌对势力加紧对我实施西化分化战略，“树大招风”的效应日益显现。同时，西方社会正经历各种“认同危机”，贸易保护主义、

暴力恐怖势力、民族分裂势力、宗教极端势力、社会民粹主义等，都在以各种渠道、各种方式对我国产生影响，我国所面临的外部环境更趋复杂。从国内来看，我国经济实力和综合国力显著增强，人民物质文化生活水平大幅提高，国际地位和影响力明显提升，取得了举世瞩目的伟大成就。全面建成小康社会进入决定性阶段，经济发展进入新常态，改革进入攻坚期和深水区，正处于增长速度换挡期、结构调整阵痛期、前期刺激政策消化期“三期叠加”的大环境，我国经济在保持长期向好势头的同时，也面临诸多矛盾叠加、各种风险隐患交汇的挑战，产能过剩和需求结构升级的矛盾仍然突出，经济增长内生动力不足、金融风险有所积聚、部分地区困难增多等问题依然存在，到了经济爬坡过坎、改革攻坚闯关的紧要关口。从社会变迁看，我国社会发展出现新态势：一是新型城镇化的加快推进对进城农民工市民化和流动人口管理提出新要求。二是劳动力供求关系的深刻变化对去产能产业职工安置、以高校毕业生为主的青年就业和返乡农民工的创业就业都产生重要影响。三是社会阶层结构进一步分化，产生各种新阶层、新群体，利益格局呈现复杂化、多样化。四是收入分配差距仍然较大，对维护社会公平正义提出新挑战。五是大众消费时代的“拜金主义”“福利主义”等倾向显现。六是随着生活水平不断提高，人民群众需求越来越多样化，对经济发展、公平正义、民主法治等方面的要求更加迫切。与此同时，互联网的迅猛发展使网络社会中利益诉求表达渠道更加多元，各种社会思潮通过网络快速传播，各种社会情绪通过网络发泄，各种社会群体和个人的利益诉求通过网络表达，各种虚假信息、诈骗信息、色情低俗信息、非法集资信息、贩卖违禁商品信息也依靠网络传播，网络舆论对社会舆论的影响力不断增强。

国内外形势变化和我国各项事业发展，都给我们提出了一个重大时代课题，这就是必须从理论和实践结合上系统回答新时代坚持和发展什么样的中国特色社会主义、怎样坚持和发展中国特色社会主义。围绕这一重大理论和实践问题，以习近平同志为核心的党中央，以全新的视野深化对共产党执政规律、社会主义建设规律、人类社会发展规律的认识，与时俱进开展理论探索，取得重大理论创新成果，创立了习近平新时代中国特色社会主义思想。党的十九大着眼中国特色社会主义事业长远发展，作出“中国特色社会主义进入新时代”的重大判断，郑重提出习近平新时代中国特色社会主义思想，并把这一思想确立为党必须长期坚持的指导思想写进党章；2018 年 3 月十三届全国人大一次会议通过宪法修正案，将习近平新时代中国特色社会主义思想载入宪法，实现了党和国家指导思想的又一次与时俱进。

二、习近平新时代中国特色社会主义思想的主要内容

习近平新时代中国特色社会主义思想，科学系统地回答了新时代坚持和发展什么样的中国特色社会主义、怎样坚持和发展中国特色社会主义这个重大时代课题，回答了新时代坚持和发展中国特色社会主义的总目标、总任务、总体布局、战略布局和发展方向、发展方式、发展动力、战略步骤、外部条件、政治保证等基本问题，并且根据新的实践对经济、政治、法治、科技、文化、教育、民生、民族、宗教、社会、生态文明、国家安全、国防和军队、“一国两制”和祖国统一、统一战线、外交、党的建设等各方面作出理论分析和政策指导，为更好坚持和发展中国特色社会主义提供了思想武器和行动指南。

习近平新时代中国特色社会主义思想内容十分丰富，涵盖改革发展稳定、内政外交国防、治党治国治军等各个领域、各个方面，构成系统完整的科学体系。其中，最重要、最核心、最具独创性的内容，就是党的十九大报告概括的“八个明确”。“八个明确”，即：明确坚持和发展中国特色社会主义，总任务是实现社会主义现代化和中华民族伟大复兴，在全面建成小康社会的基础上，分两步走在 21 世纪中叶建成富强民主文明和谐美丽的社会主义现代化强国；明确新时代我国社会主要矛盾是人民日益增长

的美好生活需要和不平衡不充分的发展之间的矛盾，必须坚持以人民为中心的发展思想，不断促进人的全面发展、全体人民共同富裕；明确中国特色社会主义事业总体布局是“五位一体”、战略布局是“四个全面”，强调坚定道路自信、理论自信、制度自信、文化自信；明确全面深化改革总目标是完善和发展中国特色社会主义制度、推进国家治理体系和治理能力现代化；明确全面推进依法治国总目标是建设中国特色社会主义法治体系、建设社会主义法治国家；明确党在新时代的强军目标是建设一支听党指挥、能打胜仗、作风优良的人民军队，把人民军队建设成为世界一流军队；明确中国特色大国外交要推动构建新型国际关系，推动构建人类命运共同体；明确中国特色社会主义最本质的特征是中国共产党领导，中国特色社会主义制度的最大优势是中国共产党领导，党是最高政治领导力量，提出新时代党的建设总要求，突出政治建设在党的建设中的重要地位。这“八个明确”，高度凝练、提纲挈领地点明了习近平新时代中国特色社会主义思想的主要内容，构成了系统完备、逻辑严密、内在统一的科学体系。

习近平新时代中国特色社会主义思想，是对马克思列宁主义、毛泽东思想、邓小平理论、“三个代表”重要思想、科学发展观的继承和发展，是马克思主义中国化最新成果，是党和人民实践经验和集体智慧的结晶，是中国特色社会主义理论体系的重要组成部分，是全党全国人民为实现中华民族伟大复兴而奋斗的行动指南，必须长期坚持并不断发展。

习近平新时代中国特色社会主义思想的精神实质和丰富内涵，在行动纲领层面具体体现为“十四个坚持”的基本方略。“十四个坚持”，即：坚持党对一切工作的领导，坚持以人民为中心，坚持全面深化改革，坚持新发展理念，坚持人民当家作主，坚持全面依法治国，坚持社会主义核心价值体系，坚持在发展中保障和改善民生，坚持人与自然和谐共生，坚持总体国家安全观，坚持党对人民军队的绝对领导，坚持“一国两制”和推进祖国统一，坚持推动构建人类命运共同体，坚持全面从严治党。

“八个明确”“十四个坚持”有机融合、有机统一，反映了以习近平同志为核心的党中央对中国特色社会主义规律性认识的深化，体现了理论与实际相结合、认识论和方法论相统一的鲜明特色，为新时代中国社会主义现代化建设提供了重要指导和根本遵循。坚持和完善中国特色社会主义制度、推进国家治理体系和治理能力现代化，是新时代中国社会主义现代化的题中之义和必然要求，是习近平新时代中国特色社会主义思想的重要内容，集中体现在习近平总书记关于坚持和完善人民代表大会制度的重要思想和习近平法治思想两个方面。

习近平总书记关于坚持和完善人民代表大会制度的重要思想，是习近平新时代中国特色社会主义思想的重要组成部分。党的十八大以来，以习近平同志为核心的党中央高度重视、全面加强党对人大工作的领导，推动人大工作取得历史性成就。习近平总书记就坚持和完善人民代表大会制度、发展社会主义民主政治发表一系列重要论述，拓展了人民代表大会制度的科学内涵、基本特征和本质要求，标志着我们党对人民当家作主的社会主义民主政治建设的规律性认识达到了一个新的高度。习近平总书记关于坚持和完善人民代表大会制度的重要思想，科学阐述了国家根本政治制度的历史必然、特点优势、实践要求，明确提出了做好新时代人大工作的重大原则、思路举措、重点任务，主要包括十个方面的重要内容，即：坚持中国共产党的领导；坚持走中国特色社会主义政治发展道路；坚持和完善人民代表大会制度；坚持人民当家作主；坚持全面依法治国；坚持民主集中制；坚持全面贯彻实施宪法；坚持以良法促进发展、保障善治；坚持正确监督、有效监督；坚持民有所呼、我有所应。习近平总书记关于坚持和完善人民代表大会制度的重要思想，是新时代坚持和完善人民代表大会制度这一根本政治制度、做好人大工作的根本遵循和行动指南。

习近平法治思想，是马克思主义法治理论中国化最新成果，是习近平新时代中国特色社会主义思想的重要组成部分。党的十八大以来，习近平总书记在领导全面依法治国的伟大实践中，提出一系列法治新理念新思想新战略，创新发展了中国特色社会主义法治理论，创立了习近平法治思想，这是马克思主义法治理论中国化的新发展新飞跃。2020 年 11 月，中央全面依法治国工作会议正式提出习近平法治思想，并将其确立为新时代全面依法治国的指导思想，这在马克思主义法治理论发展史和中国社会主义法治建设史上具有里程碑意义。习近平法治思想从历史和现实相贯通、国际和国内相关联、理论和实际相结合上深刻回答了新时代为什么实行全面依法治国、怎样实行全面依法治国等一系列重大问题，是顺应实现中华民族伟大复兴时代要求应运而生的重大理论创新成果，是全面依法治国的根本遵循和行动指南。党的十八大以来，我国社会主义法治建设发生历史性变革、取得历史性成就，全面依法治国实践取得重大进展，根本在于有习近平新时代中国特色社会主义思想特别是习近平法治思想的科学指引。习近平法治思想内涵丰富、论述深刻、逻辑严密、系统完备。就其主要方面来讲，就是习近平总书记精辟概括的“十一个坚持”：坚持党对全面依法治国的领导；坚持以人民为中心；坚持中国特色社会主义法治道路；坚持依宪治国、依宪执政；坚持在法治轨道上推进国家治理体系和治理能力现代化；坚持建设中国特色社会主义法治体系；坚持依法治国、依法执政、依法行政共同推进，法治国家、法治政府、法治社会一体建设；坚持全面推进科学立法、严格执法、公正司法、全民守法；坚持统筹推进国内法治和涉外法治；坚持建设德才兼备的高素质法治工作队伍；坚持抓住领导干部这个“关键少数”。这“十一个坚持”的要求，深刻体现了习近平法治思想深远的战略思维、鲜明的政治导向、强烈的历史担当、真挚的为民情怀，确立了法治中国建设的鲜明航标。

三、习近平新时代中国特色社会主义思想的重要意义

习近平新时代中国特色社会主义思想，坚持马克思主义立场观点方法，坚持科学社会主义基本原则，科学总结世界社会主义运动经验教训，根据时代和实践发展变化，以崭新的思想内容丰富和发展了马克思主义，

形成了系统科学的理论体系。这一思想贯通马克思主义哲学、政治经济学、科学社会主义，贯通历史、现实和未来，贯通改革发展稳定、内政外交国防、治党治国治军等各领域，彰显着坚定理想信念，展现着真挚人民情怀，贯穿着高度自觉自信，体现着鲜明问题导向，充满着无畏担当精神，标志着我们党对共产党执政规律、社会主义建设规律、人类社会发展规律的认识达到新高度。

习近平总书记是习近平新时代中国特色社会主义思想的主要创立者，他以马克思主义政治家、思想家、战略家的非凡勇气、卓越政治智慧、强烈使命担当，把握时代大趋势，回答实践新要求，顺应人民新期待，提出一系列具有开创性意义的新理念新思想新战略，进一步丰富和发展了党的科学理论，为在新的历史起点上实现新的奋斗目标提供了基本遵循，为习近平新时代中国特色社会主义思想的创立发挥了决定性作用、作出了决定性贡献。

党的十八大以来，在习近平新时代中国特色社会主义思想科学指引下，我们党团结带领全国人民砥砺奋进、开拓进取，全面建成小康社会取得伟大历史性成就，中华民族伟大复兴向前迈出巨大步伐。面对世界经济复苏乏力、局部冲突和动荡频发、全球性问题加剧的外部环境，面对我国经济社会发展发生的一系列深刻变化，以习近平同志为核心的党中央统筹中华民族伟大复兴战略全局和世界百年未有之大变局，坚持从我国国情和实际出发，坚持全面推进深化改革，推动党和国家事业发生历史性变革，取得历史性成就。我国经济实力跃上新台阶，经济总量稳居世界第二。社会主义民主政治进一步发展，中国特色社会主义制度更加完善。社会主义法治建设迈出重大步伐，国家治理体系和治理现代化水平明显提高。生态环境保护发生历史性、全局性变化。推进脱贫攻坚，困扰中华民族几千年的绝对贫困问题历史性地画上句号。国防和军队改革取得历史性突破。新时代中国特色大国外交展现新气象、实现新作为。全面从严治党不断向纵深推进，反腐败斗争取得压倒性胜利。这些伟大成就的取得，充分体现了中国特色社会主义制度和国家治理体系的显著优势和强大生命力，充分彰显了习近平新时代中国特色社会主义思想的科学价值和实践伟力。

站在“两个一百年”奋斗目标的历史交汇点上，开启全面建设社会主义现代化国家的新征程，我们要坚持以习近平新时代中国特色社会主义思想为指导，统筹中华民族伟大复兴战略全局和世界百年未有之大变局，深刻把握我国面临的机遇和挑战，既立足国内又放眼世界，既保持战略定力又善于积极应变，不断提高运用科学理论指导我们解决国家制度和法律制度建设中重大问题的能力，不断开辟党和国家事业发展新境界。

第二章

新时代国家制度和法律制度趋于成熟完备

党的十八大以来，以习近平同志为核心的党中央把制度建设摆到更加突出的位置，采取一系列重大战略部署加以推进。党的十八届三中全会把“完善和发展中国特色社会主义制度，推进国家治理体系和治理能力现代化”确定为全面深化改革的总目标，首次提出“推进国家治理体系和治理能力现代化”这个重大命题。党的十八届四中全会专题研究并审议通过了《中共中央关于全面推进依法治国若干重大问题的决定》，提出全面推进依法治国的总目标是建设中国特色社会主义法治体系，建设社会主义法治国家。党的十九大作出到21世纪中叶把我国建成富强民主文明和谐美丽的社会主义现代化强国的战略安排，其中制度建设和治理能力建设的目标是：到2035年，各方面制度更加完善，国家治理体系和治理能力现代化基本实现；到21世纪中叶，实现国家治理体系和治理能力现代化。党的十九届四中全会专题研究坚持和完善中国特色社会主义制度、推进国家治理体系和治理能力现代化问题，全会通过的《中共中央关于坚持和完善中国特色社会主义制度、推进国家治理体系和治理能力现代化若干重大问题的决定》从党和国家事业发展的全局和长远出发，准确把握我国国家制度和国家治理体系的演进方向和规律，深刻回答了在国家制度和国家治理体系上应该“坚持和巩固什么、完善和发展什么”这个重大政治问题，既阐明了必须牢牢坚持的重大制度和原则，又部署了推进制度建设的重大任务和举措，推动中国特色社会主义制度日趋成熟定型，使我国制度优势更好转化为国家治理效能，为推动党和国家事业取得历史性成就、发生历史性变革发挥了重大作用。

一、坚持和完善党的领导制度体系

中国共产党的领导是中国特色社会主义最本质的特征，是中国特色社会主义制度的最大优势，党是最高政治领导力量。党政军民学、东西南北中，党是领导一切的。必须坚决维护党中央权威，健全总揽全局、协调各方的党的领导制度体系，把党的领导落实到国家治理各领域各方面各环节。党的十九大把“坚持党对一切工作的领导”作为新时代坚持和发展中国特色社会主义的基本方略的第一条。这是中国共产党、中国人民在坚持和发展中国特色社会主义中最根本的经验总结，是道路自信、理论自信、制度自信、文化自信的集中体现。

（一）完善坚定维护党中央权威和集中统一领导的各项制度

坚持和完善中国特色社会主义制度、推进国家治理体系和治理能力现代化，首要任务是坚持和完善党的领导制度体系，重中之重是完善坚定维护党中央权威和集中统一领导的各项制度。

1. 完善做到“两个维护”的制度

2016 年 10 月，党的十八届六中全会明确了习近平总书记党中央的核心、全党的核心地位，正式提出“以习近平同志为核心的党中央”。2017 年 10 月，党的十九大把习近平总书记党中央的核心、全党的核心地位写入党章。这是实践的选择、历史的选择，是全党的选择、人民的选择，是众望所归、名副其实。坚决维护习近平总书记的核心地位，坚决维护党中央的权威和集中统一领导，是党的十八大后的重大政治成果和宝贵经验，是全党在革命性锻炼中形成的共同意志，有利于更好地凝聚党和人民的力量，推进中国特色社会主义伟大事业和民族复兴大业。以习近平同志为核心的党中央，把保证全党服从中央、维护党中央权威和集中统一领导作为党的政治建设的首要任务，坚持和完善党的领导制度体系，严明党的政治纪律和政治规矩，陆续制定、修订了《关于新形势下党内政治生活的若干准则》《中国共产党党内监督条例》《中共中央关于加强党的政治建设的意见》《中共中央政治局关于加强和维护党中央集中统一领导的若干规定》《中国共产党重大事项请示报告条例》《中国共产党地方委员会工作条例》《中国共产党党组工作条例》等重要党内法规，为坚持和加强党的全面领导，坚定维护党中央权威和集中统一领导提供了坚实制度保障。同时，党中央还作出一系列重大制度性安排，如中央书记处和中央纪律检查委员会、全国人大常委会党组、国务院党组、全国政协党组、最高人民法院党组、最高人民检察院党组每年向党中央报告工作，中央政治局同志每年向党中央和习近平总书记书面述职，健全党中央决策议事协调机构工作机制等。党的十九届四中全会明确把完善坚定维护党中央权威和集中统一领导的各项制度，作为坚持和完善党的领导制度体系的重要内容。2020 年 9 月，中共中央印发《中国共产党中央委员会工作条例》，把“坚持党对一切工作的领导，确保党中央集中统一领导”作为中央委员会开展工作必须把握的第一条原则，强调中央委员会、中央政治局、中央政治局常委会是党的组织体系的大脑和中枢，在推进中国特色社会主义事业中负责把方向、谋大局、定政策、促改革。涉及全党全国性的重大方针政策问题，只有党中央有权作出决定和解释。这些重大举措，有效保证了全党在思想上政治上行动上同以习近平同志为核心的党中央保持高度一致，坚决做到“两个维护”。

2. 健全党中央对重大工作的领导体制

党的十八大以来，党中央加强中央财经领导小组工作机制，成立全面深化改革、国家安全、网络安全和信息化、军民融合发展等重要领域的决策议事协调机构，在中央政治局及其常委会领导下，加强顶层设计、统筹协调、整体推进、督促落实，对于加强党中央对重大工作的领导发挥了重要作用。党的十九大以后，党中央在深化党和国家机构改革中，着力从制度安排上发挥党的领导这个最大的体制优势，适当归并党中央决策议事协调机构，成立全面依法治国委员会，统一各委员会名称，进一步完善了党中央对重大工作的领导体制。

3. 完善推动党中央重大决策落实机制

党中央制定的路线方针政策、作出的决策部署，是全党全国各族人民统一思想、统一意志、统一行动的依据，所有党组织都要不折不扣贯彻落实。习近平总书记反复强调“一分部署、九分落实”，要以钉钉子精神推动党中央决策部署贯彻落实。中央有关部门建立完善贯彻落实党中央决策部署的任务分工、督促检查、情况通报、监督问责等制度机制，推动各地区各部门深入学习贯彻习近平新时代中国特色社会主义思想，抓好习近平总书记重要指示批示和党中央决策部署落实见效。

4. 严格执行向党中央请示报告制度

针对一些地方和部门请示报告意识不强、内容把握不准、程序方式不规范，在请示报告上打折扣、搞变通、不实事求是等突出问题，中共中央于 2019 年 1 月印发《中国共产党重大事项请示报告条例》，确立了请示报告的工作体制，对请示报告什么、怎么请示报告等基本问题作出全面规定。涉及党和国家工作全局的重大方针政策，经济、政治、文化、社会、生态文明建设和党的建设中的重大原则和问题，国家安全、港澳台侨、外交、国防、军队等党中央集中统一管理的事项，以及其他只能由党中央领导和决策的重大事项，必须向党中央请示报告。超出自身职权范围的事项必须请示报告，虽在自身职权范围内但关乎全局、影响广泛的重要事情和重要情况也应当请示报告。

5. 健全维护党的集中统一的组织制度

组织建设是党的建设的重要基础。在革命、建设、改革各个历史时期，我们党始终把组织建设摆在十分重要的位置，从一开始就注重从制度上设计组织架构、健全组织体系、严密组织纪律、约束成员行为，在实践中不断探寻组织建设规律。在以习近平同志为核心的党中央坚强领导下，我们党鲜明提出新时代党的建设总要求和新时代党的组织路线，坚持思想建党和制度治党同向发力，注重以法治思维和法治方式加强党的组织建设。党中央着眼完善党的组织体系和组织制度，针对各类党组织分门别类制定出台了相应的条例，包括党的中央委员会工作条例、地方委员会工作条例、党组工作条例、工作机关条例（试行）、农村基层组织工作条例、党和国家机关基层组织工作条例、普通高等学校基层组织工作条例、国有企业基层组织工作条例（试行）、支部工作条例（试行）等，实现了各类党组织皆有专门条例，据此形成了一幅党的组织制度的完整“版图”，党的组织制度更加成熟、更加定型，推动党的组织建设取得重大进展。

（二）健全党的全面领导制度

党的领导必须是全面的、整体的，必须体现到经济、政治、文化、社会、生态文明建设和国防军队、祖国统一、外交、党的建设等各个方面。哪个领域、哪个方面、哪个环节缺失了弱化了，都会削弱党的力量，损害党和人民事业。一个时期以来，从党中央的权威和领导，到地方和部门，再到党对具体领域和方面工作的领导等，都存在党的领导弱化问题。以习近平同志为核心的党中央，以鲜明问题导向全面加强党的领导，树立党中央的权威，推出一系列重大部署和举措，加强党的全面领导，党的领导弱化的状况得到根本性扭转。

1. 强化党的组织在同级组织中的领导地位

习近平总书记强调，“我国社会主义政治制度优越性的一个突出特点是党总揽全局、协调各方的领导核心作用，形象地说是‘众星捧月’，这个‘月’就是中国共产党”[1]。健全党的全面领导制度的一项重要任务，就是确保各级各方面在党的统一领导下，各就其位、各司其职、各尽其责、有序协同，保证中央和地方各级政令统一、运行顺畅、执行高效、充满活力。为此，党中央先后制定和修改党组工作条例、地方委员会工作条例，强化党的组织在同级组织中的领导地位，理顺党的组织同其他组织的关系，更好发挥党总揽全局、协调各方作用。一是加强和完善党组制度。在中央和地方国家机关、人民团体、经济组织、文化组织、社会组织和其他组织领导机关中设立党组，是我们党从国情出发创造的一项重要制度，体现了我们党独特的政治优势、组织优势和制度优势。在革命、建设、改革各个历史时期，党组制度都发挥了重要作用。为进一步完善党组制度，2015 年 6 月，中共中央印发《中国共产党党组工作条例（试行）》，对党组的设立、职责、组织原则、议事决策等作出全面规范。党的十九大通过的党章修正案对党组职责作了充实，进一步明确了党组管党治党的政治责任。2019 年 4 月，中共中央印发修订后的《中国共产党党组工作条例》，根据新的形势、任务和要求，对《中国共产党党组工作条例（试行）》予以修订完善。二是加强和完善地方党委制度。地方党委制度是我们党执政治国的重要组织制度，省市县三级地方党委作为本地区的领导核心，在贯彻落实中央决策部署、推动党的奋斗目标实现上居于关键位置、负有重大责任。1996 年中共中央印发的《中国共产党地方委员会工作条例（试行）》，对加强和改善地方党委领导发挥了重要作用。随着党和国家事业不断发展，该条例已不能完全适应新形势新任务新要求。2016 年 1 月，中共中央印发修订后的《中国共产党地方委员会工作条例》，突出地方党委全面从严治党政治责任，健全地方党委发挥领导核心作用的制度基础，完善地方党委运行机制。

2. 加强党对一切工作的领导

习近平同志在庆祝建党 95 周年大会上的重要讲话中指出，“坚持和完

[1] 习近平：《中国共产党领导是中国特色社会主义最本质的特征》，载《求是》2020 年第 14 期。

善党的领导，是党和国家的根本所在、命脉所在，是全国各族人民的利益所在、幸福所在”[1]，突出强调了坚持和完善党的领导对党和国家生死存亡、长治久安的极端重要性，对维护全国各族人民根本利益、创造幸福生活的极端重要性。以习近平同志为核心的党中央高度重视加强党对一切工作领导的制度建设，把坚持和完善党的领导制度体系工作放在党的建设新的伟大工程突出位置来抓，取得一系列重大制度建设成就。首次修订了《中国共产党地方委员会工作条例（试行）》，印发《中国共产党地方委员会工作条例》，各地区各部门党委（党组）加强向党中央报告工作成为一个规矩。中共中央办公厅印发《关于在深化国有企业改革中坚持党的领导加强党的建设的若干意见》，针对国有企业不同程度存在的党的领导弱化、淡化、虚化、边缘化问题，强调坚持党的领导、加强党的建设，是国企的“根”和“魂”，明确要求新形势下必须发挥企业党组织的领导核心和政治核心作用，保证党和国家方针政策、重大部署在国有企业贯彻执行。针对金融工作存在的问题，强调“做好新形势下金融工作，要坚持党中央对金融工作集中统一领导，确保金融改革发展正确方向”[2]。针对军队建设存在的问题，紧紧围绕确保人民军队的性质、宗旨、本色永远不变这一根本性问题，始终把坚持党对人民军队的绝对领导作为强军之魂，召开古田全军政治工作会议，鲜明提出我军政治工作时代主题；中央军委印发《关于全面深入贯彻军委主席负责制的意见》，明确军委主席负责制是党对人民军队绝对领导制度的“龙头”，并郑重写入党章。针对一些党组织对群团工作领导不到位、不得力等问题，召开中央党的群团工作会议，明确要求坚持党委统一领导、党政齐抓共管、部门各负其责、党员干部带头示范、群团履职尽责的工作格局。针对一些地方和高校在办学方向上的模糊认识、思想政治工作重视不够等问题，中共中央、国务院印发《关于

---

〔1〕 习近平：《中国共产党领导是中国特色社会主义最本质的特征》，载《求是》2020年第14期。
〔2〕 习近平：《深化金融改革　促进经济和金融良性循环健康发展》，载《人民日报》2017年7月16日，第1版。

加强和改进新形势下高校思想政治工作的意见》，召开全国高校思想政治工作会议，强调必须牢牢掌握党对高校工作的领导权，使高校成为坚持党的领导的坚强阵地。党的十九大对党章作出重大修改，及时将加强党的领导的有关内容写入党章，使党在新时代中国特色社会主义事业中的领导核心地位更加明确，同时完善了“五位一体”总体布局、“四个全面”战略布局等内容。党章的修改为我们党更好承担起执政兴国历史使命提供了新的根本遵循。与此同时，不断健全党领导经济社会各方面重要工作的制度规定，确保党管干部、党管人才、党管意识形态、党对经济工作的领导、党对政法工作的领导、党管农村工作、党管办学方向等落到实处。改进完善党领导实施重大战略的制度机制，围绕打赢三大攻坚战、实施“七大战略”、“一带一路”建设、东北全面振兴、京津冀协同发展、长江经济带发展、粤港澳大湾区建设、长三角一体化发展、黄河流域生态保护和高质量发展等重大战略，健全党统一领导、统筹协调、督促检查的具体制度，形成科学的协同机制。新时代党的领导制度体系的进一步坚持和完善，使党的领导制度体系全面系统、科学规范、运行有效，更加成熟、更加定型、更加丰富，全党的制度执行能力不断提升，党的创造力、凝聚力、战斗力不断增强。

3. 完善党和国家机构职能体系

习近平总书记指出，“党和国家机构职能体系是中国特色社会主义制度的重要组成部分，是我们党治国理政的重要保障”[1]。党的十九大就深化机构改革作出重要部署，党的十九届三中全会专题研究深化机构改革问题，通过《中共中央关于深化党和国家机构改革的决定》和《深化党和国家机构改革方案》。深化党和国家机构改革是对党和国家组织结构和管理体制的一次系统性、整体性重构。通过整体性推进中央和地方各级各类机构改革，重构性健全党的领导体系、政府治理体系、武装力量体系、群团工作体系，系统性增强党的领导力、政府执行力、武装力量战斗力、群团

---

〔1〕 鞠鹏：《中共十九届三中全会在京举行》，载《人民日报》2018年3月1日，第1版。

组织活力，适应新时代要求的党和国家机构职能体系主体框架初步建立，为完善和发展中国特色社会主义制度、推进国家治理体系和治理能力现代化提供了有力的组织保障。

（三）健全为人民执政、靠人民执政的各项制度

1. 保持党同人民群众的血肉联系

我们党最大的政治优势是密切联系群众，党执政后最大的危险是脱离群众。从抓突出问题入手，坚决反对形式主义、官僚主义、享乐主义和奢靡之风，是全面从严治党、严格党内政治生活、保持党同人民群众血肉联系的必然要求。2012 年 12 月，中共中央政治局会议审议通过《十八届中央政治局关于改进工作作风、密切联系群众的八项规定》，即“中央八项规定”。中央八项规定对于改进调查研究、精简会议活动、精简文件简报、规范出访活动、改进警卫工作、改进新闻报道、严格文稿发表、厉行勤俭节约等方面作出具体规定。中央八项规定颁布实施以来，党风政风和社会风气发生了全面深刻、影响深远、鼓舞人心的变化。2017 年 10 月，十九届中央政治局首次会议审议通过《中共中央政治局贯彻落实中央八项规定的实施细则》，进一步彰显了以习近平同志为核心的党中央持之以恒正风肃纪的鲜明态度和坚定决心，向全党全社会释放了一刻不停歇推动作风建设向纵深发展的强烈信号。

2. 贯彻党的群众路线，完善党员、干部联系群众制度

在全党开展以为民务实清廉为主要内容的党的群众路线教育实践活动，是党的十八大作出的一项战略决策。从 2013 年 6 月开始，活动自上而下分两批开展，紧紧围绕保持和发展党的先进性和纯洁性，以“为民、务实、清廉”为主题，按照“照镜子、正衣冠、洗洗澡、治治病”的总要求，自上而下在全党深入开展。这次活动坚持破立并举，注重建章立制，中央相继出台党政机关厉行节约反对浪费、国内公务接待管理、公务用车

改革等一系列制度，以转作风改作风为重点的制度体系更加完善，制度执行力和约束力得到增强。2013 年 11 月，中共中央、国务院印发《党政机关厉行节约反对浪费条例》。依据这个条例，党政机关经费管理、国内差旅、因公临时出国（境）、培训、公务接待、公务用车、会议活动、办公用房、基层党建活动、资源节约等方面的党内法规和规范性文件相继出台。各级根据中央八项规定精神，在联系服务群众、规范权力运行等方面制定和修订了一批工作制度和管理制度，扎紧制度的笼子，强化对不良作风的刚性约束，按规矩办事、按规矩用权意识显著增强，越界犯规行为减少。通过积极回应群众关切，着力打通联系服务群众的“最后一公里”，形成人往基层走、钱往基层投、政策往基层倾斜的良好导向，改作风改到群众心坎上。执法监管部门和窗口服务单位门难进、脸难看、事难办等突出问题得到有效整治，随意执法、选择性执法，不给好处不办事、给了好处乱办事的现象大为减少。软弱涣散的基层党组织得到初步整顿，党员、干部服务群众的自觉性得以增强。

3. 健全群团工作体系

群团事业是党的事业的重要组成部分。党的群团工作是党治国理政的一项经常性、基础性工作，是党组织动员广大人民群众为完成党的中心任务而奋斗的重要法宝。以习近平同志为核心的党中央高度重视党的群团工作，提出许多新理念新思想新战略，采取一系列重要举措加强和改进党的群团工作。2015 年 7 月，党中央召开中央党的群团工作会议，习近平总书记出席并发表重要讲话；下发《中共中央关于加强和改进党的群团工作的意见》。这一系列重要举措，为新时代党的群团改革和群团工作指明了方向。党的群团工作在继承创新中不断加强，为党和国家事业取得历史性成就、发生历史性变革作出了应有贡献。党的十九届三中全会通过《关于深化党和国家机构改革的决定》，强调要形成“联系广泛、服务群众的群团工作体系”，对深化群团组织改革进行部署，提出要深化党的群团组织改革，推动群团组织增强政治性、先进性、群众性。该决定的内容主要有三个方面：一是健全党委统一领导群团工作的制度，强化同级党委在同级群团组织中的领导地位，切实加强党对群团组织的全面领导。二是深化群团组织改革，通过改革机构设置、优化管理模式、创新运行机制，推动群团组织力量配备、服务资源向基层倾斜。三是促进党政机构同群团组织功能有机衔接，支持和鼓励群团组织承担适合其承担的公共职能，更好发挥群团组织作为党和政府联系人民群众的桥梁和纽带作用。

（四）完善全面从严治党制度

全面从严治党是“四个全面”战略布局的根本保证，是党的十八大以来党中央抓党的建设的鲜明主题。党的十八大以来，以习近平同志为核心的党中央全面加强党的领导和党的建设，坚决改变管党治党宽松软状况，以顽强意志品质正风肃纪、反腐惩恶，党内政治生活气象更新，党内政治生态明显好转，党在革命性锻造中更加坚强，焕发出新的强大生机活力。

1. 完善党内监督制度

2016年10月，党的十八届六中全会修订《中国共产党党内监督条例》，直面党内监督存在的突出问题，第一次用专章规定党的中央组织的监督职责，深刻阐述了党内监督的指导思想、基本原则、监督内容、监督对象、监督方式以及强化自我监督、构建党内监督体系等重要问题，明确了党的中央组织、党委（党组）、党的纪律检查委员会、党的基层组织和党员四类监督主体的监督职责以及相应监督制度，是新形势下加强党内监督的顶层设计，为加强和规范党内监督提供了基本遵循。

2. 加强问责制度

2016年6月28日，中共中央政治局会议审议通过《中国共产党问责条例》。该条例围绕党的事业和党的建设领导责任，综合运用检查、通报、诫勉、组织调整或者组织处理、纪律处分等方式，追究主体责任、监督责任和领导责任。各省区市党委和纪委、中央部委党组（党委）和纪检组建立健全约谈函询、述责述廉等制度，制定落实“两个责任”细则和问责条例实施办法，形成一级抓一级、层层传导压力的局面。2019 年中共中央对《中国共产党问责条例》进行修订，完善了问责情形程序，提高了问责的政治性、精准性、实效性。

3. 加强和完善巡视工作制度

巡视是党内监督的战略性制度安排，凝结着全面从严治党理论、实践、制度创新的重要成果，彰显了中国特色社会主义民主监督的制度优势。2015 年 8 月，中共中央发布《中国共产党巡视工作条例》。2017 年 7 月 1 日，中共中央决定修改巡视工作条例。依据该条例，又制定了中央巡视工作五年规划、市县党委建立巡察制度的意见、被巡视党组织配合中央巡视组开展巡视工作的规定。十八届中央委员会履职期间，完成对省区市、中央和国家机关、中管企事业单位和金融机构、中管高校等的巡视，在党的历史上首次实现一届任期内巡视全覆盖。巡视的力度和效果不断增强，利剑作用彰显。

4. 完善廉洁自律制度

2015 年 10 月，党中央根据党的十八大以来全面从严治党新的实践经验，印发《中国共产党廉洁自律准则》。该准则紧扣廉洁自律主题，坚持正面倡导，突出重点、化繁为简，将适用对象扩大到全体党员，倡导正确处理公与私、廉与腐、俭与奢、苦与乐的关系；对领导干部廉洁从政、廉洁用权、廉洁修身、廉洁齐家提出更高要求，为党员和领导干部树立起高标准。

5. 完善纪律处分制度

为加强党的纪律建设，党中央两次修订《中国共产党纪律处分条例》，不断完善纪律处分制度。2015 年 10 月首次修订该条例，坚持纪严于法、纪在法前，把党章党规中的纪律要求具体化，明确政治纪律、组织纪律、廉洁纪律、群众纪律、工作纪律和生活纪律等六项纪律，并把政治纪律放在首位，使纪律真正成为管党治党的尺子。2018 年再次修订该条例，将党章和新形势下党内政治生活若干准则等党内法规要求具体化，突出政治纪律，把坚决维护习近平总书记党中央的核心、全党的核心地位，坚决维护党中央权威和集中统一领导作为出发点和落脚点，作为根本的政治纪律和政治规矩，推动各级党组织和党员、干部始终在政治立场、政治方向、政治原则、政治道路上同党中央保持高度一致，确保全党令行禁止。

二、坚持和完善人民当家作主制度体系

社会主义民主政治建设在国家政治生活中具有管根本、管全局、管长远的作用。人民当家作主是社会主义民主政治的本质和核心。习近平总书记指出："我国社会主义民主是维护人民根本利益的最广泛、最真实、最管用的民主。发展社会主义民主政治就是要体现人民意志、保障人民权益、激发人民创造活力，用制度体系保证人民当家作主。"〔1〕党的十八大以来，党中央以增加和扩大我国社会主义民主政治的优势和特点为关键，坚持发挥党总揽全局、协调各方的领导核心作用；坚持国家一切权力属于人民；坚持和完善中国共产党领导的多党合作和政治协商制度；巩固和发展最广泛的爱国统一战线制度；坚持和完善民族区域自治制度；坚持和完善基层群众自治制度；持续推进社会主义民主政治制度化、规范化、程序化，更好发挥中国特色社会主义民主政治制度的优越性，不断为党和国家兴旺发达、长治久安提供更加完善的制度保障。

（一）坚持和完善人民代表大会制度这一根本政治制度

人民代表大会制度是我国的根本政治制度，是中国人民当家作主的最高实现形式，是中国社会主义政治文明的重要载体。习近平总书记指出：

〔1〕习近平：《决胜全面建成小康社会　夺取新时代中国特色社会主义伟大胜利——在中国共产党第十九次全国代表大会上的报告》，载《人民日报》2017年10月28日，第1版。

"人民代表大会制度是中国特色社会主义制度的重要组成部分，也是支撑中国国家治理体系和治理能力的根本政治制度。"[1] 这一重要论断明确提出了人民代表大会制度的时代新定位新使命新任务，把人民代表大会制度同改革创新、国家治理、发展目标紧密联系起来，突出了人民代表大会制度在推进国家治理体系和治理能力现代化中的重要功效，为更好发挥根本政治制度作用指明了前进方向、开辟了广阔空间。人民代表大会制度不断与时俱进、发展完善，中国特色社会主义民主政治的优越性得到充分彰显。

1. 全面加强和改善党对人大工作和建设的领导

习近平总书记主持召开中央政治局常委会会议，听取全国人大常委会党组工作汇报已成为制度性安排，载入党的十八届六中全会通过的《关于新形势下党内政治生活的若干准则》。党中央多次研究人大立法、监督等工作中的重大问题和重要事项，作出部署安排，提出明确要求，出台一系列有关人大工作和建设的重要指导性文件。全国人大常委会党组坚定坚持正确政治方向，认真履行政治领导责任，设立专门委员会分党组，全面加强全国人大党的工作和党的建设。

2. 修改宪法，推动宪法与时俱进

十三届全国人大一次会议通过《中华人民共和国宪法修正案》，适时地把党和人民在实践中取得的重大理论创新、实践创新、制度创新成果通过国家根本法确定下来，使之成为全国各族人民的共同遵循，成为国家各项事业、各方面工作的活动准则。一是将习近平新时代中国特色社会主义思想载入宪法，以国家根本法的形式确立了其在国家政治和社会生活中的指导地位；二是把"中国共产党领导是中国特色社会主义最本质的特征"增写进宪法关于国家根本制度的条文；三是在国家主席任职规定上作出调整，使党的总书记、党的中央军委主席、国家中央军委主席、国家主席的

[1] 习近平：《在庆祝全国人民代表大会成立六十周年大会上的讲话》，载《求是》2019年第18期。

任职规定保持一致；四是增加有关监察委员会的各项规定，贯彻党的十九大关于健全党和国家监督体系的部署等。

3. 健全宪法实施和监督制度

党的十八大以来，党中央高度重视宪法实施工作。习近平总书记在首都各界纪念现行宪法公布施行30周年大会上的讲话中明确指出，“宪法的生命在于实施，宪法的权威也在于实施”，“依法治国，首先是依宪治国；依法执政，关键是依宪执政”。党的十八届四中全会提出完善全国人大及其常委会宪法监督制度，设立宪法日，建立宪法宣誓制度。党的十九大明确提出加强宪法实施和监督，推进合宪性审查工作，维护宪法权威。落实党中央决策部署，全国人大及其常委会积极推动宪法实施工作取得显著成效和重要进展，实现历史性突破。一是宪法修改后，全国人大“法律委员会”更名为“宪法和法律委员会”，在继续承担统一审议法律草案工作的基础上，增加推动宪法实施、开展宪法解释、推进合宪性审查、加强宪法监督、配合宪法宣传等职责；二是2014年11月1日以立法形式把每年12月4日设立为国家宪法日，为推动宪法宣传教育机制常态化提供了法律保障，对增强全社会的宪法意识，弘扬宪法精神，加强宪法实施，全面推进依法治国意义重大；三是建立宪法宣誓制度，有利于增加国家工作人员对宪法的信仰和遵从，有利于塑造公众的宪法信仰、法治信仰，彰显宪法尊严；四是根据宪法精神和有关法律原则，作出特赦部分服刑罪犯、处理辽宁拉票贿选案等有关决定，维护宪法尊严、保证宪法实施。

4. 修改立法法，完善立法体制

党的十八届四中全会提出，明确地方立法权限和范围，依法赋予设区的市地方立法权。2015年3月，十二届全国人大三次会议通过关于修改《中华人民共和国立法法》的决定，主要从实现改革与立法决策相衔接、落实税收法定原则、地方立法权、规章权限、发挥人大在立法工作中的主导作用等方面，对立法法进行了补充修改完善。立法法是关于国家立法制度的重要法律，被称为“管法的法”。立法法修改前，我国共有284个设区的市，其中49个较大的市享有地方立法权。立法法修改后，其他235个设区的市也获得地方立法权，即设区的市可以对“城乡建设与管理、环境保护、历史文化保护等方面的事项”制定地方性法规，进一步完善了我国的立法体制。

5. 加强人大自身建设

随着我国社会主义民主政治的深入发展，各级人大自身建设也取得长足进展。主要表现在：一是2015年6月，中共中央转发《中共全国人大常委会党组关于加强县乡人大工作和建设的若干意见》，明确提出加强县乡人大工作和建设，充分发挥基层国家权力机关和人大代表作用，巩固党的执政基础，是坚持和完善人民代表大会制度的重要任务。贯彻落实中央文件精神，全国人大常委会于2015年对地方组织法、选举法和代表法作了修改，对县乡人大的组织制度和工作制度、代表选举、代表工作等进行充实完善，推进代表工作制度化、规范化和程序化；2020年10月，再次修改选举法，把坚持党对选举工作的领导写入法律，同时适当增加县乡两级人大代表数量。二是落实党中央决策部署和修改后宪法的规定，2021年3月十三届全国人大四次会议对全国人大组织法、全国人大议事规则作出重要修改，体现了深化党和国家机构改革新形势新任务新要求，总结了人民代表大会制度实践的新经验新成果，完善了全国人大组织制度和工作制度、会议制度和工作程序，有利于进一步坚持和完善人民代表大会制度，更好地保障人民当家作主。

6. 完善法规备案审查制度

规范性文件备案审查是宪法法律赋予人大的一项重要监督职权，是符合中国国情、具有中国特色的一项宪法性制度设计，是保障宪法法律实施、维护国家法制统一的一项重要举措。党的十八届三中全会提出，健全法规、规章、规范性文件备案审查制度。党的十八届四中全会强调，完善全国人大及其常委会宪法监督制度，加强备案审查制度和能力建设，把所有规范性文件纳入备案审查范围，依法撤销和纠正违宪违法的规范性文件。贯彻落实党中央要求和修改后的立法法有关规定，全国人大常委会不断加强备案审查制度和能力建设，设立全国统一的备案审查信息平台，落实“有件必备、有备必审、有错必纠”，加大监督纠正力度，取得明显成效。

（二）坚持和完善中国共产党领导的多党合作和政治协商制度

中国共产党领导的多党合作和政治协商制度是具有中国特色的社会主义政党制度，共产党领导、多党派合作，共产党执政、多党派参政，构成了我国政党政治格局的基本特征。以习近平同志为核心的党中央在治国理政实践中，对坚持和完善我国多党合作和政治协商制度作出一系列重要部署，为巩固和发展这一重要制度指明了方向，提供了遵循。

1. 不断加强多党合作制度建设

政党协商作为中国共产党领导的多党合作和政治协商制度的重要内容，是社会主义协商民主的重要形式，体现了社会主义民主的本质，在推进民主政治建设、实现人民当家作主中发挥着重要作用。以习近平同志为总书记的党中央高度重视政党协商。习近平总书记指出，中国共产党领导的多党合作和政治协商制度，反映了人民当家作主的社会主义民主政治的本质，是我国政治格局稳定的重要制度保证，是我们党和我们国家的制度优势和特点的一个很重要的方面。2015 年 1 月中共中央颁布《关于加强社会主义协商民主建设的意见》，10 月中共中央办公厅印发《关于加强政党协商的实施意见》，进一步明确了政党协商的基本内涵、地位作用、主要内容、形式程序和保障机制，实现了政党协商有制可依、有规可守、有序可循。政党协商初步形成以国家宪法为基础、以中共中央文件和法规为主体、以相关配套政策为辅助的完备制度保障体系。政党协商的内容明确、形式固定、程序规范、机制健全，形成了协商前的制订计划、知情明政、考察调研，协商中的情况说明、发表意见、交流互动，协商后的意见整理、交付办理、结果反馈等三个环节若干步骤的运作流程，使政党协商能够充满活力、务实有效开展。多党合作制度化规范化程序化水平大大提升，推动我国新型政党制度日益巩固和发展。

2. 不断加强人民政协建设

习近平总书记立足时代和全局高度，着眼坚持和发展中国特色社会主义、建设社会主义政治文明，把人民政协事业纳入全面深化改革总体布局，加强党对人民政协工作的全面领导，就人民政协工作发表一系列重要讲话，科学回答了人民政协事业面临的一系列重大理论和实践问题，为人民政协工作在新的征程上开拓奋进指明了前进方向、提供了基本遵循。习近平总书记在庆祝中国人民政治协商会议成立65周年大会上发表重要讲话，强调“人民政协是国家治理体系的重要组成部分”[1]。党的十九大报告强调：“人民政协是具有中国特色的制度安排，是社会主义协商民主的重要渠道和专门协商机构。”这些重要论述和重大部署，在坚持人民政协统一战线组织的性质定位的基础上，进一步确立了其在社会主义协商民主和国家治理体系中的地位和作用。一是加强党的领导，确保正确政治方向。坚持和加强党的领导是党的十八大以来，以习近平同志为核心的党中央推进人民政协事业发展的鲜明特点。党中央建立定期研究政协工作制度，中央政治局常委会每年召开专题会议，听取全国政协党组工作汇报，研究讨论政协年度协商计划、常委会工作报告、政协全体会议等事项，把政协工作纳入党中央总体工作部署。完善全国政协党的领导体制，明确全国政协党组领导核心作用，全国政协机关党组接受全国政协党组领导，批准9个专门委员会设立分党组。这些制度性安排，从组织体系、制度机制上确保了党中央集中统一领导在政协的贯彻落实。二是推进政协协商民主建设，完善协商议政格局。充分发挥人民政协作为社会主义协商民主的重要渠道和专门协商机构作用，把协商民主贯穿履行职能的全过程，不断提高制度

[1] 习近平：《在庆祝中国人民政治协商会议成立65周年大会上的讲话》，载《人民日报》2014年9月22日，第1版。

化、规范化、程序化水平。建立制定年度协商计划工作机制，拓展协商内容、规范协商程序、丰富协商形式，完善协商成果采纳、落实和反馈机制。三是推进政协协商民主制度建设。制定《关于加强社会主义协商民主建设的意见》和《关于加强人民政协协商民主建设的实施意见》，进一步明确政协协商内容、协商形式、协商程序、成果运用等。建立健全制订年度协商计划的工作机制，党委会同政府、政协制订年度协商计划，明确规定需要协商的事项必须经协商后提交决策实施。完善协商成果的采纳、落实和反馈机制。四是创建双周协商座谈会等协商形式。按照中央关于完善协商形式、增加协商密度的要求，全国政协创建以专题为内容、以界别为纽带、以专委会为依托、以多向交流为方法的双周协商座谈会，围绕切口较小的议题，以党外委员为主，有关部门负责同志参加，每年召开 20 次左右，成为政协协商议政的重要品牌。形成了以全体会议为龙头、以专题议政性常委会会议和专题协商会为重点、以双周协商座谈会为常态的协商议政格局。

（三）巩固和发展最广泛的爱国统一战线制度

以习近平同志为核心的党中央把统一战线作为新时代坚持和发展中国特色社会主义的基本方略，召开中央统战工作会议、中央民族工作会议、第二次中央新疆工作座谈会、中央第六次西藏工作座谈会、全国宗教工作会议、全国新的社会阶层人士统战工作会议等重要会议，制定《中国共产党统一战线工作条例》等重要法规文件，对统战工作作出全面部署。统一战线各项工作创新推进，取得历史性成就，为党和国家事业实现历史性变革作出了重要贡献。

1. 进一步加强和完善统一战线工作制度

2015 年 4 月，中共中央政治局通过《中国共产党统一战线工作条例（试行）》。这是关于统一战线工作的第一部党内法规，首次将“参加中国共产党领导的政治协商”作为民主党派基本职能之一，将民主党派基本职能拓展为“参政议政、民主监督，参加中国共产党领导的政治协商”。2020 年 12 月，中共中央颁布修订后的《中国共产党统一战线工作条例》，进一步加强党对统一战线工作的集中统一领导，提高统一战线工作科学化、规范化、制度化水平。

2. 完善宗教工作制度

党的十八大以来，随着国内国际形势的深刻变化，宗教方面出现了许多新情况新问题，2005 年施行的《宗教事务条例》已经不能很好地适应宗教工作形势发展的需要。2017 年 8 月，国务院颁布修订后的《宗教事务条例》，一是更好体现了依法保障公民宗教信仰自由权利的原则；二是更好体现了促进宗教关系和谐，切实维护国家安全、社会稳定和民族团结的原则；三是更好体现了推进依法行政、加快法治政府建设的原则。

3. 形成大统战工作格局

习近平总书记多次强调“统一战线工作是全党的工作”，要求建立“大统战工作格局”，要求全党同志都要善于做统战工作，形成统战工作新合力。他亲自主持召开了第 21 次中央统战工作会议（之前称为全国统战工作会议），并对未来的统战工作做出了详细规划。会后中央专门成立了中央统战工作领导小组，省市县三级、中管高校和部分央企、科研院所也成立了统战工作领导小组。随后召开的中央民族工作会议、全国宗教工作会议、全国新的社会阶层人士统战工作会议，对新时期的民族宗教工作和新的社会阶层工作进行全面部署。在深化党和国家机构改革过程中，明确中央统战部统一领导国家民族事务委员会、统一管理宗教工作、统一管理侨务工作、统一领导海外统战工作。全面推进同级党委常委担任或兼任统战部长，各级统战部牵头协调作用不断增强，全党重视、有关部门参与、全社会支持统战工作的良好局面逐步形成。

(四) 坚持和完善民族区域自治制度

以习近平同志为核心的党中央，站在坚持和发展中国特色社会主义、实现中华民族伟大复兴的战略高度，提出一系列民族工作的新理念新思想新观点，采取一系列新举措，引领我国民族团结进步事业不断创新发展，开辟了马克思主义民族理论中国化新境界，实现我国民族团结、事业进步。

1. 鲜明提出铸牢中华民族共同体意识

近些年来，我国民族关系出现一些新情况，民族地区改革发展稳定面临一些新问题，特别是拉萨“3·14”、乌鲁木齐“7·5”等事件发生后，社会上、党内外对民族问题、民族工作出现了批评和质疑的声音。为了准确把握新形势下民族问题、民族工作的特点和规律，统一思想认识，明确目标任务，坚定信心决心，提高做好民族工作能力和水平，中共中央和国务院于2014年9月在北京召开了中央民族工作会议。习近平总书记发表重要讲话。讲话站在历史和全局的高度，阐述了民族工作的一系列重大理论和实践问题，第一次用“九个坚持”对新中国成立近70年的民族工作宝贵经验进行了深刻总结，第一次用“四个共同”从中华民族角度重述了中国历史，第一次鲜明提出铸牢中华民族共同体意识这一新时代民族工作的主线，体现了理论与实践、国内和国际、历史和未来的高度统一，是做好新时代民族工作的一篇纲领性文献，对澄清理论观点、统一思想认识、凝聚共识具有重要指导意义，对开创民族团结进步事业新局面必将产生重大而深远的影响。2014年12月，中共中央、国务院印发《关于加强和改进新形势下民族工作的意见》，从坚定不移走中国特色解决民族问题的正确道路、围绕改善民生推进民族地区经济社会发展、促进各民族交往交流交融、构筑各民族共有精神家园、提高依法管理民族事务能力、加强党对民族工作的领导六个方面提出25条意见，旨在切实加强和改进新形势下民族工作，团结带领全国各族人民共同推进全面建成小康社会、努力实现中华民族伟大复兴的中国梦。

2. 加强民族教育工作

2015 年 8 月，教育部和国家民委在北京联合召开第六次全国民族教育工作会议，国务院印发《关于加快发展民族教育的决定》，对当前和今后一段时期民族教育发展的指导思想、目标任务、政策措施等进行了全面规定，为我国民族教育指明了方向，提供了行动指南。

3. 依法治理民族事务，促进民族团结

一段时间以来，一些地方在遇到涉及民族因素的矛盾纠纷时，因为当事人身份证上写着“某某民族”就犯嘀咕、绕着走，进退失据，出现了“花钱买平安”的现象。这不仅损害了法律的公正与尊严，而且助长了歪风邪气。2017 年 1 月，中共中央办公厅、国务院办公厅印发《关于依法治理民族事务促进民族团结的意见》，要求在民族工作领域更好地运用法治思维、法治理念和法治方式调处民族事务，依法维护和保障各民族公民的权利、权益，依法妥善处理影响民族团结的矛盾纠纷，依法严厉打击破坏民族团结的一切行为，依法完善相关政策，办好服务于民生的实事。

4. 加强民族团结进步创建工作

在 2019 年召开的全国民族团结进步表彰大会上，习近平总书记鲜明提出“实现中华民族伟大复兴的中国梦，就要以铸牢中华民族共同体意识为主线，把民族团结进步事业作为基础性事业抓紧抓好”。强调“要把民族团结进步创建全面深入持久开展起来，创新方式载体，推动进机关、进企业、进社区、进乡镇、进学校、进连队、进宗教活动场所等”[1]。2019 年，中共中央办公厅、国务院办公厅印发《关于全面深入持久开展民族团结进步创建工作铸牢中华民族共同体意识的意见》，提出民族团结进步创建对于铸牢中华民族共同体意识的重大意义，创建工作的指导思想、基本

〔1〕 习近平：《在全国民族团结进步表彰大会上的讲话》，载《人民日报》2019 年 9 月 28 日，第 2 版。

原则和总体目标，明确了民族团结进步创建的主要任务，加强相关保障措施，为深化民族团结进步创建奠定良好基础，有力促进各民族像石榴籽一样紧紧拥抱在一起，推动中华民族走向包容性更强、凝聚力更大的命运共同体。

5. 加强城市民族工作

随着市场经济的发展和改革开放的深入，少数民族到中东部地区务工、经商、求学的人越来越多，汉族到民族地区开发建设、旅游观光的人逐年增加，各民族之间的联系比以往任何时候都更为紧密。2016 年 1 月，全国城市民族工作会议召开，会议要求全面贯彻中央民族工作会议和中央城市工作会议精神，坚持中国特色解决民族问题的正确道路，依法管理城市民族事务，以保障各民族合法权益为核心，以做好少数民族流动人口服务管理为重点，以推动建立相互嵌入的社会结构和社区环境为抓手，推进城市民族工作制度化、规范化、精细化，切实加强各民族交往交流交融。2017 年，中共中央办公厅、国务院办公厅印发了《关于加强和改进少数民族流动人口服务管理工作的意见》，推动各地建立流出地流入地两头对接机制，使各族群众在城市里更好地共同创造美好生活。

（五）健全充满活力的基层群众自治制度

党的十八大以来，我们党围绕推进社会主义民主政治建设，坚持和完善基层群众自治制度，发展基层民主，保障人民依法直接行使民主权利，推动我国基层民主建设取得新的显著成就。

1. 基层民主制度建设取得重大进展

十二届全国人大五次会议审议通过《中华人民共和国民法总则》，明确赋予村民委员会、居民委员会基层群众性自治组织特别法人资格，可以从事为履行职能所需要的民事活动。2018 年 12 月，全国人大常委会通过关于修改村民委员会组织法、城市居民委员会组织法的决定，将村民委员会、居民委员会的任期由 3 年改为 5 年，与村和社区党的委员会、总支部委员会、支部委员会的任期保持一致。

2. 城乡社区治理不断加强和完善

2017 年 6 月，中共中央、国务院印发《关于加强和完善城乡社区治理的意见》，这是首个以党中央、国务院名义对城乡社区工作进行专门部署的政策文件，该意见立足国情社情民情实际，直面当前基层治理中存在的突出问题，明确提出了加强和完善城乡社区治理的总体要求、目标任务和重要举措，为实现党领导下的政府治理和社会调节、居民自治良性互动，全面提升城乡社区治理法治化、科学化、精细化水平和组织化程度，促进城乡社区治理体系和治理能力现代化提供了科学指导和行动指南。

3. 基层民主政策措施不断完善

习近平总书记多次对城乡社区协商作出重要指示。党中央、国务院高度重视城乡社区协商工作，就城乡社区协商、乡镇政府服务能力建设等下发文件，中央有关部门先后就农村基层组织建设、社区服务体系建设、社区减负增效等出台政策措施。各地结合实际研究制定具体办法，采取扎实有效的工作措施，推动城乡社区协商实践不断深化。各省（自治区、直辖市）都出台了关于加强城乡社区协商的实施意见，各级党委、政府把城乡社区协商纳入重要议事日程，结合实际制定了具体办法。全国各村普遍制定了村规民约或村民自治章程，城市社区普遍制定了居民公约或居民自治章程，社会主义核心价值观得到充分体现。民主监督稳步推进，农村实现村务监督委员会全覆盖，城市社区居务监督形式日渐丰富，普遍实行村（居）务公开，述职、问责等机制逐步健全。

4. 基层民主作用充分呈现

习近平总书记指出，民主不是装饰品，不是用来做摆设的，而是用来解决人民要解决的问题的。各地坚持围绕中心、服务大局，注重发挥基层群众性自治组织的基础作用，引导群众支持和参与城乡社区治理创新，普遍建立基层政府及其派出机关与基层群众性自治组织的沟通协调等机制，依法厘清权责边界，促进政府行政管理和基层群众自治有效衔接、良性互动。支持基层群众性自治组织依法依规对驻区单位、社区社会组织、物业服务企业等开展监督，充分发挥社区多元主体作用，推进驻区单位共建共享，形成多方参与、共同治理格局，健全覆盖城乡、体系健全的社区服务网络，不断增强基层发展活力。基层群众性自治组织积极宣传宪法、法律法规和国家政策，推进文化教育科技知识普及，促进男女平等，开展形式多样的社会主义精神文明建设活动，为满足群众利益协调、诉求表达、矛盾调处、权益保障等需求发挥了积极作用。“有事要商量、有事好商量”已经在城乡社区蔚然成风。“村（居）民议事”“小区协商”“业主协商”“村（居）民决策听证”等协商形式在全国城乡社区逐步推广，群众有序参与的形式不断丰富、渠道不断拓展。

三、坚持和完善中国特色社会主义法治体系

国家治理的核心要义是“制度之治”。党的十八大以来，以习近平同志为核心的党中央，从坚持和发展中国特色社会主义、实现中华民族伟大复兴、实现党和国家长治久安的战略高度定位法治、布局法治、厉行法治，把制度建设摆在更加突出和重要的位置，更加注重法治在国家治理和社会治理中的重要作用，把全面依法治国纳入“四个全面”战略布局，创造性地提出习近平法治思想，为建设社会主义现代化国家构筑有力法治保障。在习近平法治思想的指导下，中国特色社会主义法治体系建设取得了新的成就，法律规范体系渐趋完备，法治实施体系更加高效，法治监督体系日益严密，法治保障体系愈加有力，党内法规体系加快完善。全面依法治国迈出重大步伐，依法治国、依法执政、依法行政共同推进，法治国家、法治政府、法治社会一体建设，国家治理体系和治理能力现代化迈出新步伐。

（一）习近平法治思想为推进实现全面依法治国总目标提供理论指导

2014年，党的十八届四中全会专题研究全面依法治国问题并作出决定，明确提出全面依法治国的总目标是建设中国特色社会主义法治体系、建设社会主义法治国家，鲜明提出坚持走中国特色社会主义法治道路，明确了建设社会主义法治国家的性质、方向、道路、抓手，有力推进了社会主义法治国家建设。

1. 全面依法治国成为坚持和发展中国特色社会主义全局性方略

以习近平同志为核心的党中央始终把依法治国摆在党和国家工作全局的关键位置来谋划推进。习近平总书记多次强调全面依法治国的重要性和紧迫性，他指出，“法治和人治问题是人类政治文明史上的一个基本问题，也是各国在实现现代化过程中必须面对和解决的一个重大问题”；“法治兴则国家兴，法治衰则国家乱。什么时候重视法治、法治昌明，什么时候就国泰民安；什么时候忽视法治、法治松弛，什么时候就国乱民怨”。2012年党的十八大首次提出全面推进依法治国，强调法治是治国理政的基本方式，要求建设社会主义法治国家，实现国家各项工作法治化，并提出了社会主义法治建设新的“十六字方针”，即“科学立法、严格执法、公正司法、全民守法”。2013年党的十八届三中全会提出推进法治中国建设，把全面深化改革与法治建设紧密结合起来，开创性地提出建设法治中国，必须坚持依法治国、依法执政、依法行政共同推进，坚持法治国家、法治政府、法治社会一体建设，推进国家治理体系和治理能力现代化。2014年党的十八届四中全会专题研究依法治国问题，并作出《中共中央关于全面推进依法治国若干重大问题的决定》，这是我们党历史上第一个关于加强法治建设的专门决定。2017年党的十九大把全面推进依法治国总目标写入新时代中国特色社会主义思想的“八个明确”，把坚持全面依法治国上升为新时代坚持和发展中国特色社会主义“十四个坚持”的基本方略，强调深化依法治国实践，全面依法治国在党和国家工作全局中的地位更加突出、作用更加重大。2018 年党的十九届三中全会站在加强党对全面依法治国的集中统一领导的高度，成立中央全面推进依法治国委员会，统筹推进全面依法治国工作。2020 年 11 月，首次召开中央全面依法治国工作会议，明确提出习近平法治思想在全面依法治国中的指导地位，成为新时代推进全面依法治国的行动指南，这在党和国家法制建设史上具有划时代的里程碑意义。2021 年 1 月，中共中央印发《法治中国建设规划（2020—2025 年）》，全面贯彻习近平法治思想，对全面依法治国各项工作作出规划部署。依法治国从国家治理局部性方略上升为坚持和发展中国特色社会主义全局性方略，提升了法治在推进国家治理现代化和建设社会主义现代化强国中的基础性、支撑性、引领性作用。

2. 习近平法治思想为全面依法治国提供了根本遵循和行动指南

习近平法治思想是习近平新时代中国特色社会主义思想的重要组成部分。2018 年 8 月 24 日，习近平总书记在主持召开中央全面依法治国委员会第一次会议的重要讲话中，用“十个坚持”对全面推进依法治国新理念新思想新战略作出全面系统的理论阐发，为习近平法治思想的正式确立奠定了理论基础。2020 年 11 月，中央召开全面依法治国工作会议，会议最重大的成果是确立了习近平法治思想。这一指导思想，内涵丰富、论述深刻、逻辑严密、系统完备，从历史和现实相贯通、国际和国内相关联、理论和实际相结合上深刻回答了新时代为什么实行全面依法治国、怎样实行全面依法治国等一系列重大问题，高度凝练地阐释了推进全面依法治国的总目标、总原则、着力点，为全面依法治国各项工作指明了方向，是全面依法治国的根本遵循和行动指南，本质上是中国特色社会主义道路在法治领域的具体体现，是中国特色社会主义理论体系在法治问题上的理论成果，是对中国特色社会主义制度在法律理论上的概括阐释。在习近平法治思想的科学指引下，中国特色社会主义法治体系日益完善，法治国家、法治政府、法治社会建设持续深入推进，国家治理体系和治理能力现代化迈出新步伐。

（二）健全保证宪法全面实施的体制机制

宪法是国家的根本大法，是治国安邦的总章程，具有根本性、全局性、稳定性、长期性，是治国理政的根本法律依据。依法治国首先要坚持依宪治国，依法执政首先要坚持依宪执政。其核心要义就是全面贯彻实施宪法，以宪法为根本遵循，实现国家治理的法治化。

1. 习近平总书记关于贯彻宪法的重要论述

党的十八大以来，以习近平同志为核心的党中央高度重视宪法实施工作，把全面贯彻实施宪法作为全面依法治国、建设社会主义法治国家的首要任务和基础性工作，采取一系列有力措施推动宪法贯彻实施。党的十八届四中全会就健全宪法实施和监督制度提出了具体任务。党的十九届四中全会将“健全保证宪法全面实施的体制机制”作为“坚持和完善中国特色社会主义法治体系，提高党依法治国、依法执政能力”的首要任务，进一步凸显宪法实施对于坚持和完善中国特色社会主义制度、提高国家治理能力的重要作用。习近平总书记多次就贯彻实施好宪法发表重要讲话，3 次对开展好国家宪法日活动作出重要批示，带头进行宪法宣誓，推动宪法贯彻实施。习近平总书记关于宪法的重要论述具有鲜明的时代特征和实践特色，主要有以下几个方面的内容：一是强调坚持依法治国首先要坚持依宪治国，坚持依法执政首先要坚持依宪执政；二是强调宪法是党和人民意志的集中体现；三是强调全面贯彻实施宪法；四是强调在全社会弘扬宪法精神；五是强调抓住“关键少数”；六是强调坚定宪法自信；七是强调宪法是我们党长期执政的根本法律依据；八是强调依宪治国、依宪执政同西方所谓“宪政”有着本质区别。

2. 宪法修改强化了自身贯彻实施的坚实基础

宪法是中国特色社会主义法律体系的核心，随着社会实践的发展进步，不断完善宪法的重大制度规定，对坚持和完善中国特色社会主义制度意义重大。2018 年，十三届全国人大一次会议通过《中华人民共和国宪法修正案》，把党的十九大确定的重大理论观点和重大方针政策载入国家根本法，把党和人民在实践中取得的重大理论创新、实践创新、制度创新成果上升为宪法规定，使我国宪法更好地体现人民意志，更好地体现中国特色社会主义的制度优势，为新时代坚持和发展中国特色社会主义提供有力宪法保障，为坚持和完善中国特色社会主义法治体系提供了宪法指引。宪法修正案把党领导人民进行社会主义现代化建设的理论创新成果、实践创新成果、制度创新成果写入宪法，深得人民群众拥护，为宪法实施奠定了坚实的社会基础：一是习近平新时代中国特色社会主义思想入宪，成为宪法实施的指导思想；二是关于坚持和加强中国共产党全面领导的内容强化了党对宪法实施的领导；三是关于中国特色社会主义事业总体布局和第二个百年奋斗目标，为国家发展各项事业、推进国家各方面工作贯彻实施宪法提供了行动指南；四是完善中国特色社会主义法律体系的目标任务为实施宪法指明法治方向；五是进一步健全法治实施体系为保证宪法实施提供了制度机制；六是关于监察委员会的规定进一步完善了法治监督体系，能有效保证各级公职人员严格遵守宪法和法律，为全面推进国家治理体系和治理能力现代化提供宪法遵循。

3. 健全宪法实施体制机制，提高宪法实施水平

党的十八大以来，我国宪法实施工作深入推进，呈现出许多新特点，取得新进展。一是通过建立健全法律法规和制度体系，推动和保障宪法实施。落实宪法规定的国家功勋荣誉表彰制度，制定国家勋章和国家荣誉称号法并有效实施，全国人大常委会在 2019 年新中国成立 70 周年之际作出关于授予国家勋章和国家荣誉称号的决定，在 2020 年 8 月作出授予在抗击新冠肺炎疫情斗争中作出杰出贡献的人士国家勋章和国家荣誉称号的决定，对为国家作出突出贡献的先进模范人物给予表彰，弘扬了爱国主义精神和社会主义核心价值观。2020 年 5 月，十三届全国人大三次会议依据宪

法和香港特别行政区基本法的规定，通过《全国人民代表大会关于建立健全香港特别行政区维护国家安全的法律制度和执行机制的决定》，为维护国家主权、安全、发展利益，确保香港长期繁荣稳定，提供更加有力的法治保障。二是宪法有关规定的直接适用。宪法中有一些规定属于有关国家机构的行为和活动规范，具有直接适用的性质。例如，我国宪法规定了特赦制度。在中国人民抗日战争暨世界反法西斯战争胜利 70 周年和中华人民共和国成立 70 周年之际，国家主席习近平两次根据全国人大常委会的决定签署发布特赦令，对部分服刑罪犯实施特赦，落实国家尊重和保障人权的宪法规定。三是考虑宪法有关规定的兼容性和调适性，必要时由有权机关作出合宪性判断和决定，以更好地实现宪法的稳定性和适应性的统一。例如，2018 年 4 月和 10 月，在关于刑事诉讼法（修正草案）的说明和人民法院组织法、人民检察院组织法两个修订草案审议结果的报告中，对全国人大常委会修改基本法律的权限作出合宪性判断。四是对于宪法法律没有明确规定、实践中遇到的新情况新问题，必要时，由有权机关根据宪法精神作出创制性安排。例如，2016 年 9 月，十二届全国人大常委会第二十三次会议根据宪法精神和有关法律原则，采取创制性办法，及时妥善处理有关省拉票贿选案给地方人大工作带来的新问题。五是设立国家宪法日。2014 年，贯彻党的十八届四中全会精神，全国人大常委会以立法形式把每年 12 月 4 日设立为国家宪法日。有关方面已连续多次开展国家宪法日活动，增强全社会的宪法意识，在全社会弘扬宪法精神，加强宪法实施。六是确立宪法宣誓制度。2015 年 7 月，全国人大常委会作出关于实行宪法宣誓制度的决定，2018 年宪法修改将宪法宣誓制度载入国家根本法，强化了国家公职人员的宪法意识，维护宪法的根本法地位，进一步彰显了宪法的权威。

4. 健全宪法监督制度，为宪法实施提供可靠保障

宪法监督是保证宪法实施、维护宪法权威的重要制度形式，是全面实施宪法的重要组成部分。一是加强宪法监督的组织保障。依据宪法规定，

全国人大及其常委会担负着监督宪法实施的重要职责。2018 年宪法修改，全国人大“法律委员会”更名为“宪法和法律委员会”，在继续承担统一审议法律草案工作的基础上，增加推动宪法实施、开展宪法解释、推进合宪性审查、加强宪法监督、配合宪法宣传等职责，加强了宪法实施的工作力量和组织保障。二是加强备案审查制度和能力建设，依法对备案的法规规章、司法解释和其他规范性文件的合法性和适当性开展审查监督工作，依法撤销和纠正违宪违法的规范性文件，实行有件必备、有备必审、有错必纠。党的十八届四中全会对完善全国人大及其常委会宪法监督制度提出明确要求，要求加强备案审查制度和能力建设，把所有规范性文件纳入备案审查范围，依法撤销和纠正违宪违法的规范性文件。2015 年中共中央办公厅出台工作指导性文件，建立规范性文件备案审查衔接联动机制。2015 年立法法修改进一步加强了立法监督制度。2019 年 10 月，全国人大常委会根据宪法确立的国家监察体制作出决定，在授权国家监察委员会根据宪法和法律制定监察法规的同时，明确全国人大常委会对监察法规进行备案审查的职责。制定《全国人大常委会法制工作委员会对提出审查建议的公民、组织进行反馈的工作办法》《全国人大常委会法制工作委员会法规、司法解释备案审查工作规程（试行）》《法规、司法解释备案审查工作办法》等工作层面的规范性文件，完善法规、司法解释备案审查体制机制。不断加强备案审查制度和能力建设，建成统一的覆盖全国的备案审查信息平台，初步建成国家法律法规数据库。建立向人大常委会报告备案审查工作制度，目前全国人大常委会已连续 4 年听取审议备案审查工作情况报告，并向社会公开，逐步形成长效机制，同时推动地方人大常委会建立听取审议备案审查工作情况报告的制度机制。三是推进合宪性审查工作。党的十九大报告首次明确提出“推进合宪性审查工作”。全国人大常委会制定了关于推进合宪性审查工作的实施意见，积极履行合宪性审查职责，既做好规范性文件出台后的合宪性审查，依法撤销和纠正违宪违法的规范性文件；也积极开展重大决策、重要规定出台前的合宪性咨询、确认等工作，在相关决定、草案说明和有关报告中作出合宪性判断和安排，妥善回应涉及宪法有关问题的关切，为中央决策和重大改革提供有力的宪法支撑，为坚持和加强党的领导夯实宪法基础，保证宪法得到切实遵守和执行。例如，2017 年 12 月，全国人大常委会批准了内地与香港特别行政区关于在广深港高铁西九龙站设立口岸实施“一地两检”的合作安排，确认有关合作安排符合宪法和香港特别行政区基本法，妥善解决了在香港特别行政区域范围内实施“一地两检”的合宪性、合法性依据问题。四是落实宪法解释程序机制，积极回应涉及宪法有关问题的关切，努力实现宪法的稳定性和适应性的统一。党的十八届四中全会提出“健全宪法解释程序机制”，党的十九届四中全会进一步提出“落实宪法解释程序机制”，为从程序上推进宪法解释提出制度建设的明确要求。今后要完善全国人大及其常委会解释宪法和监督宪法实施的制度，明确宪法解释与合宪性审查的启动事由、条件、方式，以及审议、通过、公布、效力等具体问题，提高宪法实施和监督的规范化和可操作性。

5. 加强宪法宣传教育

宪法的根基在于人民发自内心的拥护，宪法的伟力在于人民出自真诚的信仰。我们以习近平法治思想为指导，通过深入开展多种形式的宪法宣传教育，普及宪法知识，弘扬宪法精神，让宪法走入日常生活、走入人民群众，不断强化全国各族人民对于宪法的思想认同、情感认同和事实认同。注意把学习宣传宪法与实施宪法紧密结合起来，依法保障全体公民享有广泛的权利，努力维护最广大人民的根本利益，让人民群众在国家政治和社会生活中都能够感受到宪法权威、宪法尊严、宪法温暖和宪法魅力。

（三）完善立法体制机制

1. 坚持党领导立法，使党领导立法工作程序和立法程序对接

党的十八届四中全会提出健全党领导依法治国的制度和工作机制，

“完善党对立法工作中重大问题决策的程序。凡立法涉及重大体制和重大政策调整的，必须报党中央讨论决定。党中央向全国人大提出宪法修改建议，依照宪法规定的程序进行宪法修改。法律制定和修改的重大问题由全国人大常委会党组向党中央报告”。2016 年，党中央修订出台了关于加强对立法工作领导的意见，为立法工作更好地坚持党的领导提供了重要遵循。党的十九大之后，成立中央全面依法治国领导小组，加强对法治中国建设的统一领导。在立法实践中，加强党领导立法的体制机制主要表现为：中央政治局常委会会议审定每届全国人大常委会立法规划的编制和调整，并以中央文件形式转发；从 2015 年起，每年的中央政治局常委会工作要点都对“需中央研究的重大立法事项”作出明确部署；党中央领导重要法律的制定修改工作，听取全国人大常委会党组关于立法工作重要事项和重大问题的汇报，研究立法工作中的重大问题，讨论决定立法涉及的重大体制和重大政策调整，协调解决重大立法争议问题等；全国人大及其常委会紧紧围绕党中央确定的立法工作任务，科学研究制定立法计划规划，严格执行请示报告制度，定期向党中央报告全面工作情况，主动请示工作中的重大问题和重要事项，及时将党的路线方针政策和重大决策部署落实到立法中。地方各级人大注重发挥常委会党组的领导核心作用，对于立法工作中的重大问题、重要事项、重要情况，都经过常委会党组讨论并及时向党中央、同级党委请示报告。

2. 坚持立法先行，实现立法和改革决策相衔接

习近平总书记指出，“改革和法治相辅相成、相伴而生”，“在法治下推进改革，在改革中完善法治，这就是我们说的改革和法治是两个轮子的含义”。党的十八届四中全会明确提出，“建设中国特色社会主义法治体系，必须坚持立法先行，发挥立法的引领和推动作用，抓住提高立法质量这个关键”，首次明确将“立法先行”作为中国特色社会主义立法应当遵循的一项重要原则。2015 年立法法修改，明确规定全国人民代表大会及其常委会可以根据改革发展的需要，决定就行政管理领域的特定事项授权在

一定期限内在部分地方暂时调整或者暂时停止适用法律的部分规定，实现立法和改革在法律层面的衔接。全国人大常委会贯彻党中央作出的各项改革部署，坚持立法先行，在处理立法与改革的关系方面做了很多开创性工作，使立法主动适应改革需要，为相关领域改革提供法律依据。一是，针对与现行法律规定不一致、修改法律尚不成熟、需要先行先试的改革举措，依法作出授权决定或改革决定，如关于自由贸易试验区、行政审批制度改革、农村集体土地制度改革、金融体制改革、司法体制改革、公务员制度改革、社会保险制度改革、军官制度改革、武警部队改革、国务院机构改革、澳门特别行政区管辖范围等方面的授权决定和改革决定，为局部地区或者特定领域改革提供法律支持和保障。二是，不断完善授权决定和改革决定工作机制，适时听取审议试点工作情况报告，加强监督和成效评估。对需要继续探索的改革举措，决定延长试点期限或纳入新的试点加以完善；对实践证明行之有效的改革举措，通过修改完善相关法律予以复制推广。三是，加强涉及改革的法律立改废释工作。对相关法律不适应改革需要的个别条款，通过打包修改法律的方式统筹修改部分法律中同类或者相关的规定，如修改关于行政审批、职业资格认定等方面的法律规定，以适应简政放权、放管结合、优化服务和转变政府职能的需要。

3. 完善立法体制机制，调整立法权限

我国是统一的单一制国家，各地方经济、社会发展很不平衡，为了落实宪法规定的“在中央的统一领导下，充分发挥地方的主动性、积极性”的原则，2000 年立法法适应我国国情实际，从法律上确立了我国统一分层次的立法体制。党的十八大以来，以习近平同志为核心的党中央根据我国经济社会的发展变化、适应新时代国家治理需要对立法权限进一步作出调整，主要有以下几个方面：一是落实税收法定原则，完善法律的专属立法事项。基于税收在经济和社会中的重要地位和作用，平衡国家征税权和公民财产权的关系，党的十八届三中全会明确提出“落实税收法定原则”。2015 年立法法修改第 8 条专设“税收法定”一项，明确“税种的设立、税率的确定和税收征收管理等税收基本制度”只能由法律规定，完善法律的专属立法事项，为推进财税领域国家治理能力建设提供制度保障。二是适应地方治理需要，赋予设区的市地方立法权。为了更好地发挥中央和地方两个积极性，适应改革开放实践发展、拓宽地方治理空间，推进国家治理体系和治理能力现代化，党的十八届三中全会、四中全会分别提出了“逐步增加有地方立法权的较大的市数量”和“明确地方立法权限和范围，依法赋予设区的市地方立法权”的改革目标任务。2015 年 3 月，十二届全国人大三次会议通过关于修改立法法的决定，赋予所有设区的市、自治州地方立法权，同时明确设区的市人大及其常委会的立法权限范围，即在不同宪法、法律、行政法规和本省、自治区的地方性法规相抵触的前提下，可以对城乡建设与管理、环境保护、历史文化保护等方面的事项制定地方性法规。2018 年十三届全国人大一次会议通过宪法修正案，以根本法的形式对此进行确认，这是我国立法体制的又一次具有重大历史意义的飞跃。享有地方立法权的主体范围从原有的 31 个省（区、市）和 49 个较大的市，扩展到全国所有设区的市。三是根据监察工作实际需要，赋予国家监察委员会制定监察法规的权力。2019 年 10 月全国人大常委会作出决定，国家监察委员会根据宪法和法律制定监察法规。同时明确，全国人大常委会有权撤销同宪法和法律相抵触的监察法规。对现行立法体制和立法权限的调整规范，一方面，完善了法律的专属立法权制度，解决了国家经济建设中税收法定这一根本性、全局性、长远性问题；另一方面，通过赋予广泛的地方立法权，调动地方立法主体的积极性，保证了宪法、法律和行政法规在本地区的有效实施，有利于不断完善中国特色社会主义法律体系。

4. 坚持科学立法、民主立法、依法立法，不断提高立法质量

坚持科学立法、民主立法、依法立法是立法的基本原则，也是提高立法质量的根本途径。党的十八大以来，全国人大及其常委会不断建立健全立法工作制度，制定了一系列有关立法工作的规范性文件，推动科学立法、民主立法、依法立法再上新台阶，开创了立法工作新局面。同时通过

召开全国地方立法工作座谈会、地方立法培训班等方式，加强对地方立法特别是设区的市立法工作的指导。地方人大也相继出台一批富有特色、行之有效的法规制度，推动立法体制机制更加精细、运行更加高效。

关于坚持科学立法。一是在立项环节，出台立法项目征集论证工作规范。二是在起草环节，建立全国人大专门委员会、常委会工作机构组织起草重要法律草案制度。三是在审议环节，坚持分别审议和统一审议相结合，出台立法重大利益调整论证咨询、重要立法事项引入第三方评估等工作规范。四是在法律通过环节，建立法律草案通过前评估制度，设立重要条款单独表决制度。

关于坚持民主立法。一是完善公布法律草案征求意见机制，明确常委会初次审议和继续审议的法律草案都及时向社会公布征求意见。二是健全法律草案征求代表意见制度，将代表议案建议办理与制订立法规划计划、制定修改法律结合起来，邀请代表参与立法调研、论证、审议、评估等工作，建立常委会组成人员直接联系代表的制度。三是充分发挥人民代表大会审议通过基本法律和特别重大事项的立法职能。全国人民代表大会自2015年起连续7年审议通过重要法律案，一些地方人民代表大会也逐步增加通过地方性法规的数量。四是健全公众意见采纳情况反馈机制，积极回应人大代表、政协委员和社会各方面的关切。五是建立全国人大常委会法工委发言人制度，定期或不定期向社会发布立法工作相关情况，通报法律草案向社会征求意见及采纳情况。六是建立基层立法联系点制度，就法律草案组织听取基层干部群众意见，畅通立法“直通车”，使立法工作更加接地气、察民情。

关于坚持依法立法。即严格依照法定权限和程序行使立法权，不得越权立法，不得与上位法相抵触，坚决维护国家法制统一、尊严和权威，在立法过程中处理好宪法、法律、行政法规、地方性法规与规章之间的关系，在维护国家法制统一的前提下，行使好各自的立法权。

(四) 完善以宪法为核心的中国特色社会主义法律体系

完善以宪法为核心的中国特色社会主义法律体系，是全面推进依法治国的必然要求。全国人大及其常委会积极贯彻落实党中央的重大决策部署，在习近平新时代中国特色社会主义思想特别是习近平法治思想的正确指引下，紧紧围绕统筹推进“五位一体”总体布局和协调推进“四个全面”战略布局，不断完善以宪法为核心的中国特色社会主义法律体系，立法工作迈出了新步伐、取得了新进展，呈现出数量多、分量重、节奏快的新特点，开启了新时代立法工作新篇章。党的十八大以来（截至 2021 年 6 月底），全国人大及其常委会通过宪法修正案 1 件，新制定法律 57 件，修改法律 225 件次，作出法律解释 9 件，通过有关法律和重大问题的决定 86 件次，以宪法为核心的中国特色社会主义法律体系得到全面完善、提升和发展，社会主义制度更趋成熟、更趋定型。

1. 围绕国家制度和国家治理体系建设，加强宪法及其实施、监察、司法、国家安全等领域立法

落实宪法的有关规定，制定国家勋章和国家荣誉称号法、国旗法、国徽法、国歌法，推动宪法实施；完善国家机构的组织、职权及运行规则方面的法律。适应监察体制改革需要，制定监察法、公职人员政务处分法。修改全国人民代表大会组织法、全国人民代表大会议事规则、地方组织法、选举法、代表法、立法法，完善人民当家作主制度体系。修改公务员法、行政处罚法、行政复议法，完善行政管理体制。适应深化司法体制改革及公务员管理制度改革进程，修改人民法院组织法、人民检察院组织法、法官法、检察官法、刑事诉讼法，制定人民陪审员法、国际刑事司法协助法，完善司法体制机制。修改村民委员会组织法、城市居民委员会组织法，完善基层治理体系；贯彻落实总体国家安全观，构建国家安全法律制度体系。制定国家安全法、反间谍法、反恐怖主义法、境外非政府组织

境内活动管理法、网络安全法、数据安全法、国家情报法以及国防交通法、海警法、核安全法、密码法、出口管制法、香港特别行政区维护国家安全法等，为维护国家安全、核心利益和重大利益提供了有力法治保障。

2. 胜利完成民法典编纂工作

编纂民法典是党的十八届四中全会提出的重大立法任务，也是中国几代人特别是法律人的夙愿。新中国成立以来，曾 4 次启动民法典的制定工作，分别是 1954 年、1962 年、1979 年、2001 年，前两次因各种原因未取得实际成果；后两次经认真研究，从国情实际出发，决定按照“成熟一个通过一个”的工作思路，先分别制定民事单行法律，条件成熟时再编纂民法典。适应改革开放和发展市场经济的需要，国家曾制定了民法通则、继承法、担保法、合同法、物权法、侵权责任法等一系列民事单行法律，编纂民法典的条件已经具备。全国人大及其常委会认真贯彻党的十八届四中全会精神，开始着手编纂民法典工作，按照“先制定民法总则、再整合编纂各分编，争取 2020 年形成统一的民法典”的“两步走”工作思路。十二届全国人大五次会议于 2017 年 3 月审议通过民法总则，完成民法典开篇之作，构建了民事法律制度的基本框架，也为进一步编纂出一部具有中国特色、体现时代精神、反映人民意愿的民法典打下坚实基础。2020 年 5 月 28 日，十三届全国人大三次会议表决通过《中华人民共和国民法典》，共 7 编 1260 条，完成了新中国几代人的夙愿。人格权单独成编，是民法典的亮点之一，有利于维护个人的人格尊严，使人民生活得更体面、更有尊严。这是立法坚持以人民为中心发展思想的具体体现。民法典是新中国成立以来第一部以“法典”命名的法律，在中国特色社会主义法律体系中具有重要地位，是一部固根本、稳预期、利长远的基础性法律，是新时代我国社会主义法治建设的重大成果，对落实全面依法治国战略、完善社会主义市场经济体制、推进国家治理体系和治理能力现代化具有重要意义。

3. 围绕贯彻新发展理念实现高质量发展，加强宏观调控、市场监督、产业振兴等领域立法

完善宏观调控方面的法律制度，修改预算法、商业银行法、证券投资

基金法等；落实税收法定原则，制定环境保护税法、烟叶税法、船舶吨税法、耕地占用税法、车辆购置税法、资源税法、城市维护建设税法、契税法、印花税法，修改企业所得税法、个人所得税法等。完善加强市场监管、维护市场秩序、加强产权保护方面的法律制度，制定旅游法、资产评估法、外商投资法、电子商务法等，修改反不正当竞争法、标准化法、著作权法、商标法、专利法、广告法、农民专业合作社法、农村土地承包法、公司法、土地管理法、城市房地产管理法等。完善科技创新、产业振兴方面的法律制度，修改中小企业促进法、促进科技成果转化法等。

4. 围绕人民群众对美好生活的向往，加强民生保障、创新社会治理体制等领域立法

民生领域立法着眼人民群众最关心最直接最现实的利益问题，以保障和改善民生为重点。健全促进社会事业发展方面的法律制度，制定慈善法、中医药法、基本医疗卫生与健康促进法等，修改人口与计划生育法、红十字会法、教育法、高等教育法、民办教育促进法等，促进基本公共服务标准化、均等化、法定化；完善创新社会治理方面的法律制度，制定社区矫正法，作出关于废止有关收容教育法律规定和制度的决定等；完善公民合法权益、特殊群体利益保障方面的法律制度，制定反家庭暴力法、未成年人保护法等，修改消费者权益保护法、劳动合同法、社会保险法、老年人权益保障法等；完善维护人民群众生命财产安全方面的法律制度，制定特种设备安全法、消防救援衔条例等，修改食品安全法、药品管理法、疫苗管理法、安全生产法等；制定反食品浪费法，重点解决消费环节食品浪费问题；总结新冠肺炎疫情防控工作的经验，按照强化公共卫生法治保障体系的要求，制订实施专项立法修法计划，对30件立法修法项目作出统筹安排等。

5. 围绕“美丽中国”制度建设，加强生态环保领域立法

全面贯彻习近平生态文明思想，针对生态环境保护中存在的突出问题，特别是体制不完善、机制不健全、法治不完善的问题，加强生态环保

领域立法。构建“三位一体”、立体管控的生态环保法治网，制定土壤污染防治法，修改大气污染防治法、水污染防治法、环境噪声污染防治法、固体废物污染环境防治法；完善严格保护生态环境的法律制度，制定和修改环境保护法、海洋环境保护法、深海海底区域资源勘探开发法、土地管理法、环境影响评价法、野生动物保护法、森林法、生物安全法、长江保护法等，建立生态环境和资源保护公益诉讼制度，把生态优先、绿色发展、人与自然和谐共生的理念多维度、多层次融入立法。

6. 围绕社会主义核心价值观融入立法，加强文化、意识形态领域立法

2018 年 5 月，党中央制定《社会主义核心价值观融入法治建设立法修法规划》，要求把社会主义核心价值观融入法律法规的立改废释全过程，力争经过 5 到 10 年时间，推动社会主义核心价值观全面融入中国特色社会主义法律体系，筑牢全国各族人民团结奋斗的共同思想道德基础。一方面，在每一项立法中，树立鲜明的价值导向，充分体现国家和社会的主流价值观；另一方面，加强意识形态领域的重点立法，把实践中广泛认同、较为成熟、可操作性强的道德、品行要求上升为法律规范，转化为具有刚性约束力的法律规定。发挥先进文化育人化人的作用，建立健全文化法律制度，制定公共文化服务保障法、公共图书馆法、电影产业促进法，修改文物保护法，改变我国文化领域立法相对滞后的局面。加强道德领域突出问题专项立法，制定英雄烈士保护法，形成崇尚、捍卫、学习、关爱英雄烈士的良好社会风尚，弘扬以爱国主义为核心的伟大民族精神。一些地方结合当地历史文化资源特色，加强弘扬红色文化、革命传统、文物、遗存、英烈精神、民族精神等方面的相关立法，为依法弘扬社会主义核心价值观发挥了重要作用。

7. 围绕推动我国区域协调发展，加强区域协同立法

党的十八大以来，以习近平同志为核心的党中央在继续推进西部大开发、加快东北振兴、推动中部崛起、实现东部率先发展的基础上，又谋划确立了京津冀协同发展、长江经济带、长三角区域一体化发展、粤港澳大

湾区建设等国家战略，把区域协调发展推到一个新的阶段。为保障这些战略的贯彻实施，全国人大常委会在环境保护法、大气污染防治法、水污染防治法、长江保护法等法律中，对区域协同治理作出有关规定，用立法来规范和保障区域协调发展。一些地方如长三角区域、京津冀以及一些设区的市之间开展了协同立法探索，在大气、水污染治理、交通立法等方面取得一定成效。例如，2020 年 9 月，沪苏浙两省一市人大常委会分别表决通过《关于促进和保障长三角生态绿色一体化发展示范区建设若干问题的决定》，为推进区域协同立法积累了有益经验。

（五）健全社会公平正义法治保障制度

法律的生命在于实施，法律的权威在于实施，法律的伟力也在于实施。习近平总书记多次引用“世不患无法，而患无必行之法也”和“天下之事，不难于立法，而难于法之必行”等法谚，强调法律实施的重要性。党的十八大以来，以习近平同志为核心的党中央对深化司法体制改革、保障司法公正作出一系列决策部署。有关部门按照中央的决策部署积极推进司法体制改革，使党中央重大决策部署通过法定程序成为国家意志，用法律制度巩固和确认司法体制改革成果。

1. 完善法律职业资格制度

党的十八届四中全会提出，完善法律职业准入制度，健全国家统一法律职业资格考试制度。2017 年 9 月，全国人大常委会通过关于修改法官法等 8 部法律的决定，对与法律职业资格制度相关的 8 部法律进行打包修改，将需要通过国家统一司法考试的人员，从法官、检察官、律师、公证员扩大到从事行政处罚决定审核、行政复议、行政裁决的工作人员，以及法律顾问、仲裁员（法律类），同时将“国家统一司法考试”修改为“国家统一法律职业资格考试”，进一步规范了法律从业人员的资质要求。

2. 完善人民法院、人民检察院组织制度

2018 年 10 月，全国人大常委会对人民法院组织法和人民检察院组织法首次作出大修，进一步建立健全符合司法规律的审判组织，完善司法责任制，保障司法公正。主要内容包括：一是规范人民法院、人民检察院的设置，增设海事法院、知识产权法院、金融法院等专门法院；二是明确接受人大监督和人民群众监督原则，保障人民群众对人民法院、人民检察院工作依法享有知情权、参与权和监督权；三是完善人民法院、人民检察院内设机构的组织制度，明确审判委员会、专业委员会的职责，规定了派驻检察室和巡回检察监督方式等；四是完善法院上诉机制，突出对知识产权的特别保护；五是完善人民检察院提起公益诉讼等相关职权及行使职权的措施和方式，增加相关单位支持其履行法律监督职能的保障机制；六是按照建立司法责任制的要求，建立健全权责统一的司法权力运行机制；七是建立法官、检察官员额制，完善司法人员分类管理制度；八是完善确保依法独立公正行使审判权制度，对于防止司法干预作出规定。

3. 完善法官、检察官制度

为贯彻党中央关于司法责任制、司法人员分类管理和员额制管理等一系列决策部署，2019 年 4 月，全国人大常委会对法官法、检察官法进行全面修订。一是完善加强法官、检察官队伍建设的相关制度。提高法官、检察官任职学历条件，明确法官、检察官实行员额制、单独职务序列管理，体现法官、检察官单独职务与行政职级脱钩的性质和特点。二是细化司法责任制的相关制度。明确司法责任制的界限，即法官对其在职权范围内所办理的案件、检察官对其在职权范围内就案件所作出的决定负责。三是建立法官、检察官职业保障制度，设专章规定法官、检察官职业保障制度，明确人民法院、人民检察院要设立权益保障委员会，强化法官、检察官职业尊严和人身安全的法律保护制度。

4. 推进以审判为中心的刑事诉讼制度改革

司法是维护社会公平正义的最后一道防线，审判实践中一旦出现冤错案件，会给当事人造成难以弥补的损害。党的十八届四中全会首次提出推进以审判为中心的诉讼制度改革。2016 年 6 月，中央全面深化改革领导小组审议通过《关于推进以审判为中心的刑事诉讼制度改革的意见》，标志着以审判为中心的刑事诉讼改革全面启动。2018 年 10 月，为贯彻落实党中央关于深化监察体制改革、建立刑事缺席审判制度、实行认罪认罚从宽制度和速裁程序的决策部署，及时适应司法体制改革和加强反腐败法律制度建设的需要，全国人大常委会对刑事诉讼法作出修改：一是完善与监察法的衔接机制，调整人民检察院的侦查职权；二是建立刑事缺席审判制度，明确缺席审判的案件范围，规定了犯罪嫌疑人、被告人在境外的缺席审判程序，以及保障被告人的诉讼权利的具体措施；三是完善刑事案件认罪认罚从宽制度和增加速裁程序，明确规定刑事案件认罪认罚可以依法从宽处理的原则，明确速裁程序的适用范围及审理程序，同时加强对当事人的有关权利保障。

5. 完善行政诉讼法律制度

2014 年和 2017 年，全国人大常委会先后对行政诉讼法进行两次修改，从扩大受案范围、畅通诉讼渠道、调整案件管辖、规范诉讼程序等方面进行完善，重点解决行政诉讼立案难、审理难、执行难等突出问题，保护公民、法人和其他组织合法权益，促进依法行政和公正司法。主要包括：一是扩大行政诉讼主体范围，将依照法律、法规、规章授权作出行政行为的组织包括在内；二是扩大行政诉讼受案范围，增加“认为行政机关不依法履行、未按照约定履行或者违法变更、解除政府特许经营协议、土地房屋征收补偿协议等协议的”；三是落实党的十八届四中全会关于“健全行政机关依法出庭应诉”的要求，增加行政机关负责人出庭应诉制度，推动行政机关积极应诉，庄严宣示依法行政的理念；四是调整行政复议机关作为共同被告的情形，促进行政复议机关更好地履行职责；五是按照党的十八届三中全会关于“探索建立与行政区划适当分离的司法管辖制度”、十八届四中全会关于“合理调整行政诉讼案件管辖制度”的精神，对跨行政区域管辖第一审行政案件作出相关规定，体现司法便民利民原则。

6. 完善人民陪审员制度

人民陪审员制度是社会主义民主制度在司法领域的重要体现，是人民群众了解司法、参与司法、监督司法的直接形式。人民陪审员法制定之前的人民陪审员制度，以全国人大常委会 2004 年审议通过的关于完善人民陪审员制度的决定为核心，存在一些需要改进和完善的地方，如人民陪审员的广泛性和代表性不足，“驻庭陪审、编外法官”“陪而不审、审而不议”现象仍然存在，管理机制不健全，履职保障机制不完善等。党的十八届四中全会明确指出人民陪审员制度改革的方向，即保障公民陪审权利，提高人民陪审制度公信度，逐步实行人民陪审员不再审理法律适用问题，只参与审理事实认定问题。为此，2015 年 5 月，最高人民法院和司法部根据中央全面深化改革领导小组审议通过的《人民陪审员制度改革试点方案》和全国人大常委会通过的《全国人民代表大会常务委员会关于授权在部分地区开展人民陪审员制度改革试点工作的决定》，开始了新一轮人民陪审员制度改革试点。在总结两年试点工作经验的基础上，2018 年 4 月，全国人大常委会审议通过了人民陪审员法。主要从三个方面进行制度完善：一是完善保障人民群众参与司法的权利保障制度；二是保障人民陪审员选任的广泛性和代表性，明确规定“一升一降”（提升年龄、降低学历）和“三个随机”（随机抽取人民陪审员候选人、随机抽取确定人民陪审员人选、随机抽取人民陪审员审理具体案件）；三是保障人民陪审员发挥参审作用，规定人民陪审员参审范围，妥善区分事实审和法律审，同时加大审判长对人民陪审员的指引、提示力度。

（六）加强对法律实施的监督制度

党和国家各方面的权力得到依法正确行使，用法律法规和制度规范加强对权力运行的监督，从而使公民、法人和其他组织的合法权益得到切实保障，是中国特色社会主义法治体系中建设“严密的法治监督体系”的必然要求。

1. 加强对权力运行的监督和制约

建立健全决策权、执行权、监督权既相互制约又相互协调的权力结构和运行机制，实行有权必有责、用权受监督、失误要问责、违法要追究、侵权要赔偿。

2. 深化国家监察体制改革

成立监察委员会，与党的纪律检查机关合署办公，体现了党内监督与国家监察的有机统一，是强化对公权力监督的重大制度创新。

3. 完善检察制度，加强法律监督

不断完善检察制度，强化法律监督职能，推动刑事检察、民事检察、行政检察、检察公益诉讼等法律监督工作全面发展。贯彻落实党的十八届四中全会提出的关于建立行政执法机关、公安机关、检察机关、审判机关信息共享、案情通报、案件移送制度的有关精神，人民检察院组织法规定，检察机关对行政执法机关移送涉嫌犯罪案件实行法律监督，坚决克服有案不移、有案难移、以罚代刑现象，加强行政执法与刑事司法衔接。

4. 建立检察公益诉讼制度

检察公益诉讼制度是发挥法律监督职能作用，健全国家利益和社会公共利益保护的法律制度。按照党的十八届四中全会关于“探索建立检察机关提起公益诉讼制度”的有关精神，全国人大常委会作出关于授权最高人民检察院在部分地区开展公益诉讼试点工作的决定，最高人民检察院自2015年7月起，在北京等13个省区市开展为期两年的检察机关提起公益诉讼试点。2017年5月，中央全面深化改革领导小组审议通过《关于检察机关提起公益诉讼试点情况和下一步工作建议的报告》。2017年6月，行政诉讼法和民事诉讼法一并作出修改，明确检察机关提起行政公益诉讼和民事公益诉讼的案件范围以及诉前程序。

5. 加强法治社会制度体系建设，建设法治社会，增强全民法治观念

法治社会是构筑法治国家的基础，法治社会建设是实现国家治理体系和治理能力现代化的重要组成部分。党的十九大把法治社会基本建成确立为到2035年基本实现社会主义现代化的重要目标之一。2020年12月，中共中央印发《法治社会建设实施纲要（2020—2025年）》，从总体要求、推动全社会增强法治观念、健全社会领域制度规范、加强权利保护、推进社会治理法治化、依法治理网络空间、加强组织保障等七个方面描绘了法治社会建设的施工图。

四、坚持和完善中国特色社会主义行政体制

中国特色社会主义行政体制是中国特色社会主义制度的重要组成部分，是党和国家决策部署贯彻落实的重要保障。廉洁高效的行政体制对于维护国家政治安定团结、经济可持续发展、主权和领土完整、生态环境改善、人民生活水平提高，具有重要的推动和保障作用。党的十八大以来，我们党把行政体制改革作为推进国家治理体系和治理能力现代化的关键环节，引领我国行政体制改革不断向纵深发展，建设职责明确、依法行政的政府治理体系。

（一）坚持和完善中国特色社会主义行政体制

国家治理体系是一整套紧密相连、相互协调的国家制度运行机制，行政体制是这一制度体系的有机组成部分。行政体制改革是推进国家治理体系和治理能力现代化的关键。为建立强有力的行政执行系统，提高政府执行力和公信力，党的十八大提出要按照建立中国特色社会主义行政体制目标，建设职能科学、结构优化、廉洁高效、人民满意的服务型政府。党的十九大明确要求，深化机构和行政体制改革，统筹考虑各类机构设置，科

学配置党政部门及内设机构权力、明确职责。党的十九届三中全会作出构建系统完备、科学规范、运行高效的党和国家机构职能体系的决策部署。

完善国家行政体制，关键是转变政府职能，正确处理政府和市场的关系，使市场“无形的手”和政府“有形的手”有机结合起来，推动资源配置实现效益最大化和效率最优化。党的十八来以来，主要进行了2013年和2018年两次行政体制改革。2013年行政体制改革提出减少和下放投资审批事项，改革社会组织管理制度，改善和加强宏观管理，加强依法行政等职能转变的举措；2018年行政体制改革进一步加强政府经济调节、市场监管、社会管理、公共服务、生态环境保护职能，完善公共服务管理体制，改革自然资源和生态环境管理体制，完善市场监管和执法体制，强化事中事后监管，深化简政放权和“放管服”改革等转变政府职能的举措。通过深化行政体制改革，政府职能得以调整和优化，实现政府管理方式由微观管理转向宏观管理，由经验决策转向科学民主决策，由依权力行政转向依法行政，基本建立了科学完备、与市场经济体制相适应的政府职能体系。

1. 推进政府机构改革，促进政府职能转变

党和国家机构职能体系是中国特色社会主义制度的重要组成部分，是推进国家治理体系和治理能力现代化的重要保障。机构职能调整优化在完善国家行政体制中起着至关重要的作用。2013年和2018年行政体制改革都体现出以“政府机构改革”为表征、以“政府职能转变”为内在目标，二者相辅相成的改革特征。2013年国务院机构改革，重点是围绕转变职能和理顺职责的关系，稳步推进大部门制改革，实行铁路政企分开，整合加强卫生和计划生育、食品药品、新闻出版和广播电影电视、海洋、能源管理机构。2018年进行的党和国家机构改革，重点是推进机构职能优化协同高效，如组建自然资源部、国家市场监督管理总局；根据任务变化调整有关部门及其职能，如不再保留国家卫生和计划生育委员会，整合相关部门组建国家卫生健康委员会；为更好适应新形势新任务新设职能部门，如设

立退役军人事务部、应急管理部等。地方机构改革是深化党和国家机构改革的重要组成部分，通过明确地方与中央对口的“必设机构”、赋予省级及以下机构更多自主权、构建简约高效的基层管理体制、规范垂直管理体制和地方分级管理体制等措施，理顺中央和地方权责关系，增强地方治理能力，更好发挥中央和地方两个积极性，中央加强宏观事务管理，地方在保证党中央令行禁止前提下管理好本地区事务，构建中央到地方运行顺畅、充满活力、令行禁止的工作体系。

2. 深化行政审批制度改革，进一步简政放权

简政放权是行政体制改革的重要抓手和突破口。取消和下放行政审批事项是简政放权改革的重点和难点。2013 年《国务院机构改革和职能转变方案》提出，转变国务院机构职能，必须深化行政审批制度改革，减少微观事务管理，该取消的取消，该下放的下放，该整合的整合，以充分发挥市场在资源配置中的基础性作用，更好发挥社会力量在管理社会事务中的作用。2015 年 12 月，中共中央、国务院印发《法治政府建设实施纲要（2015—2020 年）》，明确要求全面清理行政审批事项，全部取消非行政许可审批事项。最大程度减少对生产经营活动的许可，最大限度缩小投资项目审批、核准的范围，最大幅度减少对各类机构及其活动的认定。国务院针对取消非行政许可审批事项发文，推动国务院部门全面完成非行政许可审批事项的清理工作。严格控制新设行政许可，在严格行政许可设定标准、规范行政许可设定审查程序、强化对行政许可的监督等方面提出了具体措施，规范和改进审批行为，对保留的行政审批事项，推进相对集中的行政许可权工作。

3. 推行权力清单、责任清单和负面清单制度，深入推进“放管服”改革

权力清单主要是正面规定行政权力的主要类型、运行流程和行使权力的界限，使“变相审批”“隐性审批”失去生存土壤，提高行政权运行的规范化水平，让行政权力在阳光下运行、接受社会监督。负面清单是相对

于正面清单而言的一种市场准入管理模式，主要是为了告诉市场主体能做什么、不能做什么，增强市场的透明度、开放度和自由度，便于市场主体作出判断。市场准入负面清单以外的行业、领域、业务等，各类市场主体皆可依法平等进入。2015 年 10 月，《国务院关于实行市场准入负面清单制度的意见》正式公布，明确了实行市场准入负面清单制度的总体要求、主要任务和配套措施，自 2018 年起正式实行全国统一的市场准入负面清单制度。

4. 推动工商登记制度改革，创新监管方式

围绕简政放权、转变政府职能，一方面做"减法"，简化行政审批、减税降费；另一方面做"加法"，创新监管方式，构建符合现代市场经济规律的监管体制。2013 年《国务院机构改革和职能转变方案》提出，要将"先证后照"改为"先照后证"，并放宽工商登记其他条件。国务院采取一系列举措改革工商登记制度，大量取消工商登记前置审批，变前置审批为后置审批，由"先证后照"改为"先照后证"。这一改革便利了市场主体进入市场从事生产经营活动，有利于激发市场活力，促进政府职能转变，提高事中事后监管水平。2015 年，我国建立起统一社会信用代码制度，在此基础上，"三证合一""五证合一""多证合一"等登记制度改革陆续推行，提升企业注册便利化程度。

5. 全面建立我国社会信用制度

2014 年，国务院发布《社会信用体系建设规划纲要（2014—2020 年）》，要求全面推进我国社会信用体系建设。2015 年《法治政府建设实施纲要（2015—2020 年）》要求，健全公民和组织守法信用记录，完善守法诚信褒奖机制和违法失信行为惩戒机制。国务院通过制定《企业信息公示暂行条例》《国务院关于建立完善守信联合激励和失信联合惩戒制度　加快推进社会诚信建设的指导意见》等一系列重要法规、规范性文件，建设信用监管网络平台，实行企业信用分类监管，建立守信联合激励和失信联合惩戒制度，构建以信用为核心的新型市场监管机制。

（二）推进依法行政，加快建设法治政府

各级政府承担着实施法律法规的重要职责。建设法治政府既是推进中国特色社会主义行政体制改革的必然要求，也是确保行政体制改革在法治轨道上运行的法治保障。坚持依法行政，推进法治政府建设，让权力在阳光下运行，是全面依法治国的“主体”工程。建设法治政府不仅涉及行政立法、行政执法、执法监督，还涉及政府职能转变、行政体制改革、科学民主决策、社会矛盾防范化解机制等内容，制度和机制建设在其中起到引领、规范和保障作用。2015 年《法治政府建设实施纲要（2015—2020 年）》、2019 年《重大行政决策程序暂行条例》等法治政府建设纲领性文件的出台，使依法行政、法治政府的目标、任务及措施日渐清晰明确。

1. 加强党对法治政府建设的领导

2018 年，党的十九届三中全会通过《中共中央关于深化党和国家机构改革的决定》和《深化党和国家机构改革方案》，成立中央全面依法治国委员会，加强党对全面依法治国的领导。党对法治政府建设的领导，体现在领导行政立法、行政决策、行政执法等各方面。2019 年 4 月 15 日，中共中央办公厅、国务院办公厅印发《法治政府建设与责任落实督察工作规定》，将党政领导班子及其主要负责人推进法治建设工作实绩纳入政绩考核指标体系，明确党委领导法治政府建设的职责。2019 年 4 月 20 日，国务院发布《重大行政决策程序暂行条例》，确立了党委对重大决策事项目录的最终决定权，明确了党对重大行政决策的全过程领导，规定“重大行政决策出台前应当按照规定向同级党委请示报告”，将隐性的党委决策程序显性化，将模糊的重大决策事项范围明确化，将非法律文本的决策依据法定化，党委成为法律层面、形式层面实质的最终决策主体。

2. 加强和改进政府立法制度建设

行政机关既是国家法律制度的执行者，也是加强制度建设的重要力

量。行政法规、部门规章、地方政府规章是政府管理经济社会事务的重要依据和法治政府建设的重要制度保障，建立完备的行政法规规章制度体系是推进国家治理体系和治理能力现代化的客观需要。党的十八届四中全会提出，加强和改进政府立法制度建设，完善行政法规、规章制定程序，完善公众参与政府立法机制，重要行政管理法律法规由政府法制机构组织起草。为贯彻落实党中央决策部署和修改后的立法法有关规定，2017 年 12 月，国务院对《行政法规制定程序条例》和《规章制定程序条例》作出修改，主要内容包括：一是把党的领导贯彻落实到政府立法工作的全过程和各方面；二是将“放管服”等方面改革的成熟经验上升为制度规定；三是深入推进科学立法、民主立法、依法立法；四是完善解释和废止程序。

3. 完善法规规章备案审查制度，建立行政规范性文件合法性审核机制

党的十八届三中全会提出，完善规范性文件重大决策合法性审查机制。党的十八届四中全会提出，加强备案审查制度和能力建设，把所有规范性文件纳入备案审查范围，依法撤销和纠正违宪违法的规范性文件，禁止地方制发带有立法性质的文件。据此，国务院开展行政法规的报备和地方性法规、规章的备案审查工作，开展法规、规章和规范性文件专项清理工作，开展规范性文件合法性审核机制试点工作，全面提升行政规范性文件法治化水平。2018 年 12 月，国务院办公厅出台《关于加强行政规范性文件制定和监督管理工作的通知》《关于全面推行行政规范性文件合法性审核机制的指导意见》，对行政规范性文件合法性审核机制的主体、范围、程序、职责、责任等作出全面系统的规定，全面推进行政规范性文件合法性审核工作，从源头上防止违法文件出台，促进行政机关严格规范公正文明执法，保障人民群众合法权益。

4. 建立重大行政决策合法性审查制度和政府法律顾问制度，优化行政决策

习近平总书记指出，要以建设法治政府为目标，建立行政机关内部重大决策合法性审查机制。针对行政决策领域出现的乱决策、违法决策、专

断决策、拍脑袋决策、应及时决策而久拖不决等突出问题，2019 年 4 月，国务院出台《重大行政决策程序暂行条例》，规范行政决策程序，对重大行政决策事项范围、重大行政决策的作出和调整程序、重大行政决策责任追究等方面作出具体规定。2016 年 5 月，为落实党的十八届三中、四中全会提出普遍建立政府法律顾问制度的精神，中共中央办公厅、国务院办公厅印发《关于推行法律顾问制度和公职律师公司律师制度的意见》，对在党政机关、国有企业事业单位特别是行政机关建立法律顾问制度和公职律师、公司律师制度作出明确规定，积极发挥法律顾问、公职律师的参谋助手作用，提高依法决策水平及运用法治思维和法治方式推进政府治理的能力，防止和预防各类违法违规行为的发生。

5. 推进综合执法，加强行政执法制度建设

行政执法是履行政府职能、管理经济社会事务的主要方式，是法治政府建设的关键环节，同时也是与人民群众生产生活关系最为密切的行政活动之一。2015 年 12 月，中共中央、国务院出台《关于深入推进城市执法体制改革　改进城市管理工作的指导意见》，推进城市管理执法体制改革，加强执法人员管理。国务院出台相关规范性文件，加强行政执法制度建设，全面推行行政执法公示、执法全过程记录、重大执法决定法制审核“三项制度”，推行行政裁量权基准制度，建立行政执法案例指导制度，完善行政强制执行体制机制，完善执法程序，全面落实行政执法责任制。

（三）不断完善我国的行政法律制度

习近平总书记强调，政府职能转变到哪一步，法治建设就要跟进到哪一步。党的十八大以来，我国不断加强行政法律制度建设的重点是，完善行政组织、行政程序、行政行为等方面的法律规范，修改公务员法、行政处罚法、行政许可法、行政复议法等，完善行政管理制度。行政立法更加注重对行政权的规范，推进政府机构职能、权限、程序、责任的法定化，

推动依法行政理念实现由严管到善治的转变。

1. 加强公务员制度建设

公务员制度建立与改革是我国行政体制改革和国家治理体系现代化的重要组成部分。中国特色社会主义进入新时代，对干部工作提出了一系列新精神新要求，党的十九届三中全会通过的《深化党和国家机构改革方案》提出，加强党对公务员队伍的集中统一领导。2018 年 12 月，全国人大常委会对公务员法进行了修订完善，主要内容包括：一是突出政治要求，把习近平新时代中国特色社会主义思想作为公务员制度必须长期坚持的指导思想，把落实好干部标准贯穿公务员管理全过程和主要环节，进一步彰显了中国特色；二是落实党的十八届三中全会确定的推行公务员职务与职级并行制度的规定，调整完善公务员职务、职级等有关规定；三是与监察法、《中国共产党纪律处分条例》等相衔接，进一步扎牢从严管理公务员的制度笼子；四是贯彻落实党中央关于加强正向激励的要求，健全完善公务员激励保障机制，加强对公务员合法权益的保护；五是对分类考录、分类考核、分类培训等进一步提出明确要求，对公务员考核方式、宪法宣誓、公开遴选等方面作了修改。

2. 完善行政许可法律制度，优化营商环境

营商环境是企业生存发展的土壤。随着我国迈入新发展阶段，需要进一步巩固和深化“放管服”改革成果，深化改革优化营商环境，激发市场主体发展活力。全国人大及其常委会加强立法修法力度，促进提高行政效率，推进政府职能转变，为改革提供良好法治营商环境。2019 年 3 月，十三届全国人大二次会议制定了外商投资法，对外商投资的准入、促进、保护、管理等作出了统一规定，将准入前国民待遇加负面清单管理制度作为外商投资管理的基本制度，负面清单之外的领域对外国投资者不设门槛，不实行特殊管理，外商投资者可以同境内投资者一样进行投资，依照同样的法律设立企业、从事生产经营活动和接受监督。4 月，对行政许可法进行修正，增加设定和实施行政许可的“非歧视”原则，禁止以转让技术作

为取得行政许可的条件，增加对行政机关及其工作人员违法披露申请人提交的商业秘密、未披露信息或者保密商务信息和以转让技术作为取得行政许可的条件，或者在实施行政许可的过程中直接或者间接地要求转让技术的惩罚性规范。10月，国务院出台《优化营商环境条例》，对推进全国一体化在线政务服务平台建设、精简行政许可和优化审批服务、优化工程建设项目审批流程、规范行政审批中介服务、减证便民、促进跨境贸易便利化、建立政企沟通机制等行政许可有关事项作出规定。

3. 完善行政处罚法律制度

1996年制定的行政处罚法对行政处罚的设定权、行政处罚的主体、行政处罚的原则和程序、当事人的权利和法律责任等作出规定，对于规范行政机关依法行使行政处罚权起到重要作用。随着我国改革的不断深化和行政法治建设深入推进，各地方都在呼吁对行政处罚法进行修改完善。全国人大常委会积极回应地方呼吁，于2017年对行政处罚法个别条文进行了修改，增加行政处罚决定审核制度。2021年1月，又对行政处罚法进行了全面修改，针对行政执法实践中出现的新状况、新问题，完善行政处罚法律制度。一是推动党中央重大改革决策部署贯彻落实，增加综合行政执法制度，增加行政处罚权下放乡镇街道，将行政执法公示、执法全过程记录、完善重大执法决定法制审核“三项制度”纳入法律，完善行政处罚和刑事司法衔接机制，落实行政执法人员持证上岗和资格管理制度要求。二是适当扩大行政处罚设定权限，明确行政处罚权限扩大的情形和约束性条件。三是健全行政处罚规则，解决重大违法行为违法成本低、惩处力度不够等问题。四是防范行政不作为，建立行政处罚案件立案制度，明确处罚期限，对行政机关违法行为加大追责力度。

4. 完善政府信息公开法律制度

2007年，国务院制定政府信息公开条例，推进政务公开，保障人民群众依法获取政府信息。随着改革的深入和社会信息化的快速发展，该条例在实施过程中遇到一些新情况、新问题，有必要修改完善。2019年4月，国务院对政府信息公开条例进行了修订，主要包括四个方面的内容：一是明确政府信息以坚持公开为常态，不公开为例外；二是明确政府信息公开的方式；三是完善依申请公开程序，切实保障申请人及相关各方的合法权益；四是强化便民服务要求，通过加强信息化手段的运用提高政府信息公开实效。

综上可见，党的十八大以来，党领导中国特色社会主义行政体制改革和法治政府建设的成绩斐然，我国行政法律制度体系已经基本建成并不断完善。但也要清醒看到，行政体制改革仍然存在职能转变不彻底、简政放权不充分、行政审批不规范、行政法律制度还不够健全等问题。正如习近平总书记所说，改革是一个不断适应时代发展需要而持续调整的过程，不会一蹴而就，也不会一劳永逸。中国特色社会主义行政体制改革和法治政府建设仍然任重道远。

五、坚持和完善社会主义基本经济制度

党的十八大以来，国内外经济形势极其错综复杂，很多情况是改革开放以来没有遇到过的。面对新情况新挑战，党中央审时度势，准确把握我国经济发展大势，提出一系列关系我国经济发展全局的重大论断，成功驾驭我国经济发展大局，经济建设取得重大成就。围绕坚持和完善社会主义基本经济制度，我们党在理论和实践上实现了一系列新的突破和进展，经济体制更加富有活力，国民经济持续稳定发展，广大人民从中受益更多，中国特色社会主义制度进一步彰显出无比强大的生命力。

（一）毫不动摇巩固和发展公有制经济，毫不动摇鼓励、支持和引导非公有制经济发展

坚持两个“毫不动摇”，是坚持和完善中国特色社会主义基本经济制

度的内在要求，也是建立社会主义现代化市场经济体系，促进实现高质量发展，构建新发展格局，开启全面建设社会主义现代化国家新征程的客观要求。我们必须坚决坚持两个“毫不动摇”的方针，努力营造各种所有制主体依法平等使用资源要素、公开公平公正参与竞争、同等受到法律保护的市场环境。

1. 不断深化国有企业改革

国有资产属于国家所有即全民所有，是全体人民共同的宝贵财富，国有企业是中国特色社会主义的重要物质基础和政治基础，在推动经济社会发展、保障和改善民生、保护生态环境等方面发挥着重要作用。2016 年 10 月，习近平总书记在全国国有企业党的建设工作会议上的讲话中指出，要坚持党对国有企业的领导不动摇，坚定不移把国有企业做强做优做大。2015 年 8 月，中共中央、国务院印发《关于深化国有企业改革的指导意见》。该意见明确了国有企业改革的指导思想、基本原则和主要目标，将国有企业区分为商业类和公益类两种，规定了两类国企推进改革的不同方法与途径。此后，又陆续出台了有关加强国有企业党的建设、国有企业分类改革、发展混合所有制经济、完善国有资产监管体制、防止国有资产流失、完善法人治理结构等多个配套文件。

2017 年 12 月，中共中央印发《关于建立国务院向全国人大常委会报告国有资产管理情况制度的意见》，对报告制度的指导思想和基本原则、报告方式和重点、审议程序和重点、组织保障等作了具体部署。建立国务院向全国人大常委会报告国有资产管理情况制度，是党中央加强人大对国有资产监督职能的重要决策部署，是党和国家加强国有资产管理和治理的重要基础工作，对于增加国有资产管理公开透明度、提升国有资产管理公信力、巩固和发展中国特色社会主义基本经济制度、管好人民共同财富、加强人大依法履职等，具有重要意义。2018 年 10 月，十三届全国人大常委会第六次会议审议了《国务院关于 2017 年度国有资产管理情况的综合报告》和《国务院关于 2017 年度金融企业国有资产的专项报告》。这是国务院首次按照“全口径、全覆盖”标准向全国人大常委会报告国有资产管理情况。

国有金融资本是推进国家现代化、维护国家金融安全的重要保障，是我们党和国家事业发展的重要物质基础和政治基础。近年来，我国国有金融资本规模稳步增长，实力日益壮大，管理体制机制不断健全，国有金融机构改革持续推进，运营效益明显提升，为促进社会主义市场经济平稳健康发展作出了重要贡献。但同时，国有金融资本管理也存在职责分散、权责不明、授权不清、布局不优以及配置效率有待提高、法治建设不到位等矛盾和问题，需要进一步完善国有金融资本体制机制，优化管理制度。2018 年 6 月，中共中央、国务院印发《关于完善国有金融资本管理的指导意见》，明确要建立健全国有金融资本管理的“四梁八柱”，优化国有金融资本战略布局，理顺国有金融资本管理体制，增强国有金融机构活力与控制力，促进国有金融资本保值增值，更好地实现服务实体经济、防控金融风险、深化金融改革三大基本任务。

2. 完善各类市场主体公平竞争的法治环境

一是构建亲清新型政商关系。2016 年 3 月 4 日，习近平总书记在看望参加全国政协十二届四次会议的民建、工商联委员并参加联组会时指出，非公有制经济在我国经济社会发展中的地位和作用没有变，鼓励、支持、引导非公有制经济发展的方针政策没有变，致力于为非公有制经济发展营造良好环境和提供更多机会的方针政策没有变。同时强调要着力构建“亲”“清”新型政商关系。2017 年 11 月 1 日，他在主持召开民营企业座谈会时再次指出，我们强调把公有制经济巩固好、发展好，同鼓励、支持、引导非公有制经济发展不是对立的，而是有机统一的。各级党委和政府要把构建“亲”“清”新型政商关系的要求落到实处，把支持民营企业发展作为一项重要任务。在我国经济发展进程中，要不断为民营经济营造更好发展环境。

二是完善中小企业促进制度。中小企业是大众创业、万众创新的重要力量，是我国数量最大的企业群体。近年来，受经济下行压力影响，中小企业普遍面临生产成本上升、盈利水平下降等问题，生存与发展的压力不断加大，这些对完善中小企业促进制度的顶层设计、改革相关工作体制机制、修改促进中小企业发展的法律制度提出了新的要求。2017 年 9 月，十二届全国人大常委会第二十九次会议修订了中小企业促进法，坚持发挥市场决定性作用，强化政府支持力度，着力解决突出问题，注重增强法律的可操作性，明确了“三个平等”，专章规定了权益保护及相应的法律责任，为保证各种所有制经济依法平等使用生产要素，公开公平公正参与市场竞争提供了法制保障。

三是弘扬优秀企业家精神。企业是我国经济社会运行的微观细胞，企业家是参与经济活动的重要主体，企业家精神是未来我国经济提质增效、转型升级的重要动力。2017 年 9 月，中共中央、国务院印发《关于营造企业家健康成长环境弘扬优秀企业家精神更好发挥企业家作用的意见》，对优化企业经营环境提出了具体措施，对弘扬企业家精神提出了具体要求，对于深化供给侧结构性改革，有效激发市场活力，实现经济社会平稳健康可持续发展，具有重要意义。

（二）完善收入分配制度，落实共享发展理念

改革收入分配制度，促进共同富裕，是坚持和完善中国特色社会主义基本经济制度的重要内容。习近平总书记指出：“人民对美好生活的向往，就是我们的奋斗目标。”为切实增强广大人民的获得感，党的十八届五中全会提出了共享发展的理念，并采取一系列措施完善收入分配制度，推进落实共享发展理念。

1. 不断调整收入分配结构

我国在调整收入分配结构上采取了一系列有效措施，加大扶贫攻坚力度，增加财政扶贫支出，强化各级党委和政府扶贫责任，同时动员企业和

各行各业人士积极投身到扶贫工作中，确保每年脱贫 1000 万人的目标得到实现。积极开辟增加居民收入的途径，鼓励大众创业、万众创新，以创业带动就业。特别是通过发展“互联网+”经济，出现了一批新产业、新业态，网店销售、共享单车、网络医疗、网络教育、网络金融等蓬勃发展，基于现代通讯网络所出现的数字经济走在世界前列，我国居民收入快速增长，收入结构不断优化。通过国民收入分配结构的调整，提高居民收入在国民总收入中的比重，着力提高中低收入者的收入，使居民收入的增长速度超过国内生产总值的增长速度，农民收入的增长速度超过城镇居民的收入增长速度，居民消费保持了较快的增长。与长期以来投资作为经济增长的最大拉动力不同，消费已成为拉动经济增长的第一动力，广大居民切实感受到了经济发展带来的成果。[1]

2. 完善慈善制度

2016 年 3 月，十二届全国人大四次会议审议通过慈善法。慈善法作为我国社会领域的重要法律和慈善制度建设的基础性、综合性法律，将社会参与扶贫济困救灾作为重点，同时把促进教科文卫体和环保事业发展等公益活动都纳入法律调整范围，系统规范了慈善组织、慈善募捐、慈善捐赠、慈善信托、慈善财产、慈善服务、信息公开、监督管理、法律责任等内容，明确了一系列促进措施，为慈善事业深入发展提供了广阔空间，增加了支持条件，加强了法制保障。

3. 完善个人所得税制度

2018 年 8 月，十三届全国人大常委会第五次会议对个人所得税法作出第七次修改。这次修改主要是推动个人所得税从分类税制向综合与分类相结合的税制转变，将工资薪金、劳务报酬、稿酬、特许权使用费等四项劳动性所得纳入综合征税范围，调整优化了税率结构，提高了基本减除费用标准，扩大了低档税率的级距，把教育、医疗、住房、养老等与群众生活

---

〔1〕 参见郑新立：《党的十八大以来坚持和完善我国基本经济制度的理论与实践》，载《求是》2017 年第 12 期。

密切相关的支出设为专项附加扣除，有利于进一步发挥个人所得税在调节收入分配和促进经济社会发展中的作用。

（三）加快完善社会主义市场经济制度

党的十八大以来，以习近平同志为核心的党中央，准确把握中国特色社会主义的历史新方位，立足于解决人民日益增长的美好生活需要和不平衡不充分的发展之间的矛盾，坚持以人民为中心的发展思想，更加尊重市场决定资源配置这一市场经济的一般规律，针对束缚市场主体活力、阻碍市场机制充分发挥作用的矛盾和问题，继续深化改革，持续推动社会主义市场经济体制改革，着力构建市场机制有效、微观主体有活力、宏观调控有度的经济体制，不断发挥经济体制改革对其他领域改革的牵引和带动作用，充分发挥市场在资源配置中的决定性作用，以高标准市场经济体系建设推动经济高质量发展。与此同时，注重更好地发挥政府的作用，不断加大相关领域的改革力度，减少政府对资源的直接配置，加强政府对市场规则的监管和对社会公平正义的维护，通过政府职能的转变推动经济体制改革在整体推进中实现重点突破。

1. 完善公平竞争制度

为建立更加公平的市场竞争机制，解决互联网行业等新形态的不正当竞争行为，以及 1993 年制定的反不正当竞争法存在的执法权分散、处罚力度过弱，与广告法、反垄断法、招标投标法、商标法等法律的条款重复和冲突等诸多问题，全国人大常委会于 2017 年 10 月对反不正当竞争法进行了修订，主要内容包括：一是准确界定不正当竞争行为，增强法律的适应性；二是针对实践中的突出问题，补充、完善应予禁止的不正当竞争行为规定；三是理顺该法与相关法律制度的关系，保持法律规定的协调一致；四是完善民事赔偿责任优先、与行政处罚并行的法律责任体系。2019 年 4 月，全国人大常委会再次对反不正当竞争法作出修改，主要是完善商业秘密的定义，明确侵犯商业秘密的情形，强化侵犯商业秘密行为的法律责任。

2. 完善市场准入管理，全面实施负面清单制度

加快完善社会主义市场经济体制，核心是正确处理好政府与市场的关系，市场准入管理制度是政府与市场关系的集中体现。党的十八届三中全会提出“实行统一的市场准入制度，在制定负面清单基础上，各类市场主体可依法平等进入清单之外领域”。党的十九大进一步要求“全面实施市场准入负面清单制度”。为了贯彻落实党中央决策部署，2015 年 10 月，国务院发布《关于实行市场准入负面清单制度的意见》，明确按照先行先试、逐步推开的原则，从 2015 年 12 月 1 日至 2017 年 12 月 31 日，在部分地区试行市场准入负面清单制度，积累经验、逐步完善，探索形成全国统一的市场准入负面清单及相应的体制机制；从 2018 年起，正式实行全国统一的市场准入负面清单制度。2018 年 12 月，《市场准入负面清单（2018 年版）》发布，标志着我国全面实施市场准入负面清单制度，负面清单以外的行业、领域、业务等的各类市场主体皆可依法平等进入。实行市场准入负面清单制度，标志着我国市场准入管理从以正面清单为主向以负面清单为主的全面转型，打破各种形式的不合理限制和隐性壁垒，实现“海阔凭鱼跃，天高任鸟飞”，从而真正将“剩余决定权”赋予市场主体，体现出管理理念和管理方式的重大转变。〔1〕

3. 健全以公平为原则的产权保护制度

产权保护制度，是社会主义市场经济的基石。在市场经济活动中，只有对产权予以严格的保护，才能稳定各类投资者的投资预期，规范并保障市场主体的生产经营行为，维护正常的市场秩序。2016 年 11 月，中共中央、国务院发布《关于完善产权保护制度依法保护产权的意见》，提出并强调完善产权保护制度、依法保护产权。这是中央首次在产权保护领域出

〔1〕 参见易纲：《全面实施市场准入负面清单制度》，载《经济日报》2017 年 11 月 20 日，第 5 版。

台专门文件，对进一步完善我国的产权保护制度、推进产权保护法治化、平等保护各种所有制经济产权起到了重要的促进作用。2020 年 5 月，十三届全国人大三次会议通过民法典。民法典中规定的民事主体制度，规范民事活动的民事法律行为制度、代理制度，调整各类财产关系的物权制度，调整各类交易关系的合同制度，保护和救济民事权益的侵权责任制度，都是完善产权保护制度所不可或缺的行为规则，有利于充分调动民事主体的积极性和创造性、维护交易安全、维护市场秩序，有利于营造各种所有制主体依法平等使用资源要素、公开公平公正参与竞争、同等受到法律保护的市场环境，推动经济高质量发展。

4. 推进要素市场制度建设，实现要素价格市场决定、流动自主有序、配置高效公平

党的十八大以来，我国大力推进价格改革和土地、资本、劳动力、科技等重要生产要素市场化改革，现代市场体系逐步建立并不断完善。一是推进价格改革。2015 年 10 月，中共中央、国务院印发《关于推进价格机制改革的若干意见》。中央政府和地方政府定价目录大幅缩减，全面完成全国省级电网输配电价改革，全面推开公立医院医疗服务价格改革，目前 97%以上的商品和服务价格实现市场调节。二是完善城乡发展一体化体制机制，加快推动以人为核心的新型城镇化，近亿农业转移人口成为城镇居民。2014 年 7 月，国务院印发《关于进一步推进户籍制度改革的意见》，全面放开建制镇和小城市落户限制，有序放开中等城市落户限制，合理确定大城市落户条件，严格控制特大城市人口规模，到 2020 年努力实现 1 亿左右农业转移人口和其他常住人口在城镇落户。三是全面推行国有土地资源有偿使用制度，探索建立城乡统一的建设用地市场。稳定和完善农村基本经营制度，保持土地承包关系稳定并长久不变，完善农村承包地“三权”分置制度。稳步推进农村集体产权制度改革，完善重要农产品价格形成机制和收储制度。四是推进资本市场改革。沪港通、深港通先后开通，内地与香港“债券通”正式上线，A 股被纳入 MSCI 新兴市场指数。为进

一步推进全面深化改革，2020 年 4 月 9 日，中共中央、国务院印发《关于构建更加完善的要素市场化配置体制机制的意见》。针对土地、劳动力、资本、技术、数据等不同要素领域，分类提出了深化要素市场化配置的改革方向，明确了完善要素市场化配置的具体举措。这是中央关于要素市场化配置的第一份文件，对于形成生产要素从低质低效领域向优质高效领域流动的机制，提高要素质量和配置效率，引导各类要素协同向先进生产力集聚，加快完善社会主义市场经济体制具有重大意义。

5. 强化消费者权益保护

随着经济社会不断发展，我国消费者的消费方式、消费结构和消费理念发生很大变化，在消费者权益保护领域出现了不少新情况新问题，有必要对 1993 年制定的消费者权益保护法进行修改，完善消费者权益保护法律制度。2013 年 10 月，全国人大常委会对该法作出修改，完善消费者权益保护法律制度。主要内容包括：充实细化消费者权益的规定，强化经营者的义务与责任，规范网络购物等新的消费方式，进一步发挥消费者协会的作用，进一步明确行政部门的监管职责等。

6. 加强资本市场基础制度建设

2019 年 12 月，全国人大常委会修订了《中华人民共和国证券法》。这次修订，按照顶层制度设计要求，全面推行证券发行注册制度，显著提高证券违法违规成本，完善投资者保护制度，进一步完善了证券市场基础制度。修订体现了市场化、法治化、国际化方向，为证券市场全面深化改革落实落地，有效防控市场风险，提高上市公司质量，切实维护投资者合法权益，促进证券市场服务实体经济功能发挥，打造一个规范、透明、开放、有活力、有韧性的资本市场，提供了坚强的法治保障。

7. 推进乡村振兴战略

党的十九大报告提出实施乡村振兴战略，此后党中央、国务院先后出台了关于实施乡村振兴战略的意见（2018 年中央一号文件）、乡村振兴战略规划（2018—2022 年）、中国共产党农村基层组织工作条例等。2021 年

4 月，全国人大常委会制定了《中华人民共和国乡村振兴促进法》，把党中央关于乡村振兴的重大决策部署和政策措施转化为法律规范，为坚持农业农村优先发展，加快推进农业农村现代化，走中国特色社会主义乡村振兴道路提供了有力的法治保障。

8. 构建区域协调发展新机制

推动区域协调发展是新时代国家重大战略之一，是贯彻新发展理念、建设现代化经济体系的重要组成部分。以习近平同志为核心的党中央把促进区域协调发展摆在更加重要的位置，提出并实施了京津冀协同发展、长江经济带发展、粤港澳大湾区建设等诸多重大战略。随着这些国家战略的不断实施推进，一个要素有序自由流动、主体功能约束有效、基本公共服务均等化、资源环境可承载的区域协调发展新格局正加快形成。

一是以疏解北京非首都功能为“牛鼻子”推动京津冀协同发展，调整区域经济结构和空间结构，推动河北雄安新区和北京城市副中心建设。京津冀地域面积 21.6 万平方公里，人口 1.1 亿，是我国经济最具活力、开放程度最高、创新能力最强、吸纳人口最多的区域之一。同时，京津冀也面临诸多困难和问题，尤其是北京“大城市病”突出，水资源匮乏，人口规模已近“天花板”，京津两极过于“肥胖”，周边中小城市过于“瘦弱”，区域发展差距悬殊，发展不平衡问题严重。习近平总书记非常关心京津冀区域的发展问题，多次深入三省市考察调研，多次主持召开会议研究部署；2013 年 8 月，他在北戴河主持会议研究河北发展问题时提出推动京津冀协同发展；2014 年 2 月，他主持召开座谈会听取京津冀协同发展专题汇报，明确提出实现京津冀协同发展是一个重大国家战略。2015 年 6 月，中共中央、国务院印发《京津冀协同发展规划纲要》。2016 年 3 月，中共中央政治局常委会会议听取关于北京城市副中心和疏解北京非首都功能集中承载地有关情况的汇报，确定疏解北京非首都功能集中承载地新区规划选址并同意定名为“雄安新区”。5 月，习近平总书记在中共中央政治局会议上指出，建设北京城市副中心和雄安新区两个新城，形成北京新的两翼，是千年大计、国家大事。2017 年 3 月，中共中央、国务院发出通知，决定设立河北雄安新区。2019 年 1 月，北京市级行政中心正式迁入北京城市副中心，办公区位于北京市通州区潞城镇。

二是充分发挥长江经济带横跨东中西三大板块的区位优势，推动长江上中下游地区协调发展和沿江地区高质量发展。长江经济带覆盖上海、江苏、浙江、安徽、江西、湖北、湖南、重庆、四川、云南、贵州等 11 省市，面积约 205 万平方公里，占全国的 21%，人口和经济总量均超过全国的 40%，生态地位重要、综合实力较强、发展潜力巨大。同时，长江经济带发展面临诸多亟待解决的困难和问题，主要是生态环境状况形势严峻、长江水道存在瓶颈制约、区域发展不平衡问题突出、产业转型升级任务艰巨、区域合作机制尚不健全等。习近平总书记多次深入长江沿线考察工作，多次对长江经济带发展作出重要指示批示，亲自谋划、亲自部署、亲自推动长江经济带发展战略。2016 年 9 月，中共中央、国务院印发《长江经济带发展规划纲要》，确立了长江经济带一轴、两翼、三极、多点的发展新格局。“一轴”是以长江黄金水道为依托，发挥上海、武汉、重庆的核心作用，“两翼”分别指沪瑞和沪蓉南北两大运输通道，“三极”指的是长江三角洲、长江中游和成渝三个城市群，“多点”是指发挥三大城市群以外地级城市的支撑作用。

三是以香港、澳门、广州、深圳为中心引领粤港澳大湾区建设。粤港澳大湾区是继美国纽约湾区和旧金山湾区、日本东京湾区之后的世界第四大湾区。粤港澳大湾区人口近 7000 万，GDP 生产总值突破 10 万亿元，约占全国经济总量的 12%，是全国经济最活跃的地区和重要增长极。粤港澳大湾区面临提升国际竞争力、实现转型发展、创新合作发展体制机制等新机遇，同时必须破解供求结构、经济增长内生动力、生产要素高效便捷流动、生态环境等发展难题。推进粤港澳大湾区建设，是以习近平同志为核心的党中央作出的重大决策。习近平总书记以政治家的远见卓识，从全局高度为粤港澳大湾区发展擘画蓝图。2017 年 7 月 1 日，习近平总书记出席在香港举行的《深化粤港澳合作　推进大湾区建设框架协议》签署仪式，建设粤港澳大湾区成为国家战略。2019年2月8日，中共中央、国务院印发《粤港澳大湾区发展规划纲要》，成为指导粤港澳大湾区当前和今后一个时期合作发展的纲领性文件。

四是推进成渝地区双城经济圈建设。成渝地区双城经济圈是我国西部地区发展水平最高、发展潜力较大的城镇化区域，是实施长江经济带和“一带一路”倡议的重要组成部分。成渝地区双城经济圈建设是习近平总书记亲自谋划、亲自部署、亲自推动的国家重大区域发展战略。2020年1月，习近平总书记主持召开中央财经委员会第六次会议并发表重要讲话，着眼世界百年未有之大变局和中华民族伟大复兴战略全局，深刻阐明了推动成渝地区双城经济圈建设的重大意义、总体思路、基本要求和重点任务，为新时代成渝地区高质量发展擘画了美好蓝图、提供了根本遵循。2020年10月，中共中央政治局会议通过《成渝地区双城经济圈建设规划纲要》，为成渝地区双城经济圈建设提供了重要依据。

（四）完善科技创新体制

进入21世纪以来，全球科技创新进入空前密集活跃的时期，新一轮科技革命和产业变革正在重构全球创新版图、重塑全球经济结构。以习近平同志为核心的党中央把科技创新作为提高社会生产力和综合国力的战略支撑，摆在国家发展全局的核心位置，深入实施创新驱动发展战略，加速推动我国从科技大国向科技强国迈进。2014年6月，习近平总书记在两院院士大会讲话中强调，推进自主创新，最紧迫的是破除体制机制障碍，最大限度解放和激发科技作为第一生产力所蕴藏的巨大潜能。2015年9月，党中央、国务院出台《深化科技体制改革实施方案》。2018年5月，习近平总书记在中国科学院第十九次院士大会、中国工程院第十四次院士大会上讲话，向全党全国发出了建设世界科技强国的伟大号召，对坚持走中国特色自主创新道路、深入实施创新驱动发展战略进行了总动员。按照党中央提出的深化科技体制改革的总体思路和要求，中央全面深化改革领导小组先后审议通过《关于深化中央财政科技计划（专项、基金等）管理改革的方案》《关于进一步完善中央财政科研项目资金管理等政策的若干意见》《关于实行以增加知识价值为导向分配政策的若干意见》《关于分类推进人才评价机制改革的指导意见》《关于深化科技奖励制度改革的方案》等一系列重要科技体制改革文件和方案，确立科技体制改革的主体框架、时间表、路线图。科技体制改革坚持问题导向，以政府职能转变引领体制机制创新，取得显著成效。

1. 科技成果转移转化体系建设取得重大突破

《中华人民共和国促进科技成果转化法》制定于 1996 年。近年来，科技成果转化的环境和形势发生了很大变化，一些规定已经不能适应创新驱动发展战略实施的新要求。实现创新发展，亟须破除其中有碍科技成果转移扩散的规定。2015 年 8 月，全国人大常委会修正《中华人民共和国促进科技成果转化法》，将成熟的行之有效的创新政策、实践经验上升为稳定的制度，为科技成果转化活动中的各主体提供法律保障。此后，国务院发布《实施〈中华人民共和国促进科技成果转化法〉若干规定》，国务院办公厅印发《促进科技成果转移转化行动方案》，形成从修订法律、制定配套政策到部署具体行动的“三部曲”。支持各部门和地方跟进出台一批具体落实措施，形成中国特色促进科技成果转化制度体系。

2. 知识产权保护制度更加完善

以习近平同志为核心的党中央高度重视知识产权保护工作，把它摆在更加突出的位置，部署推动一系列改革，出台一系列重大政策、行动、规划。习近平总书记对加强知识产权保护工作作出一系列重要指示，强调“产权保护特别是知识产权保护是塑造良好营商环境的重要方面”，“要完善知识产权保护相关法律法规，提高知识产权审查质量和审查效率。要加快新兴领域和业态知识产权保护制度建设。要加大知识产权侵权违法行为惩治力度，让侵权者付出沉重代价”，“设立知识产权法院”，“构建便民利民的知识产权公共服务体系”，“积极实行以增加知识价值为导向的分配政策”等。全国人大及其常委会坚决贯彻党中央的决策部署和习近平总书记重要指示要求，立足全面深化改革开放新实践，顺应国际知识产权制度新趋势，满足建设创新型国家新需求，多次修改知识产权相关法律，充分发挥立法对知识产权保护工作的规范、引领、推动和保障作用。2013 年和 2019 年两次对商标法进行修改；2017 年和 2019 年两次对反不正当竞争法进行修改；2020 年对专利法和著作权法进行修改。同时，在民法典制定、刑法修改过程中，根据实践需要，充实、完善知识产权保护相关内容。

总体来看，党的十八大以来，我国知识产权法律制度内容不断丰富，体系不断健全，保护力度不断加大，知识产权保护工作取得了历史性成就，走出了一条中国特色知识产权发展之路，对激励创新、打造品牌、规范市场秩序、扩大对外开放发挥了重要作用。世界知识产权组织《2020 年全球创新指数报告》显示，中国在全球创新指数中排名第 14 位，党的十八大以来累计提升 21 位，是世界上进步最快的国家之一，专利、商标申请量等指标位列全球第一。

（五）建设更高水平开放型经济新体制

改革开放是中国特色社会主义制度的重要特征。建设更高水平开放型经济新体制，就是要进一步打通国内国际两个市场、高效利用国内国际两种资源，形成统一开放、竞争有序的现代市场体系，充分发挥市场在资源配置中的决定性作用，更好发挥政府作用，促进国内国际要素资源有序自由流动、全球高效配置。

1. 保护外资合法权益，促进内外资企业公平竞争

与我国对外开放的历程相适应，全国人大分别于 1979 年、1986 年、1988 年制定了《中华人民共和国中外合资经营企业法》《中华人民共和国

外资企业法》《中华人民共和国中外合作经营企业法》，确立了外商投资领域以逐案审批为代表的管理制度。随着改革开放由市场驱动向创新驱动转型，重监管轻服务的思路已经无法满足各行业迅猛发展和外国投资者对创新管理模式的需求。同时，由于国际社会出现逆全球化、民粹主义、贸易保护主义倾向，为进一步表明中国改革开放的决心和信心，面对存在的问题，2019 年 3 月，十三届全国人大二次会议表决通过《中华人民共和国外商投资法》，自 2020 年 1 月 1 日起施行。与“外资三法”相比，《中华人民共和国外商投资法》在外资管理模式上发生了重大改变，明确了对外商投资实行准入前国民待遇加负面清单的管理制度，取消逐案审批制管理模式，确立了全面开放新格局下外商投资的基本制度框架，实行准入前国民待遇加负面清单管理制度，明确国家支持企业发展的各项政策同等适用于外商投资企业，强化对外商投资合法权益的法律保护，完善法治化、国际化、便利化营商环境，对更好吸引、保护、管理外商投资具有重要作用，进一步彰显了“社会主义市场经济本质上是法治经济”的理念。这表明我国在坚定不移扩大对外开放的同时，也充分做好了应对保护主义、单边主义、逆全球化等风险挑战的准备。《中华人民共和国外商投资法》的实施，为我国积极有效利用外资、推动新一轮高水平对外开放提供了更加有力的法治保障。

2. 加快自由贸易试验区建设

自由贸易试验区是我国新一轮改革开放的试验区。建设自由贸易试验区是党中央在新时代推进改革开放的一项战略举措。习近平总书记多次强调，自由贸易试验区建设，要解放思想、勇于突破，“大胆试、大胆闯、自主改”。2013 年至 2019 年，国务院先后批复成立中国（上海）自由贸易试验区、中国（广东）自由贸易试验区、中国（天津）自由贸易试验区、中国（福建）自由贸易试验区等二十余个自由贸易试验区。自由贸易试验区建设坚持大胆试、大胆闯、自主改，着力推进制度创新，取得了丰硕的改革开放成果。2014 年 12 月，全国人大常委会通过《全国人大常委会关于授权国务院在中国（广东）、中国（天津）、中国（福建）自由贸易试验区以及中国（上海）自由贸易试验区扩展区域暂时调整有关法律规定的行政审批的决定》。此后，我国在自由贸易试验区先后三批次暂时调整有关行政法规、国务院文件和经国务院批准的部门规章规定，涉及有关行政法规、国务院文件和经国务院批准的部门规章规定共35部（件）。自2013年以来，对标国际最高标准、最好水平，我国在自由贸易试验区发布首张负面清单，推动外资管理制度变革；率先试行“证照分离”等制度，推动全国“放管服”改革；建立首个国际贸易单一窗口，促进企业通关效率全面提升；创设自由贸易账户，推动深化金融宏观审慎管理；率先推进外币存款利率市场化改革；等等。作为开放的前沿阵地，自由贸易试验区外商投资准入特别管理措施（负面清单）不断缩减，开放度高于我国加入世界贸易组织时的承诺和对外签订的自由贸易协定；不断推进贸易便利化，试点内容已经超过世界贸易组织《贸易便利化协定》中的相关规定。自由贸易试验区还积极服务“一带一路”建设、推动内陆与沿海沿边沿江协同开放，为全面深化改革提供了示范和样板。自由贸易试验区的政策溢出效应不断显现，形成大批可复制、可推广的改革创新成果，在全国形成了示范带动效应。

3. 加快建设海南自由贸易港

海南自1988年建省办经济特区以来，在体制改革和对外开放中发挥了“试验田”“窗口”作用，是我国最大的经济特区，拥有全国最好的生态环境；作为我国最南端的省份，背靠超大规模国内市场和腹地经济，是“一带一路”倡议的战略支点，拥有通达全球特别是辐射东南亚的能力；同时又是相对独立的地理单元，具有整体封关运作、实施海关特殊监管制度的天然地理条件。海南在改革开放和社会主义现代化建设大局中具有特殊地位，建设中国特色自由贸易港具有独特优势。在海南建设自由贸易港，是习近平总书记亲自谋划、亲自部署、亲自推动的改革开放重大举措，是党中央着眼于国内国际两个大局、为推动中国特色社会主义创新发展作出的一个重大战略决策。党的十九大报告明确提出“赋予自由贸易试验区更大改革自主权，探索建设自由贸易港”。2018 年 4 月，习近平总书记在庆祝海南建省办经济特区 30 周年大会上向全世界郑重宣布，党中央决定支持海南全岛建设自由贸易试验区，支持海南逐步探索、稳步推进中国特色自由贸易港建设，分步骤、分阶段建立自由贸易港政策和制度体系。2018 年 4 月 14 日，《中共中央国务院关于支持海南全面深化改革开放的指导意见》正式公布，赋予海南经济特区改革开放新的重大责任和使命。2020 年 6 月 1 日，中共中央、国务院印发的《海南自由贸易港建设总体方案》正式公布，该方案提出到 2025 年初步建立以贸易自由便利和投资自由便利为重点的自由贸易港政策制度体系，到 2035 年使海南成为我国开放型经济新高地，到 21 世纪中叶将海南全面建成具有较强国际影响力的高水平自由贸易港。[1] 2021 年 6 月 10 日，十三届全国人大常委会第二十九次会议通过《中华人民共和国海南自由贸易港法》，为海南自由贸易港发展提供了有力法治保障，同时也进一步彰显了我国对外开放、推动经济全球化的决心。

六、坚持和完善繁荣发展社会主义先进文化的制度

一个国家、一个民族灵魂的最凝练表达就是其文化。中国文化是以华夏文明为基础，充分整合中国各地域、各民族文化要素而形成的。从有物可证的旧石器时代发展至今，中国文化的传承不仅从未间断，还对整个世界文明的进步产生了重大而深远的影响。从以中国文化为核心的东亚文化的形成，到以四大发明为推力加速形成的蓝色海洋文明，中国文化一直就是世界文明不可或缺的重要组成部分。党的十八大以来，我国文化领域的一系列制度相继建立健全。从《中国共产党宣传工作条例》到《新时代公民道德建设实施纲要》，再到党的十九届四中全会对文化制度作出新部署，

[1] 参见刘赐贵：《加快建设高水平的中国特色自由贸易港》，载《求是》2020 年第 16 期。

使社会主义先进文化制度体系的“四梁八柱”逐步成型，为推动社会主义先进文化的守正创新、建设社会主义文化强国奠定了坚实的制度基础。

（一）坚持马克思主义在意识形态领域指导地位的根本制度

2018年8月，习近平总书记在全国宣传思想工作会议上指出，完成新形势下宣传思想工作的使命任务，必须以新时代中国特色社会主义思想和党的十九大精神为指导，增强“四个意识”、坚定“四个自信”，自觉承担起举旗帜、聚民心、育新人、兴文化、展形象的使命任务，坚持正确政治方向，在基础性、战略性工作上下功夫，在关键处、要害处下功夫，在工作质量和水平上下功夫，推动宣传思想工作不断强起来，促进全体人民在理想信念、价值理念、道德观念上紧紧团结在一起，为服务党和国家事业全局作出更大贡献。

1. 加强和完善意识形态工作责任制

2015年，党中央制定出台《党委（党组）意识形态工作责任制实施办法》，这是我党历史上第一次以党内法规形式对意识形态工作责任制作出规定，是对各级党委抓意识形态工作的“约法三章”。该办法指出，要强化党管宣传、党管意识形态，牢牢掌握意识形态工作的领导权、主动权。要进一步明确各级领导干部的意识形态工作责任，坚决守好“责任田”。

2. 加强和完善宣传工作制度

宣传工作是党的一项极端重要的工作，是中国共产党领导人民不断夺取革命、建设、改革胜利的优良传统和政治优势。2019年4月19日，中共中央政治局会议审议通过《中国共产党宣传工作条例》。这是我们党第一部关于宣传工作的主干性、基础性党内法规，是坚持和落实马克思主义在意识形态领域指导地位这一根本制度的重要体现和重要保障。该条例提出“一个高举”“两个巩固”“三个建设”的宣传工作根本任务，即高举中国特色社会主义伟大旗帜，巩固马克思主义在意识形态领域的指导地位，巩固全党全国人民团结奋斗的共同思想基础，建设具有强大凝聚力和引领力的社会主义意识形态，建设具有强大生命力和创造力的社会主义精神文明，建设具有强大感召力和影响力的中华文化软实力。

3. 加强和完善党委（党组）理论学习中心组制度

加强理论学习是建设学习型、服务型、创新型的马克思主义执政党、提高党的执政能力和领导水平的重要途径，是我们党一个独特的政治优势。2017 年 1 月，中共中央办公厅印发《中国共产党党委（党组）理论学习中心组学习规则》，这是我们党历史上第一次以党内法规的形式把学习这项“软任务”变成“硬约束”。该规则明确党委（党组）理论学习中心组以政治学习为根本，以深入学习贯彻习近平总书记系列重要讲话精神为重点，明确各级党委（党组）对本级中心组学习负领导责任，党委（党组）书记是中心组学习第一责任人，对于推动理论武装工作深入开展，提高领导干部的理论水平和工作能力，加强领导班子思想政治建设，具有十分重要的意义。

4. 加强和完善高校思想政治工作

我们党历来高度重视高校思想政治工作，探索形成了一系列基本方针原则和工作遵循。以习近平同志为核心的党中央把高校思想政治工作摆在突出位置，作出一系列重大决策部署，各地区、各有关部门、各高校采取有力有效措施，积极主动开展工作，创造了许多成功做法，积累了许多宝贵经验。2016 年 12 月，全国高校思想政治工作会议召开。2017 年 2 月，中共中央、国务院印发《关于加强和改进新形势下高校思想政治工作的意见》。该意见指出，加强和改进高校思想政治工作，事关“办什么样的大学”“怎样办大学”的根本问题，事关党对高校的领导，事关中国特色社会主义事业后继有人，是一项重大的政治任务和战略工程。要强化思想理论教育和价值引领，把理想信念教育放在首位；要发挥哲学、社会科学育人功能，加强对课堂教学和各类思想文化阵地的建设管理，加强教师队伍和专门力量建设，推进高校思想政治工作改革创新。

（二）坚持以社会主义核心价值观引领文化建设制度

在一个国家和社会的价值体系中，核心价值观是处于中心地位，起主导作用的。它决定着文化的属性和特质，引领着文化建设的方向和路径。任何一种文化要立起来、强起来，从根本上说，取决于其核心价值观的生命力和领导力。社会主义核心价值观是当代中国精神的集中体现，是社会主义先进文化的精髓。富强、民主、文明、和谐是国家层面的价值核心，自由、平等、公正、法治是社会层面的价值核心，爱国、敬业、诚信、友善是个人层面的价值核心。三个层面结合在一起，代表了中国特色社会主义发展的方向，是我们追寻中国梦的价值目标。

1. 弘扬社会主义核心价值观，坚定“四个自信”

2013 年 12 月 11 日，中共中央办公厅印发《关于培育和践行社会主义核心价值观的意见》。该意见指出，富强、民主、文明、和谐，自由、平等、公正、法治，爱国、敬业、诚信、友善，这 24 个字是社会主义核心价值观的基本内容。该意见对培育和践行社会主义核心价值观的重要意义和指导思想，把培育和践行社会主义核心价值观融入国民教育全过程、落实到经济发展实践和社会治理中，加强社会主义核心价值观宣传教育，开展涵养社会主义核心价值观的实践活动，加强对培育和践行社会主义核心价值观的组织领导等分别作出了具体规定。2014 年 10 月，习近平总书记在北京主持召开文艺工作座谈会时指出，广大文艺工作者要高扬社会主义核心价值观的旗帜，把社会主义核心价值观生动活泼、活灵活现地体现在文艺创作之中，用栩栩如生的作品形象告诉人们什么是应该肯定和赞扬的，什么是必须反对和否定的，做到春风化雨、润物无声。2016 年 5 月，习近平总书记主持召开哲学社会科学工作座谈会，提出要着力构建中国特色哲学社会科学，在指导思想、学科体系、学术体系、话语体系等方面充分体现中国特色、中国风格、中国气派；强调坚定中国特色社会主义道路自信、理论自信、制度自信，说到底是要坚定文化自信，文化自信是更基本、更深沉、更持久的力量。

2. 坚持德治与法治相结合，依法弘扬社会主义核心价值观

我们党坚持德治与法治相结合，重视发挥法律政策在培育和弘扬社会主义核心价值观中的重要作用。2014 年 2 月，习近平总书记在中央政治局集体学习时强调，要用法律来推动核心价值观建设，注重在日常管理中体现价值导向，使符合核心价值观的行为得到鼓励、违背核心价值观的行为受到制约。

2016 年 12 月，中共中央办公厅、国务院办公厅印发了《关于进一步把社会主义核心价值观融入法治建设的指导意见》，指出社会主义核心价值观是社会主义法治建设的灵魂，要求从巩固全体人民团结奋斗的共同思想道德基础的战略高度，充分认识把社会主义核心价值观融入法治建设的重要性、紧迫性，切实发挥法治的规范和保障作用，推动社会主义核心价值观内化于心、外化于行。

2018 年 3 月，十三届全国人大一次会议通过的《中华人民共和国宪法修正案》，将“国家倡导社会主义核心价值观”写入宪法。由此，社会主义核心价值观成为宪法规范，具有最高法律效力。同时，这也是社会主义核心价值观融入法律政策的根本法源。宪法是我国的根本法，是我国法律体系的核心和基础。必须严格依照宪法的规定和精神立法，把社会主义核心价值观的要求体现到法律、法规、规章和公共政策之中，形成以宪法为根本的弘扬社会主义核心价值观的法律政策体系。

2018 年 5 月，中共中央印发《社会主义核心价值观融入法治建设立法修法规划》，强调要以习近平新时代中国特色社会主义思想为指导，坚持全面依法治国，坚持社会主义核心价值体系，着力把社会主义核心价值观融入法律法规的立、改、废、释全过程，确保各项立法导向更加鲜明、要求更加明确、措施更加有力，力争经过 5—10 年推动社会主义核心价值观

全面融入中国特色社会主义法律体系，筑牢全国各族人民团结奋斗的共同思想道德基础。

《中华人民共和国民法典》《中华人民共和国公共文化服务保障法》《中华人民共和国电影产业促进法》等法律，都把社会主义核心价值观写进条款之中。《中华人民共和国民法典》“总则编”第一条规定：“为了保护民事主体的合法权益，调整民事关系，维护社会和经济秩序，适应中国特色社会主义发展要求，弘扬社会主义核心价值观，根据宪法，制定本法。”开宗明义地宣示了弘扬社会主义核心价值观的价值原则。《中华人民共和国网络安全法》第六条规定：“国家倡导诚实守信、健康文明的网络行为，推动传播社会主义核心价值观，采取措施提高全社会的网络安全意识和水平，形成全社会共同参与促进网络安全的良好环境。”为了弘扬英雄精神，铭记烈士伟业，2014 年 8 月 31 日，十二届全国人大常委会第十次会议通过关于设立烈士纪念日的决定，将 9 月 30 日设立为烈士纪念日。针对一个时期以来对英雄烈士人格的侵犯行为，2018 年 4 月全国人大常委会制定《中华人民共和国英雄烈士保护法》，通过保护英雄烈士的人格权，弘扬社会主义核心价值观。

（三）健全人民文化权益保障制度

保障人民文化权益是党和政府的一项重要职责。健全人民文化权益保障制度，就是要让公共文化服务进一步制度化，更好地确保人民群众共享文化发展成果的一项重要制度。目前，我国公共文化服务体系建设与人民日益增长的精神文化需求仍然有一定差距，特别是在设施建设、服务和产品提供、运行机制、财政投入、监督评价等方面还缺乏制度性保障。为解决制度保障不足的问题，我国陆续通过有关法律，为人民的文化权益保驾护航。

1. 加强公共文化服务体系建设

为弥补公共文化服务不足短板，全国人大常委会加强立法工作，促进公共文化服务保障工作。一是，2016 年 12 月，通过《中华人民共和国公共文化服务保障法》。公共文化服务保障法坚持以人民为中心的工作导向，突出强调要满足公民的基本文化需求，丰富人民群众的精神文化生活，为更好地促进广大人民群众享受读书看报、看电视、听广播、参加公共文化活动等基本公共文化服务，提供了有力的法律支撑，弥补了我国文化立法的短板，进一步完善了我国文化法律体系。二是，2017 年 11 月，十二届全国人大常委会第三十次会议通过《中华人民共和国公共图书馆法》，确立了公共图书馆是社会主义公共文化服务体系的重要组成部分，明确了政府加强公共图书馆建设的责任和鼓励社会力量参与的要求，并对公共图书馆运行管理制度、应当承担的服务功能和加强数字资源建设、实现线上线下融合发展等作了规定，明确公共图书馆开放公共空间设施场地，开展公益性讲座、培训，提供文献信息查询、借阅服务等，鲜明体现了现代图书馆建设的中国特色和时代特色，对推进我国公共文化服务体系和学习型社会建设发挥了重要作用。

2. 完善电影产业促进法律制度

2016 年 11 月，十二届全国人大常委会第二十四次会议通过《中华人民共和国电影产业促进法》，将长期以来中国电影产业改革发展的成熟经验上升为法律制度，为未来电影产业持续健康繁荣发展提供了有力的法制保障，对电影产业的长远发展具有里程碑意义。作为我国文化产业领域的第一部法律，《中华人民共和国电影产业促进法》将对整个文化产业的发展产生长期深远的影响。

（四）完善坚持正确导向的舆论引导工作机制

新闻舆论历来是影响社会发展的重要力量。做好新闻舆论工作事关旗帜和道路，事关贯彻落实党的理论路线方针政策，事关顺利推进党和国家各项事业，事关全党全国各族人民凝聚力和向心力，事关党和国家的前途命运。在2016年2月19日召开的党的新闻舆论工作座谈会上，习近平总书记对党的新闻舆论工作作出一系列重要论述，体现了党中央对新闻舆论工作的职责使命与目标方向的基本定位和明确要求，也深刻阐明了新闻舆论工作的诸多重大规律，为做好新时期新闻舆论工作提出了一整套原则性、方向性思路和对策方法。主要包括九个方面：一是强调党的新闻舆论工作是党的一项重要工作，是治国理政、定国安邦的大事。概括阐明新时期新闻舆论工作的重要职责使命。二是强调党性和人民性的一致性、统一性。党的新闻舆论工作要适应国内外形势发展，从党的工作全局出发把握定位，坚持党的领导，坚持正确政治方向，坚持以人民为中心的工作导向。三是强调牢牢坚持正确舆论导向和团结稳定鼓劲、正面宣传为主的基本方针，提出弘扬主旋律，传播正能量及增强主动性、掌握主动权、打好主动仗的舆论引导策略。四是强调舆论监督和正面宣传的统一关系，要求建设性地开展舆论监督。强调必须从党的工作全局出发把握党的新闻舆论工作，做到思想上高度重视、工作上精准有力。五是提出把握舆论引导“时、度、效”的有机统一，增强吸引力和感染力。强调要胸怀大局、把握大势、着眼大事，找准工作切入点和着力点，做到因势而谋、应势而动、顺势而为。六是强调要尊重新闻传播规律，创新方法手段，切实提高党的新闻舆论传播力、引导力、影响力、公信力。要适应分众化、差异化传播趋势，加快构建舆论引导新格局。七是提出掌握国际话语权，打造融通中外的新概念、新范畴、新表述，讲述好中国故事，传播好中国声音。八是提出遵循新闻传播规律和新兴媒体发展规律，推动传统和新兴媒体融合发展，构建立体多样、融合发展的现代传播体系。九是强调提升新时期领导干部的能力水平，善用新闻舆论推动实际工作。要求领导干部增强同媒体打交道的能力，善于运用媒体宣讲政策主张、了解社情民意、发现矛盾问题、引导社会情绪、动员人民群众、推动实际工作。

七、坚持和完善统筹城乡的民生保障制度

民生是幸福之基、和谐之本。带领人民创造美好生活是我们党始终不渝的奋斗目标。进入新时代、随着经济社会发展水平的提高，人民对美好生活的向往更加强烈，民生领域需求日益复杂多元，保障和改善民生的任务十分繁重。党中央坚持以人民为中心，把增进人民福祉作为发展的根本目的，着眼在发展中补齐民生短板，在幼有所育、学有所教、劳有所得、病有所医、老有所养、住有所居、弱有所扶上取得一系列开创性成果，使改革发展成果更多更公平惠及全体人民。

（一）健全有利于更充分更高质量就业的促进机制

就业是最大的民生，也是经济社会发展最基本的支撑。以习近平同志为核心的党中央坚持以人民为中心的发展思想，根据经济发展新常态下的就业形势和特点，进一步丰富发展了就业优先战略，我国就业规模持续扩大、就业结构更加优化、创业带动就业效应进一步发挥、公共就业服务不断加强，有力推动了全体人民共建共享发展。针对妨碍劳动力市场功能充分发挥的体制性因素，我们找准改革的关键领域加快突破。加大劳动力市场制度建设力度，完善劳动立法，在相关法律的修订中，既坚持保护劳动者权益、提高就业质量、保障基本民生，又着眼于进一步提高劳动力市场的灵活性。

1. 完善劳动合同法律制度

劳动合同法律制度是整个劳动法律制度的核心。2012 年 12 月，十一届全国人大常委会第三十次会议通过关于修改《中华人民共和国劳动合同法》的决定。此次修改主要规范了劳务派遣制度：一是严格限制劳务派遣用工岗位范围；二是对设立劳务派遣单位实行行政许可；三是切实维护被

派遣劳动者享有与用工单位的劳动者同工同酬的权利；四是增加对相应违法行为的处罚。

2. 进一步构建和谐劳动关系

2015 年 4 月，中共中央、国务院印发《关于构建和谐劳动关系的意见》，共分 8 个部分 26 条，系统阐述了构建中国特色和谐劳动关系的重大意义、指导思想、基本原则、目标任务和政策措施，是指导新时期劳动关系工作的纲领性文件。该意见的主要内容包括：一是要求切实保障职工取得劳动报酬的权利；二是要求切实保障职工休息休假的权利；三是要求切实保障职工获得劳动安全卫生保护的权利；四是要求切实保障职工享受社会保险和接受职业技能培训的权利；五是要求进一步完善协调劳动关系三方机制的组织体系和职能，建立健全协调劳动关系三方委员会。

3. 完善职业病防治制度

2018 年 12 月，十三届全国人大常委会第七次会议通过关于修改《中华人民共和国劳动法》等 7 部法律的决定，其中对职业病防治法是第四次修改。此次修改的主要内容包括：一是改变监督管理主体，将原来监督管理中的安全生产监督管理部门删除，改为卫生行政部门、劳动保障行政部门，统称职业卫生监管部门；二是明确工会的职业病防治监督职能；三是强化用人单位职业病防治职责；四是明确和取消相关技术支撑机构的资质认可；五是明确劳动者的职业病诊断规定；六是明确职业病病人保障规定。

4. 健全劳动关系协调机制

2016 年 1 月，国务院办公厅印发《关于全面治理拖欠农民工工资问题的意见》，使农民工工资清欠工作进入一个新时期。同年，人力资源社会保障部出台《企业劳动保障守法诚信等级评价办法》和《重大劳动保障违法行为社会公布办法》，为提高欠薪企业违法成本、有效震慑违法行为提供了有力的制度保障。2017 年 3 月 21 日，人力资源社会保障部会同中央综治办、最高人民法院、司法部、财政部、中华全国总工会、中华全国工商业联合会、中国企业联合会/中国企业家协会等部门，印发《关于进一步加强劳动人事争议调解仲裁完善多元处理机制的意见》，聚焦预防协商、调解、仲裁、调裁审衔接和基础保障五大机制，完善劳动人事争议多元处理机制，强化企业在劳动人事争议处理中的第一道防线作用，加强协商调解在劳动人事争议处理中的基础地位，充分发挥调解仲裁在社会矛盾纠纷多元处理机制中的作用。

（二）构建服务全民终身学习的教育体系

1. 对深化教育体制机制改革作出顶层设计

2017 年 5 月，中央全面深化改革领导小组第三十五次会议通过《关于深化教育体制机制改革的意见》，9 月由中共中央办公厅、国务院办公厅印发施行。该意见指出，深化教育体制机制改革的主要目标是：到 2020 年，教育基础性制度体系基本建立，形成充满活力、富有效率、更加开放、有利于科学发展的教育体制机制，人民群众关心的教育热点难点问题进一步缓解，政府依法宏观管理、学校依法自主办学、社会有序参与、各方合力推进的格局更加完善，为发展具有中国特色、世界水平的现代教育提供制度支撑。

2. 完善职业技能培训制度

2018 年 5 月 3 日，《国务院关于推行终身职业技能培训制度的意见》发布。该意见指出，职业技能培训是全面提升劳动者就业创业能力、解决结构性就业矛盾、提高就业质量的根本举措，是适应经济高质量发展、培育经济发展新动能、推进供给侧结构性改革的内在要求，对推动大众创业万众创新、推进制造强国建设、提高全要素生产率、推动经济迈上中高端具有重要意义。该意见要求，要坚持以人民为中心的发展思想，适应经济转型升级、制造强国建设和劳动者就业创业需要，推行终身职业技能培训制度，大规模开展职业技能培训，着力提升培训的针对性和有效性，建设知识型、技能型、创新型劳动者大军。

3. 提出教育现代化总体目标

2019年2月23日，中共中央、国务院印发《中国教育现代化2035》，提出推进教育现代化的总体目标是：到2020年，全面实现“十三五”发展目标，教育总体实力和国际影响力显著增强，劳动年龄人口平均受教育年限明显增加，教育现代化取得重要进展，为全面建成小康社会作出重要贡献。在此基础上，再经过15年努力，到2035年，总体实现教育现代化，迈入教育强国行列，推动我国成为学习大国、人力资源强国和人才强国，为到21世纪中叶建成富强民主文明和谐美丽的社会主义现代化强国奠定坚实基础。2035年主要发展目标是：建成服务全民终身学习的现代教育体系、普及有质量的学前教育、实现优质均衡的义务教育、全面普及高中阶段教育、职业教育服务能力显著提升、高等教育竞争力明显提升、残疾儿童少年享有适合的教育、形成全社会共同参与的教育治理新格局。为使优先发展教育的理念和战略落到实处，党的十八届三中全会以来，习近平总书记主持的中央全面深化改革领导小组和中央全面深化改革委员会会议涉及教育改革的文件和方案就有十几份。《乡村教师支持计划（2015—2020年）》《统筹推进世界一流大学和一流学科建设总体方案》《关于统筹推进城乡义务教育一体化改革发展的若干意见》《关于全面深化新时代教师队伍建设改革的意见》《关于规范校外培训机构发展的意见》《关于学前教育深化改革规范发展的若干意见》等一系列政策，构筑起务实精准的顶层设计，直指教育改革难点，促进了教育事业的发展。

4. 修改教育法

2021年4月，全国人大常委会通过关于修改《中华人民共和国教育法》的决定，主要是根据2018年宪法修正案规定和全国教育大会精神，对现行教育法涉及教育指导思想、地位、方针、内容的有关条款作出修改。一是丰富教育指导思想，鲜明体现教育的政治属性和意识形态要求。二是强调教育作用，着力凸显教育国之大计、党之大计地位。三是进一步完善教育方针，充实教育“培养什么人”的内容。四是丰富教育内容，强化教育对继承和弘扬中国特色社会主义文化的重要作用。同时，回应社会关切，完善冒名顶替入学行为的法律责任，维护教育公平。

（三）坚决打赢脱贫攻坚战，巩固脱贫攻坚成果，建立解决相对贫困的长效机制

贫困是一个历史性、世界性、普遍性的重大问题，消除贫困是人类自古以来梦寐以求并为之顽强奋斗的美好理想。贫困在中国也是一个长期存在的严重问题。党的十八大以来，以习近平同志为核心的党中央坚定不移地带领全党全国各族人民打响了脱贫攻坚战，为全面建成小康社会、全面建成富强民主文明和谐美丽的社会主义现代化强国，实现中华民族伟大复兴的中国梦，展开了一场史无前例的、艰苦卓绝的打赢脱贫攻坚战的伟大实践。

习近平总书记亲自领导谋划、组织实施、全力推进脱贫攻坚战。党中央、国务院把扶贫开发作为经济社会发展规划的主要内容，实施精准扶贫精准脱贫方略，找到“贫根”，对症下药，“靶向治疗”。构建省、市、县、乡、村五级一起抓扶贫、层层落实责任制的治理格局。注重抓“六个精准”，即扶持对象精准、项目安排精准、资金使用精准、措施到户精准、因村派人精准、脱贫成效精准，确保各项政策好处落到扶贫对象身上。坚持分类施策，因人因地施策，因贫困原因施策，因贫困类型施策。实施“五个一批”工程，即发展生产脱贫一批、易地搬迁脱贫一批、生态补偿脱贫一批、发展教育脱贫一批、社会保障兜底一批。动员社会参与扶贫，即广泛动员全社会力量积极参与扶贫。加强领导确保脱贫，即各级党委和政府要加强组织领导，脱贫攻坚任务重的地区党委和政府要把脱贫攻坚作为“十三五”期间的头等大事和第一民生工程来抓，坚持以脱贫攻坚统揽经济社会发展全局，坚决夺取脱贫攻坚战全面胜利。通过实施这一系列重

大举措，依靠全党全国各族人民的顽强奋斗和艰苦实践，我国贫困人口从2012年年底的9899万人减到2019年年底的551万人，连续7年每年减贫1000万人以上，脱贫攻坚取得了历史性成就。新时代脱贫攻坚这一伟大实践，为全面建成小康社会，全面建成社会主义现代化强国，实现中华民族伟大复兴的中国梦，创造了重要条件，打下了坚实基础，积累了宝贵经验。习近平总书记指出：“今天，我们比历史上任何时期都更接近、更有信心和能力实现中华民族伟大复兴的目标。”

1. 建立脱贫攻坚体制机制

在党中央的坚强领导下，我们党在脱贫攻坚领域内“四梁八柱”顶层设计基本完成，为打赢脱贫攻坚战建立了体制机制，提供了制度保障。

一是建立脱贫攻坚责任体系。中央出台脱贫攻坚责任制实施办法，强化“中央统筹、省负总责、市县抓落实”的扶贫管理体制，构建起责任清晰、各负其责、合力攻坚的责任体系。中西部省份党政主要负责同志向中央签署脱贫攻坚责任书，立下军令状，贫困县党政正职攻坚期内保持稳定，形成了五级书记抓扶贫、全党动员促攻坚的局面。扶贫责任体系符合我国国情，契合精准扶贫实际，有利于发挥我们的政治优势和制度优势。

二是建立脱贫攻坚政策体系。党中央、国务院作出打赢脱贫攻坚战的决定并出台配套文件。中央和国家机关各部门出台100多个政策文件或实施方案，各地也相继出台和完善了“1+N”的脱贫攻坚系列文件，内容涉及产业扶贫、易地扶贫搬迁、劳务输出扶贫、交通扶贫、水利扶贫、教育扶贫、健康扶贫、金融扶贫、农村危房改造等。很多“老大难”问题都有了针对性的措施，打出了政策组合拳。

三是建立脱贫攻坚投入体系。中央明确，扶贫投入力度要与打赢脱贫攻坚战的要求相匹配。在财政投入上，2016年中央和省级财政专项扶贫资金首次突破1000亿元，其中中央为667亿元，同比增长43.4%；省级为493.5亿元，同比增长56.1%。“十三五”时期，国家向省级扶贫开发投融资主体注入约2500亿元资本金，用于易地扶贫搬迁。在金融支持上，各类金融机构加大对扶贫的支持力度。扶贫小额信贷累计发放 3113 亿元，共支持了 868 万贫困户。保险业扶贫、证券业扶贫的工作力度也明显加强。

四是建立脱贫攻坚监督体系。中央出台脱贫攻坚督查巡查工作办法，对各地各部门落实中央决策部署开展督查巡查。督查坚持目标导向，着力推动工作落实。巡查坚持问题导向，着力解决突出问题。各民主党派中央开展脱贫攻坚民主监督。扶贫部门加强与纪检监察、巡视、审计、财政、媒体、社会等监督力量的全方位合作，把各方面的监督结果运用到考核评估、督查巡查中。

五是建立脱贫攻坚考核评估体系。中央出台省级党委和政府扶贫开发工作成效考核办法。从 2016 年至 2020 年，每年开展一次考核，由国务院扶贫开发领导小组组织进行。主要考核减贫成效、精准识别、精准帮扶、扶贫资金使用管理等方面，涉及建档立卡贫困人口减少和贫困县退出计划完成、贫困地区农村居民收入增长、贫困人口识别和退出准确率、群众帮扶满意度、扶贫资金绩效等指标，树立脱贫实效导向，确保脱贫攻坚质量经得起实践和历史检验。

2. 脱贫攻坚的成功实践

习近平总书记把我国脱贫攻坚的成功经验精辟概括为：加强领导是根本，把握精准是要义，增加投入是保障，各方参与是合力，群众参与是基础。这些经验实质上就是一整套经过实践检验的减贫治理体系，这将为全球更有效地进行减贫治理提供“中国方案”。

一是对脱贫攻坚工作作出全面部署。《中共中央国务院关于打赢脱贫攻坚战的决定》是中共中央、国务院于 2015 年 11 月 29 日颁布的指导脱贫攻坚的纲要性文件，对其后五年脱贫攻坚工作作出全面部署。该决定提出的目标是，到 2020 年，稳定实现农村贫困人口不愁吃、不愁穿，义务教育、基本医疗和住房安全有保障。实现贫困地区农民人均可支配收入增长幅度高于全国平均水平，基本公共服务主要领域指标接近全国平均水平。

确保我国现行标准下农村贫困人口实现脱贫，贫困县全部摘帽，解决区域性整体贫困。

二是开展打赢脱贫攻坚战三年行动。2018 年 6 月 5 日，《中共中央国务院关于打赢脱贫攻坚战三年行动的指导意见》正式公布，明确到 2020 年巩固脱贫成果，通过发展生产脱贫一批，易地搬迁脱贫一批，生态补偿脱贫一批，发展教育脱贫一批，社会保障兜底一批，因地制宜综合施策，确保现行标准下农村贫困人口实现脱贫，消除绝对贫困；确保贫困县全部摘帽，解决区域性整体贫困。实现贫困地区农民人均可支配收入增长幅度高于全国平均水平。

三是对决战决胜脱贫攻坚作出动员。2020 年 3 月 6 日，习近平总书记在北京出席决战决胜脱贫攻坚座谈会并发表《在决战决胜脱贫攻坚座谈会上的讲话》。这是党的十八大以来脱贫攻坚方面最大规模的会议，目的就是动员全党全国全社会力量，以更大决心、更强力度推进脱贫攻坚，确保取得最后胜利。习近平总书记的重要讲话，充分肯定脱贫攻坚取得的决定性成就，深刻分析打赢脱贫攻坚战面临的困难挑战，对加强党对脱贫攻坚的领导、高质量完成脱贫攻坚目标任务提出明确要求，为坚决夺取脱贫攻坚战全面胜利、确保全面建成小康社会指明了努力方向、提供了根本遵循。讲话指出，我国脱贫攻坚取得决定性成就，主要体现在：第一，脱贫攻坚目标任务接近完成；第二，贫困群众收入水平大幅度提高；第三，贫困地区基本生产生活条件明显改善；第四，贫困地区经济社会发展明显加快；第五，贫困治理能力明显提升；第六，中国减贫方案和减贫成就得到国际社会普遍认可。

（四）完善覆盖全民的社会保障体系

社会保障是保障和改善民生、维护社会公平、增进人民福祉的基本制度保障，是促进经济社会发展、实现广大人民群众共享改革发展成果的重要制度安排。党的十八大以来，党中央把社会保障体系建设摆在更加突出的位置，对我国社会保障体系建设作出顶层设计，推动我国社会保障体系建设进入快车道。统一城乡居民基本养老保险制度，实现机关事业单位和企业养老保险制度并轨，建立企业职工基本养老保险基金中央调剂制度。整合城乡居民基本医疗保险制度，全面实施城乡居民大病保险，组建国家医疗保障局。推进全民参保计划，降低社会保险费率，划转部分国有资本充实社保基金。积极发展养老、托幼、助残等福利事业，人民群众不分城乡、地域、性别、职业，在面对年老、疾病、失业、工伤、残疾、贫困等风险时都有了相应制度保障。我国以社会保险为主体，包括社会救助、社会福利、社会优抚等制度在内，功能完备的社会保障体系基本建成，基本医疗保险覆盖 13.6 亿人，基本养老保险覆盖近 10 亿人，是世界上规模最大的社会保障体系。这为人民创造美好生活奠定了坚实基础，为打赢脱贫攻坚战提供了坚强支撑，为如期全面建成小康社会、实现第一个百年奋斗目标提供了有利条件。

1. 统一城乡居民基本养老保险制度

建立统一的城乡居民基本养老保险制度，使全体人民公平地享有基本养老保障，是我国经济社会发展的必然要求和推进“新四化”建设的需要，这既有利于促进人口纵向流动、增强社会安全感，也有利于使群众对民生改善有稳定的预期，对于拉动消费、鼓励创新创业，具有重要意义。2014 年 2 月，国务院印发《关于建立统一的城乡居民基本养老保险制度的意见》。在已基本实现新型农村社会养老保险、城镇居民社会养老保险全覆盖的基础上，依法将这两项制度合并实施，在全国范围内建立统一的城乡居民基本养老保险制度，并在制度模式、筹资方式、待遇支付等方面与合并前的新型农村社会养老保险和城镇居民社会养老保险保持基本一致。

2. 实行机关事业单位和企业养老保险制度并轨

近年来，随着城乡居民养老保险制度的全面建立，广大农村和城镇居民普遍参保，加上企业职工和其他就业群体，社会化的养老保险制度已经覆盖了全国 8.3 亿多人；而机关事业单位职工和退休人员游离在养老保险制度之外，成为制度全覆盖的“短板”和“空白”。2014 年 12 月，机关事业单位养老保险制度改革方案经国务院常务会议和中央政治局常委会审议通过。2015 年 1 月，国务院印发《关于机关事业单位工作人员养老保险制度改革的决定》。这次改革的基本思路是“一个统一、五个同步”。“一个统一”是指，机关事业单位与企业等城镇从业人员统一实行社会统筹和个人账户相结合的基本养老保险制度，都实行单位和个人缴费，都实行与缴费相挂钩的养老金待遇计发办法，从制度和机制上化解“双轨制”矛盾。在此基础上，形成城镇职工和城乡居民基本养老保险并行的两大制度平台，并可相互衔接，从而构建起完整的城乡养老保险制度体系。“五个同步”是：一是机关与事业单位同步改革，避免单独对事业单位退休制度改革引起不平衡。二是职业年金与基本养老保险制度同步建立，在优化保障体系结构的同时保持待遇水平总体不降低。三是养老保险制度改革与完善工资制度同步推进，在增加工资的同时实行个人缴费。四是待遇确定机制与调整机制同步完善，退休待遇计发办法突出体现多缴多得，今后待遇调整要综合考虑经济发展、物价水平、工资增长等因素，并与企业退休人员等群体统筹安排，体现再分配更加注重公平的原则。五是改革在全国范围同步实施，防止地区之间出现先改与后改的矛盾。

3. 整合城乡居民基本医疗保险制度

2016 年 1 月 12 日，国务院印发《关于整合城乡居民基本医疗保险制度的意见》，就整合城镇居民基本医疗保险和新型农村合作医疗两项制度，建立统一的城乡居民基本医疗保险制度提出明确要求。该意见就整合城乡居民医保制度政策明确提出了“六统一”的要求：一要统一覆盖范围。城乡居民医保制度覆盖除职工基本医疗保险应参保人员以外的其他所有城乡居民。二要统一筹资政策。坚持多渠道筹资，合理确定城乡统一的筹资标准，现有城镇居民医保和新农合个人缴费标准差距较大的地区可采取差别缴费的办法逐步过渡。三要统一保障待遇。逐步统一保障范围和支付标准，政策范围内住院费用支付比例保持在75%左右，逐步提高门诊保障水平。四要统一医保目录。由各省（区、市）在现有城镇居民医保和新农合目录的基础上，适当考虑参保人员需求变化，制定统一的医保药品和医疗服务项目目录。五要统一定点管理。统一定点机构管理办法，强化定点服务协议管理，建立健全考核评价机制和动态的准入退出机制。六要统一基金管理。城乡居民医保执行国家统一的基金财务制度、会计制度和基金预决算管理制度。

（五）强化提高人民健康水平的制度保障

1. 建立现代医疗卫生制度

党和政府着力完善现代医疗卫生制度，取得巨大成就。一是基本医疗保障制度覆盖全民。目前，我国基本医疗保障覆盖95%以上人口，编织起全球最大的基本医疗保障网。二是完善大病保险和医疗救助制度。全面开展重特大疾病医疗救助，基本医保、大病保险、医疗救助、疾病应急救助、商业健康保险和慈善救助有效衔接。三是深化医药卫生体制改革，实行医疗、医保、医药联动，推进医药分开，实行分级治疗。破除公立医院以药养医机制。全面推进公立医院改革，优化医疗卫生机构布局。四是全面推进“健康中国”建设。加快转变健康领域发展方式，全方位、全周期维护和保障人民健康。

2. 因时制宜调整人口政策

在人口发展方面，完善计划生育制度和应对人口老龄化。实施人口发展战略，促进人口均衡发展。全面实施一对夫妇可生育两个孩子的政策。“二孩”政策的颁布，是对我国1983年以来所实行的计划生育“一孩”政策的重大调整，关系到中华民族子孙后代的繁衍和持续性发展。2021年5月31日，中共中央政治局召开会议，决定进一步优化生育政策，实施一对夫妻可以生育三个子女政策及配套支持措施。“三孩”政策的实施有利于进一步改善我国人口结构、保持我国人力资源禀赋优势。同时，积极开展应对人口老龄化行动，构建以生育政策、就业制度、养老服务、社保体系、健康保障、人才培养、环境支持、社会参与等为支撑的人口老龄化应对体系，积极研究制定渐进式延迟退休年龄政策。人口政策的创新，是近5年社会治理实践创新的重大标志。

3. 公共卫生健康领域立法取得显著成就

党的十八大以来，我国卫生健康领域立法取得巨大成就。在这一领域，我国已经制定了传染病防治法、国境卫生检疫法、母婴保健法、执业医师法、中医药法、精神卫生法、药品管理法、疫苗管理法等十几部法律。另外，根据实际情况的变化，还适时修订了传染病防治法、国境卫生检疫法、母婴保健法、精神卫生法。

一是完善中医药法律制度。中医药是中华民族的瑰宝，是我国医药卫生体系的特色和优势，是国家医药卫生事业的重要组成部分。2016年12月，全国人大常委会制定《中华人民共和国中医药法》，第一次从法律层面明确了中医药的重要地位、发展方针和扶持措施，为中医药事业发展提供了法律保障。

二是完善疫苗管理制度。2019年6月29日，全国人大常委会制定《中华人民共和国疫苗管理法》。该法在立法思路上主要有以下特点：第一，贯彻“四个最严”要求，对疫苗实行最严格的管理制度，坚决守住质量安全底线，坚决维护最广大人民群众身体健康。第二，落实疫苗管理体制改革举措，将党中央、国务院的决策转化为法律制度。第三，总结药品管理法、疫苗流通和预防接种管理条例的实施经验，汲取问题疫苗案件教训，举一反三，堵塞漏洞，系统规定疫苗研制、生产、流通、预防接种管理制度，强化全过程、全链条监管。第四，处理好与药品管理法的关系，针对疫苗特点规定具体管理制度，不简单重复药品管理的一般性规定。

三是完善药品管理制度。2018年，根据十三届全国人大一次会议批准的国务院机构改革方案，将国家工商行政管理总局、国家质量监督检验检疫总局、国家食品药品监督管理总局、国家发展和改革委员会、商务部、国务院反垄断委员会办公室等部门的相关职责整合，组建国家市场监督管理总局。食品安全监督管理的综合协调工作由新组建的国家市场监督管理总局负责，而药品安全的监督管理工作则由国家药品监督管理局承担，其也由国家市场监督管理总局管理。将食品与药品的监督管理分割开来，从而明确区分了食品与药品的不同性质，使食品与药品的监督管理步入科学的管理轨道。2019 年 8 月，全国人大常委会修订了《中华人民共和国药品管理法》，修改的主要方面包括：第一，贯彻习近平总书记“四个最严”的要求，坚持重典治乱，去疴除弊，强化全过程监管，坚决守住公共安全底线；第二，围绕问题疫苗案件暴露的突出问题、实施药品上市许可持有人制度和推进审批制度改革等进行修改，及时回应社会关切；第三，落实 2017 年 10 月中共中央办公厅、国务院办公厅《关于深化审评审批制度改革鼓励药品医疗器械创新的意见》，改革完善药品审评审批制度，鼓励药品创新，加强事中事后监管。

四是完善基本医疗卫生与健康促进法律制度。2019 年 12 月，全国人大常委会制定了《中华人民共和国基本医疗卫生与健康促进法》。这是我国卫生健康领域第一部基础性、综合性法律，搭起卫生健康领域制度体系的“四梁八柱”，体现了卫生健康工作理念从以治病为中心到以人民健康为中心的转变。该法及时出台，有利于巩固医改成果、发展医疗卫生与健康事业、提升公民全生命周期健康水平，对于推进健康中国建设具有重要意义。

五是全面禁止非法野生动物交易，革除滥食野生动物陋习。2020 年 2 月，我国正处于新冠肺炎疫情防控的关键时期，全面修订野生动物保护法需要一个过程，全国人大常委会通过关于全面禁止非法野生动物交易、革除滥食野生动物陋习、切实保障人民群众生命健康安全的决定，彻底叫停一切交易和食用陆生野生动物的行为，这是从源头防控疫情的重大制度突破，也为抗疫立法树立了样板。该决定聚焦滥食野生动物的突出问题，目的就是要在相关法律修改之前，全面禁止食用野生动物，严厉打击非法野生动物交易，为维护公共卫生安全和生态安全，保障人民群众生命健康安全提供有力的立法保障。

六是对健康中国作出顶层设计。党的十八届五中全会明确提出推进健康中国建设，从“五位一体”总体布局和“四个全面”战略布局出发，对当前和今后一个时期更好保障人民健康作出了制度性安排。2016 年 8 月 26 日，中共中央政治局会议审议通过《健康中国 2030 规划纲要》，明确了建设健康中国的大政方针和行动纲领。该纲要指出，推进健康中国建设，要坚持预防为主，推行健康文明的生活方式，营造绿色安全的健康环境，减少疾病发生。要调整优化健康服务体系，强化早诊断、早治疗、早康复，坚持保基本、强基层、建机制，更好满足人民群众健康需求。要坚持共建共享、全民健康，坚持政府主导，动员全社会参与，突出解决好妇女儿童、老年人、残疾人、流动人口、低收入人群等重点人群的健康问题。要强化组织实施，加大政府投入，深化体制机制改革，加快健康人力资源建设，推动健康科技创新，建设健康信息化服务体系，加强健康法治建设，扩大健康国际交流合作。

八、坚持和完善共建共治共享的社会治理制度

民族的伟大复兴，国家的长治久安，人民的幸福安康。这些宏伟目标的背后，是国家治理体系和治理能力现代化的时代命题。在社会领域，这一命题就是加强和创新社会治理，推进社会治理走向现代化。社会治理的成效与人民是否能够安居乐业，社会是否能够安定有序息息相关。党的十八大以来，以习近平同志为核心的党中央采取了一系列新举措，全面深化社会治理变革，着力推进社会治理体系和社会治理能力现代化，推动社会充满活力又和谐有序运行，取得了历史性新进展新成效，开拓了社会治理的新境界。

（一）完善正确处理新形势下人民内部矛盾有效机制

社会总是在解决矛盾中不断前进的。正确应对和有效处理社会矛盾的能力，是检验一个国家社会治理现代化水平的试金石。早在社会主义建设时期，我们党就深刻阐述了关于正确处理人民内部矛盾的问题。随着中国特色社会主义进入新时代，人民内部矛盾出现了许多新情况新问题。我们党把握新时代社会主要矛盾的历史性变化，站在推进社会治理现代化的战略高度，对完善正确处理新形势下人民内部矛盾有效机制作出了顶层设计。

1. 坚持和发展新时代“枫桥经验”

“枫桥经验”在20世纪60年代经由毛泽东同志批示后成为全国政法战线的一个脍炙人口的典型。后来，“枫桥经验”得到不断发展，形成了具有鲜明时代特色的“党政动手，依靠群众，预防纠纷，化解矛盾，维护稳定，促进发展”的枫桥新经验，成为新时期把党的群众路线坚持好、贯彻好的典范。2013年10月11日，纪念毛泽东批示“枫桥经验”50周年大会在浙江杭州召开。习近平总书记就坚持和发展“枫桥经验”作出重要指示强调，50年前，浙江枫桥干部群众创造了“依靠群众就地化解矛盾”的“枫桥经验”，并根据形势变化不断赋予其新的内涵，成为全国政法综治战线的一面旗帜。各级党委和政府要充分认识“枫桥经验”的重大意义，发扬优良作风，适应时代要求，创新群众工作方法，善于运用法治思维和法治方式解决涉及群众切身利益的矛盾和问题，把“枫桥经验”坚持好、发展好，把党的群众路线坚持好、贯彻好。步入新时代，“枫桥经验”又引入了新的内涵。新时代“枫桥经验”主要内容是在开展社会治理中实行“五个坚持”，即坚持党建引领，坚持人民主体，坚持“三治融合”，坚持“四防并举”，坚持共建共享。人民主体是新时代“枫桥经验”的核心价值，实现人民的利益是新时代“枫桥经验”的价值导向。党建引领是新时代“枫桥经验”的政治灵魂，反映了新时代“枫桥经验”的本质特征。路径创新是新时代“枫桥经验”的实践特质。坚持自治、法治、德治“三治融合”是新时代“枫桥经验”的主要路径。人防、物防、技防、心防“四防并举”是新时代“枫桥经验”的重要手段。共建共享是新时代“枫桥经验”的工作格局。“枫桥经验”形成于社会主义建设时期，发展于改革开放新时期，创新于中国特色社会主义新时代，经历了从社会管制到社会管理再到社会治理经验的两次历史性飞跃。实践充分证明，“枫桥经验”是党领导人民创造的一整套行之有效的社会治理方案，是新时代政法综治战线必须坚持、发扬的“金字招牌”。

2. 畅通和规范群众诉求表达、利益协调、权益保障通道

维护群众利益是正确处理新形势下人民内部矛盾的根本目的。中国特色社会主义进入新时代，我们在完善群众诉求表达领域进行了不少有益探索。例如，健全人大代表密切联系群众的联络机构和网络平台；构建程序合理、环节完整、多层多样的协商民主体系；发扬基层民主和企事业单位民主管理；改进政府决策听证与社会稳定风险评估制度；依托群团组织、社会组织、大众传媒等平台进一步加强社会协商对话，实现有效沟通、良性互动。在完善利益协调机制和权益保障机制方面，我们探索建立健全最低工资、最低生活保障正常增长机制；完善养老、医疗、失业和工伤保险制度；完善农村留守儿童、妇女、老年人关爱服务体系；加强残疾人等弱势群体、困难群体的帮扶制度建设；支持慈善事业和社会组织更好地发挥扶贫济困作用；健全以国家司法救助、法律援助、诉讼费用担保等制度为基础的司法救助体系；健全普惠精准、便捷高效的政法公共服务体系；依法惩治挑战法律权威、挑衅公共秩序、侵犯人民利益等违法犯罪行为，保护好人民人身权、财产权、人格权。

3. 完善信访制度

信访工作是密切党和政府与群众血肉联系的桥梁纽带，是维护社会和谐稳定的重要源头性、基础性工作。这个时期，信访工作改革创新，积极

探索具有中国特色的信访工作新路子：一是大力推进信访工作法治化，牢固树立法治理念，推动信访工作依法规范运行、群众诉求依法理性表达、合法权益依法有效保护，切实把信访纳入法治化轨道。二是推进信访工作信息化，充分发挥网上信访主渠道作用，拓展网上信访覆盖面，用好网上信访平台，让群众通过网上信访就能得到与来访一样的效果，最大限度引导群众通过网上信访反映诉求、解决问题。三是推进信访工作科学化，主动适应大数据、人工智能技术发展趋势，完善信访业务智能辅助系统，提高信访工作质量、效率和公信力。四是推行领导干部特别是市县领导干部每月下基层大接访制度，认真负责地解决信访积案和群众合理合法诉求，最大限度把矛盾问题解决在当地。

4. 完善人民调解、行政调解、司法调解联动工作体系

人民调解、行政调解和司法调解紧密衔接、有机结合的矛盾调处工作机制，是新形势下具有中国特色的非诉讼纠纷解决方式，有利于消除分歧、促进和谐，巩固安定团结的局面。这个时期，我们在该领域的有益探索包括：第一，完善效力对接的制度机制，通过互设共设调解中心、执法司法人员与人民调解员共同调解、网上司法确认等方式，推动达成调解协议与申请行政确认、司法确认无缝衔接，提升人民调解协议的权威性和公信力。第二，完善科学分流的制度机制，建设即时就地调处矛盾纠纷的基层调解站、流动调解点，畅通人民调解机构、行政调解机构、执法司法机关移送处置矛盾纠纷的通道，建立健全诉前调解、诉中委托调解、诉后执行和解等制度，引导人民群众主动接受调解。第三，完善资源整合的制度机制，促成司法机关、行政机关、企事业单位、社会组织等多主体联合开展调解，重点化解跨地域、跨行业、跨部门、重大疑难复杂矛盾纠纷，形成化解矛盾纠纷的合力。

5. 健全社会心理服务体系和危机干预机制

加强社会心理服务体系和危机干预机制建设，是适应社会转型的现实需要，也是促进社会和谐稳定的基础性工作。这个时期，我们在该领域的

有益探索包括：第一，完善工作体系，积极整合卫生健康、宣传、教育、公安、民政、司法行政、财政、信访、残联等资源力量，发展壮大平安志愿者、社区工作者、群防群治队伍，形成党委领导、政府负责、部门协同、属地管理、社会参与、家庭尽责的良好局面。第二，完善工作网络，加强村居、社区、校园等心理咨询室、社会工作室建设，广泛建立心理监测、疏导服务体系，组建专业心理疏导矫治队伍，开通心理援助热线和网络平台，积极开展心理健康宣传教育和社会心理服务，培育自尊自信、理性平和、积极向上的社会心态。第三，坚持分类施策，根据特殊人群不同情况，有针对性地加强帮扶救助、心理疏导、法律援助，严防发生个人极端事件。

6. 完善社会矛盾纠纷多元预防调处化解综合机制

针对当前各类社会矛盾跨界性强、传导性快、容易形成矛盾综合体的特点，有必要坚持系统治理、依法治理、综合治理、源头治理，探索新形势下预防化解矛盾纠纷的新方法、新途径，建立健全有机衔接、协调联动、高效便捷的社会矛盾纠纷多元预防调处化解综合机制。我们在该领域的有益探索包括：第一，促进各类非诉讼矛盾解决方式健康发展，规范加强调解工作，建立健全仲裁制度，健全行政复议与行政裁决制度，鼓励探索协商、中立评估、第三方调处等矛盾纠纷化解机制。第二，推进矛盾纠纷多元化解制度建设，健全矛盾纠纷排查调处制度，建立矛盾纠纷多元化解告知制度，完善非诉讼纠纷解决机制效力保障制度。第三，搭建矛盾纠纷多元化解平台，建立集诉讼服务、立案登记、诉调对接、诉讼信访等多项功能为一体的综合服务平台，加强专业性矛盾纠纷化解平台建设，建设纵向贯通、横向集成、共享共用、安全可靠的在线矛盾纠纷多元化解信息系统，满足人民群众对于便捷、高效化解矛盾纠纷的新要求。

（二）完善社会治安防控体系

加快社会治安防控体系建设，是以习近平同志为核心的党中央作出的重大决策部署，是推进社会治理现代化的重要基础工程。党的十八大和党的十八届三中全会、四中全会都对深化平安建设，完善立体化社会治安防控体系作出了明确部署。2015 年 4 月 13 日，中共中央办公厅、国务院办公厅印发《关于加强社会治安防控体系建设的意见》。在加强社会治安防控网建设方面，该意见从加强社会面、重点行业、乡镇（街道）和村（社区）、机关企事业单位、信息网络防控网建设方面，提出了一系列明确要求。该意见强调，运用法治思维和法治方式推进社会治安防控体系建设。一要运用法律手段解决突出问题。充分发挥法治的引导、规范、保障、惩戒作用，做到依法化解社会矛盾、依法预防打击犯罪、依法规范社会秩序、依法维护社会稳定。二要加强基础性制度建设。建立以公民身份号码为唯一代码、统一共享的国家人口基础信息库，建立健全相关方面的实名登记制度。三要严格落实综治领导责任制。把社会治安防控体系建设纳入综治工作（平安建设）考核评价指标体系，将考核评价结果作为对领导班子和领导干部考核评价的重要内容。

（三）健全公共安全体制机制

我们国家灾害种类多、分布广、频率高、损失大，这是基本国情。现在我们国家又处于工业化、城镇化、信息化的转型、转轨、转变、快速发展期和矛盾凸显期。保障人民生命健康，维护社会安全稳定的任务越来越紧迫和繁重。有效应对各类安全生产、食品药品安全事件，越来越成为党和政府执政为民的重要标志，成为检验党和政府践行“人民至上”的试金石。党的十八大以来，适时修改了安全生产法、食品安全法。一是完善安全生产制度。两次修改安全生产法，突出事故隐患排查治理和事前预防，重点强化生产经营单位主体责任、政府监管、安全生产责任追究三个方面的制度措施，着力解决如何“重典治乱”的问题。二是建立最严格的食品安全监管制度。两次修改食品安全法，着力建立最严格的法律责任制度，积极推进食品安全社会共治格局，为最严格的食品安全监管提供制度保障。

（四）完善国家安全体系

国家安全是国家的基本利益，是指国家政权、主权、统一和领土完整、人民福祉、经济社会可持续发展和国家其他重大利益相对处于没有危险和不受内外威胁的状态，以及保障持续安全状态的能力。当前，我国面临的国际国内环境正在发生深刻变化。从外部看，当今世界正经历百年未有之大变局，全球经济发展动力不足，局部冲突和动荡频繁。新冠肺炎疫情这样的重大突发公共卫生事件表明，各种传统安全和非传统安全问题会不断带来新的考验，全球性挑战日益增多，国际形势的不稳定性、不确定性上升。从国内看，改革已进入深水区，各种可以预见和难以预见的风险因素明显增多，党面临的长期执政考验、改革开放考验、市场经济考验、外部环境考验具有长期性和复杂性，党面临的精神懈怠危险、能力不足危险、脱离群众危险、消极腐败危险具有尖锐性和严峻性。站在新的历史起点上，在国内外因素的交织作用下，我国国家安全的内涵和外延比历史上任何时候都要丰富，时空领域比历史上任何时候都要宽广，内外因素比历史上任何时候都要复杂，维护国家安全和社会稳定的任务十分艰巨。党的十八大以来，以习近平同志为核心的党中央提出总体国家安全观，擘画了维护国家安全的整体布局，实现了对传统国家安全理念的重大突破，深化和拓展了我们党关于国家安全问题的理论视野和实践领域，标志着我们党对国家安全问题的认识达到了新的高度。

1. 成立中央国家安全委员会，提出总体国家安全观

2013 年 11 月，党的十八届三中全会决定成立中央国家安全委员会。中央国家安全委员会作为中共中央关于国家安全工作的决策和议事协调机构，向中央政治局、中央政治局常务委员会负责，统筹协调涉及国家安全

的重大事项和重要工作。我国就此拥有了应对国内外综合安全和制定国家安全战略的顶层运作机制。中央国家安全委员会把对外和对内维护国家安全的各种力量整合在一起，充分体现了维护国家安全与创新社会治理的有机统一，有效预防与化解社会矛盾的有机统一，预示着中央领导集体关于国家安全战略思路的清晰化、科学化。

2014 年 4 月 15 日，习近平总书记主持召开中央国家安全委员会第一次会议，提出了总体国家安全观重大战略思想，这是以习近平同志为核心的党中央对国家安全理论的重大创新，为新形势下维护国家安全工作确立了重要遵循。习近平总书记指出，贯彻落实总体国家安全观，必须既重视外部安全，又重视内部安全，对内求发展、求变革、求稳定、建设平安中国，对外求和平、求合作、求共赢、建设和谐世界；既重视国土安全，又重视国民安全，坚持以民为本、以人为本，坚持国家安全一切为了人民、一切依靠人民，真正夯实国家安全的群众基础；既重视传统安全，又重视非传统安全，构建集政治安全、国土安全、军事安全、经济安全、文化安全、社会安全、科技安全、信息安全、生态安全、资源安全、核安全等于一体的国家安全体系；既重视发展问题，又重视安全问题，发展是安全的基础，安全是发展的条件，富国才能强兵，强兵才能卫国；既重视自身安全，又重视共同安全，打造命运共同体，推动各方朝着互利互惠、共同安全的目标相向而行。

总体国家安全观提出并深入阐发了一系列具有原创性、时代性的新安全理念，是习近平新时代中国特色社会主义思想的重要组成部分。总体国家安全观坚持国家利益至上，以人民安全为宗旨，以政治安全为根本，以经济安全为基础，以军事、文化、社会安全为保障，以促进国际安全为依托，统筹外部安全和内部安全、国土安全和国民安全、传统安全和非传统安全、自身安全和共同安全，完善国家安全制度体系，加强国家安全能力建设，坚决维护国家主权、安全、发展利益。总体国家安全观统筹发展和安全两件大事，强调发展是安全的基础和目的、安全是发展的条件和保障，既善于运用发展成果来夯实国家安全的实力基础，又善于塑造有利于经济社会发展的安全环境。总体国家安全观还强调坚持人民安全、政治安全、国家利益至上有机统一。把人民安全作为宗旨，意味着始终把人民安全放在最高位置，坚持国家安全一切为了人民、一切依靠人民。把政治安全作为根本，其核心是巩固政权安全和制度安全，最根本的就是维护中国共产党的领导和执政地位、维护中国特色社会主义制度。把国家利益至上作为准则，就是坚决维护国家主权、安全、发展利益，决不拿自己的核心利益做交易，决不放弃自己的正当权益。人民安全、政治安全、国家利益至上三者紧密关联、相辅相成，这是中国特色国家安全理论的重要特征。

2. 制定国家安全战略纲要，对国家安全工作作出顶层设计

2015 年 1 月，中共中央政治局审议通过《国家安全战略纲要》。制定和实施《国家安全战略纲要》，是有效维护国家安全的迫切需要，是完善中国特色社会主义制度、推进国家治理体系和治理能力现代化的必然要求。在新形势下维护国家安全，必须坚持以总体国家安全观为指导，坚决维护国家核心和重大利益，以人民安全为宗旨，在发展和改革开放中促安全，走中国特色国家安全道路。要做好各领域国家安全工作，大力推进国家安全各种保障能力建设，把法治贯穿于维护国家安全的全过程。

3. 加快构建贯彻总体国家安全观的法律制度体系

党的十八大以来，全国人大及其常委会认真贯彻落实党中央的决策部署，加快推进落实总体国家安全立法步伐，总体国家安全法律制度体系框架基本形成。这方面的重要立法有：一是 2014 年 11 月制定反间谍法，取代 1993 年制定的国家安全法，为在隐蔽战线贯彻落实总体国家安全观作出具体制度规划，推进我国反间谍工作的规范化、制度化和法治化；二是落实总体国家安全观，于 2015 年 7 月制定新的国家安全法，统筹引领国家安全领域立法工作，规定了国家安全的基本制度，覆盖了政治安全、国土安全、军事安全、文化安全、科技安全等国家安全各领域的工作，实现了

国家安全从狭义安全观到总体安全观的转型；三是2015年12月制定反恐怖主义法，依法防范和打击一切形式的恐怖主义，依法取缔恐怖活动组织，切实维护国家安全与社会稳定；四是2016年4月制定境外非政府组织境内活动管理法，加强对境外非政府组织境内活动监管，引导和监督其依法开展活动；五是2016年11月制定网络安全法，全面规范网络空间安全管理方面的问题，为依法治网、化解网络风险提供法律重器，保证互联网在法治轨道上健康运行；六是2017年6月制定国家情报法，规范国家情报工作，完善国家情报工作的体制机制、工作机构的职权以及国家情报工作保障等，使情报工作实现有法可依；七是2017年9月制定核安全法，主要规范了核安全基本方针、原则，法律制度、措施的建立和实施，核安全责任、公众参与及监督管理体制等重大问题；八是2020年10月制定生物安全法，明确生物安全风险防控体制机制和基本制度，强化生物安全管理，保障人民生命安全和身体健康，提升国家生物安全治理能力；九是2021年4月制定反食品浪费法，建立反食品浪费长效机制，加强对食品浪费不良行为的监督，巩固粮食安全这一国家安全的重要基础。

九、坚持和完善生态文明制度体系

生态文明建设，关系人民福祉，关乎民族未来。党的十八大以来，党中央把生态文明建设摆在治国理政的突出位置。在“五位一体”总体布局中，生态文明建设是其中一位；在新时代坚持和发展中国特色社会主义基本方略中，坚持人与自然和谐共生是其中一条；在新发展理念中，绿色发展是其中一大理念；在三大攻坚战中，污染防治是其中一大攻坚战。生态文明各项制度出台频度之密、污染治理力度之大、监管执法尺度之严、环境质量改善速度之快前所未有，推动生态环境保护发生历史性、转折性、全面性变化，生态文明制度建设取得积极成效。

（一）习近平生态文明思想为深化生态文明建设战略部署和制度构建指明方向

2018年5月，习近平总书记在全国生态环境保护大会上，深刻阐述了生态文明建设的重大意义、重要原则和总体要求，正式确立了习近平生态文明思想。习近平生态文明思想是习近平新时代中国特色社会主义思想的有机组成部分，深刻回答了为什么建设生态文明、建设什么样的生态文明、怎样建设生态文明的重大理论和实践问题，集中体现为“生态兴则文明兴”的深邃历史观、“人与自然和谐共生”的科学自然观、“绿水青山就是金山银山”的绿色发展观、“良好生态环境是最普惠的民生福祉”的基本民生观、“山水林田湖草是生命共同体”的整体系统观、“实行最严格生态环境保护制度”的严密法治观、“共同建设美丽中国”的全民行动观、“共谋全球生态文明建设之路”的共赢全球观，为推进美丽中国建设、实现人与自然和谐共生的现代化提供了方向指引和根本遵循，为生态文明制度体系建设提供了理论指导。

党的十八大以来，以习近平同志为核心的党中央把生态文明建设作为统筹推进“五位一体”总体布局和协调推进“四个全面”战略布局的重要内容，加快推进生态文明顶层设计和制度体系建设。党的十八届三中全会要求加快建立系统完整的生态文明制度体系。党的十八届四中全会提出用最严格的法律制度保护生态环境。党的十八届五中全会确立了包括绿色在内的新发展理念，提出完善生态文明制度体系。党的十九大提出加快生态文明体制改革，明确了从2020年到2035年、从2035年到21世纪中叶美丽中国建设的阶段性目标。党的十九届四中全会进一步提出要坚持和完善生态文明制度体系，促进人与自然和谐共生。党的十九届五中全会明确“十四五”时期生态文明建设的目标任务和2035年远景目标，提出完善生态文明领域统筹协调机制，构建生态文明体系，促进经济社会发展全面绿色转型，建设人与自然和谐共生的现代化。这一系列部署彼此呼应、相互衔接，充分体现了我们党对生态文明建设规律的把握，体现了生态文明在新时代党和国家事业发展中的地位，体现了党对生态文明制度建设新要求，共同形成了我们党关于深化生态文明制度建设的战略部署。

在加强生态文明制度体系建设方面，颁布了一系列关于环境保护的规范性文件，改革生态环境管理体制。党的十八大以来，生态文明写入党章、写入宪法，生态保护红线列入环境保护法，生态安全纳入国家安全体系，中共中央、国务院印发实施《关于加快推进生态文明建设的意见》《生态文明体制改革总体方案》等，制定了四十多项涉及生态文明建设的改革方案，从总体目标、基本理念、主要原则、重点任务、制度保障等方面对生态文明建设进行全面系统部署安排。2016 年中央环境保护督察制度建立，一改以往环保督察“稻草人”形象。党的十九大决定改革生态环境监管体制。组建自然资源部，统一行使全民所有自然资源资产所有者和国土空间用途管制及生态保护修复职责；组建生态环境部，统一行使生态、城乡各类污染排放监管和行政执法职责，对省以下生态环境机构监测监察执法实行垂直管理，生态环境管理体制改革取得重大突破。建立健全河长制、湖长制、区域联防联控、生态环境监测数据质量管理、排污许可证、环保信用评价、信息强制性披露等制度，构建政府为主导、企业为主体、社会组织和公众共同参与的环境治理体系。党的十九届四中全会将生态文明制度体系作为国家制度和治理体系的重要方面，从实行最严格的生态环境保护制度、全面建立资源高效利用制度、健全生态保护和修复制度、严明生态环境保护责任制度四个方面系统部署了完善和发展生态文明制度体系的主要任务，形成了环环相扣的全过程制度链条。

党中央关于生态文明建设的决策部署和顶层制度设计，为生态文明法律制度建设提供了指引和方向，推进生态文明制度体系加快形成，生态文明体系中源头严防、过程严管、损害赔偿、后果严惩等基础性制度框架初步建立，生态文明体制的“四梁八柱”基本确立。

（二）加快建立和完善生态文明法律制度体系

习近平总书记多次强调，用最严格制度最严密法治保护生态环境，加快制度创新，强化制度执行，让制度成为刚性的约束和不可触碰的高压线。在生态环境保护问题上，不能越雷池一步，否则应该受到惩罚。保护生态环境，必须依靠法治、遵循法律，让法律制度的“牙齿”有力地“啮合”，充分发挥法律的引领、规范、推动、保障作用。

党的十八大以来，为适应我国生态文明制度体系建设的需要，生态文明法律制度体系建设进程加快，综合类、生态保护类、污染防治类、资源类等各方面法律制度不断健全和完善，生态文明法律制度的涉及面越来越广，制定和修改频次加快，针对性越来越强。目前，已有污染防治及资源保护类法律 30 余部，国务院行政法规百余件，地方性法规千余件，基本形成了以环境保护法为龙头，覆盖大气、水、土壤、自然生态、核安全等生态环境资源领域的法律体系框架。具体而言，这个时期生态文明法律制度建设涉及的主要立法包括环境保护法、水污染防治法、大气污染防治法、土壤污染防治法、固体废物污染环境防治法、土地管理法、环境保护税法、生物安全法、长江保护法、森林法等多部环境资源类法律。

1. 确立生态文明的宪法地位

宪法是国家的根本法，是治国安邦的总章程，是各项法律制度建设的总依据。2018 年通过的宪法修正案第三十二条，将生态文明写入宪法，明确要“推动物质文明、政治文明、精神文明、社会文明、生态文明协调发展，把我国建设成为富强民主文明和谐美丽的社会主义现代化强国，实现中华民族伟大复兴”，确立了生态文明的宪法基础，为生态文明法治建设提供了宪法支撑，成为完善生态文明法律制度体系的宪法指引。

2. 绿色原则确立为民法基本原则

2020 年 5 月，十三届全国人大三次会议通过的民法典，贯彻新发展理念，顺应绿色发展要求，满足人民群众对高质量生态环境的美好向往，改变传统民事法律一般不规定生态环境等公法方面内容的习惯做法，在“总则编”确立了绿色原则作为民法基本原则，规定民事主体从事民事活动，应当有利于节约资源、保护生态环境，并在物权、合同、侵权责任等各分编中予以具体体现，系统构筑了贯彻生态文明理念的绿色法条体系，对于环保事业和民事立法均具有风向标意义。

3. 完善环境保护基本制度

一是，2014 年 4 月，全国人大常委会对环境保护法进行大修，强化政府责任和监督管理、环境质量标准、环境监测、跨行政区污染防治、重点污染物实行排放总量控制、环境影响评价、环境公益诉讼、企业污染防治责任等制度，加大对违法行为的处罚力度，对企业违法排放污染物实行罚款、“按日计罚”、查封扣押、行政拘留等处罚方式作了详细的规定，着重解决违法成本低、守法成本高的问题，被称为“史上最严格”环境保护法。二是，为加强海洋环境保护，党的十八大以来，全国人大常委会分别于 2013 年 12 月、2016 年 8 月、2017 年 11 月三次修改海洋环境保护法，分别围绕推进行政审批制度改革和政府职能转变、生态保护红线和海洋生态补偿制度、海洋主体功能区规划、对污染海洋生态环境违法行为的处罚、落实行政审批“放管服”改革等方面进行修改，完善了海口位置的选择、设置和管理机制，加强了沿海地方政府对相应海域环境保护的管理责任。

4. 完善污染防治法律制度

针对环境污染的严峻形势，全国人大常委会坚决贯彻落实党中央的决策部署，忠实践行“绿水青山就是金山银山”的理念，加大立法修法力度，努力为依法打赢防治环境污染保卫战提供法律支撑，用法治手段捍卫蓝天、碧水、净土，为人民群众创造美丽的生活环境。一是，2015 年 8 月和 2018 年 10 月两次修改完善大气污染防治法，对大气污染防治标准和限期达标规划、大气污染防治的监督管理、大气污染防治措施、重点区域大气污染联合防治、重污染天气应对等内容作出规定。二是，2017年6月修改完善水污染防治法，明确各级政府的水环境质量责任，建立河长制，强化党政领导对水污染防治和水环境治理的责任；对重点水污染物排放实施总量控制制度；全面推行排污许可制度；完善水环境监测网络，建立水环境信息统一发布制度；完善饮用水水源保护区管理制度；完善农业和农村水污染防治制度；加大对违法行为的处罚力度等。三是，2018年8月制定土壤污染防治法，就土壤污染防治的基本原则、土壤污染防治基本制度、预防保护、管控和修复、经济措施、监督检查和法律责任等重要内容作出明确规定。这部法律填补了我国污染防治立法的空白，完善了我国生态环境保护、污染防治的法律制度体系，意味着生态环境中大气、水、土壤三大环境领域的污染防治法已全部齐备，也意味着与人的健康相关的水、气、声、土、辐射环境的污染防治法律体系基本建成。四是，修改完善固体废物污染环境防治法。党的十八大以来，固体废物污染环境防治法分别于2013年6月、2015年4月、2016年11月和2020年4月经历了4次修改，分别就生活垃圾处置的设施、场所的管理，进口固体废物的管理，固体废物污染环境防治的减量化、资源化和无害化处理，生活垃圾分类，农业固体废物污染环境防治制度等作出规定，严格法律责任，增加按日连续处罚的规定等。五是，2018年12月修改完善环境噪声污染防治法。根据2018年国务院机构改革的情况，将该法中的环境保护行政主管部门修改为生态环境主管部门，工商行政管理部门修改为市场监督管理部门，并细化行政处罚的情形和措施。

5. 完善资源管理法律制度

为完善生态环境，加强自然资源管理，全国人大常委会加强了生态资源立法修法工作，统筹山水林田湖草系统治理，努力为形成绿色发展方式和生活方式，走生产发展、生活富裕、生态良好的文明发展道路营造良好法治环境，依法促进建设美丽中国。一是，2016年2月制定深海海底区域资源勘探开发法，加强对深海海底区域资源勘探、开发活动的合理管控，保护深海海底区域海洋环境和生态系统，加强海洋科学技术研究和资源调查，促进其向科学、合理、安全和有序的方向发展，提升海洋资源开发能力。二是，2019 年 12 月修改完善森林法，建立森林资源保护发展目标责任制和考核评价制度，林长制，森林生态效益补偿制度，确定植树节，明确森林权属，加强产权保护，理清国家所有和集体所有森林资源的所有权主体、使用权或者承包经营权主体及其权利边界、权利实现方式和条件，实行森林分类经营管理制度等，既加强对森林资源的有效保护管理，又充分保护林业经营者的合法权益。三是，2013 年 6 月和 2021 年 4 月两次修改完善草原法。明确机动车可以在草原上行驶的特定情形，建立行驶区域和行驶路线事先报告制度，明确破坏草原植被的法律责任。适应深化“证照分离”改革、推进“放管服”改革的要求，取消在草原上开展经营性旅游活动审批。四是，2013 年 12 月修改完善渔业法，适应行政审批制度改革和政府职能转变的需要，完善捕捞许可证制度，明确国家渔业行政主管部门和省级、县级以上地方人民政府渔业行政主管部门的职能分工。五是，2013 年 6 月和 2016 年 11 月两次修改完善煤炭法，加强煤矿安全生产许可制度，适应“放管服”改革要求，对行政审批的有关条件和行政处罚的有关规定作出修改。六是，2015 年 4 月和 2018 年 12 月两次修改完善电力法，取消供电营业机构申请领取营业执照的前置审批制度，调整供电营业区的设立变更程序。七是，2016 年 7 月修改完善水法和防洪法，取消建设水工程、水电站、工程设施、在洪泛区、蓄滞洪区内建设非防洪建设项目等需审批可行性报告的规定，明确洪水影响评价报告需经审查批准以及未经审查批准开工建设的法律责任。八是，2016 年 7 月和 2018 年 10 月两次修改完善节约能源法，完善固定资产投资项目节能评估和审查制度，优化企业投资项目审批流程，建立政府投资项目审批管理制度，根据国家机构改革政府职能的调整，将产品质量监督部门修改为市场监督管理部门。九是，2016 年 7 月和 2018 年 10 月两次修改完善野生动物保护法，对野生动物实行保护优先、规范利用、严格监管的原则。十是，2019 年 8 月修改完善土地管理法，在根据2015年2月全国人大常委会通过的关于授权国务院在北京市大兴区等三十三个试点县（市、区）行政区域暂时调整实施有关法律规定的决定部署的试点地区试点工作的基础上，总结法律制度改革的实践经验，取得重大制度突破。第一，破除集体经营性建设用地进入市场的法律障碍，结束了多年来集体建设用地不能与国有建设用地同权同价同等入市的二元体制，为推进城乡一体化发展扫清了制度障碍。第二，改革土地征收制度。对土地征收的公共利益范围进行明确界定，限制政府滥用征地权；明确征收补偿的基本原则，为被征地农民构建更加完善的保障机制；改革土地征收程序。第三，完善农村宅基地制度。第四，为“多规合一”改革预留法律空间。第五，实行最严格的耕地保护制度，将基本农田提升为永久基本农田，确保国家粮食安全。第六，适应“放管服”改革的要求，对中央和地方的土地审批权限进行了调整。第七，建立土地督察制度。

6. 完善环境评价法律制度

2003年实施的环境影响评价法对促进经济、社会和环境的协调发展发挥了重要作用。但也存在“卡着审批吃环保、戴着红顶赚黑钱”“环评变坏评”等方面的突出问题，亟待从立法源头上解决。2016年7月和2018年12月，环境影响评价法与其他法律一起，先后进行了两次打包修改。2016年的修改主要包括三方面内容：一是，弱化项目环评的行政审批要求。环评审批弱化事前、强化事中和事后监管，有助于促使政府职能正确定位，提升行政管理效能，发挥宏观控制作用。二是，强化规划环评，进一步体现出规划和项目之间的有效互动。三是，加大处罚力度。根据违法情节和危害后果，可对建设项目处以总投资额1%以上5%以下的罚款，并可以责令恢复原状。由此提高未批先建的违法成本，大幅度提高了惩罚的限额，对违法企业产生强大威慑力。2017年9月，国务院常务会议建议取消“环评机构资质认定”行政许可事项，2018年环境影响评价法修改，主要取消对技术单位的资质审批监管，有能力的建设单位也可自行编制环境影响报告书（表），将环境保护行政主管部门修改为生态环境主管部门。针对建设单位只重视环评审批，不关心环评内容和落实的情况，强化建设单位法律责任。同时提高对技术单位的罚款额度，加强信用管理等。

7. 建立环境资源税收法律制度

为落实税收法定原则，“推动环境保护费改税”，“用严格的法律制度保护生态环境”，提高国家税收治理体系和治理能力现代化，全国人大常委会按照党中央的决策部署，制定完善了环境资源税收法律制度。一是，2016 年 12 月制定环境保护税法。这是党的十八届三中全会提出“落实税收法定原则”之后出台的首部单行税法，环保税成为第 18 个税收种类。第一，针对排污费制度存在执法刚性不足、地方支付与部门干预等问题，进行“费”改“税”，实现税负平移。第二，建立环境保护税征管协作机制。环境保护费改税后，征收部门由环保部门改为税务部门，环保部门配合，确定“企业申报、税务征收、环保监测、信息共享”的税收征管模式。第三，明确纳税人范围。第四，明确征税对象和征税范围。第五，赋予省级政府一定的税负调整权。第六，建立环境保护税收优惠减免制度，促进企业减少污染排放。二是，2019 年 8 月制定资源税法，将资源税从价计征改革成果上升为法律，确立了规范公平、调控合理、征管高效的制度，用税收为自然资源拉起了一张“保护网”。第一，拓展征税范围。落实党的十八届三中全会提出的逐步将资源税征收范围扩展到水、森林、草原等自然资源的部署，将征税范围由“开采矿产品和生产盐”改为“开发应税资源”，并授权国务院对取用地表水或者地下水的单位和个人试点征收水资源税，为水资源税改革试点提供了法律依据，预留了改革的空间。第二，统一税目。将应税资源产品扩大和细化到了 164 种，涵盖了所有已经发现的矿种和盐。大部分税目将实施从价计征，少部分实施从量计征。同时，大部分税目将实施幅度税率，省级人民政府可在幅度内自行提出具体税率，仅有原油、天然气、中重稀土等少数资源实施固定税率。既保障国家对战略资源的宏观调控需要，又通过对地方充分授权，调动地方加强管理的积极性。第三，调整具体税率确定的权限。对实行幅度税率的资源，具体税率由省级人民政府在《税目税率表》规定的税率幅度内提出，报同级人大常委会决定，并报全国人大常委会和国务院备案。第四，明确减免税制度。明确减征、免征税的情形，授权国务院今后针对有利于促进资源节约集约利用、保护环境等情形规定减税、免税，授权地方可以决定出台若干减免税政策。

8. 建立重要流域法律制度

贯彻落实习近平总书记在推动长江经济带发展座谈会上的重要讲话精神和党中央对长江经济带绿色发展战略部署，2020 年 12 月，全国人大常委会制定了我国首部重要流域法律——长江保护法。该法坚持生态优先、绿色发展的战略定位，突出共抓大保护、不搞大开发的基本要求，针对长江流域的特点和存在的突出问题，采取特别的制度措施，推动长江流域经济社会发展全面绿色转型，实现人与自然和谐共生。同时开启对重要流域进行单独立法的先河，为其他特定流域立法，如黄河保护立法提供了样本和借鉴。该法的主要内容包括：一是，建立统分结合、整体联动的长江流域管理体制。加强顶层设计，打破条块分割、多头管理的局面，按照中央统筹、省负总责、市县抓落实的要求，建立长江保护工作机制，明确各级政府及其有关部门、各级河湖长的职责分工；建立区域协调协作机制，明确长江流域相关地方根据需要在地方性法规和政府规章制定、规划编制、监督执法等方面开展协调与协作，切实增强长江保护和发展的系统性、整体性、协同性。二是，强化长江流域生态环境保护和修复制度。加强山水林田湖草整体保护、系统修复，如强化水资源保护，加强饮用水水源保护和防洪减灾体系建设，完善水量分配和用水调度制度，保证河湖生态用水需求；加强禁捕管理和执法工作等。三是，建立统一规划、统一标准、统一监测和统一信息发布制度。建立健全长江流域统一的国土空间规划制度，建立更严格的长江流域生态环境标准体系，健全流域内资源调查、环境监测、生态环境风险预警、环境应急体系、监测信息共享和统一发布制度。通过加强规划管控和负面清单管理，优化产业布局，调整产业结构，划定生态保护红线，实现长江流域科学、有序、绿色、高质量发展。四是，实行长江流域生态环境保护责任制和考核评价制度，建立长江保护约谈制度，规定国务院定期向全国人大常委会报告长江保护工作；坚持问题导向，针对长江禁渔、岸线保护、非法采砂等重点问题，在现有相关法律的基础上补充和细化有关规定，并大幅提高罚款额度，增加处罚方式，补齐现有法律的短板和不足，切实增强法律制度的权威性和可执行性。此外，长江保护法还对长江源头保护、水生生物保护、城乡融合发展、综合立体化交通体系建设、港口船舶升级改造、长江流域生态保护补偿、司法服务保障建设、长江文化保护等方面作出规定。

9. 发挥备案审查维护国家法制统一的作用

加强生态环保领域备案审查和法规清理工作是坚持和完善生态文明制度体系、维护生态文明法制统一的重要保障。2017 年，中央通报批评甘肃祁连山自然保护区立法中对破坏生态行为“放水”问题，《甘肃祁连山国家级自然保护区管理条例》将国家层面的《中华人民共和国自然保护区条例》中的“禁止在自然保护区内进行砍伐、放牧……挖沙”等 10 类禁止活动，缩减为“禁止进行狩猎、垦荒、烧荒”等 3 类活动，而被放水的 7 类活动恰恰是近些年祁连山保护区频繁发生的违法事件。吸取类似立法问题的教训，党中央多次提出，加强备案审查制度和能力建设，把所有规范性文件纳入备案审查范围，依法撤销和纠正违宪违法的规范性文件。为纠正这方面的问题，全国人大常委会法制工作委员会专门发文，要求各地立法机关对已制定实施的地方性法规认真对照检查，对与党中央精神相背离的规定，与国家法律、行政法规相抵触的规定开展自纠自查。仅 2018 年、2019 年两年间就督促地方修改 814 件、废止 127 件地方性法规，同时推动制定机关对集中清理过程中发现的 37 件部门规章、456 件地方政府规章、2 件司法解释以及 11000 余件各类规范性文件及时修改、废止或者重新制定。备案审查和法规清理工作在保障生态文明制度建设、维护国家法制统一方面发挥了重要作用。

总体上看，我国已经初步形成了具有中国特色的比较完善的生态文明制度体系。展望未来，我国生态文明制度体系建设的任务依然繁重而艰巨。生态文明法律制度建设要继续向前推进、填补空白点、补强薄弱点，加快立法进程，提高立法质量，不断完善我国的生态文明制度体系。

十、坚持和完善中国特色社会主义军事制度

人民军队是中国特色社会主义的坚强柱石。党的十八大以来，习近平总书记围绕建设“敢打仗，打胜仗”的新型人民军队，提出了一系列强军思想。习近平强军思想奠基于党在长期革命和建设实践中的理论创造和工作经验，同时又结合时代需求进行了创新发展，有力推进了我国的国防和军队现代化建设进程。习近平强军思想着眼于实现中华民族伟大复兴的中国梦、强军梦，立足于实现党在新时代的强军目标、把人民军队建设成为世界一流军队，统筹发展和安全两件大事，统筹经济建设和国防建设两大领域，统筹国际和国内两个大局，科学系统回答了新时代建设一支什么样的强大人民军队、怎样建设强大人民军队等一系列重大理论和实践的根本性问题，涵盖战争指导、建军治军和改革创新等各方面，创新了党的军事指导理论，是坚持走中国特色强军之路、全面推进国防和军队现代化的行动纲领。党的十九大确立了习近平强军思想在国防和军队建设中的指导地位，并郑重写入党章。改革强军战略，是习近平强军思想的重要组成部分。深化国防和军队改革，是推动国防和军队现代化的强大动力。习近平同志坚持把这项重大改革摆在党和国家工作全局的突出位置，从战略高度来谋划和推进，实现了我军组织结构、力量体系、政策制度的整体性、革命性、历史性重塑。

（一）坚决贯彻落实军委主席负责制

“国家大柄，莫重于兵。”我军历来强调“兵权贵一、军令归一”，这个“一”就是核心、统帅、领袖。中央军委实行主席负责制，是宪法和党章规定的重大制度，是党和国家军事领导制度长期发展的重大成果，凝结着我们党建军治军的宝贵经验和优良传统。军委主席负责制关系我军最高领导权和指挥权，在党领导军队的一整套制度体系中处于最高层次、居于统领地位，是坚持党对军队绝对领导的根本制度和根本实现形式，是中国特色社会主义政治制度和军事制度的重要组成部分。全面深入贯彻军委主席负责制，关系人民军队建设根本方向，关系新时代强国强军事业发展，关系党和国家长治久安，关系中国特色社会主义前途命运[1]。

党的十八大以来，党中央、中央军委、习近平主席对贯彻军委主席负责制高度重视。习近平同志着眼实现中国梦强军梦，围绕维护和贯彻军委主席负责制提出一系列重大战略思想、重大理论观点、重大决策部署，从理论和实践上不断丰富完善军委主席负责制，确保军队高度集中统一和政令军令畅通。2012 年 11 月，习近平同志在新一届中央军委第一次常务会议上，亲自主持审议修订《中央军事委员会工作规则》，使军委的工作职责更加明确，工作程序更加规范。2014 年 4 月，中央军委《关于贯彻落实军委主席负责制建立和完善相关工作机制的意见》明确指出，为确保军委主席决策指示的贯彻执行，确保军委主席及时掌握国防和军队建设情况、领导指挥军事斗争准备和重大军事行动，必须建立和完善请示报告、督促检查、信息服务工作机制。2015 年 2 月，中央军委《关于新形势下深入推进依法治军从严治军的决定》指出，军委主席负责制，是宪法明确规定的重大制度，是党对军队绝对领导的最高实现形式，必须健全完善贯彻军委

[1] 《解放军报》评论员：《党对军队绝对领导的根本制度和根本实现形式》，载《解放军报》2017 年 11 月 6 日，第 1 版。

主席负责制的体制机制，严格落实军委主席负责制的各项制度规定。党的十九大把“中央军事委员会实行主席负责制”写入党章，使这一领导体制在党的根本大法中确立下来。2017 年 11 月，中央军委印发《关于全面深入贯彻军委主席负责制的意见》，强调要以习近平新时代中国特色社会主义思想为指导，全面贯彻习近平强军思想，全面贯彻党对军队绝对领导的根本原则和制度，从政治上、思想上、组织上、制度上、作风上为贯彻军委主席负责制提供坚强保证，确保全军绝对忠诚、绝对纯洁、绝对可靠，坚决听习主席指挥、对习主席负责、让习主席放心。

（二）健全人民军队党的建设制度体系

我军自建军之日起，始终高度重视党的领导和党的建设制度，经过长期发展，形成了包括坚持军队最高领导权和指挥权属于党中央，中央军委实行主席负责制，实行党委制、政治委员制、政治机关制，实行党委统一的集体领导下的首长分工负责制，实行支部建在连上等在内的一整套制度体系。这一整套制度体系，是我们党在领导人民军队进行革命、建设和改革的实践中探索出来的，构成了一个严密科学完整的组织领导体系，为坚持党对人民军队的绝对领导提供了坚如磐石的制度保证。

党的十八大以来，习主席毫不动摇坚持党对人民军队的绝对领导，先后组织召开古田全军政治工作会议、军委党的建设会议，作出一系列重大决策部署，特别是针对郭伯雄、徐才厚给党对人民军队绝对领导造成的极大危害，以整风精神推进政治整训，着力整顿思想、整顿用人、整顿组织、整顿纪律，重振政治纲纪，推动军队党的领导和党的建设发生全面深刻变化。

2014 年 10 月 30 日至 11 月 2 日，全军政治工作会议在福建古田举行。10 月 31 日，习近平同志在讲话中阐明新的历史条件下党从思想上政治上建设军队的重大问题，强调军队政治工作的时代主题是紧紧围绕实现中华民族伟大复兴的中国梦，为实现党在新形势下的强军目标提供坚强政治保证；当前最紧要的是把理想信念、党性原则、战斗力标准、政治工作威信4个带根本性的东西在全军牢固立起来。12月30日，中共中央转发《关于新形势下军队政治工作若干问题的决定》，明确了加强和改进新形势下军队政治工作的总体要求、指导原则、重点任务和思路举措，对于弘扬我军政治工作的光荣传统和优良作风，在强军兴军征程中更好地发挥政治工作生命线作用，具有重大而深远的指导意义。

2018年8月17日，习近平同志在中央军委党的建设会议上强调，全面加强新时代我军党的领导和党的建设工作，是推进党的建设新的伟大工程的必然要求，是推进强国强军的必然要求。全军要全面贯彻新时代中国特色社会主义思想和党的十九大精神，深入贯彻新时代党的强军思想，落实新时代党的建设总要求，落实新时代党的组织路线，坚持党对军队绝对领导，坚持全面从严治党，坚持聚焦备战打仗，全面提高我军加强党的领导和党的建设工作质量，为实现党在新时代的强军目标、完成好新时代军队使命任务提供坚强政治保证。同年9月，中央军委印发《关于加强新时代军队党的建设的决定》，指出党的领导和党的建设是我军建设发展的关键，关系强军事业兴衰成败，关系党和国家长治久安。面向未来，我军党的领导和党的建设工作必须全面加强。2020年9月，经党中央、中央军委批准，《中国共产党军队党的建设条例》颁布施行。条例深入贯彻习近平新时代中国特色社会主义思想和党的十九大精神，贯彻习近平强军思想，以党章为根本遵循，对军队党的建设的指导思想、目标任务和原则，党对军队绝对领导和贯彻军委主席负责制的重大问题，军队的党组织和军队党的纪律检查机关的有关问题，军队党的建设主要任务，军队党的建设工作责任制和监督保障机制等作了全面规定，为加强新时代军队党的建设提供了基本遵循。条例把加强军队党组织建设摆在突出位置，贯彻“军委管总、战区主战、军种主建”的总原则，着眼增强党组织的领导力、组织力、执行力，深度把脉新体制下各级各类型党组织职能定位，明确一般原则，优化组织设置，理顺运行关系，对军队组织体系大厦进行重整性构筑。特别是立足实际实效对基层党委设置、职权、委员党内分工作了适应性拓展，从指挥和建设两条链路对战区党委、军种党委和战区军种党委之间的领导关系进行界定明晰等，抓住了当前军队党组织运行的症结。条例是全面规范军队党的建设的基础主干党内法规，是推进军事政策制度改革的重要成果，标志着我军党的建设科学化、规范化、制度化水平迈上新台阶。

2020 年 11 月 30 日，习近平总书记主持召开中央政治局会议，审议修订的《军队政治工作条例》于 2021 年 2 月正式颁布。这是我军党的建设制度体系重塑的又一重要举措。政治工作是我军的生命线，是我军的最大特色、最大优势。进入新时代以来，我军政治工作面临的形势任务发生深刻变化。深化国防和军队改革，实现了我军组织架构和力量体系的整体性革命性重塑，政治工作组织形态也随之发生变化。面对新时代新使命新体制，迫切需要从党内法规层面对我军政治工作作出整体设计和全面规范。这次修订的《军队政治工作条例》，从定位到职能、从内容到结构、从对象到任务等，都进行了重构重塑。一是，重新规范主要内容。根据改革后部队力量编成、机构设置和职能任务变化，对新划归政治工作范畴的内容作出明确，对从政治工作剥离的内容作了删减，补充规范战区、战区军种、战略支援部队和联勤保障部队等单位政治工作。注重同《中国共产党军队党的建设条例》和相关法规衔接协调，不再对我军党的各级组织和党的纪律检查委员会，以及共青团组织、军人委员会的设置、组成、产生、职责等进行规范。二是，重新调整框架结构。围绕贯彻军委主席负责制、加强党对我军政治工作的领导，新设“中央军委对政治工作的领导”“党的各级委员会对政治工作的领导”两章。围绕加强政治工作主体力量建设，调整政治机关和政治干部队伍建设内容体例，按照中央军委、战区级单位、军级以下单位 3 个层级，规范政治机关主要工作；按照政治主官、政治机关领导、政治机关干部、政治协理员等，规范政治干部主要职责和素质要求。

2021 年 1 月，中央军委印发《中国共产党军队委员会（支部）工作规定》，对团级以上党委、基层党委、党支部工作等作出系统规范。它以党章为根本遵循，适应新体制规范组织机构，围绕主体明晰职责制度，突出决策优化程序机制，紧贴班子特点明确履职要求，丰富完善党委（支部）工作的指导思想和原则，具体规范党委（支部）的领导制度，细化明确不同层级不同类型党组织的机构设置、组成和职责，调整团级以上党委工作制度，健全基层党委工作制度，优化党支部组织生活制度，明确书记和委员的素质要求及职责，并对领导、监督和追责作出规范，为新时代军队党组织开展工作提供了基本依据，对于加强和改进军队党委（支部）建设，增强党组织的领导力、组织力、执行力、创造力、凝聚力、战斗力具有重要意义。

（三）全面深化国防和军队改革

党的十八大以来，党中央、中央军委和习主席深刻把握战争形态加速演变新趋势，适应国家由大向强发展新形势和军队使命任务拓展新要求，全面实施改革强军战略，坚定不移走中国特色强军之路，着力解决制约国防和军队建设的体制性障碍、结构性矛盾、政策性问题，推进军队组织形态现代化，推动国防和军队改革取得了历史性突破。

1. 提出深化国防和军队改革总体布局

2014 年 3 月 15 日，中央军委深化国防和军队改革领导小组召开第一次全体会议，习近平同志任领导小组组长。他强调，深化国防和军队改革，要把思想和行动统一到党中央和中央军委的决策部署上来，坚持用强军目标审视改革、以强军目标引领改革、围绕强军目标推进改革。8 月 29 日，他在中央政治局集体学习时强调，面对世界新军事革命的严峻挑战和难得机遇，我们比以往任何时候都更加需要继承和发扬军事创新这个优良传统，努力建立起一整套适应信息化战争和履行使命要求的新的军事理论、体制编制、装备体系、战略战术、管理模式。

2015 年 7 月 14 日、22 日，习近平同志先后主持召开中央军委改革领导小组第三次会议和中央军委常务会议，审议并原则通过深化国防和军队改革总体方案。7 月 29 日，中央政治局常委会正式审议通过改革总体方案。11 月 24 日至 26 日，中央军委召开改革工作会议，部署深化国防和军队改革任务。习近平同志出席会议并发表重要讲话，提出了全面实施改革强军战略、坚定不移走中国特色强军之路的重大战略思想，深刻阐明了深化国防和军队改革一系列重大问题，为深化国防和军队改革提供了根本遵循。这次会议，标志着深化国防和军队改革进入实施阶段，在人民军队发展史上具有重要的里程碑意义。

2016 年 1 月 1 日，经中央军委主席习近平批准，中央军委印发并实施《中央军委关于深化国防和军队改革的意见》。该意见指出，深化国防和军队改革总体目标是，牢牢把握“军委管总、战区主战、军种主建”的原则，以领导管理体制、联合作战指挥体制改革为重点，协调推进规模结构、政策制度和军民融合深度发展改革。2020 年前，在领导管理体制、联合作战指挥体制改革上取得突破性进展，在优化规模结构、完善政策制度、推动军民融合深度发展等方面改革上取得重要成果，努力构建能够打赢信息化战争、有效履行使命任务的中国特色现代军事力量体系，进一步完善中国特色社会主义军事制度。同时明确了领导管理体制、联合作战指挥体制、军队规模结构、部队编成、新型军事人才培养、政策制度、军民融合发展、武装警察部队指挥管理体制和力量结构、军事法治体系等方面的主要任务。

2. 重塑军队领导指挥体制

深化国防和军队改革，领导指挥体制改革是重中之重。2015 年 11 月，中央军委召开改革工作会议以后，我军领导指挥体制改革先行展开。中央军委印发《领导指挥体制改革实施方案》。2016 年 2 月 29 日起，全军按新的领导指挥体制运行。按照“军委管总、战区主战、军种主建”的总原则，构建了“军委—军种—部队”的领导管理体制和“军委—战区—部队”的联合作战指挥体制。通过领导指挥体制重塑，实现了我军组织架构的历史性变革，有利于在新形势下确保党对军队的绝对领导，确保军委高效指挥军队，确保军委科学谋划和加强部队建设管理。

（1）构建“军委—军种—部队”的领导管理体系。一是调整组建军委机关。从职能定位入手，按照突出核心职能、整合相近职能、加强监督职能、充实协调职能的思路，调整改革军委机关设置，将原有的总参谋部、总政治部、总后勤部、总装备部4个总部，改为15个职能部门，分别是军委办公厅、军委联合参谋部、军委政治工作部、军委后勤保障部、军委装备发展部、军委训练管理部、军委国防动员部7个部（厅），军委纪律检查委员会、军委政法委员会、军委科学技术委员会3个委员会，军委战略规划办公室、军委改革和编制办公室、军委国际军事合作办公室、军委审计署、军委机关事务管理总局5个直属机构。加强了军委集中统一领导，优化了军委机关职能配置和机构设置，使军委机关成为军委的参谋机关、执行机关、服务机关。二是完善军种和新型作战力量。健全军种领导管理体制，成立陆军领导机构、火箭军、战略支援部队，发挥军种在建设管理和保障中的重要作用。彻底打破大陆军体制，把陆军作为一个独立的军种建立起来，成立陆军领导机构，将原来由四总部代行的领导职能交由陆军领导机构，全面统筹陆军的各项建设管理任务。成立解放军陆军领导机构、火箭军、战略支援部队、联勤保障部队，连同原有的海军、空军领导机构，构成了完整的军兵种领导管理体制和新型作战力量领导体制。经过以上调整，形成了“军委—军种—部队”的领导管理体系，为实现军队建设管理专业化、科学化奠定了坚实的体制基础。

（2）构建“军委—战区—部队”的联合作战指挥体制。适应一体化联合作战指挥要求，建立健全军委、战区两级联合作战指挥体制，构建平战一体、常态运行、专司主营、精干高效的战略战役指挥体系。一是健全军委联合作战指挥机构。创设军委联合作战指挥中心，作为战略指挥中枢，中央军委主席习近平担任军委联合作战指挥中心总指挥。二是调整划设五大战区。联合作战指挥，本质是联合、关键在指挥。战区区别于军区的重要标志是联合。在深化改革中，中央军委注重把联合作战指挥的重心放在战区，根据国家安全威胁和军队担负的使命任务，把原来的沈阳、北京、兰州、济南、南京、广州、成都 7 大军区调整划设为东部、南部、西部、北部、中部 5 大战区，组建战区联合作战指挥机构。新的战区作为本区域、本方向唯一最高指挥机构，按照军委赋予的指挥权责，指挥所有担负战区作战任务的部队。三是印发《中国人民解放军联合作战纲要（试行）》。2020 年 11 月，经中央军委主席习近平批准，中央军委印发全军执行。该纲要是我军新时代作战条令体系的顶层法规，是组织实施联合作战和联合训练的基本依据。纲要着眼构建联合作战法规体系，立起基本概念，确立基本制度，明确基本权责，联合作战指挥、作战行动、作战保障、国防动员、政治工作等重大原则、要求和基本程序。从制度层面回答未来“打什么仗、怎么打仗”的重大问题，强化备战打仗的鲜明导向，对巩固深化领导指挥体制、规模结构和力量编成改革成果，对推动我军联合作战能力解放和发展，具有重要意义。

3. 调整优化规模结构和力量编成

军队规模结构和力量编成改革，是推进我军组织形态现代化、构建中国特色现代军事力量体系的关键一步。改革的总体思路是，构建能够打赢信息化战争、有效履行使命任务的中国特色现代军事力量体系。这些改革，不是简单的加加减减，也不是对某个领域的局部调整，而是从全局和长远出发，坚持问题导向，注重构建新体制下联合作战力量体系，注重以结构功能优化牵引规模调整，注重通过重点突破带动整体推进，有力推动了我军由数量规模型向质量效能型、由人力密集型向科技密集型转变，部队编成向充实、合成、多能、灵活方向发展，构建能够打赢信息化战争、有效履行使命任务的中国特色现代军事力量体系。

（1）优化兵力规模构成，打造精干高效的现代化常备军。2015 年 9 月 3 日，按照深化国防和军队改革作出的战略部署，中央军委主席习近平在中国人民抗日战争暨世界反法西斯战争胜利 70 周年大会上宣布，裁减军队员额 30 万。2016 年，中央军委印发《中央军委关于深化国防和军队改革的意见》提出，军队规模由 230 万逐步减至 200 万；优化军种比例，减少非战斗机构和人员；压减军官岗位。经过调整改革，陆军占全军总员额比例下降到 50%以下；全军非战斗机构现役员额压减近一半，军官数量减少 30%；新型作战力量如航母编队、合成旅、空中突击旅、空降兵军、联勤保障部队等新的军兵种相继组建。

（2）调整力量结构布局，打造以精锐作战力量为主体的联合作战力量体系。根据战略态势优化军兵种结构。着力压缩陆军规模，从根本上改变长期以来陆战型、国土防御型的力量结构。优化军兵种内部力量结构。统筹传统作战力量和新型作战力量发展，大幅度提高新质战斗力比重，努力构建以精锐作战力量为主体的军事力量体系。

（3）改革作战部队编成，打造具备多种能力和广泛作战适应性的部队。依据不同战略方向安全需求和作战任务，调整结构、强化功能、优化布局。全军新调整组建 84 个军级单位。将原 18 个集团军调整组建 13 个集团军。以党的生日重编番号，从第 71 集团军到第 83 集团军。集团军编组要素更加齐全、功能结构更加完善。作战部队主体实行“军—旅—营”体制，旅成为基本作战单位，营成为基本作战单元，旅营作为作战基本模块，不论是军种内部的合同作战还是诸军兵种联合作战，都可以依据任务灵活进行组合。

4. 调整武装力量领导体制

全面落实党对人民解放军和其他武装力量的绝对领导，对武装警察部队、预备役等武装力量的领导体制进行调整。

（1）调整武装警察部队领导体制。按照“军是军、警是警、民是民”的原则，聚焦“能打胜仗”的核心任务能力，剥离不必要的社会管理职能，退出与战斗力生成相悖的市场竞争领域，以此破解体制性障碍和突出矛盾问题。2017 年 11 月，全国人大常委会通过关于中国人民武装警察部队改革期间暂时调整适用相关法律规定的决定，明确武警部队改革期间，暂时调整适用国防法、人民武装警察法中有关武警部队领导指挥体制、职能任务、警衔制度、保障体制、部队部署和兵力调动使用的规定，同时要求“改革措施成熟后，及时修改完善有关法律”。根据中共中央印发的《中共中央关于调整中国人民武装警察部队领导指挥体制的决定》，自 2018 年 1 月 1 日零时起，武警部队由党中央、中央军委集中统一领导，实行“中央军委—武警部队—部队”领导指挥体制。2018 年 3 月，根据中共中央印发的《深化党和国家机构改革方案》，将列武警部队序列、国务院部门领导管理的现役力量全部退出武警，将国家海洋局领导管理的海警队伍转隶武警部队，将武警部队担负民事属性任务的黄金、森林、水电部队整体移交国家相关职能部门并改编为非现役专业队伍，同时撤收武警部队海关执勤兵力，彻底理顺武警部队领导管理和指挥使用关系。2020 年 6 月，全国人大常委会修订《中华人民共和国人民武装警察法》，全面体现改革成果，为建设强大的现代化武装警察部队、有效履行职责使命提供坚强法律保障和制度支撑。

（2）调整预备役部队领导体制。预备役部队是人民解放军的组成部分。为有效履行新时代军队使命任务，党中央决定自 2020 年 7 月 1 日零时起，预备役部队全面纳入军队领导指挥体系，由军地双重领导调整为党中央、中央军委集中统一领导。这是落实宪法关于中央军委领导全国武装力量、军委实行主席负责制的规定，强化党中央、中央军委对预备役部队的集中统一领导，坚持党管武装、姓军为战的根本属性，推进预备役部队与现役部队一体建设和运用的重大改革举措。调整改革后的预备役部队是人民解放军组成部分的属性没有发生改变，与现役部队共同履行新时代军队使命任务。

（四）推进军事政策制度改革，建立健全中国特色社会主义军事政策制度体系

领导指挥体制改革、规模结构和力量编成改革、军事政策制度改革，被称为深化国防和军队改革“三大战役”。军事政策制度调节军事关系、规范军事实践、保障军事发展，对国防和军队建设具有根本性、全局性、基础性意义。习近平同志指出，“中国特色社会主义进入了新时代，国防和军队建设也进入了新时代，解决军事政策制度深层次矛盾和问题，全面释放深化国防和军队改革效能，开创强军事业新局面，掌握军事竞争和战争主动权，迫切需要适应形势任务发展要求，对军事政策制度进行系统、深入改革。”“要扎实推进政策制度改革，加快构建现代军事政策制度体系，坚决破除各方面体制机制弊端，坚定不移把改革进行到底。”

2013 年党的十八届三中全会决定，作出“推进军队政策制度调整改革”的决策部署，拉开了军队政策制度调整改革的序幕。2018 年 11 月 13 日至 14 日，中央军委政策制度改革工作会议在京召开，习近平同志讲话强调了军事政策制度改革的重大意义，提出完成军事政策制度改革要求。2019 年 7 月 30 日，中共中央政治局就推进军事政策制度改革举行集体学习。习近平同志强调，军事政策制度是我们党治国理政的重要保障，军事政策制度改革是对我军的一次制度性重构，关系实现党在新时代的强军目标、把人民军队全面建成世界一流军队，关系实现“两个一百年”奋斗目标、实现中华民族伟大复兴的中国梦。2020 年 5 月 26 日，习近平同志参加十三届全国人大三次会议解放军和武警部队代表团全体会议时强调，“军事政策制度改革重在解决同新时代、新使命、新体制不相适应的政策性问题，这一步必须走好走实、善作善成。”目前，按照党中央、中央军委的决策部署，军事政策制度改革正在持续深入推进，已经出台了一批新的军事政策改革制度，相应地，对军事法规、军事规章和规范性文件作出

了调整，涉及国家层面的立法修法工作加快推进，有的法律草案已经提请全国人大常委会审议，有的法律已经审议通过并实施。

1. 修订国防法，完善国防法律制度

以习近平同志为核心的党中央着眼实现中华民族伟大复兴的中国梦，对国防和军队建设作出一系列新的重大判断、新的理论概括、新的战略安排，为全面推进国防和军队现代化提供了理论指南和行动纲领。武装力量领导指挥体制、规模结构和力量编成、军事政策制度改革压茬推进、持续深入，有效解决了体制性障碍、结构性矛盾、政策性问题。2020 年 12 月 26 日，全国人大常委会修订了国防法。国防法的修订，充分确认和体现了国防和军队改革的成功经验和实践成果，确立了习近平新时代中国特色社会主义思想在国防活动中的指导地位；结合党和国家机构改革、国防和军队改革实际，调整了国家机构的国防职权，增加了军委主席负责制的内容；充实了武装力量的任务和建设目标；着眼新型安全领域活动和利益的防卫需要，明确了重大安全领域防卫政策；根据国防教育和国防动员领导管理体制改革实际，充实完善了国防教育和国防动员制度；着眼“使军人成为全社会尊崇的职业”，强化了对军人地位和权益的保护；贯彻总体国家安全观和习近平外交思想，充实了对外军事关系方面的政策制度。

2. 建立军人权益保障法律制度

军人是中国共产党领导的国家武装力量基本成员，是人民子弟兵，是捍卫国家主权、统一、领土完整的坚强力量，是中国特色社会主义现代化建设的重要力量。2021 年 6 月，全国人大常委会通过军人地位和权益保障法，对军人地位、荣誉维护、待遇保障、抚恤优待等作了系统规范，为实现让军人成为全社会尊崇的职业，增强军队吸引力、凝聚力、战斗力提供了有力法律保障。退役军人为国防和军队建设作出了重要贡献，是社会主义现代化建设的重要力量，是党和国家的宝贵财富，值得倍加关心、倍加爱护。2020 年 11 月，全国人大常委会通过退役军人保障法，为开展退役军人保障工作奠定了坚实法律基石。退役军人保障法突出参战导向、基层导向、边疆导向、能力导向，坚持待遇与贡献相匹配，对退役军人移交接收、退役安置、教育培训、就业创业、抚恤优待、褒扬激励、服务管理等作了整体设计和系统规范，加强退役军人的安置保障、教育培训、就业扶持、荣誉激励、服务体系建设，依法维护合法权益，完善退役军人服务管理制度。

3. 完善国防交通法律制度

国防交通是国家经济社会发展和保障军队“能打胜仗”的双重支撑，是军民深度融合的重要领域，对于富国和强军都具有基础性甚至是“生命线”意义。2016 年 9 月，全国人大常委会通过国防交通法。这是党的十八大以来第一部国防军事立法，也是党和国家将军民融合发展上升为国家战略后第一部深入贯彻军民融合发展战略的重要法律。该法主要贯穿了以下三项原则：一是，贯彻军民融合发展国家战略。建立利益引导机制，强化市场导向作用，调动公民和组织参与国防交通活动的积极性，为促进交通运输领域的军民融合深度发展提供法治保障。二是，着眼发展战略投送能力。贯彻新形势下军事战略方针，明确军队、政府、企业、公民各方在国防交通活动中的权利和义务，规范管理体系、运行机制和政策制度，促进骨干在军、主体在民、一体保障的现代战略投送体系的加快构建。三是，与相关法律相衔接。坚持以宪法和国防法为基本依据，与相关法律协调衔接，将长期以来国防交通工作的实践经验和有效做法上升为法律规范。

十一、坚持和完善“一国两制”制度体系

“一国两制”是党领导人民实现祖国和平统一的一项重要制度，是中国特色社会主义的一个伟大创举。香港、澳门从回到祖国怀抱之日起重新纳入国家治理体系，中央依照宪法和基本法对香港、澳门实行管制，与之相应的特别行政区制度和体制得以确立。同时，香港、澳门特别行政区依法实行高度自治，充分行使基本法赋予的行政管理权、立法权、独立的司

法权和终审权，原有资本主义制度和生活方式保持不变，法律基本不变，香港、澳门居民享有比历史上任何时候都更广泛的民主权利和自由。回归以来，香港、澳门保持了经济繁荣稳定，教育、医疗、文化、社会保障等各项事业取得长足进步，对外交往和国际影响力日益扩大，“一国两制”实践取得了举世公认的成绩。党的十八大以来，以习近平同志为核心的党中央全面准确贯彻“一国两制”方针，牢牢掌握宪法和基本法赋予的中央对香港、澳门全面管治权，深化内地和港澳地区合作发展，妥善应对和处理一系列重大问题，推动“一国两制”事业开创了新局面、迈上了新台阶。

（一）全面准确理解贯彻“一国两制”方针

1. 宪法与基本法共同构成特别行政区宪制基础

自我国恢复对香港、澳门行使主权以来，香港、澳门的宪制基础和法律地位都发生了根本转变。宪法和基本法，共同构成特别行政区政权架构、政治运作、社会治理体系的宪制基础。特别行政区制度本身就是在宪法框架下设计的，认为特别行政区只适用基本法、不适用宪法，将使基本法成为“无源之水”，基本法的实施不能回避宪法，要尊重宪法权威与尊严。党的十八届四中全会决定明确提出，坚持宪法的最高法律地位和最高法律效力，全面准确贯彻“一国两制”、“港人治港”、“澳人治澳”、高度自治的方针，严格依照宪法和基本法办事，完善与基本法实施相关的制度和机制，依法行使中央权力，依法保障高度自治，支持特别行政区行政长官和政府依法施政，保障内地与香港、澳门经贸关系发展和各领域交流合作，防范和反对外部势力干预港澳事务，保持香港、澳门长期繁荣稳定。在基本法的实施过程中，全国人大常委会根据宪法和基本法赋予的职权，行使对基本法的解释权，所作出的解释具有最终性，与基本法具有同等法律效力，必须得到一体遵循；全国人大及其常委会依据基本法作出的有关决定，在特别行政区具有法律约束力。

习近平总书记指出，坚持依法治港是全面依法治国的应有之义，依法治港首先是依照宪法和基本法治港。全国人大及其常委会根据宪法和香港特别行政区基本法，结合多年来国家在特别行政区制度构建和发展方面的实践，在对各种因素进行综合分析、评估和研判的基础上，经认真研究并与有关方面沟通，综合运用多种方式，对涉及香港长期繁荣稳定的重大问题，从国家层面作出决定，专门立法，作出法律解释，有效发挥了定分止争、释疑解惑的作用，积极促进了香港特别行政区法治的完善。

党的十八大以来，澳门建立起协调统一的宪法和基本法宣传教育体系，每年举办国家宪法日系列活动，推动形成了尊崇宪法、学习宪法、遵守宪法、维护宪法、运用宪法的良好氛围，使宪法观念和国家认同在澳门社会建立起广泛、深厚的社会基础。

2. 坚持“一国”原则，维护中央全面管治权，完善特别行政区同宪法和基本法实施相关的制度和机制

党的十九届四中全会指出，必须坚持“一国”是实行“两制”的前提和基础，“两制”从属和派生于“一国”并统一于“一国”之内。习近平总书记指出，“一国”是根，根深才能叶茂；“一国”是本，本固才能枝荣。根据宪法和基本法的有关规定，如果按照制定主体划分，在特别行政区实施的法律除由特别行政区立法机关制定的本地法律和根据基本法保留的原有法律制度以外，还应包括适用于特别行政区的全国性法律，具体包括：宪法；基本法以及全国人大常委会对基本法作出的立法解释；列入基本法附件三的全国性法律；中央为特别行政区制定的其他法律法规或作出的决定决议。上述法律制度的制定和实施历程，是依宪治国、依法治理特别行政区的重大成就，在保障特别行政区长期繁荣稳定方面发挥了重大作用。

宪法在特别行政区的适用是整体的、全面的，同时也根据具体情况具体适用。宪法中具有原则性的普适条款应当普遍适用，专门性的特别条款则针对个别特殊情况适用。从香港和澳门两个特别行政区的施政与司法实

践来看，宪法在特别行政区的适用已成为客观存在的事实。所谓的宪法单条适用、部分适用说都是偏颇的，甚至可以说是错误的。宪法的全面适用与特别行政区依据宪法和基本法享有高度自治权并不矛盾。例如，特别行政区政府向中央人民政府汇报工作，提出议案不仅依据基本法，也需要以宪法与其他宪法相关法为依据。此外，两个特别行政区的法院也都曾经在其判词中援引宪法等。

特别行政区基本法是特别行政区行政、立法和司法的基础，兼具原则性和灵活性。全国人大常委会有权结合形势和环境，根据宪法和基本法的有关规定，对基本法作出解释，维护宪法和法律权威，维护特别行政区长治久安。依据宪法和香港特别行政区基本法赋予的权力，2016 年 11 月，全国人大常委会通过关于香港特别行政区基本法第一百零四条的解释，明确该条规定的“拥护中华人民共和国香港特别行政区基本法，效忠中华人民共和国香港特别行政区”，既是该条规定的宣誓必须包含的法定内容，也是参选或者出任该条所列公职的法定要求和条件；明确宣誓就职必须遵循的法定程序和内容；明确违反宣誓规定丧失就职资格的法律后果以及作出虚假宣誓或者违反誓言的法律责任。这次主动释法，一锤定音，充分表明中央贯彻“一国两制”方针的坚定决心和反对“港独”的坚定立场。

列入基本法附件三的全国性法律，依据特别行政区基本法第十八条的规定，由特别行政区在当地公布或立法实施。全国人大常委会依法作出决定，增减基本法附件三所列全国性法律。2017 年 9 月，全国人大常委会通过国歌法。国歌法以国家立法形式，与国旗法、国徽法一道，构成和落实了宪法规定的关于国家象征和标志的重要制度，并被列入香港特别行政区基本法附件三、澳门特别行政区基本法附件三，确保国歌法在香港、澳门得到一体遵循。

在宪法和基本法赋予的职权范围内，中央还得为特别行政区制定其他法律或作出决定决议。一是，制定特别行政区全国人大代表产生办法。2017 年 3 月 15 日，十二届全国人大五次会议通过《中华人民共和国香港特别行政区选举第十三届全国人民代表大会代表的办法》和《中华人民共和国澳门特别行政区选举第十三届全国人民代表大会代表的办法》，根据特别行政区基本法第二十一条的规定，保证了特别行政区全国人大代表换届选举的顺利进行，保障了特别行政区居民中中国公民依法参与国家事务管理的权利。二是，明确澳门特别行政区管辖范围。2015 年 12 月，国务院常务会议通过《中华人民共和国澳门特别行政区行政区域图（草案）》，调整了澳门特别行政区的陆地界线，明确了水域管理范围；2019 年 10 月，全国人大常委会作出关于授权澳门特别行政区对横琴口岸澳方口岸区及相关延伸区实施管辖的决定，支持其获得更大发展空间。三是，对香港特别行政区政制发展问题作出决定。按照宪法和香港特别行政区基本法确立的原则，修改行政长官产生办法和立法会产生办法，是香港政治体制发展中的重大问题，决定权在中央。根据香港特别行政区政府向全国人大常委会提交的报告，全国人大常委会于 2014 年 8 月 31 日，就香港特别行政区行政长官普选问题和 2016 年立法会产生办法作出决定，明确了行政长官普选的核心要素和制度框架，明确 2016 年立法会产生办法不作修改；从 2017 年开始，香港特别行政区行政长官可以实行由普选产生的办法，在实行行政长官普选时，须组成一个有广泛代表性的提名委员会，按照民主程序产生 2 名至 3 名行政长官候选人，每名候选人均须获得提名委员会全体委员半数以上的支持。经过广泛、深入的公众咨询，香港特别行政区政府于 2015 年 4 月向立法会提交了行政长官普选法案，但是由于立法会内反对派议员联手否决，法案未获通过。此后几年，香港社会出现的乱象表明，香港特别行政区现行的选举制度机制存在明显的漏洞和缺陷。为此，2021 年 3 月，十三届全国人大四次会议通过了关于完善香港特别行政区选举制度的决定，明确了修改完善香港特别行政区选举制度应当遵循的基本原则和修改完善的核心要素内容，同时授权全国人大常委会根据上述决定修改香港特别行政区基本法附件一和附件二。根据上述决定，十三届全国人大常委会第二十七次会议对香港特别行政区行政长官和立法会的产生办法及表决程序作出了系统修改和完善。修订后的香港特别行政区行政长官的产生办法明确规定了选举委员会的规模、组成、任期和委员身份资格，选举委员会五大界别内界别分组划分和名额分配，选举委员会委员产生方式，行政长官产生方式，选举委员会设召集人制度，健全完善候选人资格审查制度机制等。修订后的香港特别行政区立法会的产生办法和表决程序明确了立法会的规模和构成，选举委员会选举议员的产生方式，功能团体选举议员的产生方式，分区直接选举议员的产生方式，健全完善立法会议员候选人资格审查制度机制，并明确了立法会对法案和议案的表决程序等。同时，全国人大常委会还明确了对相关办法和法案、议案表决程序的修改权。全国人大及其常委会以“决定+修法”的模式为完善香港特别行政区选举制度、确保香港特别行政区政治体制有效运行作了具体明确的制度安排，为始终坚持“爱国者治港”、确保“一国两制”实践行稳致远提供了有力法治保障。

值得特别关注的是，党中央在坚定维护“一国两制”制度、确保全面准确贯彻“一国两制”方针上的一个主要举措，就是建立健全特别行政区维护国家安全的法律制度和执行机制。多年来，澳门特别行政区积极履行基本法规定的宪制责任，在 2009 年制定维护国家安全法的基础上，不断通过本地立法完善或填补维护国家安全的法律保障，积极践行总体国家安全观，2018 年设立由行政长官担任主席的澳门特别行政区维护国家安全委员会，为确保国家和澳门特别行政区的安全稳定发挥了重要作用。而在香港特别行政区，自 2014 年非法“占中”事件发生以来，持续发生暴力犯罪活动，严重破坏香港繁荣稳定，严重挑战“一国两制”原则底线，于理于法不容。究其原因，就是割裂了“一国”和“两制”的关系，试图以香港特别行政区的高度自治权来对抗中央的全面管治权。积极运用多种法定方式和手段，是应对特别行政区制度方面新问题新挑战的客观需要。经过慎重研究，党中央决定在国家层面采取“决定+立法”的方式，分两步推进香港特别行政区维护国家安全的制度机制建设：第一步，十三届全国人大三次会议根据宪法和香港特别行政区基本法有关规定，于 2020 年 5 月 28 日通过关于建立健全香港特别行政区维护国家安全的法律制度和执行机制的决定，自公布之日起施行；第二步，十三届全国人大常委会第二十次会议根据宪法、香港特别行政区基本法和全国人大有关决定的授权，于 2020 年 6 月 30 日通过《中华人民共和国香港特别行政区维护国家安全法》，国家主席签署主席令予以公布，自公布之日起施行，并作出关于增加基本法附件三所列全国性法律的决定，将香港特别行政区维护国家安全法列入香港特别行政区基本法附件三，明确由香港特别行政区在当地公布实施。全国人大作出的关于建立健全香港特别行政区维护国家安全的法律制度和执行机制的决定和全国人大常委会通过的香港特别行政区维护国家安全法，是综合运用多种法定方式和手段完善特别行政区制度、健全国家对香港特别行政区治理体系的重要实践，是全国人大及其常委会根据新的形势和需要，依法充分发挥职能作用的重要体现，在 20 多年"一国两制"实践进程中具有重大制度创新意义，对于新形势下坚持和完善"一国两制"制度体系，维护国家主权、安全、发展利益，维护香港长治久安和长期繁荣稳定，具有十分重要而深远的意义。

3. 尊重"两制"差异，支持特别行政区行使高度自治权，推动"港人治港""澳人治澳"健康发展

坚定不移把"一国两制"向纵深推进，还需要在"一国"前提下，充分发挥"两制"优势。支持特别行政区政府和行政长官依法施政、积极作为，是中央一贯的鲜明立场。按照特别行政区基本法的规定，中央为特别行政区制定的一些法律或作出的决定决议，以及由全国人大常委会决定列入基本法附件三的一些全国性法律，由特别行政区在当地公布或立法实施。

例如，全国人大常委会 2020 年 6 月通过的香港特别行政区维护国家安全法第七条明确规定，香港特别行政区应当尽早完成香港特别行政区基本法规定的维护国家安全立法，完善相关法律；第十二条规定，香港特别行

政区设立维护国家安全委员会，负责香港特别行政区维护国家安全事务，承担维护国家安全的主要责任，并接受中央人民政府的监督和问责。也就是说，在香港特别行政区维护国家安全这一宪制责任，最终还是由香港特别行政区政府来落实。中央相信香港特别行政区政府能够治理好香港，因而通过立法进一步授权特别行政区通过高度自治实现国家安全问题的依法治理。

又如，根据香港特别行政区行政长官林郑月娥向中央人民政府呈送的《关于香港特别行政区 2020 年立法会换届选举押后事宜的报告》，考虑到香港新冠肺炎疫情严重影响选举的紧急情况，国务院研究认为，香港特别行政区行政长官会同行政会议依据《紧急情况规例条例》作出推迟第七届立法会换届选举的决定，法律依据充分，符合当前香港新冠肺炎疫情发展的实际情况，有利于保障公共安全和选举的公平公正，符合公众利益，是必要的、恰当的。中央人民政府提请全国人大常委会就第七届立法会选举推迟情况下立法机关空缺问题作出相关安排。全国人大常委会于 2020 年 8 月，就香港特别行政区第六届立法会继续履行职责作出决定，为第六届立法会继续运作提供了宪制依据，支持香港特别行政区政府有效施政，确保香港立法机关正常运作和社会正常运转。

再如，根据香港特别行政区行政长官林郑月娥提出的请求，全国人大常委会于 2020 年 11 月审议了国务院提出的关于提请就香港特别行政区立法会议员资格问题作出决定的议案，并通过了关于香港特别行政区立法会议员资格问题的决定，凡因宣扬或者支持“港独”主张、拒绝承认国家对香港拥有并行使主权、寻求外国或者境外势力干预香港特别行政区事务，或者具有其他危害国家安全等行为，不符合拥护香港特别行政区基本法、效忠香港特别行政区的法定要求和条件的立法会议员，一经依法认定，即时丧失立法会议员的资格。依据这一规定丧失立法会议员资格的，由香港特别行政区政府宣布。该决定为规范和处理香港特别行政区立法会议员资格问题提供了坚实法律基础。香港特别行政区政府根据决定依法宣布第六届立法会议员郭荣铿等丧失议员资格，充分彰显法治的公正与威严。

比如，在完善香港特别行政区选举制度相关工作中，党中央高度重视港人意见，广泛倾听各界声音。中央有关部门在港举办百场座谈和走访约谈，专门就立法工作征询民意，广纳贤言。全国人大及其常委会在作出完善香港特别行政区选举制度的有关决定以及对基本法附件一和附件二的修订工作中，始终考虑保持香港特别行政区相关制度的连续性和稳定性，为香港特别行政区本地有关立法留下空间。国家层面对基本法附件一和附件二的修订为香港特别行政区修改本地相关立法提供了有力依据。香港特别行政区已启动本地有关法律的修改进程，从公众解说、本地立法和安排选举三方面全面配合落实有关工作，得到了香港市民的广泛支持和拥护。

（二）推动完善港澳融入国家发展大局机制

1. 大力支持港澳在新一轮扩大对外开放中发挥特殊作用

习近平总书记指出，在国家改革开放进程中，港澳所处的地位是独特的，港澳同胞所作出的贡献是重大的、所发挥的作用不可替代。中国特色社会主义进入新时代的显著特征之一，就是坚持改革开放。在新时代国家改革开放进程中，港澳仍然具有突出地位和优势，仍然可以发挥不可替代的作用。党的十八大以来，中央不断推出惠港、惠澳政策，对香港、澳门发展精准定位，推动完善香港、澳门融入国家发展大局、同内地优势互补、协同发展机制，支持香港、澳门经济发展和民生改善，在国家新一轮扩大对外开放中继续发挥作用。

为落实相关要求，中央政府和香港、澳门特别行政区政府采取了一系列措施。以构建金融互联互通机制为例。2014 年，李克强总理在博鳌论坛上的讲话中提出，将着重推动新一轮高水平对外开放，扩大服务业包括资本市场对外开放，积极创造条件，建立上海与香港股票市场交易互联互通机制，进一步促进中国内地与香港资本市场双向开放和健康发展，在与国际市场更深度的融合中，不断提升对外开放的层次和水平。同年，中国证监会正式批复开展“沪港通”机制试点，并提出在积累一定试点经验基础上，支持深港交易所探索新的合作形式。2016 年，“深港通”正式启动。2017 年，中国人民银行与香港金融管理局发布公告，批准内地“债券通”上线。“沪港通”“深港通”“债券通”等金融市场互联互通机制有序开启，香港离岸人民币业务全面发展，在巩固香港金融中心地位的同时，加速了内地金融市场国际化步伐，对于增强我国资本市场综合实力、推动人民币国际化都产生了积极影响。

2. 继续深化在更紧密经贸关系的安排（Closer Economic Partnership Arrangement，CEPA）框架下的合作

CEPA 分为内地与香港、内地与澳门两大部分，是 WTO 框架下内地与港澳经济合作的创新方式。作为内地与港澳经贸合作的开放合作平台，CEPA 采取了政府部门间签署并落实协议的形式，具有很强的灵活性，合作内容能够通过补充协议的方式适时增加和充实。在十几年的实践中，其内容不断扩大和深化，先易后难，逐步推进。

党的十八大以来，内地与香港、澳门特别行政区政府对 CEPA 协议作了进一步补充。2013 年，商务部与香港、澳门特别行政区政府分别签订了 CEPA 第十个补充协议，放宽一些服务贸易领域市场准入条件，并增加开放措施，拓展金融合作，推动贸易投资便利化，支持研究粤港、粤澳加强知识产权保护领域合作。2014 年，内地和香港签署《内地与香港 CEPA 关于内地在广东与香港基本实现服务贸易自由化的协议》，在政府层面建立了高层会晤、联席会议、专责小组等合作机制，合作模式不断拓展，为内地在广东与香港、澳门实现服务贸易自由化提供了指南。

“十三五”规划纲要明确提出，要加大内地对港澳开放力度，推动内地与港澳关于建立更紧密经贸关系安排升级。为落实这一要求，2015 年，内地与香港、澳门分别签订 CEPA 服务贸易协议，2017 年签订 CEPA 投资

协议和经济技术合作协议，2018 年签订 CEPA 货物贸易协议，实现了对 CEPA 协议框架的全面升级，标志着“十三五”规划相关目标提前完成。2019 年，内地与香港、澳门特别行政区政府又分别对 CEPA 服务贸易协议作了修订，在金融、法律、建筑等多个领域取消或降低了对香港服务提供者的准入门槛，放宽对自然人流动、跨境交付等服务贸易模式的限制措施，扩大相关专业领域人才资格互认的范围，进一步提高了港澳服务提供者投资便利化水平。

3. 系统规划粤港澳大湾区融合发展

大湾区发展战略是在坚守“一国两制”前提下的区域协调发展战略。2016 年 3 月，由十二届全国人大四次会议审议通过的“十三五”规划明确提出，要加快前海、南沙、横琴等粤港澳合作平台建设，支持港澳在泛珠三角区域合作中发挥重要作用，推动粤港澳大湾区和跨省区重大合作平台建设。2017 年 3 月，十二届全国人大五次会议通过的政府工作报告中提出，要推动内地与港澳深化合作，研究制定粤港澳大湾区城市群发展规划，发挥港澳独特优势，提升在国家经济发展和对外开放中的地位与功能。同年 7 月，《深化粤港澳合作　推进大湾区建设框架协议》签署，提出了粤港澳大湾区建设的宗旨、目标和重点领域。2019 年 2 月，中共中央、国务院正式印发《粤港澳大湾区发展规划纲要》，描绘了大湾区建设的新蓝图，把大湾区发展建设推向了新阶段。自提出推进粤港澳大湾区建设的构想以来，广东与香港、澳门特别行政区不断拓宽合作领域，地区融合发展成效明显，主要表现在如下几个方面：

（1）加强科技创新合作，构建开放型区域协同创新共同体，优化区域创新环境。为便利粤港澳三地人员物资通关，科研样本、实验试剂和遗传资源出入境，科研物资设备跨境使用等，签订了一系列协议和合作备忘录，并出台了相关措施；大湾区院士联盟成立，香港、澳门特别行政区政府与国家科技部建立合作关系，支持港澳地区科学家、科研机构等积极参与各类科学计划、工程和项目；粤港澳高等教育合作交流机制不断完善，签署了《关于加强粤港高等教育交流合作备忘录》等系列文件，粤港澳高校联盟等多个高校间合作组织陆续成立，携手打造粤港澳“一小时学术圈”；广东设立了一批港澳青年创新创业基地，举办港澳青年创新创业大赛，香港、澳门特别行政区政府则陆续推出大湾区青年创业资助计划等，加强对港澳青年在大湾区创新创业的支持。

（2）加快基础设施互联互通。《粤港澳大湾区发展规划纲要》把基础设施互联互通作为建设一流湾区和世界级城市群的先决条件来抓。按照规划纲要部署，粤港澳大湾区建设正逐步建立“1+N”规划政策体系，国家发改委将编制推进粤港澳大湾区基础设施互联互通的专项规划，立足区域经济社会发展与交通运输、能源、信息通讯等需要，统筹谋划粤港澳地区基础设施空间布局、重大项目和保障措施等。港珠澳大桥、广深港高铁等基建项目加速推进，深圳东部过境高速公路加快建设，跨江新通道启动筹建，过境新口岸开放，广深沿江高速公路等区域高等级公路网络项目也将统筹纳入规划。为推动香港接入全国高铁网络，2017 年 12 月十二届全国人大常委会第三十一次会议还专门审议通过了关于批准内地和香港特别行政区关于在广深港高铁西九龙站设立口岸实施“一地两检”的合作安排，确认合作安排符合“一国两制”方针，符合宪法和香港特别行政区基本法，为支持香港从硬件上联通大湾区、进一步融入国家发展大局提供了法律保障。

（3）服务保障现代产业发展。为加快大湾区先进制造业发展，培育壮大战略性新兴产业，加快发展现代服务业和海洋经济，除了大力推进区域内基础设施的“硬联通”外，中央、广东省和香港、澳门特别行政区政府在加强机制“软联通”，特别是在完善产权保护、政务服务、法治保障等方面的制度安排上，也进行了诸多创新尝试，共同打造法治化、国际化、便利化营商环境。比如，为加快建设现代产业体系，促进产业链升级，广东省政府出台关于培育发展战略性支柱产业集群和战略性新兴产业集群的意见和行动计划，以建设新一代电子信息、绿色石化、智能家电等 10 个战略性支柱产业集群和半导体与集成电路、高端装备制造、智能机器人等10个战略性新兴产业集群为发展重点，提出了针对性的培育措施；又如，为促进金融市场联通、促进跨境投资贸易便利化，中国人民银行、银保监会、证监会、外汇局发布《关于金融支持粤港澳大湾区建设的意见》，从促进粤港澳大湾区跨境贸易和投融资便利化、扩大金融业对外开放、促进金融市场和金融基础设施互联互通、提升粤港澳大湾区金融服务创新水平、切实防范跨境金融风险等五个方面提出26条具体措施，包括支持银行开展跨境贷款业务，支持银行业在大湾区以多种形式拓展业务，逐步开放港澳人民币清算行参与内地银行间拆借市场，优化完善“沪港通”“深港通”“债券通”等金融市场互联互通安排等。

（4）不断拓宽合作新领域。按照规划部署，粤港澳大湾区在生态文明建设、优质生活圈建设、社会保障和治理、合作参与“一带一路”建设等方面的合作全面提速，前海、南沙、横琴等粤港澳合作发展平台示范效应显现，国际一流湾区已见雏形。

比如，围绕建设粤港澳优质生活圈，在生态文明建设方面，生态环境部与粤港澳三地政府共同编制大湾区生态环境保护规划，深入推进珠三角空气质量联防联控、东江水质保护等合作，广东九市实现“国家森林城市”全覆盖，区域森林覆盖率达到52%，区域环境质量稳步改善，生态湾区初现雏形；在医疗卫生合作方面，粤港澳三地政府先后签署了《粤港澳大湾区卫生与健康合作框架协议》《粤港澳大湾区卫生健康合作共识》，并就医疗技术、人才培养等多领域的62个健康合作项目交换文本，协同构建高质量健康大湾区。2020年，面对新冠肺炎疫情，粤港澳大湾区开启“联手抗疫”模式，捋顺联防联控机制、每日多轮通报、及时分享最新信息、共商防控重大决策，在强化传染病联防联控方面经受住了考验，也积累了重要经验。

又如，在社会治理合作方面，为便利解决跨境纠纷，最高人民法院与香港特别行政区政府达成了关于内地与香港特别行政区法院相互认可和执行民商事案件判决的安排，这是内地与香港商签的覆盖面最广的一项司法协助安排，该安排尽可能扩大了两地相互认可和执行民商事案件判决的范围，充分体现了最大限度减少重复诉讼、增进两地民众福祉、增进两地司法互信、贯彻“一国两制”方针的精神；2020 年 8 月，全国人大常委会关于授权国务院在粤港澳大湾区内地九市开展香港法律执业者和澳门执业律师取得内地执业资质和从事律师职业试点工作的决定，鼓励香港法律执业者和澳门执业律师参与大湾区法治建设、充分发挥专业作用，合力解决大湾区建设发展进程中法律实践难题；粤港澳三地的司法交流也日益紧密，广东省高级人民法院与香港特别行政区政府律政司签署《粤港澳大湾区法律交流与互鉴框架安排》，广东省高级人民法院发布了第一批粤港澳大湾区跨境纠纷典型案例，并与广东省司法厅联合出台了《广东自贸区跨境商事纠纷调解规则》，为推动多元化解涉粤港澳三地跨境商事纠纷提供了规范。

（三）坚定推进祖国和平统一进程

解决台湾问题、实现祖国完全统一是中国共产党的三大历史任务之一，是全体中华儿女的共同愿望，是中华民族的根本利益所在。面对两岸关系和平发展进入深水区、台湾局势和我国周边形势发生复杂变化等困难和挑战，在以习近平同志为核心的党中央领导下，对台工作克难前行。

1. 习近平总书记对台工作重要思想发挥引领作用

习近平总书记着眼实现中华民族伟大复兴，顺应时代大势和人民期待，提出了一系列对台工作、推进祖国统一的新论述新理念新思想，引领了对台工作的前进方向。一是，深入剖析台湾问题的历史背景和影响，精辟论述解决台湾问题、实现国家统一与中华民族伟大复兴的辩证关系和发展大势。习近平总书记指出，台湾问题因民族弱乱而产生，必将随着民族复兴而终结；海峡两岸陷入长期政治对立的特殊状态，是由中国内战延续和外部势力干涉造成的历史问题，1949 年以来，中国共产党、中国政府、中国人民始终把解决台湾问题、实现祖国完全统一作为矢志不渝的历史任务；台湾前途在于国家统一，台湾同胞福祉系于民族复兴，决定两岸关系走向的关键因素是祖国大陆发展进步；中国梦是两岸同胞共同的梦，两岸同胞要携手同心，共圆中华民族伟大复兴的中国梦；推进祖国和平统一进程、完成祖国统一大业，是实现中华民族伟大复兴的必然要求。二是，系统阐发处理台湾问题、实现国家统一的目标内涵、基本方针、路径模式和必守底线，明确对台工作基本思路和重点任务。习近平总书记指出，绝不让国家分裂的历史悲剧重演，是我们对历史和人民的庄严承诺；我们所追求的国家统一不仅是形式上的统一，更重要的是两岸同胞的心灵契合；“和平统一、一国两制”是我们解决台湾问题的基本方针，也是实现国家统一的最佳方式；“九二共识”是两岸关系之锚，坚持“九二共识”、反对“台独”是坚持两岸关系和平发展正确道路的关键。当“台独”势力煽动两岸敌意和对立时，习近平总书记多次发表重要讲话，明确宣示对台大政方针，指出两岸关系发展面临方向和道路的抉择，强调走和平发展之路，谋互利双赢之道，利在两岸当下，功在民族千秋；必须坚持“九二共识”政治基础，继续推进两岸关系和平发展，坚决遏制任何形式的“台独”分裂行径，维护国家主权和领土完整；现阶段应与台湾同胞携手推动民族复兴，探索“两制”台湾方案，以最大诚意、尽最大努力争取和平统一的前景，深化两岸融合发展，增进两岸同胞和平统一认同。

2. 两岸政治交往机制的突破与调整

马英九执政时期，两岸关系取得了一些具有制度性意义的进展。一是，开创了两岸领导人直接对话的机制。2015 年 11 月 7 日，中共中央总书记、国家主席习近平同台湾地区领导人马英九实现历史性会面，就和平发展、民族复兴的主题坦诚交换了意见，并就坚持“九二共识”、进一步推进两岸关系和平发展达成积极共识。这是 1949 年以来两岸领导人首次会面，将两岸关系和平发展和政治互动推到了新高度，确立了两岸关系政治现状的新标准，树立了推进祖国和平统一进程新的历史坐标。二是，建立了两岸事务主管部门间的常态化联系沟通机制。在确认“九二共识”的政治基础上，2014 年，国务院台湾事务办公室与台湾方面大陆事务委员会建立了常态化联系沟通机制，及时就两岸关系形势和具体交流合作措施交换意见。这一机制强化了“九二共识”在两岸关系中的基础性地位，为双方及时管控分歧、妥善处理复杂敏感问题，发挥了重要作用。

2016 年民进党再度上台后，以习近平同志为核心的党中央审时度势，为应对变局采取一系列有力政策措施，维护了一个中国原则，保持了台海局势总体稳定。对上台后拒不接受“九二共识”的民进党，我们坚决停摆了以“九二共识”为基础的两岸沟通和商谈机制，但继续推进两岸各领域交流合作，果断采取一系列措施，充分展现坚决反对和遏制“台独”的决心、意志和能力。

党的十九届四中全会决定提出，要推动两岸就和平发展达成制度性安排；习近平总书记在《告台湾同胞书》发表 40 周年纪念会上的讲话中指出，在一个中国原则基础上，支持以对话取代对抗、以合作取代争斗、以双赢取代零和，欢迎台湾各党派、团体和人士就两岸政治问题和推进祖国和平统一进程的有关问题开展对话沟通，广泛交换意见，推进政治谈判，并郑重倡议由两岸各政党、各界别推举代表性人士，就两岸关系和民族未来开展广泛深入的民主协商，就推动两岸关系和平发展达成制度性安排。

3. 两岸经济社会交往制度的新发展

党的十八大以来，两岸经济合作水平继续提升，社会联系更加密切，深化两岸融合发展的制度安排和政策措施不断发展完善。

在拓展经济合作方面，于 2010 年开始实施的海峡两岸经济合作框架协议（Economic Cooperation Framework Agreement，ECFA）有效促进了两岸贸易和投资关系的发展；2012 年，两岸货币管理机构签署《海峡两岸货币清算合作备忘录》，建立两岸货币清算机制，有力促进了两岸投资贸易便利化；2013 年以来，两岸企业家峰会成立并成功举办多次峰会活动，在促进两岸产业深度对接融合、推动两岸资源有效整合方面，发挥了积极作用；全国人大常委会于 2016 年和 2019 年两次修改台湾同胞投资保护法，不断完善相关实施细则，为台湾同胞投资兴业创造更加便利、公平的法治环境；2018 年，国台办与国家发改委联合出台关于促进两岸经济文化交流合作的“31 条措施”，各地结合实际，在两岸征信合作、文化艺术交流、便利台胞居住生活等方面出台了具体实施意见，为台胞台企生活发展提供更多便利；2019 年，最高人民法院发布关于为深化两岸融合发展提供司法服务的若干措施，为系统全面保护台胞台企合法权益提供了指南；两岸积极探讨打造共通市场，大陆启动福建沿海同金门、马祖“小四通”前期工作，推动两岸相关产业协会达成 6 项共通标准；各地各部门积极支持台资企业转型升级、参与“一带一路”建设、开拓市场，坚定了台商台企在大陆扎根发展的信心。

在加强社会联系方面，每年组织举办海峡论坛，以扩大民间交流、深化融合发展为主题，在线上线下以多种方式开展各项交流活动，在促进两岸青年交流、基层交流等方面发挥了重要作用；2014 年，习近平总书记会见台湾亲民党主席宋楚瑜，提出推动两岸关系和平发展的方针政策不会改变，促进两岸交流合作、互利共赢的务实举措不会放弃，团结台湾同胞共同奋斗的真诚热情不会减弱，制止“台独”分裂图谋的坚强意志不会动摇，表明了在两岸交流中进一步扩大与台湾社会各界接触面的诚意；2016 年，大陆推出与台湾 8 县市交流的八项措施，支持开展农特产业、旅游业、人文创意产业等交流活动，推动提升两岸合作水平；2019 年，国台办还与国家发改委联合推出“26 条措施”，出台开放台胞参与大陆社会保险等政策措施，为台胞持续提供同等待遇，分享大陆发展机遇，增进两岸同胞亲情福祉，增强对命运共同体的认知。

4. 实现和平统一以及对统一后台湾治理制度的谋划

解决台湾问题、实现祖国完全统一，必须继续坚持“和平统一、一国两制”方针，推动两岸关系和平发展，推进祖国和平统一进程。习近平总书记在《告台湾同胞书》发表 40 周年纪念会上的讲话中指出，要探索“两制”台湾方案，丰富和平统一实践。党的十九届四中全会决定也明确提出，在确保国家主权、安全、发展利益的前提下，和平统一后，台湾同胞的社会制度和生活方式将得到充分尊重，台湾同胞的私人财产、宗教信仰、合法权益将得到充分保障。“一国两制”的提出，本来就是为了照顾台湾现实情况，维护台湾同胞利益福祉。“一国两制”在台湾的具体实现形式会充分考虑台湾现实情况，会充分吸收两岸各界意见和建议，会充分照顾到台湾同胞利益和感情。这一讲话将引领两岸下一步民主协商、共谋发展的实践，我们将以更加开放、自信、务实的态度开启新时代和平统一的新征程，就两岸关系和平发展达成制度性安排。

十二、坚持和完善独立自主的和平外交政策，推动构建人类命运共同体

外交是国家治理体系的重要组成部分。进入 21 世纪以来，特别是近年来，西方国家主导的国际格局发生深刻变化，全球秩序加速调整，大国战略博弈加剧，科技产业革命重塑国际格局，世界正经历百年未有之大变局。尽管存在保护主义、单边主义、霸权主义、反全球化等各种逆流，存在极端主义、恐怖主义、分裂主义等各种乱象，存在疫情、战乱、自然灾害、网络攻击等各种威胁，和平与发展仍然是时代主题，开放融通的潮流滚滚向前，在这个你中有我、我中有你的地球村，各国经济社会发展相互联系、相互影响。开展和平友好的对外交往，促进世界共同繁荣发展，是中国作出的正确选择。对外开放是我国的基本国策，以开放促改革发展，是我国现代化建设不断取得新成就的重要法宝。独立自主的和平外交政策是新中国外交理论和实践的结晶，符合时代潮流以及我国人民和世界人民

的根本利益。构建人类命运共同体重要战略思想，是习近平总书记着眼人类发展和世界前途提出的中国理念、中国方案，是中国引领时代潮流和人类文明进步方向的鲜明旗帜。

以习近平同志为核心的党中央准确判断世界大势，深刻把握新时代改革发展新要求，统筹国内国际两个大局，在保持外交大政方针连续性和稳定性的基础上，主动谋划，努力进取，在对外工作上进行一系列重大理论和实践创新，形成了新时代中国特色社会主义外交思想。在习近平外交思想指引下，我国在对外交往中始终坚持独立自主、和平发展、开放合作、互利共赢，不仅为全面建成小康社会创造了有利外部环境，在国际体系变局中全面提升了中国的战略影响力和制度性权利，还有力推动了国际格局朝着和平、稳定、公正和更加有利于世界繁荣的方向演进，外交事业蓬勃发展。

（一）贯彻习近平外交思想，健全党领导外事工作体制机制

1. 全面贯彻党中央外交大政方针和战略部署

党的集中统一领导，是外事工作取得进展的根本保证。在 2018 年召开的中央外事工作会议上，习近平总书记对党的十八大以来外事工作进行回顾总结时指出，党中央统筹国内国际两个大局，在保持外交大政方针连续性和稳定性的基础上，主动谋划，努力进取，对外工作取得显著成绩，并明确提出，全面推进新形势下的对外工作，必须加强党的集中统一领导。

（1）深入学习贯彻习近平新时代中国特色社会主义外交思想。习近平外交思想是在中国进入民族复兴关键阶段历史进程中，从新时代中国外交波澜壮阔的宏伟实践中产生的，是习近平新时代中国特色社会主义思想的重要组成部分，是以习近平同志为核心的党中央治国理政思想在外交领域

的重大理论成果，是新时代我国对外工作的根本遵循和行动指南。[1] 它集中体现了党中央在把握国际形势时的正确历史观、大局观、角色观，清晰地展现了当前在党的领导下，中国理解世界、参与全球治理的世界观和方法论。深入学习贯彻习近平外交思想，有利于更好把握中国特色大国外交的定位和宗旨，深入分析世界转型过渡期国际形势的演变规律，准确把握历史交汇期我国外部环境的基本特征，强调既整体布局又突出重点，既多点开花又精准发力，发挥综合积极效应，从而更好地统筹谋划和推进对外工作。[2]

（2）落实对外工作体制机制改革。中国外交涵盖的领域越来越广，对外工作原有的体制出现很多不适应，中央与地方之间、部门与部门之间权责不够明晰、职责重复交叉的问题逐渐暴露出来。为落实改革要求，深入推进涉外体制机制建设，一方面，党中央对外事工作的集中统一领导决策得到加强，外交工作战略定位得到进一步提升。2017 年，中央深化改革领导小组审议通过《关于加强党对地方外事工作领导体制改革的实施意见》《关于改革驻外机构领导机制、管理体制和监督机制的实施意见》等文件，把加强党对对外工作的集中统一领导贯彻到对外工作体制机制改革的方方面面，进一步强调加强战略谋划，强化统筹协调。2018 年，根据深化党和国家机构改革方案设立中央外事工作委员会，制定《中央外事工作委员会工作规则》，理顺了工作关系和机制。另一方面，党总揽全局、协调各方的对外工作大协同格局逐渐成型，自上而下的外事管理体系得到优化。更加注重党、人大、政府、政协、军队、地方、人民团体等的对外交往的统筹协调，更加强调发挥各相关方面在对外交往中的独特优势和作用，各有侧重，相互配合，更加重视要求中央和地方、政府和民间、涉外各部门牢固树立外交一盘棋意识；中央和地方外事之间的沟通协调显著加强，共同

---

〔1〕参见栾建章：《深入理解习近平外交思想的五个维度》，载《光明日报》2018 年 8 月 15 日，第 6 版。

〔2〕参见栾建章：《深入理解习近平外交思想的五个维度》，载《光明日报》2018 年 8 月 15 日，第 6 版。

服务党和国家大局和中心任务，服务国家总体外交战略部署，成效突出。

（3）加强外交外事工作队伍建设。对外事干部队伍的理想信念教育不断加强，更加注重政治素质、专业能力和综合素质的提高，要求党员干部增强“四个意识”，树立“四个自信”，自觉做到“两个维护”，自觉在思想上政治上行动上同党中央保持高度一致，确保令行禁止、步调统一。2016 年，中国外交培训学院揭牌成立，其依托自身优势资源，专门从事外交外事干部培训等工作，成为中国外交队伍成长壮大、走向世界的新平台。2017 年，中央深化改革领导小组审议通过的《关于改革对外工作队伍建设的实施意见》，对建设高素质、专业化的对外工作队伍，充分发挥外交人员在维护国家主权和安全、促进我国与他国友好往来、塑造国家形象等提出了新的具体要求。

2. 积极推动对外工作理论和实践创新

面对新形势新任务，以习近平同志为核心的党中央在保持外交大政方针延续性和稳定性的基础上，统筹谋划全面布局，推进外交理论和实践创新，提出许多重大对外战略思想、外交政策和策略方针，开展一系列重大对外行动，不仅为党和国家工作全面推进创造了有利外部条件，而且丰富和发展了中国特色外交理论体系。

（1）继承和发展和平共处五项原则。习近平总书记指出，新形势下，和平共处五项原则的精神不是过时了，而是历久弥新；和平共处五项原则的意义不是淡化了，而是历久弥深；和平共处五项原则的作用不是削弱了，而是历久弥坚。在 2014 年召开的和平共处五项原则发表 60 周年纪念大会上，习近平总书记强调，和平共处五项原则作为一个开放包容的国际法原则，体现了各国权利、义务、责任相统一的国际法治精神，以及主权、正义、民主、法治的价值观，并提出主权平等、共同安全、共同发展、合作共赢、包容互鉴、公平正义的“六个坚持”，给予了和平共处五项原则新的时代内涵。实践中，中国坚定不移走和平发展道路，维护全球战略稳定，反对一切形式的霸权主义和强权政治。坚持通过对话协商、以和平手段解决国际争端和热点难点问题，反对动辄使用武力或以武力相威胁。坚持奉行防御性的国防政策，永远不称霸，永远不搞扩张，永远做维护世界和平的坚定力量。中国始终是和平共处五项原则的积极倡导者和坚定实践者，更是当代国际体系的参与者、建设者、贡献者。

（2）提出中国梦重要思想并赋予其深刻的内涵。[1] 习近平总书记在中央外事工作会议上的讲话指出，要牢牢把握坚持和平发展、促进民族复兴这条主线，为实现“两个一百年”奋斗目标、实现中华民族伟大复兴的中国梦提供有力保障。我国已经进入实现中华民族伟大复兴的关键阶段。一方面，实现中华民族伟大复兴的中国梦，就是要实现人民幸福、民族振兴、国家富强。用占世界7.2%的土地让占世界人口20%的人民过上好日子，本身就是对世界的最大贡献。[2] 中国梦的提出和实现，体现出了中华文化在国家治理方面的优势，也向国际社会证明了“西方模式绝非唯一仅有的选项”[3]，历史并没有终结，对于希望根据自身国情选择发展道路的广大发展中国家提供了可供参考的经验。另一方面，中国梦并不止步于“独善其身”，而是要在发展自己的过程中追求“兼济天下”。中国梦与世界各国人民的梦想息息相通，追求同世界各国合作共赢、共同发展，与各国更多分享发展机遇，使各国更好地实现自己的梦想。

（3）提出和贯彻正确义利观。习近平总书记提出的在外交工作中要坚持正确义利观的重要思想，对于党的十八大以来的外交工作，尤其是周边和发展中国家工作具有重要指导意义。[4] 在国际关系中践行正确义利观，倡导“国不以利为利，以义为利也”，就是要倡导合作发展理念，既注重利，更注重义。只有义利兼顾才能义利兼得，只有义利平衡才能义利共赢。外交实践中，中国坚持在政治上秉持公道正义，坚持平等相待，遵守

[1] 参见杨洁篪：《新形势下中国外交理论和实践创新》，载《求是》2013年第16期。

[2] 参见辛鸣：《感悟中国梦的深刻内涵》，载《人民日报》2016年5月4日，第7版。

[3] 杨士龙、兴越、张墨成：《中国成功证明“西方绝非唯一选项”——专访美国纽约大学政治学终身教授熊玠》，载《参考消息》2019年9月23日，第11版。

[4] 参见王毅：《坚持正确义利观　积极发挥负责任大国作用——深刻领会习近平同志关于外交工作的重要讲话精神》，载《人民日报》2013年9月10日，第7版。

国际关系基本原则，反对霸权主义和强权政治，反对为一己之私损害他人利益、破坏地区和平稳定；在经济上坚持互利共赢、共同发展；采取“真、实、亲、诚”的对非政策，不折不扣落实援非承诺，不附加任何政治条件，帮助非洲国家把资源优势转化为发展优势，实现多元、自主、可持续发展；采取“亲、诚、惠、容”的周边外交政策，坚持睦邻友好，守望相助，本着互惠互利的原则开展合作，以更加开放的胸襟和更加积极的态度促进地区合作，推动形成地区国家遵循和秉持的共同理念和行为准则。

（4）加强外交工作的顶层设计、策略运筹和底线思维，坚定维护国家核心利益。随着中国前所未有地走近世界舞台中心，以习近平同志为核心的党中央科学把握世界大势，深入思考“建设一个什么样的世界、如何建设这个世界”等重大课题，积极提供中国方案，贡献中国力量。[1] 党的十八大以来，中央政治局先后以和平发展、全球治理格局和体制、丝绸之路建设、二十国集团领导人峰会和全球治理体系变革为主题，组织了 4 次集体学习活动；在以海洋强国建设、科技创新发展、文化软实力建设、国防军事、国家安全等为主题的集体学习活动中，也多次提出要加强相关领域对外和涉外工作顶层设计，提升我国综合实力和国际竞争力，特别是提高影响和塑造国际规则的能力。2018 年，中央外事工作会议召开，总结提炼了习近平新时代中国特色社会主义外交思想，对下一步准确把握国际形势、统筹谋划和推进对外工作提出了明确要求。在党中央的领导下，我国贯彻落实总体安全观，在充分估计国际矛盾和斗争尖锐性及周边环境不确定性的同时，坚持对和平发展时代主题和国际体系变革方向的判断不动摇，坚决维护国家主权、安全、发展利益，在底线问题上不退让、不妥协、不容忍，倡导共同、综合、合作、可持续的安全观，推动各方朝着互利互惠、共同安全的目标相向而行。

---

〔1〕参见侯丽军、潘洁：《中国特色大国外交阔步向前——党的十八大以来外交工作成就综述》，载新华网，http：//www. xinhuanet. com//politics/2017-10/08/c_1121769745. htm。

3. 加强涉外法治工作

统筹推进国内法治和涉外法治，协调推进国内治理和国际治理，是习近平法治思想的时代逻辑和核心要义之一，是全面依法治国的必然要求，也是推动构建人类命运共同体的坚实保障。[1] 2014 年，党的十八届四中全会决定就新形势下加强涉外法律工作作出重要部署，反映了新一届中央领导集体的国际视野和使命担当。2019 年，习近平总书记在中央全面依法治国委员会第二次会议上强调，要加强涉外法治建设，加快推进我国法域外适用的法律体系建设，加强涉外法治专业人才培养，积极发展涉外法律服务，强化企业合规意识，保障和服务高水平对外开放。2020 年，习近平总书记在中央全面依法治国工作会议上的讲话中指出，要积极推进涉外法治等重要领域立法，坚持统筹推进国内法治和涉外法治，加快涉外法治工作战略布局。2021 年年初，中共中央印发《法治中国建设规划（2020—2025 年）》，并发出通知要求各地区各部门结合实际认真贯彻落实，对加强涉外领域立法、建设高素质涉外法律服务队伍和机构、加大涉外法治人才培养力度提出了要求，并就加强涉外法治工作作了详细阐述。以习近平同志为核心的党中央审时度势，统筹推进“两个法治”，国内法治与国际法治的契合达到前所未有的程度。[2]

（1）提高涉外工作法治化水平。面对世界百年未有之大变局，在开展涉外工作时，更加注重运用法治方式法治手段，是建设法治政府的必然要求，是开创高水平对外开放新局面的内在要求，也是应对维护国家安全稳定新挑战、担当国际舞台新角色的需要。在立法方面，我国不断完善涉外法律法规体系，制定修改了一批涉及外贸投资等领域的法律法规。其中，2019 年，全国人民代表大会审议通过《中华人民共和国外商投资法》，作为我国统一的外商投资基础性法律，在我国贯彻落实扩大对外开放部署、

---

〔1〕 参见黄惠康：《统筹推进国内法治和涉外法治》，载《学习时报》2021 年 1 月 27 日，第 2 版。
〔2〕 参见张文显：《中国法治 40 年：历程、轨迹和经验》，载《吉林大学社会科学学报》2018 年第 5 期。

推动外商投资法律制度与时俱进、促进社会主义市场经济高质量发展当中，发挥着重要的引领和推动作用。[1] 全国人大常委会2016年制定境外非政府组织境内活动管理法、深海海底区域资源勘探开发法，一揽子修改“外资三法”，2018年制定国际刑事司法协助法，2020年制定出口管制法。2021年6月，全国人大常委会遵循国际惯例，借鉴外国相关做法，制定反外国制裁法，为反击霸权主义和强权政治、维护国家和人民利益提供了法治支撑。2020年，《不可靠实体清单规定》经国务院批准公布施行，为纠正个别外国实体违法行为，保护我国企业个人合法权益，维护国家主权安全和发展利益，维护公平自由的国际经贸秩序提供了有力保障。[2] 2021年年初，商务部公布《阻断外国法律与措施不当域外适用办法》，为拒绝承认、执行和遵守个别国家禁止或限制中国企业与第三国企业正常经贸活动的法律与措施提供了法律依据。[3] 2020年，最高人民法院发布关于人民法院服务保障进一步对外开放的指导意见，为人民法院以更高水平的司法服务和保障，推动更深层次更高水平对外开放明确了目标要求。[4] 此外，党的十九届四中全会决定明确提出，要建立涉外工作法务制度。涉外法律培训和服务工作有所加强，我国企业和公民的法律风险防范、合规管理意识和能力不断提高。

（2）加强国际法研究运用。国际法是维护世界和平、促进共同发展的重要保障。中国始终高举国际法旗帜，坚定维护国家利益，积极推动国际关系民主化、法治化，为世界和平与发展作出了突出贡献。[5] 习近平总

---

〔1〕 参见王晨：《关于〈中华人民共和国外商投资法（草案）〉的说明》，载中国人大网，http：//www. npc. gov. cn/npc/c30834/201903/e167985f1a3a449b8815739326e3bd52. shtml。

〔2〕 参见《商务部条约法律司负责人就〈不可靠实体清单规定〉答记者问》，载商务部官网，http：//www. mofcom. gov. cn/article/i/jyjl/l/202009/20200903004097. shtml。

〔3〕 参见《商务部条约法律司负责人就〈阻断外国法律与措施不当域外适用办法〉答记者问》，载商务部官网，http：//www. mofcom. gov. cn/article/i/jyjl/l/202101/20210103032 147. shtml。

〔4〕 参见刘婧：《为更高水平对外开放提供司法服务和保障》，载中国法院网，https：//www. chinacourt. org/article/detail/2020/09/id/5473829. shtml。

〔5〕 参见王毅：《促进国际法治 推动构建人类命运共同体》，载中华人民共和国外交部条约法律司编著：《中国国际法实践案例选编》，世界知识出版社2018年版，第5页。

书记多次发表重要讲话强调国际法治的重要性，阐明中国尊重和遵守国际法规则的一贯立场，呼吁各国共同推动国际关系法治化，用统一适用的规则来明是非、促和平、谋发展。准确把握形势，进一步加强国际法研究、运用和人才培养，是实现更高水平对外开放和推动构建人类命运共同体的要求。[1] 2015 年，为充分发挥学术界在国际法研究方面的优势，助力中国在推进国际法治、促进国际公平正义方面发挥更大作用，外交部组织成立国际法咨询委员会，围绕重大外交问题提供法律意见、研究报告与政策建议。外交部还会同 40 多家中央国家机关成立了涉外法律工作交流协商机制，设立外交部法律顾问制度，探索国际法人才培养路径，加强了部门间的协调配合和政学研相结合，有力提升了国际法工作的水平和效果。[2] 外交实践中，我国深度参与气候变化、海洋、极地、网络、外空等领域全球治理规则制定，妥善应对以“南海仲裁案”为标志的“法律战”，在构建追逃追赃和司法执法合作国际网络、强化“一带一路”国际合作法治保障、维护“走出去”公民企业海外合法权益等方面，取得积极进展。

（3）加快研究法的域外适用问题。当前，国际规则处于深度调整期，我国经济社会发展面临错综复杂的国际环境，迫切需要充实涉外法律政策“工具箱”，应对挑战，防范风险。习近平总书记在中央全面依法治国委员会第二次会议、中央全面依法治国工作会议上都反复强调，要坚持统筹推进国内法治和涉外法治，加快推进我国法域外适用的法律体系建设，保障和服务高水平对外开放。《法治中国建设规划（2020—2025 年）》也提出同样目标。据统计，目前我国现行有效的法律中涉外法律共 20 余件。从立法工作角度看，推进中国法的域外适用，要求我们立足中国特色社会主义法律体系建设进展和域外执法司法能力现状，特别是基于对我国涉外法律

〔1〕参见周强：《加强国际法研究和适用服务更高水平对外开放》，载人民法院网，https：//www. chinacourt. org/article/detail/2020/09/id/5475975. shtml。

〔2〕参见中华人民共和国外交部条约法律司：《努力开创新时代国际法工作新局面》，载中华人民共和国外交部条约法律司编著：《中国国际法实践案例选编》，世界知识出版社 2018 年版，第 18 页。

法规的系统研究，在不违背国际法基本原则的基础上，对现有法律法规的规定适时作出补充完善，客观理性地吸收国外立法的可取之处，为有效保护我国当事人和国家的核心利益提供法律依据。具体来看，可以优先考虑在涉及国家安全、领土主权完整的重要领域法律中，建立域外效力相关制度。同时，应当积极深入参与重要战略领域国际规则制定，针对各国共同面临的治理难题积极提出中国主张、中国方案，切实促进国内法与国际法的衔接。

（二）积极发展全球伙伴关系，完善全方位外交布局

以习近平同志为核心的党中央以大格局、大气魄、大手笔，精心谋划、开拓进取、攻坚克难，不断扩展全球“朋友圈”，努力形成全方位、宽领域、多层次对外交往格局。党的十九大提出，中国积极发展全球伙伴关系，扩大同各国的利益交汇点，推进大国协调和合作，构建总体稳定、均衡发展的大国关系框架，按照亲诚惠容理念和与邻为善、以邻为伴周边外交方针深化同周边国家关系，秉持正确义利观和真实亲诚理念加强同发展中国家团结合作，对新时代的中国外交作出了顶层设计，明确了目标方向。整体上看，党的十八大以来，中国外交以周边和大国为重点，以发展中国家为基础，以多边为舞台，以深化务实合作、加强政治互信、夯实社会基础、完善机制建设为渠道，全面发展同各国友好合作，同 97 个国家和国际组织建立了不同形式的伙伴关系，已逐步形成覆盖全球的伙伴关系网络。[1]

1. 推动建立相互尊重、合作共赢的新型大国关系

稳定推进大国关系，促进我国与其他大国（国际组织）间相互尊重、合作共赢，构建总体稳定、均衡发展的大国关系框架，是进一步完善全方

---

〔1〕 参见周明阳：《积极发展全球伙伴关系——党的十九大的世界意义系列述评之二》，载《经济日报》2017 年 10 月 25 日，第 8 版。

位外交布局的重要依托。在党中央坚强领导下，中国积极发展新型大国关系，取得明显成效。

（1）中美新型大国关系曲折发展。2013 年，中美国家元首在安纳伯格庄园会晤时就构建新型大国关系达成重要共识，为中美关系未来发展指明了方向，规划了蓝图。[1] 然而其后，特别是在特朗普政府任期内，美国在南海、香港、台湾、新疆、西藏等问题上频繁伸出“长臂”干涉中国内政，挑起贸易争端，无端制裁多家中国企业，煽动国际舆论造谣中伤中国抗疫措施，严重损害中国国家利益，破坏中国国家形象，也严重破坏了国际经济秩序和国际社会命运与共的共识。2020 年，中美关系更是经历了建交 40 多年来最严峻局面。[2] 中国始终本着不冲突不对抗、相互尊重、合作共赢的精神，努力扩大利益交汇点，倡导直面和解决问题，扩大和深化合作，同时努力把摩擦、分歧变成合作。[3] 在对美国霸凌挑衅开展有理有利有节斗争的同时，中方以坚定和冷静态度，建设性处理和管控分歧，坚定维护国家主权、安全、发展利益，坚定维护国际关系准则和国际公平正义，努力维护国际体系的战略稳定。经过中美两国经贸团队的共同努力，2020 年，中美第一阶段贸易协议签署，这是中美经贸摩擦首个阶段性成果，也是 20 年来中美首份双边贸易协议。[4] 中方认真落实协议，有关部门为推动协议执行做了大量工作。[5] 下一步，中国将继续努力推动重开对话、重启合作、重建互信，将中美关系置于健康稳定发展的战略框架，找到一条不同社会制度国家和平共处之道。

---

〔1〕 参见陈赟、薛颖：《杨洁篪谈习近平主席与奥巴马安纳伯格庄园会晤成果》，载中国政府网，http：//www. gov. cn/guowuyuan/2013-06/09/content_2584580. htm。

〔2〕 参见王毅：《迎难而上　为国担当　奋力开启中国特色大国外交新征程》，载《求是》2021 年第 2 期。

〔3〕《王毅谈中美关系：努力把摩擦变成合作》，载中国驻美利坚合众国大使馆网 2016 年 3 月 8 日，http：//www. china-embassy. org/chn/zgyw/t1345921. htm。

〔4〕 参见钟声：《朝着解决问题的方向前进了一步》，载《人民日报》2020 年 1 月 16 日，第 2 版。

〔5〕 参见中国对外贸易中心：《任鸿斌出席〈关于进一步稳外贸稳外资工作的意见〉国务院政策例行吹风会》，载商务部官网，https：//www. cftc. org. cn/xw/swwxw/202008/t20200819_25663_h5. html。

（2）中俄全面战略协作不断深化。中俄全面战略协作伙伴关系保持稳定、持续、高水平发展，战略互信不断深化，经贸合作水平稳步提升，能源等重大合作项目取得新突破，在重大国际和地区问题、全球经济治理等方面保持密切协调，[1] 已成为最健康、最稳定、最成熟的国家间关系典范，树立了新型大国关系典范，是新时代中国特色大国外交成功实践的一个缩影。[2] 中俄双方现已形成以元首年度会晤机制为引领的各领域双边高层交往机制。在政府层面，中俄总理定期会晤机制、执法安全合作机制不断完善，两国政府间在投资、能源、军事技术、人文等领域成立了数十个合作委员会、工作组。[3] 党的十八大以来，中俄签署的双边国家间和政府间条约及条约性文件、部门间条约及条约性文件内容涉及政治、经济、边界海洋、税收、环境、通讯等多领域。2017 年中俄还签署发表《关于当前世界形势和重大国际问题的联合声明》，双方外交部发表《关于朝鲜半岛问题的联合声明》，2019 年签署发表《关于加强当代全球战略稳定的联合声明》，阐述了两国在重大国际问题上的共同立场主张。通过上述制度机制，中俄保持密切、务实、互信的政府交往、民间沟通与战略协作。

（3）中欧务实合作不断加强。近年来，中国与欧盟着力发展和平、增长、改革、文明的伙伴关系，推动世界多极化、经济全球化向纵深发展。中国与欧盟关系总体上保持了对话合作的主导面，维护了互利共赢的主基调，展现了与时俱进的生命力。双方积累的最重要经验就是要坚持和平共处、坚持开放合作、坚持多边主义、坚持对话协商。[4] 目前，双方已建

---

[1] 参见杨洁篪：《新形势下中国外交理论和实践创新》，载《求是》2013 年第 16 期。

[2] 参见孙娟、李洁：《驻俄大使李辉在俄〈消息报〉发文谈十八大以来中俄关系新成果》，载国际在线，http：//news. cri. cn/20171013/f478b85d-b197-dec1-2405-af0fe086e570. html。

[3] 参见石善涛：《中共十八大以来中俄关系的回顾与展望》，载《当代中国史研究》2018 年第 3 期。

[4] 参见《王毅谈中欧合作的最重要经验、结论和使命》，载外交部官网 2021 年 1 月 2 日，https：//www. fmprc. gov. cn/web/gjhdq_676201/gjhdqzz_681964/1206_679930/xgxw_679936/t1844071. shtml。

立70余个磋商和对话机制，涵盖政治、经贸、人文、科技、能源、环境等各领域，其中，中国—欧盟领导人年度会晤机制、中欧高级别战略对话机制、中欧经贸高层对话机制等已经成为双方深入沟通的重要平台。[1]

2. 推动形成“亲、诚、惠、容”的周边环境

2013年，新中国成立以来首次举行周边外交工作座谈会，习近平总书记在会上讲话提出，中国坚持与邻为善、以邻为伴，坚持睦邻、安邻、富邻，突出体现亲、诚、惠、容的理念，这是我们开展周边外交工作的基本方针。[2] 党的十八大以来，经略周边外交成为新时期中国外交的突出重点，妥处分歧，增进互信，深化互利合作，夯实民意基础，打造周边命运共同体，为推动建设新型国际关系、构建人类命运共同体树立典范。

（1）持续增进政治互信。按照“讲平等、重感情、常见面、多走动”的工作要求，中国与周边国家元首之间频繁互访，中国领导人足迹遍布周边国家，让邻国真切感受到中国的善意和诚意。[3] 中国大力推动领土主权问题和平解决，始终坚持在尊重历史和国际法基础上，平等协商谈判，妥善处理同周边国家的领土和海洋权益争议。[4] 中日关系重回正轨，总体保持改善发展势头，双方就以中日四个政治文件为基础，坚持“互为合作伙伴，互不构成威胁”精神，增进互信，正向互动，努力构建契合新时代要求的中日关系，达成重要共识。[5] 中印边界谈判继续向前推进，按照中印边境事务磋商和协调工作机制安排，中印边界问题特别代表已举行

---

〔1〕 参见《中国同欧盟的关系（最近更新时间：2020年10月）》，载外交部官网2020年10月，https：//www.fmprc.gov.cn/web/gjhdq_676201/gjhdqzz_681964/1206_679930/sbgx_679934/。

〔2〕 参见钱彤：《习近平在周边外交工作座谈会上发表重要讲话》，载人民网，http：//politics.people.com.cn/n/2013/1025/c1024-23332318.html。

〔3〕 参见闫亮：《亲望亲好　邻望邻好——写在新中国首次周边外交工作座谈会召开五周年之际》，载中国政府网，http：//www.gov.cn/xinwen/2018-10/23/content_5333858.htm。

〔4〕 参见张宇燕主编：《习近平新时代中国特色社会主义外交思想研究》，中国社会科学出版社2019年版，第98页。

〔5〕 参见《王毅：中日达成五点重要共识和六项具体成果》，载外交部官网2020年11月14日，https：//www.fmprc.gov.cn/web/gjhdq_676201/gj_676203/yz_676205/1206_676836/xgxw_676842/t1835081.shtml。

22次会晤。中印外长就恪守现有边境事务协议和规定、避免事态升级、加快完成新的建立互信措施，维护和增强边境地区的和平安宁达成共识。[1] 中国积极同周边国家开展安全合作，积极通过上合组织、东盟、亚信峰会等多边防务合作渠道，推动形成兼顾各方关切、促进地区和平的地区安全治理架构。[2] 中国致力于早日达成“南海行为准则”，与东盟国家就“南海行为准则”形成单一磋商文本草案，与菲律宾就南海油气共同开发达成共识，南海地区各国共同打造和平之海、友谊之海、合作之海的努力取得新进展。[3] 中国坚持主张通过对话协商推动解决朝鲜半岛问题，始终致力于实现半岛无核化和半岛和平稳定，推动有关各方谈起来、谈下去，提出朝鲜暂停核导活动、美韩暂停大规模军演的“双暂停”倡议，以及并行推进半岛无核化与建立半岛和平机制的“双轨并行”思路,[4] 为解决朝鲜半岛问题发挥独特作用。

（2）深化互利经贸合作。党的十八大以来，中方以推进“一带一路”建设为契机，以深化国际产能合作为途径，以亚洲基础设施投资银行、丝路基金等金融机构为支撑，全面深化与亚太各国在经贸、投资、产业、基础设施等各领域的互利合作，推动亚太经合组织（APEC）、上海合作组织、东盟“10+1”、东盟“10+3”、东亚峰会等各种合作机制协调并进，构建更加开放包容、互利互补的亚太区域合作网络。[5] 2020年，我国同各成员国签署区域全面经济伙伴关系协定，成为东亚经济一体化建设近20

---

[1] 参见《中印外长发表联合新闻稿，双方达成五点共识》，载外交部官网2020年9月11日，https：//www. fmprc. gov. cn/web/gjhdq_676201/gj_676203/yz_676205/1206_677220/xgxw_677226/t1814001. shtml。

[2] 参见张宇燕主编：《习近平新时代中国特色社会主义外交思想研究》，中国社会科学出版社2019年版，第99页。

[3] 参见《外媒关注：中方推“南海行为准则”早日达成》，载参考消息网，http：//www. cankaoxiaoxi. com/china/20201114/2424728. shtml。

[4] 参见刘华、白洁、郑明达：《大国外交新格局——党的十八大以来历史性变革系列述评之八》，载中国政府网，http：//www. gov. cn/zhuanti/2017-10/16/content_5232124. htm。

[5] 参见王毅：《中国是国际和地区秩序的维护者、建设者和贡献者——在第四届世界和平论坛午餐会上的演讲》，载外交部官网2015年6月27日，http：//infogate. fmprc. gov. cn/web/wjbzhd/t1276585. shtml。

年来最重要成果。

（3）深入推进民生互助、民心相通。党的十八大以来，中国注重与周边国家共同应对自然灾害、疫病等挑战，同舟共济，守望相助，为构筑周边命运共同体打下坚实民意基础。当周边国家遭遇旱涝灾害、地震海啸，中国政府、企业、民间团体和个人纷纷伸出援手，参与灾区救援和重建，得到了周边国家和国际社会的认可和赞赏。当新冠肺炎疫情形成全球大流行，中国与周边国家间的“羊外交”“云外交”等铸就合作抗疫典范；中国与日韩举行新冠肺炎问题电话会议和特别外长视频会议，决定加强三方合作，与新加坡、柬埔寨、缅甸、印度尼西亚等国建立复工复产“快捷通道”，与中亚国家也通过各种方式开展抗疫合作；东盟十国与中日韩召开抗击新冠肺炎疫情领导人特别会议，决定加强传染病地区性早期预警机制，建立“10+3”重要医疗物资储备，加强流行病学科研合作，设立公共卫生突发事件特别基金等，标志着周边公共卫生合作的机制化取得重大进展。[1]

3. 精耕细作经营与发展中国家外交关系

保持与发展同亚非拉发展中国家的友好合作既是中国外交的传统，又是中国追求国家利益和实现外交道义有机统一的落脚点。[2] 我国对发展中国家外交不断推进，提出了一系列针对发展中国家的新理念、新举措。习近平在中央外事工作会议上指出，广大发展中国家是中国在国际事务中的天然同盟军，要坚持正确义利观，做好同发展中国家团结合作的大文章。我国充分发挥中非合作论坛等对话机制作用，提出“真实亲诚”的对非工作方针，推出中非“十大合作计划”和“八大行动”，着力打造新时代更加紧密的中非命运共同体。我国与拉美主要国家都建立了全面战略伙伴关系，同拉美和加勒比国家共同体创立中拉论坛，推出了“一个规划、

〔1〕 参见石源华、韩常顺：《后疫情时代的国际秩序调整与中国周边外交》，载《当代世界》2020年第10期。

〔2〕 参见张宇燕主编：《习近平新时代中国特色社会主义外交思想研究》，中国社会科学出版社2019年版，第100页。

三大引擎、六大领域”合作新框架，共同打造中拉关系“五位一体”新格局。我国2016年发布《中国对阿拉伯国家政策文件》，同海湾阿拉伯国家合作委员会建立中海战略对话机制，同阿拉伯国家构建以能源合作为主轴，以基础设施建设和贸易投资便利化为“两翼”，以核能、航天卫星、新能源三大高新领域为突破口的合作新格局。

新冠肺炎疫情暴发以来，中国在抗击疫情和复苏经济方面与发展中国家同呼吸、共命运，同发展中国家的团结合作经受了新考验，展现了新气象。中国与非洲多国举办团结抗疫特别峰会，为全球抗疫合作树立新标杆；与拉美和加勒比国家举办应对疫情特别外长会议，宣布设立中拉抗疫专项贷款，彰显中国和拉美国家守望相助的友好情谊；向有需要的发展中国家派出医疗专家组，帮助抗击疫情、战胜困难；承诺疫苗投入使用后作为全球公共产品，致力于实现疫苗在发展中国家的可及性和可负担性。同时，中国还积极参与制定二十国集团缓债倡议，成为G20成员中缓债金额最大的国家，并与联合国共同举办减贫与南南合作高级别会议，深化与发展中国家在农业、教育、妇女儿童、气候变化等领域的国际合作，充分体现了中国支持发展中国家团结发展、维护发展中国家共同利益的价值取向。〔1〕

（三）坚持扩大对外开放，统筹国内国际两个大局

坚持扩大对外开放，推进合作共赢的开放体系建设，是我国建设更高水平开放型经济的必然要求，更是推进建设开放型世界经济的重要抓手。〔2〕我国提出并推动与沿线国家共同建设丝绸之路经济带和21世纪海上丝绸之路，支持贸易投资自由化便利化，维护多边贸易体制、推动经济

〔1〕参见王毅：《百年变局与世纪疫情下的中国外交：为国家担当　对世界尽责》，载《学习时报》2020年12月14日，第1版。

〔2〕参见肖文：《坚持和完善独立自主的和平外交政策》，载《人民日报》2019年12月13日，第9版。

全球化纵深发展，同时加强海外利益保护和风险预警防范，健全对外开放安全保障体系，取得了一系列积极进展。

1. 推动共建“一带一路”高质量发展

2013 年，习近平总书记提出了建设丝绸之路经济带和 21 世纪海上丝绸之路的倡议。同年，在周边外交工作座谈会上，他提出，要同有关国家共同努力，加快基础设施互联互通，建设好丝绸之路经济带、21 世纪海上丝绸之路。

“一带一路”建设是中国在新的历史条件下实行全方位对外开放的重大战略举措和经济外交的顶层设计，是推动构建人类命运共同体的重要实践平台，为世界提供了一项充满东方智慧的共同繁荣发展的方案。习近平总书记对“一带一路”建设的指导原则、丰富内涵、目标路径等作了深刻阐述，仅 2013 年至 2018 年就有多达 42 篇文稿包含相关论述，为推动“一带一路”建设走深走实、行稳致远，指明了方向，勾画了蓝图，提供了遵循。[1]“推进‘一带一路’建设”还被写入“十三五”规划，单列一章，提出要秉持亲诚惠容，坚持共商共建共享原则，开展与有关国家和地区多领域互利共赢的务实合作，打造陆海内外联动、东西双向开放的全面开放新格局。

实践中，“一带一路”已经搭建起“六廊六路多国多港”的主体框架。中国成功主办两届国际合作高峰论坛，取得圆满成功。2019 年第二届“一带一路”国际合作高峰论坛成果清单包括中方打出的举措或发起的合作倡议、在高峰论坛期间或前夕签署的多双边合作文件、在高峰论坛框架下建立的多边合作平台、投资类项目及项目清单、融资类项目、中外地方政府和企业开展的合作项目，共 6 大类 283 项。[2] 截至 2020 年 10 月，随着共建“一带一路”不断走深走实，中国已同 138 个国家和 30 个国际组

〔1〕 参见《习近平谈“一带一路”》，中央文献出版社 2018 年版，第 1 页。

〔2〕 参见《第二届“一带一路”国际合作高峰论坛成果清单》，载新华网，http://www.xinhuanet.com/world/2019-04/28/c_1124425293.htm。

织签署200份合作文件，共同开展超过2000个合作项目。被誉为“钢铁驼队”的中欧班列运行线路已达73条，成为欧亚大陆“一带一路”沿线国家新的陆路运输和国际贸易通道。[1] 目前，共建“一带一路”已经成为冷战结束以来影响最大的国际公共产品，其建设也从大写意阶段进入到工笔画阶段，推动共建“一带一路”高质量发展已经成为国际社会普遍共识，成为我国对外开放的总抓手。[2]

2. 推动建设开放型世界经济

当今世界，经济全球化潮流不可逆转，任何国家都无法关起门来搞建设，我国也早已同世界经济和国际体系深度融合。我国坚持建设开放型世界经济，为世界带来更多合作机遇，为全球发展注入更多正能量。

(1) 加速对外开放，加快构建以国内大循环为主体、国内国际双循环相互促进的新发展格局。对外开放是中国全体人民达成共识、宪法明确规定的基本国策。无论是《中华人民共和国宪法》还是《中国共产党章程》，无论是每五年一次的党代会文件还是每年一次的政府工作报告，都明确写入了“坚持改革开放”的内容。[3] 习近平总书记先后提出了塑造开放型世界经济的3点倡议[4]、中国经济开放增长的5点改革发展措施[5]、扩大开放的4点要求[6]、推动建设开放型世界经济的3点倡议和

〔1〕 参见人民日报评论部：《扩大开放，共建一带一路——“十三五”经济社会发展的启示》，载《人民日报》2020年11月17日，第5版。

〔2〕 参见肖文：《坚持和完善独立自主的和平外交政策》，载《人民日报》2019年12月13日，第9版。

〔3〕 王文：《中国推动更高水平开放的脚步不会停滞》，载《人民日报》2018年11月12日，第16版。

〔4〕 即采取负责任的宏观经济政策、共同维护和发展开放型世界经济、完善全球经济治理使之更加公平公正。参见习近平：《共同维护和发展开放型世界经济——在二十国集团领导人峰会第一阶段会议上关于世界经济形势的发言》，载《人民日报》2013年9月6日，第2版。

〔5〕 即坚定不移全面深化改革、实施创新驱动发展战略、推动绿色发展、推进公平共享、扩大对外开放。参见习近平：《中国发展新起点 全球增长新蓝图——在二十国集团工商峰会开幕式上的主旨演讲》，载《人民日报》2016年9月4日，第3版。

〔6〕 即大幅度放宽市场准入、创造更有吸引力的投资环境、加强知识产权保护和主动扩大进口。参见习近平：《开放共创繁荣 创新引领未来——在博鳌亚洲论坛2018年年会开幕式上的主旨演讲》，载《人民日报》2018年4月11日，第3版。

持续推进更高水平对外开放的5方面措施[1]等，为中国坚持和扩大对外开放提出了明确具体的要求，同时为推进建设开放型世界经济指明了方向，为充满不确定性的国际市场提供了一个明确、积极的信号，使中国经济的高水平开放成为构建开放型世界经济极强的稳定因素。[2] 中央全面深化改革领导小组第十六次会议和中央全面深化改革委员会第十五次会议专题就扩大对外开放相关制度进行研究，审议通过了关于建立市场准入负面清单、支持沿边重点地区开发开放、推进对外贸易创新发展等方面制度的文件。[3]

实践中，我国的外向型经济发展进入了一个新的提速阶段，对外以“一带一路”建设为主线形成共商共建共享的国际合作新平台，对内以推动上海自由贸易试验区建设为主线形成以高水平开放促改革的新实践，已取得重大突破和明显成效。[4] 自贸区建设成就尤其值得关注。从2013年中国（上海）自由贸易试验区正式挂牌成立以来，全国已设立21个自贸试验区，共计67个片区，其中“十三五”期间新设17个自贸试验区，形成了覆盖东西南北中的创新格局，勾画出中国升级版的开放版图。[5] 设立中国（上海）自由贸易试验区就是要创新对外开放模式，为进一步深化改革扩大开放探索可复制和可推广的经验[6]。截至2018年，上海自贸区

[1] 即共建开放合作的世界经济、共建开放创新的世界经济、共建开放共享的世界经济；继续扩大市场开放、继续完善开放格局、继续优化营商环境、继续深化多双边合作、继续推进共建“一带一路”。参见习近平：《开放合作　命运与共——在第二届中国国际进口博览会开幕式上的主旨演讲》，载《人民日报》2019年11月6日，第1版。

[2] 参见霍建国：《中国高水平开放进入提速阶段》，载光明网，https://guancha.gmw.cn/2018-12/07/content_32125873.htm。

[3] 参见《中央深化改革委员会会议》，载共产党员网，http://www.12371.cn/special/zyqmshg-gldxzhy19/。

[4] 参见霍建国：《中国高水平开放进入提速阶段》，载光明网，https://guancha.gmw.cn/2018-12/07/content_32125873.htm。

[5] 参见李婕：《好一份亮眼的自贸区成绩单》，载《人民日报（海外版）》2021年2月5日，第1版。

[6] 参见高虎城：《关于〈关于授权国务院在中国（上海）自由贸易试验区等国务院决定的试验区内暂时停止实施有关法律规定的决定（草案）〉的说明》，载中国人大网，http://www.npc.gov.cn/wxzl/gongbao/2013-11/25/content_1823284.htm。

在以负面清单为核心的外商投资管理制度、创新性金融制度、国际贸易监管制度等方面，形成了一大批可推广可复制的经验。[1]“十三五”时期，国家层面共向全国推广自贸试验区制度创新成果 173 项，这些“制度良种”在全国生根发芽，进一步提升了各地的开放水平、行政效率、发展动能和经济活力。2020 年，中共中央、国务院印发《海南自由贸易港建设总体方案》，2021 年海南自由贸易港法草案提请全国人大常委会审议，进一步彰显了我国对外开放、推动经济全球化的决心。此外，中国主场举办的各类展会在扩大对外开放事业发展进程中发挥了特殊作用，已形成较为固定的机制。特别是在 2020 年，当疫情防控转向常态化之后，中国如期举办中国国际进口博览会、中国国际服务贸易交易会和中国进出口商品交易会 3 场大型国际展会，充分展示了我国经济成就和实力，成为我国对外开放新名片。

（2）支持贸易自由化、投资便利化，推动构建面向全球的高标准自由贸易区网络。习近平总书记在国际国内场合多次提出，我们要促进贸易和投资自由化便利化，旗帜鲜明反对保护主义，推动经济全球化朝着更加开放、包容、普惠、平衡、共赢的方向发展。李克强总理在 2020 年政府工作报告中也指出，中国致力于加强与各国经贸合作，实现互利共赢，将继续推动贸易和投资自由化便利化，坚定维护多边贸易体制，积极参与世贸组织改革，推动签署区域全面经济伙伴关系协定，推进中日韩等自贸谈判，共同落实中美第一阶段经贸协议等。[2] 2019 年，中共中央、国务院印发《关于推进贸易高质量发展的指导意见》，2020 年印发《关于新时代加快完善社会主义市场经济体制的意见》，都对贸易投资自由化便利化作了具体制度安排。

实践中，2020 年，中国与东盟十国以及日本、韩国、澳大利亚、新西

〔1〕 参见谢卫群：《上海自贸区先行先试五年来贡献批量可复制经验》，载《人民日报》2018 年 11 月 20 日，第 6 版。

〔2〕 参见《李克强作的政府工作报告（摘登）》，载《人民日报》2020 年 5 月 23 日，第 3 版。

兰等国正式签署区域全面经济伙伴关系协定（RCEP），标志着全球规模最大的自由贸易协定正式达成。这是地区国家以实际行动维护多边贸易体制、建设开放型世界经济的重要一步，对深化区域经济一体化、稳定全球经济具有标志性意义。同年，中国如期完成与欧盟投资协定谈判。这是全球最主要发达经济体和全球最大发展中经济体之间达成一份平衡、高水平、互利共赢的投资协定，展现了中方推进高水平对外开放的决心和信心，也将有力拉动后疫情时期世界经济复苏，为构建开放型世界经济作出中欧两大市场的重要贡献。目前，我国已与26个国家和地区签署19个自贸协定，与自贸伙伴贸易额占比达35%。[1] 此外，中国还多次表达了积极考虑加入《全面与进步跨太平洋伙伴关系协定》（CPTPP）的意愿，并与一些成员进行了非正式接触。中国积极履行作为世贸组织（WTO）成员的义务，积极向WTO通报所进行的改革、政策方面的变动，接受三次世贸组织贸易政策审议，赢得积极评价。[2]

3. 健全对外开放安全保障体系

近年来，我国发展的外部环境发生深刻变化，国内改革发展稳定面临的新情况新问题新挑战不断涌现，经济运行稳中有变、变中有忧。对此，以习近平同志为核心的党中央高度重视，提出要坚持独立自主与扩大开放有机结合，强化底线思维，增强风险防范意识和能力，不断健全开放安全保障体系，坚决维护国家主权安全发展利益。在深圳经济特区建立40周年庆祝大会上，习近平总书记强调，越是开放越要重视安全，统筹好发展和安全两件大事，增强自身竞争能力、开放监管能力、风险防控能力。为贯彻落实这一精神，在扩大开放的同时，维护国家安全，保障重大项目、机构和人员安全，保障海外同胞合法权益，我国不断完善相关制度机制，

[1] 参见于佳欣、王雨萧：《在更高水平开放中满足人民对美好生活的需要——商务部部长王文涛谈2021年商务工作发力点》，载新华网，http://www.xinhuanet.com/2021-01/07/c_1126957598.htm。

[2] 参见国务院新闻办公室：《国新办举行加快商务高质量发展　服务构建新发展格局发布会》，载国新网2021年2月24日，http://www.scio.gov.cn/xwfbh/xwbfbh/wqfbh/44687/44948/index.htm。

出台了一系列政策措施，为发展开放型经济构筑安全防线。

（1）完善开放监管机制，主要措施包括健全外资安全审查、反垄断审查等制度，完善产业损害预警体系，建立出口管制合规体系，丰富贸易救济等政策工具等。比如，2020年，全国人大常委会审议通过出口管制法，统一确立了出口管制政策、管制清单、管制措施以及监督管理等方面的基本制度框架和规则，以更加完善的出口管制法律制度，为做好新时期出口管制工作提供了更加有力的法治保障。[1] 又如，《外商投资安全审查办法》经国务院批准发布，以外商投资法、国家安全法为主要法律依据，践行总体国家安全观和新发展理念，总结近十年来审查工作实践，借鉴主要国家审查制度成果，对外商投资安全审查制度作出较为全面系统的规定，助力构建以国内大循环为主体、国内国际双循环相互促进的新发展格局。[2]

（2）提升风险防控能力，主要措施包括构建海外利益保护和风险预警防范体系，健全促进和保障境外投资政策和服务体系，推进对外投资联络服务平台建设，对外商签高水平投资协定，推动完善境外中资企业商会联席会议机制等。[3] 比如，全球境外中资企业商（协）会联席会议于2019年成立，这一会议机制有助于境外中资企业商（协）会更好地发挥新时期作用，不断提升中资企业国际化水平，加快与当地经济社会的融合发展，树立中国企业良好形象，维护中国企业权益，实现互利共赢、共同发展。

（四）积极参与全球治理体系改革和建设，推动构建人类命运共同体

世界正经历百年未有之大变局，国际秩序进入动荡变革期。一方面，

---

〔1〕参见钟山：《关于〈中华人民共和国出口管制法（草案）〉的说明》，载中国人大网，http：//www.npc.gov.cn/npc/c30834/202010/fb877d7e54814c6b91845f2b4dded83b.shtml。

〔2〕参见赵展慧：《发布〈外商投资安全审查办法〉》，载《人民日报》2020年12月20日，第2版。

〔3〕参见钟山：《开拓合作共赢新局面》，载《人民日报》2020年11月10日，第3版。

在公共卫生、经济贸易、气候变化、环境保护、人文交往、全球安全、反恐、防扩散、执法、反腐败等领域，需要各国各方面加强合作共同解决的公共性问题越来越多、越来越复杂。2020年以来，新冠肺炎疫情全球大流行更是加速了国际格局演变，反映出全球治理体系亟待改革建设的现实。另一方面，现行国际体系遭受单边主义严重冲击，民粹主义和逆全球化思潮上升，鼓吹意识形态对立的论调抬头，个别国家大搞本国优先，企图搞“小圈子”，炒作意识形态和政治制度差异，以人权、民主等为借口干涉别国内政，严重损害了以联合国为核心的现行国际体系和以主权平等、和平解决争端、不干涉内政为基础的国际关系基本准则。但是，和平与发展仍然是时代主题，国际社会普遍认为各国应该走符合自身国情的发展道路，自己首先要办好自己的事，反对内病外治、转嫁矛盾，反对搞意识形态划线。世界绝大多数国家支持多边主义理念和实践，大多数国家期待经济全球化朝更加开放、包容、普惠、平衡、共赢方向发展，希望在相互尊重、平等互利基础上加强全球治理，共同破解治理、信任、和平、发展重大赤字，共同建设更加开放包容、公平正义、绿色持续、合作共赢的多边主义和全球治理体系。各国人民求和平、谋发展、促合作、图共赢的期待更加强烈。[1]

面对深刻变化中的国际国内形势，习近平总书记站在人类历史发展进程的高度，顺应和平、发展、合作、共赢的时代潮流，提出人类命运共同体的理念和构想，引领中国特色大国外交理论与实践创新，为人类社会实现共同发展、持续繁荣、长治久安绘制了蓝图，体现了中国致力于世界和平与发展作出更大贡献的崇高目标，体现了中国将自身发展与世界发展相统一的全球视野、世界胸怀和大国担当。[2] 2017年，党的十九大报告把坚持推动构建人类命运共同体作为新时代坚持和发展中国特色社会主义的

〔1〕参见杨洁篪：《坚定维护和践行多边主义　坚持推动构建人类命运共同体》，载《人民日报》2021年2月21日，第6版。

〔2〕参见习近平：《论坚持推动构建人类命运共同体》，中央文献出版社2019年版，第1页。

基本方略之一，并写入新修改的《中国共产党章程》。2018 年，十三届全国人大一次会议审议通过的宪法修正案将推动构建人类命运共同体写入宪法，上升为国家意志，是对五千年中华优秀传统文化的弘扬创新，是对新中国 60 多年外交优良传统的继承发展，是对党的十八大以来我国波澜壮阔外交实践的提炼升华，体现了中国将自身发展与世界发展相统一的全球视野、世界胸怀和大国担当。[1]

1. 准确理解把握人类命运共同体理念

倡导共同推动构建人类命运共同体，旨在构建世界各国机会均等、合作共赢的发展模式，蕴含着“包容性发展”和“共享”理念的实质，为推动新型国际关系的构建与全球治理体系的变革贡献了中国智慧和中国方案。构建人类命运共同体思想在理论、实践、文化层面有着特定的生成逻辑与要素界定，是习近平新时代中国特色社会主义思想的重要组成部分。[2] 2015 年，习近平总书记在参加第七十届联合国大会一般性辩论时指出，为构建人类命运共同体，要建立平等相待、互商互谅的伙伴关系，营造公道正义、共建共享的安全格局，谋求开放创新、包容互惠的发展前景，促进和而不同、兼收并蓄的文明交流，构筑尊崇自然、绿色发展的生态体系，[3] 形成“五位一体”打造人类命运共同体的总布局和总路径。2017 年，习近平总书记在联合国日内瓦总部的演讲中指出，要构建人类命运共同体，国际社会应当从伙伴关系、安全格局、经济发展、文明交流、生态建设等方面作出努力，坚持对话协商、共建共享、合作共赢、交流互鉴、绿色低碳，建设一个持久和平、普遍安全、共同繁荣、开放包容、清洁美丽的世界，为推动国际社会共同构建人类命运共同体的各领域实践指明了方向。同时，他还对中国政策走向作出承诺，表示中国维护世界和平

---

〔1〕 参见王毅：《坚定不移走和平发展道路　推动构建人类命运共同体》，载《人民日报》2018 年 3 月 14 日，第 15 版。

〔2〕 参见杨建新、徐双俊、阎丽丽：《准确把握构建人类命运共同体思想的内在逻辑》，载《光明日报》2019 年 10 月 23 日，第 6 版。

〔3〕 参见习近平：《携手构建合作共赢新伙伴，同心打造人类命运共同体》，载《习近平谈治国理政》第 2 卷，外文出版社 2017 年版，第 523-525 页。

的决心不会改变，促进共同发展的决心不会改变，打造伙伴关系的决心不会改变，支持多边主义的决心不会改变，在全球化与逆全球化思潮交锋之际，在深陷金融危机后遗症及社会动荡不安的国际形势下，成为捍卫全球化的最强音。〔1〕

2. 坚定维护以联合国为核心的多边主义全球治理体系

基于联合国宪章的多边主义体现了人类社会从战争到和平、从特权到平等、从垄断到协商的历史进步。多边主义的要义是国际上的事由大家共同商量着办，世界前途命运由各国共同掌握，这既是中华传统文化价值取向，也是世界各国人民共同追求。〔2〕党的十八大以来，党中央在多边领域作出一系列全局性、战略性、方向性谋划部署，以维护联合国权威和联合国宪章宗旨原则为核心，以共商共建共享全球治理观为引领，积极引导全球治理体系变革和建设。习近平总书记在多个重大国际场合全面阐述中国的国际秩序观、全球治理观、新安全观、新发展观、人权观、生态观、文明观等重要理念，鲜明阐释了中国立场主张，坚决回击单边主义和霸凌行径，沉重打击“文明冲突论”“种族优劣论”，有力引领了全球治理体系和国际秩序变革方向。

实践中，在党的领导下，中国忠实履行作为联合国创始成员国和安理会常任理事国的国际义务，坚持做联合国事业的坚定支持者和全球公共产品的提供者。目前，中国已成为联合国第二大会费国和维和摊款国，安理会常任理事国中第一大出兵国。〔3〕我国坚定维护以联合国为核心的多边主义全球治理体系，支持联合国在全球治理中发挥核心作用，明确多边主

〔1〕参见吴绮敏、裴广江、赵成、杜一菲、白阳：《让思想之光引领世界前行之路——习近平主席2017年达沃斯、日内瓦主旨演讲的世界意义》，载《经济日报》2018年1月25日，第1版、第6版。

〔2〕参见杨洁篪：《坚定维护和践行多边主义　坚持推动构建人类命运共同体》，载《人民日报》2021年2月21日，第6版。

〔3〕参见王毅：《恢宏的世界胸怀，坚定的大国担当——国务委员兼外交部长王毅谈习近平主席出席联合国成立75周年系列高级别会议并发表重要讲话》，载外交部官网2020年10月2日，https：//www. fmprc. gov. cn/web/gjhdq_676201/gjhdqzz_681964/lhg_681966/xgxw_681972/t1821548. shtml。

义政策取向。在联合国框架内，我国积极促进世界和平与发展，积极推动朝鲜半岛、伊朗、阿富汗等地区热点问题和平解决；深入开展国际反恐合作；深度参与深海、极地、外空、反腐败等领域规则制定；设立中国—联合国和平与发展基金、南南合作援助基金、中国气候变化南南合作基金，支持发展中国家维和、减贫、应对气候变化等。此外，我国为推动共建“一带一路”出台一系列政策措施，推动与沿线国家共同发展，推动创立亚洲基础设施投资银行、金砖国家新开发银行、丝路基金，开创发展中国家组建多边金融机构先河。近年来，我国“主场”的多边外交取得重大进展，成为我国推进全球治理体系变革的新标志。习近平总书记成功主持二十国集团领导人杭州峰会、北京亚太经合组织领导人非正式会议、“一带一路”国际合作高峰论坛、中非合作论坛北京峰会、中国国际进口博览会、亚洲文明对话大会等主场外交活动，取得一系列重大突破性成果，为加强全球治理、增进国际合作等注入强劲动力，受到国际社会普遍认同和支持。

2020 年因新冠肺炎疫情的全球大流行而变得尤为特殊。在联合国宪章原则宗旨指引下，在人类命运共同体理念引导下，以联合国为核心平台的多边外交实践取得一系列成果，为推动国际和地区合作发挥了十分重要的作用，中国引领多边主义发展的态势更加明显。习近平总书记出席了第 73 届世界卫生大会开幕式、二十国集团领导人应对新冠肺炎特别峰会，主持中非团结抗疫特别峰会并发表重要讲话，呼吁国际社会携手构建人类卫生健康共同体；在第 75 届联合国大会一般性辩论讲话中宣示中国碳达峰和碳中和目标，在气候雄心峰会上宣布中国国家自主贡献新举措，引领全球应对气候变化新征程；我国同相关国家签署区域全面经济伙伴关系协定，达成了东亚经济一体化建设近 20 年来最重要成果；同德国、法国、欧盟宣布如期完成中欧投资协定谈判，被国际社会普遍认为是中欧关系史上新的里程碑。习近平总书记在联合国成立 75 周年纪念峰会上的重要讲话中，直接回应了“后疫情时代，世界需要一个什么样的联合国”这一问题，提出联合国应当主持公道、厉行法治、促进合作、聚焦行动，并再次承诺中国将始终做多边主义的践行者，积极参与全球治理体系改革和建设，坚定维护以联合国为核心的国际体系，坚定维护以国际法为基础的国际秩序，坚定维护联合国在国际事务中的核心作用，从而推动构建更加公正合理的国际治理体系，使国际社会在联合国旗帜下实现更大团结和进步。

十三、坚持和完善党和国家监督体系，实施国家监察体制改革

国家监察体制改革是事关全局、影响深远的重大政治体制改革，是党和国家监督制度的重大顶层设计，是推进治理体系和治理能力现代化的重要改革。党的十八大以来，党中央作出深化国家监察体制改革的重大决策部署，不仅是推动全面从严治党向纵深发展、推进国家治理体系和治理能力现代化的重大举措，也是健全党和国家监督体系、夺取反腐败斗争压倒性胜利的必然选择。

深化国家监察体制改革的决策部署，体现了对我国监察制度历史经验的继承发展，也是对中华人民共和国成立以来反腐败斗争实践经验的深刻总结。首先，中国是世界上最早建立监察制度的国家之一，延续着以人为本、重视“治吏”的传统，同时监察权保持着一定的独立性。国家监察体制改革将中国监察传统与新时期中国共产党坚持的党管干部原则进行了有效结合，通过修改宪法、制定监察法使监察权的独立地位得到有效保障，并将党的领导贯穿始终，继承和发展了中国特有的监察传统。[1] 其次，自新中国成立以来，在与腐败现象作斗争的过程中，我国在监察制度的设计上作了诸多尝试。党的十八大以来，国家监察体制改革将党内纪律检查、政府内部行政监察和法律监督三者整合为一，通过制度创新实现了党的领导形式创新，对各级党组织和党员领导干部行使权力的监督层次和力

〔1〕 参见蓝恭彦：《新时代中国特色国家监察体制改革研究》，中共中央党校 2019 年博士学位论文。

度得到全面深化。[1] 党风廉政建设和反腐败斗争取得新成效。

深化国家监察体制改革的决策部署体现了着眼新时代、推进国家治理体系与治理能力现代化的新特点。以习近平同志为核心的党中央紧紧围绕坚持和发展中国特色社会主义这个主题，带领全党全国各族人民励精图治、攻坚克难，改革发展各项事业取得重大成就、开创崭新局面，提出要“协调推进全面建成小康社会、全面深化改革、全面推进依法治国、全面从严治党，推动改革开放和社会主义现代化建设迈上新台阶”的“四个全面”战略布局，实现了党治国理政方略与时俱进的新创造、马克思主义与中国实践相结合的新飞跃。[2] 国家监察体制改革处于全面深化改革、全面依法治国和全面从严治党的耦合点，释放出以党的自我革命带动国家治理体系深度变革的强烈信号，[3] 是改革完善党和国家自我监督体系、探索党长期执政条件下拒腐防变“中国方案”的伟大尝试。

（一）党的领导贯穿国家监察体制改革全过程

习近平总书记指出，国家监察体制改革的目的是加强党对反腐败工作的集中统一领导，既点明了改革的目的，也揭示了改革的本质。党的领导是中国特色社会主义的最本质特征，也是中国特色社会主义制度的最大优势，必须旗帜鲜明地贯彻到反腐败斗争中去。

首先，国家监察体制改革坚持以习近平新时代中国特色社会主义思想为指导。习近平总书记关于新时代监察的系列重要论述与实践，源于建国后及改革开放以来反腐倡廉建设的丰富实践，是马克思主义基本原理与我国具体实际相结合的产物，是对我国具体实践的理论表达。习近平总书记关于新时代监督监察的系列重要论述与实践着眼于新的时代条件，深刻回

〔1〕 参见李少文：《全面深化国家监察体制改革》，载《学习时报》2018年3月7日，第5版。
〔2〕 参见彭国华：《“四个全面”：中国共产党治国理政方略的新创造》，载《光明日报》2015年8月26日，第13版。
〔3〕 参见高波：《探索自我监督的“中国方案”》，载《人民日报》2017年11月16日，第3版。

答了纪检监察制度建设的一系列重大理论和实践问题，体现了马克思主义的世界观和方法论，标志着我党对党建规律、反腐败规律、国家政权权力结构规律的认识达到了一个新高度。[1] 在纪检监察工作方面，习近平总书记强调通过坚持制度建设形成科学有效的监督机制，强调善于运用法治思想法治方式，保证反腐败体系的刚性运行。要紧密结合纪律检查工作实际，贯彻新时代中国特色社会主义基本方略，旗帜鲜明地坚持党对一切工作的领导，毫不动摇地推进全面从严治党。

其次，通过国家监察体制改革，党对反腐败工作的领导由结果控制向全过程、全方位掌控转变。[2] 国家监察体制改革的进程体现了在坚持以党的建设为核心，健全完善依纪依规从严治党的党内监督体系的同时，建立党领导下的国家监察机构体系。国家监察体制改革在组织机构上组建了既不同于党的机关也不同于行政机关或司法机关的监察委员会，使其成为集党纪监督、行政监督与法律监督于一体的综合性、混合性与独立性的机关,[3] 在制度上不断推动党规国法的衔接，力求以科学有效的方式实现“纪法贯通”，并适时总结改革试点经验，实现对所有行使公权力的公职人员行为的全覆盖监督，推进公权力行使和制度运行法治化，压缩权力任性行使不受约束的“灰色空间”，将腐败治理纳入国家治理的范畴，体现了党和国家勇于自我监督、不断提升自身治理能力的勇气。

（二）立法护航国家监察体制改革

国家监察体制改革是对国家组织机构的重大改革，是事关国家宪法体制的重大问题，应当体现宪法精神，遵循宪法程序，在方案的设计上尽可

---

〔1〕 参见蓝恭彦：《新时代中国特色国家监察体制改革研究》，中共中央党校 2019 年博士学位论文。

〔2〕 参见张保权：《监察体制改革“攥紧”反腐拳头》，载《解放日报》2018 年 5 月 22 日，第 14 版。

〔3〕 参见韩大元：《论国家监察体制改革中的若干宪法问题》，载《法学评论》2017 年第 3 期。

能体现宪法正当性和合法性。2018 年宪法修正案，就国家监察委员会和地方各级监察委员会的性质、地位、名称、人员组成、任期任届、领导体制、工作机制等作出了规定，并对其他相关条款作了相应修改，为贯彻和体现深化国家监察体制改革的精神，成立监察委员会提供了宪法依据。

通过专门立法为新形势下反腐败斗争提供坚强法治保障，是加强宪法实施的重要途径。在深入开展反腐败斗争的同时，深化国家监察体制改革试点工作积极推进。根据党中央决策部署，2016 年年底，十二届全国人大常委会第二十五次会议通过《全国人民代表大会常务委员会关于在北京市、山西省、浙江省开展国家监察体制改革试点工作的决定》，经过一年多的实践，国家监察体制改革迈出坚实步伐，积累了可复制可推广的经验。党的十九大明确提出："制定国家监察法，依法赋予监察委员会职责权限和调查手段，用留置取代'两规'措施。"根据党的十九大精神，在认真总结三省市试点工作经验的基础上，2017 年，十二届全国人大常委会第三十次会议通过《全国人民代表大会常务委员会关于在全国各地推开国家监察体制改革试点工作的决定》，国家监察体制改革试点工作在全国有序推开，省、市、县三级监察委员会全部组建成立。2018 年 3 月，根据宪法修正案，全国人大制定了监察法，赋予监察委员会必要的权限和措施，将宪法所确立的监察制度进一步具体化，明确监察机关可以采取谈话、讯问、询问、查询、冻结、调取、查封、扣押、搜查、勘验检查、鉴定、留置等措施开展调查，尤其是用留置取代"两规"措施，并规定严格的程序，有利于解决长期困扰我们的法治难题，彰显全面依法治国的决心和自信。监察法是反腐败国家立法，是一部对国家监察工作起统领性和基础性作用的法律，它贯彻落实党中央关于深化国家监察体制改革决策部署，使党的主张通过法定程序成为国家意志，对于创新和完善国家监察制度，实现立法与改革相衔接，以法治思维和法治方式开展反腐败工作，意义重大、影响深远。

监察法制定实施后，随着国家监察体制改革不断深入，监察工作中一些深层次问题逐渐显现，需要进一步具体解决。2018 年年底，习近平总书记在十九届中央政治局第十一次集体学习时强调，配套法规要跟上，要制定同监察法配套的法律法规，将监察法中原则性、概括性的规定具体化，形成系统完备、科学规范、运行有效的法规体系。为保障国家监察委员会依法履行职责，全国人大常委会审议通过关于国家监察委员会制定监察法规的决定，为国家监察委员会制定监察法规提供法律依据。2020 年，全国人大常委会在 2020 年度立法工作计划中明确提出，为持续深化国家监察体制改革，推进反腐败工作法治化规范化，将围绕完善国家监督体系，强化对权力运行的制约和监督，制定公职人员政务处分法、监察官法等。2020 年 6 月，公职人员政务处分法经全国人大常委会会议审议通过。该法旨在强化对公职人员的管理监督，实现党纪与国法的有效衔接，将监察法的原则规定具体化，把法定对象全面纳入处分范围，有效推进了政务处分的法治化、规范化。按照十九届中央纪委三次全会、四次全会部署，监察官法起草工作也正在有条不紊地进行，待草案成熟后，将适时提请全国人大常委会进行审议。制定监察官法，以法律形式明确监察官的职责和义务，严格管理、考核和监督，为从严从实加强队伍建设，打造忠诚干净担当的监察官队伍提供有力的法治保障，有利于坚持和加强党对国家监察工作的领导，促进监察官依法履行职责，建设高素质专业化监察官队伍，也有利于进一步明确权力边界，严格内控机制，对促进监察官规范和正确行使国家监察权，具有重要意义。

（三）全要素集成反腐败资源

在监察体制改革前，我国对职务违法犯罪的侦查活动呈现出“九龙治水”的特点，纪委监督、行政检察、司法监督等各承担了一部分反腐败职能，交叉重叠的现象比较严重，导致反腐败工作呈现出碎片化的特点，多头办理、各管一段，常常导致谁都管却谁都没管住、没管到位的局面，反腐败面临的主要问题是机构职能分散，形成合力难、坚决查办难、责任追究难，专责和集中统一不够。面对腐败多发的严峻形势，与党风廉政建设和反腐败斗争的要求相比，我国的监察体制机制存在明显不适应问题，确有必要健全完善，切实将制度优势转化为治理效能。为此，习近平总书记指出，要坚持和完善反腐败领导体制和工作机制，发挥好纪检、监察、司法、审计等机关和部门的职能作用，共同推进党风廉政建设和反腐败斗争。

监察法草案说明中明确指出，监察体制改革的目标是，整合反腐败资源力量，加强党对反腐败工作的集中统一领导，构建集中统一、权威高效的中国特色国家监察体制，实现对所有行使公权力的公职人员监察全覆盖。具体来看，实施监察体制改革，特别是制定和实施监察法及一系列配套法律法规，目的在于实现四个“统一”。

1. 指挥领导的集中统一

中国共产党领导是中国特色社会主义最本质的特征，是中国特色社会主义制度的最大优势。以零容忍态度惩治腐败是我们党鲜明的政治立场，是党心民心所向，必须始终坚持在党中央统一领导下推进。监察法明确规定了监察委员会的性质、地位，明确“各级监察委员会是行使国家监察职能的专责机关”，从而与党章关于“党的各级纪律检查委员会是党内监督专责机关”相呼应，通过国家立法把党对反腐败工作集中统一领导的体制机制固定下来，构建起党统一指挥、全面覆盖、权威高效的监督体系。

2. 党内法规与国家法律的衔接统一

党内法规制度是自建党以后就有的一套制度，改革开放以后这套制度日臻完备，形成了对党员日臻完善的规范体系，实际上成为中国特色社会主义法治体系的重要组成部分。在监察体制改革前，党的法规作为党的纪律的重要载体，与国家法律分属两个系统，我国一直实行二者并重、“纪在法前”的制度，二者的统一性主要体现在，党内法规也必须严格遵照宪法法律、在宪法法律范围内制定。党的十八届四中全会决定提出，要注重党内法规同国家法律的衔接和协调，提高党内法规执行力，运用党内法规把党要管党、从严治党落到实处，促进党员、干部带头遵守国家法律法规。党内法规与国家法律之间，存在价值取向的一致性、规范对象的相融性、功能发挥的互补性、文化倡导的层级性以及制度建设的衔接性。[1]推动实现二者的衔接统一，有利于政治生态的净化，实现全面依法治国和全面从严治党的统一，是一项已经开启的政治实践和历史进程。监察法的制定将原来党内法规与法律的“串行关系”调整为“并行关系”,[2]使党规党纪和国家法律能够得到同步执行。在此基础上，2020年制定公职人员政务处分法，总结归纳了对行使公权力的公职人员现有处分的法律法规，全面系统地规范了公职人员惩戒制度，通过建立政务处分制度，实现了纪法贯通、法法衔接，既把纪律挺在前面，体现纪严于法的要求，又突出政务处分的特点，做到纪律和法律相互贯通、一体执行，增强监督严肃性、协同性、有效性，推动以党内监督为主导，各类监督有机贯通、相互协调。[3]

3. 组织机构的融合统一

通过监察体制改革，我国创设了新型国家机构，实现了对国家治理主体的创新。[4]在总体保持宪法连续性、稳定性、权威性的基础上，十三届全国人大一次会议对宪法作出部分修改，把党和人民在实践中取得的重大理论创新、实践创新、制度创新成果写入宪法，增加有关监察委员会的各项规定，对国家机构作出了重要调整和完善。在审议通过宪法修正案后，通过制定监察法将宪法修改所确立的监察制度进一步具体化，是我们党依宪执政、依宪治国的生动实践和鲜明写照。监察法规定，将行使国家

〔1〕参见付子堂：《党内法规与国家法律的关系》，载《中共中央党校学报》2015年第6期。

〔2〕参见任建明、杨梦婕：《国家监察体制改革：总体方案、分析评论与对策建议》，载《河南社会科学》2017年第6期。

〔3〕参见王伟：《实现政务处分制度的纪法贯通、法法衔接》，载《中国纪检监察》2020年第13期。

〔4〕参见袁钢：《国家治理视阈下中国特色监察制度研究》，载《南京大学学报（哲学·人文科学·社会科学）》2019年第2期。

监察职能的专责机关纳入国家机构体系，明确监察委员会由同级人大产生，对它负责，受它监督，拓宽了人民监督权力的途径，提高了社会主义民主政治制度化、规范化、法治化水平，对推进国家治理体系和治理能力现代化具有深远意义。组建党统一领导的反腐败工作机构即监察委员会，就是将行政监察部门、预防腐败机构和检察机关查处贪污贿赂、失职渎职以及预防职务犯罪等部门的工作力量整合起来，把反腐败资源集中起来，通过组织机构上的变更、重组和创新，解决以往条块分割、资源分散的问题，攥指成拳，形成合力，通过整合式监察实现机构上的统一。

4. 权力运行的协调统一

在国家监察体制改革中，比设立新机构更为重要的，是对现有机构职能的整合，以加强各类监督监察主体之间的协调。在我国人民代表大会制度和“一府两院”的宪制结构之下，行使国家监察权力的各类监督监察主体之间缺乏有效的衔接机制，存在配合不力的情况。通过改革，从监察委员会与其他机关的关系来看，监察法明确了国家权力机关监督权与监察权之间的双向作用，即国家权力机关监督权对国家监察权进行自上而下的纵向监督，而监察权行使范围包括国家权力机关的工作人员；从监察委员会本身的职权来看，党内纪检职权、国家监察职权和部分法律监督权共同汇入，确保了反腐败权力行使的统一性。具体到处理职务违法犯罪案件的“侦查—起诉—审判”程序当中，监察委员会被赋予监督、调查和处置的职责，整合了原属于检察机关的调查权，承担了根据调查结果判断案件是否涉嫌职务犯罪、进而作出或移送检察机关依法提起公诉或自行处置的“程序性”处置权，并实现了监督范围从事前预防到事前事中事后监督全覆盖的扩展。这样，原先检察机关与审判机关二者职权“头重脚轻”的权力结构有所转变，实现了多元监督主体权力结构平衡与衔接。

（四）全方位实现反腐败工作提质增效

通过实施监察体制改革，纪检监察工作效率不断提高，专业化程度不断提升，反腐败成效显著提升。

首先，直观地体现在监察机关处理案件的数量上。根据国家监察委员会公布的有关数据，党的十八大以来，全国纪检监察机关年度立案数量和处分人数在2013年至2018年出现了连续5年的“双连增”态势。2020年，习近平总书记指出，既要把“严”的主基调长期坚持下去，又要善于做到“三个区分开来”；既要合乎民心民意，又要激励干部担当作为。中央纪委国家监委提出并有效运用“四种形态”，本着科学性、可行性、系统性、循序渐进的原则，结合工作实际设置了五类五十六项统计指标，是全面从严治党的重大实践和理论创新，通过有效处置化解存量、强化监督遏制增量，实现政治效果、纪法效果、社会效果有机统一。自2017年起用“四种形态”统计指标体系以来，全国纪检监察机关综合运用“四种形态”批评教育帮助和处理有关人员，特别注重用好第一种形态、做好思想政治工作，让“红红脸出出汗”成为常态，充分体现了实事求是、惩前毖后的原则。

其次，体现在监察机关忠实履行宪法赋予的职责，主动接受各方面监督。一是，根据宪法和监察法规定，各级监察机关对本级人大及其常委会负责，接受其监督，主要方式是各级人大常委会听取和审议本级监察委员会的专项工作报告。2020年8月，国家监察委员会就反腐败国际追逃追赃工作情况向十三届全国人大常委会第二十一次会议作了专项工作报告。参照监督法有关规定，国家监察委员会还需对全国人大常委会审议意见进行整改落实，并在6个月内向全国人大常委会报告。这有利于促进监察委员会依法接受人大监督程序化、制度化，也有利于确保监察机关依法严格履行职责、行使权力。二是，根据监察法规定，监察机关还需接受民主监督、司法监督、社会监督、舆论监督等。各级监察机关积极承办人大代表、政协委员的议案、建议、提案等，与贯彻落实党中央决策部署贯通研究、一体落实；主动对接以审判为中心的刑事诉讼制度改革，建立健全与司法执法机关有序对接的机制制度，制定国家监委与最高人民检察院办理职务犯罪案件工作衔接办法和移送职务犯罪案件证据收集审查基本要求与案件材料移送清单，提请公安机关协助采取搜查、留置、通缉措施的规定等，完善办案程序、证据标准衔接机制，形成与司法机关、执法部门互相配合、互相制约的体制机制；加强理论阐释和宣传解读，坚持公开透明，依法及时发布审查调查、专项治理、巡视巡察等工作信息，坚持公开透明、主动发声，有效引导社会舆论，接受舆论监督、社会监督；建立特约监察员制度，积极搭建平台以确保特约监察员对纪检监察机关及其工作人员进行有效监督。通过将各项监督贯通协调，对各方面提出的监督意见认真采纳、立行立改，监察机关更好地做到了忠实履行宪法职责，切实提升监察效能。

当前，监察体制改革仍在进行当中，监察权的有效运行是国家制度和治理体系有效运转的重要支撑。下一步，围绕健全党统一领导、全面覆盖、权威高效的监督体系，党的十九届四中全会提出了一体推进党的纪律检查体制改革、国家监察体制改革、纪检监察机构改革“三项改革”的任务。一方面，应当进一步健全全面从严治党制度，完善党内监督体系，同时加强配套立法、推动纪法衔接，着力健全纪检监察法规制度体系，制定监察法实施条例，推动研究制定监察官法，依法履行制定监察法规职权。另一方面，还应在更大范围整合运用监督力量，完善纪律监督、监察监督、派驻监督、巡视监督统筹衔接制度，促进党内监督与人大监督、民主监督、行政监督、司法监督、审计监督、财会监督、统计监督、群众监督和舆论监督贯通融合、协调协同。

第三章

2012年党的十八大以来
国家制度和法律制度建设的经验启示

党的十八大以来，以习近平同志为核心的党中央，高度重视国家制度和治理体系建设，强调“坚决破除一切妨碍科学发展的思想观念和体制机制弊端，构建系统完备、科学规范、运行有效的制度体系，使各方面制度更加成熟更加定型”。这一时期，党领导人民统筹推进“五位一体”总体布局、协调推进“四个全面”战略布局，不断推进中国特色社会主义制度体系的完善和发展，既激活了改革发展动力，也增强了群众的获得感安全感，国家制度和法律制度的创新实践呈现出鲜明的时代特点。

一、坚持党的集中统一领导为制度建设的统领

中国特色社会主义制度是一个严密完整的科学体系，居于统领地位的是党的领导制度。中国特色社会主义制度最大的优势和最显著的特征就是坚持党的领导。党的领导制度体系建设是中国特色社会主义制度体系建设的重中之重，对其他制度建设具有统帅意义。进入新时代，以习近平同志为核心的党中央从战略和全局高度，紧紧扭住实现党的奋斗目标，围绕坚持和加强党的全面领导，加强党的建设新的伟大工程，不断加强党的制度建设，使党的领导制度贯通改革发展稳定、内政外交国防、治党治国治军

等各个领域，取得一系列历史性重大制度建设成就。一是加强党的政治建设。把党的政治建设作为党的根本性建设摆在首位，建立和完善党内各项政治制度，严格政治纪律，坚决维护习近平总书记党中央的核心、全党的核心地位，坚决维护党中央权威和集中统一领导。二是在党章和宪法中更加明确了党在中国特色社会主义事业中的领导核心地位。党的十九大把“中国共产党的领导是中国特色社会主义最本质的特征，是中国特色社会主义制度的最大优势。党政军民学，东西南北中，党是领导一切的”这一重大政治原则写入党章总纲。十三届全国人大一次会议审议通过的宪法修正案，把“中国共产党领导是中国特色社会主义最本质的特征”载入宪法总纲。这些修改，进一步在全党全国各族人民中强化了党的领导意识，使党的领导在国家运行机制和各项制度中具有更强的制度约束力和更高的法律效力，为把党的领导贯彻落实到国家政治生活和社会生活的各个领域，确保中国特色社会主义事业始终沿着正确轨道前进，提供了根本保证。三是完善坚持党的全面领导的体制机制。制定或修订《关于新形势下党内政治生活的若干准则》《中共中央政治局关于加强和维护党中央集中统一领导的若干规定》《中国共产党重大事项请示报告条例》《中共中央关于加强党的政治建设的意见》《中国共产党党组工作条例》等一系列党内法规；作出一系列重大制度性安排，中央书记处和中央纪律检查委员会、全国人大常委会党组、国务院党组、全国政协党组、最高人民法院党组、最高人民检察院党组每年向中央政治局常委会、中央政治局报告工作，中央政治局同志每年向党中央和习近平总书记书面述职等；深化党和国家机构改革，推动人大、政府、政协、监察机关、审判机关、检察机关、人民团体、企事业单位、社会组织等在党的统一领导下协调行动、增强合力，全面提高国家治理能力和治理水平；明确党的领导制度是我国的根本领导制度，对坚持和完善党的领导制度体系作出全面部署。四是坚定不移推进全面从严治党。以习近平同志为核心的党中央把全面从严治党纳入“四个全面”战略布局，坚持问题导向，形成抓思想从严、抓管党从严、抓执纪从严、抓治吏从严、抓作风从严、抓反腐从严的新格局，使党的面貌为之一新，使党内政治生活根本好转，使党风政风为之一振，反腐败斗争取得压倒性胜利，党内政治生态明显好转，党的创造力、凝聚力、战斗力显著增强，党在革命性锻造中更加坚强，以党的伟大自我革命有力推动了伟大社会革命。实践充分证明，在以习近平同志为核心的党中央坚强领导下，在习近平新时代中国特色社会主义思想科学指引下，党的全面领导全面落实落地，党把方向、谋大局、定政策、促改革的能力和定力得到极大增强，党总揽全局、协调各方的领导核心作用得到充分发挥，为新时代推进中国特色社会主义伟大事业提供了根本保证。

二、坚持全面深化改革为制度建设的目标

改革开放是当代中国发展进步的活力之源，是党和人民事业大踏步赶上时代的重要法宝。习近平总书记指出："改革开放是决定当代中国命运的关键一招，也是决定实现'两个一百年'奋斗目标、实现中华民族伟大复兴的关键一招。"坚持和完善中国特色社会主义制度，必须坚持全面深化改革，不断在制度建设和创新方面迈出新步伐，不断促进生产关系和生产力、上层建筑和经济基础相适应，促进经济社会各个领域、各个方面、各个环节相协调，不断推进国家治理体系和治理能力现代化。

进入新时代，我们党高度重视加强改革的顶层设计和总体规划，在更高起点、更高层次、更高目标上推进全面深化改革。党的十八届三中全会作出了关于全面深化改革若干重大问题的决定，提出了全面深化改革的总目标是完善和发展中国特色社会主义制度，推进国家治理体系和治理能力现代化，明确了改革的思路和方案，提出了336项重大改革举措，充分体现了我们党以制度建设为统领推进改革的决心和信心。党的十九届四中全会总结党的十八大以来全面深化改革和制度建设的理论创新、实践创新成果，作出了关于坚持和完善中国特色社会主义制度、推进国家治理体系和治理能力现代化若干重大问题的决定，进一步明确全面深化改革的目标任

务，为实现党的十九大提出的“两个一百年”奋斗目标作出具体部署。党的十九届五中全会明确提出“十四五”时期要加强国家治理体系和治理能力现代化建设，破除制约高质量发展、高品质生活的体制机制障碍，强化有利于提高资源配置效率、有利于调动全社会积极性的重大改革开放举措，持续增强发展动力和活力，从而使制度优势更好转化为治理效能，体现了我们党以制度建设推进深化改革的自信。

同时，党中央建立健全全面深化改革领导体制。党的十八届三中全会后，成立中央全面深化改革领导小组，负责改革总体设计、统筹协调、整体推进、督促落实，形成了党对改革工作集中统一领导的决策体制机制。党的十九届三中全会充分把握新形势下改革开放的时代性、体系性、全局性特点，适应改革工作面临的新任务新要求，将中央全面深化改革领导小组改为中央全面深化改革委员会，进一步加强党对全面深化改革工作的领导，完善科学领导和决策、有效管理和执行的体制机制。

习近平总书记亲自担任中央全面深化改革领导小组组长和委员会主任，运筹帷幄，总揽全局，亲力亲为谋划领导改革工作。坚持统筹国内国际两个大局，准确把握经济社会发展形势的变化，根据我国经济社会发展进入新阶段的时代特征，因势利导、驭势而为，不失时机谋划部署一系列重大改革举措，提出新发展理念的现代化建设指导原则，明确构建新发展格局的经济建设路径选择，为着力破除制约发展的体制机制障碍、推进高质量发展提供了理论指导。我们坚持以制度推进改革，通过改革完善制度，改革呈现全面发力、多点突破、蹄疾步稳、纵深推进的生动局面，经济、政治、文化、社会、生态文明、国防和军队、党的建设等重要领域和关键环节改革取得突破性进展，主要领域改革主体框架基本确立，中国特色社会主义制度更加完善，国家治理体系和治理能力现代化水平明显提高。

三、坚持依法治国为制度建设的抓手

法治是国家治理体系和治理能力的重要依托，法治体系是国家治理体

系的骨干工程。全面依法治国，是坚持和发展中国特色社会主义的本质要求和重要保障，是国家治理领域一场广泛而深刻的革命，是实现国家治理体系和治理能力现代化的必然要求。只有全面依法治国才能有效保障国家治理体系的系统性、规范性、协调性，才能最大限度凝聚社会共识、推动经济持续健康发展、维护社会和谐稳定、实现社会公平正义。

党的十八大以来，以习近平同志为核心的党中央站在关系党和国家前途命运、长治久安的战略全局高度谋划法治，以前所未有的广度和深度践行法治，把法治作为治国理政的基本方式，将全面依法治国纳入“四个全面”战略布局加以推进，法治建设取得新的重大成就。党的十八届四中全会作出关于全面推进依法治国的决定，开启全面推进依法治国新阶段。我们坚持走中国特色社会主义法治道路，坚持以中国特色社会主义法治理论体系为指导，以建设中国特色社会主义法治体系为抓手，不断推进社会主义法治国家建设，取得明显阶段性成效。我们坚持从中国实际出发，吸收借鉴人类法治文明优秀成果，但决不照抄照搬西方制度模式，更加彰显了中国特色社会主义制度优势。我们顺利完成宪法修改，宪法实施和监督制度进一步健全；重点领域立法得到加强，中国特色社会主义法律体系不断完善；深入推进依法行政，法治政府建设进一步加快；司法管理体制和司法权力运行机制进一步健全，司法公信力持续提高；积极推进法治社会建设，全社会法治观念明显增强。随着法治的引领、规范、保障作用日益增强，各方面制度建设更加成熟、更加定型，国家治理日益制度化、程序化、规范化、法治化。

在推进依法治国过程中，科学立法、民主立法是加强和完善制度建设的路径方法。在制度建设过程中要注意坚持正确的方法论，善于从纷繁复杂的事物表象中把握改革脉搏，把握制度建设的内在规律，在不断实践探索中推进。一是既要加强顶层设计，又要推进基层积极探索。顶层设计立足全局，更加注重制度建设的系统性、整体性、协同性，引导制度建设超越既有利益格局，沿着科学路径前行。基层探索观照全局，解放思想，根据基层实际找到不同的“桥”和“船”，尊重基层实践，发挥好试点对全局性改革的示范、突破、带动作用。二是坚持统筹集成、整体推进，以经济领域制度建设为重点，加强制度建设的配套和衔接，促进各项制度措施在政策取向上相互配合。善于牵住“牛鼻子”，既抓重要领域、重要任务、重要试点，又抓关键主体、关键环节、关键节点。三是充分发扬民主，拓宽社会公众参与立法的有效途径，广泛听取社会各方面意见建议，坚持立法依靠人民、为了人民、造福人民，通过全过程民主，使每部法律都能符合宪法规定，反映人民意愿，得到人民拥护。四是既在法治下推进改革，又在改革中完善法治。一方面高度重视运用法治思维和法治方式，发挥法治的引领和推动作用，做到重大改革于法有据，确保改革有秩序、不走样。另一方面立法主动适应改革发展需要，勇于冲破思想观念的束缚，破除体制机制的障碍，创新完善改革发展需要的制度机制，以法制建设的新成果为全面深化改革保驾护航，确保中国特色社会主义制度不断发展完善，推进国家治理体系和治理能力现代化的各方面制度体系日趋成熟完备。

四、坚持以人民为中心为制度建设的价值追求

为中国人民谋幸福，为中华民族谋复兴，是中国共产党人的初心和使命，也是我们推进国家制度建设和法律制度建设的初心和使命。人民立场、人民至上，是我们党一以贯之的治国理政价值取向和执政主线。

习近平总书记指出：“人民群众对幸福生活的向往就是我们党的奋斗目标，老百姓关心什么、期盼什么，我们就要重视什么、关注什么，改革就要抓住什么、推进什么。”“要着力解决人民群众所需所急所盼，让人民共享经济、政治、文化、社会、生态等各方面发展成果，有更多、更直接、更实在的获得感、幸福感、安全感。”中国特色社会主义进入新时代，我国社会主要矛盾已经转化为人民日益增长的美好生活需要和不平衡不充分的发展之间的矛盾。我国制度建设必须坚持以人民为中心，充分适应社会主要矛盾变化提出的新要求，适应人民日益增长的美好生活新需求。

以习近平同志为核心的党中央从实现“两个一百年”奋斗目标和中华

民族伟大复兴中国梦的高度，基于治国理政新实践，提出统筹推进“五位一体”总体布局和协调推进“四个全面”战略布局。这两大布局坚持以人民为中心，把实现好、维护好、发展好最广大人民根本利益作为出发点和落脚点，既聚焦解决人民群众最关注的热点难点焦点问题，又着力维护和实现人民群众在经济、政治、文化、社会、生态等各方面的权益。在推进重大改革和制度建设过程中，坚持从解决群众最关心最直接最现实的利益问题切入，从老百姓身边事改起，围绕实施就业优先战略和积极就业政策，落实“六稳”“六保”保民生要求，建设更加公平可持续的社会保障制度，建立统一的城乡居民基本养老、基本医疗保险制度，划转部分国有资本充实社保基金，切实保障群众基本生活；强化提高人民健康水平的制度保障，全面推开公立医院综合改革，取消药品加成政策，推进分级诊疗，实行家庭医生签约服务，改革完善短缺药品供应保障机制，推进国家组织药品集中采购和使用，改革和完善疫苗管理体制，着力解决群众看病难、看病贵问题；加快城乡义务教育一体化发展，全面加强新时代教师队伍建设，深化考试招生制度改革，推进“双一流”建设，深化学前教育改革，规范校外培训机构，促进教育事业全面发展；坚持精准扶贫精准脱贫基本方略，明确脱贫攻坚责任制，建立贫困退出机制，保障脱贫攻坚取得决定性成就；推进基层治理现代化，深化政务服务便民化改革，放开放宽城镇落户条件，解决无户口人员登记户口问题；等等。这些改革举措，奔着问题去、盯着问题改，解决了民生领域许多操心事烦心事，使群众真真切切感受到了制度变革带来的新变化。党和人民同呼吸、共命运、心连心，向着坚持和完善中国特色社会主义制度、推进国家治理体系和治理能力现代化的总体目标不断迈进。

五、坚持以制度建设维护国家安全

安全是发展的前提，发展是安全的保障。当前，世界百年未有之大变局加速演进，国际经济、科技、政治、安全等格局都在发生深刻调整。传统与非传统安全风险交织蔓延。单边主义、保护主义、霸权主义对世界和平与发展构成威胁，恐怖主义、气候变化、重大传染性疾病、网络安全等非传统安全风险明显增加。对此，习近平总书记强调："我们要坚持走和平发展道路，但决不能放弃我们的正当权益，决不能牺牲国家核心利益。任何外国不要指望我们会拿自己的核心利益做交易，不要指望我们会吞下损害我国主权、安全、发展利益的苦果。"面对国际风云变幻和外部风险挑战，我们党和国家始终坚持斗争精神，始终坚持贯彻总体国家安全观，统筹发展和安全两件大事，全力维护国家根本利益。2014 年 4 月 15 日，在中央国家安全委员会第一次全体会议上，习近平总书记提出了总体国家安全观，将国家安全上升到头等大事的战略高度。在以习近平同志为核心的党中央坚强领导下，在总体国家安全观指引下，我国国家安全全面加强，国家安全工作取得历史性成就。2015 年 7 月 1 日，十二届全国人大常委会第十五次会议通过《中华人民共和国国家安全法》，为统领国家安全各领域工作提供了法律依据和法治保障。全国人大常委会制定或修改完善了反间谍法、反恐怖主义法、境外非政府组织境内活动管理法、网络安全法、数据安全法、国家情报法、国防交通法、军事设施保护法、核安全法、密码法、出口管制法、香港特别行政区维护国家安全法、反外国制裁法等重要法律，国家安全法律制度体系框架基本形成，为维护国家安全、核心利益和重大利益提供了有力法治保障。在完善国家安全制度体系的同时，在台湾、涉港、涉疆、涉藏、涉海、涉疫、人权等一系列重大问题上，敢斗善斗，打赢多场硬仗，坚决反对单边制裁和"长臂管辖"，决不允许任何外部势力干涉中国内政。站在新的历史起点上，我国将进一步加强涉外法治体系建设，充实我国对外斗争的法律"工具箱"，加强国际法运用，有效防范化解各类风险挑战，依法维护国家主权安全、核心利益和发展利益。

六、坚持以构建人类命运共同体理念引领全球治理体系改革

党的十八大以来，习近平总书记以大国领袖的战略远见和使命担当，

着眼中华民族伟大复兴战略全局和世界百年未有之大变局，带领我们不断开创新时代中国特色大国外交新局面，中国国际地位和影响力提升到前所未有的高度，日益走近世界舞台中央，不断为人类发展进步作出新的更大贡献。习近平总书记提出构建人类命运共同体思想，提出并推动“丝绸之路经济带”和“21 世纪海上丝绸之路”重大倡议。“一带一路”建设秉持共商、共建、共享原则，践行开放、绿色、廉洁理念，追求高标准、惠民生、可持续目标，致力于推动政策沟通、设施联通、贸易畅通、资金融通、民心相通，实现高质量发展，成为全世界广受欢迎的公共产品和构建人类命运共同体的重要实践平台。习近平主席在联合国大会等重大场合庄重宣示，中国坚定维护以联合国为核心的国际体系，坚定维护以国际法为基础的国际秩序，有力回击一些国家鼓吹的所谓“以规则为基础的国际秩序”。在和平安全、经济社会、生态文明、气候变化、文明互鉴等领域，全面阐述中国的国际秩序观、全球治理观、新安全观、新发展观、人权观、生态观、文明交流观等重要理念，强调大家的事情大家商量着办，坚决回击单边主义和霸凌行径，坚决批驳“文明冲突论”“种族优劣论”，有力引领了全球治理体系和国际秩序变革方向。在第 75 届联合国大会一般性辩论讲话中宣示中国碳达峰和碳中和目标，在气候雄心峰会上宣布中国国家自主贡献新举措，引领全球应对气候变化新征程。在中方推动和各方积极响应与共同努力下，亚洲基础设施投资银行、金砖国家新开发银行、丝路基金等机制得以创立，成为具有重要国际影响力的多边金融机构。深入参与世界贸易组织、国际货币基金组织、世界银行等国际机构改革，维护包括我国在内的发展中国家正当权益。积极推动朝鲜半岛、伊朗核、阿富汗等地区热点问题和平解决，深入参与海洋、极地、外空、反腐败等领域规则制定，深入开展国际反恐合作，彰显了我国作为负责任大国的担当。

结　语

中国共产党对国家制度和法律制度百年探索的功效与基本经验

中国共产党成立100年来，以实现共产主义远大理想为目标，带领中国人民为争取国家独立、民族解放和民主自由进行了前赴后继的英勇斗争，取得新民主主义革命的胜利，建立了社会主义新中国。在领导革命、建设和改革进程中，我们党积极探索建立人民当家作主的新型民主政治国家，确立社会主义基本制度，消灭一切剥削制度，推进社会主义建设，实现了中国从几千年封建专制政治向人民民主的国家制度的伟大飞跃，完成了中华民族有史以来最为广泛而深刻的社会变革，为当代中国一切发展进步奠定了根本政治前提和制度基础。

新中国的国家制度和法律制度，是党领导对新民主主义革命局部执政时期的国家制度和法律制度的总结、发展，是党在领导进行社会主义革命、建设中对国家制度和法律制度的伟大实践探索，是改革开放以来党领导国家制度和法律制度建设不断完善和健全的创新成果。它以马克思主义国家理论为指导，立足我国国情实际，坚持国体与政体相统一，坚持把党的领导、人民当家作主、依法治国有机统一起来，极大激发了全党全国人民建设社会主义的积极性和创造性，极大解放和发展了社会生产力，极大增强了社会发展活力，极大团结凝聚了中国人民。在党的领导下，全国人民勠力同心，创造性地开展社会主义建设，中国特色社会主义制度焕发出无限生机，人民生活显著改善，综合国力显著增强，国际地位显著提高。

一、我国国家制度和法律制度发挥的巨大作用

建党百年特别是新中国成立70多年来，我们党团结带领人民经过艰辛探索，形成了一系列具有根本意义的国家制度和法律制度，即党的十九届四中全会明确应当坚持和完善的十三个方面的制度，主要包括：（1）社会主义制度是中华人民共和国的根本制度，确立以工人阶级领导的、以工农联盟为基础的人民民主专政的社会主义国家为国体；（2）中国共产党领导是中国特色社会主义最本质的特征，确立中国共产党领导的根本领导制度；（3）人民代表大会制度是我国的根本政治制度，确立以实行民主集中制的人民代表大会制度为政体；（4）坚持马克思主义在意识形态领域指导地位的根本制度，确立国家指导思想制度；（5）由中国共产党领导的多党合作和政治协商制度、民族区域自治制度、基层群众自治制度构成的基本政治制度；（6）由公有制为主体、多种所有制经济共同发展，按劳分配为主体、多种分配方式并存，社会主义市场经济体制等构成的社会主义基本经济制度；（7）中国共产党对人民军队的绝对领导制度；（8）中国特色社会主义法律体系和各方面的重要制度。这些制度是我们党领导人民把马克思主义基本原理与中国实际相结合创立的科学制度，是国家治理体系和治理能力不断显示出强大治理效能的科学制度，是与时俱进、不断完善、日益成熟的科学制度，是被实践证明了的科学制度体系，具有显著政治优势、坚实实践基础、强大生命力，必须长期坚持、全面贯彻、不断发展。

一是有力维护和巩固了党的领导。我们党的领导地位是党团结带领中国人民在长期革命斗争实践中确立的，是历史的选择、人民的选择，是由党的性质和宗旨决定的。我国国家制度和法律制度确认了党的领导地位，确认了党领导人民进行革命、建设、改革的伟大斗争成果，确认了党总揽全局、协调各方的领导核心地位，确立了人民民主专政的国体和人民代表大会制度的政体，建立了党领导人民治国理政的制度载体，保证党领导人

民有效治理国家。这一领导制度，坚持党政军民学、东西南北中，党是领导一切的。我们不断建立健全坚持党的全面领导的科学制度和党对重大工作的领导体制机制，确保各国家机构、各方面、各地区在党的领导下有效形成工作合力；不断完善党中央集中统一领导制度体系，提高党科学执政、民主执政、依法执政水平，确保党的主张坚守初心使命、忠实人民意愿，确保党的主张和人民意志通过法定程序成为国家意志，确保党组织推荐的人选通过法定程序成为国家政权机关的领导人员，确保党通过国家政权机关实现对国家和社会的领导，把党的领导落实到国家治理各领域各方面各环节，使党的领导成为我国国家制度和法律制度的核心内容和本质特征，实现了党的领导制度化，为巩固党的领导地位和执政地位、为党长期执政提供了科学的制度保障。

二是有效保证了国家机关协调高效运转、实现人民当家作主。人民代表大会制度这一根本政治制度，让国家一切权力掌握在人民手中，让各国家机关由各级人大产生，对它负责，受它监督，它们之间有分工、有配合，共同为实现党的初心使命不懈奋斗；中国人民政治协商会议作为人民民主的重要实现形式，坚持大团结大联合，坚持一致性和多样性统一，画出最大同心圆，汇聚实现民族复兴的磅礴力量。这种国家制度和政党制度实现方向相同、目标一致，保证了各国家机关合理分工、协调一致地工作，保证了国家统一有效组织各项事业，实现国家机关协调高效运转，既避免了“一国两公”，又充分调动和发挥了各方面的积极性，有效保证了“国家机构运作比较顺当”，显示了人民代表大会制度的巨大政治优势，显示了中国特色社会主义政党制度的巨大政治优势，从根本上区别于西方的“三权分立”“两院制”，避免分权制约、相互掣肘，巩固和发展了又有集中又有民主，又有纪律又有自由，又有统一意志又有个人心情舒畅生动活泼的政治局面。这种国家制度通过完善的选举制度、代表制度、协商制度、基层群众自治制度等社会主义民主政治制度，既保障了公民的选举权和被选举权，又保障了公民的知情权、参与权、表达权、监督权，确保人民群众依法通过各种途径和形式管理国家事务、管理经济文化事业、管理社会事务，切实把人民当家作主落实到国家政治生活和社会生活全过程各方面。

三是充分调动了全体人民投身社会主义建设事业的积极性、主动性和创造性。我国国家制度和法律制度开辟了人民当家作主的历史新纪元，始终坚持以人民为中心的发展思想，保证了党的群众路线的贯彻执行，保证了我们党的各项决策部署，始终把人民对美好生活的向往作为奋斗目标，做到为了群众、相信群众、依靠群众、深入群众。我们始终坚持人民主体地位，健全民主制度、丰富民主形式、拓宽民主渠道，发挥全过程民主的制度优势，倾听人民呼声，集中人民智慧，维护人民利益，充分调动群众积极参与各个层级的公共事务和社会事务管理，广泛动员和有效组织全体人民以主人翁的姿态投身到社会主义各项建设事业中去，发挥人民的积极性、主动性、创造性，使人民真正成为国家、社会和自己命运的主人，坚定地朝着建设社会主义现代化国家和实现中华民族伟大复兴的宏伟目标前进。我国国家制度和法律制度有效促进实现党的初心使命，有效团结带领人民先后实施 13 个国民经济和社会发展五年计划、规划，确保国家经济社会发展取得天翻地覆的变化，实现国家经济实力、科技实力、国防实力、综合国力显著提升并进入世界前列，国际地位空前提高，国际影响力越来越大，体现出我国社会主义制度的强大组织力、高度凝聚力。

四是有效促进了我国经济社会的协调发展。建党百年特别是新中国成立 70 多年来，我们党始终正确把握我国社会主要矛盾的变化，矢志不渝为人民谋幸福，取得了新民主主义革命和社会主义革命、建设、改革的胜利。新中国成立以后，能否有效协调解决我们这样一个多民族、人口众多的发展中大国面临的主要矛盾，实现经济发展、政治清明、文化昌盛、社会公正、生态良好，关键要靠制度。从革命时期开始到新中国成立，我们党领导人民经过曲折探索，建立起了具有中国特色的国家制度和法律制度，具有强大的整合能力，实现了对国家政治关系的有效调节，促进形成和谐的政党关系、民族关系、宗教关系、阶层关系、海内外同胞关系；具有高效的统筹能力，实现了对经济社会发展的有效调控，能够有效处理好根本利益与具体利益、整体利益与局部利益、长远利益与当前利益的关系，统筹平衡、有效解决各类利益冲突。党的十九大精准研判我国社会发展新变化，作出中国特色社会主义进入新时代的重大战略判断，凸显了对时代脉搏的深刻把握。我国国家制度和法律制度建设，既紧扣我们党对于社会主要矛盾变化的正确判断，又努力适应生产力和生产关系、经济基础和上层建筑之间矛盾运动的发展变化，始终坚持发展才是硬道理，致力于促进生产力发展，以利于从根本上消解社会矛盾，实现经济社会发展进步。正是由于我国国家制度和法律制度的独特优势，我们党在新中国成立70多年来，领导人民创造了世所罕见的经济发展奇迹和社会稳定奇迹。

五是切实维护了国家主权安全和统一、民族团结、社会和谐稳定。新中国的成立，彻底结束了旧中国长期分裂、一盘散沙的局面，实现了祖国大陆的高度统一。我们党适应国家巩固和发展需要，建立起符合我国国情和实际的国家制度和法律制度，使关系国家主权安全和统一、民族团结、社会稳定的各项制度不断健全。为维护国家安全，我们坚持党对军队的绝对领导，建立强大巩固的国防，维护国家的核心利益和主权安全。为实现国家完全统一，我们党提出实行“一国两制”方针，宪法作出“国家在必要时得设立特别行政区”的规定，为解决台湾、香港、澳门问题及创立特别行政区奠定了宪制基础。这是富有中国智慧、具有深远影响的制度安排。香港、澳门特别行政区基本法是“一国两制”方针的具体制度实践，是对宪法规定的具体制度安排，与《反分裂国家法》一起为促进祖国和平统一、维护国家主权和领土完整提供制度保证。以宪法、民族区域自治法为基础，我们党建立民族区域自治制度，维护各民族群众利益、增进民族团结融合，促进各民族像石榴籽一样紧紧抱在一起。“以人民为中心”的整体制度建设，既着力解决关系群众切实利益的问题，又着力引导群众正确处理利益关系、理性合法表达利益诉求，营造了安定团结的社会氛围，保证了社会长期和谐稳定，充分体现了社会主义制度的巨大优越性和强大生命力。

六是为积极推进实现人类和平发展作出有益贡献。我们党成立100年来，矢志为中国人民谋幸福，为中华民族谋复兴，同时以共产主义远大理想为目标，积极为人类社会发展谋大同。党领导中国革命的成功，极大改变了世界格局。新中国成立70多年来，一直坚持独立自主的和平外交政策，在国际社会中发挥着维护和平正义的中流砥柱作用。我们着眼反对世界霸权主义和战争威胁，扩大对外友好合作，提出“和平共处五项原则”“中间地带”“三个世界理论”；科学判断时代主题和世界大势，统筹谋划外交大局，积极运筹大国关系，坚决维护国家主权安全，积极参与国际事务，维护世界和平与发展，积极开展多边外交，努力建立和发展同世界各国的友好合作关系；坚持高举和平、发展、合作、共赢的旗帜，恪守维护世界和平、促进共同发展的外交政策宗旨，推动建设相互尊重、公平正义、合作共赢的新型国际关系，倡导和谐世界；积极应对世界百年未有之大变局，倡导推进构建人类命运共同体，积极促进“一带一路”国际合作新平台，尊重世界文明多样性，倡导国际关系民主化，积极参与和引领全球治理体系改革和建设，不断贡献中国智慧、中国方案和中国力量，携手各国人民一道推进人类命运共同体建设，共同创造人类美好的未来。

二、党领导我国国家制度和法律制度建设的基本经验

100年来，我们党把马克思主义基本原理与中国革命、建设、改革具体实际紧密结合，领导国家制度和法律制度建设取得伟大成就，积累了丰富的实践经验。这些成功经验，是我们党带领全国各族人民经过反复探索、深入思考和长期实践取得的，传承发展了中华制度文明精华，吸收借鉴了人类制度文明优秀成果，集中体现了全党全国人民的集体智慧，来之不易、弥足珍贵。

一是必须始终坚持党的领导。中国共产党的领导地位，是党团结带领中国人民在长期革命、建设和改革实践中形成的，是历史的选择、人民的选择。从党成立初期提出革命领导权的问题，到建国初期毛泽东同志在一届全国人大一次会议开幕词中指出，“领导我们事业的核心力量是中国共产党”，再到社会主义革命、建设、改革成功的实践反复证明，没有中国共产党，就没有新中国，就没有中国特色社会主义。坚持党的领导，由党牢牢掌握对国家制度和法律制度建设的领导权和主导权，既是我们党坚持初心使命的必然要求，也是党领导革命、建设、改革实践得出的基本经验，更是建设中国特色社会主义、实现中华民族伟大复兴的根本遵循。2018 年 3 月，十三届全国人大一次会议通过宪法修正案，明确将“中国共产党领导是中国特色社会主义最本质的特征”载入我国宪法第一章“总纲”第一条，体现了党的领导的根本性、全面性、时代性。中国共产党的领导和执政，就是支持和保证人民实现当家作主，其主要实现途径和制度载体就是人民代表大会制度。坚持中国共产党领导，是实行人民代表大会制度的内在要求，是我国国家制度和法律制度本质特征、政治优势、使命担当的集中体现。新形势下坚持和完善中国特色社会主义制度，推进国家治理体系和治理能力现代化，必须坚定坚持中国共产党的全面领导，切实贯彻党的基本理论、基本路线、基本方略，增强“四个意识”、坚定“四个自信”、做到“两个维护”，通过中国特色社会主义国家制度和法律制度保证党的路线方针政策和决策部署在国家工作中、在国家治理和社会治理中得到全面贯彻、充分体现和有效执行。

二是必须始终坚持以马克思主义中国化的科学理论成果为指导。马克思主义是我们党建立和进行革命实践的科学理论和行动指南。建党 100 年来，我们党在领导中国革命、建设、改革的长期实践中，始终坚持把马克思主义基本原理同中国具体实际和时代特征相结合，不断推进马克思主义中国化时代化大众化，不断开辟马克思主义发展新境界，先后形成了毛泽东思想、邓小平理论、“三个代表”重要思想、科学发展观和习近平新时代中国特色社会主义思想等重大理论成果，丰富和发展了马克思主义理论宝库，为我国社会主义制度建设提供了理论指引，为党领导下的国家制度和法律制度发展完善提供了根本遵循和行动指南。在毛泽东思想指导下，我们取得新民主主义革命的胜利，建立起人民民主专政的国家制度，完成社会主义“三大改造”，建立了社会主义制度；在邓小平理论指导下，我们建立了社会主义市场经济体制，实践“一国两制”，开辟了中国特色社会主义；在“三个代表”重要思想、科学发展观指导下，我们进一步完善社会主义民主政治、市场经济等制度，推动中国特色社会主义制度取得新进展。党的十八大以来，在习近平新时代中国特色社会主义思想指导下，我们统筹推进“五位一体”总体布局、协调推进“四个全面”战略布局，中国特色社会主义制度不断发展完善，国家治理体系和治理能力现代化扎实推进，为实现“两个一百年”奋斗目标奠定了坚实的制度基础。100 年来，马克思主义中国化进程每向前推进一步，中国特色的国家制度和法律制度建设创新实践就跟进一步。马列主义中国化的不断发展，促进了中国特色社会主义实践与时俱进，指导和引领着我国国家制度和法律制度的发展完善，保证了正确政治方向，从制度上回答了“坚持和发展什么样的社会主义、怎样坚持和发展社会主义”的时代命题，使我国国家制度和法律制度深深铭刻上“中国特色”的烙印，使久经磨难的中华民族迎来了从站起来、富起来到强起来的伟大飞跃，迎来了实现中华民族伟大复兴的光明前景。

三是必须始终坚持人民主体地位。“政之所兴在顺民心，政之所废在逆民心。”[1] 我们党以“为中国人民谋幸福，为中华民族谋复兴”为初心和使命，并为之努力奋斗使之逐步成为现实。人民当家作主是我们党矢志不渝的奋斗目标，是社会主义民主政治的本质特征。建党百年的奋斗史，特别是新中国成立 70 多年来的实践充分证明，我国人民民主专政的国体、人民代表大会制度的根本政治制度，以及其他各项民主制度，充分保证了

〔1〕 出自《管子·牧民·四顺》。

人民当家作主，实现了党领导建立人民共和国的初心使命。我国各级国家机关的权力，都来自人民代表大会；追根溯源，都来自人民。国家权力必须用来为人民谋利益、谋幸福。我们国家的名称、我们各级国家机关的名称，都冠以“人民”的称号，这是我们社会主义国家制度的基本定位，体现了我国社会主义的根本性质。中国特色社会主义制度之所以具有生命力和优越性，关键在于它深深地植根于人民群众之中，能够有效体现人民意志、保障人民权益、激发人民创造力，能够使人民群众的聪明才智得以有效展现，让人民群众在每一项制度中感受到当家作主的真实感和自豪感。人民的信赖、支持和拥护，始终是我国国家制度和法律制度的深厚力量源泉、牢固政治基础。新形势下坚持和完善中国特色社会主义制度，推进国家治理体系和治理能力现代化，必须深刻认识人民代表大会是中国人民实现当家作主的根本途径和最高实现形式，切实落实宪法规定，支持和保证人民通过人民代表大会行使国家权力，保证和发展人民当家作主，发展更加广泛、更加充分、更加健全的人民民主。必须始终坚持以人民为中心，坚持为了人民、依靠人民、造福人民、保护人民，才能保证我国国家制度和法律制度拥有深厚坚实的根基，才能使我们的事业不断从胜利走向新的胜利，才能实现国家兴旺发达、长治久安。

四是必须始终坚持全面依法治国。实行法治，做到有法可依、有法必依、执法必严、违法必究，是我们党总结治国理政正反两方面历史经验得出的重要结论。民主与法治，国家制度与法律制度，是紧密联系在一起的。我们党具有重视制度建设的优良传统，从革命根据地局部执政到新民主主义革命成功后在全国执政，在革命根据地或者整个国家政治生活中，都始终注意党和国家政治生活的制度化建设。党成立之初就制定了党的纲领、章程，建立了组织领导制度，严明了党的纪律，保证了我们党领导新民主主义革命取得胜利。在革命根据地局部执政时期以及新中国成立70多年来，我们党把党内制度建设经验与国家制度和法律制度建设相结合，通过宪法和法律规范国家政治经济社会发展秩序，推进法治建设，并因时制宜，使国家制度和法律制度建设充分反映国情、实际和时代特征，使之日益成熟和定型，实现党和国家政治生活的制度化规范化程序化。实践证明，无论什么时候，党重视了法治，党和国家的事业就会兴旺发达；反之，党忽视了法治，党和国家事业就会遭受挫折。早在改革开放初期，邓小平同志就深刻指出："为了保障人民民主，必须加强法制。必须使民主制度化、法律化，使这种制度和法律不因领导人的改变而改变，不因领导人的看法和注意力的改变而改变。"[1] "民主要坚持下去，法制要坚持下去。这好像两只手，任何一只手削弱都不行。"[2] 1997 年，党的十五大明确提出依法治国。1999 年，九届全国人大二次会议通过宪法修正案，将"中华人民共和国实行依法治国，建设社会主义法治国家"载入国家根本法。党的十八大以来，全面依法治国作为"四个全面"战略布局的重要组成部分，提升到前所未有的战略高度。2014 年，党的十八届四中全会通过《中共中央关于全面推进依法治国若干重大问题的决定》。这一过程深刻表明我们党对共产党的执政规律、社会主义建设规律的认识和把握逐步深化，成功找到法治这一治国理政的有效方式，不断推动了党执政规范化制度化建设，推动国家治理取得历史性成就，科学解决了党如何领导国家政权、如何通过国家政权机关实施对国家和社会的领导、如何使党的政策主张通过法定程序成为国家法律的问题，实现国家制度和法律制度有机统一，取得许多宝贵经验。中国特色社会主义进入新时代，坚持和完善中国特色社会主义制度，推进国家治理体系和治理能力现代化，必须坚持全面依法治国，推动形成完善的党内法规制度体系，加快中国特色社会主义法治体系建设，不断提升党和国家管理体制的法治化水平。

五是必须始终坚持国家制度和法律制度与时俱进、完善发展。我国国家制度和法律制度经历了一个从探索到确立、从不完善到逐步完善、从不

---

〔1〕 邓小平：《解放思想，实事求是，团结一致向前看》，载《邓小平文选》（第 2 卷），人民出版社 1994 年版，第 146 页。

〔2〕 邓小平：《民主和法制两手都不能削弱》，载《邓小平文选》（第 2 卷），人民出版社 1994 年版，第 189 页。

健全到逐步健全的发展过程，是一个坚持与完善、加强与改进、巩固与发展的历史结果，体现出面向未来、面向实践、与时俱进的政治品格。建党100年来，我们党领导在革命、建设、改革中不断进行制度创新，唤醒人民当家作主的动能，取得重大成果。在革命根据地局部执政时，就对新民主主义的国家制度和法律制度进行了积极探索，积累了有益经验。新中国成立70多年特别是改革开放40多年来，党坚持实事求是、守正创新，以非凡勇气、发展眼光和创造性智慧，不断调整生产关系、上层建筑中那些不适应生产力发展的部分，革除制度弊端，破除制度障碍，消除制度藩篱，推动国家制度和法律制度实现历史性变革，有效适应了生产力和生产关系、经济基础和上层建筑之间矛盾运动的发展变化，极大促进了生产力发展。中国特色社会主义国家制度和法律制度需要坚持好、实施好，也需要不断完善和发展。制度更加成熟定型是一个动态过程，推进国家治理体系和治理能力现代化也是一个动态过程。中国特色社会主义进入新时代，我们要继续推进全面深化改革，继续加强制度创新，加快建立健全国家治理急需的制度、满足人民日益增长的美好生活需要必备的制度。只有不断适应新要求、回答新课题、总结新经验、应对新挑战、解决新问题，才能坚决破除各方面体制机制弊端，激发社会主义创新发展的巨大潜能，赋予国家制度和法律制度新时代的“精气神”，极大提升国家治理能力和治理实效，使国家制度和法律制度在实践中发展、在发展中创新、在创新中完善，不断向更高起点、更高层次、更高目标迈进，并始终保持自身的生机活力、政治优势、实践特色和时代精神。建党百年特别是新中国成立70多年来，党领导国家制度和法律制度建立发展完善的历史证明，我国革命、建设的探索和实践每成功向前推进一步，改革每成功深化推进一层，我国国家制度和法律制度建设就随之跟进一步，党和国家的事业就会随之走向更大的成功。这是我国国家治理体系和治理能力日益走向现代化的实践经验。

六是必须始终坚持从中国国情和实际出发、走自己的路。世界上没有完全相同的国家制度和法律制度模式，国家制度和法律制度不能脱离特定的社会政治经济条件和历史文化传统来抽象评判，不能生搬硬套外国国家制度和法律制度模式。一个国家实行什么样的国家制度和法律制度，必须与这个国家的国情和性质相适应。国情实际是我国国家制度和法律制度赖以生根发芽、茁壮成长的深厚土壤。只有符合国情实际，符合人民意愿的制度，才能立得住、行得通。鸦片战争后无数仁人志士毅然投身国家、民族救亡图存的运动中，先后提出、尝试过君主立宪制、议会内阁制、总统制、多党制等多种方案和制度，最终都归于失败。“千淘万漉虽辛苦，吹尽狂沙始到金。”一部中国近代史雄辩地证明，只有中国共产党才能救中国，只有社会主义才能救中国，只有中国特色社会主义才能发展中国。党领导全国人民，以马克思主义中国化的科学理论为指导，吸收中华传统制度文明精髓、人类制度文明有益经验，建立起符合中国国情、具有中国特色的国家制度和法律制度，走出了一条真正属于自己的路，形成了独立于西方模式和西方话语体系的制度建设的东方经验、中国模式、中国方案。正如邓小平同志所指出的，“把马克思主义的普遍真理同我国的具体实际结合起来，走自己的道路，建设有中国特色的社会主义，这就是我们总结长期历史经验得出的基本结论”。2014 年 9 月，习近平总书记指出：“设计和发展国家政治制度，必须注重历史和现实、理论和实践、形式和内容有机统一。要坚持从国情出发、从实际出发，既要把握长期形成的历史传承，又要把握走过的发展道路、积累的政治经验、形成的政治原则，还要把握现实要求、着眼解决现实问题，不能割断历史，不能想象突然就搬来一座政治制度上的‘飞来峰’。”〔1〕“评价一个国家政治制度是不是民主的、有效的，主要看国家领导层能否依法有序更替，全体人民能否依法管理国家事务和社会事务、管理经济和文化事业，人民群众能否畅通表达利益诉求，社会各方面能否有效参与国家政治生活，国家决策能否实现科学

〔1〕习近平：《坚定对中国特色社会主义政治制度的自信》，载《习近平谈治国理政》（第 2 卷），外文出版社 2017 年版，第 285-286 页。

化、民主化，各方面人才能否通过公平竞争进入国家领导和管理体系，执政党能否依照宪法法律规定实现对国家事务的领导，权力运用能否得到有效制约和监督。”[1] 建党百年特别是新中国成立70多年来，我们党把马克思主义基本原理与中国实际和中华优秀传统文化相结合，立足于中国悠久历史文化传统和现实国情，继承发展中国传统制度文明的进步因子，坚持和弘扬党团结带领人民为争取民族独立、国家富强和人民幸福而进行的伟大社会实践和制度创新成果，让国家制度和法律制度深深扎根于中国土壤，保证了国家制度和法律制度有根、有源、有力，取得巨大成功。未来中国国家制度和法律制度要不断发展完善，也必须深深扎根于中国的社会土壤。同时，我们秉持兼容并蓄的态度，借鉴人类制度文明优秀成果，虚心学习国外发展的有益经验，但决不生搬硬套外国政治制度模式，决不搞囫囵吞枣、邯郸学步，体现出我国社会主义制度的开放和自信。

百年征程波澜壮阔，百年初心历久弥坚。1945年毛泽东同志和黄炎培先生“延安窑洞对话”谈到的“历史周期率”，言犹在耳、振聋发聩。1949年党中央离开西柏坡启程前往北平时，毛泽东同志将进京称作“赶考”。习近平总书记多次提及“历史周期率”和“赶考”问题，指出“党面临的‘赶考’远未结束”。纵览中国历史发展，不管是王朝灭亡还是政党衰落，每一次灭亡或者衰落之前都存在各自不同的诱因，但是归根结底的原因是“尽失民心”。我们党即将成为世界上连续执政时间最长的政党，这将促使我们党始终牢记初心和使命，牢记“赶考”远未结束的时代命题，坚持以人民为中心，不断完善国家制度和法律制度来解决“历史周期率”问题，交上一份让人民群众满意、经得住历史检验的“制度答卷”。

“经国序民，正其制度。”制度稳则国家稳，制度强则国家强。人类社会发展史表明，一种文明、一种发展道路，总是体现为一定的制度安排。我国国家制度和法律制度是我们党领导人民在长期的革命、建设和改革实

---

[1] 习近平：《坚定对中国特色社会主义政治制度的自信》，载《习近平谈治国理政》（第2卷），外文出版社2017年版，第287页。

践探索中形成的，是被实践证明了符合中国国情和实际的科学的制度体系，为当代中国发展进步提供了根本保障，也为新时代推进国家制度和法律制度建设提供了重要经验。当今世界正面临百年未有之大变局，国与国的竞争日益激烈，但归根结底是国家制度的竞争。任何一个国家的制度成熟定型都不可能一蹴而就，更不可能一劳永逸，它总是一个随着实践发展变化与时俱进的动态演进、完善发展过程。中国特色社会主义国家制度和法律制度，也必然要随着新时代中国特色社会主义伟大实践的推进而不断发展完善。党的十九大和党的十九届四中、五中全会，都对我国国家制度和法律制度的发展完善作出擘画，那就是：到 2035 年，人民平等参与、平等发展权利得到充分保障，法治国家、法治政府、法治社会基本建成，各方面制度更加完善，国家治理体系和治理能力现代化基本实现。到 21 世纪中叶，即新中国成立 100 年时，把我国建设成为富强民主文明和谐美丽的社会主义现代化强国，我国物质文明、政治文明、精神文明、社会文明、生态文明将全面提升，实现国家治理体系和治理能力现代化，成为综合国力和国际影响力领先的国家，全体人民共同富裕基本实现，我国人民将享有更加幸福安康的生活，中华民族将以更加昂扬的姿态屹立于世界民族之林。

回望过往的奋斗路，眺望前方的奋进路，我们对中国国家制度和法律制度建设的未来充满信心。站在新的百年奋斗的历史起点上，我们坚信在党中央的坚强领导下，到新中国成立 100 年时，中国特色社会主义制度一定能够发展完善、日臻成熟、更加定型，我国国家制度和法律制度建设的宏伟目标一定能够实现，国家治理体系和治理能力现代化一定能够实现，中华民族伟大复兴的梦想一定能够实现。